개정판

행정학

Public
Administration

시간의 관점에서

임도빈

박영사

이 저서는 2017년 정부(교육부)의 재원으로 한국연구재단의 지원을
받아 수행된 연구임(NRF-2017S1A3A2065838).

개정판 서문

    행정학은 우리가 살아가는 사회를 분석하여, 더 나은 사회가 되기 위해 정부가 어떠한 역할을 해야 하는지를 연구하는 학문이다. 행정학이 필연적으로 광범위한 영역을 다룰 수밖에 없는 이유다. 그러나 행정학을 공부하고자 하는 학생들은 이러한 행정학의 넓은 범위로 인해 쉽게 이해하기 어렵다는 이야기를 한다. 게다가 현실과 가장 밀접한 학문이면서도 한국의 행정현상을 살아 움직이듯 기술하는 교과서가 드물뿐더러 외국이론을 설명하는 데 많은 지면을 할애하고 있기도 하다.

    이 책은 원래 이러한 문제의식 하에 학부 고학년 학생들을 위한 심층 입문서로 시작되었다. 그러나 초판 출간 이후 이 책이 마치 행정학을 시간의 관점에서 서술한 심오한 전문 연구서로 알고 너무 어렵다는 의견이 많았다. 따라서 개정판에서는 보통 사람들도 행정학 지식을 이해하기 용이하도록 좀 더 쉽게 서술하고자 노력하였다. 이번 개정작업에서 특히 중점을 두었던 부분은 다음 몇 가지로 이야기할 수 있다.

    가장 큰 변화를 한 부분은 5장과 12장 두 개의 장이다. 최근 등장한 4차 산업혁명으로 표현되는 다양한 신기술의 변화가 가져올 행정현상의 문제와, 우리 사회에서 최근 문제시 되고 있는 공공가치와 윤리 부분이다. 4차 산업혁명은 결국 시간과 공간의 관점에서 우리가 기존에 알고 있던 고전적 행정학이 기반으로 하고 있는 여러 가지 환경을 바꾸고 있다. 구체적으로 ICT 기술이 가상의 공공 공간(cyber public space)을 창출하거나, 각종 디지털 정보가 전 세계적 차원에서 교환되고 확대 재생산되는 현상 등은 행정에도 많은 변화를 가져왔다. 이를 위해 개정작업에서는 제5장을 신기술과 행정으로 새롭게 명명하였다. 제12장도 상당한 변화가 있었다. 공공성에 관해서 논의를 강화하였고, 철학과 윤리문제도 심층성을 더하여 가필하였다. 정치적 격동기를 겪고 있는 한국사회에서 학문적으로 고민해야 할 주제라고 생각했기 때문이다.

두 번째 변화는 초판에 비해 더욱 이해하기 쉽도록 전반적으로 수정하였다는 점이다. 우선 초판의 긴 서술식 설명을 가급적 절을 나누어서 독자의 가독성을 높이고자 노력하였다. 특히 학부생의 경우, 여러 가지 복잡한 이야기를 한 절에서 언급하게 되면 이해하기 어려울 수 있기 때문에 주요 논점에 따라 본문의 내용을 분절하여 배려하고자 하였다.

세 번째 변화는 책의 전체 내용을 논리적으로 서술하고자 문단의 배치도 바꾸고, 문장을 쉽게 고쳤다. 아울러, 내용의 이해를 돕는 각종 통계수치를 비롯하여 읽을거리, 차 한잔의 사색과 참고문헌 등을 최근 것으로 업데이트 하는 과정을 거쳤다.

이 개정판을 통하여 행정학에 대한 관심과 이해가 증진되기를 바란다. 특히 국민의 일상(日常) 곳곳에 지대한 영향을 미치는 정부의 역할과 함께 정부경쟁력(Government Competitiveness)에 대해 생각해볼 수 있는데 도움이 되길 바라는 마음이다.

결국 이렇게 전면적인 개정작업을 진행함으로써 초판에 비해 상당히 많은 변화가 이루어졌다고 생각한다. 초교지가 나온 후 초교에서 비로소 펜으로 대폭 수정을 하는 저자의 습관 때문에, 특히 수고를 많이 한 사람들이 있다. 긴 교정과정에서 고생을 한 박영사 편집팀 이승현 선생님과 김 필 행정대학원 박사과정생이다.

마지막으로 어려운 출판사 사정에도 불구하고 개정판을 내도록 허락해주신 박영사의 안종만 회장님과 조성호 이사님께 감사드린다.

2018년 2월 20일
관악산에서

임 도 빈

아마 대학 2학년 때부터 행정학 강의를 수강하면서, 행정학 책을 접하였던 것 같다. 직장생활 경험이 없던 풋내기 대학생인 저자에게는 대부분의 책이 지루하고 이해하기 어려웠던 기억이 있다. 그러나 조석준 교수님께서 1980년에 저술하신 '한국행정학'(박영사)은 그렇지 않았다. 일단 내용이 현실적이고 살아있어 이해하기가 쉬웠다. 학계에 발을 들여놓으면서, '언젠가는 그런 책을 써야겠다'는 생각을 했었다.

서울대학교로 부임한 이후, 조석준 교수님이 강의하시고 저자가 학생으로 수강했던 그 과목을 현재 저자가 강의하고 있다. 시대에 맞는 강의명도 많겠지만, 그때의 것을 그대로 사용하고 있다. 포장보다는 내용이 중요하다는 생각에서이다. 오히려 학부생을 대상으로 알기 쉽지만 뼈가 있는 행정학 강의를 해야겠다는 강박관념에 사로잡혀 마음고생을 하고 있다. 게다가 조석준 교수님의 책은 데이터가 오래되고, 최근에는 개정이 중단되어 어떤 교과서를 사용해야 할지 막막한 기분도 있었다. 그리하여 수업이 시작되면 이런저런 교재도 써보고, 저자 나름대로 인쇄물을 만들어 사용해 보기도 하였다.

학생들은 '행정학은 범위가 넓다', '무엇을 공부해야 할지 막연하다', '명확한 것이 없다'는 등의 불평을 한다. 이는 저자도 학창시절 경험했던 부분이기 때문에 이해가 가지 않는 것은 아니다. 그럼에도 불구하고 행정학은 사회과학 분야 내에서도 다수의 학생이 관심을 갖는 주요 분야이다. 그렇기 때문에 저자가 강의하고 있는 대학뿐만 아니라, 대한민국 내 수많은 대학에서 학생들에게 행정학을 가르치고 있다. 학생들의 관심을 키우고 행정학에 대해 보다 명확한 틀을 갖춰나가기 위해서는 행정에 관련된 모든 현상들이 살아 움직이는 것과 같이 기술하는 책이 필요하다.

저자는 최근 3년간 한국연구재단의 사회과학연구지원사업(Social Science Korea)에 선정되어 '정부경쟁력(Government Competitiveness)'의 관점에서 행정학을 정리하고 심화시킬 수 있는 행운을 가졌다. 지금까지 산만하게 해 오던 행정학 연구를 정부경쟁력이라는 키워드로 정리할 수 있게 된 것이다. 저자가 이 책을 저술하면서 역점을 둔 것은 다음과 같다.

첫째, 기존의 행정학이 가지고 있던 패러다임이 바뀌어야 한다고 생각한다. 겉으로는 그렇지 않은 것 같지만, 대부분은 행정학의 연구대상을 기본적으로 관료제 내부의 폐쇄체제라고 암묵적으로 전제하고 있다. 이에 반해 새로운 행정학은 정부를 포함한 사회전체가 연구대상이다. 그리고 행정학은 사회현상을 자세히 들여다보고 설명하여, 더 나은 상태로 바꿀 수 있는 처방을 제시하는 학문이다. 순수자연과학이론을 바탕으로 의학의 처방이 이루어지듯이, 행정학은 순수사회과학이론을 바탕으로 현 시대의 사회가 더 발전해 나갈 수 있도록 정부가 어떻게 영향을 미치는지를 연구한다. 한 국가의 정부에만 초점을 맞추어 보더라도 현대사회에서 정부의 역할은 상상외로 더 광범위하다. 국민의 일상(日常) 대부분에 직·간접적으로 관여하고 있으며, 나아가 국민들이 모인 국가의 안위와 번영을 이루어야 한다는 중요한 목표가 존재하기 때문이다. 이러한 광범위한 정부의 역할만큼 이를 연구하는 행정학은 폭넓은 영역을 다룬다.

둘째, 이해하기 쉬워야 한다. 학술서이기 때문에 이론에 중점을 둬야 하지만, 외국이론을 장황하게 늘어놓는 것은 바람직하지 않다고 생각한다. 이에 따라 본서에서는 다음의 흐름에 따라 내용을 서술하였다. 우선 주요 개념들을 숙지할 수 있도록 설명하였다. 그리고 학생들의 이해를 최대한 돕기 위해 한국행정의 사례로 설명을 부연하였다. 꼭 필요한 외국의 이론만을 언급하였고, 그것도 한국 행정현상을 이해하는 데 도움이 되는 것만을 엄선하기 위해 노력하였다.

셋째, 저자 나름대로의 하나의 시각을 선택하여 구성하였다. 시각은 색안경과 같아서, 관련된 여러 내용들을 통일적인 색깔로 보게 하는 장점이 있다. 그러나 불가피하게 보이지 않는 부분도 있다. 그럼에도 불구하고 하나의 시각을 통해 살펴본다면, 행정학 전체의 흐름과 틀을 이해하는 데 도움이 될 수 있을 것이다. 본서에서는 시간(time)에 주목한다. 모든 현상과 관련 있을 수밖에 없는 시간(time)을 중심으로 일관성 있는 설명을 추구하고자 한다. 저자는 시간의 관점에서 한국 정부를 대표하는 이론모델로서 '팽이'를 생각하였다. 여기서 팽이는 하나의 국가를 의미하는 유기체로서, 계속해서 동력을 잃지 않고 회전해야 생존할 수 있다.

그럼에도 불구하고, 저자가 모든 내용을 직접 연구한 것은 아니다. 현재의 책이 드디어 세상 빛을 보게 된 것은 그동안 한국 행정학의 발전을 위해 다양한 연구를 진행한 은사, 선·후배, 동료들의 연구에 힘입은 바가 크다. 또한 저자의 행정학 학부수업을 수강한 매년 100여 명의 수강생들의 도움도 컸다. 학부강의를 진행하면서 학생들과 주고받은 여러 가지 질의응답과 토론을 통해 학생들이 무엇을 잘 이해하고 있으며, 또 어떤 부분을 이해하는 데 어려움을 겪고 있는지 깨달을 수 있었다.

이러한 수업과정에는 수년 동안 함께 노력한 조교들의 공도 매우 크다. 강의교재를 만들고 수업을 준비하는 과정에 일일이 언급하기 어려울 정도로 많은 조교들이 도움을 주었다. 특히 마지막 저술 작업을 한 올해에는 이승현 석사과정 학생이 수업내용을 정리하고, 자료를 찾는 데 많은 도움을 주었다. 이민아 박사과정 학생도 초고가 나온 이래 최종 저서가 발간되기까지 전 과정에 도움을 주었다. 전체적으로 30여 명의 역대 조교들이 다양한 측면에서 도움을 주지 않았나 생각한다. 일일이 이름을 거론하지 못한 것을 안타깝게 생각하며, 그들 모두 각자의 분야에서 성실하고 훌륭하게 잘 해나가길 바란다.

마지막으로 본서의 출판을 허락해 주신 박영사에도 깊은 감사를 드린다. 원고를 끊임없이 고치는 저자의 습관을 인내로 반영해 준 편집부 이승현 선생께 특히 감사한다. 출판과정 내내 박영사에서 보여준 호의로 인해 최종 출간까지 원만한 과정을 거칠 수 있었다.

아무쪼록 이 책을 통해 행정학을 공부하고자 하는 많은 학생들이 행정학의 기본 내용을 숙지하고, 나아가 행정학을 쉽게 이해할 수 있기를 바란다. 또한 다수의 학생들을 대상으로 행정학에 대한 관심을 높이고, 학문적 호기심을 자극시키는 데 조금이나마 기여할 수 있기를 바란다.

2014년 여름
관악산에서
임 도 빈

차 례

제 3 장　한국사회 속의 행정

제 4 장　국민과 행정의 상호작용

제 7 장　정　　부

제10장　사람에 관한 행정

제13장   정부의 경쟁력

제 1 장

행정현상과 행정학

서론으로서 본서가 보는 행정현상에 관한 시각을 소개한다. 동서고금을 불문하고 존재해 온 행정현상은 단절이 없이 계속되는 시간적 특성을 가지고 있다. 행정이 가지고 있는 문제를 시간적 특성에서 보면 다음의 Cleveland의 말을 통해서도 확인할 수 있다.

"우리는 20년 걸려 해결될 성질의 문제를 다루는데, 5년 계획(five-year plan)에 근거하여, 2년 정도 재임하는 관료의 손을 통하여, 단년도 예산에 의존하고 있다"(Cleveland, 1979: 5).

여기서 Cleveland는 행정의 업무를 20년에 걸려 해결될 성질의 정책문제, 5년 계획, 2년, 단년도 예산 등 시간적 길이의 관점에서 보고 있다. 20년이라는 장기적인 업무에서부터 단년도 예산이라는 단기적 업무까지, 장기적 안목과 단기적인 안목 두 가지를 모두 고려한 시각이며 이는 곧 두 가지의 안목을 모두 고려하였을 때 바람직한 결과가 나옴을 뜻하기도 한다.

본서에서는 시간적 특성을 고려하여 행정을 다음과 같이 정의한다.

"정부가 국가 전체의 안위와 번영을 이루는 범위 내에서 국민들 각자가 시간의 흐름선상에서 자기가 하고 싶은 일을 마음껏 할 수 있도록 해주는 것"(임도빈, 2005).

'국가 전체의 안위와 번영을 이루는 범위'는 국가 행정의 기본이 안전임을 의미한다. 또한 '국민들 각자가 시간의 흐름선상에서 하고 싶은 일을 마음껏 할 수 있도록 해주는 것'은 민주주의 국가에서 국민들의 행복을 추구하도록 하는 것이다. 역으로, 시간의 흐름선상에서 국민들이 하고 싶은 일을 마음껏 할 수 없도록 일일이 통제하는 국가는 전제주의 국가에 해당될 것이다. 정부는 '국민생활에 있어 한 시점에서 다른 시점 사이에 무엇인가 변화를 이뤄내려는' 노력을 한다. 국민의 생활에 바람직한 변화를 가져온다면 경쟁력 있는 정부라고 할 수 있다.

본서는 시간이라는 관점에서 행정현상을 이해하는 것을 목적으로 한다. 행정의 다이내믹한 측면을 강조하기 위해 '팽이모델'을 제시한다. 팽이는 동력을 잃으면 쓰러진다. 우리나라가 국제적으로 경쟁력이 있으려면, 이러한 동력을 잃어서는 안 된다. 팽이모델은 행위자들 간의 역할분담과 더불어 이들 간 협력을 강조한다. 체제모형에서 말하는 환경과 행정체제와의 명확한 구분도 필요 없다. 이를 위해 민-관관계가 가장 중요하다.

제 1 장
행정현상과 행정학

제1절 행정현상의 특성

I. 행정현상

족장, 왕, 혹은 대통령이 있으면, 이들의 명령을 수행하고, 관리하는 행위가 반드시 존재한다. 광의로 보면, '국가' 혹은 '정부'라는 권력체가 존재할 때, 이 권력체의 의지를 실제로 국민에게 실현시키는 과정이 행정이다. 따라서 행정현상은 동서고금을 막론하고 존재해 왔고 앞으로도 사라지지 않을 것이다. 행정관료는 역사상 가장 오래된 직업 중 하나이다.

실제로 존재하는 행정의 모습은 그 국가사회의 특성에 따라 너무나 다양하게 나타난다. 본서의 연구대상인 '행정현상'은 근대국가의 형성, 그리고 민주국가의 성립을 전제로 하는 근대적 행정을 지칭한다. 공산주의나 권위주의 국가에도 행정현상이 있기는 하지만, 민주국가가 되어야 비로소 온전한 형태의 행정현상이 나타난다. 국가 구성원들을 위한 나라살림이 이루어지는 현장에서 행정현상을 볼 수 있다. 행정의 가장 기본적인 정의는 행정부가 하는 일 또는 활동이다(정정길, 2006: 165). 특히, 삼권분립이 이루어진 민주국가의 경우, 입법부, 사법부, 행정부 가운데 행정부가 하는 일을 행정이라고 한다. 이러한 맥락에서 이달곤(2007: 3)은 행정을 정의하기를 '정치권력을 배경으로 국가 목적을 달성하기 위해 공공정책의 형성 및 구체화를 이룩하는 정부 관료제의 집단적 행동'이라고 하였다.

행정현상은 '정부의 활동'이 있음으로써 발생한다. 행정부가 담당하는 활동의 실제를 열거하자면 수십만 가지이다. 보통 예산이 집행되는 분야를 바탕으로 하여 유사한 기능을 유형화한다면 법과 질서유지, 국방 및 외교, 경제, 사회, 교육, 문화 등이 있다. 이에 그치지 않고, 중앙정부, 준정부기구, 공공기관, 지방자치단체처럼 경제, 사회, 교육, 보건, 환경 등 국민의 일생생활에 직·간접적으로 영향을 미치는 일들을 수행하는 넓은 의미의 행정기구의 활동도 포함된다. 이들은 국가의 자원배분을 위한 재화 및 서비스 제공뿐만 아니라 각종 규제 마련 및 준수 강요와 그 위반에 따른 제재를 가하기도 한다.

이처럼 실제로 존재하는 다양하고 복잡한 행정현상을 설명하기 위해 학자들은 '행정'이라는 실재를 개념화하여 정의한다. 즉, 존재하는 행정현상은 주로 학자들에 의해 연구대상으로서 의미를 부여받는다. 이때 행정이 무엇을 위해 이루어지며 그 성격이 무엇인지에 대한 고민이 수반될 때 행정의 개념은 달리 정의된다.

　　행정이란 단순한 회사의 내부관리와는 달리, 정부의 공권력 행사에 밀접히 관련되어 있다. 따라서 공권력의 행사방향이나 방법에 대한 고민이 당연히 포함되어야 한다. 즉, 행정이란 행정부가 행정서비스를 가장 효율적으로 국민에게 전달하는 '단순한 수단' 이상이다. 따라서 각 나라 행정의 목적과 특성이 중요한 변수가 되고 이 행정의 목적과 특성에 따라 행정의 개념과 행정이론의 범위가 달라질 수 있다.

Ⅱ. 행정현상의 독특성

　　행정은 국가 관료체제를 효율적으로 경영해야 하는 '경영'의 측면과 민주주의 정치체제로서 정치적 요구와 지지를 얻어야 하는 '정치'의 측면을 동시에 가지고 있다. 학문적으로 권력변수를 다루는 '정치학'과 효율적 관리를 다루는 '경영학' 양자의 교집합적인 측면을 다분히 가지고 있다. 교집합이라고 할 수 있는 행정의 영역이 당연히 존재한다고 보기보다는, 오히려 두 마리의 토끼를 잡아야 하는 운명을 가진 것이 행정이라고 할 수 있다.

1. 경영과의 차이

(1) 공통점과 차이점

　　행정(public administration)을 정책을 형성, 집행하는 관료들의 모든 행위라고 볼 때, 이를 얼마나 효율적으로 할 수 있는지가 1차적인 관건이 된다. 그러나 효율성이라는 가치만을 추구한다면, 결국 사기업에서 하는 행위와 본질적으로 차이가 없다. 효율성만을 추구하는 행정은, 사기업체와 민간단체가 사적 이익을 추구하는 조직목표를 달성하기 위한 활동인 '경영'에 가까워진다.

　　행정과 경영의 유사점은 다음과 같다. 첫째, 조직구조의 측면이다. 행정은 공무원 조직이라는 조직을 갖고 있다. 정부가 발표한 2017년 인사통계연보에 의하면, 한국의 전체 국가·지방공무원의 수는 104만 6,487명으로 실로 대규모의 조직이다. 조직은 일정 규모 이상이 되면 효율적 운영을 위해 계서적인 조직구조 형태를 지니게 된다. 따라서 대규모의 조직을 운영하는 데 있어 계층제적 구조와 상명하복식의 체제, 채용과 인사관리의 방식에서 기업과 유사한 면을 찾을 수 있다. 둘째, 행정과 경영은 모두 목표에는 차이가 있지만 목표를 달성하는 데 있어서 능률성과 효율성을 강조하는 측면이 있다. 즉, 비용을 줄이거나 효과를 더 창출하는 방향으로 비용대비 효과를 늘리는 것을 강조하게 된다. 셋째, 협동행위이다. 대규모 조직의 구성원들이 목표를 위해 협동하는 행위가 있는 것이다. 문제에 대한 해결책을 찾기 위해, 혹은 추구하는 목표를 달성하기 위해 구성원들 개개인이 각자 노력하기도 하지만 조직구성원들이 공동적으로 머리를 맞대어 고민한다.

하지만 행정과 경영에는 분명한 차이점이 존재한다. 기업인들은 경영활동을 제한하는 규제정책에 대해 정부 관료들을 비판하기도 하고 그들의 잣대에 근거하여 정부의 활동에 대한 거부감을 표현하기도 한다. 그러나 행정과 경영은 본질적으로 다르기 때문에 같은 기준에 근거하여 비판할 수도 없으며 해서도 안 된다. 뛰어난 기업가가 정부를 책임지는 것이 행정에 최선의 결과를 가져올까? 이 문제에 대한 답을 얻기에 앞서 우선 행정과 경영의 근본적 차이를 우선 알아야 한다. 무엇보다 행정과 경영의 가장 큰 차이는 목적과 주체이다. 행정은 행정기관과 공무원이 추구하는 공익이라는 목적을 가지고 있지만 경영의 목적은 기업과 경영자가 추구하는 사익이라 할 수 있다. 공익이 무엇인가에 대한 정의는 여전히 논란거리이다. 대체로 공익이란 공동체 전체의 이익, 또는 국가 전체의 이익을 지칭하며 물질적인 것 외에도 정의나 형평성과 같은 비물질적인 것을 포함한다. 사익은 이와는 반대로 개인의 이익에 해당하고, 주로 금전적 이익에 강조점이 있다. 기업의 경영활동이 공익을 크게 저해할 경우 제재를 받을 수는 있지만, 기본적으로 기업의 경영활동은 매출향상, 높은 순이익과 같이 사익을 추구하는 것이 최우선 목표이다.

관리적 측면에 있어서도 차이점이 존재한다. 우리나라에는 직원이 100만 명이상인 초대형 기업이 없다. 규모의 측면에서 정부 행정은 기업보다 조직관리가 매우 어렵다. 행정은 집행과정에서 법적, 정치적 통제를 받는다. 집행은 법적 테두리에서만 가능하며, 국민에 의한 대통령의 선출과 장관임명절차에서 볼 때 정치적 통제도 작용하고 있다. 이에 따라 행정조직의 법률과 제도적 제약은 책임성은 높일 수 있지만 사회변화에 대한 대응은 느릴 수 있다는 점에서 장단점을 모두 가지고 있다. 이에 반해 경영은 조직 내부의 규율을 제외한다면 자체적으로 가진 제도상의 제약은 적은 편이다. 또한 환경과 사회의 변화에 대해서는 빠르게 대응하지 못하면 매출에 악영향을 줄 뿐만 아니라 나아가서는 시장에서 도태될 수도 있는 위험이 있기에 신속한 대응이 이루어진다. 민간부문이 공공부문보다 변화 대응에 민감하게 반응하는 이유는 의견수정과정과 관련성이 있다. 민간부문은 공공부문보다 자율적으로 의견수정이 가능하지만, 공공부문에서는 의견수정 시 항상 법에 따라야 하기 때문에 제약이 많을 수밖에 없다. 따라서 변화 대응에 비교적 느리게 반응하게 된다. 법은 위반자 '방지'를 위해 만들지만 이러한 부분에서는 법이 걸림돌이 되기도 한다.

시장에 대한 노출의 측면에서도 차이가 있다. H. G. Rainey et al.(1976)은 기업경영과 대조적인 행정의 특성 중 하나로 시장에 대한 노출 정도가 낮다는 점을 꼽았다. 기본적으로 행정부문이 가지는 독점적 특성으로 인해 X-비효율성이 존재할 수 있는 것이다. 하지만 경영은 국내외 시장경쟁을 통해 경쟁성을 확보하고 있다.

활동범위와 대상에 있어서도 차이가 있다. 활동범위와 영향대상은 맥을 같이 하기 때문에 함께 보는 것이 행정과 경영의 차이를 보는 데 유리하다. 행정은 합법적 권력을 바탕으로 한 공권력을 행사할 수 있는 강제성을 가지고 있는 반면 경영은 영향대상이 고객이므로 강제력이 없다. 이때 고객은 현재의 고객과 잠재적 고객을 포함하고, 경영활동에서는 항시 현재의 고객을 보유하고 잠재적 고객을 유인하는 의도가 반영된다. 때문에 경영은 고객이 하기 싫어하는 것을 강제할 수 있는 권력이 없다. 이러한 영향의 범위에 있어서도 전 국민을 대상으로 한 행정의 파급효과가 경영에 비해 넓고 크므로 정책결정에 있어서 다양한 참여와 신중한 결정이 요구된다. 행정은 다양한 이해당사자(stakeholder)가 존재하므로 많은 감시와 정책에 대한 피드백(feedback) 효과가 존재한다.

당사자(즉, 국민)의 행정에 대한 반응의 형태는 Hirschman(1970)의 '이탈(exit), 항의(voice), 충성(loyalty)'의 개념으로도 설명이 가능하다. 이에 Golden(1992)이 추가한 무시(neglect) 개념도 있다. 대부분의 국민들은 이탈(즉, 이민 등 국적 이탈)이 불가능하다. 따라서 무시를 택한다. 무시(neglect) 개념이 충성(loyalty) 개념과 다른 점은 정책에 대해서 동의하지 않지만 저항하지도 않는다는 것이다. 이는 또한 정책이 모순을 가질 경우에도 발생한다. 무시(neglect)의 개념은 정치적 소외감, 무관심, 무기력 등이 특징이라 할 수 있다.

생산 재화와 서비스의 특성도 공공재와 사적재로 구분된다. 경제학의 관점에서 볼 때 소비와 공급의 원리에 있어서 행정은 다양한 국민계층에게 복합적인 소비와 공급이 이루어지지만 경영은 개별 소비자의 소비와 수요에 따른 공급이 이루어진다. 공급을 위한 재원도 행정은 조세로 충당하지만 경영은 수익자 부담에 의존한다. 정책과 의사결정의 원리도 '정치적 대표성'에 기반한 행정과, '시장원리'에 기반한 경영에는 차이가 존재한다.

X-비효율성
Leibenstein이 주장한 개념으로 주어진 투입(input)에 대하여 적절한 산출(output)이 이뤄지지 못하는 현상을 의미

exit, voice, loyalty
Hirschman은 조직에 불만이 있는 사람이 취할 수 있는 대안으로서 떠나는 것(exit), 남아있되 불만을 표시하는 것(voice), 아니면 묵묵히 충성하는 것(loyalty)이 있다고 하였다.

(2) 벤치마킹의 문제

행정은 경영에서 많은 것을 벤치마킹해 오고 있다. 크게 보면, 경영에서는 최소의 비용으로 이윤을 극대화를 하는 시장경제의 논리에 입각하여, 치열한 시장에서의 경쟁에서 살아남기 위해 효율성 극대화를 추구한다. 행정이 경영에서 중요시하는 정부성과와 효율성을 추구하는 것은 나쁘다고 할 수 없다. 금전적 효율성이란 측면에서 정부부문의 성과가 뒤떨어진다는 문제의식도 예외가 많지만 일반적으로는 맞다고 할 수 있다.

그렇지만 경영이 행정이 추구해야 하는 이상적인 모델이라든지, 행정이 가능한 한 민간경영방식으로 전환해야 한다는 주장은 옳지 않다. 행정은 경영과 달리 공익추구라는 고유한 취지와 특성이 있기에 다소 비효율적일지라도 행정이 담당하여 해결해야만 하는, 경영과는 다른 문제들이 많기 때문이다.

이러한 행정과 경영 간의 관계는 각 국가별, 혹은 각각의 역사적 시기별로 당시의 경제발전의 수준이나, 국가 행정의 목표, 정치·행정 시스템의 성격에 따라 달라진다. 따라서 시간과 공간적 제약 하에서 상황에 따라 행정·경영 간의 관계를 살펴보아야 한다(오석홍, 2011: 102). 우리나라의 경우에도 시·공간적 제약에 따라 각기 다른 행정·경영 간의 관계가 전개되었다.

특히 우리나라는 경제성장을 추구함에 있어 발전행정 패러다임이 활용되었고, 이로 인해 행정·경영 간의 관계에 있어서 행정 우위형이 성립하였다. 즉 민간에 대한 정부부문의 통제력은 매우 강력하였으며, 이로 인해 정부와 기업이 유착관계를 형성하는 문제점이 발생하였다(오석홍, 2011: 103). 이후에는 금융위기, 이른바 IMF 위기가 국내를 덮치면서 작은 정부를 추구하는 요구가 발생하였으며, 이로 인해 민간의 경영기법을 활용하려는 바람이 불었다. 물론 이러한 작은 정부 추구 경향을 비판하며 복지정책과 정부개입을 강조하는 정책방향도 뒤이어 함께 나타났다. 행정과 경영의 관계는 많은 유사점과 차이점을 가지고 있으며, 이러한 특성을 단순히 파악하는 것을 넘어서 각 국가별, 각 시대별로 구현하고자 하는 행정·정책목표에 따라 다양하게 나타나고 있음을 주목해야 할 것이다.

예를 들어 미국에서 행정현상 중 하나인 행정의 관리적인 측면을 강조하게 되면서 공공관리(Public Management)라는 용어가 우리나라에서도 무분별하게 사용되고 있다는 문제가 있다. 그동안 '행정'이 많은 비판을 받다보니, 부정적 뉘앙스를 가지는 식상한 용어로 인식된 측면이 있다. 이러한 점에서 '행정'이 아닌 새로운 개념을 쓸 필요성이 있게 되었고, 그것이 곧 공공관리라는 개념으로 나타나 좀 더 주의를 끌게 되었다고 볼 수 있을 것이다. Graham T. Allison(1980)

표 1-1 | Graham T. Allison(1980)의 공공관리

Policy Management (정책 관리)	정책 수요 확인, 선택 가능한 대안 분석, 프로그램 선택, 관할 권에 근거한 자원의 할당
Resource Management (자원 관리)	기본적인 행정 보조 시스템(예산, 재정, 조달, 공급, 인사 등) 의 확립
Program Management (프로그램 관리)	정책집행 또는 기능(교육, 법률 집행 등)에 따른 기관의 일상 적인 정책이행

은 공공관리(Public Management)에 대해서 위와 같이 세 가지로 정의하고 있다.

위의 정의가 포괄적이기 때문에 해석에 따라서는 종전의 '행정'과 큰 차이가 없다고 볼 수도 있을 것이다. 그러나 management라는 개념은 기술적(technical) 차원의 하위개념이기 때문에 행정학의 발전에 심각한 저해가 될 수도 있다. 특히 우리나라와 같이 행정의 역할이 중요하고 학문으로서의 행정학이 발달한 나라에서는 미국에서 통용되는 management라는 개념을 그대로 쓰는 것은 바람직하지 않다. 개념은 사람들의 사고를 제약할 수 있는 위험성이 있기 때문이다.

읽을거리

행정과 경영의 차이

시간에 대한 관점	- 상대적으로 정치인은 정치적 필요성과 정치일정 때문에 상대적으로 짧을 수 있으나 직업관료들은 시계가 긺 - 민간관리자는 경쟁하는 기업에서 상품을 빨리 생산하고 팔아야 하기 때문에 시계가 짧음
지속성	- 행정서비스는 항상성이 있기 때문에 관료들의 인식 면에서 행정서비스 제공 기간이 긺. 정치인은 상대적으로 짧음 - 민간관리자는 서비스 제공을 일시적으로 하여 수익을 창출하고, 경쟁력이 없을 때는 업종전환을 해야 함
성과의 측정	- 정부관리자의 성과를 측정할 도구나 기준에 대한 합의의 부재 - 민간영역에서는 성과 측정 도구가 다양하게 발전하고, 특정 기간의 특정 역할에 대한 평가도 명확하게 이루어짐
인사 제한	- 정부부문의 경우 민간조직보다 인사관리에 있어서 제한이 많음 - 정부부문은 정무직과 일반직 간의 갈등이 존재할 가능성이 높고, 상위 직급도 노조에 가입되어 있는 상황이기 때문에 민간부문이 인사관리에 있어 재량이 큼

형평성과 효율성	– 정부부문은 형평성을 강조 – 민간부문은 효율성을 강조
과정(process)	– 정부부문은 민간부문에 비해 공공의 감시에 노출되어 있어 더 개방적임
언론과 미디어의 역할	– 정부부문은 일반적으로 언론미디어와 대결적(논쟁적) 관계이고, 그 영향을 많이 받음 – 정부의 결정은 종종 언론에 의해서 그 결과가 미리 부정적으로 예측됨
설득과 지시	– 정부관리자들은 다양한 압력에 반응하는 중재적 결정을 추구해야 함 – 정부관리자는 또한 조직의 생존을 위해 조직 내외의 집단과 연합을 고려해야 함
입법 · 사법부의 영향력	– 정부부문은 입법부에 의한 감시, 심지어 사법부의 명령을 받음
핵심목표	– 정부부문의 관리자들은 핵심목표를 알기 어려움 – 민간관리자들은 이윤, 시장 성과, 생존 등의 명확한 목표가 있음

출처: Graham T. Allison. (1980). "Public and Private Management: Are They Fundamentally Alike in All Unimportant Respects?". 시계, 지속성 부분에서는 한국의 특수성을 감안하여, 원전과 반대로 수정.

2. 정치와의 관계

(1) 맥락적 이해

흔히 정치(의회나 대통령 등 정치인)가 결정한 것을 단순히 집행하는 것이 행정이라고 생각하는 경향이 있다. 그러나 행정과 정치는 쉽게 구분되지 않는다. 행정이 정치와 같은 현상을 포함하고 있고 구분하기 힘들다는 시각도 있다. 예컨 대 행정관료들도 주민들을 만나고 의견을 수렴하여 크고 작은 결정을 하는데, 이것도 넓게 보면 정치행위가 아니냐는 것이다. 즉, 행정을 정치권력현상과 동일한 것으로 볼 수 있느냐의 문제이다.

이 문제는 행정학이 본격적으로 발달한 나라인 미국의 행정학사를 보면 더욱 분명히 나타난다. 미국에서의 행정학은 정치학으로부터 독립한 분과 학문이다. 정치와 행정은 다르다는 정치행정이원론에서 행정학이 발달한 이후, 양자가 서로 같은 것이라고 보는 정치행정일원론과 정치행정이원론이 시대에 따라 번갈아가며 지배적인 생각으로 변화를 거쳐 왔다.

법치주의를 중시하는 유럽의 경우 행정학은 법학(특히 행정법학)에서 발전 하였다. 유럽에서 법학은 국가의 권력작용에 대해 규정하는 거의 독점적인 영역

표 1-2 | 미국의 정치-행정관계에 대한 변화

윌슨 등의 고전파 행정학 - 기술적 행정론 (정치행정이원론)	행정의 경영관리적 측면 부각
경제공황 및 세계대전 이후 - 기능적 행정론 (정치행정일원론)	행정의 정치기능, 정책결정 등 정치적 활동에 의한 행정 통제 강조. 행정은 정부조직에서 이루어지며 가치판단을 동반하는 활동이므로 정치와 가까움
1960년대 행태주의 등장 - 행정행태론 (정치행정이원론)	개인의 행태와 조직의 의사결정에 초점. 공공조직과 사조직 자체를 구분하지 않고 사실판단에만 근거. 따라서 행정과 경영을 동일한 성격을 가진 것으로 간주
후진국에서의 행정의 역할 강조 - 비교발전행정론 (정치행정일원론)	국가 발전은 오히려 행정주도로 이루어짐. 행정관료는 국가발전의 주역이며 행정에 의한 지배(administocracy)가 나타남
신공공관리론 (정치행정이원론)	정부 비효율을 해결하기 위해 사기업의 경영기법을 공공부문에 적용해야 한다고 봄

이고, 전통적으로 정치학은 정치철학이나 정치역사 등을 연구해왔다. 따라서 '정치행정일원론'적 입장에서, 법이 국가권력을 행사하는 데 이를 어떻게 통제해야 하는가라는 입장에서 행정을 연구해 왔다. 이런 점에서 유럽의 행정은 상술한 미국의 행정과는 달리 정치와 구분되어야 한다는 생각은 별로 없었다고 하겠다.

근대 한국에서 행정은 항상 정치의 부속물 내지 수단 정도로 인식되어 온 경향이 있다. 행정이 나라살림을 담당하는 영역인 만큼, 정치권력을 배경으로 한 공공정책의 형성과 구체화 과정을 거치기 때문이다. 게다가 역사적으로 권위주의 정치체제와 발전행정 패러다임을 거쳐 오면서 정치와 행정의 경계는 모호해졌다. 즉 정치와 행정의 역할 분화가 더디었으며, 이러한 모호한 역할 분화는 부정적 결과를 초래하였다. 대표적으로 정치·행정이 결합된 '체제화된 부패'를 들 수 있다(오석홍, 2011: 108). 특히 한국의 권위주의 정치체제와 결합하여 행정의 부패에 정치가 매우 크게 작용하여 왔다.

(2) 정치행정이원론

정치가 국민들에 의한 국가목표 설정과정이라면 행정은 설정된 목표를 달성하기 위한 효율적인 수단 모색 과정이라고 할 수 있다. 정치는 국민 전체의 합의에 의해 정책방향을 설정하고, 그 목표를 달성하기 위한 수단인 집행의 기능을 행정이 한다. 또한 관료들은 행정부에서 정책결정과 집행의 핵심적인 기능을 수행하고 있지만 직접적으로 정치적 책임을 지지 않는다. 이러한 상황은 관료들이 정치권의 영향력에서 벗어나 국가정책을 일관성 있게 추진할 수 있다는 장점도 있지만 민주적 정통성이 없다는 측면에서 관료제와 민주주의, 즉 행정통제의 필요성도 존재하게 된다.

정치와 행정을 담당하는 기관별로 분류하면 입법부가 하는 일은 정치, 행정부가 하는 일은 행정이라 나눌 수 있다. 반면 기능별로 분류하게 되면 이는 조금 더 복잡하다. 활동이 초래하는 결과와 영향력에 따라 나눌 수 있는데, 이때 정치는 국민 전체의 삶에서 옳고 그름의 민주적 가치와 관련 있는 근본적이고, 광범위한 것이다. 즉, 민주적 가치를 실현하기 위한 목표 설정, 방향 설정에 해당하는 것이 정치의 범위이다. 이에 반해 행정은 가치중립적이며 영향범위에 있어 정치에 비해 상대적으로 국한되어 있다. 법률에 명시된 것을 해석할 여지없이 단순 집행하는 것이 행정이다. 또한, 국회를 뒷받침하기 위해 행정의 역할이 필요하기도 하다.

예컨대, 한국사회에서 통일 문제를 정치행정이원론의 관점에서 볼 때 정치학자와 행정학자의 관점은 서로 다르다. 정치학자들은 통일을 이루기 위한 국제정치무대에서 시나리오 그 자체에 관심을 갖지만 행정학자의 관심은 통일을 이루고 난 이후에 있다. 통일 이후부터의 집행은 행정부문이 해야 할 일이다. 빠른 시일 내에 북한 주민들 각자가 하고 싶은 일을 마음껏 할 수 있도록 해주는 것이 행정의 역할이다. 행정부문이 원활히 기능하지 못하면 북한 주민뿐 아니라 기존의 남한 주민들까지 전 국민이 반발하여 혼란을 초래할 것이다.

(3) 정치행정일원론

국가목표 설정과정을 실제로 수행하는 실질적 행위주체를 고려한다면 관료제와 행정부의 역할이 정치적 기능도 포함하고 있다는 점을 인정할 수밖에 없다. 실제 중요한 정책의 내용을 행정부에서 결정함으로써 행정이 정책을 실질적으로 결정한다는 것이다. 정책결정 과정에서의 재량권 행사, 가치의 선택 등은 행정관료의 특성이자 기능이기 때문에 실제 행정관료들은 정치에 깊숙이 개입하는 것과 마찬가지 효과가 있는 것이다. 여기서 행정부에게 가장 중요한 문제는 선출직 공무원에 대한 행정관료들의 책임성과 반응성이라 할 수 있다(Sayer, 1958). 대통령은 국민에 의해 선출된 국가의 수장이면서 또한 행정부의 수장이다. 장관 역시 행정부에만 속한 것이 아니라 국회의 직접 감시 대상이다. 언론에서도 대통령과 각 부처 장관들의 활동에 항시 주목하므로 정치적 책임성과 반응성을 지니게 된다.

정치의 일차적 기능은 주권자인 국민의 의사가 종합되어 정책 또는 제도에 반영되는 과정이라고 할 수 있다. 단순화시켜 표현하면 행정은 이렇게 형성된 정책과 제도를 구체화시키고 집행하는 것이다. 기본적으로 정치는 가치배분을 어떻게 할 것인가를 결정하는 과정이다. 반면 행정은 정치를 통해 결정된 가치를 집행하고 관리하는 것이다. 따라서 정치와 행정은 동전의 양면과 같다.

그러나 동전의 양면은 서로 분리되어 있는데 반해, 정치와 행정은 서로 혼합되어 있는 측면도 있기 때문에 갈등의 여지가 상존한다. 이것은 입법부, 행정부라는 '기관'의 입장에서 볼 때, 정책의 방향을 결정하는 '정치기능'과, 국민을 상대로 집행을 하는 '행정기능'이라는 두 가지 분류축으로 놓고 생각해 볼 필요가 있다.

행정국가론
Weber에게서 영향을 받은 D. Waldo가 주창한 개념으로, 행정관료제가 민주정체에서 중추적인 역할을 하는 것을 의미한다.

행정이 정치기능까지 담당해야 한다는 행정국가론(administrative state)적 입장이 있다.[1] 행정국가론은 민주화가 진행될수록 행정부가 적극적으로 기능이 극대화된다는 모델이다. 다양한 요구가 분출하는 민주사회에서 입법부가 세세한 집행단위의 결정까지 하기엔 분명 무리가 따르기 때문이다. 그러나 현실적으로 관료가 '정치기능'을 하는 데에는 행정부의 정통성 결여 문제가 걸림돌로 작용하게 된다. 즉 "임명직인 행정관료가 국민 전체 이익을 대변할 수 있는가?"에 대한 질문이다. 아울러 관료제의 비효율성과 부패 등의 문제도 나온다. 따라서 행정의 역할을 '행정기능'에 국한시키고 정치에 종속시켜야 한다는 정치행정이원론의 입장이 나타나게 된다. 이와 더불어, 최근의 경향으로서 국회도 국민의 대리인에 불과하니 그때그때 시민이 참여하여야 한다는 시민참여론 혹은 거버넌스이론이 행정부의 역할을 희석시키는 이론적 근거가 된다.

현대행정학은 정치행정일원론이 주류로서 받아들여지고 있으나, 행정이 정확히 어느 위치에서 정치의 속성을 함께 가지고 있는지에 대해서는 명확한 합의를 형성하고 있지 않다(오석홍, 2011: 108). 그리고 이러한 점은 행정·경영 간의 관계와 마찬가지로 시·공간적 제약에 따라 국가별, 시대별로 각기 다르게 바라볼 수 있을 것이다.

---

1 행정국가론과 정치행정이원론 두 가지 축의 중간에 상호작용론(절충형) 모델을 추가하면 총 9개의 유형이 나온다. 박재창(2008)은 9개 유형론을 도출하고, 행정기능을 행정부가 주체적으로 할 수 있는 유형(행정학의 고유성 확보)과, 정치행정일원론으로 정치와 행정의 구분이 없고 행정의 주체는 시민사회가 되어야 한다는 극단적 모델(행정학의 존재기반 위협)로 유형화하였다.

사회과학으로서의 행정학

행정학은 영어 'Public administration'의 번역어이다. 이렇게 번역한 데에는 서구문물을 먼저 도입한 일본의 영향이 있었던 것 같다. 이를 번역하는 과정에서 정치의 결정(즉, 법)을 행동에 옮기는 行法이라고 하다가 '행정'이 된 것이다. 그리고 이 단어를 우리가 그대로 받아들인 것 같다. 우리보다 늦게 행정학을 받아들인 중국은 '행정'보다는 '公共管理'라는 용어로 통일된 듯하다. 공산당 일당독재체제이기 때문에 행정에서 정치성을 배제하고 관리적인 차원으로만 제한하려는 정신이 들어 있다고 생각된다.

어느 학문이 사회과학으로서 독립된 학문 분야로 성립하기 위해서는 다음과 같은 조건이 충족되어야 한다. 첫째, 다른 학문의 것과 구분되는 연구의 대상이 있어야 하고, 둘째, 이 연구대상을 연구함에 있어서 독자적인 방법론이 있어야 하며, 셋째, 이를 설명할 수 있는 구분되는 이론적 총체 혹은 시각 등이 있어야 한다. 우선 외국의 행정학에 관해서 개관해 보기로 한다.

영어로 'Public administration'은 정부의 업무를 관리하는 '행정활동'을 의미하기도 하고, 이러한 정부의 활동을 연구하는 학문인 '행정학'을 의미하기도 한다(Khan, 2008: 1).

I. 외국의 행정학

행정에 대한 학문적 연구는 크게 유럽의 행정학과 미국에서 19세기 말부터 시작되어 지금까지 지속적으로 성장해 온 행정학으로 이분할 수 있다. 일반적으로 관방학 등 유럽의 행정학을 한국행정학의 실질적인 기원으로 보기는 어렵다. 독립 학문 분과로서 행정학은 학문의 분화과정을 이끌어 오는 미국에서 시작된 학문이라고 해도 과언이 아니다. 오늘날 한국의 행정학은 미국행정학의 영향을 많이 받았다.

1. 독일의 행정학

독일의 행정학은 크게 프러시아(혹은 프로이센)의 16세기 말-18세기 말까지의 관방학, 18세기 말부터 발전된 공법학, 18세기 말부터 19세기 말에 존재했던 슈타인(L. V. Stein)의 관방학(Cameralism)으로 나누어진다. 정치적으로는 경찰

국가체제 하의 절대주의적 지배과정 속에서 이루어진 것이며 사회적으로는 영국의 중상주의나 프랑스의 중농주의의 독일적 변형이었다.

2세기 동안에 걸쳐 발전한 독일의 관방학은 보통 할레(Halle)대학과 프랑크푸르트(Frankfurt)대학에 관방학의 강좌를 개설한 1727년을 기점으로 전기와 후기로 나뉜다. 전기 관방학의 시대는 프리드리히 1세가 폴란드의 지배에서 벗어나 1701년 브란덴부르크를 중심으로 왕국을 건설하고, 프리드리히 2세를 거쳐 중앙집권국가체제를 형성하고 강력한 관료제를 수립한 시기이다. 이 당시의 국가융성은 강력한 행정체제의 확립을 기반으로 이뤄졌다. 이 시기의 관방학은 공공복지의 사상적 기초가 신학(神學)에서 기인한 것으로 보았으며 주로 국가수입획득에 관한 연구로 국한된다.

후기 관방학의 시기는 Frankfurt대학과 Halle대학에 관방학(Kammeral-wissenschaft) 연구를 위한 석좌교수(chair professor)자리를 마련한 시기이다. 두 대학에 관방학 강좌를 설치한 것을 시초로 독일행정학이 본격적으로 시작하였다.

18세기 중엽부터 농업, 임업(사실상 왕실재산을 관리하기 위한 지식), 재정과세학, 통계학, 경찰 등의 학문을 해야 관리가 된다는 믿음을 바탕으로 법학적이기보다 재정학적인 내용을 중심으로, 과학이 아닌 기법 위주의 관방학이 발달하였다. 후기 관방학의 시기에 분화된 경찰학의 토대는 유스티(J. H. G. von Justi)의 '경찰학 원리(Grundsatz der Polizeiwissenschaft, 1756)'라는 저서에 의해 마련되었다. 그는 이 저서에서 '국가 목적'을 국가재정의 유지 및 확대를 다루는 '경찰학'과, 그리고 국가재산의 유효한 사용을 다루는 '재정학'으로부터 분리시켰다.

이 시기 독일의 행정조직도 아직 기능이 미분화된 관방(Kammer) 상태였다. 이것이 1806년 Friedrich Wilhelm 3세가 나폴레옹에게 패한 후, 프랑스식 과(Bureau) 조직형태로 분화되었다. 즉, 프랑스식 관리기법을 적극적으로 배운 것이다. 또한 프랑스 혁명 이후 절대군주제가 쇠퇴하고 민주사상이 대두되어, 국가에 대한 국민의 권리가 중시되면서 행정법 분야가 발달하였다. 나아가서 국가통치의 합리화 수단으로서 행정법이 발달하였다. 프랑스의 영향으로 관방학이 쇠퇴하고 행정법(공법학)이 등장한 것이다. 이러한 공법학(행정법학)은 18세기 말 몰(R. von Mohl)에 의해 창시되었다. 몰은 법치국가의 관념을 처음으로 제시하였으며, 자유주의적 국가관에 입각하여 국가권력으로부터 개인의 자유와 평등을 보장받기 위하여 행정의 적법성을 갖추고 있는 근대적 입헌국가야말로 가장 합리적인 국가형태라고 보았다. 따라서 이러한 공법학의 시각에서 행정은 법률의 하위 개

넘으로 인식되었고 법치행정의 원리가 강조되었다.[2]

이러한 관방학의 쇠퇴기에 관방학의 대가로 등장한 사람이 슈타인(L. von Stein, 1815-1890)이다.[3] 슈타인은 관방학과 전통적인 공법학에 비판을 가하고 부국강병을 위한 독자적인 행정체계의 정립을 시도하였다. 그는 국가적으로 실용적인 지식과 기술을 제공하는 것을 강조하고, 헌정(Verfassung)과 행정(Verwaltung)을 분리했다. 헌정은 국가의 구성원인 개인이 국가의 의사결정에 참여하는 국가적 권리이며, 행정은 사실적인 정책집행기능으로 본 것이다.

또한 슈타인은 헌정과 행정은 불가분의 상호의존관계에 있지만 각각 독자의 영역을 보유하는 것으로 인식하였다. 즉, 절대적 우월관계에 있는 것이 아니라 양자 간에 서로가 우위를 점할 수 있는 이중의 관계를 형성하고 있는 것으로 본 것이다. 3권으로 구성된 '행정학강요(Die Verwaltungslehre)'는 총론(행정조직, 행정명령, 행정법의 3부)과 각론(외무행정, 군무행정, 재무행정, 법무행정, 내무행정의 5부)으로 구성되어 있다. 따라서 슈타인은 서구 최초로 시민사회적인 행정과학을 창시한 시조로 여겨진다.[4]

그러나 19세기 후반 독일에서 법치국가이념이 지배적 이데올로기를 형성하면서, 독일행정학의 사회과학적 성격은 쇠퇴하고, 행정법학적 전통이 자리잡았다. 이후 독일의 행정은 법치주의를 강조하는 동시에 국민전체의 생존배려를 보장하는 행정으로 지금까지 계속되고 있다(정창화, 2017: 379-408). 독일은 거대한 관료제를 가지고 있는데, 보통 법학을 전공하는 대학생들이 재학중 행정실무(인턴)를 익히면서, 공직에 진출하는 방식으로 이뤄진다.

법치행정 전통이 견고한 독일에서는 동독과 서독의 통일 후 행정부문의 역할이 커졌다. 또한 독일의 사민주의(social democracy)는 형평성을 중요한 가치로 내세우고 있는데 여기서 역시 경제분야에서 국가의 역할이나 개입이 크게 작용한다. 독일에는 슈파이어 대학 등 소수의 대학에서 협의의 행정학 교육과 연구가 이뤄진다. 광의의 행정학은 법학, 정치학, 경제학 등 여러 학문분야에서 연구된다고 하겠다.

---

2 이러한 독일의 행정법학적 전통은 아시아, 라틴아메리카 등지로 전파되었다.
3 1861년 철혈수상 비스마르크가 등장하여, 독일의 영토를 넓히고 국력을 키웠다. 그리고 마침내 1871년 독일통일을 상징하는 황제취임식이 프랑스 베르사유 궁내 거울의 방에서 치러진다.
4 이를 서구 행정학의 시조라고 할 수 있다. 미국의 Wilson보다 거의 100년이 앞선다.

2. 영국의 행정학

영국은 절대군주시대에 체계화된 공무원 제도를 갖추었던 몇몇 유럽 국가들과 달리 국왕에 의한 정실주의가 계속되었다. 따라서 영국은 미국과 같이 공무원 제도 개혁을 계기로 이루어진 행정에 대한 체계적인 연구나 교육이 있었던 것도 아니었고, 독일의 관방학과 같이 대학에 바탕을 둔 학문이 나타난 것도 아니었다.

따라서 영국행정학의 기원을 구태여 밝힌다면 영국의 대표적인 철학자이자 법학자인 벤담(Jeremy Bentham)의 저작을 통해 행정에 관한 이론을 추적할 수 있다. 그의 대표저작인 '헌법전(the Constitutional Code)'도 당시 영국에서 시행되고 있던 헌법에 대한 내용보다도 그가 구상하는 이상국가의 건설을 위한 이상적 법전(ideal code for the ideal republic)의 내용을 담으면서 법전 내용의 반 이상을 행정(administration)에 관한 것으로 할애하였다(유완빈, 1982: 14).

그러나 근대적 의미의 영국행정학을 발전시킨 주체는 1921년에 창설된 왕립행정학회(Royal Institute of Public Administration)라고 할 수 있으며 이 학회는 1922년부터 학술지 'Public Administration'을 발간하기 시작하였다. 그러나 독일의 슈타인과 같이 행정학을 집대성한 사람은 찾아보기 어렵다. 영국의 학문적 전통은 역사학, 철학 등 인문학을 강조한다. 즉 사회과학적 전통이 약하다. 따라서 J. Locke 등 여러 학자들에 의한 행정학적인 성격의 문헌들을 많이 찾아볼 수 있지만, '행정학(public administration)'이라는 책제목을 사용한 명시적인 행정학 연구의 시초를 찾아보기는 어렵다.

그러나 영국에서 행정활동이 발달하지 않은 것은 아니다. 영국은 앵글로색슨 국가로서 미국과 유사한 점이 많지만, 공공부문의 범위 등 다른 점도 많다.[5] 영국이 미국과 핵심적으로 다른 정책은 공공복지부문의 팽창이다. 복지분야에서 Beveridge보고서는 영국의 근대행정제도의 형성에 초석이 되었다고 할 수 있다. 국가의 의료복지제도(National Health System)가 대표적인 예이다. 실제로 1인당 사회복지비 지출수준은 유럽연합국가 중 상위권에 속한다(Flynn, 2007: 24). 따라서 복지 분야에 종사하는 공무원의 비중 역시 높다.

물론 행정의 문제를 해결하기 위한 방법으로서 미국적 접근을 취하기도 한다. 예컨대, 대처 수상 이후 추진된 민영화, 민간위탁, 시장주의정책 등 시장 중심적 행정개혁은 마치 영국행정학이 미국행정학과 맥을 같이 하는 것처럼 보인다. 그러나 실제를 들여다보면, 민간기업에 완전히 맡기는 식의 민영화가 아니고 내부

비버리지 보고서
William Henry Beveridge가 1942년에 제출한 보고서로 최저 생활급제도 등 영국 사회보장제도의 근간이 될 6대원칙을 담고 있다.

---
5 이것은 미국이 영국의 과도국가형태를 피해 이민한 사람들로 생긴 나라라는 점을 생각하면 된다.

에서 제한된 경쟁을 하는 정도에 불과한 경우가 많다. 그 이유로 영국은 미국과 사회제도적 여건 자체가 근본적으로 다르다는 점을 꼽을 수 있다.

영국은 대학에 행정학과가 다른 유럽국가에 비하여 많이 설치된 편이나 미국보다는 발달하지 않았다. 그리고 행정의 실제작동을 보았을 때 법치행정을 중시하고 복지분야 확대 등 유럽적 특성을 아울러 가지고 있다(최영춘, 2017: 267-324). 따라서 영국의 행정학은 미국보다는 유럽형에 가깝다. 한국사회에 영국은 지방자치국가라고 알려진 바 있으나, 실제로는 중앙집권적인 면도 많이 가지고 있다.

3. 프랑스의 행정학

프랑스는 18세기 이래 발달한 경찰학에 토대를 두고 법학적인 접근법을 중심으로 행정학이 발달하였다. 영국과 마찬가지로 Montesquieu의 3권분립론 등 정치학, 철학, 역사학 계통의 행정에 대한 저서는 많이 출판되었으나, 행정학이라는 용어를 사용하지는 않았다. 프랑스어로 행정학, 'science(s) administrative(s)'는 현재에도 그리 통용되는 말은 아니다(J. Chevallier, 2007). 즉, 학문분과로서 행정학이 별도로 존재하지 않는다고 봐도 과언이 아니다. 대학에서는 공법학과(droit public)에서 행정법의 일환으로 행정학과 유사한 부분을 가르치고 있는 정도이다.

오늘날의 시각에서 가장 행정학에 가까운 저서는 자신의 30년간 관리자 경험을 이론화하여 행정학(administration)이라고 명명한 앙리 파욜(Henri Fayol)의 '산업 및 일반행정학(l'Administration Industrielle et generale, 1916)'이라는 저서이다. 이것은 행정관리의 일반원칙을 찾아서 나름대로 체계화한 것으로, 미국학자 Urwick이 미국에 소개하여 행정관리학파의 근간을 이루는 저서로 꼽히고 있다. 그러나 해당 내용이 프랑스의 대학교육에 체계적으로 계승되어 행정학이 교육되거나 연구되지는 않는다.

하지만 사회과학으로서 행정'학'이 발달하지 않았다는 것이 곧 '행정제도'가 발달하지 않았다는 것을 의미하지는 않는다. 오히려 프랑스의 행정실무와 행정체제는 자유, 평등, 박애라는 프랑스 혁명정신에 기초한 좋은 행정으로서 전 세계적으로 모범적인 제도라고 할 수 있다(윤광재, 2017: 409-446).

이미 나폴레옹 집권 당시부터 중앙집권적 행정체제의 체계화로 효율적인 행정체제를 마련하였다. 나폴레옹은 국가 전역을 하나의 통치체제로 통일시키기 위해 전국을 분할하여 담당자(즉, 국가도지사)를 임명했다. 이들을 각 지역에 파견하여 전국을 통제한 것이다. 또한 행정법 중심의 특별권력관계가 형성되었으며, 행정기관의 권력남용이나 피해에 대한 심판제도 및 행정법정 체계화가 이루어졌다.

독일의 관방학이 국가융성학이었다면, 나폴레옹의 개혁들은 국가의 권력관계를 설계하는 작업이었다. 부정한 목적으로 권력을 남용하는 것을 막기 위해 노력했고, 이런 전통이 프랑스의 학문 발달에 그대로 반영되었다. 행정제도의 형성이나 발전에는 최고행정법원인 국사원(Conseil d'Etat)이 중심에 있다. 국사원은 법관련 심판과 연구, 자문기능을 모두 갖춘 곳으로 막강한 권력기관이다. 이는 2차 세계대전 이후 국립행정학교(ENA)라는 공무원양성기관이 설립되면서 관료 충원의 일원화가 이루어지는 것과 관련된다.

국립행정학교는 다른 나라의 대학과는 달리 실무가를 교육하는 공무원교육원이다. 교육내용으로는 행정학이론보다는 그 당시 사회의 가장 문제가 되는 사안을 사례연구하여 정책에 적용하는 것을 배운다. 즉, 지식의 내용보다는 문제해결을 위한 사고방식과 해결방법을 배운다. 입학과 동시에 수습생으로서 공무원 신분을 획득하는데, 이 학교를 졸업한 엘리트 그룹들이 프랑스의 정치행정분야를 주도하면서, 프랑스 사회의 지배층을 형성한다고 볼 수 있다.

이처럼 독일, 영국, 프랑스에서는 학문으로서의 행정학은 발달하지 않은 국가들이다. 그러나 실무 행정 자체는 발달 정도가 높은 국가들이다. 이들 나라에서의 행정학 연구는 주로 권력 관계의 규제를 다루는 분야이다.

읽을거리

오늘날의 유럽은 과거 행정의 덕분이다.

한때 유럽을 지배했던 프랑스는 하루 아침에 이뤄진 것이 아니다. 과거에는 지리멸렬한 제후국이었던 독일이 오늘날의 강국이 된 것도 마찬가지다. 역사는 당시의 왕들만을 주목하지만, 실제 이들 뒤에는 뛰어난 행정가(재상)가 있었다. 프랑스의 장 바티스트 콜베르와 독일의 비스마르크가 대표적인 예이다.

먼저 장 바티스트 콜베르를 보자.

베르사유 궁전을 지은 프랑스의 왕 루이 14세의 뒤에는 천재적 행정가 콜베르가 있었다. 1664년 N. Fouquet의 부패사건을 적발한 후, 후임으로서 막강한 권력을 휘두르며 프랑스의 국부를 증진시켰다. 특히 경제개혁에 주력하였는데, 당시 모든 유럽국가들의 금 · 은의 보유량은 한정되어 있었으므로, 국부를 증대시키기 위해서는 무역을 증진시켜야 한다는 소위 콜베르티즘(Colbertisme)을 만들어 냈다. 기본적으로 수입을 억제하고 수출을 증가시킨다는 원칙인데, 국내적으로는 산업을 진흥시켜 상품생산을 늘리고, 국외적으로는 상선(商船)을 증가시키는 등 무역을 증진시켰다. 이를 통해 금 · 은의 보유량을 늘리는 것을 목표로 하였다. 국내생산을 촉진하기 위해 당시 산업조직이었던 길드조직을 개혁하여 생산부문에 필요한 인력을 증강하고, 아울러 왕립 공장(오늘날의 공기업)에서 국가가 직접 전략적 상품을 생산하였다. 이러한 콜베르티슴은 1683년 콜베르의 사망 이후 이어지지 못했다.

다음으로 더욱 뛰어난 행정가인 비스마르크를 보자.

독일은 중세 이후 이리저리 흩어져 있는 제후국이었다. 1861년 빌헬름 1세가 프로이센 왕위에 오르면서 국가체제가 정비되고 국력이 증진되기 시작하였다. 그는 1862년 비스마르크를 수상으로 등용함으로써, 강력한 행정체제를 통한 독일절대주의 체제를 확립하게 된다. 행정가 비스마르크는 '군대와 강력한 통치(철혈, 鐵血)'를 통해서만이 독일이 강대국이 된다고 설득하였다. '실력'이 명분보다 중요하다는 신념으로 그는 취임 후 의회의 기능을 4년 동안 정지시키고, 국민에게 무거운 세금을 물렸다.[6]

비스마르크는 국력을 키운 후, 유럽의 세력들과 전략적으로 제휴하고 동시에 전쟁을 치르면서 독일통일을 완수해나갔다. 처음에는 프랑스와도 제휴하였다. 그러나 비스마르크가 독일의 통일 사업을 완수하기 위해 합스부르크가(家)의 강국인 오스트리아를 공격하자 프로이센의 성장을 견제하고자 하는 나폴레옹 3세도 참전을 하게 된다. 비스마르크와 같은 뛰어난 행정가의 뒷받침이 없었던 나폴레옹 3세의 프랑스는 힘없이 1871년 1월 29일 파리가 함락되는 치욕을 당해야 했다. 빌헬름 1세의 황제취임 대관식이 베르사유 궁전에서 성대히 이뤄진다.

이 두 사람의 명행정가가 없었다면, 오늘날의 프랑스와 독일이 어떻게 되었을까 궁금하다.

4. 미국의 행정학

미국의 행정학은 정치와의 관계에서 발전해 왔다. 1세대 미국은 주로 종교의 자유를 찾아 신대륙을 찾은 영국이민자들이 주축이 되어 만든 나라여서 독특한 특성을 띠는 나라이다. 미국행정학의 발달 계보를 간략히 서술하면 다음과 같다.

(1) 고전적 행정학: 1880-1930년대

1829년 Jackson 대통령 취임 당시에는 행정이라는 업무의 전문성이 인정되지 않았다.[7] 행정은 결정된 정책을 수동적으로 집행해주는 도구에 불과하다 여겼기 때문에 선거 이후 정권이 교체되면 공무원이 대거 바뀌었다. 선거의 전리품처럼 선거에 기여한 사람들에게 관직을 나누어 주었다. 정치만이 존재하고 행정은 정치의 부속물처럼 경시했다. Jackson 대통령의 이후 이러한 엽관주의는 더욱 공고해졌다.

미국 행정학 성립의 기초가 된 사상으로 Hamiltonianism, Jeffersonianism, Jacksonianism을 들 수 있다.

---

6 아울러 각종 사회복지정책도 실시되었다.

7 Hamilton 사상은 해밀튼의 저서 '연방주의자'에서 드러나는데, 능동적이고 능률적인 행정과 국가기능의 확대를 강조하였으며 중앙집권성을 강조하였다. Jefferson 사상은 지방분권화를 통한 민주주의의 실현을 제창하고 국민의 이익을 중시하는데, 이를 제퍼슨의 자유주의라 한다. 또한 Jackson 사상은 현실주의적 정치가인 잭슨이 공직에 대한 기회균등과 공직을 선거운동원에게 배분하여 주는 엽관주의를 통해 민주주의를 실현시키는 것을 역설하였다.

그러나 엽관주의의 폐단이 야기되면서, 정치로부터 행정의 독립이 필요하다는 주장이 대두되었다. 1883년에는 펜들턴 법(Pendleton act)이 제정되어 실적주의의 기초가 마련되었다. 미국의 고전적 행정학은 행정을 정치권력의 현상이 아닌 관리기술로 파악되어야 한다고 주장한다.

그 주요 내용을 살펴보면, 우선 기술적 행정학은 행정을 정치현상이 아닌 사무·관리·기술·집행의 현상으로 파악함으로써 정치행정이원론과 공사행정일원론을 취하며 행정의 독자성과 능률성의 제고를 강조하였다. 구체적으로 실적주의 인사를 통해 직업공무원제를 확립하고, 행정의 효율성 및 전문성을 확보하는 측면에서 능률성을 강조한다고 할 수 있다. 또한 이에 입각하여 행정에 대한 정치적 간섭을 배제하는 반엽관주의를 띤다. 아울러 행정관료제 내부를 들여다보는 폐쇄체제 이론으로, 비공식적 관계나 환경과의 교호작용에 따른 영향을 소극적으로 다루는 것이 특징이다.

W. Wilson의 '행정의 연구(The Study of Administration, 1887)'는 정부가 수행하는 업무들은 정치적 측면이 아닌 과학적으로 연구할 필요가 있다고 지적하면서, 정치와 행정을 구별하여 연구를 수행하여야 한다고 주장하였다. 따라서 행정영역은 고유한 것이며 경영과 같은 것으로 간주했다. 당시 미국은 비옥하고 넓은 국토와 방대한 자연자원들에 비해 국민들이 사용할 물품들이 부족한 상황이었다. 따라서 수요를 충족시키기 위해서는 낮은 가격과 빠른 속도로 공산품을 생산하여 공급하는 것이 중요했다. 즉, 능률성이 중요시되는 기업가 정신이 필요했다. 이렇듯 미국은 정부가 모든 것을 떠안기보다는 시장에 맡길 수밖에 없는 환경이었다.

미국행정학에 대한 기독교 사상의 영향

미국의 행정사를 보면 Jackson의 엽관주의, 실적주의 등 몇 번의 대전환기가 있었다. 이런 개혁을 주도하거나 미국행정학을 발전시킨 주요 인물들은 독실한 기독교인들이 많았다. 특히 조직론을 발달시킨 Gulick, Goodnow 등 장로교 목사의 자녀들이 많이 있었다(R. Stillman 좌담. 2012. 2. Leuven, 벨기에). 즉 한국의 행정문화에는 유교가 기반하고 있듯이, 미국행정학은 장로교를 중심으로 한 기독교 사상이 기반을 하고 있다.

(2) 인간관계론: 1930-1940년대

1940년대에는 정통행정학을 지배하던 능률과 절약은 약화되고, 민주적 가치와 행정과정의 연계에 대한 관심이 높아졌다. 이 시기에는 행정이 팽창하고 행정국가화가 촉진되었으며, 조직 내부의 기계적 조직관을 비판하면서 인간에 대한 관심이 높아졌다. 인간관계론은 비공식조직의 형성에 관한 이론에서 출발하였으며, 조직구성원의 내면의 심리를 대상으로 관리기법을 개발하고 비공식적인 관계를 연구하는 데 주안점을 두었다. 인간은 감정적인 동물이기 때문에 인간 심리의 복잡함을 인정하고, 기계적으로 일하고 금전적 인센티브를 받는 것보다 사회적 욕구나 인간적 욕구가 더 중요함을 발견하였다. 생태론은 고전적 행정학의 폐쇄체제 이론을 비판하면서 행정에 영향을 주는 환경요인에 관심을 두었다. 즉, 정치·경제·사회적 요인 등이 행정에 미치는 영향을 연구하였다.

(3) 행태과학과 의사결정연구의 발달: 1950-1960년대

1950년대부터는 미국 사회과학계에 행태주의 혁명이 일어났다. 행태과학을 행정학에 도입한 선구자는 노벨경제학상 수상자인 Herbert A. Simon이다. 그는 그의 저서 '행정행태론(adminisrative behavior)'에서 첫째, 조직 내 개인들의 행태에 초점을 두며, 둘째, 의사결정(decision-making)과정을 중시하고, 셋째, 신정치행정이원론으로서 정치적 요인의 연구대상을 제외하고자 하였으며, 넷째, 논리실증주의적 접근을 통해 가치문제들 역시 연구대상에서 제외하였다. 마지막으로 사람의 행동을 관찰하는 행태과학으로 행정의 과학화를 추구하였다.

(4) 개도국을 위한 비교행정과 발전행정-행정연구의 국제화

1950년대에는 Gaus, Riggs 등을 중심으로 생태론적 접근방법이 활용되어 환경이 행정에 미치는 영향을 주로 연구하기 시작하였다. 그리고 행정학의 세계화가 본격 진행되면서 행정학의 관심영역이 확대되어 비교행정과 발전행정의 성장이 이루어졌다.

개발도상국가의 행정에 대한 기술원조가 전개되는 과정에서 미국행정학의 문화지속적 속성과 보편타당성의 한계가 노정되었다. 이는 선후진국을 막론하고 공통으로 타당한 행정학을 만들기 위해 비교행정 연구가 등장하는 계기가 되었다. 1960년대에 Fred Riggs는 '프리즘 사회(Prismatic Society)'라는 저서에서 거대이론 모델수립을 시도하였다. 이후 후진국의 국가발전과 행정발전에 대한 연구가 활성화 되면서 행정이 사회를 주체적으로 발전시키는 것을 고민하는 발전행정론이 형성되었다.

(5) 관리과학과 정책과학의 발전

1960년대는 미국행정학이 비약적으로 성장·발전한 시기이다. 우선 주로 국방 분야에서 개발된 고도의 계량모델을 기초로 하는 관리과학이 등장하였다. 즉, 공공문제에 OR, 체제분석 기법을 본격적으로 도입·활용한 행정개혁이 추진되는 등 관리과학의 학문적 체계가 완성되었다. 또한 '위대한 사회(Great Society)' 건설 프로그램의 성과에 대한 관심이 높아지면서 정책연구 붐이 일었다.

위대한 사회
1964년 존슨 대통령이 선언한 개혁 정책의 표어이다. 빈곤퇴치, 교육부흥, Medicare 등 복지를 확충하는 것으로 New Deal 이후, 가장 대폭의 국가주도의 개혁정책이었다.

1960년대의 정부개혁, 특히 민권운동과 빈곤퇴치사업 등의 전개는 행정이 개인에게 미치는 영향에 대한 관심을 환기시켰다. 이러한 배경에서 과거 기술합리성(technical rationality)에 국한되던 행정학에 대한 반발로서 신행정학(new public administration) 운동이 일어났다. 신행정학은 미국 내부의 형평성, 인종차별, 인권 등의 가치문제가 등한시 되어온 점에 반발하였다. 연구의 관심을 외국과의 비교행정과 같은 다른 나라의 문제로부터 미국 내 자신의 문제로 환기시켜 가치중립적이기보다는 오히려 규범적이며, 기술적(descriptive)이기보다는 처방적이고, 제도지향적이기보다는 정책지향적인 행정과 행정학을 강조하고 있다. 이와 더불어, 행정현상을 좀 더 근본적으로 이해하는 현상학적 접근을 주장하는 흐름도 등장하였다. 정부의 역할이 확대되고, 행정이 개인들의 삶에 미치는 영향의 범위와 강도가 높아짐에 따라 행정윤리와 책임성에도 관심이 집중되었다.

신행정학
'신행정학' 운동은 1968년 9월 Waldo 교수의 주관 하에 George Fredrickson 등 50명의 소장학자와 실무가들이 모여 기존의 행정학에 반발하며 출발하였다. 적실성, 참여, 변화, 가치, 사회적 형평성 등에 기초한 행정학의 독자적 주체성을 강조하였다.

(6) 정 책 학

1970년대 미국은 민권운동, 베트남 전쟁, 워터게이트 사건, 석유파동 등과 같은 변화의 소용돌이에 휩싸이며, 정부와 개인의 관계, 정부 간 역할분담 관계, 국제관계 등을 새롭게 검토하기 시작하였다. 특히 두 차례의 석유파동을 거치면서 인플레이션과 경제침체가 가속화되고, 재정압박과 재정적자가 발생하였다. 이러한 가운데 정부의 한계에 대한 인식이 형성되기 시작하였다. 정부실패 또는 공공부문실패 개념이 이때 등장하였고, 또한 자원난과 재정위기를 배경으로 신보수주의 또는 신자유주의의 영향을 받아 등장한 '작은 정부' 이념에 기초하여 '감축관리론'이 등장하였다.

또한 정부정책을 연구대상으로 하는 정책학이 제창되기 시작했다. Y. Dror, Lindblom 같은 학자들이다. 아울러 노벨경제학상 수상자인 E. Ostrom은 미국행정학의 '지적 위기' 문제를 지적하면서 이를 극복하기 위한 대안으로 공공선택론(public choice)을 제안하였다. 마치 시장에서 상품이 경쟁하듯이 공공부문에서도 가격을 통한 경쟁을 하고 국민들이 선택토록 해야 한다는 논리이다. 공공선택

론은 행정의 고객 주의·소비자 중심주의, 그리고 행정학이론의 이론모델화에 기
여해왔다.

(7) 신공공관리론

신자유주의 경제관에 입각한 이론들이 1980년대 중반 이후에는 더욱 큰 영향
력을 발휘하기 시작한다. 그 결과 규제 완화와 민영화가 확산되면서 점차 정부부
문의 독점성이 파괴되어 왔다. 이제는 정부도 공공서비스 공급 면에서 하나의 경
쟁주체로서 민간부문 또는 사회부문과 동등한 입장에서 경쟁해야 하는 상황이 전
개되고 있다. 행정에의 민간경영기법 도입·활용, 공공서비스의 품질 혁신, 경쟁원
리의 활용 등과 같은 행정학연구의 중심 주제를 구성하고 있는 최근의 경향은 신
공공관리론의 영향을 받은 것이다.

(8) 소   결

이상을 종합해보면, 행정학은 '(행)정부'라는 연구대상이 있는 것은 분명하
다. 독일, 영국, 프랑스 모두 근대국가의 성립, 국가부강과 더불어 행정체계가 정
립되고 이를 뒷받침하는 연구가 이뤄졌다는 것도 알 수 있다. 즉, 국가의 권력성
이 중심부에 있다는 것이다. 그러나 단일 사회과학으로서 필요한 조건인 이론들
의 체계가 견고하게 확립되어 있거나 행정학만이 독점적으로 사용하는 방법론이
있는 것은 아니다.[8]

Ⅱ. 한국행정학의 역사적 발달

한국의 행정학은 미국 행정기법 혹은 행정이론을 직수입하는 것에서 시작하
였다. 특히 1세대 행정학자들은 미국행정학을 한국에 소개하는 데 중점을 두었다.
이들은 미국행정학의 수입자로서 조직, 인사, 재무 등 관리중심의 행정학에 중점
을 두었다. 아울러 60년대 말 70년대 초까지 발전행정론이 정부주도의 사회변동,
경제발전, 지역개발 등의 동태적 발전관리학으로서 행정학의 새로운 패러다임으
로 등장하였다(정용덕, 2001: 38).

---

8 이 점에서 '행정학의 정체성 위기(identity crisis)'라는 표현이 나온다. 그러나 현재는 사회과
학이 많은 분화를 한 동시에, 이들 간 경계를 줄이려는 통섭의 시대이기 때문에 상술한 조건들
은 독립학문으로서 필수조건이라고 보기는 어렵다.

1. 한국의 행정학의 발달과정

광의로 볼 때, 한국 최초의 행정학 연구는 무엇인가에 대해서는 논란의 여지가 있다. 한국은 세계에서 보기 드물게 고대로부터 국가중심의 역사발전을 해 온 나라이기 때문에, 적어도 신라시대부터 관제가 정립되었고, 관료등용시험 등이 있었다. 이러한 지식체계로서 행정이론에 관한 유산은 그 전통적인 문화와 우리의 생각 속에 녹아들어 있다. 예컨대 관료들의 윤리적 태도를 서술한 정약용(丁若鏞)의 '목민심서(牧民心書, 1818)'는 현대적 시각에서 볼 때도 조금도 부족함이 없는 행정학 저서이다. 따라서 독자적인 형태의 행정학은 적어도 조선시대의 실학(實學)으로 거슬러 올라갈 수 있다고 하겠다. 또한 중앙집권적 왕조의 통치를 경험한 한국의 경우에는 조선왕조실록 등 각종 통치 자료가 모두 행정학적인 가치가 있는 문헌라고 할 수 있다.

이러한 한국적 행정 전통이나 행정연구에 관한 유산은 식민지 통치기간 동안 일제의 학문체계에 의한 왜곡과 편견으로 인하여 전통적 지식체계의 흐름이 거의 단절된 채 광복을 맞게 되었다. 광복이 되자 과거 한국적 행정 전통은 물론이거니와 일제가 한국을 지배하기 위해 실시한 행정제도와 행정학이 그대로 전이된다. 이와 더불어 미군정에 의해 미국의 행정제도가 전파·이식되기 시작한다.

학문적으로 초기에는 일본을 거쳐 수입된 유럽 국가학의 전통과 학풍에 따라 행정학도 법과대학의 학문적 제도 속에서 연구와 교육이 이루어졌다(박동서, 1988). 우리나라에서 최초로 '행정학'이란 명칭을 가진 강의가 대학에서 시작된 것은 1952년 한국전쟁이 한창 진행되고 있을 당시, 부산에 피난중인 연세대학교(당시 연희대학교) 상경대학에서 당시 미국 하버드대학에서 MA학위를 취득하고 귀국해 재무부 예산1과장으로 재직 중이던 이한빈이 '행정학통론' 강의를 시작하였을 때이다. 이후 서울대 법대에서 정인흥 교수가 행정학 강의를 시작하고, 우리나라 최초의 행정학 교재인 [행정학, 1955]을 출간하였다.[9] 1956년 10월에는 당시 종로구 계동에 자리 잡고 있던 중앙공무원훈련원에서 행정학을 연구하고자 하는 학자들이 행정연구회를 발족시켰다. 이 한국행정연구회가 오늘의 한국행정학회의 모태라고 일컬을 수 있다.[10]

한국의 '행정'에 관한 연구는 서구보다 더 긴 역사를 가진다. 예컨대 목민심서(1818)는 손색없는 한국 행정학 저서이다.

---

9 이 책은 독일의 관방학석 시긱을 띠고 있다.

10 한국행정연구회의 첫 번째 사업은 L.D. White의 'Introduction to the Study of Public Administration'을 번역하여 '행정학원론'이라는 이름으로 출판한 것이다. 두 번째 사업으로 '행정학사전(Public Administration Terms and Phrases)'을 발간하였다. 이후 행정연구회는 1961년 사단법인 한국행정학회로 바꾸어 지금에 이르렀다.

그 후 미국의 행정학이 우리나라에 본격적으로 도입되어 확산되기 시작한 것은 1959년 서울대학교 행정대학원이 정식으로 발족된 이후였다. 1957년 서울대학교와 미국의 Minnesota대학 간에 맺어진 교환계획에 행정학의 도입계획이 포함됨에 따라, 서울대학교 법과대학 대학원생을 행정학 교수요원으로 선발, Minnesota대학에 파견하여 1-2년 동안 행정학 전반에 관한 공부를 시켰다. 1, 2차에 걸쳐 파견된 요원들이 Minnesota에서 수학하고 귀국한 후 이들이 중심이 되어 서울대학교 행정대학원이 본격적으로 행정학을 연구, 강의, 확산하기 시작하였다.

이러한 사실도 시대적 요청에 부응한 결과이다. 이 시기는 전 세계가 미국, 소련, 유럽 등 3개 블록으로 나뉘어 상호 견제, 대립, 경쟁을 하던 시대였다. 특히 한국은 미국과 소련의 냉전체제의 최전방에서 첨예한 대립의 상태를 견지하고 있었다. 당시 북한은 경제력과 군사력이 남한보다 우월하였다. 남한은 2차 세계대전 이후 약 15년 동안 미국으로부터 유상·무상의 많은 원조를 받았음에도 국가발전에 연결시키지 못하였다. 이의 주원인은 원조받은 지원을 국가발전으로 전환시킬 수 있는 노하우를 가지고 있는 인력의 부족에 있었다. 미국의 원조를 낭비하지 않고 효율적으로 한국의 경제발전에 기여할 수 있는 인적자원을 양성할 필요가 있었던 것이다. 물고기를 주기보다는 물고기 잡는 법을 가르치는 것이 더 중요함을 깨달은 것이다.

서울대학교 행정대학원 제1회 졸업생이 배출된 것은 1961년이었다. 이들은 행정실무가와 행정학자로 활동하기 시작하였다. 그들의 능력과 지식이 좋은 평가를 받기 시작하면서 행정대학원의 명성과 행정학에 대한 인식이 높아갔다. 1961년 5·16군사혁명의 발발 이후 군사정권과 제3공화국의 시대를 거치는 동안 행정학에 대한 인식이 높아갔고 행정실무가와 행정학자의 수요는 계속 늘어났다. 행정학자들은 국가의 자문위원 역할을 많이 했고, 국가에서는 학자들의 의견을 적극적으로 수용했던 시기이다. 해방 후 15년의 세월이 흐르는 동안 60만 명으로 늘어난 국군의 관리방법은 미국적인 행정기술과 지식을 원용함으로써 가능했다. 정권을 장악한 군부세력이 대규모의 군대조직의 관리에서 습득한 행정지식과 행정기술을 행정관리에 적용한 것은 당연한 일이었다.

일제시대의 잔재로서 행정현장에서는 법학이 유용한 것으로 인식되어 있었다. 그러나 행정학자들의 눈부신 활약으로 관리과학으로서 행정학의 중요성이 서서히 인정되기 시작하였다. 1950년대에는 존재조차 하지 않았던 행정학이 1960년대 이후 각종 고등고시의 필수 또는 선택과목으로 채택되었다. 그 당시의 정치·사회적 분위기는 군사정권에 대한 반체제 움직임이 심각하였기 때문에 국가적 정책

으로 각 대학에 정치학과의 설치가 금지되는 반면, 행정학과의 설치만 허용될 정
도였다. 각 대학마다 경쟁적으로 특수대학원으로서의 행정대학원을 설치하여 많
은 공무원들을 비학위 단기과정으로 교육하였다.

1950년대 말부터 약 20여 년 동안 행정학은 미국행정학을 거의 무비판적으로
수용하였다. 다른 분야에 있어서도 마찬가지겠지만 학문 분야에 있어서도 비판
적인 안목을 가질 여유나 문제의식을 갖지 못하였기 때문이었다. 그러나 1970년
대 후반부터 급속한 국가주도의 경제발전에 대한 비판적 시각이 등장하였다. 이
는 제3세계를 중심으로 발달한 국가론, 세계체제론의 영향을 받은 측면이 있으
며(정용덕, 2001: 2), 대부분은 마르크스 이론에 뿌리를 둔 것이었다. 특히 운동
권 학생들의 요구가 큰 동인이 되었고, 이에 따라 정치학이나 사회학계에서 논의
되는 국가론이 등장하였다. 이러한 논의는 1987년 6월 항쟁 등을 계기로 정치민
주화를 가져오는 데 일조하였다. 또한 지방자치실시도 행정학자들의 주도로 이뤄
졌다.

1970년대 중·후반부터 일부 행정학자들이 미국행정학을 무비판적으로 도입
하던 태도에서 당시 독재정권에 비판적인 자세로 전환한 것은 대단히 중요한 의
미를 지닌다. 아울러 시대적 요청에 입각해서 국적 있는 우리의 것을 찾자는 분
위기의 성숙에 부응하여 '행정학의 한국화'라는 문제에 관심을 갖기 시작하였다.
1970년대 말에서 1980년대 초에 이르러 단행본의 규모로 우리의 것을 담으려는
한국행정학, 한국적인 행정학, 행정학의 한국화를 시도하는 원론 및 개론급의 저
서가 등장하기 시작하였다.

주목해야 할 점은 이들 2세대의 노력도 사실상 그 내용을 깊이 들여다보면
그 아이디어와 내용은 외국의 이론 변화를 좇은 것이라는 점이다. 이들 2세대 학
자들도 대부분 미국에서 박사학위를 취득하였으며, 1세대보다는 좀 더 충실히 미
국행정학을 이식하려 노력하였다고 하겠다.

1991년 김영삼 대통령의 소위 '시드니 선언'으로 시작된 세계화 바람은 자발적
으로, 1997년 외환위기 이후에는 비자발적인 요소가 포함되어 더욱 가속화되었다.
이것은 한국행정학의 토착화와 정반대로 세계 보편적 관리이론으로서의 행정학이
다시 직수입된 것을 의미한다. 대표적인 것이 신공공관리론과 거버넌스론이다.

여기서 특히 주목할 것은 세계적인 신공공관리론(New Public Administration)
의 물결이다. 우리도 예외는 아니었다. 신공공관리론은 시장주의와 신관리주의를
결합하여, 전통적인 관료제 패러다임의 한계를 극복하고 작은 정부를 구현하고자
하는 행정흐름으로서, 기본적 이념은 효율성과 고객 지향성이다.

2. 한국의 행정학 연구의 반성과 과제

행정학은 다분히 응용학문적 특성을 띠고 있다. 사회학, 정치학, 경제학 등 비교적 순수학문적 특성을 띤 학문을 기반으로 정부의 활동에 적용하는 것을 연구하는 학문이다. 마치 의학이 생물학, 화학 등에 기반을 두고 인간의 건강증진을 위해 존재하는 학문과 같은 이치이다. 즉, 행정학은 정부활동에 관한 '의학(medical science for the society)'이다.

그러나 이제는 학문의 보편성과 특수성이라는 시각에서 근본적인 차이를 생각해야할 때이다. 서양 사람과 한국 사람의 체질이 다르듯이 행정의 현실도 다르다. 따라서 한국행정학의 토착화가 미흡했다는 지적을 뼈저리게 받아들여야 한다. 특히 미국행정학의 과도한 영향을 받았고, 검증도 되지 않은 미국의 사례를 가지고 행정학자들이 정부업무에 과도하게 현실참여를 하였다. 그러나 이제 행정실무자들로부터 이런 행정학자들이 외면당하기 시작하였다. 행정학의 정체성 위기(identity crisis) 문제는 미국에서 나온 용어이지만, 한국행정학은 최근 위기를 맞고 있다. 이를 위해서 다음과 같은 연구방향을 제시할 수 있다.

- 가치적, 철학적 측면을 더 연구해야 한다.
- 정치와의 관계, 즉 권력적 측면을 더 연구해야 한다.
- 한국적 맥락이나 독특성에 대해 더 논의해야 한다.
- 단기적, 관리적 측면보다는 장기적 측면을 더 강조해야 한다.

결국 미국행정학이 끼친 지나친 영향에서 벗어나야 한다. 그렇다면 미국행정의 특징을 정확히 알아야 한다. 미국사회는 서로 모순되는 면도 있지만, 다음의 4가지 원칙에 근거한다(Gulick, 1990: 60). 철저한 민주주의적 이념(democracy), 집단보다는 철저히 개인을 단위로 하는 개인주의(individualism), 전문성을 중시하는 전문화(specialization), 그리고 시장의 원리를 중시하는 시장주의(the market)를 특징으로 한다. 미국식 민주주의제도가 모든 나라에서 적용될 수 있는 것은 아니다. 또한 개인주의, 전문화, 시장주의는 항상 단기적인 이익을 추구하는 탐욕적인 개인을 상정하게 된다. 장기적 관점에서, 공정성과 정의, 그리고 공동체의 이익을 생각해야 하는데도 말이다.

행정학은 사회과학의 다양한 학문적 접근법이나 시각을 포괄해야 한다. 한때, 인간의 감각을 통한 경험을 중시하는 경험주의적이고 법칙을 찾아 가설을 검증하는 실증주의가 사회과학의 주류로 지배적인 위치를 차지하였었다. 이제 이런 학문적 시각에 대한 독점시대는 지났다. 인식론적으로 다음과 같은 접근법을 제시할 수 있다.

표 1-3 | 행정학의 인식론적 접근방법

	해석주의 interpretivism	합리주의 rationalism	경험주의 empiricism	실증주의 positivism	후기실증주의 postpositivism	포스트모더니즘 postmodernism/ critical theory
지식	마음을 통한 해석으로부터 나옴	이성을 통해 생김	감각을 통해 얻어짐	가설의 경험적 검증을 통함	사유를 통하고, 반증의 대상	사회적 구성물
방법론	질적	질적	질적/양적	양적	질적/양적	질적
연구기법	민속지, 내용분석	개념분석, 규범적 담론분석	사례연구, storytelling	회귀분석, 실험설계	민속지, storytelling, Q-방법	문헌비평, 변증법, 담론분석

출처: Riccuci. Norma M. (2010). Envisionning Public Administration as a Scholarly Field in 2020: Rethinking Epistemic Tradition, PAR, Supplement to vol. 70: s305 표 1 발췌.

제3절 본서의 시각

I. 시간의 중요성

최근에는 학문적 시각이 다양하기 때문에 동시에 두 개 이상의 시각을 갖는 것보다는 단일의 시각을 갖는 것이 여러 가지로 편리하다. 혼동되지 않고 일관되게 어떤 현상을 볼 수 있기 때문이다. 본서에서는 시간(time)을 주목한다.

학문적 시각은 연구대상의 모든 부분에 관계된 포괄적인 것이 좋다. 특정 부분만 설명된다면 설명되지 못한 부분이 사각지대가 되기 때문이다. 예컨대 체제론(system)은 체제와 환경을 분리하기 때문에, 오늘날과 같이 정부(즉, 행정체제)와 사회(즉, 환경)가 구분이 안 되는 점을 잘 보지 못하는 한계가 있다. 거버넌스이론이 등장한 것도 그동안 폐쇄체제로서 행정학을 보는 것에 대한 비판인 것이다.

따라서 본서는 '시간'이라는 일관된 시각에서 행정학을 정립하는 데 목적이 있다. 시간은 행정이 주요 대상으로 하는 사회, 즉 모든 인간들이 벗어날 수 없는 불가분의 관계에 있기 때문에 매우 좋은 시각이다. 정부활동도 시간의 연속선상에 이뤄진다는 점에서 예외는 아니다.

시간이란 관점에서 서술하는 행정학은 그동안 보지 못했던 정부활동에 관한 충분한 지식을 제공하여야 한다. 즉, 정부활동과 관련된 중요한 것을 모두 포함시켜 설명할 수 있어야 한다.

읽을거리

시간학파

한국행정학계에서도 이미 1960년대 이한빈의 시관이론(time perspective)을 한국의 독특한 이론으로 제시한 바 있다. 시관이론에서는 인간이 가진 시간적 지향성이 그 인간의 성과를 좌우한다는 전제를 하고 있다. 개발의 문제가 가장 중요한 화두일 때, 사회변동의 한 측면으로서 체계(사회, 정치, 행정)가 계속적으로 일어나는 새로운 변동에 대응하여 그것들을 흡수하는 능력의 증진에 관심을 가지게 된다.

이한빈 교수는 행정의 환경에서 사회변동과 행정가의 능력은 중요한 요소가 된다고 보면서, 이러한 행정가의 시간지향과 시간특성에 주목하였다. 시관은 시간지향과 동의어로, 인간의 변동에 대한 태도와 긴밀히 관련되어 있으며 적극적 / 소극적 / 양성적(즉, 애매한 것)인 것으로 나눌 수 있다. 이렇게 시간지향이 인간행동의 유형과 관계를 가지게 되며 창조적인 엘리트이론으로 이끄는 실마리를 제공할 수 있다.

변화에 대하여 적극적인 태도를 가진 개인이나 집단은 시간과 미래에 대한 신뢰를 가지며 전향적인 시관을 발전형(Developmentalist)이라 부른다. 이와 반대로 소극적인 태도를 가진 경우 미래는 중압으로 다가오며 시간과 미래를 불신하게 되고 과거를 지향하는 무기력한 도피형(Escapist)시관이 있다. 이런 두 태도 사이의 양성적인 태도를 지닌 경우 존재하는 환경의 조작을 통한 단기적 이득을 극대화하려는 착취형(Exploitationist)시관(즉, 과거와 미래에 대한 고려 없이 현재에 있어서의 욕구충족이 최대 모토)으로 나타나게 되며 이는 다음 표와 같이 정리할 수 있다(이한빈, 1966).

2000년대에 들어와 많은 정책실패를 거치면서 시간의 특성에 대해 다시 주목을 한 것은 정정길 교수이다. 시차연구(time lag)라고 명명한 그의 이론은 사회현상을 발생시키는 주체(개인, 집단, 조직, 사회, 국가 등)의 속성이나 행태가 시간적 차이를 두고 변화되는 사실을 정책현상에 적용하려는 것이라고 요약할 수 있다. 즉, 원인이나 결과 등의 사회현상 변화에는 변화의 시차(선후관계: 변화시작의 시간적 차이, 시간적 장단: 변화지속의 시간적 차이)가 존재하기에 성공적인 제도적 개혁전략 마련을 위해서는 시간적 요소를 고려한 시차적 접근이 고려되어야 한다는 것이다.

<시간지향의 관료유형>

시관 (Time Perspective)		변동에 대한 태도		
		소극적	양성적	적극적
	과거	도피형 향수형(Nostalgic)	회한형	전승형
	현재	무관심형	착취형 향락형(Hedonistic)	저축형
	미래	공상형	조급형	발전형 기업가형(Entrepreneurial)

시차연구의 주요주장은 다음과 같다. 우선, 많은 원인변수들이 시차를 두고 영향을 미칠 때 작동의 선후관계(sequence)가 인과관계를 다르게 만드는 것을 의미하는 원인변수의 선후관계와 인과관계, 두 번째로, 정책을 통해 변화시키고자 하는 결과변수나 이를 좌우하는 원인변수는 계속적으로 변화한다는 변화역사와 인과법칙, 그리고 정태적으로 파악된 인과관계는 완전히 성숙된 원인변수와 충분한 시간 후에 성숙된 결과변수와의 관계를 의미하는 것으로 동태적인 관계를 봐야 한다는 동태적 인과법칙에 관한 주장을 한다.

(1) 시간적 길이와 속도

정부활동과 관련된 것은 시간적 장단에 따라서 다른 현상으로 나타날 수 있다. 장시간을 통하여 이뤄지는 것이 있고, 단시간을 통해서 이뤄지는 것이 있다. 아주 장기적인 것은 항상성을 가진 것을 의미한다고 할 수 있다. 항상 변화하지 않고 고정적인 것은 장기성을 가진 것이다. 아주 이상적인 세계를 생각하는 철학과 가치 등도 장기적인 것이라고 하겠다.

(2) 시   점

흐르는 물과 같은 시간의 연속선상에 인간의 활동이나 정부의 활동을 채워놓는 것이다. 정부활동의 시간적 위치(temporal location)에 따라, 그 효과가 달라질 수 있다. 어느 시점에 정부정책을 도입하는지, 혹은 폐지하는지에 따라 그 결과나 평가가 달라진다. 더구나 정부의 활동은 이에 인위적으로 적절한 처치를 하여 결과의 변화를 가져올 수 있다. 어떤 의미에서 행정활동의 가장 중요한 측면인지도 모른다.

(3) 반복과 주기

정부의 어떤 활동은 단 한 번만 일어나고 만다. 그러나 어떤 활동들은 일정한 간격을 두고 반복된다. 매우 유사하거나 동일한 것이 반복되기도 하지만, 비록 내용은 다를지언정 형식이나 방식이 반복되는 경우도 있다. 반복되는 패턴이나 유형 발견은 행정의 발전에 도움을 줄 수 있다. 부정적 결과를 초래하는 유형을 발견하고 이를 수정하면 과거를 답습하지 않고 더 나은 행정을 만드는 방법이 된다.

사회과학은 현시대를 분석대상으로 하고 있다. 그리고 행정학은 현상에 대한 설명을 통하여 좀 더 나은 상태로 바꾸려는 처방성이 주요 특징이다. 기본적으로 생물학, 물리학 등 순수자연과학과 의학과의 관계와 같다. 즉 행정학이란, 행정학이 토대로 하고 있는 정치학, 심리학, 사회학 등 비교적 순수한 사회과학의 이론을 활용하여 국가사회의 발전에 정부가 어떻게 영향을 미칠 수 있는가를 연구하는 응용학문이다.

Ⅱ. 정부경쟁력 모델: 팽이모델

정부를 포함한 한국사회(+세계)가 행정학의 연구대상이다. 이는 매우 복잡하여 보통 사람들은 정리된 시각으로 이해하기 어렵다. 따라서 연구자인 행정학자들은 자신만의 '돋보기'를 들고 그토록 복잡한 행정현상을 관찰한다. 그 결과, 복잡한 현상의 특징만을 선별하여 비교적 단순하고 명료하게 설명하는 이론모델을 만든다.

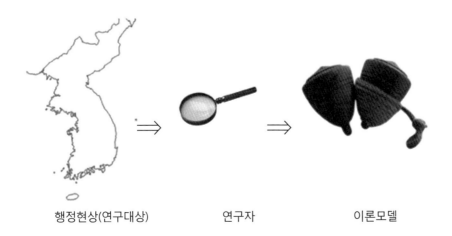

| 행정현상(연구대상) | 연구자 | 이론모델 |

본서에서 채택하는 이론모델은 유기체로서 한 나라를 나타내는 팽이(top)이다. 즉, 한반도에 위치한 한국사회를 팽이로 보자는 것이다.

사람 중심으로 고려해 볼 때 팽이의 측면은 아래 그림과 같이 네 가지 구성요소로 이루어져 있다. 팽이의 아랫부분은 행정부의 관료들이다. 관료의 수는 적으면서 효율적으로 운영되어야 한다. 그 다음으로는 광의의 정부가 있다. 여기서 광의의 정부란 관료를 제외한 부분으로 대통령, 국회, 사법부 등을 의미한다. 그리고 가장 윗부분은 행정이 떠받들어야 하는 국민으로 보기로 한다. 관료가 정부체제를 받들고, 정부가 국민을 받드는 것이 민주사상이다.

이상 3가지 행위자 구분은 명확하다. 그런데 정부(관료포함)와 국민 간을 연결시키는 것은 복잡하다. 이는 행위자가 아닌 행위(action)이고, 상호작용(interaction)이다. 어떻게 보면, 정부와 관료가 하는 활동이 모두 여기에 해당한다. 본서에서는 이해의 편의상 국민과 정부 사이를 연결해 주는 것으로서 민-관 관계로서의 정책, 거버넌스, 행정서비스 등을 다루기로 한다.

팽이는 계속해서 돌아갈 힘이 있어야 한다. 돌아가는 힘을 계속 유지하는 것은 결국 정부가 할 일이다. 정부경쟁력이 중요한 것이 바로 이러한 이유에서이다. 옆에는 일본이나 중국과 같이 다른 팽이들이 돌고 있으므로, 이들과 경쟁을 해야 한다.

팽이는 축이 튼튼하고 정중앙에서 중심을 잡고 있어야 균형 있게 잘 회전할 수 있다. 하단에 위치한 행정부가 과도하게 크다든지, 특정부분이 튀어나와 있으면 회전을 오래하는 데 문제가 생긴다. 따라서 분야별 균형이 중요하다.

또한 팽이는 적당한 무게를 갖고 있어야 잘 회전할 수 있다. 그 무게가 너무 무겁다면 팽이를 돌리는 사람의 힘이 부족할 수 있고, 너무 가벼우면 쉽게 외부 환경의 영향을 받을 수 있다. 이처럼 정부조직 자체의 힘이 너무 크다면 국민의, 국민에 의한, 국민을 위한 조직이 아닌 관료를 위한 조직이 될 위험이 존재한다. 반면 정부조직의 힘이 너무 약하다면 여론에 휘둘려서 정책을 결정하거나 집행하는 데 있어 비효율을 초래할 수도 있다. 더불어 팽이 자체의 표면이 비교적 매끈하고 팽이가 도는 판과의 마찰이 적을수록 회전하기에 유리하

그림 1-1 | 팽이모델: 사람중심모형

국민

민-관관계

정부

관료

고, 마찰력이 커서 힘의 저항을 받게 되면 회전에 불리하다. 이와 같이 정부조직 내부의 모순이 크고, 이에 따라 국민의 불신도가 높아 저항이 큰 상황에서는 정부가 정책을 추진하고 운영하는 데 있어 난항을 겪게 될 것이다.

앞서 팽이의 저항과 정부조직에 대한 국민의 저항을 빗대어 본 바와 같이 팽이의 저항을 국제 상황과 연관시켜 볼 수도 있다. 옆에서 돌던 팽이가 와서 부딪칠 수도 있다. 국제정세가 안정되지 못할 경우, 혹은 국제적으로 우리나라에서 시행하는 정책에 대한 비난이 크고 지지받지 못할 경우 정부는 정책결정에 어려움을 겪게 될 것이다. 글로벌화된 사회에서 국제적인 저항이나 지지는 그만큼 무시할 수 없는 부분인 것이다.

특히 팽이가 바닥과 접촉하는 부분과 이를 관통하는 정중앙부의 축이 중요하다. 관료, 정부, 정책, 국민의 구성요소가 축을 중심으로 에워싸고 있다. 이와 같이 팽이를 오래 그리고 빨리 돌 수 있도록 균형을 맞추는 역할을 하는 축이 바로 행정철학과 윤리라고 할 수 있다. 이는 그동안 행정학 연구에서 등한시되어 왔던 부분이다.

Ⅲ. 본서의 구성

편의상 팽이의 윗면에서 팽이전체의 내부를 꿰뚫어서 본다고 가정해 보자. 상술한 행위주체별로 다음 그림과 같이 서로 다른 크기의 원이 생길 것이다. 해당 행위주체별로 특히 행정학의 분과 혹은 이슈들이 이들 원을 중심으로 정리될 수 있을 것이다. 즉, 옆면에서 본 것이 행위자(사람)중심이라면, 윗면에서 본 것은 행정학 연구분야라고 보기로 한다. 이를 기준으로 본서의 장이 구성되었다.

이미 제 1 장에서는 서론으로서 '행정현상과 행정학'이라는 주제로 행정현상의 특성과 사회과학으로서의 행정학에 대해 알아보았다.

제 2 장에서는 팽이의 바깥에 존재하는 '세계 속의 행정'을 다룬다. 세계 각국에는 그들 고유의 팽이가 존재하고 이러한 팽이들이 세계를 이룬다고 본다면, 한국 사회의 팽이를 타 국가의 팽이와 비교할 수 있을 것이다. 이렇듯 타 국가 행정체계와의 비교를 통해 행정체계의 의미를 찾아내고 시사점을 발견할 수 있을 것이다. 세계 환경은 무정부상태에 가깝기 때문에 국가 간 규율, 협력을 위해서 국제기구가 존재한다. 따라서 국제기구의 역할 및 국제협력행정에 대해 살펴보고, 세계 빈부격차 문제를 해결하기 위한 개발협력에 대해 다룰 것이다.

그림 1-2 | 윗면에서 본 팽이모델 – 각 장의 구성

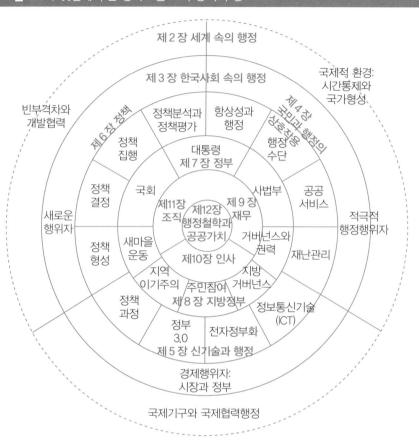

제 3 장에서는 한국사회에서 행정의 행위자를 중심으로, 적극적 행위자와 경제행위자, 새로운 행위자를 다룬다. 팽이의 가장 최상위 부분을 차지하는 국민의 개념은 국민들 개개인을 지칭하는 것뿐 아니라, 시장, 시장을 형성하고 운영하는 의미에서의 국민, 다민족 개념의 국민 등을 통칭하는 개념이다. 적극적 행위자로는 입법, 행정, 사법의 제 3 부에 더하여 제 4 부로 일컬어지는 언론기관과 국민의 목소리를 대변하는 시민단체가 있다. 또한 경제를 둘러싸고 시장이 있고, 시장에서의 주체적 행위자인 기업, 노동자의 목소리를 대변하는 노동조합이 있다. 행정은 소비자와 생산자를 보호하기 위해 시장을 규제하기도 한다. 적극적 행위자인 시민단체와 경제 행위자인 시장의 중간 형태로 최근에는 사회적 기업이 발달하고 있는데, 이 부분에 대해서도 제 3 장에서 살펴보기로 한다.

제 4 장은 국민과 행정이 어떻게 상호작용하고 있는지를 본다. 행정은 국민들

이 편안한 삶을 영위할 수 있게끔 항상 국민 곁에서 준비 자세를 갖추고 있다. 제공하는 공공서비스의 유형이나 제공하는 방법으로서의 행정수단은 다를지언정 국민 모두를 위해 행정은 항시 활동 중이다. 재난관리에 있어서도 마찬가지다. 재난이 일어났을 때 이에 대처해야하는 주요 주체가 행정이고, 재난이 발생하지 않도록 예방하고 관리하는 것 역시 행정이 나서야 하는 부분이다.

　　제 5 장에서는 최근 화두로 떠오르고 있는 신기술과 행정을 접목한다. AI, ICT 등 4차 산업혁명의 발달은 경제, 사회, 인간관계를 근본적으로 변화시키고 있다. 신기술 발달로 인한 행정의 변화와 더불어 전자정부화의 과정을 살펴보고 정부 3.0에 대해 알아보기로 한다.

　　정부와 국민의 매개역할을 하는 데에는 정책이라는 구성요소가 정부 바깥에 존재한다. 정책과정, 정책형성, 정책결정, 정책집행, 정책분석 및 평가 등의 정부와 국민 사이를 잇는 도구와 같은 역할을 하는 정책 단계에 대해 제 6 장에서 살펴본다.

　　제 7 장은 정부를 주제로 한다. 여기서 정부는 행정부 관료를 제외한, 입법부, 사법부, 그리고 대통령을 대상으로 한다. 민·관관계와 행정부 사이에서 국회의원은 각종 입법 활동을 관장한다. 행정부에서는 법의 테두리 안에서 행정 활동을 하고, 법조계는 법으로써 심판한다. 때문에 국회의원과 법조계는 행정과 밀접하게 연결되어 있다. 대통령은 행정부의 수장이자 대한민국을 대표한다. 관료의 안팎에서 행정부 조직을 관리하고, 대통령령 발포와 같은 입법에 관한 권한, 사법부에 대한 임명권 등을 가진다.

　　표면적으로는 하나처럼 보이는 팽이도 사실은 내부 구성 물질들이 결합하여 하나의 형태를 지닌다. 내부 구성 물질 각각을 개별적인 지방자치권역으로 전제한다면, 내부 구성 물질들의 특성을 아는 것은 팽이의 전체 회전에 영향을 주는 요소들을 알 수 있는 방법이 될 것이다. 이와 관련하여 제 8 장에서는 거버넌스의 대두에 따른 권력 분권과 지방정부에 대해 다룬다. 또한 정부와 시민 협력관점에서의 주민참여, 지역갈등과 협동 등의 현안과 함께 한국형 지역거버넌스 모델로 꼽히는 새마을운동 사례의 의미를 찾는다.

　　팽이가 잘 돌기 위해서는 내부 구성요소가 균질적이어야 한다. 한쪽이 특별히 무겁거나 혹은 가볍다면 평행을 유지하기가 어려울 것이다. 이렇듯 행정부 조직 내부 역시 부문 간의 균형이 중요하며, 조직 차원에서도 부서 간의 권력 편중이 심하다면 부서 간 균형을 이루기가 힘들 것이다. 따라서 제9, 10, 11장은 행정조직 내부의 역할 부문을 나누어 본다. 크게 돈에 관한 행정인 예산과 회계, 사람에 대한 행정인 인사, 조직에 관한 행정이 그것이다. 각 부문의 개념과 해당 부문에서 행정의 기능 및 역할, 특성 등에 대해 각 장에서 다루게 될 것이다.

정부조직은 행정철학과 가치에 따라 운영될 뿐 아니라, 정책이 형성되고 집행되는 데에도 철학과 가치가 기준이 된다. 국민의 요구 역시 가치에 따라 달라질 수 있다. 행정철학이 바로 잡히지 않거나 윤리 정신이 부족한 정부조직은 '신뢰'라는 사회적 자본을 구축하지 못하고, 부패 문제를 낳을 수도 있다. 균형감 있게 회전하는 팽이처럼, 중심이 바로 선 행정철학과 가치는 정부조직을 올바른 방향으로 이끌어 갈 수 있는 핵심 원동력이다. 게다가 행정철학과 가치는 관료들의 행정 활동의 중심축이 되고 이것은 나아가 정부, 정책, 그리고 최상위에는 국민에게까지 영향이 전달된다. 제12장은 이러한 행정철학과 가치에 대해 고민해보는 장이다.

마지막 제13장은 우리나라 고유의 문화적 특성과, 이에 반응해야 하는 행정의 악순환 고리를 밝히는 '악순환 모델'을 설명한다. 그리고 '정부경쟁력' 관점에서 행정의 의미를 찾는다. 악순환을 선순환으로 변화시키는 것, 세계 무대에서 팽이가 힘차게 돌아가듯 정부경쟁력을 키우는 것, 이것이 대한민국 행정이 앞으로 풀어나가야 할 숙제이다.

그렇다면 바람직한 행정이란 무엇인가? 이론은 그 이상적인 상태가 무엇인가를 제시할 때보다 가치가 있다. 이 책은 정부경쟁력을 제고시키기 위한 행정의 모델이 무엇인가에 대한 것을 중심주제로 한다. 이를 위해서 다음과 같은 규범적 전제를 기초로 한다.

제1명제	정부의 활동은 장기적 안목을 필요로 한다. 즉, 행정은 정치, 경제, 언론 등 다른 분야에 비하여 '장기적 시각'이란 점에서 구분된다.
제2명제	행정활동은 적절한 속도를 필요로 한다. – 신속성이 요구되는 것 – 천천히 해야 하는 것 – 주기, 리듬을 잘 활용하여야 한다.

한국행정학의 토착화

지난 반세기 동안 이루어진 행정연구를 보면 그 양적 성장에도 불구하고 한국의 행정현상을 설명하는 이론의 형성과 한국의 특수이론의 일반화가 이루어졌다고 보기 어렵다. 아직도 우리는 외국이론을 무비판적으로 소개하고 한국행정의 개혁을 처방하는 데 급급한 편이다. 근대화, 민주화, 세계화의 각 시기마다 변화의 단선성을 가정하고 우리보다 근대화, 민주화, 세계화가 앞섰다고 생각하는 나라들의 행정제도, 관행 및 문화를 처방하는 데 몰두했다.

한국의 행정현상에 대한 관찰을 통해 외국이론을 검증하기보다 외국이론과 부합하는 한국의 행정현상만을 관찰하였다. 외국이론이 연구 질문을 규정했고, 현실정부가 하는 일이 연구범위를 결정하였다. 자료에 근거한 추론, 새로운 이론의 개발, 외국이론의 검증과 수정, 새로운 설명의 제시 등이 충분히 이루어지지 못했다. 행정현상에 대한 관찰이 피상적이었고, 경험과 관찰을 분류해줄 개념의 형성이 부족했으며, 개념들을 논리적으로 연결해 현상을 설명해줄 이론 개발이 거의 이루어지지 못했다. 이론의 빈곤은 연구의 빈곤을 악화시켰고 이론적 함의가 별로 없는 연구 질문에 매달렸다. 오래전 이한빈(1970)은 한국의 행정연구를 평가하면서 "한국적 소재에 근거를 둔" "경험적 조사, 연구"가 제대로 이루어지지 못했음을 지적하였다. 설사 "자료수집에 몰두했다"고 해도 그것도 체계적이거나 이론적이지 못했다. 자료중심의 연구를 해 왔다고 하지만 이론의 형성을 염두에 둔 것이 아니었다. …(중략)…

아직도 "외국의 이론을 수입"하는 데 혹은 외국이론을 한국에 적용하는 데 급급하여 한국의 행정현실을 이해하는 데 도움이 되는 이론 개발은 거의 이루어지지 못했던 것이다. 외국이론을 통해 우리의 행정현실을 개혁하는 것에만 초점을 두면서 우리의 행정현실을 통해 외국이론을 검증하고 수정하는 데 적극적이지 못했던 것이다. 우리의 맥락에서 입증되지 않은 외국이론의 가설을 사실인 것처럼 간주하고 이를 준거로 우리의 현실을 비판하거나 개혁을 처방한 것이다. 이론에 맞게 현상을 바꾸려고 하면 이론이 아니라 이데올로기임을 유념해야 한다.

행정연구의 이론화를 위해 개혁과 처방보다는 서술과 설명에 초점을 둔 연구가 주류가 되어야 한다. 행정연구의 특성을 고려하면 규범, 과학, 처방 간의 균형이 필요하지만 행정연구의 이론화를 위해서는 과학을 더 강조해야 한다. 백완기(1978)는 "실천성에 대한 지나친 강조"가 문제임을 지적하면서 "어느 학문이나 지나친 실천성이나 성급한 처방성을 강조하다보면 이론중심의 기초적 바탕이 다져지지 않는다"고 하였다. 행정이론은 무엇보다도 행정현상에 대한 심층 기술과 의미 해석 및 현상의 원인과 결과에 대한 인과적 설명을 추구하는 것이어야 한다. 따라서 설명보다 처방에 치중한 연구 혹은 이론의 형성을 염두에 두지 않는 외국사례나 이론의 소개는 지양되어야 한다.

행정연구의 이론화를 위해 관찰이 이론 의존적임을 유념해야 한다. 관찰이 이론 의존적이기 때문에 행정이론은 행정현상에 대한 우리의 관찰에 영향을 준다. 이론이 지시하는 것만 관찰하게 된다는 것이다. 따라서 외국이론에 의존하면 그 이론이 지시하는 한국의 행정현실만 관찰하게 된다. 때문에 보다 중요한 한국의 행정현실이 관찰되지 못할 수 있다. 관찰이 이론 의존적이기 때문에 관찰의 객관성을 강조하기보다 간주관적 해석을 통해 개념을 지속적으로 재형성해 나가는 것이 필요하다.

출처: 박종민(2008). "한국 행정학 50년: 행정이론을 위한 비판적 성찰". 한국행정학회 하계대회 발표논문. 발췌.

참고문헌

박동서(1988). "한국행정연구의 사적변천". 「행정논총」 26(2) : 220-249.

박재창(2008). "행정학에서 정치와 행정". 「한국행정학보」 42(4) : 95-115.

박종민(2008). "한국 행정학 50년: 행정이론을 위한 비판적 성찰". 「한국행정학회 하계대회 발표논문」.

백완기(1978). "한국행정학의 학문성 정립문제: 과학주의의 입장에서". 「한국정치학회보」 12: 73-91.

오석홍 외 편저(2011). 「행정학의 주요이론」. 제4판. 서울: 법문사.

오세윤·노시평·박희서(2002). "신공공서비스의 배경과 한국행정에 대한 함의". 「한국사회와 행정연구」. 13(1) : 1-19.

유민봉(2010). 「한국행정학」. 서울: 박영사.

유완빈(1982). "유럽행정학과 한국행정학: 영국에 있어서의 행정학". 「한국행정학보」 16: 13-27.

유훈(1992). "정책수단에 관한 고찰". 「행정논총」 30(2).

윤광재(2017), "제11장 프랑스의 국가행정과 좋은 행정". 임도빈(편). 「국가와 좋은 행정」. 서울대 출판원: 409-446.

이달곤·김판석·김행범·김철회(2007). 「테마 행정학」. 서울: 법우사.

이종수·윤영진 외(2008). 「새행정학」. 서울: 대영문화사.

이한빈(1966). "[발전형 시관론]—발전행정에 응용할 수 있는 시간지향의 유형론의 모색을 위한 소고". 「행정논총」 4(2) : 201-202.

_____(1970). "법학에서 행정학으로—해방후 한국행정학의 수립과정에 관한 고찰". 「한국행정학보」 4: 321-344.

임도빈(2016). 「비교행정학」. 서울: 박영사.

정용덕(2001). 「현대국가의 행정학」. 서울: 법문사.

정정길(2006). 「행정학의 새로운 이해」. 서울: 대명출판사.

정창화(2017), "제10장 독일의 국가행정과 좋은 행정". 임도빈(편). 「국가와 좋은 행정」. 서울대 출판원.

최영출(2017), "제8장 영국의 국가행정과 좋은 행정". 임도빈(편). 「국가와 좋은 행정」. 서울대 출판원.

Allison, Graham T. (1980). "Public and private management: are they fundamentally alike in all unimportant respects?." John F. Kennedy School of Government. Harvard University.

Barket Earnest (1944). The Development of Public Service in Western Europe 1660-1930. London: Oxford University Press.

Cleveland, Henry (1979). "Public management research: The theory of practice and vice versa." Public Management Research Conference. Brookings Institute. Washington DC. 5.

Chevalier, Jacques (2007). Sciences administratives. Paris: PUF.

Denhart, J. V., Denhart, R. B. (2003). The New Public Service: Serving, not Steering. New York: M. E. Sharpe.

Flynn, Norman. (2007). The Public Sector in the United Kingdom. Sage.

Golden, M. M. (1992). "Exit, voice, loyalty, and neglect: Bureaucratic responses to presidential control during the Reagan administration." *Journal of Public Administration Research and Theory* 2(1): 29-62.

Hirschman, A. O. (1970). "Exit, voice, and loyalty: Responses to decline in firms, organizations, and states." (Vol. 25). Harvard University Press.

Jay M. Shafritz, Albert C. Hyde, Sandra J. Parkes (2012). Classics of Public Administration. Cengage Learning.

Gulick, Luther H. (1990). "Reflections on Public Administration, Past and Present." *Public Administration* 50(6): 599-603.

Khan, Haroon A. (2008). An Introduction to Public Administration. University Press of America.

Mushkin, Selma J. (1962). "Health as an Investment." *The journal of political economy*: 129-157.

Norma M. Riccuci. (2010). "Envisionning Public Aministration as a Scholarly Field in 2020: Rethinking Epistemic Tradition." PAR, Supplement to vol. 70: s305.

Rainey, Hal G., Robert W. Backoff, and Charles H. Levine. (1976). "Comparing public and private organizations," *Public Administration Review*: 233-244.

Sayer Wallace S. (1958). "Premises of Public Administration: Past and Emerging." *Public Administration Review* 18(2).

세계 속의 행정

한국행정이 처해있는 환경은 '세계'라는 시간과 공간이다. 지구상의 인류는 오랜 역사를 통하여 여러 민족들이 국가를 형성하여 살아오고 있다. 국가행정은 국가단위를 전제로 이뤄지는 활동이다. 어떤 국가는 다른 나라와 비교적 고립되어 있기도 하지만, 세계화시대에 한국의 행정은 전 세계 여러 국가들과 매우 긴밀히 상호작용하며 유지발전하고 있다.

우리나라는 자원이 부족한 나라이기 때문에 국제사회에서 고립되어 살 수 없다. 더불어 전 세계와 우리나라를 구분하지 않고 하나의 무대로 생각해야 한다. 세계화가 진전된 이후, 국제사회도 우리 행정의 참여를 요구하는 방향으로 많이 바뀌었다. 행정학의 관심을 국내에만 국한시켜서는 안 된다.

그동안 한국행정학이 등한시해온 국제행정, 비교행정 분야에 더욱 관심을 가져야 한다. 국제개발협력이 행정학을 절실히 필요로 하고 있다.

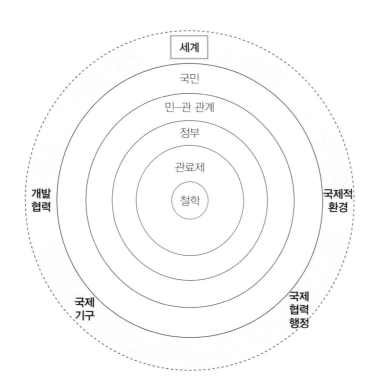

국제적 환경: 시간통제와 국가형성

현재 지구상에는 200여 개에 달하는 국가가 존재한다. 지금 이 순간에도 지구상 어딘가에서는 전쟁과 갈등이 일어나고, 그 결과 신생국가가 탄생하기도 하고 소멸하기도 한다. 이들 개별국가들의 역사적 경험에 따라 국가로서의 성숙단계 및 국가행정의 역할은 각각 다르다.

I. 국가형성과 시간

태초로부터 인간은 집단생활을 통해 그 지역의 자연적 조건에 순응하면서 살았다. 어업, 농사와 사냥에서 일출과 일몰, 계절의 변화 등은 인간이 넘을 수 없는 시간적 제약조건이었다. 농경사회에서 어떤 형태든 해와 달의 움직임에 따른 자연력이 편리하게 사용된 것은 이러한 이유에서이다.

집단생활에서 권력현상이 작용하기 시작한 것은 지배자가 등장하면서부터이다. 권력행사는 주민들의 '시간통제'라는 형태로 나타났다. 조선시대에 아침에 성문을 열고, 저녁에 성문을 닫는 것은 권력행사의 일환이었다. 나아가 좀 더 정확한 시간의 측정을 위해 기계식 시계가 발명되었고, 당시의 시계는 권력자들만의 소유가 되었다. 예컨대 봉건시대에는 영주를 중심으로, 점심시간을 알리는 종을 자의적으로 쳤다(스티븐 호킹, 2009). 그리고 가톨릭 교회는 시간을 알리는 권위를 독점하여 하루 6번씩 기도회를 알리는 종을 쳤고, 평민들은 이에 따라야 했다. 오늘날 지식을 가진 자들이 권력의 우위를 점하듯이 당시에는 시계를 가지는 것이 권력의 우위를 점할 수 있는 수단이었던 것이다.

'행정'이 본격적으로 필요하게 된 시기는 중세의 봉건사회에서 중앙집권적 국가체계로 넘어가는 근대국가의 형성기이다. 근대국가에서 강력한 왕권의 형성과 국부의 증대는 밀접한 관계에 있다. 한반도의 경우, 봉건시대가 없었다고 보는 것이 국사학자들의 다수설이다. 한반도라는 비교적 외침으로부터 잘 보호되는 지리적 여건 속에서 봉건제가 발달하지 못했고 통일신라 이후에는 나름대로 강력하고 잘 정립된 행정체제가 존재했던 것으로 보인다.

그러나 유럽은 각국이 전쟁과 무역을 통해 경쟁을 하면서 국가가 형성되었

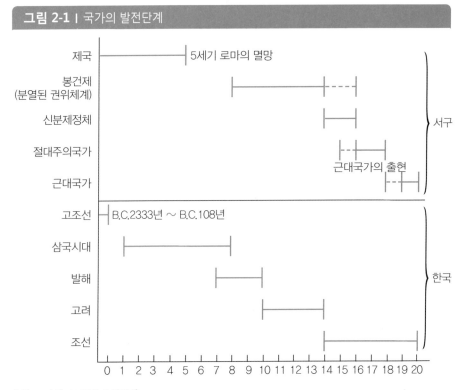

그림 2-1 | 국가의 발전단계

출처: Held(1992)를 수정보완.

고, 국가행정의 역할은 증대되어 왔다. 국가행정의 주요 역할 중 하나는 시간을 포함한 화폐·도량형의 통일이었다. 교통과 통신수단이 발달하면서 정치, 경제, 사회적 교류가 증가하여 실무적으로 점점 다른 나라의 시간과 맞춰야 할 필요성이 생기게 되었다. 〈그림 2-1〉에서 보는 바와 같이 근대행정체제의 출현은 대체로 14~15세기쯤으로 볼 수 있다.

이와 때를 맞추어 천동설에서 지동설로 학설이 옮겨 가고, 점차 시간도 초 단위 이하까지 세밀하게 측정할 수 있게 되는 등 과학의 발전이 이루어졌다. 세계가 하나의 통일된 체계로 들어선 것은 1675년 영국의 그리니치에 시간의 기준이 설정된 이후이다. 이 기준에 따르면 경선 15도를 기준으로 세계를 나눠 24개의 시간대가 있고, 경도 0도인 그리니치의 정반대편에 있는 태평양의 경도 180도에 날짜변경선을 두고 있다. 기준이 되는 시간을 설정한다는 것은 곧 권력을 소유하고 있음을 의미한다. 그리니치 표준시간대를 통해 당시 영국이 세계에서 주도적인 역할을 하고 있었음을 알 수 있다. 우리나라는 동경 135도를 중심으로 하는 시간대에 해당하며, 일본 동경과 동일한 시간대에 있다.[1] 그러나 이는 지도상의 위치를 기준으로 당시 세계적 지배세력인 유럽 국가를 중심으로 시간을 체계화했다는 의미이지, 각 나라 국민들의 생활패턴이 통일되었다는 의미는 아니다. 중국 등 아시아 여러 나라는 음력을 주로 사용하였다.[2] 농경과 어업생활을 중심으로 한 마을 단위의 경제였기 때문에, 음력 1월 1일이면 그 해 풍년을 기리고 음력 8월 15일이면 중추제, 추석 등과 같은 명절을 지내는 것이 일반적이었다.

한 국가가 사용하는 시간대와 관련하여 역사적·지리적·정치적 설명도 가능하다. 미국의 경우 넓은 지리적 조건으로 인하여 동부, 중부, 서부, 그리고 하와이가 서로 다른 시간대를 사용하고 있다. 각 지역의 주민들은 본인들의 거주 지역이 따르는 시간대를 중심으로 생활한다. 하지만 중국의 경우 미국에 못지않게 넓게 퍼져있는 영토임에도 불구하고 중국 전 지역에 베이징을 기준으로 하는 단일 시간대를 사용한다. 미국은 주립정부들의 연합에 의한 지방자치가 발달한 한편 중국은 단일 정당을 중심으로 한 중앙집권적 체제로 근대 국가를 시작했기 때문이라는 설명이 가능하다.

II. 세계화 논쟁과 국가

1972년부터 표준시가 부정확한 지구자전을 기준으로 하는 시간에서 미국에 소재한 원자의 운동을 기준으로 하는 세계행정시(UTC)로 바뀌게 된다(임도빈, 2009). 초 단위의 소수점 이하까지 정확도를 요구하는 기술의 발달이 필요했기 때문이다. 이후 비행기 등 교통수단과 전화, 인터넷 등 통신수단의 눈부신 발달은 세계를 점점 더 하나로 묶는 중요한 역할을 한다. 이와 더불어 최근 세계는 국제적·정치적으로 통합되는 추세이다. 즉, 국가 간 협력이 강화되는 세계화(globalization)의 움직임이 크다. WTO의 역할에 따라 자본과 인력이 자유롭게 이동하고 있다. 전 세계가 하나로 묶어지는 원심력이 작용하는 것이다.

세계화가 진행되면서 세계적 분업이 이루어지게 되었다. 토마스 L. 프리드만(Thomas L. Friedman, 2005)의 'The world is flat'이라는 세계적 베스트셀러가

> Friedman은 지구가 둥글다는 것이 아니고, 평평하다(flat)고 주장한다. 예컨대 중국은 세계의 공장이 되었고, 미국기업에서 제공하는 각종 전화상담이나 AS 콜센터는 인도에 있다. 이에 미국과 인도는 하나로 연결된 나라라는 것이다.

---

1 자오선에 대한 아이디어는 스코틀랜드의 Sanford Fleming(1827-1915)이 주장하였다. 이 아이디어를 바탕으로 1884년 미국 Washington D.C.에서 열린 국제자오선회의에서 표준시간대를 설정할 당시 일본의 국제적 입김이 더 커서 이렇게 되었다는 설이 있다. 결국 우리나라는 보통 12시 30분에 가장 해가 높은 때인데도 불구하고 30분 정도 빠른 시간을 쓰는 셈이다.

2 고종이 음력 1895년 11월 27일을 1896년 1월 1일로 공포한 것이 맨 처음 양력이 공식적으로 도입된 시점이라고 하겠다.

이를 단적으로 보여준다. 프리드만에 의하면, 미국 대부분의 서비스 콜센터는 인도에 자리 잡고 있고 직원들은 미국본사 지역의 악센트까지 훈련받는다. 본사에서는 경영 제반 업무를 수행하고 제조는 제3세계 국가에서 이뤄진다. 이처럼 중국은 제조를 담당하고 인도는 서비스, 미국은 첨단과학이나 고부가가치 산업을 담당한다. 미국이 잠들어 있을 때 인도나 중국에서 다른 기능으로 일을 하고 있는 것이다. 프리드만은 이러한 과정에서 세계는 평평해졌고, 앞으로도 빠른 속도로 평평해질 것이라 주장한다. 싼 값에 더 많은 양의 상품과 서비스를 생산함으로써 더 많은 사람들이 풍요를 누리게 된다. 개도국 국민들이 선진국과 같은 상품을 소비하게 되고, 선진국 문화도 유입되어 자유민주주의적 정치적 권리도 증진됐다. 따라서 세계화는 나라 간의 공간적 거리감을 축소시켜 전 세계의 부를 창출하는 좋은 현상이라 역설한다.

　이와는 반대로 반세계화(anti-globalization) 움직임도 만만치 않게 존재한다. 세계화는 일부 강대국을 위한 잔치이고, 나머지 대부분의 국가들의 희생을 강요한다는 것이다. 이는 결과적으로 국가내부에서도 양극화가 심화되는 계기가 된다. 반세계화 진영의 반발은 일부 오해에서 비롯된 측면이 있다. 세계화론자의 세계화에 의하더라도 각 나라의 고유성은 사라지지 않을 것이다. 세계화는 각 나라가 동일한 모델을 추구해야 한다는 뜻은 아니다. 오히려 민족, 문화, 문명의 독특성은 강화되어야 한다. 그래야 교류를 통한 이익의 실현이 가능하기 때문이다. 그러나 세계화가 자본 종속적 분업이 아닌 국가 간의 협업, 즉 상생으로 이어지기 위해서 현재 미국에 주로 분포하고 있는 다국적 기업의 네트워크 이상의 것이 필요하다는 주장은 일리가 있다. 미국 중심의 세계통합에 대해서 유럽연합은 물론, 중국, 이슬람 문화권에서 강한 반발을 일으키고 있다. 미국의 정치학자 Huntington(1993)은 마치 9·11 테러사태를 예측한 듯이, 종교권을 중심으로 한 '문명의 충돌'을 논한 바 있다.

　반세계화 진영이 지적하는 세계화의 부작용은 빈부격차의 증대와 환경의 악화이다. 이에 대한 이론적 근거는 대부분 좌파적 아이디어에 뿌리를 두고 있다. 본질적으로 시장원리가 완전히 작동될 수 없는 성질을 가진 노동, 토지, 화폐와 같은 허구적 재화(fictive commodities)에 시장원리를 더 강력히 적용하고자 국제완화같은 정책을 추진한 데에서 원인을 찾는다(streeck, 2016: 61). 자꾸만 '더' 생산을 하고 '더' 소비하자고 주장하는 자본주의는 그 자체가 생명파괴적(life destructive)이고, 자기파멸적인 것으로 마치 사회라는 유기체에 암(cancer)과 같이 퍼지고 있다고 보며, 국가의 무역증대현상도 같은 맥락에서 본다(McMurtry,

표 2-1 ㅣ 세계화 논쟁

	찬성론	반대론
경제	생산량 증가, 개인소득 증대	빈부격차, 환경파괴
정치	자유민주주의 신장	경제적 약자의 인권저하
행정역할	시장주의로 규제 완화	규제 강화

1999: 2002). 반세계화를 지지하는 입장에 따르면 지구의 자원은 더욱 빠르게 고갈되고 사람들은 더욱 즉흥적이고 자극적인 소비를 추구하게 되었다. 최저가를 지향하는 미국에서 가장 큰 수퍼마켓 체인인 월마트(Wall Mart)의 공산품 95% 이상이 중국산 제품이라 알려질 정도로 중국은 세계 제조업의 상당부분을 담당한다. 제조업 종사자들이 급증하면서 중국경제는 발전했지만 이에 따른 환경 파괴는 심각한 수준에 이른다.

결과적으로 개발도상국이 경제강대국에 지나치게 의존하고, 결국에는 노예와 같이 예속된다는 점도 우려한다. 경제적 세계화가 정치적 세계화까지 촉진하게 된다는 것이다. 반세계화 이론들은 각 국가 혹은 지역의 독특한 문화적 특성을 살리고, 개인별 개성을 존중하여야 한다는 입장이다. 즉, 어떤 세계적 중심으로의 이동이 아닌, 개별국가의 구심력을 주장한다. 영국이 2017년 유럽연합에서 탈퇴하는 Brexit를 결정한 것도 이러한 맥락에서 이해할 수 있다.

Ⅲ. 국경에 관련된 행정

국가의 주권이 미치는 지리적 범위를 국토 또는 영토(territory)라고 하고, 이 국토의 경계선을 국경이라고 한다. 영토내 배타적인 주권은 국가가 가지는 것을 합의한 것이 베스트팔렌 조약이다. 이에 따르면 외국이 다른 나라에 영향을 미치는 것은 허용되지 않기 때문에 각국의 정부가 국토를 잘 관리하는 것이 가장 중요하다. 다시 말하여 국경을 넘나드는 재화와 사람에 대한 관리가 필요하다. 이것이 중요한 국가행정 활동 중의 하나이다. 이런 점에서 시간의 차원뿐만 아니고 공간의 차원에서 행정을 연구하는 것이 유용하다(임도빈 2016b).

1. 인적 차원의 국경관리

공간의 행정이라는 측면에서 주권을 지키는 데 가장 기본적인 것은 국방 (defense)이다. 외국의 영토 침해 행위, 즉 전쟁에 대비하여 자기 나라의 영토를 지키는 것이 국방이다. 군대를 유지하고 군수물자를 조달하며 각종 무기를 관리하는 것을 국방행정이라고 한다. 한 나라의 계속성을 유지하는 중요한 방법은 외국의 침입으로부터 영토를 지키는 것이다. 고도의 무기와 훈련된 군인으로 이뤄진 육·해·공군의 국방력을 유지하는 것이 관건이다. 국방도 과거에는 단순한 무력의 관리와 사용이었다면, 이제 고도화된 지식과 기술이 필요하다. 예컨대, 국방조직을 효율적으로 유지하는 국방행정이 필요하다(민진, 2017).

다음으로 중요한 것은 국경을 넘나드는 사람을 관리하는 것이다. 휴전선에서 볼 수 있는 것과 같이 국경에는 군대가 배치되어 월경을 막는 활동을 한다. 적대국이 아닌 우방과 국경을 같이 하는 경우에는 군대가 아닌 경찰이 국경을 지키는 나라도 있다.

아울러, 관광, 사업 등 여러 가지 목적으로 국경을 넘는 경우가 생긴다. 국경을 통해서 합법적으로 우리나라 영토로 들어오는 경우를 이민(immigration)이라고 한다. 이민은 소극적으로는 우리나라의 안보와 치안에 위협이 되지 않는 사람을 못들어 오게 하는 것과 적극적으로 우리나라에 도움에 되는 사람을 유치하는 것으로 나눌 수 있다.

첫째, 범죄행위가 있었다든지 범죄의 행위를 할 가능성이 있다든지 아니면 경제적인 해를 끼칠 가능성이 있는 사람들에게 입경을 허락하지 않는 것이다. 이를 출발지에서 검토하기 위해 국경 간 이동수단인 선박, 항공, 철도 등에서 사증 (Visa)을 검색하는 활동을 한다. 국경통과 예정자는 해당국 영사관에서 사증을 미리 발급받아야 한다.

둘째, 이와는 반대로 우리나라의 범죄자가 다른 나라로 도망을 가지 못하도록 막는 활동을 한다. 일단 범죄 혐의가 있고 도주의 염려가 있는 경우에는 법무부에서 출국금지령을 내리게 되고, 이들은 출국하려고 할 때 출국이 허용되지 않는다.

이런 국경 경찰의 역할을 하는 행정기관이 법무부 출입국 관리소이다. 출입국 관리소 행정인력은 항구, 공항 등 국경통과지역에 기본적으로 집중돼 있다. 그러나 산업연수생과 같이 일정기간 합법적으로 우리나라 영토에 거주하는 사람들에 대한 관리도 이뤄진다. 항상 불법체류자가 있기 때문에 이를 단속하기 위해,

외국인이 많이 체류하는 공장지역 등에서도 사무소를 찾아볼 수 있다. 물론 불법적인 체류문제와 이들의 범죄에 관해서는 경찰이 활동을 한다. 만약 범죄인이 다른 나라로 도피했을 경우에는 해당국 경찰이 체포하여 범인을 인도하는 국제경찰간 협조체제(interpol)가 있다. 인터폴은 약 8백여 명의 직원을 가진 국제기구로 그 사무소는 프랑스 리용에 있다.[3] 이러한 활동이 한 나라의 주권보호라는 측면에서 보면 간단해 보이지만, 실제로는 당사자들의 인권보호라는 측면에서 어떻게 조화를 이루느냐의 어려운 문제가 있다(유성의, 2016).

2. 재화의 국경간 이동

재화의 이동에 대해서는 관세(custom service)라는 제도가 있다. 주로 경제적인 입장에서 자국의 산업을 보호한다는 차원에서 이뤄지는 행정이 관세행정이다. 중상주의 시대에 영국, 프랑스, 독일 등 유럽에서 도입된 제도이다. 오늘날 모든 나라에서는 관세행정이 존재한다. 국경을 넘나드는 재화에 대해서 단순히 관세를 부과하는 것이 관세행정의 전부가 아니다. 관세행정에는 이보다 훨씬 많은 기능이 있다.

첫 번째로 불법물품의 이동에 대한 통제이다. 총, 화약류, 폭발물 등과 같이 반입되었을 때 우리 국가안보에 위협을 가할 수 있는 것을 통제하는 것이다.

두 번째로는 국보와 같은 중요한 문화재 등을 반출시키는 것을 금지시키는 활동이다. 희귀종 동식물의 반출 등도 문제시 된다.

세 번째로는 마리화나와 같이 국민의 건강을 해치는 마약류 등이 들어오는 것을 방지하는 것이다. 이것이 얼마나 중요한가는 중국의 아편전쟁과 같이 한 나라의 역사적 우월성을 전체적으로 짓밟은 사례를 통해 알 수 있다.

네 번째, 살아있는 농수산물 등의 수입을 금지하는 것이다. 이들이 반입되어 국내 수목이나 동물의 품종이 된다든지, 병원균에 감염되는 문제가 있다. 외국의 황소개구리가 유입되어 우리나라 생태계를 교란하는 예를 생각해 볼 수 있다. 따라서, 입국할 때, 외국에서 재배된 과일이나 채소를 허가없이 들여오면 큰 액수의 벌금을 물게 된다. 이 부분은 세관보다는 검역소(Quarantin)에서 이뤄지는 행정활동이다.[4]

---

3 https://www.interpol.int.

4 중국의 황사나, 조류인플루엔자(AI) 같이 사람이 아닌 철새가 병원균을 옮기는 것은 우리나라 행정이 예방하기가 어려운 문제이다. 이것은 국가행정이 다뤄야할 새로운 행정문제가 등장하였음을 의미한다.

이상은 원칙적으로 금지되는 물품에 관한 것이다. 그러나 일정한 조건하에서 통관을 허용하는 재화도 많이 있다. Ricardo의 비교우위의 원칙이 말해주듯이, 상품적 가치가 상대적으로 우월한 나라에서 생산된 물품을 그렇지 않은 나라에 수출함으로써 전 세계적으로는 win-win하는 것이다. 문제는 아무리 자유무역이라고 하더라도 조건에 맞는 물품이 있는지를 확인하고 적절히 세금을 부과하는 활동이 필요하다는 데에 있다. 그것이 관세행정의 핵심이라고 볼 수 있다.

첫 번째로 금괴, 거액의 외화 반출 등에 대해 규제 또는 신고하게 함으로써, 부의 대량이동을 관리할 수 있다. 한순간에 다른 나라에 거액의 부를 이동시키기 때문에 경제적인 타격이 클 수가 있다. 우리나라의 경우 외환보유액이 중요하기 때문에 일정액수 이상의 외화를 가지고 나갈 때는 신고를 하도록 되어 있고, 들여올 때도 신고를 하도록 되어 있다. 방글라데시와 같은 개도국에서는 특히 이런 부의 이탈을 강력히 규제하는 경향이 있다.

두 번째로는 중상주의적 입장에서 볼 때 자국의 산업을 보호하기 위해서 일정 물품을 들여올 때는 관세를 높게 매기는 방법이 있다. 보호무역주의라는 시각인데, 일정 품목을 제외하거나 고율의 관세를 매김으로써 국내 시장에서 높은 가격으로 판매케 하는 방법이다. 우리나라의 경우 고급 사치품, 주류, 외제차 등에 대해서 규제를 한 경우가 많이 있다.

세 번째는 일정의 관세를 부과하는 것이다. 국경을 넘나드는 재화에 부과하는 것이 관세(tariff)이다. 이것은 기본적으로 볼 때 관세에 관한 자유협정을 해치지 않는 범위에서 재화의 이동을 어느 정도 파악하는 것이라고 할 수 있다.

관세는 각국 정부가 행사하는 주권의 일부이지만, 사실상 국제적 제도안에서 이뤄진다. 1984년 출범한 '관세 및 무역에 관한 일반 협정(GATT: General Agreement on Tariffs and Trade의 약자)'에 따라, 이에 서명한 회원국끼리는 최소의 관세를 매기기로 하는 정책이 꾸준히 추진되어 왔다. 관세장벽을 낮추고 자유무역을 활성화시키려는 취지로 발전하면서 분쟁을 해결하는 조직으로서 1995년부터 세계무역기구(WTO)로 발전하였다(최병선, 2009). 오늘날에는 각국이 자국의 경제적 이익을 지키기 위해, 전략적으로 WTO에 제소하거나 하지 않는 등 고도의 전문화된 방법으로 무역문제를 풀어나가는 무역행정을 펼치고 있다. 한국행정도 외국과 비교하여 경쟁력있는 지식과 능력을 갖춰야 국익을 지킬 수 있게 된다.

관세에 대한 정책이 결정되면 이를 현장에서 집행하는 것이 더욱 중요하다. 이를 담당하는 관세청은 물건이 국경을 넘어 교류되는 지점에 세관을 두고 있다.

출입국 행정이란 측면에서 고도의 수법을 사용하는 밀입국자가 있듯이, 관세행정
에서도 다양한 방법으로 밀수를 하는 사람들이 있다. 이들이 사용하는 방법은 점
점 교묘해지고 고도화되기 때문에, 세관직원들의 지식과 자질도 고도화될 필요성
이 있다. 그런데 사실상 선의를 가진 기업인이나 사람에게는 이런 제도가 상당히
불편하고 불필요한 규제로 보일 수 있다. 일반국민에게는 불편을 끼치지 않으면
서 동시에, 보통의 방법으로는 찾아내기 힘든 불법행위를 예방 및 검거하는 두 마
리의 토끼를 잡아야 하는 것이다.

국경이 존재하고, 주권이 있는 한, 이러한 행정은 아무리 불편해도 완전히 없
앨 수는 없다. 우리가 해외에서 귀국할 때 공항에서는 이미 출입국심사(이민국),
세관(관세청), 검역(농림축산검역본부) 등의 3단계의 통제를 받고 있다. 최근 인
터넷과 빅데이터 등의 발달이 그동안 불편했던 행정의 규제를 완화하고 있다. 기
술의 발달에 힘입어, 간접적으로 통제를 함으로써 국민들이 피부로 느끼는 불편
함을 줄이는 것이다. 예컨대 공항에서 한국으로 들어올 때 입국심사를 거치는데
이를 매우 간략하게 함으로써 기다리는 시간을 줄이는 행정을 하고 있다. 마찬가
지로 국내에 들어오는 여행 가방이나 수입 물품에 대해서 국민들은 피부로 느끼
지 못하지만, 공항의 내부에서는 엑스레이 검사, 탐지견 등 보이지 않는 방법으로
검사가 이뤄지고 있는 것이다. 각국의 출입국, 관세행정의 질적 차이는 외국을 방
문할 때 확연히 느낄 수 있다.

Ⅳ. 세계화와 행정학

국가 간 관계에서 원심력이 크다고 보는가, 구심력이 크다고 보는가에 따라,
행정학이론의 보편성과 특수성, 그리고 각 국가행정의 국제사회(혹은 다른 나라)
와의 관계에서 비중을 달리 본다. 세계화를 옹호하는 입장에서는 행정실무는 전
세계적으로 표준화(standardization)되어야 하고, 행정학분야에서 전 세계에 적용
될 수 있는 보편적 법칙을 발견하는 것이 필요하다고 본다. 이에 비하여, 세계단
위를 부정하고 국가 및 지역의 중요성을 믿는 사람들은 학문의 특수성 혹은 각국
의 특성에 맞는 문화이론을 더 중시한다고 볼 수 있다.[5]

세계화에 대해서 대립된 이론적 시각이 있음에도 불구하고, 적어도 현실세계

5 물론, 세계화론자들도, 기본적으로는 각국의 특수성이 충분히 있어야 다른 나라와 교류가 가
능하다고 보기도 한다. 즉, 모든 것이 같으면, 교류할 것이 없게 된다는 의미에서이다.

표 2-2 I 세계화와 행정학

	세계화론자	국가(국지)론자
움직임	원심력	구심력
행정이론	보편성있는 행정이론	특수성 높은 행정이론, 토착화
각 국가행정의 비중	약화	강화

는 최근 세계화를 촉진하는 방향으로 가고 있다. 재화, 돈의 국가 간 이동이 괄목할 만하게 증가하였다. 특히 인터넷 등 정보화 기술의 발달은 적어도 정보교환이라는 측면에서는 전 세계를 실시간으로 연결시키는 놀라운 변화를 가져왔다.

이와 같이 부정할 수 없는 세계화 추세에서 우리가 장기적으로 고민해야 할 근본적인 문제들은 다음과 같은 것이다.

• 과연 세계화의 진전은 궁극적으로는 국경을 없애고 세계를 하나로 묶는 결과를 가져올 것인가.
• 국가 역할의 감소와 더불어, 정치권력과 경제(권력)의 분리가 가능한 것인가.
• 세계화 시대에 가져야 할 가치관과 세계인으로서 필요한 자질은 무엇인가.

위의 질문에 대한 답은 쉽지 않다. 세계화에 따른 국가의 역할은 과거에 비해 약해진 것으로 보일 수도 있다. 그러나 과거에는 국내 현상에만 주목하여 정책대상자의 반응을 살피면 되었으나 이제 외국의 현황까지 파악해야 한다는 측면에서 더 복잡한 문제에 대응하기 위한 국가의 능력이 요구되기도 한다. 국가의 역할은 축소되었다고 볼 수 있으나 브레튼우즈 체제에서 시작된 불간섭주의에 따라 강대국에 편입되어 혜택을 보는 것도 아니다. 따라서 국가의 본질적 존재 이유를 생각해보아야 한다.

표면적으로는 국가의 역할이 축소된 것 같아 보여도 실제로는 국가 고유성을 수호하고 개발하기 위해 국가가 할 일은 더욱 많아졌다. 즉, 단기적으로 세계화에 적응하기보다는 중장기적으로 우리나라가 세계화(지구화, globalization)에 따라 다양한 이슈에 다른 국가와 서로 연결되면서 무엇을 어떻게 해야 하는가를 고민해야 할 것이다.

토빈세

1981년 경험적 거시경제이론으로 노벨경제학상을 수상한 James Tobin(1918~2002) 미국 예일대교수. 그는 1978년 단기투기자본(hot money)을 겨냥해, 국경을 넘을 때마다 세금을 매기자고 제안했다. 핫머니의 급격한 유출입으로 인해 각국의 통화위기가 초래되고 있다고 판단한 것이다. 토빈 교수가 도입을 주장했다고 해서 명명된 토빈세는 결론적으로 '실현 불가능한 개념'으로 치부됐다. 세계 각국이 한날 한시에 이를 일제히 부과하기가 어렵기 때문이다. 어느 한쪽만 시행에 들어갔다가는, 화투판 독박을 쓰듯이 자금 유출의 피해를 오롯이 당할 게 뻔하다. 투자를 가장한 투기 거래만을 족집게로 솎아내기도 쉽지 않다. 스웨덴은 금융거래 자체가 위축될 위험을 이유로 토빈세를 포기했다.

그런 토빈세가 새삼 수면 위로 부상했다. 유럽연합(EU) 27개국 정상은 다음달 3~4일 프랑스 칸에서 열리는 주요 20개국(G20)정상회담에서 토빈세 도입 방안을 논의토록 촉구하고 나섰다. 물론 현실화하기까지 난항이 예상된다. 그러나 재정위기 속 유럽 국가들은 염불보다 잿밥에 눈독을 들인 채 관철 의지를 불태우고 있다. 구제금융기금 조성 여력이 없는 국가들로선 토빈세가 더할 나위 없이 요긴하기 때문이다. 단기국제자본의 거래규모는 하루 평균 4조 달러(약 4,544조 원)에 달한다. 여기에 0.05%씩 거래세를 매기면 연간으로 최소 2,200억 달러 이상의 조세 수입이 가능해진다. 핫머니 심판의 당초 취지는 어느새 부차적인 일이 돼버렸다. 앞서 2009년 EU집행위원회가 토빈세 도입을 공식제안 했을 때, 강력 반대했던 영국도 꼬리를 내렸다. 중국도 토빈세 도입을 바라고 있다.

한국은 토빈세 도입이 정작 필요한 국가군에 속한다. 우리 금융시장은 외부의 작은 충격에도 취약하기 때문이다. 실제로 리먼사태와 유럽발 재정위기 때도 위기의 진원지인 미국과 유럽보다 한국의 주가와 환율이 더 요동쳤다. 삼성경제연구소는 최근 보고서 '미국 신용등급 하락 이후의 국내외 경제'에서 조건부로 단서를 달되, 토빈세 도입 검토를 주장했다. 수출형 경제구조여서 상대적으로 외환거래가 잦은 기업과 금융회사들은 반대하고 있다. 은행의 건전성 강화가 우선이라는 주장도 설득력을 얻고 있다. 토빈세 논의를 마냥 미룰 게 아니다. 정부가 입장을 치밀하게 다듬을 때가 됐다.

출처: 문화일보, 2011. 10. 28. 일부수정.

국제기구와 국제협력행정

제2절

I. 국가 간 관계

국제사회에서 국가 간 관계는, Hobbes가 표현했듯이, 많은 사람들은 '만인의 만인에 대한 투쟁'이라는 데 동의한다. 이를 시간 관점에서 말하면, 국가 간의 적과 동지 관계가 얼마나 지속될지는 전혀 예측이 불가능하다는 뜻이다. 겉으로는 자유, 평화 등 아름다운 이념들이 많이 통용되지만, 실제는 철저한 힘(power)의 관계라는 점이다. 사상적으로 자유주의는 곧 강자를 위한 정당화의 기반이 되지만, 약자들에게는 착취를 의미하는 경우가 많았다.

이러한 국제사회의 질서에 대한 틀을 마련한 것이 베스트팔렌모델(West-phalian Model)이다. 이의 핵심적인 요소는 다음과 같다(Held, 1995: 78).

- 국제사회에서 주권은 개별국가만이 주체적으로 행사하며 이를 넘어서는 어떤 상위 권력도 인정하지 않는다.
- 입법, 분쟁해결, 사법권은 이들 개별국가의 수중에 있고, 이들 간 경쟁적 권력투쟁관계에 종속된다. 즉, 국가 간의 힘의 논리가 해결 메커니즘이다.
- 국제법은 국가 간 최소한의 공존의 규칙만을 제공할 뿐이며, 국경을 넘은 분쟁은 당사자 개별국가들만의 문제이다.
- 개별국가들의 자유에 대한 제약을 최소화하는 것이 집합적 과제이다.

그러나 근대국가에서 절대주의가 지배적 체제로 자리잡아가며 베스트팔렌조약의 '힘의 매커니즘'이 한계를 드러냈다. 분쟁이 잦아지며 총칼을 든 전쟁은 물론이고, 전쟁까지는 가지 않아도 국가 간 이해관계의 갈등이 양산되었다.

여러 차례 크고 작은 국가 간 갈등 및 전쟁을 경험하게 되자, 많은 학자들이 국제적 평화를 가져오는 방법에 대해서 고민하기 시작하였다. 여러 아이디어를 구체화하기 위한 각종 회담이 열리고, 초보적이나마 각종 국제기구도 탄생하였다. 예컨대, 국제연맹이 범한 국제평화유지의 실패모델을 반복하지 않기 위해, 2차 세계대전 후 전쟁방지를 위해 만든 국제연합(United Nations: UN)이 있다. UN은

베스트팔렌조약
덴마크, 스웨덴, 스페인, 프랑스, 네덜란드 등 여러 나라가 간여된 30년전쟁에 종지부를 찍은 후 1648년 맺은 조약으로 유럽질서를 개편하는 의미가 있다. 결과적으로, 그동안의 로마가톨릭교회와 신성로마제국의 지배를 붕괴시키고, 합스부르크왕가의 권력이 약화된 반면 프랑스, 독일제후들의 권력은 증가되었다.

국가 간 협력을 장기적이고 좀 더 예측가능(predictable)하도록 제도화하는 결과를 가져왔다. 국가들의 집합인 국제사회는 개별국가에서 다루지 않거나 다루지 못하는 일에 대해 서로 협력한다.

현재 국제사회에는 국제평화 유지를 주목적으로 하는 UN을 비롯하여, 선진국 국가의 모임인 OECD, 국가들의 부채문제 등 재정문제를 해결하기 위한 국제통화기금(International Monetary Fund: IMF), 국가 간 투자 등 재원문제를 다루는 세계은행(World Bank), 국가 간의 무역문제에 대한 제도형성과 갈등을 해결하는 세계무역기구(World Trade Organization: WTO), 국제경영연구소(Institut d'administration des entreprises: IAE), 국제노동기구(International Labour Organization: ILO), 유네스코(United Nations Educational, Scientific and Cultural Organization: UNESCO) 등 많은 조직들이 있다. 아시아에는 아시아개발은행(Asia Development Bank: ADB)도 있다. 이들 국제기구들은 처음에 신설될 때의 조직목표에 비해 점점 다양한 분야의 활동을 벌이는 경향이 있다(Pease, 2012).

이 외에도 적십자사(International Committee of the Red Cross: ICRC), 국경없는 의사회(medecins sans frontieres: MSF), 그린피스(Greenpeace) 등 순수한 민간단체들도 있다. 개발국가에서 출발한 NGO들이 다른 나라의 문제에도 관심을 갖고 활동하는 추세에 있다. 빌 게이츠 같은 거부가 만든 재단이 아프리카에서 빈곤퇴치 활동을 하기도 한다. 이들의 활동이 해당 국가에서 점점 더 중요해지고 있다.

Ⅱ. 국제기구의 조직

정부차원에서 형성된 국제기구들은 2가지 차원으로 조직되어 있다. 물론 얼마나 체계적으로 조직화되어 있느냐의 정도는 국제기구에 따라 다양하다.

그림 2-2 ㅣ 국제기구 조직의 2차원

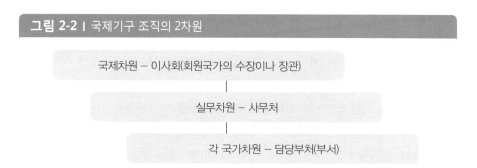

국제차원 – 이사회(회원국가의 수장이나 장관)

실무차원 – 사무처

각 국가차원 – 담당부처(부서)

국제적 차원에는 각 회원국가 대표들의 모임이 있다. 대부분의 경우, 각국의 각료들로 구성되는데, 이를 이사회(council)로 칭하는 경우가 많다. 각료(예: 외무장관)들은 각기 자신의 나라에서 업무를 수행하기 분주하므로, 1년에 한 두번 만나기도 어려울 만큼 시간이 없다. 따라서 중요한 국제기구에서는 각국을 대표하는 상주인력을 둔다(예: UN 대사).

이와 병행해서 각국에는 그 분야의 정책을 다루는 부처나 조직이 있다(예: 외교부). 이들은 주권국가의 독립된 부처로서 자신의 영토 안에서 필요한 규제를 하거나 정책을 집행한다. 국제적인 문제에 대해서는 상술한 자신의 대표와 긴밀히 연결하여 업무를 추진한다. 따라서 상술한 국제차원의 조직에서 결정한 사항 중, 각 나라에서 집행해야 할 사안에 대해서는 이들 부처나 조직이 매우 중요하다.

이 두 가지 차원의 조직 이외에, 별도의 사무처를 두고 있는 국제기구들도 있다. 예컨대 UN의 경우, 본부가 있는 뉴욕에 약 6천명, 제네바에 약 3천명 등 총 4만의 행정인력들이 있다. 이 외 유사인력까지 합하면 221,258명에 이르는 것으로 알려져 있다. 총예산은 2018-2019 회계년도에 US\$ 5.4 billion(resolution 66/248)(한화 약 5조4천억원)이다(출처: UN예산서).

재원은 주로 각국의 분담금으로 충당된다. 유엔사무처 조직은 대단히 큰 매머드급 관료제 조직이라고 할 수 있다. 국제기구를 연구하는 학자들은 주로 의장의 역할이나 기능, 특성 등 의장 중심으로 국제정치적 차원에서 국제기구를 연구해왔다. 국제기구가 다양화되고 국제기구 내부적 행정현상이 거대, 복잡화됨에 따라 이제는 행정학에서 국제행정의 영역으로서 실무차원의 국제기구에 대한 연구가 필요할 것이다.

국제기구와 관련하여 행정학적으로 가장 핵심적인 논쟁거리는 과연 회원국가에 대하여 자율성(autonomy)을 얼마나 갖느냐의 문제이다(Barnett, M. N., & Finnemore, M., 1999). 회원국의 부담금으로 사무국이 운영되고, 회원국의 협조가 있어야 비로소 국제기구의 임무(mission)가 달성되므로, 회원국에 종속적일 수밖에 없다. 그러나 문제는 특정 회원국의 이해관계와 이들 국제기구의 정책방향이 다를 때 어떻게 하느냐에 있다. 이는 주인-대리인이론(Principal-agent theory)으로 설명이 가능하다. 베스트팔렌조약에서 명시하는 각 국가 차원이 주인에 해당하고, 외교부 장관이나 한국 UN대사와 같은 이들은 대리인에 해당한다. 실제로 한국은 회원국으로서 기여금을 내기 때문에 UN 사무처 직원들의 일부는 한국인이다. 이러한 상황에서 실무차원의 대리인들 간 이해관계 충돌이 있을 수 있고, 국제기구 공무원으로서 독자적인 목소리를 내는 것은 바람직하거나 혹은 불가피할 수도 있다.

세계행정의 수반, 반기문

반기문은 충청북도 음성에서 태어나 영어를 좋아하는 평범한 학생이었다. 1970년 제 3 회 외무고시 합격으로 행정부에 들어간 후, 전문행정기술을 습득하고 외교관으로서 자질을 키워왔다. 5급사무관으로 공직에 입문하여, 87년에는 이사관으로 승진했다. 이후 대미외교의 실무 책임자인 미주국장을 맡으며 미국 전문 외교관으로 성장하는 밑거름을 쌓게 된다. 95년에는 외교정책실장에, 그리고 이듬해에는 제 1 차관보로 승진되었으며 얼마 지나지 않아 외교안보수석으로 발탁되는 등 초고속 승진을 거듭했다. 이후 김영삼 대통령의 전 수석비서관과 외교안보수석비서관을 지내고 주오스트리아 대사와 외교통상부 차관을 거치게 된다.

반기문이 행정가로 눈부신 성장을 하는 데에는 외교부 내에서 그를 끌어주는 한승수와 같은 멘토(mentor)가 있었다는 점도 중요하다. 2001년 한승수 전 외교부 장관은 제56차 UN 총회 의장이 되자 그를 의장 비서실장(UN본부 부대사)으로 부르게 된다. 그가 그간 외교관으로서 쌓아온 신뢰와 UN총회 의장 비서실장으로서의 경력은 차후 그의 UN 사무총장 출마에 밑거름이 되었다. 이후 2003년 노무현 대통령의 비서실 외교보좌관, 제33대 외교통상부 장관 역임 후 2006년 제 8 대 UN사무총장에 당선되고 2011년 연임이 확정되어 2007년부터 2016까지 6년간 UN사무총장 임무를 수행했다.

UN은 각국 수반으로 구성되는 이사회가 있다. 하지만, 이들 각국 정부수반들은 이미 정신없이 바쁘기 때문에 실제 집행을 하는 사무총장의 역할이 중요하다. 예컨대 UN의장이 연 1회 개최되는 정기총회의 의장으로서 상징적 존재라면, 사무총장은 UN의 실질적 존재라고 할 수 있다. 시리아, 중동, 북한 등 분쟁이 생기는 지역에 UN사무총장이 먼저 달려가 분쟁해결방안을 찾는 것이 그 예이다. 반기문이 이렇게 중요한 UN사무총장 자리에 이르고 성공적으로 임무를 완성하는 데에는, 한국행정관료제에서 쌓아올린 철저한 공무의식을 가진 행정가로서 자질과 깔끔한 일처리가 중요했다.

UN사무총장은 업무수행에 있어 어떤 정부나 국제기구의 영향을 받지 않을 권리, 지시를 구하거나 받지도 않을 국제공무원의 자격을 갖는다. 국제평화와 안보에 위협이 된다고 판단되는 사안에 대하여 안보리의 주의를 환기, 분쟁 조정 및 환기할 권한이 있으며, 국제 사회에서는 국가 원수 내지는 행정수반에 준하는 예우를 받는다. 또한 UN 직원의 인사권 및 정규 예산 집행권을 가지며 연봉 22만 7,253달러 외에도 판공비, 관사, 경호 등을 제공받는다. 이 외에도 뉴욕의 UN본부 사무총장 집무실을 1년에 단 1달러의 임대료를 내고 사용할 수 있는 특권이 주어진다.

Ⅲ. 국제기구의 활동 방법

국제기구의 주요 기능으로는 정보기능, 규범과 규칙창출기능, 규칙감시기능, 운용활동기능, 토의와 교섭의 장소로서의 기능, 그리고 마지막으로 사회화기능이 있다. 정보기능은 회원국들의 공통 관심사에 대한 정보를 수집, 분석하고 교환 및 전파하는 기능을 의미한다. 규범과 규칙창출기능으로 국제기구는 표준을 정의하고 선포하여 법적 구속력이 없는 규범(norm)과 법적 구속력을 가지는 규칙(rule)을 만들어내고, 이렇게 만들어진 규칙이 회원국들에 의하여 준수되고 있는지를 감시한다. 국제기구가 운용 가능한 재화나 용역 자원을 통해 재정원조나 기술원조, 군사력 배치 등으로 활용하기도 한다. 국제기구는 국가들이 국제사회에서의 지지와 명분을 확보하고 연대를 형성하기 위한 외교적 노력을 하는 데 있어 소통을 위한 장소를 마련한다. 또한 새로이 정의되는 규범이나 가치, 이익 등에 대해 토론, 설득, 교육, 주장을 가능하게 하고 국제사회에서 이러한 내용들이 수용될 수 있도록 하는 사회화(socialization)기능을 한다(박재영, 2007: 409-422).

어떻게 보면, 국제기구는 약육강식의 '만인의 만인에 대한 투쟁'인 국제관계에서 각 회원국의 행동을 규제하기 위해 존재한다. 그러나 개별국가에 대한 통제력이 부족하기 때문에 장기적이고 전략적인 차원에서 노력이 필요하다. 따라서 조직 나름대로의 정당화논리를 만들어내는 사무처 종사자를 비롯한 직업 관료들의 전문성(professionalism)이 중요하다. 이들은 전술한 기능들, 특히 규범과 규칙창출, 규칙감시기능을 통해 국제사회에서 영향을 미치는데 그 방법은 다음과 같다(Barnett, M. N., & Finnemore, M., 1999: 710-713).

- 유형화(classification): 문제가 되는 현상에 대해 유형들을 만들어낸다. 공론화 되지 않았던 문제들을 이슈화하고 문제의 심각 여부에 따라 카테고리를 만들어 유형화한다. 예컨대, 지구환경오염의 문제를 논하면서, 수질오염, 대기오염 등 오염의 종류, 오염의 원인 등을 규정하고, '생태발자국(ecological footprint)'이라는 개념을 만든다.[6]
- 의미부여(fixing meanings): 유형화한 것 중, 우리가 공동으로 대처하지 않으면 얼마나 문제가 심각한지 의미를 부여한다. 예컨대, 탄소배출이 오존층

---

6 이 예는 Barnett, M. N., & Finnemore, M. (1999)에서 가져온 것이다. 필자가 네덜란드 외무부 관료를 인터뷰한 과정에서, 실제로 네덜란드 관료들이 이러한 국제적 작업을 주도했음을 발견하였다.

을 파괴하여 지구온난화를 가져오며, 그 피해가 얼마나 심각한지에 대한 경각심을 제고시킨다.

- 규범확산(diffusion of norms): 각국이 정책으로서 적절한 조치를 취하도록 규범을 만들고, 이를 확산시킨다. 국제기구의 기능 중 사회화 기능에 해당하는 것이다. 대부분의 경우, 학자들을 통한 연구용역 발주, 그 결과를 국제학술대회에 발표, 매스컴 보도 등의 방법이 활용된다. 예컨대, 탄소배출량 규제를 위해 탄소세, 탄소거래권 매매, 대체에너지 개발, 친환경 자동차개발 등의 규범을 확산시킨다.

Ⅳ. 국제행정문제의 사례

국제무대는 거의 무정부적 상황이기 때문에 어떤 질서나 동의를 얻어내는 과정에 많은 시간이 걸린다. 지구상에서 전쟁이 끊이지 않고 있지만, 이제 어느 정도 평화적 국제질서를 유지하는 쪽으로 흘러가고 있다. 그러나 그 이면에는 치열한 국가간 경제 '전쟁(?)'이 존재한다. 오늘날 미국 위주의 세계화를 가져오는 기초적 개념형성과 질서를 이끌어낸 우루과이라운드가 한 예이다. 그리고 동의를 얻어 낸 후 이를 집행하는 데에도 많은 시간이 걸린다.

우루과이라운드[7] 당시 우리나라에서 가장 문제시 된 것은 쌀시장의 개방이었다. 국내의 쌀값은 기계화로 무장된 미국 등 기업농에 의해 생산된 것보다 훨씬 비싸서 가격경쟁에서 밀리기 때문이다. 이에 따라 우리의 농가를 보호하고, 차후 우리가 일정량의 쌀을 직접 생산하지 못할 때 쌀을 수단으로 우리나라를 위협하는 식량무기화 가능성을 차단해야 하는 문제가 있었다. 우리나라 국민들의 주식인 쌀을 경쟁력이 없다는 이유로 자국 농업에서 퇴출시키고 전량 수입에 의존한다면 이후에는 이로 인해 쌀 수입국에 경제적으로든 정치적으로든 종속될 수밖에 없기 때문이다.

그래서 1995년부터 10년 동안 쌀시장을 개방하지 않는 대신 일정량의 쌀을 수입하여 떡 등 가공용에 사용하는 최소시장접근법(Minimum Market Access)을

우루과이라운드
1987년부터 1993년까지 GATT의 새로운 다자간 무역협상(Multinational Trade Negotiations)을 위해 우루과이에서 열린 일련의 회의들을 통칭한다.

최소시장접근법
시장을 개방하지 않는 대신, 일정량의 물량을 의무적으로 수입하는 제도. 어느 나라의 무역장벽 때문에 손해를 보는 외국 생산자의 잠재적 손해를 보전하는 장치라고 할 수 있다.

---

7 1980년대 들어 미국은 경제불황을 타개하기 위해 농업·서비스산업 및 첨단기술의 비교우위를 무기로 하여 세계경제질서를 재편하려고 하였다. 1987년 2월부터 본교섭에 들어간 우루과이라운드의 15개 협상그룹은 다른 나라들의 격심한 반대에 부딪쳤는데, 특히 서비스 분야와 농산물 분야는 가장 많은 논란거리가 된 분야이다. 그 결과, World Trade Organization 협정이 성안되었고 가입국이 이 협정과 4개의 부속협정에 사인하였다. 그 기구로서 1995년 세계무역기구(WTO)가 제네바에 설립되었다.

사용하기로 국제적 합의를 이끌어냈다. 그동안 우리나라는 대대적인 농업 지원 정책을 실시하였으나, 그 결과는 오히려 농가부채의 증가라는 역효과를 낳았다 (임도빈, 1996). 농림부에서는 농업 지원 정책으로 농민들에게 업종 전환을 유도 하였고 쌀의 고급 브랜드화를 추진하였다. 하지만 대부분의 농촌지역에서 세계화에 발맞춰 새로운 변화를 시도하기에는 농민들의 연령대가 너무 높았다. 혁신을 꾀할 경쟁력을 잃은 농촌 경제는 계속 악화되었다.

2004년에도 우리나라는 쌀 관세화(쌀시장 개방)를 다시 10년 간 유예하는 협상을 타결시켰다. 1995년부터 20년간 쌀 관세화를 유예시킨 결과, 2014년 기준 최소시장접근법에 의해 우리나라가 의무적으로 수입하는 쌀은 약 40만 톤에 이르렀다. 이는 우리나라 전체 쌀 소비량의 9%에 해당한다. 서구화된 식생활로 인해 우리나라의 1인당 쌀 소비량은 해마다 감소하는 추세이고, 늘어난 의무 수입량과 계속된 풍년으로 인해 팔리지 않은 비축미만 늘어가고 있었다.

이러한 상황 속에서 2014년 7월에 결국 정부는 2015년 1월 1일부터 쌀시장을 전면 개방할 것임을 공식적으로 발표하였다. 개방을 선택한 정부의 주요 요지는 쌀 관세화를 또다시 유예할 경우 의무 수입량이 국내 소비 물량의 20%에 달할 수 있으며, 이보다는 쌀시장을 개방하고 대신 수입쌀에 대해 높은 관세를 적용할 때 결과적으로 수입 물량을 줄일 수 있을 것이라는 점이었다. 아울러 향후 다른 통상 협정 과정에서 불이익을 받을 수 있다는 점도 고려한 것으로 보인다.

이와는 달리 쌀 관세화를 반대하는 입장에서는 국내 쌀 산업을 보호하고 농촌 경쟁력을 확보하기 위해 10년 더 기간을 유예할 필요가 있다고 주장한다. 그동안 정부의 정책적 노력을 냉정하게 평가한다면, 농촌 경쟁력 향상에 그다지 도움이 되지 않았기 때문에 좀 더 시간이 필요하다는 관점이다. 특히 쌀이 단순한 교역상품이 아닌 식량주권으로서의 상징성이 있다는 것도 반대 근거가 된다.

결과적으로 20년 동안의 준비 기간이 있었음에도 불구하고, 우리 정부는 농업경쟁력을 충분히 끌어올리는 데 실패했다. 국제적 압력과 국내 농업보호라는 딜레마에 빠진 상황에서 정부는 쌀소득보전직불제 등 다양한 정책으로 시간을 끄는 지연정책을 썼다(최흥석·김은미, 2011). 이 정책이 일부 효과가 없었던 것은 아니나, 쌀시장 개방을 할 만큼 충분한 효과를 거둔 것 같지는 않다. 이것은 농림부만의 책임이 아니라, 다른 연관 산업, 도시화 등 우리나라 행정 전체의 책임이기도 하다. 농촌인구의 고령화와 값싼 외국농산물의 유입은 우리나라 농업행정에게는 위협적인 불안요소일 수밖에 없다. 폐쇄적이었던 과거에 비하여 이제는 외부환경의 압력에 우리나라 행정이 대처를 할 수밖에 없는 상황이 되었다는 것을 보여주는 사례이다.

 ## V. 국제행정론

국제기구들이 각 회원국에 행사할 수 있는 강제력이나 각국의 자발적 협력의 정도는 분야에 따라, 그리고 사안에 따라 천차만별이다. 즉, 국제협력의 강도는 시간의 흐름선에서 그 부침이 다양한 형태를 보인다. 이들 활동을 중심으로 국가 간의 관계, 그리고 이들 조직이 가진 사무조직의 행정관리를 다루는 것이 '국제행정론(International administration) 또는 공공국제행정(public international administration)'이다.

국제행정론은 국제정치론과는 다르다. 국제행정에서 다루는 문제가 과연 한 나라의 국내행정에서 다루는 것과 본질적으로 다르냐는 논란의 소지가 있다. 대규모의 사무처기구에서 일어나는 조직, 인사, 재무 등 관리에 관한 활동들은 이 책의 다른 장에서 다루는 내용이 대부분 적용된다고 하겠다. 예컨대 UN사무처의 조직이 관료화되어 있다는 것이나 개별국가의 행정조직이 관료화되어 있다는 것은 본질적으로 같을 수도 있고, 다를 수도 있다.

힘의 논리가 지배하는 국제사회에서 국제기구는 국가 간 협력을 통하여 서로에게 좋은 방안을 찾고자 하는 조직목표를 갖는다. 즉, 세계라는 공간에서 공공재를 창출하는 노력을 한다. 무역의존도가 높은 우리나라의 경우, 이들 기구와의 밀접한 관계가 다른 나라에 비하여 더욱 중요하다고 하겠다.

시간적으로 볼 때, 우리는 급속한 경제성장을 하였고, 그동안 오래전부터 존재해왔던 이들 국제기구에 상대적으로 소극적인 참여가 이루어져 왔다. 이들 국제기구의 사무조직들 중 소수만이 한국에 유치되었다. 최근 국제조직이 많아지고, 한국정부가 부담하는 부담금이 많아짐에 따라, 우리나라에 할당된 자리에 대한 인력수요가 늘어나고 있는 데 반해, 준비된 인력은 부족한 편이다. 일본이나 중국에 비하여도 이들 기구에서 정책을 주도하지 못하고 있다. 국장(director) 등 고위직 자리는 물론이고, 각종 정책문제를 연구하고 보고서를 작성하는 연구직들도 절대적으로 부족하다.

국제행정은 행정학의 중요한 분야가 되고 있다. 많은 국제기구들이 독자적인 사무조직을 갖게 되면서 관료제화(bureaucratization)되고 있기 때문이다. 여기서 관료제화란 첫째, 이들 사무직원들의 역할이 국제기구의 성과에 큰 영향을 미

국제행정 또는 공공국제행정(public international administration)이란 국제사회 또는 국제 공동체사회의 행정을 말한다. 좀 더 구체적으로 말하면 국제행정은 '국제적 관련성을 갖는 공공의 관심사항 또는 공공의 문제를 해결하기 위한 국제적 공공정책의 형성과 집행'이라고 정의할 수 있다(박정택, 1996: 17).

친다는 뜻과, 둘째, 이들 사무기구의 내부운영이 이 책에서 다루는 '행정현상'으로 나타난다는 뜻이다. 따라서 장기적 관점에서 한국의 행정학이 국제기구에 적합한 행정인력을 기르는 데에도 중요한 역할을 해야 한다. 이는 또한 우리나라 정부의 경쟁력을 제고하는 방법 중 하나일 것이다.

제3절 빈부격차와 개발협력

I. 경제수준의 차이는 왜 날까

근대국가는 영토 내에 주권을 독점적으로 행사하는 정치체인 동시에 국민들의 경제활동을 보장하고 증진하는 주체이다. 국가 내의 체제를 분류해보면, 정치적으로는 민주주의와 전체주의가 있고, 경제적으로는 자본주의와 사회주의가 있다. 다음 〈그림 2-3〉에서 보는 정치-경제 결합모형에서 민주주의와 자본주의를 결합한 (1)유형이 가장 좋은지는 가치판단에 관한 것으로 학자들 사이에서도 의견이 갈린다.

이들 국가원수와 정부수반들은 자신의 국민들에게 세계에서 가장 좋은 삶의 조건을 제공할 책임을 진 사람들이다. 어느 국가의 민주주의의 정도에 대한 객관적 평가는 쉽지 않다. 그러나 그 국가의 경제적 수준에 대해서는 비교적 객관적

표 2-3 ㅣ 경제체제의 유형

	자본주의	사회주의
생산수단의 소유	개인	국가 혹은 공공(public)
경제활동의 동기 혹은 목적	이윤창출	국민의 요구(욕구) 충족
경쟁	강한 경쟁(개인중심)	약한 경쟁(공동체중심)
정책결정 메커니즘	가격	중앙(계획)기구
정부의 역할	제한적	팽창(SOC, 복지, 교육 등)
단점	경쟁에서 낙오자 문제	효율성
예	미국	북유럽

그림 2-3 ㅣ 정치-경제 결합모형

자본주의

(1) 미국	(2) 성립하기 어려움 (중국?)
(3) 유럽	(4) 공산주의 국가 (북한)

민주주의   전체주의

사회주의

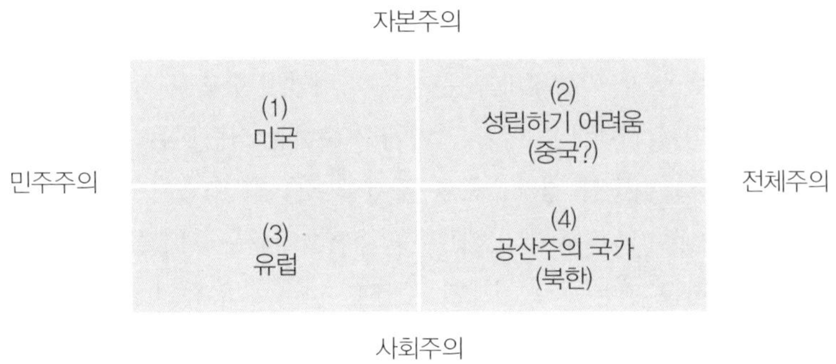

출처: 임도빈(2011).

인 지표가 많이 있다. 국가총생산(Gross National Production), 국내총생산(Gross Domestic Production) 등이 대표적이다.

현재 지구상의 국가들 부의 분포를 나타낸 지도는 〈그림 2-4〉와 같다.

빈부격차가 생기는 것은 정치나 다른 원인들의 영향도 있지만 정부경쟁력에서 원인을 찾을 수 있다. 세계를 약육강식의 세계로 본다면 미국과 같은 강대국의 큰 팽이는 강력하게 돌고, 아프리카의 빈국의 작은 팽이는 멈출 듯 말 듯 힘없이 회전하는 모습일 것이다. 이 두 팽이가 싸움을 하게 되면 작은 팽이가 지게 된다. 이러한 현실에서 작은 팽이가 살아남는 일은 정부에 달려있다. 시장은 개인적

그림 2-4 ㅣ 1인당 GDP

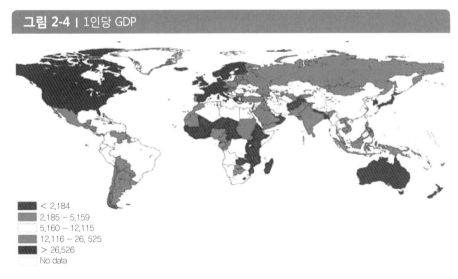

- < 2,184
- 2,185 – 5,159
- 5,160 – 12,115
- 12,116 – 26, 525
- > 26,526
- No data

출처: World Bank, World Development Indicators.

이고 단기적인 이익을 취하는 특성이 있지만 정부는 단기적으로는 이익이 없더라도 팽이의 구심점으로서 각종 재분배정책을 통하여 팽이의 회전에 힘을 실어 줄 수 있다. 따라서 정부경쟁력이 중요한 것이다.

시간을 고려했을 때 빈부격차의 문제는 경제발전의 속도(speed)에 있다. 사실 수억 년 전 구석기 시대에는 어느 지역에 거주하는 사람이든 거의 먹고사는 것을 해결하는 정도로 비슷한 경제수준을 누렸을 것으로 추측된다. 그러나 근대화 이후, 국가 간 중상주의 정책에 의해 부를 증진시키려는 경쟁을 하여왔다. 최근 공산주의가 몰락하고 자본주의 체제가 우월한 것으로 입증된 이후, 경제발전에 대한 경쟁은 더욱 치열해졌다.

경제발전의 속도는 나라마다 다르다. 과거 60년대 한국의 1인당 GDP는 아프리카의 가나와 비슷한 수준이었다. 하지만 우리나라는 빠른 속도의 경제성장으로 현재 세계 14위의 경제규모를 자랑하게 되었고, 가나는 여전히 세계의 원조를 필요로 하는 최빈국 중 하나로 남아있다. 우리나라는 6·25 전쟁 후 1인당 국민소득이 100불 이하였던 것에 반해, 60년이 지난 현재 3만불에 이르고 있다. 우리나라 행정이 그동안 경쟁력이 있었다는 것을 의미한다.

세계화 시대에 국가 간의 빈부격차는 문제가 된다. 마치 한 나라 내에서 빈부격차가 문제되듯이, 지구상에 존재하는 국가 간 지나친 빈부격차도 문제가 되는 것이다. 약 250년 전에는 가장 부유한 국가와 가장 빈곤한 국가 사이 1인당 국민소득 차이가 5배 정도였는데, 현재는 약 400배 정도이다. 경제성장의 속도차이가 격차를 더욱 벌려 놓은 것이다. 좀 더 현실감있게 표현하면 이제 지구상에는 다음과 같은 3가지 나라가 있다고 할 수 있다(데이비드 랜즈, 2009: 18).

• 체중 조절을 위해 많은 돈을 소비하는 나라
• 살기 위해 먹는 나라
• 끼니를 걱정하는 나라

끼니를 걱정하는 나라를 어떻게 하면 빈곤에서 탈출하게 할 수 있을까? 오늘날 빈곤국가가 스스로 빈곤을 탈출하는 것은 그리 쉬운 일이 아니다. 일부 자유주의 경제학자들은 빈곤국가 스스로의 책임이라 주장하기도 했지만 최근에는 빈곤국가의 빈곤탈출에 국제사회가 함께 책임을 져야 한다는 공감대가 형성되고 있다. 세계의 질서가 빈국들에게 상대적으로 불리하게 되어있다는 데에 동의하는 사람들이 많기 때문이다(장하준, 2004).

아프리카 및 동남아의 국가들 중에는 경제발전 이전에 기본적인 의료 시설과 의료진의 절대적 부족으로 질병에 노출되거나 풍토병으로 생명을 위협받는 국민들로 골머리를 앓고 있는 국가들이 많다. 또한 식수공급이나 열악한 생활환경 등 인프라 부족으로 인하여 빈곤을 탈출하기에는 어려운 환경을 지닌 국가들도 많이 있다. 이러한 많은 문제들은 각국의 정치행정체제 내부에서 전적으로 해결할 수 있는 성질의 문제가 아니다. 세계화 이후, 국제적으로 강요(?)되는 규범도 있고, 국가들 간에 보이지 않는 무역장벽과 자국 산업보호정책 등이 직·간접적으로 실시되고 있기 때문이다.

Ⅱ. 정부개발원조

앞서 언급한 문제를 해결하기 위해 전 절에서 설명한 대부분의 국제기구들이 노력을 하고 있다. 특히 경제선진국 그룹인 OECD국가들이 각국 정부 차원에서 많은 노력을 기울이고 있다. 이는 정부개발원조 혹은 공적개발원조(Official Development Assistance: ODA)라는 용어로 사용된다.[8] 우리나라는 오랫동안 ODA수혜국이었으나 최근 이를 졸업하고 순공여국이 되었다. 2017년에는 2조 6천 3백억 원 정도의 돈이 투입되었다. 이는 아직 우리나라 국민 총소득(GNI)의 0.14%로, 공여국 평균 0.31%에 못 미치는 편이다. 이 돈은 예컨대 캄보디아의 지방도로 개선사업, 라오스의 송전사업, 몽골 고속도로 건설사업, 우간다 교육개선사업 등 주로 수혜국의 인프라 구축에 쓰이고 있다. 앞으로 이 부분의 예산액은 계속해서 증가될 것이므로, 행정학이 많은 이론적, 실무적 뒷받침을 해야 한다.

공적개발원조 선진국의 정부 또는 공공기관이 개발도상국이나 국제기구에 제공하는 재화나 재원의 흐름을 말한다.

우리나라는 개발도상국에게 무상원조나 유상원조를 제공하고 있다. 이 부분에서 풀어야 할 가장 큰 숙제는 과연 ODA가 결과적으로 개발도상국 국민들의 생활을 개선시켰느냐, 아니면 오히려 악화시켰느냐이다. 선진국과 개발도상국 간의 좁혀지지 않는 경제수준격차를 보면, 후자의 입장에 있는 사람들의 견해를 이해할 만하다. 출발점에서는 공여국(donor country)의 예산이 투입되었지만, 도착점인 수혜국들이 받은 것은 돈이나 설비가 아닌 기술과 훈련(technical assistance)이며, 이를 현장에서 전달하는 사람들의 능력과 태도 때문에 별로 도움이 안 된

8 ODA의 요건에 대해 1972년 OECD에서 제시한 바에 의하면, 첫째, 정부 또는 정부의 원조기관이 공여의 주체이고. 둘째, 피원조국의 경제발전과 복지향상에 기여하는 것이 목적이며, 셋째, 개발도상국에게 부담되지 않도록 무상 부분을 일정비율 이상으로 한다는 조건을 갖춰야 한다. 보통 원조는 증여·차관·배상·기술원조 등의 형태를 띤다.

다는 의견도 존재한다(Michiel S. de Vries and Iwona Sobbis, 2006; Knack, S., 2001). 공여국에서 투입되는 100%의 예산에 대해 수혜국이 실제 혜택으로 돌아가는 부분은 5%에 지나지 않는다는 비공식적인 추측도 있다. 나머지 95%는 수혜국 정책대상집단에게 도달하지도 못하고 사라진다는 것이다. 즉, ODA 재원이 현장에서 집행되는 과정에 문제가 많음을 반면교사로 삼을 필요가 있다.

개도국에 대한 원조가 성과를 거두려면 부패통제가 가능해야 할 뿐만 아니라, 그 나라 정부의 관리능력이 요구된다(Lee, S.H and Im, 2015). 2015년까지 빈곤국가가 달성해야 할 7개 분야 목표를 구체적으로 설정한 새천년 개발목표(Millennium Development Goals; MDGs)가 있었으나, 2016년부터 17개 분야의 지속가능한 목표(Subtainable Development Goals; SDGs)로 전환하였다. MDGs는 전문가와 관료만이 참여하여 정한 목표이지만 SDGs는 시민사회와 기업의 의견을 수렴했다는 특징이 있다. 또한 개도국이 중심이 되지만 선진국도 참여하는 형태의 목표이다. 아래의 표에서 보는 바와 같이 빈곤의 개념을 확장하고 개도국과 선진국간의 파트너십을 강조했다는 특징이 있다.

그러나 SDGs는 적어도 한국이 그동안 걸어온 발전과정에 비춰볼 때 한꺼번에 달성하기에 비현실적인 제약을 많이 가지고 있다(Im, T. and Park, J., 2010). 각 나라가 동원 가능한 재원은 매우 제약되어 있는 반면, 이들 목표를 집행할 만한 (행정)수단에 대한 고려가 부족하기 때문이다.

시간적으로 볼 때, 이들 빈곤국들이 저개발에서 벗어나는 과정은 한국의 60년대 이후에 겪은 경험과 유사한 형태의 순환적 과정(cycle)을 겪는다는 것을 전제로 단계적 집행을 위한 기획이 필요하다. 목표 설정에 그치고 실효성을 고려하지 않는다면 목표는 설정 안 하느니만 못하다. 행정학에서는 그 목표를 어떻게 집

표 2-4 | MDG와 SDG의 비교

SDGs	MDGs	비교
Goal 1. 모든 지역에서 빈곤 퇴치 Goal 2. 기아 해소, 식량안정성 확보 및 지속가능농업	Goal 1. 절대빈곤과 기아퇴치	- 기아(hunger)와 식량문제, 영양상태에 대한 논의를 좀 더 세부적으로 구분함(왜냐하면 이 상황은 각기 다르고 지표 또한 다르기 때문임) - 이에 대한 지역사회의 참여와 지속가능한 농업에 대한 새로운 논의가 포함됨

	Goal 4. 유아사망율 감소 Goal 5. 모성보건 증진 Goal 6. HIV/AIDS, 말라리아 등 질병퇴치	- 기존목표에서는 건강과 관련된 내용 중에서 몇몇의 중요한 내용이 포함되었다면 여기서는 포괄적인 내용이 포함됨
Goal 3. 모든 연령층의 모든 사람들의 건강한 생활과 웰빙 보장		
Goal 4. 포괄적이고 공평한 질의 교육 보장 및 평생 교육의 기회 촉진	Goal 2. 보편적 초등교육 달성	- 그러나 어떻게 접근할지에 대한 어려움이 발생함(how의 문제)
Goal 5. 성평등 달성 및 여성 역량 강화	Goal 3. 양성평등 및 여성능력 교양	내용 변화 거의 없음
Goal 6. 수자원에 대한 접근성과 지속가능한 관리 및 위생 관리 보장 Goal 7. 적절한 가격의 믿을 수 있고 지속가능한 현대적인 에너지에 대한 접근 보장 Goal 11. 포괄적이고 안전하며 회복력 있고 지속가능한 도시와 생활 환경 조성 Goal 12. 지속가능한 소비 및 생산패턴 보장 Goal 13. 기후 변화와 그 영향에 맞서기 위한 긴급 조치(UNFCCC) Goal 14. 지속가능한 개발을 위하여 해양 자원을 보호하고 지속가능하게 사용 Goal 15. 생태계 보호, 복구 및 지속가능한 형태의 활용 촉진, 삼림의 지속가능한 관리, 사막화 방지, 토지 황폐화 및 생물다양성 감소의 중단	Goal 7. 지속가능한 환경보장	- 아젠다 21, 코펜하겐 협약을 바탕으로 Rio+20에서 논의된 환경 이슈가 대거 등장하고 세분화 되었음 - 지속가능한 환경논의가 포함된 것은 바람직하지만 온실가스 감축등과 관련된 선진국의 참여가 불확실함
Goal 8. 일관되고 포괄적인 지속가능한 경제성장, 생산적인 완전고용 및 모두를 위한 괜찮은 일자리 촉진 Goal 9. 회복력 있는 인프라 조성, 포괄적이고 지속가능한 산업화 촉진 및 혁신 육성 Goal 10. 국가 내부와 국가 간의 불평등 감소	기존의 MDG에 포함되지 않았던 부분	경제, 사회발전 및 통합부분이 추가로 포함됨. 즉 불평등을 감소하고, 단순한 일자리 양만 증가시키는 것이 아니라 괜찮은 일자리 확대를 의미함

Goal 16. 지속가능한 개발을 위한 평화롭고 포괄적인 사회의 촉진, 모두에게 정의에의 접근 제공, 모든 레벨에서 효과적이고, 책임이 있고 포괄적인 기관 설립 Goal 17. 지속가능한 개발을 위한 실행도구의 강화와 글로벌 파트너십 재활성화	Goal 8. 개발을 위한 글로벌 파트너십	MDGs 실천 과정에서 파트너십이 성공에 중요한 요소로 부각되었으며, 이를 반영한 목표임

출처: 알기쉬운 지속가능발전목표 SDGs 보고서 - KOICA

행, 실행할지 고민해야 한다. 예를 들어 농촌 사회를 개량하겠다는 모호한 목표가 아닌 입식부엌 도입, 좌식 화장실 보급, 농업 기계 임대 사업소 지자체별 운영과 같은 구체적 실행 방안을 설정해야 한다. 우리나라의 경험에서 교훈을 얻을 필요가 있다.

Ⅲ. 비교행정연구의 필요성

현실문제의 해결은 학계의 연구결과를 바탕으로 이뤄지는 경우가 많다. 그동안 국제 학계에서는 '개발'의 문제를 많이 다루었다. 이 문제를 다루는 유명 국제 저널 중의 하나인 'World Development'가 지난 10년 동안 발간한 논문들의 키워드를 분석하면, 세계적 연구동향을 알 수 있다. 그 결과를 클러스터(cluster)로 분석해보면 다음 표와 같다.

앞의 MDG에 비교해 보면, 1. 경제와 개발, 2. 보건 분야가 관심사항으로 중복된다고 할 수 있다. 그러나 다른 분야에는 학자들의 연구관심이 더 다양하고, 분산적임을 알 수 있다. 특히 금융, 시장경제, 거버넌스 등은 자유주의적 시각을 가진 선진국 학자들의 논문이 지배적이어서 그렇지 않은가 싶다. 현실적으로 이런 국제저널에는 빈곤국가의 학자들이 논문을 게재하는 경우는 드물기 때문이다. 자유화, 무역, 시장 메커니즘 등의 항목은 특히 자유주의 시장 경제를 근간으로 한 선진국 학자들의 관점이 반영된 것으로 보인다. 분권화, 참여 역시 선진국의 시각에 따른 것이다.

많은 빈곤국에서는 실질적으로 정부경쟁력을 갖추지 못한 정부가 많다. 즉, 중앙정부마저도 선진국에 비해 집행 능력이 떨어지는 경우가 많기 때문에 지방자치는 불가능에 가깝다. 또한 이들 국가 국민들의 주권의식이 충분히 함양되지 않은 경우 참여는 중요한 이슈가 아니며 참여에도 그 의미가 크지 않다. 해당 국가

표 2-5 ㅣ '개발'의 국제적 연구경향

클러스터	클러스터의 구성 노드(키워드)
1. 경제와 개발	자유화(liberalism), 경제성장(economic growth), 무역(trade), 해외직접투자(FDI), 세계화(globalization), 시장매커니즘(market mechanisms), 원조(aid), 불평등(inequality), 혁신(innovation), 제도(institution), 국제기구(international organization), 빈곤구제(poverty alleviation), 농촌개발(rural development), 기술(technology), 전환국가(transition countries), 농업발달(agricultural development), 토지관리(land management), 지리(geography)
2. 보건	질병(disease), 식량(food), 보건(health care), 발전효과성(Development effectiveness)
3. 자연환경과 공동체	삼림(forestry), 천연자원(natural resources), 물과 위생(water and sanitation), 공유재(common property), 공동체발전(community development), 분권화(decentralization), 참여(participation), 사회적 자본(social capital)
4. 정치발전	부패(corruption), 거버넌스(good governance), 비정부기구(NGO), 정치(politics), 사회변화(social change)
5. 사회복지	이민(migration), 네트워크(networks), 공공지출(public expenditures), 복지사업(welfare programs)
6. 재정	금융시장(financial markets), 투자(investment), 분배(distribution), 국가발전(national development)
7. 교육노동	교육(education), 고용(employment), 여성(gender), 인적자본(human capital development), 소득(income), 노동시장(labor market), 삶의 질(quality of life)

출처: 임도빈 외(2013).

의 실정을 고려하여 집행하는 것이 중요하며, 일차적 문제가 해결되지 않은 국가에 선진국의 가치 기준에 따라 부차적 문제해결을 요구하는 것은 무리가 있다.

이러한 현실에서 행정학이 중점을 두고 연구할 것은 각국의 행정체제가 가지고 있는 특성을 심층적으로 이해하는 것이다. 각국의 행정은 나름대로의 역사를 가지고 오랜 시간에 걸쳐 진화해 온 것이다. 그리고 그 나라의 문화와 국민성도 수십 세기에 걸쳐 형성된 것이다. 이런 바탕 위에 입법, 사법, 행정 등 헌법적 정치권력구조와 행정제도가 형성되어 있다.

어떤 나라의 이러한 특성들은 다른 나라와 비교할 때 더욱 쉽게 이해할 수 있다. 두 나라 이상의 행정체제를 비교하여, 공통점과 차이점을 추출하고 그 원인이 무엇인지를 규명하는 학문적 작업이 필요한 것이다. 방법론상으로 사회과학에서는 연구대상의 본질적인 특성상 자연과학적인 진실험 또는 준실험방법을 엄밀하게 적용할 수 없기 때문이다.

역사적으로 다른 나라 또는 사회의 유사한 경우를 준거로 자국의 경우와 비교하는 방법은 플라톤, 아리스토텔레스를 비롯하여 여러 학자들이 구사해왔다.[9] 이 중에서 행정학은 정부에 초점을 맞춘다. 특정 나라, 특정 시점에서의 정부역할은 그 나라의 오랜 역사적 축적물이다. 학문적 이론에 앞서 실제 그 나름대로 진화되어 온 존재인 것이다.

'비교행정'연구란 여러 국가의 행정현상을 비교분석함으로써 일반 행정이론을 정립하는 동시에 실제 행정개선에 도움이 될 지식을 구축하는 것을 목적으로 한다 (Guess, 1989).

비교행정론은 미국에서 1960년대 F. Riggs 등에 의해서 시작되었다. 공산주의 체제와 자본주의 체제 중 어느 것이 더 경제발전 등에서 좋은 체제인가를 경쟁하는 과정과 관련하여 발전한 것이다. 한국에 행정학이 도입된 것도 이러한 배경에서 이뤄졌다. Riggs는 태국, 중국, 한국사회를 관찰한 자신의 경험을 바탕으로 국가를 "융화사회, 프리즘사회, 분화사회"라는 3유형으로 구분하여, 경제, 사회, 정치권력, 상징 등을 살펴 보았다(Riggs, F. W., 1961).[10]

그는 선교사 부모님 밑에서 자라며 중국, 태국, 한국 등지에서 지낸 경험을 바탕으로 각 사회가 지닌 특징에 주목했다. 이에 비추어 각 사회들 안에서 행정의 작동도 다름을 파악하였다. 마치 빛이 프리즘을 통과하여 무지개 색으로 분산되는 것에 착안하여, 중진국의 행정은 빛이 이것저것 섞여 있는 상태(프리즘 내부)이고, 선진국의 행정은 무지개색과 같이 기능과 기관분화가 되며, 후진국의 행정은 기능적 분화가 없다. 그 예로, 아프리카 부족의 족장은 종교의 수장이기도 하지만 정치적으로 그 부족의 대표자이기도 하며, 경제적으로 가장 많은 부를 축적하고 있듯이 정치나 행정, 문화 등 모든 것이 섞여 있다. 반면 미국과 같은 선진국에서는 공무원들이 해야 할 일들이 부서별·직급별로 명확히 분화되어 있다.

이러한 분석은 발전도상국의 행정행태를 사회 문화적 맥락에서 파악한 장점이 있으나, 환경을 강조한 나머지 행정의 독자성을 과소평가하여 종속변수로 취급한 한계가 있다. 후진국 모델에서 선진국의 모델로, 즉 기능 분화와 견제, 균형으로 가야한다는 기본 가설을 바탕으로 했기 때문이다. 이에 대해 후대 학자들은 역사적 관점의 일률성에 대해 비판하고, 선진국 모델을 따라야 한다는 주장에 문

---

9 Robert Dahl(1947: 1-11)은 "비교연구를 하지 않는 한, 학문으로서 행정학을 주장하는 것은 공허할 뿐이다"라고 하였다. Riggs(2000)는 미국행정을 제대로 이해하고 미국이 자민족중심주의에 빠지지 않기 위해서는 비교연구가 반드시 이루어져야 한다고 주장하였다(임도빈, 2016: 3).

10 그런데 이것이 지나치게 선진국 중심의 사고라는 비판을 받자, 그 후에는 잘 통합된 경우와 잘 통합되지 않은 경우라는 두 가지 축으로 나누어 6가지 유형을 만든다.

제를 제기했다

비교행정론은 개발도상국을 도와서 어떻게 발전시킬까라는 문제를 다루는 '발전행정론(development administration)'과 밀접한 관련을 맺고 발전한 바 있다. 비교행정론이 비교자체를 목적으로 한다면, 발전행정론은 그 나라를 어떻게 '발전'시키는가라는 구체적인 목표를 가지고 연구를 하는 분야이다.

우리나라에서는 1960년대 행정학의 수입 이후 당시 가난했던 한국을 발전시키는 것을 목적으로 하는 발전행정론이 등장하였다. 이후 이 연구는 상당히 위축되었다. 그러나, 최근 ODA는 물론이고, 외국과의 상호작용이 급증하면서 특히 동남아시아나 아프리카의 개발에 대한 연구의 필요성이 더해지고 있다.

비교행정론의 측면에서 무역의존도가 높은 우리나라는 세계 여러 나라의 행정체제의 특성 및 해당 정부의 경쟁력을 이해하는 것이 매우 중요하다. 발전행정론의 측면에서 ODA사업을 집행할 나라의 환경에 대한 심층적 이해가 선행되어야 한다. 우리나라뿐만 아니라 선진국의 개발원조사업이 성공을 거두지 못하고 있는 이유도 각 나라의 특수성과 환경적 요소를 고려하는 발전행정론적 논의가 부족해서이다.

각 나라의 행정체제를 분류하는 기준 중의 하나는 제도와 기구들의 통합성(integration)이다. 각 나라에는 입법, 사법, 행정 등 여러 가지 기구나 제도가 있다. 우리나라의 경우는 이외에도 헌법재판소, 선거관리위원회 등 어디에도 속하지 않은 독립된 기구들이 있다. 어느 나라에서는 한 기구에서 할 기능(function)을 어느 나라에서는 여러 기구가 하는 등, 나라마다 다양한 제도가 있다. 이처럼 그 분화의 정도는 국가에 따라 다르며 다음과 같이 세 가지로 분류할 수 있다(Timsit, 1987; 임도빈, 2016).

- 완전통합(absolute integration)된 국가
- 상대적 자율성이 있도록 통합(relative integration)된 국가
- 비통합(non-integration) 국가

완전통합모델은 중국 등 대부분의 공산국가가 이에 해당한다. 정치와 행정, 그리고 당이 서로 분화되어 있지 않다. 더 극심한 사례로서 북한의 경우, 김정은 한 사람에게 입법, 사법, 행정, 군사 등 모든 기능이 속해있다. 이런 국가는 통합성을 바탕으로 강력하게 정책을 추진할 수 있다는 장점이 있으나, 정책방향 설정 시 오류를 범할 가능성도 크기 때문에 잘못된 정책 또한 강력히 추진할 위험성이

있다.

상대적 통합모형은 미국, 유럽, 우리나라 등 대부분의 민주국가가 그러하다. 서구민주주의 국가는 각기 기능이 세분화되어 있고, 이 기능들을 각기 다른 기관들이 담당하고 있다. 한 사람이 여러 기능을 겸임하는 독점현상도 덜하다. 이들 각각은 담당하고 있는 분야의 정책이나 집행에서 어느 정도 자율성을 누린다. 그런데 이들 주체 간의 갈등이 심한 경우, 이들 간 조정(coordination)이 문제시 된다. 즉, 비효율성이 중요한 위협요인이다.

비통합국가는 아직 제도가 잘 정착하지 않는 빈곤국가, 아프리카의 부족국가, 동유럽의 신생국들이 이에 해당한다. 분화가 안 된 분야도 많고, 일부 분화된 것도 서로 아무런 조화점을 찾지 못하고 각기 따로 기능하는 것을 말한다. 엄연히 정부가 있음에도 불구하고 각종 치안이나 거래질서에 무장단체들이 활약하고 있는 소말리아 등 많은 빈곤국가들이 이에 해당한다. 이런 나라는 외국의 원조를 받아도 이를 국가발전을 위해 사용할 수 있는 여건이 준비되어 있지 못하다.

이들 모형은 시간적 측면에서 각기 다른 의미를 가지고 있다. 완전 통합모델에서 알 수 있는 것은 국가의 힘이 상당히 크다는 것이다. 예컨대 국민의 시간, 생활 하나하나에 대한 통제를 한다. 노동은 감시 하에 이루어지며 노동시간도 정해져 있고, 휴일에도 전시성 행사에 동원되는 경우가 많다. 문화, 예술조차도 국가에서 독점하고 있기 때문에 국민들은 사실상 24시간 통제되고 있다고 봐도 과언이 아니다. 상대적 통합모델에서는 각각 다른 시간적 리듬, 속도, 시점과 종점을 가지고 이들이 작동을 한다. 비통합모델에서는 시간이 전혀 작용하지 않는, 무정부(anarchy)적 특성을 보인다.

대부분의 개발도상국은 비통합 행정모델 혹은 완전통합 행정모델이다. 하지만 대다수의 개발원조사업은 이러한 현실적인 제도수준을 충분히 고려하지 못한 채, 선진국 모델인 상대적 통합모델에 기초한 원조를 주는 오류를 범하고 있다. 현재 개발도상국의 행정모델을 파악하고, 이를 이용하여 발전할 수 있는 기회를 부여하여 그들 정부의 경쟁력을 높이기 위한 전략이 필요하다.

참고문헌

데이비드 랜즈(2009). "국가의 부와 빈곤". 「한국경제신문」: 18.

민진(2017). 「한국의 국방조직」. 서울: 대영문화사

박재영(2007). 「유엔과 국제기구」. 서울: 법문사.

스티븐 호킹(2009). 「시간의 역사」. 까치.

유성의(2016). "「출입국관리법」상 행정조사절차의 개선방안에 관한 연구". 「토지공법연구」
　　　74(1): 229-250.

임도빈(1996). "농업지원정책의 효과성연구". 「한국정책학회보」 5(2): 136-160.

＿＿＿(2009). 「정부조직과 시간관리」. 서울대 출판원.

＿＿＿(2016). 「개발협력시대의 비교행정강의」. 서울: 법문사.

＿＿＿(2016). "공간의 행정학: 정부경쟁력제고를 위한 연구의제 탐색". 「행정논총」
　　　54(6): 69-104.

임도빈 외(2013). "국제개발행정분야 연구동향에 관한 메타분석: 정부경쟁력 관점에서".
　　　「행정논총」 51(2): 31-59.

장하준(2004). 「사다리 걷어차기」. 서울: 부키

존 베일리스·스티브 스미스 편저(2003). 「세계정치론」. 서울: 을유문화사.

최병선(2009). 「무역정치경제론」. 서울: 박영사.

최흥석·김은미(2011). "쌀 시장 개방의 딜레마: 시기별 정부대응을 중심으로". 「한국행정
　　　논집」 23(3): 907-927.

크리스토퍼 피어슨(박형신 외 역)(1998). 「근대국가의 이해」. 서울: 일신사.

ODA KOREA 홈페이지(http://www.odakorea.go.kr).

UN예산서(2012. 2).

Barnett, M. N., & Finnemore, M. (1999). "The politics, power, and pathologies of
　　　international organizations." *International organization* 53(4): 699-732.

Dahl, Robert A. (1947). "The science of public administration: Three problems." *Public
　　　Administration Review* 7.1: 1-11.

Freidman, Thomas (2005). "The world is flat." New York: Farrar, Straus and Giroux.

Held, D. (1992). The Development of the Modern State. in S. Hall and B. Gieben(ed.).
　　　Formations of Modernity. Cambridge: Polity.

＿＿＿＿ (1995). "Democracy and the Global Order." Cambridge: Polity.

Huntington, Samuel P. (1993). "The Clash of Civilizations?." *Foreign affairs* 72(3): 22-
　　　49.

Im, T., & Park, J. (2010). "Korea's Experiences with Development: Revisiting MDGs from a Time Perspective." *Korean Journal of Policy Studies* 25(3): 125-145.

Knack, S. (2001). "Aid Dependence and the Quality of Governance: A Cross-country empirical analysis." *Southern Economic Journal* vol.68. n.2: 310-329.

Lee, S., & Im, T. (2015). "The Impact of Official Development Assistance on Government Effectiveness: The Mediating Effect of Corruption." *Korean Journal of Policy Studies* 30(2): 193-216.

McMurtry, John (1999). *The Cancer Stage of Capitalism.* Pluto Press.

Michiel S. de Vries and Iwona Sobbis (2006). "Beyond Blame: Debunking the myths underlying the foreign aid debate." paper presented a the 2nd International conference, University of Macao.

Pease, K. K. S. (2012). *International organizations.* Longman.

Streeck, Wolfgang (2016). *How will capitalism end?,* London: Verso.

한국사회 속의 행정

정부경쟁력은 행정관료들만 잘한다고 높아지는 것이 아니다. 행정이 국민과 밀접한 관계를 맺고 공동으로 노력해야 한다. 제3장에서는 행위자별로 적극적 행정행위자, 경제행위자, 새로운 행위자 측면에서 한국사회와 행정의 관계를 바라보는 것을 제안한다. 한국사회는 다양한 행위자들의 활동으로 이루어지고, 행위자들의 특성과 권한에 따라, 그리고 행위자들과 행정의 관계에 따라 행정활동에도 영향을 미친다. 입법, 행정, 사법부 외의 제4부로 일컬어지기도 하는 언론기관이나 시민단체는 여론의 목소리를 대변하는 적극적 행정행위자이다.

　또한 행정은 시장경제와는 불가분의 관계에 있기 때문에 경제행위자들과 행정의 관계를 살펴보는 것은 중요하다. 자본주의가 발달하면서 정부와 시장과의 관계가 그 나라의 경제를 좌우하게 되었기 때문이다. 따라서 경제행위자인 시장과 행정의 관계, 노동조합, 정부의 시장에 대한 규제 등을 살펴보기로 한다. 더불어, 인구변화에 따른 한국사회의 변화와 함께 사회적 기업의 특성을 파악하는 것은 한국사회에 새로 부각되고 있는 문제와 이를 해결하기 위한 대안을 모색하는 방법이 될 것이다.

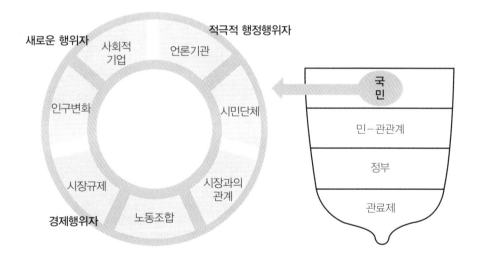

제 3 장
한국사회 속의 행정

적극적 행정행위자

I. 언론기관

1. 언론기관의 일반적 특성

언론은 광의의 정부인 입법부, 사법부, 행정부 3부에 더하여 제4부로 불려진다. 국민을 (비공식적으로) 대신하여 이들 3부를 견제하고 감시하며 일반 국민들에게 정보를 제공하면서, 막강한 영향력을 행사하기 때문이다.

현대사회는 익명성이 지배하는 대중사회(mass society)이다. 대중사회에서는 매스미디어(mass media)가 매우 중요한 영향력을 행사할 수밖에 없다. 도시화로 인해 많은 인구가 집중하여 살고, 각자 다른 분야에서 생활을 하기 때문에, 사회의 곳곳에서 일어나는 일을 직접 현장에서 확인하거나 상호간 의사소통하는 것이 제한되어 있기 때문이다. 즉, 우리는 우리를 대신하는 눈, 귀, 입으로서 대중매체에 의존할 수밖에 없다. 특히 기자들은 일반 국민이 직접 확인할 수 없는 사건에 대해 손과 발이 되어 찾아다니고, 사건에 해석을 제공한다. 극단적 예로 종군기자들이 포탄이 날아오는 전장에 투입되어 목숨을 걸고 소식을 전한다.

매스미디어는 뉴스거리를 찾아 신속하고 정확하게 알려주는 일을 생명으로 한다. 뉴스거리를 다른 언론사에 보급(판매)하는 AP 로이터와 같은 종합통신사의 역할은 중추기관으로서 연합뉴스에서 한다. 연합뉴스는 넓은 의미에서 국가행정기관(즉, 그림자 행정조직)이라고 할 수 있다.

언론기관의 시간은 몇 초 단위로 급박하게 돌아간다고 할 수 있다. 언론사는 구독률 혹은 시청률로 경쟁을 하기 때문에, 1회성 사건을 일반화하거나 작은 것을 과대 포장하여 보도할 위험성이 있다. 물론 핫미디어(hot media)와 쿨미디어(cool media) 간에 차이가 있기는 하다.[1]

현대사회에서 언론은 전통적인 견제역할을 넘어 일종의 산업으로 점점 팽창

> 언론의 가장 중요한 역할은 입법, 사법, 행정을 감시하고 고발하는 것이다.

---

[1] H. M. Mcluhan은 미디어를 hot media와 cool media로 구분하였다. 정보의 양이 많고, 논리적이어서 일반인의 참여여지가 작은 것을 hot media라고 하며, 신문, 잡지, 라디오, 신문이 그 예이다. cool media는 직관적이고 감성적이며, 불분명하여 참여여지가 많은 것으로 전화, 텔레비전, 만화를 들고 있다.

하는 경향이 있다. 우리나라도 과거에 비하여 신문사, 공중파 방송사, 케이블TV, 종합편성채널 등 다양한 종류의 언론사가 존재한다. 이들 그 자체가 대규모 직원을 거느린 관료제형조직으로 그 운영에는 후술하는 행정관리현상이 존재한다. 이외에도 군소 신문사가 존재한다(조석준·임도빈, 2016: 91-92).

최근에는 전통적인 신문 및 방송사라는 매스미디어 이외에도 인터넷의 발달과 스마트폰 보급의 활성화에 힘입어 인터넷 언론 및 SNS의 영향력이 매우 커지고 있다. 그리고 전 국민의 스마트폰 사용률이 높아지고, 다수 국민들에게 종이신문이나 지상파 방송의 상대적 영향력이 줄어들고 있다. 이제 생방송으로 진행되는 뉴스방송이 아닌 인터넷에서 제공되는 뉴스를 선별적으로 볼 수 있다는 점에서 행정을 둘러싼 언론의 주요 행태도 변화하고 있다.

현대 대중사회에서는 각 개인이 스스로 정보를 얻을 수 없기 때문에 정부에 관해서도 대중매체에 의존할 수밖에 없다. 특히 언론에서 정부정책을 어떻게 다루냐에 따라 국민들의 정부에 대한 여론이 달라지기 때문에 행정부에서는 언론의 보도내용에 민감하다(조석준·임도빈, 2016: 92). 여론을 좌우하게 된 언론의 그 막강한 영향력으로 인하여 언론인들은 비공식적인 특권 집단이 되고 있다. 행정부에서는 각 부처별로 언론을 담당하는 조직을 만들기도 하며, 부처 내 고위관료들도 언론매체와 지속적인 관계를 유지하는 것이 주요 업무 중 하나로 인식된다. 언론이 두려워 행정에서 일어나는 모든 일을 비밀로 한다거나 부정적 보도내용을 막기 위한 소극적 언론관계에서 벗어나, 적극적으로 언론에 보도자료를 만들어주고 긍정적 보도를 유도하는 방향으로 바뀌고 있다. 이는 행정부 내부의 일이 그만큼 증가된다는 의미를 가진다.

2. 언론의 단기적 시계

언론이야말로 시간적 측면에서는 독특하다. 뉴스가 나오는 순간 자체가 중요하고, 일반인들의 관심은 지속되지 않기 때문이다. 일반인들은 매우 큰 사건이 발생하면, 직전에 발생한 다른 큰 사건을 잊는 경향이 있다. 이러한 속성을 이용하여 어떠한 큰 사건이 일어난 이후 비판적 여론이 거세지면 정부에서는 의도적으로 새로운 사건을 집중적으로 보도하게 함으로써 주의를 돌리려 하기도 한다.

언론은 정부가 가지고 있는 공식적, 비공식적 정보들 중에서 우리가 알아야할 것을 골라서 보도해 주는 역할을 수행한다. 각 부처에서 발표하는 보도자료들을 선택적으로 보도하면서 그 정책 계획이나 시행, 자체 조사 결과 등을 국민들

방송통신융합
통신은 전화와 같이 쌍방향성을 띤 것으로 과거에는 정보의 양이 적은 텍스트나 음성을 사용하였고, 방송은 정보의 양이 많아 단방향성을 띨 수밖에 없었다. 이제 정보기술의 발달로 주파수대역이 넓어지고 디지털로 정보압축이 가능해져서, 방송에도 음성과 영상을 주고받는 쌍방향성 통신이 가능하게 된 것이다.

에게 알린다. 언론이 사건을 다루는 것은 사진작가가 사진을 찍는 것과 유사하다. 작가가 어느 범위(Frame)를 어떤 각도에서 찍느냐에 따라 전달하는 메시지가 다르다. 이를 '프레이밍 이론'이라고 한다.[2] 따라서 객관성과 공정성을 확보한다는 것은 쉽지 않다. 특히, 언론의 거대한 힘 앞에 시달리는 언론 약자들도 많다. 이를 보호하고 공정한 게임을 하게 하는 것이 행정의 책무이다. 이를 담당하는 기관이 방송통신위원회이다.

언론은 그 속성상, 자극적(sensational)이고, 단기적인 행동을 하는 경향이 있다. 보통의 인간은 사건이나 사물을 인지하고 기억하며, 두뇌 속에서 정보를 처리하는 능력이 제약되어 있다. 이러한 국민들의 인지능력의 한계를 잘 활용해야 하는 것이 언론이라고 할 수 있다. 무책임한 언론일수록 현실의 엄격한 확인 작업을 통한 공정한 보도보다는 국민들의 주의를 끌 수 있는 것이면 무엇이든, 그리고 과장해서 보도하는 경향이 있다. 이처럼 언론은 근시안적이고 급변하는 시간 속성상에서 활동하기 때문에 행정은 이를 주의해서 다뤄야 한다.

인터넷 언론과 SNS는 국민들이 직접 개입 가능한 참여적 언론이라는 측면에서 기존 언론의 한계를 극복하는 해결책이 될 수 있다. 그러나 국민들의 참여가 비단 긍정적으로 작용하기만 하는 것은 아니다. 인터넷 언론과 SNS의 등장으로 인하여 미디어 환경은 더욱 경쟁적으로 되었고 언론사들은 경쟁력을 갖기 위하여 더욱 자극적인 기사 제목과 내용으로 국민들의 주목을 끌기 위해 노력한다. 인터넷 언론과 SNS를 통한 정보는 정보의 출처가 불분명한 경우가 많아 진위를 파악하기 어렵기 때문에 정보에 대한 책임성이 떨어지기 마련이다. 또한 인터넷 언론과 SNS가 제공하는 정보의 홍수 속에서 정보의 중요도를 파악하는 것 역시 어렵다. 언론이 과장하고 단기적으로 반응하며 상업적 본능으로 활동하는 데에 대처하기 위해서는 국민들의 비판적 관점과 인식이 필요하다.

한국사회에서 언론은 민주화 초기에는 정치적 담론을 주도하지 못하였다. 그러나 민주주의가 진행되면서, 정치문제를 전략적으로 활용하여 영향력을 증대시켜 왔다(이준웅 외, 2009). 특히 자신의 이익을 위해 정치권력, 대기업과 유착관계를 가져 왔다(박승관·장경섭, 2001). 권위적인 정부일수록 언론을 직접적으로 통제하려는 속성을 가지고 있다. 중국과 북한 같은 나라에는 관영통신만이 존재하는 것이 그 예이다. 덜 권위주의적인 국가에서도 행정이 언론기관을 간접적으로나마 통제하려고 한다. 세계 각국의 민주화 과정에서 권위주의적인 정부가 언론의 자유를 제한하고 통제하는 점은 이를 대변해준다. 현대민주사회에서 중요한

---

2 자세한 내용은 제6장 제1절 Ⅱ.의 프레이밍 이론 참조.

비판적 언론관
언론의 모든 보도에 의심을 가질 필요는 없지만. 언론의 보도 내용을 표면 그대로 수용하기보다는 비판적인 관점에서 선택적으로 받아들여야 한다. 때문에 동일 사건에 대해서도 여러 언론매체를 접하여 균형 잡힌 시각을 기르고 해석과 사실을 구분하려는 노력이 필요하다.

것은 언론이 얼마나 '공익 수호'에 기여하느냐의 문제이다. 공공성과 언론의 자유 사이에 균형을 이루는 것이 행정학에서 관심을 가져야 하는 문제이다.

과거 우리나라의 경우에도 공보처를 두어 언론을 담당하고, 정부에 관련된 언론의 보도내용을 통제해 온 경험이 있다. 선진민주국가에서는 공영방송(예: KBS, BBC, TV1)과 민영방송(예: MBC, SBS)이 공존하는 형태를 보인다. 언론의 정치적 중립성을 실현시키기 쉽지 않다. 그러나 공영방송이 있는 것은 이를 통해 민간방송이 제공하지 못하는 공익적 보도물을 국민에게 제공하기 위해서이다.

시민단체

1. 시민권과 시민단체

시민단체는 거버넌스 시대에서 행정현상을 이해하는 데 매우 중요한 존재이다. 이를 위해서는 시민권 사상의 발달을 역사적 차원에서 이해할 필요가 있다. 역사기록이 발생하기 이전에는 족장 등 일부 권력자가 힘을 바탕으로 권력을 독점하였을 것으로 추측된다. 그 후에는 왕이 신으로부터 권력을 부여받았다는 왕권신수설이 지배하였다.[3] 왕권신수설이 지배하던 때에는 시민이 존재하지 않았다. 다만 왕의 통치대상인 신민(subject)만 존재할 뿐이었다.

왕권신수설에 정면도전한 것은 '국민주권론'이다. 17세기 중반부터 18세기 중반의 Thomas Hobbes(1588-1679), John Locke(1632-1703), Jean-Jacques Rousseau(1712-1778)가 대표적인 이론가이다. 이들은 개인은 각각 주권을 가지고 태어났으나 이를 왕권으로부터 지킬 수 없으므로, 자유의지에 따라 '사회계약'을 맺는다는 식의 이론화를 한다. 신과 왕의 절대적 권력으로부터 벗어나 개인으로서의 시민적 권리를 인식시킨 것은 이들로부터 시작된 일련의 계몽사상이다. 이른바 '시민권(civil right)'의 형성이다. 왕의 신하로 여겨졌던 개인들에게 인신보호, 언론의 자유, 사상신앙의 자유, 법적 계약의 자유 등 시민의 지위를 인정하여 자유로운 하나의 주체로 인식하기 시작한 것이다.

국민주권론에는 인민주권론과 국민의 주권론이 있다.

---

3 성서에서 나오는 왕의 머리에 기름을 붓는 의식에 비추어, 서구에서는 서기 700년경부터 교황이 왕을 공식적으로 취임시키는 관습이 있었다. 왕권신수설은 왕권에 대해 갈등이 있던 영국 튜더왕조 때부터 성문화되기 시작하였다. 프랑스 앙리 4세 때 법률가였던 베로아가 저술한 '왕권론(1587)'이 대표적인 저술이다. 왕권은 신에 의하여 주어진 것으로 왕은 오직 신에게만 책임이 있으며, 백성들은 왕에게 복종할 수밖에 없다고 주장한다.

　　이후 프랑스 대혁명을 거쳐 민주주의 제도가 점점 발달하면서, 정치체제에 국민들이 참여하는 참정권에 대한 눈부신 발전이 이뤄진다. 엄밀히 말하면 추상체인 국민 전체에게 주권이 있다는 국민의 주권론(national sovereignty)보다는 개별 국민 각각에게 주권이 있다는 루소의 인민주권론(popular sovereignty)이 더 큰 기여를 하게 된다.[4] 이러한 '정치권(political right)'의 발달에는 자유, 비밀, 직접, 평등의 원칙에 의한 투표권 발달이 핵심을 이룬다. 왕권을 제약하는 가운데, 소위 '간접민주주의' 제도가 발달하였다.

　　이와 더불어, 산업혁명을 거쳐 자본축적을 통한 자본가 계급이 등장하면서 육체노동자들이 양산되었다. 자본가와 노동자라는 2계급의 개념이 두드러지게 나타났고, 마르크시즘은 이를 이론화하는 데 기여를 하였다. 마르크시즘과 더불어 유럽 사회주의 운동은 노동자들이 정당한 권리를 보호받고 사회복지를 누려야 한다는 '사회권(social right)' 개념을 발달시켰다.

　　오늘날에는 시민권, 정치권, 사회권이 모두 보장될 뿐만 아니라, 각 개인이 인간적 주체로서 적극적으로 자아실현을 하여 행복하게 살 수 있는 권리가 있다는 '적극적 행복추구권(the right to pursue happiness)'으로 발달하기에 이르렀다. 이상의 권리들은 유럽에서 거의 400여 년에 걸쳐 서서히 시행착오를 거쳐 발달하였고, 이들은 단절적이라기보다는 누적적으로 발달하였다. 이들 단계발달의 가장 중요한 기준은 국민들이 이러한 권리들을 의식한다는 점이다. 그렇기 때문에 계몽주의자들은 국민들의 권리 의식 신장을 위해 힘써 교육했고, 그 계몽사상에서부터 시민사회가 시작되었다고 할 수 있다.

표 3-1 | 시민권 개념의 진보과정

	시민권	정치권	사회권	행복권
발달시기	18세기	19세기	20세기	21세기
권리내용	개인적 자유	정치적 자유	사회적 복지	행복추구와 자아실현
구성내용	인신보호, 언론, 사상신앙의 자유, 법적 계약의 자유	투표권, 의회제도, 유급제 의원제도	의무교육, 연금, 의료복지, 사회복지	잠재력 개발, 자아실현, 문화권
발달과정	――――――――――――――――――▶ 누적적, 진화적			

출처: Marshall(1964: 70-74)을 기초로 수정보완.

---

4 미국의 경우, 헌법기초자들이 많은 고민을 하여 민주주의에 대한 획기적 사상을 수립하는 데 기여하였다. 하지만, 흑인의 참정권 등이 걸림돌이 되어 정치권의 발달이 다른 나라에 비하여 늦게 이뤄진다.

역사적으로 우리나라는 절대주의를 겪은 서구와는 달리, 비교적 국민을 우선적으로 생각하는 '민주적'인 왕정시대를 겪었다. 특히 유교의 덕치(德治)를 근간으로 하는 조선시대에는 윤리적으로 절제된 군주가 덕을 베푸는 것이 정치의 근간이 되었다. 미국의 민주주의 원리인 '국민의, 국민에 의한, 국민을 위한 정부'라는 원리에서 볼 때, 적어도 국민을 위한 정치(for the people)는 우리 민족의 핏속에 흐르는 오래된 제도라고 할 수 있다.

그러나 서구적 의미에서 민주주의 제도의 발달은 해방 후, 좌우논쟁을 통한 제헌헌법으로부터 시작했다고 볼 수 있다. 대한민국은 건국 이래 국민이 최종, 최고의 결정권을 가지고 있음을 천명하였고, 이 주권은 분할할 수 없는 것으로 본다(정종섭, 2010). 즉, 우리나라 헌법은 제 1 조 제 1 항에 "대한민국은 민주공화국이다"라고 하고, 제 2 항에 "대한민국의 주권은 국민에게 있고, 모든 권력은 국민으로부터 나온다"고 명시하고 있다.

서구에서는 역사와 함께 국민들의 권리가 발달해 온 반면, 우리나라는 서구의 오랜 역사가 만들어온 권리를 해방과 함께 한꺼번에 수용했다. 그 예로, 프랑스에서는 1946년, 영국에서는 1928년, 미국에서는 1920년에 여성의 참정권이 법적으로 인정되었는데, 한국에서는 1948년 제헌헌법에서 남녀 평등한 참정권이 인정되었다. 서구의 경우 오랜 여성 참정권운동으로 얻은 결과이지만 한국은 서구의 모델을 그대로 옮겨온 것일 뿐이다. 시민들이 실제로 시민의식을 어느 정도 인식하고 주장하고 있었는지와 별개로 제도가 성립된 것이다.

비록 헌법에 천명된 민주주의의 원칙이라도 실제로 실천에 옮기는 것은 또 다른 문제이다. 강력한 정부를 경험한 우리나라는 과연 정권에 맞설 수 있는 시민사회(civil society)가 존재하느냐의 질문을 할 정도이다. 시민사회의 존재를 알 수 있는 방법은 실제로 사람들이 모여서 특정한 공공목적을 달성하기 위해 공동으로 노력하고 있는지 살피는 것이다. 민간이 자발적으로 결성하여 공익(public interest)을 실현시키기 위해 정치적 압력을 행사하는 단체를 시민단체(civil society organization: CSO)라고 한다. 경제정의실천시민연합, 참여연대, 흥사단, 환경연합 등 1980년대 이후 우리나라 민주화 과정에 중요한 역할을 한 단체들이 그 예이다.[5]

시민단체
시민사회를 대표하여 공동체의 공공의 목적을 위해 활동하는 단체

이 범주의 시민단체들은 주로 정치적 목소리를 내는 데 주요 목적이 있다. 이

---

5 여기서는 시민단체를 광의로 사용되는 비정부기구(NGO)와 구분하여 시민사회를 대표하여 정치적 견제기능을 하는 정치시민단체로 한정해서 보면 더 분명해진다. 정치학이나 사회학에서는 시민단체를 주로 이런 의미로 사용한다.

점에서 노동운동을 주도하던 그룹이나 반정부운동을 하던 학생운동 그룹과도 어느 정도 유사한 기능을 담당한다. 즉, 각각의 개인이 정치적 목소리를 내기는 힘드므로, 이들이 전체 시민을 대표하여 정책과정에 의견을 투입하는 기능을 자처하는 것이다.

권위주의적 정권이 지배하던 1980년대 중반까지 정부는 시민단체를 정부의 감시와 통제 아래 두려하였고, 시민단체는 이에 대항하는 관계였다. 그러나 1987년 6월 민주화 운동 이후, 시민단체들은 폭발적으로 성장하였으며, 현재는 정치·행정 권력과 자본권력을 감시하고 견제하는 권력의 제5부로까지 여겨지고 있다.[6] 일부 시민단체는 국민들에게 가장 신뢰받는 공적 주체이자 정책 행위자 중 하나로 부상했다(조석준·임도빈, 2016: 87).

문제는 과연 이들이 시민사회(civil society)를 어떻게 대표하느냐에 있다. 주로 대학교수나 변호사 등 자유직 명망가 중심의 소수엘리트가 이런 조직을 결성하고 있기 때문에 '시민없는 시민단체'라는 비판을 받고 있는 것이 현실이다. 비록 생업으로 인하여 이런 시민운동에 시간을 투입할 수 없는 많은 시민들이 이런 조직에 가입하고 회비를 내기도 하지만, 광범위한 지지를 받지 못하는 것이 대부분이다. 그럼에도 불구하고 2017년 대통령 탄핵까지 이뤄낸 촛불혁명에서 볼 수 있는 바와 같이 많은 수의 시민들의 동조를 얻는 간접적인 연결은 된다고 할 수 있다. '시민없는 시민운동'이란 표현은 언론이 만들어낸 허구(김희송, 2006)라는 재반론도 있지만, 그 존재기반을 진정한 의미의 시민사회에 깊이 뿌리박는 것이 건전한 시민사회를 만드는 방법이다.

2. 정부와의 관계

우리나라에서는 시민단체(CSO)란 개념은 비정부기구(NGO, 이것도 '시민단체'로 번역하기도 한다)와 혼용되어 쓰이는 경우가 많다. 광의의 의미에서 NGO는 영리를 추구하지 않는 모든 비영리단체인 NPO(Non-Profit Organization)라고 할 수 있으며, 협의로는 정부와 대립되는 개념으로 시민단체라는 의미를 사용할 수 있다(김준기, 1998).

이제 광의의 시민단체(즉, 비정부기구를 의미하는 NGO)로 범위를 넓혀 보기로 한다. NGO는 다음의 특성을 갖는다.

---

6 참고로 제4부는 언론이다.

- 최소한 일회성 캠페인에 그치지 않고 지속성을 가지는 조직(organization)의 특성을 가져야 한다.
- 정부와 독립된 상태에서 정부로부터 정치적 영향을 받지 않는 자율성을 가져야 한다.
- 자발적인 동기로 조직되고, 일반국민들의 광범위한 지지를 받는다.
- 이윤을 추구하지 않아야 하고(non-profit), 공익을 추구해야 한다.
- 공식적으로 인정을 받고 공적인 활동을 해야 한다.

전술한 정치적 시민단체 외에 이와 같은 광의의 범주에 들어가는 조직은 매우 많다. 적십자사(International Committee of the Red Cross: ICRC), 국경없는 의사회(medicins sans frontieres), 그린피스(Greenpeace) 등 국제적인 NGO로 시작하여 우리나라에 도입된 것들도 많이 있다. 우리나라만의 고유한 것으로는 탈북자를 돕는 Crossing Border, 탈북난민인권 연합회 등 많은 단체들이 있고, 이들이 연합한 탈북자지원 단체연합도 있다. 이외에도 바르게살기운동 연합회, 공교육 살리기 학부모 연합, 사교육 없는 세상 등 수만 개에 이른다.

미국의 NGO
주로 복지부분에서 정부의 기능을 염가로 제공하는 행정업무집행의 한 간접적 수단이라고 할 수 있다.

정치적 색깔이 전혀 없이 사회봉사에 전념하는 NGO들도 있다. 이런 의미의 NGO가 가장 많이 발달한 미국의 경우, 많은 사회복지 문제를 이를 통해 해결한다. 공익실현을 위해 정부가 미처 다 제공하지 못하는 공공서비스 분야에 이런 단체를 만들어 염가 혹은 무료로 서비스를 생산하고 전달하는 것이다.[7] 그리고 자원봉사자들이나 스태프들은 무료 혹은 저임금으로 일을 한다. 실제로 미국에서는 많은 은퇴자들이 NGO에 가입하여 자원봉사를 하며 노후를 보낸다. 이런 모든 활동은 공익을 위한 활동이므로 면세 대상이 된다. 미국의 NGO는 특정 정치적 성향을 갖기보다는 일반적인 공익실현 및 그 부산물로서 일자리 창출이라는 비즈니스적인 측면이 더 강한 것으로 보인다.

우리나라에서 시민단체와 행정과의 관계는 민주주의 발전 흐름에 따라 달라져 왔다. 전술한 시민권, 정치권, 사회권, 행복권 등으로 국민의 권리에 대한 인식이 추가적으로 발전하면서, 새로운 기능을 담당하는 NGO들이 생겨난 것이다.

그러나 우리의 시민단체들을 보면 대부분은 정치화되어 있다. 환경연합, 참여연대의 대표들을 보면, 시민단체에서의 경험을 기반으로 추후 정치인으로 선거에 나오곤 했다. 각 정당들은 비례대표 국회의원선거에 있어서도 시민단체 출신

7 따라서 미국대학의 행정학과에는 NGO관련 과목이 많이 개설되어 있다. 제4장에서 언급할 행정서비스론과 연결하여 생각할 필요가 있다.

을 포함시킨다. 처음에는 순수하게 시작했을지 모르나 결국 정치화되는 경향을 띤다.

원래 시민단체의 태생적 목표는 정부를 비판하고 견제하는 역할을 하는 것이다. 국제적 추세는 민주주의 사회에서 정부가 하지 못하는 일들을 시민사회에 권한을 주고 NGO가 주체가 되어 맡는 형태인데, 실상 국내 NGO 활동의 행태는 그렇지 못하다. 일반 시민의 참여가 절대적으로 부족하고, 운영비도 구성원의 회비로는 불충분하기 때문에 광범위한 활동 및 활발한 운영이 이루어지기 어렵다. 실질적으로 살펴보면 NGO 대표들이 정부 소속 위원회의 시민단체 위원으로 임명받아 관련 정보를 주고받는 방식의 정책과정참여가 이뤄지고 있다.

김대중 정부는 2000년 '비영리민간단체지원법'을 제정하여 정부가 NGO를 활성화하도록 하였다. 즉, 일부 NGO에 보조금을 주기 시작했는데, 이들이 정부지원금을 받게 되면서 문제가 생기기 시작하였다. 물론 정부지원금에는 여러 기준들이 있고 공익사업선정위원회에서 지원사업과 지원액수를 결정한다.[8] 그러나 정부를 지나치게 비판하는 단체들의 경우, 지원금을 받기 힘든 것이 현실이다. 또한 단체의 이데올로기적 성향에 따라 정권별로 지원을 받는 단체의 범주가 일부 달라지는 경우도 있다. 본래의 취지와 달리 지원금이 시민단체의 운영이라는 실질적인 이유로 인해 정부의 활동을 견제하고 비판하는 데 있어 제약이 생기는 것이다.

따라서, 우리나라의 많은 NGO가 처한 문제점은 정부와의 관계설정이다. 즉, 본래의 목적을 달성하기 위하여 얼마나 자율적으로 활동을 하느냐와 단체를 운영하기 위하여 필요한 재원을 얼마나 자체적으로 해결하느냐의 문제이다. 운영비를 정부의 재원에 많이 의존하는 경우, 활동의 자율성도 문제가 생길 가능성이 높다. 이를 유형화하면 다음과 같다.

---

8 비영리 민간단체의 자발적인 활동을 보장하고 건전한 민간단체로 성장하도록 지원함으로써 비영리 민간단체의 공익활동 증진과 민주사회 발전에 기여하기 위해 제정한 법(2000. 1. 12, 법률 제6118호)이다. 이 법에 의하면 비영리 민간단체는 다음의 요건을 갖추어야 한다. ① 사업의 직접 수혜자가 불특정 다수일 것, ② 구성원 상호간에 이익을 분배하지 않을 것, ③ 사실상 특정정당 또는 선출직 후보에 대한 지지·지원이나 특정 종교의 교리전파를 주된 목적으로 설립·운영되지 않을 것, ④ 상시 구성원 수가 100인 이상일 것, ⑤ 최근 1년 동안 공익활동의 실적이 있을 것, ⑥ 법인이 아닌 단체인 경우 대표자나 관리인이 있어야 한다.

표 3-2 ㅣ 시민단체(NGO)와 정부의 관계유형

	(−) ← 재정의 자율성 → (+)	
(+) ↑ 활동의 자율성 ↓ (−)	협력형	자율형
	종속형	권위주의적 억압 또는 민주적 포섭

출처: 박상필(1999: 261-278).

　표에서 재정은 시민단체의 사무실과 조직 운영, 사업에 필요한 자금을 말하고, 활동이란 목표달성을 위한 시민단체의 단독 또는 연대 사업 및 사업과 관련된 행동을 말한다. 전자는 시민단체에 대한 정부의 유인수단이 되고, 후자는 정부에 대한 견제 역할을 충실히 수행할 뿐만 아니라, 주체적으로 공익을 생산함으로써 보다 능동적인 사회를 형성하는 데 중요하다.

　이 점에서 볼 때, 우리나라 NGO들이 갈 방향은 명확하다. 즉, NGO들이 종속형이나 협력형에서 자율형으로 변화하느냐가 가장 중요한 과제라고 할 수 있다. 일부 명망가들에 의해 운영되는 NGO가 아니라, 길거리의 평범한 일반 시민들이 주도하는 단체가 되는 것이 중요하다. 이러한 점을 시간적 관점에서 보면, 민주화 과정에서 일시적으로 양산된 NGO들을 기반으로 이제 내실을 기할 때가 되었다는 것이다. 대표들이 정치적 목소리를 높이고 공직에 진출하는 수단으로 이용하기보다는 본래의 취지에 따라 행동으로 세상을 바꾸는 데 더 관심을 쏟아야 한다.

경제행위자: 시장과 정부

I. 경제정책의 중요성

1. 자본주의 체제에서의 경제

　자본의 개인소유를 인정하는 자본주의 체제에서는 공산주의 체제에 비하여

민간경제주체의 역할이 매우 중요하다. 즉, 경제의 3주체인 가계, 기업, 정부 중 기업의 역할이 절대적으로 중요하다. 기업은 영리를 목적으로 재화나 용역을 생산하는 조직으로서, 전술한 비영리조직(Non-Profit Organization)과 대비되는 개념이다. 가계는 소비를 하는 주체이며, 정부의 역할은 나라마다 상이하다.

기업이 재화와 용역을 생산 및 유통하고, 가계가 이를 소비함으로써 생산 → 분배 → 소비의 경제활동주기가 발생한다. 자본주의 경제체제에서는 정부가 재화나 용역을 직접 생산하는 것을 가급적 자제하고 민간기업에게 맡긴다. 정부는 이들 기업 간의 경쟁이 잘 이뤄지도록 규칙을 만들고, 이를 지키도록 강요하는 실물경제 분야의 경찰역할[9]을 한다. 그러나 일부 공공재적 특성을 가진 재화와 용역에 대해서는 국가가 직접 생산을 하기도 한다. 이상은 재화와 용역의 생산과 흐름을 나타내는 '실물경제' 부문에 관한 설명이다.

실제 우리는 이런 실물경제와 더불어 교환수단인 화폐의 수요와 공급으로 이뤄지는 화폐경제가 혼합되어 있다. 정부는 화폐를 발행할 뿐 아니라, 중앙은행을 통해 금융시장에 유통되는 통화량과 기준금리를 조절하는 금융정책을 실시한다.[10] 금본위제도를 유지할 때 각국의 중앙은행에 예치되어 있는 금의 가치가 20%라고 한다면, 그 나라 전체에 통용되는 전체통화량은 80% 이내여야 한다는 국제적 약속을 지켜야 했다. 중앙은행은 이 범위 내에서 시중에 풀린 통화량을 늘리거나 줄임으로써 실물경제의 운용에 영향을 미칠 수 있었다.

미국은 국제금융부문에서 자국의 이익을 챙기려고 많은 노력을 하여, 루스벨트 대통령 당시 브레튼우즈 체제에서 달러를 기축통화로 정하는 결실을 맺는다. 1971년 지폐를 금으로 교환해주는 금태환체제를 폐지한 이후 미국은 사실상 세계통화시장의 맹주가 되었다.[11] 현재 전 세계 국가의 중앙은행은 달러를 일정량 이상 보유하여야 하는 체제이다. 금이 아닌 달러가 통화안정에 중요한 변수가 된 것이다. 화폐의 발행량이 자유로워지면서 국가의 통화정책이 나라경제의 '신용'을 좌우하는 중요한 요소가 되었다. 우리나라의 경우 1997년 외환위기로 인해 국제적 신용도가 떨어졌었다. 이는 외환보유고의 적정량을 유지하는 통화정책이 실패하여 초래된 측면이 있다.

우리나라에도 실물시장과는 별도로 금융시장이 있어 경제를 운용하고 있다.

브레튼우즈체제 1944년 New Hampshire주 Bretton Woods에서 44개국이 모여 국제통화에 대한 회의를 하였다. 달러가 기축통화가 되고, 고정환율제도, 금환본위제가 수립되었다.

---

9 주로 공정거래위원회가 담당.

10 주로 한국은행 금융통화위원회가 담당.

11 미국이 유럽의 금융자본가로부터 독립하기 위해 노력한 역사를 담은 하나의 설명은 쑹훙빙 (2007). 「화폐전쟁」. RHK 참조. 중국이 위안화로 무역을 하려고 하는 움직임은 이런 맥락에서 이해할 수 있다.

정부입장에서는 화폐가 우리 몸의 피와 같이 잘 흘러야 좋은 경제가 된다. 또한 화폐는 실물경제활동을 하는 사람과 사람을 매개해 주는 윤활유와 같은 것이다. 화폐는 경제행위에서 미래의 지불능력에 대한 신뢰를 바탕으로 한 교환가치에 대한 약속으로서 통용된다. 그런데 미래의 신용을 재생산 혹은 확대시킴으로써 큰 이익을 챙기려는 욕심이 존재한다. 과도한 투자행위, 즉 투기행위가 그것이다.

금융시장에도 많은 행위자들이 있는데, 대표적으로 은행이 있다. 또한 화폐자본을 축적한 사람이 투자를 하고 이를 거래하는 주식시장도 있다. 모든 투자에는 시간적으로 볼 때, '미래'에 이익을 더 얻을 것이라는 신뢰가 들어가 있다. 또한 미래의 불확실성에 대비하여 위험을 줄이는 것이 각종 손해보험, 재해보험이다. 정부는 이러한 실물경제와는 또다른 하나의 시장인 화폐경제를 포함한 나라의 경제를 총지휘하는 거시경제정책을 담당한다. 따라서 정부의 역할이 매우 중요하다.

이에 더하여 아직 실현되지 않은 재화를 미리 거래하는 방법도 있다. 이를 선물시장이라고 한다. 즉 위에서 말한 것은 모두 거래의 시점과 대금결제의 시점이 동일한 시장으로서 이를 현물(現物)시장이라고 한다. 이와는 대조적으로 선물시장은 일정한 상품에 대해 일정한 가격으로 먼저 결제한 후 실제 상품의 인수·인도는 나중에 일어나는 시장을 말한다. 선물시장은 농산물이나 지하자원 등 실물경제적 가치를 지닌 것뿐 아니라 상술한 화폐나 주식 등 무형의 금융자산을 포함한다. 이에 대한 규칙을 정하는 것은 물론이고, 일탈자를 단속하는 것 등은 모두 정부가 해야 하는 역할이다.

최근에는 '경제정책'이라는 것이 단순히 고전적인 경제 분야로 국한되지 않는다. 다른 분야와 혼합되어 엄격히 경제라는 부분이 경제로 끝나지 않고, 환경, 고용, 교육, 과학기술 등 다른 분야와 엉켜 있다. 또한 국제경제와 국내경제와도 엄격히 구분되어 운용되지 않고 연동되는 경향이 점점 강해진다. 정책이 그만큼 복잡해지고, 어려워진다는 것을 의미한다.

기후변화로 인한 피해를 최소화하기 위한 노력으로 등장한 탄소(CO_2) 배출권 문제가 대표적인 예이다. 전통적으로 대기오염을 일으키는 온실가스와 관련한 탄소배출권은 환경행정의 고유분야였다. 그런데 국제적으로 탄소배출의 총량을 규제하려는 노력이 있어 왔고, 이를 위해 탄소를 마치 재화와 같이 국제적으로 거래토록 하자는 의미에서 탄소배출권 거래제가 실시되었다. 〈그림 3-1〉에서 보는 바와 같이 어느 국가에 총탄소배출 허용량을 정하고, 그를 초과하는 나라와 그 기준에 못 미치는 나라 간에 거래를 하게 하는 것이다. 또한 한 나라안에서는 탄소를 많이 배출하는 굴뚝산업과 그렇지 않은 산업 간에 거래를 하게 한다는 아이디

그림 3-1 | 배출권 거래제

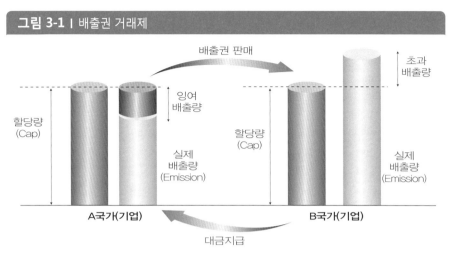

자료: 한국환경공단 홈페이지(2017).

어이다.

우리나라는 2010년 시행된 「저탄소 녹색성장 기본법」 제46조에서 온실가스 감축목표를 달성하기 위해서, 온실가스 배출권을 거래하는 총량제한 배출권 거래제 도입을 명시하고 있다. 여기서 '배출권'이란 온실가스 감축 목표를 달성하기 위하여 온실가스 배출허용총량의 범위에서, 탄소배출업체에게 할당되는 온실가스 배출허용량이다(온실가스 배출권의 할당 및 거래에 관한 법률 제2조 제3호). 이를 위해서 정부는 마치 주식시장과 같이 탄소거래소를 만들고, 이를 관리하는 기구를 두게 된다. 아직 본격적으로 시행되고 있지는 않지만, 경제영역이 넓어지고, 국제시장과 국내시장이 연계되는 제3의 영역이 나타나는 것이다.

읽을거리

선물시장의 어제와 오늘

한국의 경우 주식이나 외환 등 금융자산이 아닌 실물상품을 다루는 선물시장은 2008년 7월 21일 개장한 돼지고기 선물시장이 그 시초다. 선물시장은 흔히 가격변동에 따른 생산자의 위험을 관리하기 위한 효과적인 수단으로 홍보되지만, 사실상 시세의 변동을 노리고 차익을 추구하는 고위험 고수익의 투기시스템으로 보는 것이 일반적이다.

1921년 5월 당시 서울 시내에는 자동차라고 해봐야 200여 대가 고작이었다. 그나마 서울 시내에 있는 자동차의 3분의 1 이상이 경성역에 대기중이었다. 스물두 살, 청년 백만장자 반복창의 결혼식에 온 하객들을 실어나를 자동차였다. 결혼식 장소는 하세가와마치(현 북창동 일대)에 있는 조선 호텔. 결혼식 비용만 지금 돈으로 30억 원에 달했다. 실로 조선을 대표하는 호화결혼식으로 역사에 남을 만한 이벤트였다.

열두 살에 남의 집살이로 출발해 스물두 살에 조선 최고의 미녀와 초호화 결혼식을 올리게 된 반복창이 백만장자가 된 비결을 따져보자면 근대 조선의 미두시장을 살펴봐야 한다. 1896년 인천에 개설된 조선미두시장은, 쌀을 현물 없이 10%의 증거금만 가지고 청산거래 형식으로 사고팔던 곳이었다. 오늘날로 치면 '선물시장'에 해당한다.

당시 미두시장에서는 최소 100석 단위로 거래되었으므로 미두를 하려면 요즘 돈으로 적어도 몇천만 원의 밑천은 있어야 했다. 하지만 증거금은 10%밖에 안 되었기 때문에 쌀값이 하루에 10~20원씩만 오르내려도 요새 돈으로 하루에 1~2억 원씩 따거나 잃게 된다. 전형적인 '고위험 고수익' 투기였던 셈이다.

거래성립을 알리는 딱딱이 소리 한 번에 '대박'과 '쪽박'이 판가름나는 미두시장은 실제로 공인된 투기장이나 다름없었다. 당신의 인천 미두시장은 일확천금을 꿈꾸는 사람들로 날마다 들끓었고, 인천 앞바다는 미두로 전답을 날린 사람들의 한숨과 눈물로 날마다 출렁거렸다.

반복창은 열두 살 때부터 일본인이 운영하던 미두중매점에서 점원으로 일을 시작했다. 미두시장에서 잔뼈가 굵은 그는 언젠가 미두로 일확천금을 하겠다는 꿈을 키우며 밤을 새워가며 그날그날의 미두시세를 연구한다. 그렇게 8년 동안 남의 집에서 일하며 악착같이 돈을 모아 밑천을 마련한 반복창은 결국 400원을 들고 잔챙이 미두꾼으로 나서게 된다.

마침내 반복창은 한 섬에 55원씩 1만 섬을 산 후 73원씩에 되팔아 단 한 번 거래로 18만원을 벌어들여 세상을 놀라게 한다. 오늘날로 치자면 55억을 한꺼번에 쏟아부어 며칠 만에 180억 원의 차익을 벌어들인 셈이다. 마치 귀신이 붙은 것처럼 그렇게 맞히기를 몇 달 하고 나니 반복창의 재산은 어느덧 40만 원. 요즘 돈 400억 원으로 불어나기에 이른다. 미두꾼으로 나선지 불과 1년 만에 '미두왕'으로 이름을 떨치게 된 것이다.

그러나 투기의 말로는 예나 지금이나 비슷한 모양이다. 1년이 지나자 반복창의 시세예측은 번번이 빗나가게 된다. 사면 떨어지고 팔면 오르고, 사면 '꼭지'요 팔면 '바닥'이었다. 2년 만에 400억 원을 다 잃고 …

출처: EBS 지식프라임 제작팀. 지식 프라임. 밀리엄하우스, 272-273.

2. 경제행위자로서 기업

시장과 정부 간의 관계는 과거 시장이 발달하지 않았을 때에 비하여 대등해졌다. 정부가 기업을 직접적으로 통제하는 시대는 이미 지났다고 해도 과언이 아니다. 오히려 기업이 잘해야 경제가 잘되기 때문에 정부는 기업에 의존적이 되었다. 심지어 경제는 정치가를 위협하는 결정적 요인으로 작용한다. 경제가 불황이면 국민들의 불만이 높아가고, 이에 따라 정부 및 정치인에 비판적이 되는 경향이 있다. 국민여론에 민감한 정부로서는 경제계와 협조를 통해 경제성과를 높이는 것이 매우 중요하게 되었다.

표 3-3 | 우리나라 대기업그룹

(단위: 조원)

순위	기업집단명	계열사수(개)	계열사	자산총액 (공정자산)	매출액
1	삼성	59	삼성전자, 삼성생명 등	348.2	256.2
2	현대자동차	51	현대차, 기아차 등	209.7	155.5
3	SK	86	SK이노베이션, SK텔레콤 등	106.8	157.9
4	LG	67	LG전자, LG화학 등	105.8	115.9
5	롯데	93	롯데백화점 등	103.2	55.1
6	포스코	45	포스코 등	80.2	75.9
7	GS	69	GS칼텍스, GS건설 등	60.3	70.4
8	한화	57	한화건설, 한화케미칼 등	54.7	17.2
9	현대중공업	26	현대중공업 등	53.5	62.8
10	농협	45	농협은행 등	20.1	25.5

출처: 2017. 4. 1. 공정거래위원회 보도자료.『민간 10대 상호출자제한 기업집단 일반현황』.

경제계를 구성하는 행위자 중 가장 중요한 것은 기업(entrepreneur)이다. 기업이란 영리를 극대화하기 위해 상호간 경쟁을 하는 조직으로서, 대기업일수록 다른 사람들(투자자)의 돈을 끌어들이는 주식회사의 성격을 띤다. 우리나라의 경우, 특히 60년대 이후 급속한 경제발전과정에서 기업가정신(entrepreneurship)이 남다른 일부 사람들에 의해 초대형으로 성장한 재벌기업이 중심을 이룬다.

재벌(財閥)은 학술적 용어는 아니지만, 우리나라의 고도성장과정에서 정부의 직·간접적 도움으로 막대한 자본을 축적한 기업집단을 의미한다. 보통 첫째, 가족에 의해 경영권이 승계되고, 둘째, 한두 가지 전문업종에 집중하는 것이 아니라 여러 사업 분야에 영업활동을 한다는 특징을 가지고 있다. 재벌에 대한 평가는 긍정적, 부정적 시각으로 나뉘지만, 우리나라 경제에 중요한 비중을 차지하고 있다는 점에서는 이의가 없다. 재벌은 다음과 같은 문제가 있다.

첫째, 시장지배력이다. 소수의 기업이 문어발식 확장을 하여 시장을 좌지우지 할 정도의 영향력을 행사한다.

둘째, 재벌기업 내 지배구조의 문제이다. 상호출자 등 교묘한 방법으로 재벌기업 간의 의사결정이 최고경영자에게 있는 '독재'현상이 나타난다.

이러한 점에서 재벌은 대한민국 경제 전체의 건강성을 위협하는 존재가 되었다(박상인, 2016; 2017). 그럼에도 불구하고 이들 대기업을 중심으로 1961년에 구성된 일종의 압력단체가 전국경제인연합회(약칭 전경련)이다. 전경련은 비교적 자원의 여유가 있어서, 각종 정책연구를 하고, 매스컴을 통해 의견을 표출하는 데 유리한 위치에 있다. 이와 유사한 구성으로 이뤄진 협의체로서 무역협회와 상공회의소도 있다.[12]

대기업은 최근 세계화로 인하여, 전 세계 대기업을 상대로 치열한 무역경쟁을 하고 있다. 더구나 최근에는 초대형 다국적기업들이 등장하여, 우리나라의 대기업도 이들과 경쟁에서 이겨야 한다는 어려움을 가지고 있다.

한편, 상대적으로 규모가 작은 기업을 중소기업이라고 한다. 법적으로 중소기업은 상업과 서비스업인 경우 상시 종업원 수 20명과 총자산 5,000만 원 이하인 기업을, 건설업의 경우는 상시 종업원 수 330명과 총자산 5억 원 이하인 기업을 의미한다. 중소기업은 대기업에 비하여 재정력이 부족하여, 투자할 수 있는 여력도 부족하고, 연구개발비에 투입할 돈도 부족하며, 외국시장으로의 진출에도 어려움이 많이 있다. 이들 중소기업들도 대기업과 마찬가지로 공동의 이해를 지키고, 정책에 반영하기 위해 중소기업중앙회를 결성하여 노력하고 있다. 정부도 중소기업 육성정책을 통해 자금이나 인력난을 해소하기 위한 노력들을 하고 있다.

보통 이들은 독립된 주체로서 마치 사람과 같이 행동할 수 있는 법인(法人)을 형성한다. 즉 우리나라 인구는 약 5천만 명이지만, 실제 법적인 주체는 자연인(즉, 성인)에 법인의 숫자를 합한 만큼이 된다. 세무행정 등 우리 행정이 다뤄야 할 대상인의 실제 숫자는 그만큼 늘어난다.

중소기업정책
자금력이 약한 중소기업을 육성하기 위한 정부의 정책

법인
자연인(즉, 사람)이 아니면서 법적인 권리와 의무의 주체가 되는 것

Ⅱ. 시장과 정부 간 관계

1. 국가주도형 경제

경제분야를 중심으로 최근 서구의 역사에서 나타난 것을 요약하면 자유방임주의적 국가, 케인즈주의적 국가, 거버넌스 형태의 국가로 구분할 수 있다. 중상주의 이후, 자유방임주의적 국가는 국민들이 국가로부터의 자유와 시장원리인 '보이지 않는 손'에 대한 믿음에 기반하였다. 하지만 자유방임주의적 국가는 대공황

---

12 이들도 정부와 구별된다는 점에서 법적 성격상 NGO라고 할 수 있으나, 본서에서는 NGO로 분류하지는 않는다.

이라는 시장실패로 연결되어 케인즈주의적 국가론이 대두한다. 케인즈주의적 국가는 국가가 경제에 적극 개입하여 수요를 창출하고 국민의 경제생활을 보장하고 형성한다. 국가의 역할이 확대되는 것이다.

하지만 이러한 케인즈주의적 국가는 정부실패와 연결되고 비효율성이 나타났다. 이후 나타난 것이 신자유주의적 국가이다. 신자유주의적 국가는 신관리주의와 시장주의가 사상적 기반이 된다. 하지만 결과지향적 국가운영은 형평성과 기존 행정문화와의 충돌현상을 낳기도 했다. 이후 거버넌스 국가형태로서 시민의 참여와 신뢰를 기반으로 한 국가형태가 나타났다.

우리나라의 경우는 서구와 다르다. 역사적으로 오래전부터 정부가 경제부문에서 주도적인 역할을 하였다. 해방 후 근대적 의미의 시장도 결국 정부에 의해서 만들어졌다고 해도 과언이 아니다.

정부가 경제에 간여하는 것은 시대적으로 변화를 겪어 왔다. 첫째, 정부가 경공업 → 중화학공업 → 정보화산업 순으로 중점적으로 육성하는 분야를 선별했다. 둘째, 부족한 자본문제를 해결하기 위해 외국에서 차관을 들여와서 우리 기업에 빌려주기도 하고, 기업의 대출을 보증해 주기도 하였다. 셋째, 외국과 비교하여 경쟁력이 없는 제품은 일단 수입을 금지한 후, 우리 제품이 나아지면 서서히 풀어 주었다.

정부주도형 경제개발을 이룬 우리나라의 경우 정경유착의 문제가 심각했다. 즉, 경제계가 행정의 환경이 아니라 행정의 일부라고 봐도 과언이 아니었다. 경제계가 정부에 정치자금 등을 제공하고, 나중에 정부발주 업무 등에서 이 기업이 특혜를 보는 일종의 암묵적 거래관계가 있었다. 특히 정권이 바뀔 때마다 이런 현상이 벌어졌다. 이를 정경유착(政經癒着)으로 비판하는 시각이 많이 있다. '대마불사'라는 표현과 같이 재벌이 오히려 정부의 정책선택을 제약하는 상황도 생기게 되었다.

2. 시장주의의 개혁

거꾸로 최근 사기업의 규모가 커지며 시장은 정부의 행정에 대한 비판에 앞장서고 있다. 정부실패를 강조함으로써 자신들의 영업환경을 더 유리하게 하려는 것이다. 자유시장의 원리를 지고의 선(善)과 같이 홍보한다. 나아가서 정부의 업무를 민영화할 것을 요구한다. 정부가 비효율적이고, 충분히 고객만족을 시키지 못한다는 이유에서이다. "더도 말고 삼성같이만 해라"라는 논리를 내세운다.

정부와 시장의 역할 분담에 대한 논의는 주창자가 따르는 이데올로기에 많이 좌우된다. 미국과 같이 역사적으로 정부에 대한 불신으로 성립한 나라는 민간기업을 옹호하는 분위기가 지배적이다. 정부의 업무도 가급적 민영화나 민간위탁을 해야 한다는 것이다.

그러나 최근에는 미국에서도 정부의 업무를 민영화하는 데 한계가 있다는 주장이 타당하다고 받아들여지고 있다(Moe, 2010). 국방, 안보, 치안 등 국가의 본질적 기능은 민영화하기 어려운 대표적인 예이다. 역사상 국방을 저렴한 비용으로 외국의 용병에 의존했던 나라들은 오래가지 못하였다. 정부업무 민영화의 대원칙은 '국민 전체의 주권'이 민영화된 업체의 활동을 통제할 수 없는 경우에는 민간 부분을 이용해서는 안 된다는 것이다. 예컨대 아무리 단가가 싸다고 하더라도 국가정보원의 전산실 소프트웨어 관리를 민영화하는 것은 위험하다. 또한 민간위탁을 할 때에는 돈에만 눈이 멀어 정부용역 따기에 바쁜, 부적합한 민간업자를 구분할 수 있는 유능한 공무원이 있어야 한다.

시장은 약육강식의 논리가 지배하는 경향이 있다. 특히 우리나라와 같이 급속한 경제성장을 이룬 나라에서는 기업이 이윤창출을 위한 수단과 방법을 가리지 않아왔다. 정부는 시장의 공정한 경쟁을 담보하기 위해 규제정책을 펼쳐야 할 필요가 있다.

3. 중소기업의 문제

행정과 재벌 간에 국한되는 2자만의 문제는 아니다. 우리나라에는 대기업집단이 많은 사업 분야에서 지배적 위치에 있기 때문에 중소기업의 발달에 장애가 된다는 시각이 있다. 기존의 중소기업이 담당하던 분야에도 대기업이 막강한 자본력으로 싸고 좋은 품질의 상품을 제공함으로써 시장을 장악한다는 것이다. 대형할인점이 동네 곳곳에 들어섬에 따라 동네상점들이 문을 닫는 경우가 한 예이다.

즉, 일명 '골목상권' 문제, '갑-을 관계' 문제가 사회적 문제로 대두되면서 정부 차원에서 경제계를 어떻게 합리적으로 '통제'해야 하는가가 주요 정책 문제로 떠오르고 있다. 하지만 자본주의 체제 하에서 '시장'을 통제한다는 것이 이데올로기적으로나 실제 정책적으로나 어려운 문제이기 때문에 이를 효과적으로 조정하는 문제는 쉽지 않다.

적어도 기업의 규모라는 측면에서 볼 때, 소수의 대기업과 다수의 중소기업으로 구성된 삼각형 모양이 바람직하다. 중소기업은 몸집이 작아 몸집이 큰 대기업이 경쟁적이지 못한 부분에 쉽게 창업할 수 있기 때문에, 끊임없이 J. Schumpeter의 '창조적 파괴(creative destruction)'가 이뤄져야 한다. 경제계는 행정과는 달리, 경쟁력을 기준으로 끊임없이 신설되는 기업과 도산하는 기업이 생기는 역동적인 형태가 되어야 한다는 것이다.

문제는 우리나라의 경우, 중소기업들이 이런 건전한 창조적 파괴보다는 대기업에 의존해야 생존하기 쉽다는 점이다. 불공정 하도급이 그 예이다. 이런 문제를 다루고자 공정거래위원회에서 공정한 시장질서를 만들기 위한 노력을 하고 있다. 그리고 이를 다루는 행정학의 분과과목이 경쟁정책이다.

대부분의 정부는 중소기업을 육성하고 지원하는 정책을 쓴다. 정부조직에는 중소기업부가 신설되어 각종 기술지원, 세금혜택, 자금지원 등을 하고 있다. 이와 더불어 조달청을 통하여 정부물품을 구입할 때 중소기업의 제품을 우선적으로 구입하게 하는 정책도 시행한다. 자금이 부족한 중소기업의 신용위기를 도와주기 위한 수단도 강구되어 있다. 과거에는 친족, 친구 등이 무한지불보증을 서게 하여, 그 기업이 도산되면 친족, 친구들도 막대한 피해를 보았다. 하지만 이제는 합리적인 금융제도를 수립하고 있다. 그중의 하나가 신용보험(Trade Credit Insurance)으로 중소기업이 자신의 신용을 위해 스스로 보험료를 지불하는 제도이다. 우리나라는 1997년부터 신용보증기금(정부의 공공기관)이 정책보험으로서 이 사업을 하고 있다. 민간 상업보험회사도 이와 유사한 것을 시행하고 있으나, 아직 위험도가 높기 때문에 활성화되지 않고 있는 상황이다(강동수·윤택, 2003).

우리나라의 특수한 상황인 대기업 우월상황에 대처하기 위해 정부가 더 적극적으로 개입하는 것이 '동반성장정책'이다. 이 개념은 대기업과 중소기업 간의 갈등소지를 미리 발견하여 예방하거나 갈등을 최소화하기 위한 정부의 정책을 의미한다. 이명박 정부 이후 동반성장위원회를 설치하여, '동반성장정책'이 본격화되었다. 예컨대 대기업별로 동반성장지수를 산정하여 공표함으로써, 해당 기업이 얼마나 중소기업과 상생하려고 노력하였는가를 보여준다든지, 골목상권 수호 문제에 정부가 개입한다든지, 특정 사업의 경우(예: 두부생산) 중소기업의 업종으로 지정하여 대기업이 끼어들지 못하도록 하는 것이다. 정부개입은 취약한 시장에 정부가 개입하여 약자를 보호하겠다는 의미인데, 경제적 행위자인 시장을 정부가 관리한다는 것이 쉬운 과제는 아니다.

하지만 경쟁력있는 정부는 경제계와의 관계에서 경제발전 및 실업문제 해결등의 정책목표와 공정한 경제 관계의 성립이라는 정책목표를 동시에 달성시켜야

창조적 파괴
Joseph Schumpeter가 1912년 '경제발전론'이란 저서에서 주장한 것으로 기업가의 끊임없는 기술혁신으로 낡은 것을 파괴하고 도태시켜 새로운 것을 도입하는 역동적 과정의 중요성을 강조하는 개념

경쟁정책
시장에서 더 바람직한 경쟁을 하는 체재를 만들기 위한 정부의 정책을 총칭하는 개념

한다. 양자를 모두 달성하기 위해 정부가 어떠한 노력을 기울일지 관심을 가지고 살펴볼 필요가 있다.

'재벌의 흥망' 어디서 갈렸나

재벌은 한국 경제에서 절대적 비중을 차지한다. 1997년의 외환위기 이전까지만 해도 30대 재벌은 자산과 매출액 중 어느 변수를 기준으로 하든 한국 경제에서 50% 비중을 차지했다. 1980년 30대 재벌의 흥망성쇠 양상은 아래의 표와 같다. 재벌의 흥망은 크게 3가지 범주로 나눌 수 있다. 첫째는 '흥한 재벌'이고, 둘째는 '망한 재벌'이고, 셋째는 '이도저도 아닌 재벌'이다. 1980년 '30대 재벌' 명단에 올랐던 재벌들을 이 범주로 나눠보면 흥한 재벌로는 삼성(3→1), SK(4→4), 한화(11→7), 롯데(13→6), 금호아시아나(15→8), 두산(18→12), 동양(25→25), 태광(29→23), 동부(30→14) 등 9개를 꼽을 수 있다. 망한 재벌은 대우, 쌍용, 국제, 동아건설, 삼미, 한일합섬, 기아, 한양, 해태, 대농 등 10개다. 이 재벌들은 그룹이 해체되면서 경영권이 넘어가버렸다. 더 이상 재벌 면모를 유지하지 못하고 있다. 망하지 않았지만 흥했다고도 볼 수 없고, 흥하지 않았지만 망했다고 볼 수도 없는 재벌이 나머지 11개 재벌이다. 이 중 7개 재벌은 2007년에도 30대 재벌 명단에 들어 있긴 하지만 순위가 밀려버렸고, 4개 재벌은 아예 30대 재벌 밖으로 밀려나버렸다.

이런 분석 결과를 종합하면, 재벌 도산의 원인이 과도한 차입에 의한 무리한 영업 확장이라는 그동안의 지적이 상당히 설득력 있어 보인다. 재벌 초창기인 1980년에는 망한 재벌 쪽이 오히려 더 건실한 모습이었다. 부채비율은 낮고, 매출이익률은 높았다. 그러나 외환위기 직전인 1995년에 오면, 과도한 부채로(높은 부채비율) 무리하게 계열기업을 늘리면서(높은 출자비율) 수익성도 확보하지 못하고(낮은 매출수익률) 경영권 안정화도 도모하지 못해(낮은 내부지분율) 외환위기라는 미증유의 경제위기에 직면했을 때 주저앉고 말았다. 상장비율이 높은 것은 위기 때는 오히려 불리할 수 있었다. 경영투명성이 높아 신속한 위기대응에는 불리하게 작용했다.

재벌 도산은 경제위기와도 크게 관련 있었다. 도산한 10개 재벌 중 8개가 1997년의 외환위기와 관련 있었고, 이 시기에 도산했다. 경영권 세습이 재벌 흥망의 원인이 될 수 있다는 견해도 있으나, 본 연구에서는 입증하지 못했다. 해체된 10개 재벌 중 4개는 창업 당대에서 해체됐고, 6개는 세습 뒤에 해체됐기 때문이다. 세습경영은 망한 원인으로 볼 수 없고, 흥한 원인으로도

<30대 재벌의 흥망성쇠(1980-2007)>

탈락/잔존		변화 양상	재벌 수	비고
30대 재벌에서 탈락(14개)	해체	창업 당대에서 해체	4개	7개 자리는 기존 재벌의 위성재벌에 의해 대체, 또 다른 7개 자리는 신흥재벌에 의해 대체
		세습 이후 해체	6개	
	쇠락	세습 이후 30위 이하로 탈락	4개	

30대 재벌 내 잔존(16개)	순위 상승	창업 당대에서 순위 상승	2개	세습 후에도 잔존한 재벌은 14개
		세습 이후 순위 상승	7개	
	순위 하락	세습 이후 순위 하락	7개	

볼 수 없다. 순위가 상승한 9개 재벌 중 7개는 세습 이후 오히려 순위가 올랐기 때문이다.

　재벌 개혁 정책이 진행된 뒤인 2007년에는 재벌의 경영구조가 완전히 달라졌다. 이 기간에 살아남은 재벌들은 내부지분율을 높여 경영권을 한층 더 공고히 하면서 부채비율은 혁신적으로 낮추었다. 수익성은 괄목할 정도로 개선됐다. 재벌이 망하지 않도록 하는 것이 경제 발전을 가져오는 것은 아니다. 기업 발전사적으로 볼 때, 망하는 재벌이 나오는 것은 불가피한 현상이다. 경제가 발전하는 길은 망하는 재벌을 막는 것이 아니라, 흥하는 재벌이 더 많아지도록, 또는 더 좋은 재벌이 망한 재벌을 대체해나가도록 하는 것이다.

　아래의 표는 망한 재벌과 이들을 대체한 신규 재벌 사이에 어떤 차이가 있는지 비교했다. 1980년에서 2007년까지 14개 재벌이 30대 재벌에서 탈락하고 다른 14개 재벌이 이들의 자리를 대체했는데, 30대 재벌에서 이들의 비중은 30% 정도인 것으로 나타났다(매출액 또는 자산액 기준). 이들의 비중에는 큰 변화가 없었다. 1980년도 이후에 탈락한 14개 재벌이 30대 재벌에서 차지한 비중이나, 2007년에 새로 진입한 14개 재벌이 30대 재벌에서 차지하는 비중이 거의 비슷하다. 따라서 탈락한 기존 재벌이나 이들을 대체한 신규 재벌이나 상대적 크기에는 큰 차이가 없었다고 볼 수 있다.

<탈락 또는 해체 재벌과 신규 재벌 비교>

연도	1980(탈락 또는 해체 재벌)	2007(신규 재벌)
30대 재벌 내 매출액 비중	29.23	33.18
30대 재벌 내 자산액 비중	32.87	28.36
내부지분율	43.83(0.95)	58.94(1.06)
상장비율	68.38(1.17)	49.08(0.93)
부채비율	468.8(0.64)	136.04(0.97)
출자비율	39.62(0.76)	33.60(0.74)
매출수익률	2.04(12.0)	5.57(1.10)

* ( )안 값은 순위가 상승한 재벌들과 비교한 값이다. 각 변숫값을 흥한 재벌의 상응한 변숫값으로 나누어서 계산.

출처: 이코노미 인사이트, 2011. 3. 1.

Ⅲ. 노동조합

노동조합은 노동자의 임금 및 근로조건을 향상시키기 위하여 노동자들이 자발적으로 조직한 연합체이다. 노동은 노동자가 하루라도 숨 쉬지 않고 살 수 없듯이 비탄력적이어서 상품과는 다르다. 또한 시간적으로 볼 때, 고용주가 노동자의 현재가치보다는 미래의 노동에 대해 구매를 하는 것이다. 따라서 고용주와의 관계에서 노동자는 열악한 처지에 있기 쉬우며, 노사관계가 지배-복종의 수직적 관계가 되기 쉽다. 이와 같이 잠재적으로 강력한 고용주 측에 대해 약자인 노동자들이 단결하여 대등한 관계로 협상하게 하는 것이 노동조합제도이다. 국제노동기구(ILO)의 규정에 의해, 모든 노동자들은 단결권, 단체교섭권, 단체행동권을 보장받도록 되어 있다.

우리나라의 많은 기업에는 노동조합이 결성되어 있다. 그동안은 한 사업장에 하나의 노조만을 허용하는 단일노조체제였으나, 2011년 7월 복수노조를 허용하여 한 사업장 내 복수의 노조가 존립할 수 있도록 정책이 바뀌었다.

이들 개별노조들은 다시 기능 혹은 업종별로 다른 노조와 연대하는 식으로 조직화된다. 예컨대 화물노조, 전국화학노조 등이 그러하다. 이러한 모든 노조들의 전국적 연합으로서 가장 영향력이 큰 것으로 한국노동조합총연맹(한국노총)과 전국민주노동조합총연맹(민노총)이 있다.

경쟁력 있는 정부는 노동자의 정당한 권리를 보장한다. 노동 관련 법률을 제·개정함으로써 공정한 노동환경을 조성할 뿐만 아니라 실제 노동 현장에서 발생하는 분쟁에 대한 중립적 중재 및 판결의 기능을 수행한다. 실제 노동현장에서 발생하는 분쟁을 중립적으로 중재하고 판결하는 기능도 한다. 정부가 시장의 규

표 3-4 | 노동조합의 종류

종류	노조원 구성	특징
직업별	동일 직종/직업 종사자	노조의 초기형태
산업별	동일 산업 종사자	유럽의 경우 산업별 노조가 주 한국: 금속노조, 보건노조, 금융노조 등
일반	직종 및 산업 종류에 무관	동일 지역 근무 중소기업 근로자 대상
기업별	동일기업 종사자	개별기업 존립기반 우리나라 일반적 노조 형태

출처: 김식현·정재훈(1999). 『노사관계론』의 내용을 재구성.

칙을 정한다는 논리에 따르면, 노동시장에서도 공평한 문제처리를 위해 정부가 개입해야 하는 것이다. 그리고 시장에서 정부가 경찰 역할을 한다면, 노동시장에 서도 노동자가 사용자와의 관계에서 불공평하게 대우받지 않도록 공정하게 중재 하는 것이 정부의 역할이다.

　　이를 다루는 행정학의 분과학문이 노동행정이고, 중앙부처에서는 고용노동 부가 담당한다(이목훈 외, 2003). 우리나라의 경우 노동운동이 분단·반공체제 등 복잡한 역사적 과정을 거치면서 특수한 맥락을 형성하고 있다. 이에 대한 깊이 있 는 이해가 있어야 노동문제를 해결할 수 있다. 노동문제에 대해서 중립적으로 심 판하는 기관으로 중앙노동위원회가 있고, 각 지역별로 노동위원회가 있다.

제 3 절   새로운 행위자

I. 인구학적 변화

　　우리나라 행정의 주 대상인 인구의 구조는 계속 변화하고 있다. 그 대표적인 특성은 고령화와 외국인 인구의 유입이다. 출산율 저하로 전체인구에서 경제활동 을 하는 젊은 세대의 비율이 줄어들면서 생산성 저하는 물론이고, 복지비용 증가 등 행정에 많은 과제를 안겨주고 있다. Buchholz(2017: 33-35)는 국가가 부유해 질수록 출산율이 떨어지고 국민의 평균연령은 높아진다고 주장한다. 경제생활에 여유가 있을수록 개인의 삶을 중시하고, 자신의 부를 후대에 물려주기 위해 소수 의 자녀를 두는 경향이 있다. 특히 자녀교육의 어려움 때문에 출산을 포기하는 젊 은 세대들이 늘어나는 것도 문제이다. 이 모두 국가행정이 잘못된 정책을 펼쳤기 때문임을 의미한다.

　　많은 학자들은 생산가능인구는 점차 감소하고 노년부양비는 점차 증가하여 경제 전반에서 활력을 잃을 것으로 예상하고 있다. 통계청이 발표한 '2016 한국의 사회지표'에 의하면 65세 이상 인구비율은 2016년 기준으로 13.2%이며, 2030년 24.5%, 2040년 32.8%에 다다를 것으로 예상된다. 다음 표는 노동력 감소가 GDP 증가율 저하와 비례함을 보여준다.

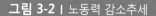
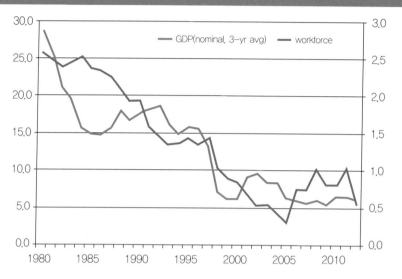

그림 3-2 | 노동력 감소추세

또한 역사적으로 우리나라는 한민족, 한겨레 국가를 강조해왔지만 현재는 인구 구조가 변화하고 있다. 중국, 동남아, 우즈베키스탄 등지에서 유입된 외국인 노동자는 물론이고, 주로 농어촌 지역의 미혼 남성과 결혼을 위해 동남아에서 오는 결혼이주여성, 그리고 세계화에 따라 국제결혼이 급격히 증가하면서 단일민족국가인 우리나라 인구에 근본적 변화를 가져오고 있다. 이에 따라 각종 정책들 역시 이러한 변화를 반영하려는 노력을 하고 있다.

2016년 현재 국내에 합법적으로 거주하는 외국인은 약 200만 명이고, 이 중 한국의 국적을 가진 사람이 약 32만 명이다. 특히 부모 중 하나 이상이 외국인인 경우에 태어난 어린이도 약 17만 명에 이른다. 외국인의 숫자는 매년 10% 내외로 증가하는 추세이므로, 출산율 저하현상과 비교해 보면 전체 인구 중 외국인의 비중은 점점 늘어갈 것이라는 점이 분명하다. 한국보건사회연구원에 따르면 2050년 다문화가정인구는 약 216만 명으로, 총 인구의 5%를 차지할 것으로 예측된다.

특히 우리나라의 특정산업분야에서는 필요한 노동자를 구하지 못하여 외국인에게 일정기간 경제활동을 하도록 하고 있다. 1993년 산업연수생 제도를 도입하였고, 여러가지 문제점을 보완하기 위해 2004년부터 「고용허가제」를 시행하고 있다. 오늘날에는 최대 4년 10개월을 체류하며 노동활동을 할 수 있고, 성실근로자는 연장하여 최고 9.8년까지 체류가 가능하다.

외국인 수의 증가는 한국행정에 많은 새로운 과제를 안겨주고 있다. 한국국

대한민국을 구성하는 국민의 보호를 위하여 대한민국 영토에 입국하는 모든 사람을 관리하는 것이 출입국관리행정이다. 모든 국경을 통과할 때, 그 체류목적에 따라 체류기간과 영토 내에서 할 수 있는 활동을 제한하는 비자(visa)를 취득해야 한다. 우리나라의 비자는 다음과 같다. 비자의 종류에 따라 체류기간이나 우리나라에서 체류중 가능한 활동범위가 제한된다.

(A-1) 외교	(D-2) 유학	(E-1) 교수	(F-1) 방문동거
(A-2) 공무	(D-3) 기술연구	(E-2) 회화지도	(F-2) 거주
(A-3) 협정	(D-4) 일반연수	(E-3) 연구	(F-3) 동반
(B-1) 사증면제	(D-5) 취재	(E-4) 기술지도	(F-4) 재외동포
(B-2) 관광통과	(D-6) 종교	(E-5) 전문직업	(F-5) 영주
(C-1) 일시취재	(D-7) 주재	(E-6) 예술흥행	(F-5) 결혼이민
(C-3) 단기방문	(D-8) 기업투자	(E-7) 특정활동	(G-1) 기타
(C-4) 단기취업	(D-9) 무역경영	(E-9) 비전문취업	(H-1) 관광취업
(D-1) 문화예술	(D-10) 구직	(E-10) 선원취업	(H-2) 방문취업

적을 가진 사람과 외국인과의 사이에 영주권자라는 개념이 생기고, 이를 다루는 이민정책 및 이민행정분야가 새롭게 부각되고 있다. 한국국적을 취득한 이민자는 물론이고 영주권자를 정치적 공동체에 대한 참여자로 포함시키는 문제도 등장한다(김희강 외, 2015). 외국어 교육은 물론이고, 우리문화와 다른 사람들과 더불어 사는 사회를 만들기 위한 정책을 만들어야 하기 때문이다. 즉, 미국, 호주 등과 같이 다문화사회(multi cultural society)를 만들어야 한다는 것이다. 행정부에서는 해당 외국어를 하는 공무원도 충원해야 하고, 외국인의 수요에 맞는 행정서비스도 제공해야 한다.

이와 더불어 북한사회를 탈출하여 남한사회에 정착한 사람들을 한국사회에 적응시키는 문제가 있다. 비록 민족은 같지만, 오랫동안 단절된 사회에 살면서 생긴 문화적 이질감을 극복하는 것이 필요하다. 만약 통일이 된다면, 그 때의 행정수요는 막대한 것으로 미리 대비해야 할 것이다(김병섭·임도빈 외, 2012).

외국인, 탈북자이든 한국사회에 새로 적응해야 하는 국민들에 대해서 아무런 이질감을 느끼지 않도록 완전한 시민으로 전환시키는 것이 행정의 과제이다. 그렇지 않으면, '2등 국민'이란 별칭이 생길 정도로 우리사회의 통합에 위협적인 문제를 안겨주기 때문이다. 특히 이들에 대한 한국어 통역서비스나 교육이 가장 시급하고 기초적인 서비스라고 하겠다.

이와는 반대로 우리나라 사람이 외국에 장기간 거주하는 경우도 많아졌다.

한국국적은 유지한 채, 외국의 영주권을 획득하여 외국에 정착해 사는 사람들이다. 그리고 직장 때문에 외국에 수년간 거주하기도 한다. 이들 재외국민은 각종 선거에 참여하는 등 주권자로서의 역할도 계속한다. 프랑스의 경우, 재외국민에 대한 행정서비스 제도를 잘 발전시키고 있다. 예컨대 스위스 등 불어권 외국을 대표하는 지역구 하원의원이 있다. 이들을 대상으로 한 행정서비스는 재외공관의 영사가 총괄하여 담당한다.

Ⅱ. 사회적 기업

사회적 기업이란 목적 면에서는 NGO와 같이 공익증진과 같은 사회적 목적을 추구하면서, 수단 면에서는 기업과 같이 영리를 추구하는 기업을 말한다. 즉, 사회공헌과 균형발전에 기여하는 기업으로서 NGO와 기업을 혼합한 새로운 형태의 조직을 말한다. 이론적으로 Anthony Giddens의 '제 3 의 길' 혹은 생산적 복지 모델에 바탕을 두고 있다. 사회적 기업은 비영리조직이나 사회적 책임 실천기업과는 다르다.

The 3rd way
사회주의도 자본주의도 아닌 중간 형태의 방식을 의미한다. 즉, 전후 유럽을 지배해온 사회민주주의의 경직성을 극복하고, 신자유주의의 단점도 극복하기 위한 것으로, 공공지출 축소, 세금 인하, 사회복지 개혁, 노동시장의 유연성 제고, 경제적 역동성 확보 등을 추구한다.

우리나라에서는 1997년 외환위기 이후 실업이 중요한 사회문제로 대두된 반면, 기업의 고용창출능력은 한계에 부딪치게 되었다. 이러한 상황에서 사회적 기업(social enterprise)이라는 제도가 도입되었다. 이후 계속되는 저성장의 문제와 사회양극화로 사회복지에 대한 수요가 급증함에 따라 정부는 사회적 기업을 적극적으로 육성하는 정책을 펴게 된다.

사회적 기업이 되기 위해서는 다음과 같은 조건을 충족시켜야 한다.

- 1인 이상 직원이 있을 것
- 영업이익이 인건비의 30% 이상일 것
- 단순 일자리 창출이 아니라, 좀 더 큰 의미에서 공익추구의 목적이 주가 될 것
- 이사회, 총회 등을 두어 내부의사결정 과정에 투명성이 있을 것

정부는 '사회적 기업 육성법'을 제정하여 지역사회의 사회적 약자를 보호하는 기업을 활성화하는 정책을 펴고 있다. 현재 한국의 대표적인 사회적 기업으로는 기부물품을 판매하고 공정무역 커피나 초콜릿 판매 등을 통해 국내외 소외계층을 지

원하는 '아름다운 가게', 시각 장애인들을 위한 점자책을 만드는 '도서출판 점자', 공정무역으로 제 3 세계의 국가들의 자립을 돕는 '페어트레이드코리아' 등 전국에 약 1,000개 정도가 있다.

이들에 대한 정부의 지원내용은 최초 5년간 법인세 50% 면제, 직원채용 시 처음 4년 동안 월급을 최고 98만 원까지 지원하는 것 등이다. 실제로 사회적 기업이 본래의 취지대로 성공하는 것은 쉽지 않은 현실이다(김학실, 2012; 김순양, 2010). 그러나 다른 일자리를 찾기 힘든 사회적 약자 중에서 직원을 충원하면, 일자리 창출과 사회복지라는 두 마리의 토끼를 잡을 수 있기 때문에 생산적 복지모델의 예로 뽑힌다.

Trivedi & Stokols(2011)는 비영리조직(NPOs)이나 사회적 책임 실천기업 (corporation practicing social responsibility: CSR)들과 구분되는 사회적 기업의 핵심 특성들(defining features)을 다음의 표와 같이 정리한 바 있다.

표 3-5 | 사회적 기업의 개념 및 핵심특성

구분 차원	비영리조직	사회적 기업	사회적 책임 실천기업
주된 동기 및 결과	미결 사회문제의 완화	긍정적 사회변화의 유발	기업 소유주 및 주주의 부 증진
인력관리 및 사회적 기업가의 역할	대체로 거래적 리더십	변혁적 리더십	거래적 리더십
조직 구조	대체로 위계적	평면적, 수평적	위계적
소유구조 및 사회문화적 맥락의 인식 방법	제한적	집합적, 공동체의 일반적 비전에 따름	개인적, 또는 제한적

출처: Trivedi & Stokols(2011): 21-25; 문병기(2015): 296에서 요약·정리.

포스트모더니즘

근대세계는 16세기부터 18세기의 오랜 기간 동안 형성된 것이라고 볼 수 있다. 이러한 근대성의 특성은 산업화이다. 농업사회에 비해 산업사회에는 인구의 규모와 분포가 변화했고, 경제관계의 상업화와 그것이 수반한 상품화, 자본주의 발흥도 나타났다. 따라서 사회경제적 전문화와 과학적 사고양식의 등장, 합리성 개념의 변화, 의사소통양식의 변화, 도시화, 민주화 등의 경향이 나타난 것이다. 이러한 추세에 맞춰서 국가의 역할도 과거 농업사회에 비해서 달라졌다. 이러한 근대사회에 발달한 사회과학의 사고방식과 방법론을 기반으로 정부의 활동에 대한 연구를 진행해 온 것이 전통적 행정학이다.

행정학의 전통적 견해에 대해 최근 주목을 끌고 있는 비판적 이론은 포스트모더니즘이다. 이는 실증주의와 같은 모더니티 접근법에 대한 반론으로부터 시작한다. 즉, 모더니티에서는 인간이 세상의 중심에 있고, 인간이 세상의 많은 일들을 합리적으로 인식하고 판단할 수 있다는 믿음을 전제로 하는 반면, 포스트모더니티에서는, "진리의 기준은 맥락 의존적(context dependent)"이라 보고 있으며, 주체가 중심에 서 있다는 것, 인식론적인 연구사업, 이성의 성격과 역할, 거시이론 등을 부인한다(이종수·윤영진 외, 2010: 162).

시간적으로 연속선상에 있는 과거에 통합, 논리적인 일관성과 통일성, 중앙집권적 조정, 계서제적 경직성, 전체주의화 등이 유행하던 모더니즘의 시대에 대응하여, 새로이 등장하는 포스트모더니즘의 시대에는 분산, 다양성, 분권화, 유연성, 무작위성 등이 중요시된다(김동원, 2005).[13]

포스트모더니즘은 오늘날 발달한 정보화기술을 통해서 변화해 온 한국사회의 많은 부분을 설명한다. 즉, 시공을 초월한 정보교환을 가능케하는 ICT가 이러한 포스트모더니즘의 주장을 현실로 만들었다는 점을 부인하기 어렵다.

독일의 철학자 에른스트 블로흐(Ernst Bloch)는, 다른 시대에 존재하는 사회적 요소들이 같은 시대에 공존하는 현상을 '비동시성의 동시성(contemporaneity of the uncontemporary)'이라는 형용모순으로 표현했다. 에른스트 블로흐는 1930년대 독일사회를 규정하기 위해 이 용어를 사용했지만, 개화기를 거쳐 서구의 모더니즘을 활발히 수입하기 시작한 식민지 조선의 사회상은 물론, 여전히 유교적인 도덕관과 개발도상기의 전체주의적 규범, 그리고 최첨단의 포스트모더니티가 공존하는 현재의 한국사회 역시 '비동시성의 동시성' 개념으로 설명될 수 있다.

---

13 포스트모더니즘의 등장은 실증주의에 대한 비판에서 출발한다. 현실은 절대적으로 유일한 것이며 실체적인 것이고, 탐구의 과정은 가치중립적, 관찰자와 관찰대상은 서로 독립적, 시공간을 초월하는 일반적 이론 또는 보편적 이론이 존재한다는 실증주의를 비판한 것이다. 포스트모더니즘은 구조주의도 비판한다. 구조주의자들은 구조가 사회질서를 형성하고 사회구성원의 신념, 사고 및 행태를 지배하기 때문에 모든 사회현상은 구조를 통해 이해할 수 있고 예측가능하다고 주장하였다. 그러나, 포스트모더니즘에서는, 객관적으로 관찰가능하고 지배적인 규칙을 담고 있는 구조 대신 인간들 간에 이루어지는 간주관적(inter-subjective) 언어를 매체로 표현되는 담론(discourse)을 핵심적인 요소로 한다. 포스트모더니즘의 개념은 상상, 해체, 영역해체, 타자성으로 특징지어진다. 단순히 마음속으로 오감을 활용하여 형상화하는 것이 아니라, 보는 관점에 따른 '가능성'을 의미하는 것이다. 해체는 18세기 계몽운동 이래 서구사회를 지배해 온, 인류발전이 곧 합리성에서 비롯되었다는 신념을 파괴하는 것을 의미한다(김동원, 2005).

참고문헌

강동수 · 윤택(2003). 「중소기업 금융지원과 신용보험제도」. 한국개발연구원.

김동원(2005). "행정학의 규범이론을 위한 포스트모더니즘의 인식론적 함의". 「한국행정학보」 39(3): 1-20.

김병섭·임도빈 외(2012). 「통일한국정부론」. 파주: 나남.

김순양(2010). "사회적기업에 대한 효율적인 정부지원시스템 구축방안: 정부지원을 위한 기준 설정 및 행정체계 확립을 중심으로". 「한국사회정책」 17(2): 201-234.

김준기(1998). "비영리단체(NPOs)의 생성과 일반적 행태: 주인—대리인이론 관점에서". 「행정논총」 36(1): 61-86.

김학실(2012). "지역사회에서 사회적기업의 지속가능성 요인 탐색". 「지방정부연구」 16(1): 259-277.

김희강·류지혜(2015). "다문화사회의 이민정책". 「한국행정학보」 49(1): 223-244.

김희송(2006). "시민운동 비판의 이데올로기 요소 고찰: '시민없는 시민운동'이란 비판을 중심으로". 「NGO연구」 4(1): 191-220.

남궁근(2000). "반부패활동을 위한 국내 NGO활동분석". 「한국행정학회 학술세미나 발표논문」.

문병기(2015). "사회적 기업의 성과평가체계구축". 「한국행정학보」 49(1): 293-318.

박상필(1999). "시민단체와 정부의 관계유형과 지원체제". 「한국행정학보」 33(1): 261-278.

박상인(2016). 「정부역할의 재정립」. 서울: 박영사.

박상인(2017). 「왜 지금 재벌개혁인가: 박정희 개발체제에서 사회통합적 시장경제론」. 서울: 미래를 소유한 사람들.

박승관·장경섭(2001), "한국사회의 이중적 법질서와 언론권력의 관계". 「한국사회학」 35(2): 91-114.

이준웅 외 3인(2009). "한국사회 매체 체계의 특성". 「커뮤니케이션이론」.

이목훈 외(2003). 「노동행정론」. 서울: 형설.

정종섭(2010). 「헌법학원론」. 서울: 박영사.

조석준·임도빈(2016). 「한국 행정 조직론」. 서울: 법문사.

최정표(2011). '재벌의 흥망' 어디서 갈렸나. 「이코노미 인사이트」.

고용노동부(2010). 「노조조직형태별·전국중앙조직별조직현황」.

공정거래위원회(2013). 보도자료. 「민간 10대 상호출자제한 기업집단 일반현황」.

행정안전부(2013). 보도자료. 「2013년 지방자치단체 외국인주민 현황」.

통계청(2014). 보도자료. 「2013 한국의 사회지표」.

한국환경공단 홈페이지(http://www.keco.or.kr).

EBS 지식프라임 제작팀(2009). 「지식 프라임」. 밀리엄하우스.

Buchholz, Todd. G.(박세연 역)(2017). The Price of prosperity(다시, 국가를 생각하다). 서울: 21세기북스.

Campbell, James E. (1991). "The Presidential Surge and Its Midterm Decline in Congressional Elections, 1868-1988." *Journal of Politics* 53: 477-487.

Jacobson, Gary C. (1990). "The Electoral Origins of Divided Government: Competition in U.S. House Elections. 1946-1988." Westview Press.

Marshall, T. H. (1964). "Class, Citizenship and Social Development." London: Univerisity of Chicago Press.

Mattew S. Shugart and J. Carey (1992). Presidents and Assemblies: Constitutional Design and Electoral Dynamics. Cambridge Univ. Press.

Moe, Ronald C. (2010). Exploring the Limits of Privatization. in J.M. Shafritz et al.(ed.), Classics of Public Administration. Wadsworth.

제 **4** 장

국민과 행정의 상호작용

국민을 행복하게 하는 정부는 그렇지 못한 정부에 비해 경쟁력이 있다. 이 장은 철저히 국민의 입장에서 행정현상을 보는 것을 제안한다. 즉, '정부가 어떻게 하면 국민들의 일상생활이 행복해질까'라는 의문을 갖고 보는 것이다. 정부의 존재는 국민에게 달려 있다. 국가가 제공하는 서비스는 무수히 많다. 국방, 치안 등의 서비스와 같은 기본 서비스에서부터 경제규제 등 각종 규제도 정부가 일반국민의 편의를 위해 제공하는 서비스의 일종이다.

시간적 관점에서 볼 때, 국민생활에 필수적인 재화와 서비스는 원하는 때에 즉시 공급되는 것이 좋을 것이다. 또한 어떤 행정서비스는 항시 제공되고 있어야 한다. 이것은 흐르는 전기와 같다. 전기는 항상 콘센트까지 공급되고 있어야 하지만, 이용자는 자기가 필요할 때만 이용한다. 필요할 때 서비스가 제공되지 않으면 큰 불편을 겪는다. 따라서 항상성과 더불어 필요할 때 즉시 공급되는 적시성이 요구된다.

이와 더불어 최근에 대두되는 것이 재난관리이다. 최근 대규모 자연재해와 인공재해의 발생 빈도가 증가하고 있다. 역사적으로도 항상 있어왔던 자연재해인 화산, 지진 등은 물론이고, 과학과 기술 발달에 따른 부작용으로 원자력 사고, 교통사고 등의 위험과 이에 대한 우려 역시 증가하고 있다. 재난은 대개 개인적으로 방지하기는 힘들기 때문에, 이런 재해를 미리 방지하는 것은 행정이 해야 할 일상적인 활동이라 할 수 있다. 또한 이런 불행한 사태가 발생하면 즉시 복구하고 구호하는 적시성 있는 대응 역시 필요하다.

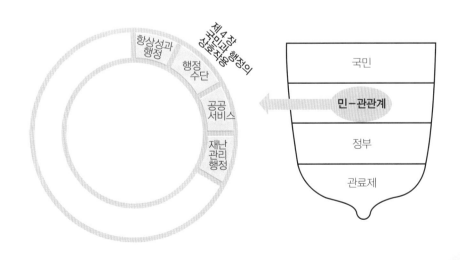

제 4 장
국민과 행정의 상호작용

제1절   항상성과 행정

Ⅰ. 시간흐름선상에서 본 행정활동

인간은 사회적 동물이고, 이를 위해 특히 국가가 일정한 수준의 사회성 (sociality)을 유지해줘야 된다. 마치 물고기가 끊임없이 물속에서 생활하듯이 인 간은 국가가 보호하는 사회 속에서 살아가고 있다. 복지 수혜층인 경우, 튼튼한 사회복지망(social net)이 형성되어 있는 복지선진국 사람들은 그렇지 않은 나라 에 사는 사람들보다 행복하다고 느끼는 경향이 있다. 실제로 노르웨이나 덴마크, 스웨덴 등 복지선진국으로 손꼽히는 국가의 국민들의 경우, OECD국가들을 대상 으로 한 삶의 만족도 측정 시 높은 순위에 랭크되기도 한다.

국가는 여러 가지 형태의 행정활동을 하고 이것이 일반국민 혹은 특정국민들 에게 전달된다. 이를 연속적으로 흐르는 시간선상에 유형화하여 보면 아래 그림 과 같다.

그림 4-1 | 시간선상의 행정활동 흐름

(a) 항상형: 간격이 없이 처치가 계속 반복되는 경우

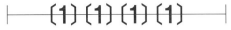
(b) 순환형: 처치의 규칙적인 반복

(c) 불규칙형: 불규칙적 간격을 둔 반복처치

출처: Ancona, Okhuysen, and Perlow (2001). 516 그림 3.

항상형은 끊임없이 행정서비스의 소비가 일어나는 경우를 의미한다. 24시간 국경을 철통같이 감시하는 국방, 일반인의 안전을 담당하는 경찰 등이 그 예이다. 곰곰이 생각해보면 많은 국가행정서비스가 이에 해당한다.

순환형은 일정한 주기를 가지고 반복적으로 제공되는 서비스이다. 끊어지는 구간은 존재하나 대체로 그 주기는 규칙적이다. 지하철, 버스 등 대중교통서비스의 제공이 그것이다. 국민의 입장에서 보면, 매일 같은 구간을 출퇴근 하는 사람과 같이 순환적으로 서비스를 이용하는 경우가 예이다. 서울과 같은 대도시는 배차간격이 좁아서 항상형으로 보이기도 하지만, 이용자가 적은 서구국가에서는 30분이나 한 시간 간격으로 배차가 이뤄지는 경우도 많이 있다.

불규칙형은 수요가 항상 있는 것이 아닌 경우에 해당한다. 소방서비스와 같이 불이 날 때마다 반복적으로 일어나는 처치가 그것이다. 건강이 안 좋을 때마다 신세를 져야 하는 의료서비스도 그 예이다. 참고로 대부분의 유럽국가에서는 의

읽을거리

행정서비스의 다양한 측면: 주택의 경우

의식주는 인간의 생활에 필요한 기본적 요건이다. 사람이나 조건에 따라 다르겠지만, 대체로 필요한 순서는 식 → 의 → 주가 아닐까 한다. 주택건축의 경우 비교적 많은 비용이 들고 건축하는 시간이 걸리는 것이 사실이다. 따라서 주택서비스 분야에 국가가 개입하는 경우가 많다. 이에 더하여 우리나라의 경우, 주택은 부의 축적수단이다. 따라서 주택정책은 일종의 경제정책이다. 따라서 표를 의식하는 정치인들에게는 중요한 수단이다.

그런데 주택을 필요로 하는 수요측면과 주택을 건설하여 입주하게하는 공급측면은 다르다. 서로 다른 시간적 흐름이 존재한다. 임도빈 · 진양기 · 이현국(2008)의 연구에 의하면, 역대 정부의 주택정책이 이 양자의 차이를 메우는 식의 합리적인 것은 아니었다. 역대 정부의 주택정책에서는 아무런 시간적 일관성 없이 대증적으로 대응하였다.

그런데 이제 주택은 단순히 입주자가 잠을 자고 생활하는 공간을 제공하는 기능에 국한되지 않는다. 우리는 흔히 이를 간과한다.

여러 주택들의 위치, 크기, 높이, 외관을 종합적으로 보는 것은 도시계획(city planning)의 주요 요소가 된다. 프랑스와 같은 유럽에서는 행정이 건축물의 색깔까지 매우 까다롭게 규제한다. 근시안적으로 주택을 마구 공급하면, 당장의 주택난 해소에는 도움이 되겠지만, 시간이 지난 이후 여러 가지 문제점 때문에 건물을 부수고 다시 지어야 하는 문제가 생기기 때문이다. 한국의 70년대 이후 도시 난개발이 바로 이와 같은 시간적 차원을 무시했기 때문에 치른 대가였다.

한 걸음 더 나아가서 주택정책은 그 건축물 안에서 생활하는 개인의 삶의 질과 복지와도 연결된다. 주택을 소유할 능력이 없는 빈곤층에게 임대주택을 공급할 수 있다. 그러나 좀 더 근본적이고 장기적인 측면에서 주택복지는 임대주택 거주자가 하루빨리 보통주택으로 이주할 수 있는 방안을 마련해야 한다. 이런 주거복지문제는 여러 분야의 정책이 서로 협력을 해야하는 종합적이고 장기적인 문제이다. 즉, 각 국민들의 일생(life cycle)을 고려하여 이들 개개인이 죽을 때 느끼는 행복의 총합을 최대화하는 정부가 경쟁력있는 정부이다.

료서비스를 민간부문보다는 행정이 직접 제공하는 경우가 많고, 이에 따라 의료인력은 공무원 신분을 가지고 있다. 불규칙적인 것 중에는 출생과 사망 등 평생 1회 이용하는 경우도 많다. 대륙법 체계에서는 입법과 행정에서 대부분의 문제가 마무리 되기 때문에 영미법 체계보다 국민들이 법원을 이용하는 횟수가 적다.

그런데 항상형, 순환형, 불규칙형은 서비스의 소비자 입장에서 본 것이고, 소비자에게는 순환형, 불규칙형 서비스라고 하더라도 공급자는 항상 준비하고 있어야 하기 때문에 공급자의 입장에서는 항상형이다. 만약 특정인에게 특수한 문제가 발생하여 구체적인 행정 처치가 들어가는 것은 순환형이나 불규칙형에 해당하나, 국민 모두에게 지속적으로 필요하다는 측면에서 행정은 항상형인 것이다. 예컨대 불규칙적으로 일어나는 화재를 예방하고 유사시 출동하기 위해서 소방관들은 24시간 대기하는 것이다. 이것은 국민들의 요구나 수요가 항상 존재한다는 것이 아니라, 국가가 이런 활동을 항상적으로 제공해야 한다는 것을 의미한다. 때문에 행정은 필요시만 공급하는 민간기업에 비하여 비효율적이라는 비난을 받는다. 즉, 대부분의 핵심적인 국가행정활동은 항상형 유형인 데 비하여 실제 국민들에게는 불규칙적으로 혜택을 보기 때문에 행정의 조직이나 인력이 비효율적이라는 인상을 받기 쉽다.

Ⅱ. 행정-국민의 관계유형

현대국가의 국민은 전통적으로 시간이 걸리던 행정서비스도 이제는 즉각적으로 제공되기를 원한다. 국민들이 기다릴 수 있는 인내심이 점점 줄어드는 것이다. 즉, 국민들의 기대수준이 올라간 것이다. 과거와는 달리 원하는 때에 원하는 정보를 즉시 얻기를 원하고, 국가로부터 원하는 서비스를 즉시 받기를 원한다. 이렇게 기대가 커진 이유 중 하나는 정보통신기술(ICT)의 발달이다.

행정서비스를 공급과 소비라는 측면에서 보는 것은 최근의 시각에 불과하다. 서구의 역사적인 관점에서 볼 때, 각 국민이 정부에 대해 가지고 있는 위상은 단계적으로 변하여 왔다. 이러한 시각의 변화를 이론적으로 살펴보기로 한다.

첫째, 가장 고전적인 행정-국민 간 관계는 정부가 국민을 통치의 대상으로 보는 피행정인(administered) 혹은 신민의 개념이다. 국가권력이 우위에 있다는 전제 하에 지배적, 하향적 관계가 상정되었고, 신민은 국가의 보호에 대한 의무를 이행하는 존재였다.

둘째, 국가가 복지국가화되면서 최소한의 복지를 누리는 사회권(social right)이 인정되었고, 이에 따라 국민은 사용자(user)라는 개념으로 바뀌었다.[1] 국민이 사회복지에 대한 권리를 갖게 된 것이다. 국민은 사용자의 입장에서 국가의 자의적 권력 행사를 제약하고, 그것을 소비할 수 있는 권리를 보유한다는 시각이다.

셋째, 사용자 개념은 시장의 역할이 강조되는 자본주의화가 진행되면서 소비자(consumer)로 바뀐다. 사용자와 소비자의 차이는 사용자는 일종의 권리를 가진 개인으로서 공공영역에서 서비스를 제공받으며, 이러한 권리적 개념 때문에 국가의 자의적인 권력행사를 제약할 수 있는 존재인 반면, 소비자는 국가의 독점적 틀에서 벗어나 세계의 보편적인 존재의 하나로 상품을 선택할 수 있는 존재이다.

넷째, 소비자 개념은 최근에는 시민-동반자(citizen-partner)로 진화한다. 즉, 포스트모던시대에 국민들이 모두 동등한 관계로 완전한 자율성을 누리며 적극적으로 참여하는 것을 이상적 모델로 상정한다. 국민을 소비자로 간주하는 시각에서는 국민이 피동적이고 수동적으로 소비하며, 국민의 의견 반영이 어렵다는 한계가 있었다. 따라서 동반자로서의 시민으로 간주하는 개념에서는 국민들이 곧 주인이라는 점에 주목한다. 즉, 적극적 의사개진 뿐만 아니라 책임과 의무, 희생의식을 갖고 국가 전체 공동체와 일체감을 갖자는 논리이다.

이를 표로 정리하면 다음과 같다. 이 네 가지는 관점의 변화도 있지만, 실제 정부의 역할면에서의 변화도 반영한 것이다. 단계적으로 기능이 전환되어 이전의 것이 존재하지 않는 것이 아니고, 오히려 과거의 것은 그대로 존재하는 가운데 새로운 것이 추가되어 누적된 상태라고 보는 것이 더 정확할 것이다.

최근 경영학의 영향으로 고객(customer)이라는 용어가 행정학에서도 무분별하게 사용되는 경향이 있다. 행정학에서는 국민 또는 시민의 위치를 매우 중요하게 여겨야 한다. 즉 고객(customer)과 시민(citizen)은 개념상 매우 중대한 차이가 있다. 상인에게 고객은 상품을 소비해줘야 하는 주인이다. 고객이 원하는 것이면, 무엇이든지 해줘야 하고 섬겨야 한다. 반면, 시민은 주권을 가진 주체이다. 고객은 상품을 소비하면 끝나는 관계이지만, 시민이나 국민은 끊어지지 않고 지속적으로 관계를 맺는다. 민주주의라는 체제를 전제로 존재하는 것이 국민, 시민이다. 국민(시민)은 공동체를 위해 적극적으로 참여하기도 한다. 소비자는 요구만

---

1 이 개념은 1804년 나폴레옹법전에 처음 등장하는데, "남에게 빌리거나 양도할 수 없는 것(즉, 공공서비스. 필자주)을 사용할 권리가 있다"고 명시되어 있다(Titre III, De l'usufuit, de l'usage et de l'habitation).

표 4-1 | 서구관점에서 본 국민의 역할변화

	신민	사용자	소비자	시민–동반자
역사적 관점	국가론	복지국가	(탈)규제국가	포스트모던국가
핵심 개념	의무	서비스 받을 권리	선택	참여
서비스의 종류	법치적(regalian)	공공	보편적	민주적
획일성/다양성	획일적	조건적 다양성	큰 폭의 다양성	완전한 다양성
참여방법	선거*	공공서비스의 사용	각 순간의 선택	참여를 통해 행정을 선도
방향	하향적	하향적	상향적	수평적

출처: Pasquier et al. (2012). 41 표 3-1 발췌수정.
*입헌군주제와 같은 근대국가 후기를 상정할 수 있다(필자주)

하지, 희생은 잘하지 않는다. 소비자주권이라는 것도 사실은 자기 개인의 이익을 위한 것이지 공동체를 위한 것은 아니다.

이런 행정서비스를 제공할 때 추구해야 할 가치는 여러 가지가 있다. 모든 국민에게 차별 없이 제공되어야 한다는 것이 기본전제이다. 특히 시간적 관점에서 서비스 공급자가 항상 서비스를 준비하고 있다가 필요한 국민이 있는 경우에 즉시 제공하는 즉시성(spontaneity)이 중요한 가치이다. 항상성 서비스의 대표적인 예로는 콜센터가 있다. 서울시에는 120 다산콜센터가 있으며, 프랑스에도 전국에서 모든 행정서비스에 대한 요청 및 문의에 대하여 전화로 응답받는 'Allo3939'라는 서비스가 있다.

제 2 절   행정수단

I.   행정수단의 시간적 변화

'정부가 어떤 방법으로 행정의 목적을 실현하는가'를 행정학적으로 표현할 때 정책수단(policy tool)이라는 용어를 쓴다. 여기서는 행정부가 행정의 목적에서 사용한다는 의미에서 행정수단(administrative tool)이라는 용어를 쓰기로 한다.

모든 행정수단은 나름대로 구별되는 특징을 가지고 있다. 정부가 각각 다른 행정수단을 사용하면, 그 결과 행정현상에 변화가 생긴다. 나아가 국민들의 행위를 구조화 또는 제도화시키는 기능이 있다. 따라서 단순히 '어느 행정수단이 효율적이냐'라는 논의보다는 사회전체의 제도적 차원에서 문제를 이해해야 한다.

가장 고전적인 행정수단은 강제력이다. 정부는 합법적으로 폭력을 독점하고 있어 국민의 의사에 반하여 어떤 행동을 하거나 하지 못하게 하는 강제적 수단을 흔히 사용하여 왔다(Weber, 1981). 이런 물리적 폭력은 평소에 준비되어 있다가 범죄발생이나 전쟁 등 필요시에만 불규칙적으로 사용되는 것이다.

국가-국민(신민)이라는 고전적 모델에서는 국가의 권력 작용이 국민에게 일방적(one way)으로 미치는 것을 전제로 하였다. 행정법에서는 행정기관이 국민에 대해서 하도록 명령하는 것을 '처분'이라고 하고, 어떤 것을 강제하는 것을 '집행'이라고 한다. 우리나라는 잘못된 명령도 '집행정지'처분을 받을 때까지는 계속 집행을 하도록 되어 있다. 즉, 집행의 효력은 항상성을 전제로 하여, 잘못된 것이라도 계속 집행해야 하는 '집행부정지'의 법논리에 입각하고 있다. 물론 최근에는 명령집행 이외에도 다양한 방향으로 행정수단이 변화되고 있다.

정부가 개입하는 것을 기준으로 한다면, 크게 직접적 행정수단(direct tools)과 간접적 행정수단(indirect tools)으로 구분할 수 있다(Salamon, 2002). Salamon (2002)은 직접적 행정수단으로 허가(authorization), 자금조달(financing), 서비스제공(service delivery) 등을 들었다. 간접적 행정수단으로는 사회적 규제나 계약, 대출보증, 보조금 및 조세지출, 사용료, 보험, 바우처 등이 제시된다. 이와 유사한 분류로 Schneider & Ingram(1990)은 행정수단의 목적에 따라 권위적 도구(authority tools), 유인제공 도구(incentive tools), 역량강화 도구(capacity tools), 상징적 도구(symbolic tools), 학습용 도구(learning tools) 등 다섯 가지로 구분한다.

우리의 행정도 빠르게 변하고 있다. 최근 한국행정에서 사용하는 행정수단의 변화를 보면 다음 표와 같다.

권위주의 시대에는 직접수단으로서 '강제' 혹은 '규제'가 주로 사용되었다. 경찰은 물론이고, 행정경찰권을 이용하여 단속, 처벌, 벌금부과 등의 수단이 사용되었다. 심지어, 행정이 관련 행위자를 가르친다는 의미의 행정지도(administrative guidance)가 가장 보편적인 행정수단이었다. 그리고 인·허가, 국가자격증 제도

표준화(Standardization)행정
재화, 서비스, 방법 및 절차 등의 관점에서 충족시켜야할 표준(Standard)을 설정하고, 이를 인증함으로써 일정한 품질을 확보하는 것. 주체에 따라 국제표준(예: ISO), 국가표준(예: KS), 단체표준[2] 등이 있다.

---

2 자세한 것은 e-나라 표준인증(standard.go.kr) 참조.

표 4-2 | 행정수단의 종류

행정수단	내용	전달방식
행정경찰권	위법자 단속, 적발 및 처벌	직접
규제	사회적 규제와 경제적 규제가 있음(일반적인 개념임)	직접
공기업	정부가 기업을 설립하여 특정 재화나 서비스를 공급하는 것	직접
인허가	일정한 조건을 충족시키면 어떤 행위를 할 수 있도록 허용	직접
표준, 인증	일정한 기준을 충족하는 경우, 정부에서 그를 인정해 줌으로써, 그 재화나 서비스를 소비하는 사람에게 신뢰감 형성(예: HACCP, KS)	간접
바우처	현금이 아닌 바우처로 일정한 서비스를 제공하고, 소비자는 공급자를 선택할 수 있음	간접
공적보험	국가 강제로 국민과 기업에 부담금을 강제하여 위험에 대비하는 것(예: 4대보험)	간접
대출보증	보증기금을 통하여 개인들의 위험을 분산시키는 것(예: 신용보증)	간접
보조금	특정 정책에 순응하는 사람에게만 일정한 재원을 지원(예: 전기자동차 보조금)	간접
신고포상금	규제행위에 대해 증거를 제시하여 신고하는 사람에게 포상	간접

안전관리인증기준(Hazard Analysis and Critical Control Points, HACCP)
생산에서부터 유통의 전 과정에 이르기까지 식품이 인간에게 미칠 수 있는 해로운 요소를 분석하고, 각 단계에 위생과 안전을 확보할 수 있도록 체계적으로 관리하는 제도이다.

등도 강제적 수단에 해당된다.

최근 눈에 띄는 변화는 직접수단에 비하여 간접수단의 증가폭이 상당히 크다는 것이다. 특히 표준화, 용역, 바우처 등이 그것이다. 이것은 서비스가 필요한 사람이 부정기적으로 사용하는 것을 전제로 하고 있으며, 이런 서비스를 제공하는 주체는 민간이든 공공이든 상관하지 않는다.

Ⅱ.　정부규제

주로 경제적 측면에 초점을 맞춰서 정부가 민간의 (경제활동) 자유를 규제하는 것에 관한 연구는 활발히 이루어져 왔다. 대표적인 것이 정부규제론(최병선, 1992)이다.

기업 등 경제주체는 경제활동을 하는데, 이들이 항상 문제가 되는 것은 아니다. 즉, 그들 활동 중 일부가 문제가 되는 것이다. 그러나 각종 규제는 24시간 항상 유효하여야 한다. 예컨대 독과점금지에 관한 법은 잠시도 중단 없이 유효해야

정부규제
정부가 사회·경제 질서를 바람직하게 유지·진행시키기 위하여 기업이나 개인·단체의 불공정한 활동이나 부정적 행위를 제한·금지·시정 지시하거나, 또 취약산업이나 사회적 열세자에 대하여 지도·보호·지원하는 것이다.

경제행위자들이 이를 지킬 것이다. 그리고 만약 이를 위반하는 사람이 있는 경우 예외 없이 적절한 제재를 가해야 하는 것이다. 이런 점에서 '항상성'을 전제로 해야 한다.

정부규제는 그 대상 영역을 기준으로 하여, 기업 및 개인의 경제 활동을 규제하는 경제적 규제와 사회적 규제로 나눌 수 있다.

첫째, 경제적 규제(經濟的 規制)는 가격 또는 공공요금에 대한 규제, 인허가 및 직업면허 등의 진입과 퇴출을 통제하기 위한 규제 및 각종 영업활동에 대한 규제를 포괄하는 특정화된 관료적 과정(specialized bureaucratic process)이다 (Salamon, 2002). 경제적 규제는 다시 진입규제, 가격규제, 질적 규제, 양적 규제로 분류될 수 있다.

여기서 진입규제(entry regulation)란 특정 업종에 대하여는 일정한 자격요건을 갖추지 않으면 영업할 수 없도록 영업의 자유를 제한하는 규제를 말한다. 예컨대 사립학교 설립인가, 건축허가, 의사 면허, 사업자 등록 등이 이에 해당된다.

이와는 반대로 퇴거규제(exit regulation)도 있다. 이것은 특정지역이나 특정 계층의 소비자를 보호하기 위하여 지금까지 영위해 온 사업을 그만두지 않도록 하는 것, 예컨대 무의촌에서 약국폐업의 만류 등이 이에 해당된다. 이를 위해서는 정부가 일정부분 손해를 보충해주는 행정수단이 동원된다.

규제완화론자에 따라 입장은 다르지만, 대체로 경제학자들은 모든 경제적 규제를 없애는 것을 바람직한 것으로 보는 경향이 있다. 정부가 이런 규제를 없애서 시장에서 자유롭게 경쟁하도록 하면 시장이 최적의 대안을 스스로 찾아간다는 A. Smith의 '보이지 않는 손'을 믿기 때문이다. 이들은 규제철폐의 당위성을 주장할 뿐만 아니라 각 행위자는 매우 영악하기 때문에 규제를 하려고 해도 실제로는 잘 되지 않는다는 규제의 현실가능성에도 회의적이다.

둘째, 사회적(社會的) 규제는 안전, 건강, 복지 및 환경보전 등을 위한 기업 및 개인의 행위를 제한하는 규정을 제정, 집행, 강제, 처벌하는 일련의 과정을 의미한다(Salamon, 2002). 구체적으로 소비자보호규제, 환경규제, 직업안전·보건 규제 등이 있다. 사회적 규제는 명령지시적 규제, 시장유인적 규제로 나뉜다. 극단적인 탈규제론자들도 사회적 규제의 필요성에 대해서는 어느 정도 인정하는 분위기이다.

그런데 사회문제가 생길 때마다, 향후 재발되지 않도록 하려는 취지의 규제가 늘어나는 경향이 있다. 국회의원들도 자신이 일을 한 성과가 입법으로 나타나기 때문에 법을 제·개정하는 일에 집중한다. 이렇게 누적적으로 제정된 규제는 일정시간이 지나면, 어처구니없는 것으로 여겨질 때도 있다. 상황이 변하기 때문이다. 따라서 행정관료들은 무책임한 규제를 양산하는 이상한 존재로 낙인찍힌다. 탈규제가 행정개혁의 화두가 되곤 하는 것은 이러한 이유 때문이다.

행정이 규제를 통하여 그 추구하는 목적을 쉽게 달성하는 것은 아니다. 행정과 피규제의 관계는 마치 숨바꼭질과 같다. 중국의 '위'에서 정책을 펴면, '아래'에서는 대책이 있다(上有政策, 下有對策)는 말과 같이, 시민 혹은 시장이 그리 고분고분하지 않기 때문이다. 나아가서 행정관료들이 자칫 잘못하면, 규제는 커녕 거꾸로 피규제대상에게 포획당하는 경우도 생긴다. 정보를 피규제집단에게 의존하고, 사고방식까지 기업 위주의 자유주의에 영향받는 것을 George Stigler의 '포획이론(capture theory)'이라고 한다. 우리나라에서는 개인의 사익을 위해 관료의 통제권을 매수하는 현상까지 일어난 바 있다. 세월호 선주인 유병언이 해수부 관료들을 자기의 영향권에 둔 것이 그 예이다. 이와 같은 현상을 박동서(2005)는 '매통(買統)'이라고 개념화하였다.

사기업은 자유주의 경제학에 논리를 기초하여, 학자들과 언론을 동원하여 규제완화를 주장한다. 경제적 규제는 모두 나쁜 것으로 폐지를 주장한다. 또한 경제주체들은 자신들에게 유리한 정책을 이끌어 내기 위해 이익집단을 구성하는 등 다양한 방법으로 관료들을 설득한다. 웬만한 사람은 이런 분위기에 순응하기 쉽다. 행정관료들에게 고도의 전문성과 윤리성이 요구되는 것은 이러한 이유 때문이다.

따라서 정부규제의 양과 질을 관리하는 방법을 고안하기 시작하였다. '규제총량제'는 현대의 규제수(혹은 규제총비용, 규제대상면적 등)를 기준으로 새로운 규제를 신설할 때는 기존 규제를 하나 줄여야 한다는 원칙이다. 다른 하나는 규제영향평가제도이다. 새로운 규제를 도입했을 때 드는 비용과 얻게 되는 혜택을 금전적으로 평가하는 제도이다. 효과가 비용보다 커야 규제가 도입될 수 있다. 규제일몰제는 모든 규제가 일정기한이 지나면(별도의 조치가 없는 한) 자동폐기되도록 만드는 제도이다.

매통
민간이 관료들이 행사하는 관련 통제권(규제권)을 매수하는 것과 같은 현상

읽을거리

가격 결정권

국회가 '순창 고추장 이외의 영세 고추장 제조업자 가격 결정에 관한 법' 개정안을 통과시

킨다. 이 법에 따라 대통령령으로 정하는 규모 이하의 고추장 제조업자의 제품에 대해서는 정부가 일방적으로 가격을 정하게 된다. 사실상 한국의 입맛을 대표한다는 순창 고추장 제조업자들만 유일하게 이 법의 적용에서 벗어난다.

법이 통과되자마자 전국에서 난리가 난다. 부산의 한 고추장 제조업자는 며느리가 순창 사람인 만큼 자기 회사 제품이 순창 고추장과 하등 차이가 없다며 정부에 탄원서를 제출한다. 한 제조업자는 6대조 할아버지가 순창에서 인천으로 이사했으며 그 이후 한시도 정겨운 고향 마을을 잊은 적이 없다며 눈물짓는다. 그러면서 기자에게 족보까지 보여준다.

그뿐 아니다. 제조업자 가운데 누구는 고추장 안에 인삼 성분이 들어 있어 제조원가가 비싸다고 호소하고, 누구는 흑마늘 고추장이니 값을 더 올려달라고 한다. 찹쌀을 많이 섞은 것이 있는가 하면, 매실 원액이 들어간 효소 고추장도 있다. 종류로만 따져도 수백, 수천가지다. 모두들 맛의 차이를 들먹이며 가격 책정의 특수성을 요구하고 나선다. 고추장은 신제품을 개발할 때마다 늘 정부의 가격책정을 받아야 했기에 품질평가 담당 공무원은 날로 숫자가 늘어간다. 다들 이런 장면을 원하는가.

국회가 얼마 전 여신전문금융업법 개정안을 통과시켰다. 간단히 말해 영세가맹점에 대한 신용카드사의 수수료율을 시장 자율이 아니라 정부가 정하라는 내용이다. 헌법이 규정한 재산권 침해이자, 사적 자치의 원칙에도 맞지 않는 법이다. 정면으로 헌법을 위반하는 만큼 국회 스스로가 법치에 도전하는 조폭 꼴이 되고 말았다. 만에 하나 신용카드사가 망할 경우 이젠 정부가 책임을 져야 하는 사태로까지 발전할 수 있다.

정부가 한번 시장가격에 개입하기 시작하면 만수산 드렁칡이 얽혀들듯 빠져나올 수 없게 된다. 시장이 불신을 받는다고 시장에 개입하면 할수록 더 큰 사회혼란을 불러온다는 이야기다. 시장경제가 굴러가는 것은 시장이 모든 것을 완전하게 예측할 수 있기 때문이 아니라 그릇된 예측에 따른 결과를 스스로 바로잡아가는 능력이 있기 때문이다.

출처: 문화일보. 2012. 3. 2.

Ⅲ. 신고포상금

정부는 사회의 질서를 유지하기 위하여 24시간 유효하게 작동하고 있는 법률체계를 가지고 있다. 문제는 이를 위반하는 사람이 있어도, 때로는 실제로 누가 언제 위반했는지 제대로 알 수 없다는 것이다. 즉, 감시 혹은 단속의 문제가 생긴다. 정부가 직접 감시 또는 단속을 하는 것이 전통적 행정의 모습이었다. 교통법규를 위반하는 사람들이 많으면, 교통경찰을 늘리고, 감시카메라를 여기저기 설치하는 것이 그것이다.

그러나 정부가 모든 사람을 직접 24시간을 감시하고 통제한다는 것은 불가능하다. 정부의 직접적 단속에는 한계가 있으므로 모든 것을 시장원리에 맡기자는 논리가 있다. 만약 손해를 보는 사람이 있으면, 사법부의 심판을 통한 상대방의 처벌로 해결한다는 것이다. 혹은 극단적 자유론자들은 피해보는 사람들이 많으면, 이를 규율하는 장치나 제도가 자생적으로 생길 것이니 정부가 나설 필요가 없다고도 주장한다.

이런 맥락에서 행정의 감시를 확보하는 장치로서 주목할 만한 것이 신고포상금제도이다. 이것은 국민 모두가 감시자로서 법규를 위반한 사람을 찾아내도록 하고 증거를 가지고 이를 찾아낸 사람에게 금전적 보상을 주는 제도이다. 소위 '파파라치'와 가까운 것이다. 신고자에게 주는 보상금은 법규를 위반한 사람들이 내는 벌금으로 충당할 수 있기 때문에 정부의 재정적 부담은 없고, 정부의 단속 인력에 대한 부담도 줄일 수 있는 이점이 있다. 즉, 행정이 불특정다수를 통해 일부 위반자를 24시간 스스로 단속하도록 하는 메커니즘이다.

최근 '한국은 포상금 공화국'이라는 말이 생길 정도로 포상금 제도들이 급격히 확산되고 있다. 김강현(2007)의 주장과는 달리 2003년 도입된 교통법규위반 신고포상금은 한국 최초의 신고포상금제도가 아니다. 간첩신고 보상금 제도는 물론이고 1962년에 도입된 '발견매장문화재 신고보상금', '문화재 사범 신고포상금' 등 이미 오래전부터 존재하였다. 즉, 금전적 인센티브의 행정수단은 한국이 서구보다 앞선 것이다.

한국에서는 50년대 이후 국세청, 농림부, 법무부, 경찰청에서 신고포상금제도가 활용되어 왔다. 그런데 2000년 이후 정부 각 부처가 경쟁적으로 이를 도입하여 확산되고 있다. 이것은 신공공관리론적 행정개혁이 추진된 시기와 일치하지만, 그 이론적 특성보다는 각 부처에 성과를 강조하자 행정실적을 손쉽게 올리는 방안으로서 신고포상금제도가 급증한 것이다. 즉, 행정편의적 동기가 강하였다. 김강현(2007)은 2007년 5월 기준 우리나라에서 운영 중인 신고포상금제도는 총 60여 개로 보고 있다. 불법 차명계좌 신고포상금제도, 미성년자 주류판매업소 신고포상금제도, 위조상품 신고포상금제도 등 그 종류도 다양하다.

따라서 신고포상금제도는 사회적 문제가 있으나 행정이 단독으로 단속이 어려울 경우에 흔히 동원되는 행정수단이 되었다. 행정이 어떤 불법행위를 제대로 통제하지 못한다는 여론의 비난이 일어나면, 가장 쉬운 방법으로서 신고포상금제도를 만드는 경향이 있다. 정부와 시민이 함께 통치하는 거버넌스(governance)나 협동생산(co-production)논의가 학계에서 인기를 끈 것도 이 제도의 확산에 중요한 환경적 요인으로 작동하였다고 추측된다.

제3절 공공서비스

I. 공공재와 행정

공공서비스
사회의 공동의 목
표를 달성하거나
문제를 해결하기
위한 정부의 노력
(Jones, 1981)

규제나 단속도 일종의 공공서비스이다. 그러나 좀 더 좁은 의미의 행정서비스는 '정부가 국민에게 제공하는 재화와 용역'을 의미한다. 시간적 관점에서 보면 불특정 다수가 '항시' 그 공공서비스를 필요로 할 때도 있고, 특정 시점에서 필요로 하기도 한다.

공공서비스라는 용어는 일견 통일적으로 사용될 것 같지만 국가행정이 실제로 국민을 위해 수행해야 할 기능에 대해서는 나라마다 다른 전통을 가지고 있다. 이것은 시대에 따라 변화되어 왔고, 최근에 더욱 복잡한 양상으로 발전하고 있다.

국가행정이 국민들에게 제공하는 공공서비스의 범위에 대해서 학자들은 각각 다른 입장에 있다. 여기서 초점을 맞출 것은 서비스를 제공하는 방법이다. 전통적으로 국가행정의 활동이든 아니면 최근에 새로 등장한 행정서비스이든, 국민이 필요로 하는 서비스를 독점적으로 직접 공급하는 정부가 경쟁력 높은 정부인 것은 아니다. 모든 재화와 서비스는 공급자와 소비자가 있는데, 이들 간의 경쟁여부에 따라 다음과 같은 네 가지 유형의 공급방법이 가능하다.

먼저 공급자도 경쟁할 수 없는 독점상태이고, 소비자도 배제할 수 없는 대표적인 재화는 공공재이다. 자연독점상태이며 외부성이 큰 재화로서 공기, 물과 같은 자연환경이 대표적인 예이다. 이러한 공공재의 존재는 정부(행정)가 존재할 수밖에 없는 논리적 근거를 제공한다. 전통적으로 이런 재화는 모든 국민에게 무

표 4-3 ㅣ 재화의 공급방법

		공급자의 경쟁성 여부	
		경쟁불가	경쟁가능
소비자의 배제가능성 여부	배제불가	공공재(public goods)/무료	보편재(common goods)
	배제가능	클럽재(club goods)/쓰레기, 상수도	사유재/시장

출처: Pasquier et al.(2012). p.137 표 7.1 수정.

료로 제공되는 것으로 제도화되어 있다. Savas(1987; 1999; 2005) 역시 정부가 공급하는 것과는 관계없이 소비과정에서 비배제성(non-exclusion)과 비경쟁성 (non-rival consumption)의 속성을 가진 재화 또는 서비스를 공공서비스로 지칭하였다.

두 번째로, 공급자는 경쟁가능하나 소비자의 경우 배제가 불가능한 보편재는 현실적으로 존재하기 곤란한 편이다. 일부 국가에서 재생 가능한 자원(예: 물) 등을 통해 시도하고 있는 정도이다. 소비자에 대한 배제가 불가능하기 때문에 유료화하기 어려운 측면이 있다.

세 번째로, 클럽재는 소비자를 배제하는 것은 가능하지만, 공급에서 경쟁이 불가능한 경우이다. 이런 경우 공급자를 하나로 하되, 이들의 선정과정에서 경쟁을 시키는 방법 등이 사용된다. 일부 쓰레기수거, 유럽의 지방자치단체에서의 상수도 외부위탁 등이 그 예이다.

마지막으로 공급자의 경쟁이 가능하고 소비자의 배제도 가능한 경우로서 시장의 원리에 맡길 수 있는 사유재가 있다. 그러나 사유재라고 해서 모든 것을 완전히 시장에 맡기는 나라는 거의 없다. 공산주의 국가에서는 이 유형의 재화도 국가행정이 담당한다. 그러나 자본주의 국가에서는 이를 민간에 맡긴다. 하지만 필요시 정부가 감독을 하기도 하고, 직접 공급하기도 하며, 일정한 규칙을 정하기도 한다. 전술한 정부규제를 통해 시장의 질서를 유지하는 역할을 한다.

정부의 역할에 대한 인식은 위의 유형 중 어느 것을 정당하고 바람직한 것으로 보는지에 따라 다르다. 전통적으로 행정학자들은 1유형(공공재)을 충족시키는 것을 가장 비중 있는 행정의 역할로 보고, 나머지는 이를 보완하는 것으로 생각한다. 특히 사유재의 경우에도 시장의 불완전성 때문에 정부가 일정한 역할을 해야 한다고 생각한다. 이와는 대조적으로 자유주의 경제학자들은 사유재를 가장 바람직한 것 내지 사유재적 재화공급방식을 가장 효율적인 것으로 본다. 이런 시각을 택하면, 다른 재화 유형에도 어떻게 하면 경쟁을 도입하느냐를 고민하는 것이 주요 관심사항이 된다.

Ⅱ. 공공서비스 제공에 관한 이론

1. 세 가지 이론 모델

'행정'이란 표현 대신 '공공서비스'란 표현을 쓰는 것은 이미 경영학 이론의 영향을 받았다는 것을 의미한다. 마치 '소비자는 왕'이라는 표현과 같이 행정은 수요자에게 어떻게 하면 최소의 비용으로 최상의 서비스를 제공하느냐 고민해야 한다는 것이다. 경영학의 영향을 받은 행정학 이론들은 많은 변화를 겪어 왔다.

첫 번째 유형으로서 전통적인 행정이론은 경찰, 운전면허증 등과 같이 국가가 권위적으로 행정서비스를 제공하는 것이다. 이에 따른 행정시스템의 비효율성을 극복하기 위하여 두 번째 이론인 신공공관리론이 유행했다. 시장원리의 우수성을 인정하고 공공부문에도 가능한 한 이를 도입하자는 것이 신공공관리론이다. 이는 기업의 경영기법을 정부의 행정에 광범위하게 적용함으로써, 효율적인 조직운영이란 측면에서 많은 개선을 가져왔다는 점에서는 의미가 있다고 봐야 한다. 하지만 신공공관리론은 전 세계 행정의 정체성의 위기(identity crisis)를 가져왔다고 봐도 과언이 아니다. 행정이 추구해야 할 모델이 경영이라면, 행정학이 경영학에게 자리를 넘겨줘야 하기 때문이다.

그런데 이렇게 정부가 제공하는 각종 공공서비스를 시장원리에 따라 제공했을 때 각종 부작용이 생기는 것을 발견하였다. 공공서비스를 전적으로 시장에 맡기지 못하는 이유는 시장은 철저히 금전적 이익에 의해 움직이기 때문이다. 즉, 관련자들이 많은 이윤을 취할 수 있는 경우에는 기존의 행정방식보다 신속하게 탁월한 서비스를 받을 수 있는 가능성이 있다. 그러나 그러한 유인이 없는 공공서비스의 경우 오히려 효율성이 떨어질 수 있고, 심지어 높은 가격을 지불하지 못하는 사람들이 배제되어 형평성을 잃을 수도 있다.

실제로 미국에서 소방을 민간기업이 담당하는 체제를 실험해 본 적이 있다. 이것은 마치 민간경비회사와 같은 것이다. 실제로 불이 나자, 회비를 낸 사람의 집은 소방작업을 하였으나, 그렇지 않은 집은 물끄러미 바라보고만 있었던 사건이 일어났다. 과연 이러한 시장원리는 항상 효율적일까.

이러한 신공공관리론적 행정방식의 부작용들을 통해 학자들은 기업의 경영과 정부의 행정 사이에 결정적인 차이가 있음을 발견하였다. 즉, 신공공관리론에서는 정부조직을 기업처럼 보고, 국민을 '고객'으로 생각하였으나, 실제로 정부의 공공서비스의 대상이 되는 국민들은 한 사람의 '시민'으로서 민주주의 원리와 공공성의 가치에 따라 반응한다는 사실을 고려하지 않았던 것이다. 이렇듯, 공공서비스의 대상자를 '고객'이 아닌 '시민'으로 보고, 효율성과 금전적 이윤 이외에도 민주주의적 가치를 비롯한 다양한 공유가치의 추구를 인정하는 이론이 '신공공서비스론'이라고 볼 수 있다.

1990년 이후 세계를 흔든 신공공관리론(New Public Management)에 대비하여 신공공서비스론은 시민사회가 중심이 되어야 한다는 점을 강조한다. 따라서, 공공서비스의 대상자인 국민은 일방적으로 만족시켜야 하는 소비자가 아니라 국가와 대등한 입장이다. 즉, 수동적인 소비자가 아니라 권리도 누리면서 책임도 지는 양면적인 존재이다. 즉, 세계화, 중앙-지방관계 등에서 국가의 역할이 중요해지는 동시에 '국민'의 역할도 중요해지고 있다는 시각인 것이다.

표 4-4 | 신공공서비스론의 특성비교

관점 유파	전통행정이론	신공공관리론	신공공서비스론
이론과 인식의 토대	초기의 사회과학, 행정관리론	경영학	민주주의 이론, 실증주의·해석학·비판이론·포스트모더니즘을 포괄하는 다양한 접근
합리성 기준	개괄적 합리성 (행정인)	기술적·경제적 합리성 (경제인 또는 자기이익에 기초한 의사결정자)	전략적 합리성(정치적·경제적·조직적 합리성에 대한 다원적 검증)
공익에 대한 입장	법률로 표현된 정치적 결정	개인들의 총합 (공리주의)	공유가치에 대한 담론의 결과
관료의 반응대상	고객과 유권자	고객	시민
정부의 역할	노젓기(정치적으로 결정된 단일목표에 초점을 맞춘 정책의 입안과 집행)	방향잡기(시장의 힘을 활용한 촉매자)	봉사(시민과 지역공동체내의 이익을 협상하고 중재, 공유 가치의 창출)
행정의 목적실행 기제	전통적 관료제적 행정기구(법적 강제력)	개인 및 비영리기구 등 독립된 주체들을 활용, 경쟁과 유인 체제	동의된 욕구를 충족시키기 위한 공공기관, 비영리기관, 개인들의 연합체 구축

	계층제적 – 행정인은 민주적으로 선출된 정치지도자에 반응	시장지향적 – 개인 이익의 총화는 시민 또는 고객집단에게 바람직한 결과 창출	다면적 – 공무원은 법, 지역공동체 가치, 정치규범, 전문적 기준 및 시민들의 이익에 참여
행정책임의 기준			
행정재량	관료에게 제한된 재량만을 허용	기업적 목적을 달성하기 위해 넓은 재량허용	재량이 필요하지만 제약과 책임이 수반
조직구조	조직 내에 상명하복으로 움직이는 관료제적 조직	수평적으로 서로 경쟁하는 기업형 단위조직	조직 내외적으로 공유된 리더십을 갖는 협동적 구조
관료제 내부의 동기유발	법, 공무원 보호	경쟁, 평가(성과관리)	공공서비스, 사회에 기여하려는 욕구

출처: Denhart & Denhart(2003: 28)를 수정보완.

2. 공공서비스의 생산과 공급방법

과거 유럽에는 정부가 모든 행정서비스를 생산하고 모든 국민에게 무료로 평등하게 공급하는 것을 원칙으로 하였다. 한국의 경우 적어도 1970년까지는 이런 원칙이 지배적이었다. 공공재는 국가행정의 독점물이었고, 이를 근거로 국가행정-국민 간 권위적이고 계서적 관계가 나타났다.

그러나 사회가 복잡해지고, 정부가 해결해야 할 문제들이 다양해지고 다차원적이 되었다. 그리고 정부재정이 한계가 있어 전통적 행정서비스의 효율성이 큰 문제가 되었다. 이에 대한 해결책으로 상술한 신공공관리론과 신공공서비스론이 나왔다.

오늘날 행정에서는 전통적 행정서비스 방법 이외의 각종 방법들이 꾸준히 발달하고 있다. 일부 공공서비스의 생산과 공급을 민간에게 일부 맡기는 방법이 개발되고 있다. 정부 이외에도 다른 서비스 생산자와 공급자를 찾게 된 것이다. 이를 Savas(1987; 1999)는 정부가 직접 생산하는 전통적 방식, 정부판매(government vending), 정부 간 협약, 민간위탁(contract-out), 허가권(franchising), 보조금(subsidy), 구매권(voucher), 자유시장, 자발적 조직, 자율조달(self-delivery) 등 10가지 형태로 정리하고 있다.

이를 공공서비스의 생산자(producer)와 공급자(provider)라는 차원에서 공공-민간의 배열을 조합하면 다음 4가지 유형이 나온다.[3]

---

3 민간이 생산하고 민간이 공급하는 것은 사실상 행정의 연구영역에서 벗어나기 때문에 논외로 할 것이다.

표 4-5 | 공공서비스의 유형분류

		공급자	
		공공	민간
생산자	공공	• 정부 서비스(government service) • 정부 간 협약(intergovernmental agreement)	• 정부판매(government vending)
	민간	• 민간위탁(contract) • 독점 생산권(franchise) • 보조금(subsidy) • 바우처(voucher)	• 시장(market) • 자원봉사 • 자체조달(self-service)

출처: 함요상(2009), 일수수정.

현재 우리나라에서 공공서비스를 공급하는 대표적인 방법을 제시하면 다음과 같다.

- 정부가 직접 공급: 각종 증명서, 치안국방, 사회복지, 우편, 상하수도
- 준공공조직(공기업)에 의해 공급: 전기, 도로, 철도
- 민간에 위탁하여 공급: 쓰레기 수거, 복지바우처
- 민간이 공급: 통신, 사립학교

사례

파리의 자전거: 공공서비스의 민간위탁 사례

도시에서 시가 여러 곳에 자전거를 배치해 놓고, 국민들이 저렴한 가격으로 타도록 하는 제도를 도입한 것은 프랑스 파리이다. 지하철과 시내버스가 운행되고는 있지만, 사람들이 점점 자가용을 많이 이용하자, 교통체증과 대기오염이 문제되었다. 아름다운 도시를 걷고 싶은 사람도 있고, 좀 더 빨리 이동하는 자전거를 이용하고자 하는 사람들도 있다. 참고로 자동차 문화가 중심인 미국에 비하여 유럽은 장거리 이동수단으로는 기차가 발달되어 있고, 단거리는 자전거를 이용하는 사람들이 많이 있다. 이에 파리시는 1,200여 개 지점에 약 2만여 대의 자전거를 배치하였다. 시민들은 일단 등록을 하면, 처음 30분은 무료이고, 그 이상은 저렴한 가격으로 사용료를 지불해야 한다(www.velib.paris.fr 참조).

사실 이 제도는 파리시가 광고회사인 Decaux에 용역을 주는 민간위탁형 서비스공급 방식을 택하였다. 그런데 이런 서비스를 제공한 대가로 시가 회사에 돈을 지불하기 보다는, 1,600여 개의 각 지점에 시가 운영하는 광고게시판을 독점적으로 이용할 권한과 맞바꾼 것이다. Decaux회사는 광고판을 이용하는 대신, 계약기간인 2017년까지, 아름답게 디자인된 자전거

와 거치대를 설치하고 유지 · 운영 해야 할 뿐만 아니라 연 3백 40만 유로를 시에 지불해야 한다. 그런데 의외로 자전거 분실률이 높다고 한다.

<외국 공공자전거 현황>

구분	파리 (프랑스)	바르셀로나 (스페인)	리옹 (프랑스)	프랑크푸르트 (독일)	몬트리올 (캐나다)	밴쿠버 (캐나다)
운영자	JCDecaux	Clear Channel	JCDecaux	DBRent	Stationnement Montreal	TBD
인구	2,153,600	1,605,600	466,400	652,600	1,039,500	578,000
자전거대수	20,600	3,000	3,000	720	5,050	3,800
인구/자전거	104	535	155	906	206	152
적용기술	스마트카드	스마트카드	스마트카드	휴대폰	스마트카드	스마트카드
비즈니스 모델	수익사업	지방정부	수익사업	지방정부	수익사업	수익사업
재원조달	요금 옥외광고	요금 주차수익	요금 옥외광고	요금 시정부	요금 주차수익	요금수입

표 출처: 신희철 외(2012).

출처: Pasquier et al.(2012: 138)

어느 서비스를 어떻게 '생산'하고, 또한 '공급'하느냐는 여러 가지 잣대를 기준으로 할 수 있다. 정부실패에 초점을 맞추는 경우, 민간에 위탁해야 하거나 시장에 의존하도록 하고, 정부는 시장을 규제하면 된다는 논리가 우세하게 된다. 이 경우 정부업무는 공무원이 아닌 다른 사람들에 의해서 수행될 수 있다. 공무원들은 직접적인 서비스 제공자라기보다는 계약관리자이고, 중요한 전문기술과 지식은 정부 안에서만 창조되고 보유하는 것은 아니다.

그러나 공공서비스를 누가, 어떻게 생산하는가는 일반국민에게 그리 관심거리가 아니다. 좋은 공공서비스를 제공하기 위한 수단은 행정 내부의 문제일 뿐이고, 학문으로서 행정학의 연구대상이다. 국민에게 중요한 것은 수단을 불문하고 어떻게 하면 질 좋은 서비스가 전달되는가(service delivery)이다.

미국의 경우, 점점 민간의 손을 통해 정부의 일을 수행하는 경향이 있다. 정책(즉, 정부 프로그램)이 민간기업에 위탁하는 형태로 수행됨에 따라, 이 부분까지 고려하면 상당한 규모의 예산이 소요된다. 따라서 겉으로는 '작은 정부'가 실현된 것 같은 착시현상이 있지만 실제 정부규모는 더 커지는 경향이 있다. 정부서비스가 민간에 의해 공급된다는 것을 그 부분에 대한 정부의 일상적인 통제가 감소되는 '정부의 무력화(無力化)'를 의미한다(Kettle, 2015).[4]

생각해 볼 문제

대중교통의 요금체계는?

지리적 이동에 있어 미국은 개인의 자동차 소유로 개인이 해결하도록 하고 정부는 도로를 잘 만드는 일에 집중한 반면, 유럽은 철도와 시내버스 등 대중교통수단에 정부가 많이 개입하였다. 우리나라는 정부가 직접 간여하여, 세계 어디에 내놔도 뒤지지 않는 훌륭한 대중교통체제를 갖추고 있다.

많은 나라에서 대중교통은 행정이 제공하는 대표적인 공공서비스이다. 특히 자가용을 가진 국민들보다는 이를 갖지 못하거나 자주 이용하지 않는 중하류층의 일반국민들에게는 아주 중요하다. 이들은 주택가격이 비싼 교통의 요지에 살기보다는 변두리나 교외지역에 사는 경우가 부유층보다 많다. 따라서 교통이용에 많은 시간과 돈을 사용하게 된다.

시간이란 관점에서 말하면, 일반국민들이 가지고 있는 24시간 중 지리적 이동에 쓰는 시간을 절약하게 해주는 것이 좋은 행정이다. 특히, 이용과 접근이 편리하여 힘이 안 들고, 피곤하지 않으며, 저렴하게 제공하는 것이 중요하다.

세계 주요도시에 가면, 그 도시의 대중교통(지하철, 버스) 요금체계가 다양함을 알 수 있다.

- 거리와 관계없이 1회 이용권만 있는 경우: 획일적 정액제(버스, 지하철 환승이 되는 경우, 안 되는 경우)
- 할인권: 10회 이용권을 동시에 살 때(노인과 학생요금의 경우)
- 거리에 차등을 두어, 1회 이용권에 차등 요금 부과: 차등적 정액제
- 이용횟수 관계없이 정기권(하루 이용권, 1주일 이용권, 1개월 이용권)

여행자들은 자신의 체제기간동안 이용가능성을 놓고, 1회권을 살지, 정액권을 살지 고민한다. 특히 유럽도시에는 대중교통요금이 비싸기 때문에, 잘못 예측하면 돈이 낭비된다.

그런데 만약 자신이 시청의 대중교통 책임자이고 위의 요금 체계 중 어느 유형을 택하여 얼마의 요금을 부과하는 것이 가장 바람직한가를 고민한다고 가정해보자. 시의 재정수입을 극대화한다는 기준(수익성)과 중하류층에게 가장 큰 혜택을 준다는 기준(편익성)을 적용할 때가 다르다. 이는 매우 복잡한 문제이다.

---

4 아무리 행정이 민간에게 모든 것을 넘겨주더라도 Kettle(2015: 226-227)은 미국정부가 다음과 같은 기능을 해야 한다고 본다. 첫째, 공동체의 가치를 규정하는 것, 둘째, 국방·치안 등 기본적인 바탕을 확충하는 것, 셋째, 평등을 실현하는 것, 넷째, 사회적·경제적 목표실현을 위해 인센티브를 제공하는 것, 다섯째, 위험재난관리이다.

Ⅲ. 국민과 행정서비스 만족

1. 민원서비스의 성과관리

시간적 관점에서의 공공서비스는 적어도 항상성을 전제로 해야 한다. 그렇다면 국민(시민) 입장에서 어느 경우에 공공서비스에 만족할 것인가에 대한 고민을 할 필요가 있다. 공공서비스가 추구하는 가치는 모든 국민이 그 지위나 다른 요인에 의하여 차별받지 않고 똑같은 서비스를 받는다는 형평성, 같은 서비스라도 가장 저렴하고 빠르게 제공한다는 효율성이 중요하다. 아울러, 효과성, 신속성, 투명성 등도 중요하다.

서비스 제공 방법을 달리하면, 그 나라 국민이 받는 서비스의 형평성에도 변화를 가져올 수 있다. 예컨대 2004년 서울시에서 버스전용차선제와 무료환승제도가 가져온 성과가 무엇인가에 대한 연구가 있다(권용민, 2017). 실제 실증연구결과, 소득이 낮은 계층의 차량유지비와 교통비지출을 모두 감소시키는 효과가 있었다. 대중교통서비스는 사치재가 아니라 열등재이므로 소득이 낮은 계층에게 더 큰 혜택을 가져온 것이다. 국가행정이 개입해야 한다는 주장이 가능하다.

신공공관리론 이후 중요시하게 된 것이 성과관리(performance management)이다. 이때 공공서비스의 성과가 과연 무엇인가에 대해서는 학자들 간에 명확한 합의는 아직 없다. 나아가서 성과를 측정하는 방법도 많이 발달하였으나 이에 대한 합의가 없다.

보이는 재화가 아닌 보이지 않는 공공서비스의 경우, 서비스의 질을 중요시하는 경향이 있다. 흔히 이를 고객만족도, 민원만족도라는 표현으로 설문조사를 통하여 측정한다. 우리나라 행정기관에서도 많이 사용하는 방법이다. '행정서비스헌장'이라고 하여, 미리 달성해야 할 행정서비스의 목표를 공표해 놓은 후, 이의 달성도(즉, 효과성, effectivness)를 측정하기도 한다.

서비스의 질을 평가하는 것은 경영학 분야에서 발달되어 있다. 가장 대표적인 것이 SERVQUAL 모델이다. 이 모델은 서비스가 전달되는 인간적 접점(human encounter)의 과정에서 관찰되는 서비스 질(process quality)에 중점을 둔다. 이를 행정에 응용하는 경향이 나타나고 있다.

구체적인 기준으로 추상적이지 않고 몸에 와닿느냐를 보는 유형성(tangibles), 믿을 수 있는가에 관한 신뢰성(reliability), 적절한 시간에 적절한 정도로 반응을 하느냐라는 반응성(responsiveness), 어느 정도의 시간에도 변함 없이 안심할 수

행정서비스헌장
행정기관이 제공하는 서비스의 내용(양이나 질)에 대하여 미리 구체적인 기준치를 명시하여 발표하는 제도

있느냐라는 보장성(assurance), 서로 마음이 통하느냐라는 공감성(empathy) 등이 제시된다(Parasuraman et al., 1988; Powpaka, 1996).

최근 행정에서 고객만족도 조사(Customer Satisfaction Survey)가 많이 활용되는 것은 이러한 이유에서이다. 중앙정부는 물론이고 지방자치단체에서도 각종평가가 이뤄지고 있다. 예컨대 서울시의 경우, 고객만족도를 평가하기 위한 요소로 친절성, 업무숙지도, 환경의 쾌적성 등을 평가한다. 문제는 고객만족도를 어떻게 하면 향상시킬 수 있느냐는 것이다. Im and Lee(2011)의 연구에 의하면, 대체로 관료제 내부의 성과관리를 잘할수록 고객만족도가 올라간다. 특히 보건소와같이 의료진과 고객과의 접촉이 중요한 경우나, 쓰레기수거와 같이 생활에 기초적인 경우 서비스의 유형에 따라 고객만족도가 달라짐을 밝혔다.

2. 민원처리속도

우리나라의 행정은 '늑장행정'이라는 비판을 많이 받아왔다. 그러나 외국에가본 사람이라면 이것이 사실이 아님을 쉽게 알 수 있다. 실제로 OECD 주요국 간10개 분야의 민원서비스 처리기간을 비교한 결과 우리나라의 민원서비스 제공시간은 우수한 수준임이 밝혀졌다(정진우, 2008).

구체적으로 2005년 기준 '생활밀착 서비스', '경제활력제고 서비스', '복지 서비스', '기타 서비스'로 유형화하여 비교하기로 한다. 연구결과에 따르면, 우리나라 민원서비스가 상대적으로 우수한 분야는 '생활밀착 서비스', '경제활력제고 서비스' 분야임이 밝혀졌다. 예컨대 '생활밀착 서비스' 유형 중 '출생신고 처리', '자동차신규등록 처리'는 신고 또는 등록 시 '즉시' 처리되고 있는데, 이는 독일(출생신고: 10일), 뉴질랜드(출생신고: 8일), 미국(자동차 신규등록 처리: 2주), 이태리(자동차 신규등록 처리: 2주) 등 선진국에 비해 훨씬 빠르게 업무가 처리되고있는 것이다. 특히 여권발급에 소요되는 시간의 경우, 우리나라는 6일로 매우 신속한 서비스를 제공한다.

또한 우리나라의 경우, '경제활력제고 서비스' 유형 중 '건축허가처리 서비스'는 2일 이내, '공장설립승인 서비스'는 20일 이내에 처리되어 조사대상 국가들 중가장 신속한 행정이 이루어지는 것으로 분류된다. 아울러 '외국인투자기업등록 서비스' 처리기간은 1일 이내, '저작권등록 서비스'의 경우 4일 이내로서, 비교적 신속한 국가로 나타났다. 민원처리속도 면에서 경쟁력을 가진 것이다.

위와 같이 우리나라의 '생활밀착형 서비스'와 '경제활력제고 서비스' 유형의 처리속도가 빠른 이유 중의 하나는 전자정부화이다. 행정 내부의 업무프로세스를 간소화하여 처리속도를 증진시킨 결과인 것이다.

그런데, '복지서비스'의 경우 조사대상 국가들에 비해서 민원서비스 처리기간이 늦는 등 상대적으로 취약한 분야로 나타났다. 예컨대 '노령연금 지급청구 처리' 기간은 1개월로 뉴질랜드(14일), 오스트레일리아(14일)에 비해 두 배 이상 더 걸린다. 또한 '장애인등록 처리' 기간도 마찬가지로 시간이 많이 소요된다.

'복지 서비스'와 관련된 우리나라의 민원서비스 처리속도가 다른 나라에 비하여 느린 이유는 사회복지 역사가 비교적 짧기 때문이다. 즉, 우리나라에는 최근 복지서비스 대상 국민 및 서비스의 종류가 급속히 증대하고 있음에도 제도가 아직 정착이 되지 않았기 때문이다.

3. 대기시간

사람들은 기다리는 시간을 싫어한다. 특히 '빨리빨리 문화'가 발달한 한국 사람들은 더욱 그렇다. 이를 기준으로 서비스 만족도를 평가하기도 한다. Taylor(1994)는 대기시간을 '고객이 서비스를 받을 준비가 되어 있는 시점부터 서비스가 개시되는 시점까지의 시간'이라고 정의한다. 즉, 언제든지 서비스를 받을 수 있는 상태에서 기다리게 되는 시간을 말한다.

앞서 살펴본 바와 같이 우리나라 행정서비스 제공시간은 상대적으로 빠른 편이다. 예컨대, 동사무소 방문객을 대상으로 한 실제 조사를 보면 대부분의 방문자의 용건은 증명서 발급 등 단순한 것이고 7-8분 이내의 매우 빠른 시간에 처리된다. 따라서 동사무소를 방문하는 시민 고객은 자신의 용건이 짧은 시간에 처리될 것을 기대하며, 실제로 그렇다.

그러나 만족도를 조사하면 좋은 점수가 나오지 않는다. 서비스가 좋을수록 그만큼 기대수준도 올라가는 경향이 있기 때문이다. '빨리빨리 문화'가 있음도 고려할 필요가 있다.

서비스 제공까지 걸리는 시간과 민원만족도는 다음과 같은 점을 고려하여 분석되어야 한다.

• 서비스 제공 단계: 대기시간을 업무 전(pre-process), 업무 중(in-process), 업무 후(post-process)로 구분할 때, 사람들은 민원서비스를 제공받는 동안의 업무 중 대기시간보다는 자기 차례가 되기를 기다리는 업무 전 대기시간

을 더 지루하게 생각한다(Dube-Rioux et al., 1988).

- 실제대기시간과 지각된 대기시간: 대기시간은 실제대기시간(objective waiting time)과 지각된 대기시간(perceived waiting time)으로 구분된다 (Hornik, 1984). 실제로 소요된 시간은 서비스만족에 통계적으로 유의한 직접 효과가 없는 것으로 나타난 반면, 실제시간과 지각된 시간의 차이는 서비스만족에 직접적인 영향이 있는 것으로 나타났다. 대기시간에 대한 평가 및 판단은 지각된 대기 경험으로 전환되는 다양한 인지메커니즘을 전제로 한다. 특히 실제 및 지각된 대기시간이 서비스만족도에 영향을 미치는 과정에서 수용가능성과 감정적 반응이 매개 변인으로서 작용한다.

- 대기시간과 고객만족: 실제대기시간은 주로 사람들의 주관적인 대기시간 경험으로 전환되어 전반적인 서비스 품질 평가 및 고객만족에 영향을 미치는 것으로 나타났다. 기대했던 것보다 오래 기다린다고 느낀 사람은 부정적 감정이 높았다. 그러나 기다리는 동안 TV, 잡지 등 시간을 보낼 수 있는 즐길거리가 있어 실제대기시간보다 덜 대기했다고 느끼는 경우 부정적 감정은 낮아진다.

제 4 절 재난관리행정

 위험사회와 행정의 항상성

1. 위험의 특성과 행정

지금까지 다룬 공공서비스는 우리의 생사를 위협할 만큼 중요한 문제는 아니었다. 그러나 사회의 안정과 안전은 매우 중요한 것이다. 아무리 시장원리를 신봉하는 자유주의자라고 하더라도, 재난관리를 국가가 해야 한다는 데에 이의를 제기하지 않는다. 안전은 국가행정의 고유분야이기 때문이다(Fukuyama, 2004; Kettle, 2015). 국민들의 안녕을 위해 내부위협에 대비하여 치안서비스를 제공하

고, 외부위협에 대응하여 국방을 책임지는 주체 역시 국가행정이다. 그런데 행정
이 재난에 대비하는 방법은 무엇일까. 대부분의 재난은 예측하기 어렵다는 한계
가 있다.

그러나 문제는 대부분의 재난은 그 시간적 특성상, 그리고 재난의 유형별 특
성이 천차만별이기 때문에, 완전히 루틴화(routine)된 방법으로 다루기는 어렵다
는 점이다. 특히 일본의 원자력 발전소 방사능 유출 사태, 혹은 한국의 태안반도
유조선 기름 유출 사고와 같은 사고성 재난은 일정한 리듬으로 반복되는 것이 아
니기에 짜여진 각본대로 계획을 하기도 어렵고 발생 이후 대응 역시 신속하게 이
루어지기에는 한계가 있다. 위험문제의 특성과 이런 위험에 영향을 받는 대상집
단의 특성을 유형화하면 다음의 표와 같다.

그러나 적어도 재난 시에 대처해야 할 기본적이고 공통적인 대책을 SOP로 미
리 마련하면, 실제 재난발생시 우왕좌왕하지 않고 효율적으로 대응할 수 있다. 즉,
시간적 관점에서 볼 때, 반복될 가능성이 있는 경우 이에 대비하는 활동을 미리 표
준운영절차(Standard of operations: SOP)로 규정하여 실제 재난이 일어났을 때
그에 따르도록 하는 것이다. 정부차원에서 재난의 심각성 정도를 미리 예측하여
대비하고, 발생 시 피해를 최소화하며, 단시간에 극복을 해야 한다. 일단 재해가
일어나더라도 그것이 얼마나 지속될지는 알 수 없다. 지진이 어떤 주기로 발생하
며 얼마나 지속될지, 태풍이 얼마나 지속될지, 구제역이 얼마나 지속될지, 눈이 얼
마나 더 내릴지, 지진 후 여진이 얼마나 계속될지 예측이 불가능하다는 것이다.

재해발생의 빈도(frequency)라는 측면에서 보면 현대사회에 오면 올수록 그
발생 빈도가 높아진다. 자연재해도 어느 정도 인간의 실수와 탐욕이 원인인 경우

표 4-6 | 위험유형

위험대상집단	위험문제 특성	발생분야	
		공공	민간
피해자의 제한성	제한적 대상	[위험 Ⅰ 유형] 세월호 참사와, 구의역 스크린도어 사망사고	[위험 Ⅱ 유형] 후쿠시마 원전사고, 광우병 사태
	불특정 다수	[위험 Ⅲ 유형] 교통사고	[위험 Ⅳ 유형] 메르스 확산사태, 미세먼지 사태

출처: 김병섭·김정인(2016: 145). 일부 수정.

도 있다. 지구온난화가 탄소가스배출에 의한 것처럼, 구제역의 급속한 전파도 빠른 시일 내 양질의 고기를 생산하려 하는 산업화된 대형목장화가 하나의 원인인 것이다. 대형빌딩, 항공기, 선박, 육교 등 대형구조물의 건축도 또한 인재(人災)를 가져오는 원인이 된다. 1994년 성수대교 붕괴, 1995년 삼풍백화점 붕괴, 각종 여객기 추락 사고, 2014년 세월호 참사 등의 사례는 과학기술적 측면에서 대비를 못한 측면이 있다. 과도한 산업화가 진행되면서 재해의 원인이 될만한 변수의 숫자가 많아지고, 그 결과 재해발생이 높아지는 추세(trend)에 있는 것이다. 이를 근사적으로나마 예측하기 위해 복잡계 이론(complexity theory)을 활용하자는 논의가 존재한다.

즉, 인간에 의해 일어나는 재해발생은 다른 사건(산업화, 탄소배출, 도시화, 등)들과 어느 정도 시간적 관계 유형을 가진다고 볼 수 있다. 인과관계의 사슬을 밝힐 만한 과학적 지식은 상당히 적은 편이어서 이에 대한 관계성을 파악하기에는 지난한 형편이다. 적어도 인재에 관해서는 이용자 예측오류, 안전성 조치 미흡, 부실공사 등 여러 가지 면에서 누적적 사건들이 있고, 그 결과로서 사건이 발생할 수도 있는 것이다.

2. 재난관리와 가외성

재난의 종류가 다양해지면서 국가행정이 다뤄야 할 안전(security)이 무엇인가에 대한 논의가 확대되었다. Paris(2001)는 기존의 안보(national security)에 대비되는 개념으로 인간안전(human security)의 개념을 제시하였다. 즉, 행정이 관리해야 할 재난의 범위를 그동안 물적인 차원에서 보던 한정적 시각에서 벗어나 인적인 차원으로 확장한 것이다.

우리나라의 경우 급격한 경제 성장의 과정 속에서 안전이라는 행정 목표는

표 4-7 | 안전의 종류

누구를 위한 안전	위협요인이 무엇인가		
		군	군, 비군사적, 양자모두
	국가	국가안보(national security)	재난(redefined security)
	사회, 집단, 개인	국가내안보(intrastate security)	인간안보(human security)

출처: Paris(2001) 일부 수정.

후순위가 되어 왔다. 우리 사회는 곳곳에 재난의 위험을 안고 있으며 재난에 대한 민감도 역시 과거와 달라졌다. 재난 관련 보도에 대한 반응도 과거에는 안타까움과 분노가 섞인 1차원적 감정이었다면 이제 인터넷 댓글창에서도 제도의 미비점과 대책을 촉구하는 고차원적 논의가 이뤄지고 있다. 정부가 인간안전을 보장해야 할 당위성과 현실성이 충족되는 시대가 온 것이다. 큰 피해를 가져온 재난들을 돌아보면 안전조치를 제대로 했다면 예방할 수 있었던 것들이 많이 있다. 인재(人災)뿐만 아니라 지진, 태풍, 폭우, 폭설, 가뭄 등 자연재해 역시 마찬가지다. 상대적으로 예방이 어렵지만 정부가 가능한 한 예측하여 대책을 세우는 정책적 능력이 요구된다.

고위험사회에서 행정은 민간이 수행하기 힘든 역할을 담당해야 한다. 재난에서도 사회적 약자(즉 빈곤계층)가 강자보다 훨씬 더 취약한 상태라는 점을 고려하면 더욱 그렇다. 자연재해든 인간재해이든 항상 하류층의 피해가 크기 때문이다. 국가행정은 효율성 뿐만 아니라 형평성·공정성을 행정 가치로 추구하기 때문에 재난관리에 민간보다 적합한 주체가 된다.

가장 좋은 재난관리는 예방이며, 재난의 예방은 행정의 주도 하에 항시 관리가 필요한 부분이다. 재난관리 행정은 항상 평소에 이루어져야 한다. 즉, 항상성을 확보하여 유비무환의 원리가 작동해야 한다.

재난관리에서 주목할 개념은 가외성(redundancy)이다. 가외성은 고전적인 행정관리론에서 주장하는 효율성과 반대되는 부분이 있는 행정가치이다. 중복되는 장치를 통해 시스템의 안전한 작동을 보장하자는 것이다(최태현, 2017). 빗물펌프장에는 모터가 한 개가 아닌 두 개가 설치되어 있어서, 유사시 하나가 고장나면 나머지 하나가 작동하도록 하는 것이 가외성의 원리이다. 마찬가지로 원자력발전소에는 5중으로 안전 장치가 되어 있어 다섯 번의 시스템 오류가 있어도 재난이 발생하지 않는다. 각종 인프라 설계 시 가외성을 적용할 때 효과적인 재난관리 정책을 수립할 수 있다. 가외성은 재난을 유발하는 원인이 발생하더라도 실제 피해가 일어나지 않도록 할 수 있는 중요한 개념이다. 물리적인 인프라 뿐만 아니라 실제 피해 상황이 발생했을 때 사람들의 행동을 규정하는 SOP의 측면에서도 인명피해를 최소화하기 위해 가외성의 원리를 적용해야 한다.

가외성을 효율성을 강조하는 공공서비스라는 측면에서 보면, 비효율적이며 낭비적으로 보일 수 있다. 실제 일어날 확률이 거의 무시할 정도로 낮은데, 설비와 조직을 두 배로 해야하기 때문이다. 그러나 인명을 최고의 가치로 중시해야 하는 행정의 목적에 비춰볼 때는 비효율로 치부할 수는 없는 제도이다. 오히려 장기적으로 보면, 효과성(effectiveness)을 더 높이는 제도라고 할 수 있다.

Ⅱ. 재난관리단계별 시간특성

재난이 발생하면, 일정한 유형으로 상황이 전개된다. 미국연방재난관리청 (FEMA)은 재난관리에 대해 4단계의 시간적 대응체계를 제시했다. 재난의 포착 및 인식(Find), 재난에 대한 대비(Fix), 대응(Fight), 수습(Finish)이 그것이다. 그러나 경쟁력 있는 정부는 이 외에도 재난에 대한 예방단계와 경제 및 일상생활을 재난 이전보다 더 좋게 하는 피해복구 이후의 부흥단계를 앞뒤로 포함할 것이다.

각각의 단계에서 정부가 직접 하거나 주도해야 할 역할이 다르다. 각 단계에서 요구되는 행동이나 조치의 시간적 특성도 다르다. 즉, 정부의 대응에 필요로 하는 시간은 다음 〈그림 4-2〉의 모래시계를 통과하는 모래의 속도로 생각할 수 있

그림 4-2 ㅣ 재난관리활동의 시간적 모형

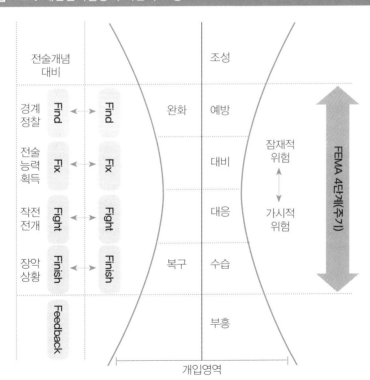

출처: 서울대 정책지식센터(2011). 정책포럼 발표자료.

다. 즉, 예방과 인식단계에는 정체해 있는 모래와 같이 느리다.

그러나 일단 재난이 발생한 시점부터는 좁은 목을 통과한 모래의 속도와 같이 매우 빠르다. 우리나라에서는 119소방대와 경찰조직이 투입되는 것이 보통이다. 규모가 크고 급박한 상황에서는 군대도 투입된다. 이때 적절한 조치를 충분히 하지 못하면, 결국 그 후유증이 매우 클 것이다. 이 시기에는 중앙집권적 컨트롤 타워(control tower)보다는 현장에서 움직이는 사고대책반의 활동이 중요하다. 즉, 분권적 조직이 더 좋다. 이 현장 조직에 재량권을 주는 것이 바람직하다.

모래시계의 윗부분과 밑부분이 넓은 것은 예방과 복구단계에서 관여해야 할 분야가 넓다는 뜻도 있다. 좁은 공간을 통과할 때는 인명피해의 최소화와 같은 좁은 분야의 정책분야가 관련된다고 하겠다. 재난의 피해가 심각한 경우에는 정부가 모든 수단을 동원하여 복구할 수 있도록 「특별재난지역」으로 지정하기도 한다.

특별재난지역
재난구호와 복구를 위하여 행정, 재정, 금융, 의료 등의 분야에 정부가 직접 지원하도록 대통령이 지정하는 지역.

재난과 같이 급박한 시간적 특성을 가진 문제를 다루기 위해서는 정부조직의 적응력과 융통성이 높아야 한다. 기존에 발생하지 않았던 특이한 재난에 대해서 언제나 넓은 시야로 대비하고, 발생 시 즉시 대응해야 한다. 즉, 정부조직이 일상화된 루틴(routine)에서 벗어나, 환경의 불확실성에 즉시 대응하는 조직유형이 되어야 한다.

물론 정부조직이 잘 조직화된다고 해서 모든 재난상황을 예방하고 대처할 수는 없다. 또한 조직화(organizing)가 되면 될수록, 조직운영의 비용(cost)이 증가한다. 가장 고도화된 조직의 관료적 비용에는 조직구성원의 노력(즉, 근무시간)이 포함되며 따라서 '시간'이 중요하다. 조직안정성에 대한 대가로, 융통성이 결여될 수도 있다. 좀 더 근본적으로는 모든 재난상황을 통제할 수 있는 대책을 미리 마련하여 종합적인 조정을 하는 자체가 오히려 문제를 가져올 수도 있을 것이다 (제임스 C. 스콧, 2010).

따라서 재난관리문제를 다룰 때, 기존의 조직구조론이나 조직유형론보다는 환경의 '변화에 대응하는 시간'이라는 관점에서 보는 것이 더 중요하다. 각 단계별로 융통성있는 대응이 가장 중요한 요소인 것이다.

바캉스와 여유

장기 유급 휴가, 곧 바캉스(vacance)는 1930년대 후반 프랑스에서 꽤나 비장한 분위기에서 제도화 되었다. 유럽 각국에서 파시즘의 위협이 날로 거세지던 당시, 프랑스에서는 노동자와 농민, 지식인 등이 극우세력의 준동에 대항하여 민주주의를 옹호해야 한다는 목소리를 높였다. 그동안 대립을 이어오던 사회당과 공산당이 제휴했고, 노동총동맹과 공산당계의 통일노동총동맹의 양대 노조까지 통합한데다가, 각종 좌파 단체들, 그리고 중산층이 지지하는 정당까지 가담하여 모두 100개 가까운 단체들의 연합체가 형성되었다. 이를 '인민연합'이라 부른다. 1936년 6월, 총선에서 다수 의석을 차지한 반(反)파시즘 세력은 사회당의 레옹 블룸을 수반으로 하는 인민전선 내각을 발족시켰다.

이런 흐름을 타고 6월 7일, 정부와 노동자 및 고용주 측이 마티뇽 합의에 서명하였다. 프랑스 노동계의 마그나 카르타(대헌장)라고 불리는 이 합의문에 따라 여러 개혁 법안들이 만들어졌다. 그중에는 임금 인상, 노동시간 주 40시간 단축 같은 사항 외에도 연간 2주의 유급휴가가 포함되어 있었다. 바캉스가 본격적으로 정착하게 된 것이다.

그 이전에도 바닷가에 휴양지들이 있었지만 이는 귀족이나 중산층만 이용할 수 있었다. 사회당 인사로서 인민전선 정부에서 스포츠와 레저를 담당했던 라그랑주는 서민들의 바캉스 계획을 돕기 위해 50만 건의 할인 열차 여행과 호텔 서비스를 제공했다. 그러고 보면 바캉스는 나치즘과 파시즘에 저항하여 인간의 기본 권리를 지킨다는 중대한 국가 정책으로 탄생한 것이다.

그 후 프랑스에서 유급휴가는 1950년대에 3주, 1960년대에는 4주로 늘었고, 다시 미테랑 대통령 때 5주로 늘어났다. 이제 여름철이 되면 프랑스의 전 국민은 쥐이예티스트(juillettiste, 7월에 바캉스를

<OECD 연평균 근로시간>

(단위: 시간)

순위	국가	근로시간	순위	국가	근로시간
1	한국	2,193	10	멕시코	1,866
2	칠레	2,068	13	미국	1,778
3	러시아	1,976	15	일본	1,733
4	헝가리	1,961	22	스페인	1,663
5	체코	1,947	23	영국	1,647
6	폴란드	1,939	24	스위스	1,640
7	이스라엘	1,889	29	프랑스	1,554
8	에스토니아	1,879	31	독일	1,419
9	터키	1,877	33	네덜란드	1,377

출처: OECD. 프랑스·이스라엘은 2009년, 스위스는 2008년 수치임.
※ OECD 평균: 1,749시간.

떠나는 사람)와 아우시엥(8월에 바캉스를 떠나는 사람) 두 종류로 나뉜다. 바캉스 비용을 마련하지 못한 사람은 자신의 자동차를 팔아 그 돈으로 버스를 타고 놀러 갈 정도로 철저하게 잘 논다.

"한국인은 경제협력개발기구(OECD) 가입국 중에서 가장 많이 일하지만 생산성은 가장 낮은 편에 속한다. 휴가도 1년에 11일 밖에 안 되는데 그나마도 짧게 쪼개서 간다."

BBC는 5일 '아시아 일 중독자들에게 휴가를 가라고 설득할 수 있을까?'라는 기사에서 OECD 조사 결과를 인용해 이같이 보도했다. 한국인은 지난해 평균 2,193시간 일해 OECD 국가 중 연평균 근무 시간 순위에서 1위였다. 칠레가 2,068시간, 러시아가 1,976시간으로 뒤를 이었고, 영국인은 1,647시간, 미국인은 1,778시간 일한 것으로 나타났다. '일 중독에 빠진 아시아'의 사례로 한국과 함께 싱가포르와 홍콩이 거론됐다.

BBC는 휴가가기를 꺼리는 현상을 타파하기 위해 한국 정부와 기업이 기울이는 노력도 소개했다. 한국 정부는 공무원들에게 연간 2주 간의 '의무' 휴가를 도입해 생산성 향상과 관광산업 발전을 꾀하고 있으며, 신한금융그룹에서는 휴가 중인 직원이 직장 내 컴퓨터 시스템에 접속하지 못하도록 막는 극단적인 조치를 취했다고 전했다. 휴가를 가면 자신의 자리가 필요 없는 것으로 비칠까 봐 두려워하기 때문에 휴가를 잘 떠나지 않는 한국의 직장문화가 바뀌려면 시간이 걸릴 것이라고 BBC는 내다봤다. 휴가 기피 현상은 고용주가 직원들에게 '너무 많은 것을 요구하는 것'과도 무관치 않다고 BBC는 지적했다. 많은 고용주가 휴가를 떠난 직원과도 연락이 닿기를 바란다는 것이다.

싱가포르와 홍콩 근로자들은 휴가 중에도 업무를 보는데 이는 고용주의 90%가 직원들이 그렇게 하기를 기대하고 있는 것과 관련이 있다고 분석했다. 반면 뉴질랜드에서는 고용주의 6%만 직원들이 근무 시간 외에도 업무를 볼 수 있기를 바란다고 전했다.

출처: 조선일보, 2011. 8. 6.자 '바캉스', 8. 6. '휴가안가' 두 기사를 합성조제.

참고문헌

권용민(2017).「2004년 서울특별시 대중교통개편이 가구의 교통비지출에 미치는 영향」. 서울대학교 행정대학원 석사학위논문.

김강현(2007).「규제순응 제고 수단으로서의 신고포상금제도에 관한 연구」. 연세대학교 석사학위논문. 연세대학교 대학원.

김병섭(2009). "공무원과 국가발전: 공과 과".「정책지식포럼 발표자료」.

김병섭·김정인(2016). "위험유형에 따른 정부 책임성과 거버넌스".「한국행정학보」50(4): 139-168.

박동서(2005)(초판, 1972; 전정중판, 1987).「한국행정론」. 서울: 박영사.

신희철·김동준·정성엽(2012).「공공자전거 효과 분석 및 발전 방안」. 경기: 한국교통연구원.

유현종(2015). "국가적 재난관리의 책임성과 확보방안".「한국행정학보」49(4): 419-450.

임도빈 외(2010). "동사무소 행정의 서비스 만족도에 관한 실증연구: 대기시간을 중심으로".「지방행정연구」24(1)(통권 80호): 3-32.

임도빈(2009). "한국의 신고 포상금 제도 분석: 유형화와 확산이유를 중심으로".「한국조직학회보」: 233-262.

임도빈·진양기·이현국(2008). "주택공급정책의 시차론적 분석: 서울시를 중심으로".「지방정부연구」12(3): 215-238.

정진우(2008). "한국과 OECD가입 국가 간 민원서비스 처리속도 비교 연구 — 정부혁신지방분권위원회의 해외자료조사 내용분석을 중심으로".「한국 공공관리학보」22(4): 267-281.

정철현(2008). "지방자치단체 고객만족도와 대기시간에 관한 연구".「지방행정연구」22(3): 131-154.

제임스 C. 스콧(전상인 역)(2010).「국가처럼 보기: 왜 국가는 계획에 실패하는가」. 에코리브르.

최병선(1992).「정부규제론」. 서울: 법문사.

최태현(2017). "가외성 개념과 가치의 비판적 검토".「한국행정학보」51(3).

함요상(2009). "공공 서비스의 수급 개선을 위한 새로운 균형점의 모색".「한국행정학회 추계학술대회 논문집」.

Ancona, Deborah G., Gerardo A. Okhuysen, and Leslie A. Perlow (2001). "Taking time to integrate temporal research." *Academy of Management Review* 26(4): 512-529.

Berry, Leonard, Valarie A. Zeithaml, and A. Parasuraman (1988). "SERVQUAL: a multi-item scale for measuring customer perceptions of service." *J of Retailing* 64(1): 12-20.

Denhardt, Robert B., and Janet Vinzant Denhardt (2003). "The New Public Service: Serving, not Steering Armonk." NY: ME Sharpe.

Dube-Rioux, Laurette, and J. Edward Russo (1988). "An Availability Bias in Professional Judgment." *Journal of Behavioral Decision Making* 1(4): 223-237.

Fukuyama, F. (2004). *State Building: Governance and World Order in The 21st Century.* Cornell University Press.

Hornik, Jacob (1984). "Subjective vs. objective time measures: A note on the perception of time in consumer behavior." *Journal of Consumer Research.*

Im. T., & Lee S. J (2011). "Does management performance impact citizen satisfaction?." *The American Review of Public Administration.*

Jones, Bryan D. (1981). "Assessing the Products of Government: What Gets Distributed?." *Policy Studies Journal* 9(7): 963-971.

Kettle, F. D. (2015). "The Job of Government: Interwearing Public Functions and Private Hands." *PAR.* March, April.

Landay, Martin (1969). "Rodudancy, Rotianality, and the problem of Duplication and overlap". *Public Administrcetm Review* 29(4): 346-358.

Paris, Roland (2001). "Human Security-Paradigm Shift or Hot Air?" *International Security* 26(2): 87-102.

Pasquier, Martial and Jean-Patrick Villeneuve (2012). "Marketing Management and Communications in the Public Sector." London: Routledge.

Powpaka, Samart (1996). "The role of outcome quality as a determinant of overall service quality in different categories of services industries: an empirical investigation." *Journal of Services Marketing* 10(2): 5-25.

Salamon, Lester M. (2002). "The Tools of Government: Introduction." Oxford Press.

Savas, Emanuel S. (1987). "Privatization: The Key to Better Government. Chatham." N.J: Chatham House Publishers.

_____ (1999). "Privatization and Public-Private Partnerships", New York: Chatham House Publishers.

_____ (2005). "Privatization in the City: Successes, Failures, Lessons." Washington D.C.: CQ Press.

Schmitt, Bernd H., France Leclerc, and Laurette Dube-Rioux(1988). "Sex typing and consumer behavior: A test of gender schema theory." *Journal of Consumer Research*: 122-128.

Schneider. Anne and Hellen Ingram (1990). "Behavior Assumptions of Policy Tools."

Journal of Politics 52(2)：510-529.

Stigler, George J. (1971). "The theory of economic regulation." *The Bell journal of economics and management science*：3-21.

Taylor, Shirley (1994). "Waiting for service：the relationship between delays and evaluations of service." *The journal of marketing*：56-69.

Weber, M. (1981). "Some Categories of Interpretive Sociology." *The Sociological Quarterly* 22(2)：151-180.

신기술과 행정

민주화 이전의 권위주의적 정부는 결정한 정책을 쉽고 강력히 추진할 수 있다고 믿었다. 즉, 관존민비의 문화가 있어서, 관(행정인)이 결정한 것은 민에서 쉽게 집행되는 것으로 생각했다. 따라서 이 장에서 다루는 민-관관계는 과거에는 별도로 다룰 필요조차 없었다.

그러나 그동안 우리나라는 이 부분에서 괄목할만한 변화를 겪었다. 민-관관계는 행정이 국민과 만나는 상호작용의 장소이며, 행정활동의 생생한 현장이다. 국민과 정부(행정)와의 연결을 별도로 다루는 이유가 여기에 있다. 정보통신기술(Information and Communication Technology) 혁명은 우리의 삶에 지대한 영향을 미치고 있다.

과거에는 정부와 국민을 이어주는 민-관관계에도 면 대 면 혹은 종이서류가 주를 이루었다. 최근 정보통신기술(ICT)의 역할이 대부분의 민−관관계를 대신하게 되었다. 전 세계의 정부가 E-government를 통해 경쟁력을 높이려 하고 있다. ICT가 발달함에 따라 국민들의 정보접근성이 용이해졌고, 정부는 국민들에게 보다 나은 서비스를 제공할 수 있는 환경을 갖게 되었다. 이에 따라 ICT기술을 이용하여 전자정부화를 추진하여 국민과 정부 간, 정부부처 간 정보 이동을 원활히 하려는 노력들이 있어 왔다. 팽이 모델에서 국민과 정부를 잇는 민-관관계의 한 부분으로 ICT가 일조하는 것이다. 박근혜 정부는 정부 3.0 패러다임으로 공공정보 개방과 공유를 통해 국민 개개인에게 맞춤형 서비스를 제공하려는 노력을 하였다. 최근 문재인 정부는 '노(No) 플러그인' 공약에 따라 연말 정산 등 공공사이트에서 우리를 귀찮게 했던 '액티브X'를 제거하여 국민에게 편리한 행정서비스를 제공하고자 한다.

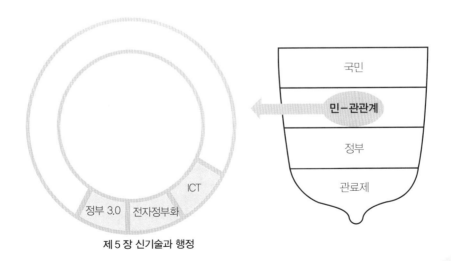

제 5 장 신기술과 행정

제 5 장
신기술과 행정

기술발달과 행정

I. 정보통신기술

새로운 기술은 인간관계와 인간사회를 바꿔 놓는다. 기술발달에 따라 행정이 사회에 대하여 수행하는 기능도 달라지고, 정부조직 내의 운영방식도 달라진다. 그 예가 컴퓨터와 인터넷으로 대표되는 정보통신기술(Information and Communication Technologies: ICT)이다.

전기적인 신호를 나타내는 방식에는 아날로그와 디지털 두 가지가 있다. 아날로그(analogue)는 사전적으로는 '있는 그대로의 모습'을 의미하고, 디지털(digital)은 숫자를 의미하는 'digit'에서 온 말이다. 아날로그는 연속되는 값으로 표현되는 반면, 디지털은 모든 정보를 0과 1이라는 두 숫자를 조합한 2진법을 사용한다. 아날로그 정보는 시간의 흐름선상에서 그 세기가 변하고 다양한 모습을 표현할 수 있지만, 정확성이 떨어지고 장기간 보관하기 어렵다. 반면 디지털은 0과 1로 표현되어 정확하다.

디지털정보는 컴퓨터의 발달로 인간생활의 방식을 완전히 바꾸는 혁명적 변화를 가져왔다. 원본(original)과 복사본(copy) 간의 차이라는 것이 의미가 없고, 인터넷으로 전 지구가 리얼타임(real time)으로 연결된 세상이 되었다. 소형 칩(chip)에 대용량의 디지털정보를 저장할 수 있는 기술이 엄청나게 빠른 속도로 진보하고 있다. 결과적으로 아날로그시대의 특성이었던 시간과 공간의 제약을 극복할 수 있게 된 것이다.

읽을거리

정보란 얼마나 중요한가?

우리가 낯선 나라에 여행을 가서 유적지를 찾아간다고 가정하자. 길치라서 길을 물어 겨우 갔는데, 길을 잘못 가르쳐줘서, 이리저리 빙빙 돌다가 8시간 후에 겨우 찾았다고 하자. 그런데 만약 그곳에 가는 지름길을 아는 사람이 가르쳐 주었으면 1시간이면 족한 거리이다. 이 경우 정보의 가치는 7시간이다. 공짜라고 보기가 어려운 것이다. 이를 위해 정부는 도시계획을 잘 하여 길을 쉽게 찾도록 만들고, 필요한 경우 곳곳에 여행안내소를 설치해야 한다. 하물며, 큰 이익을 낳을 수 있는 투자에 대한 정보, 자녀 교육에 대한 정보 등은 얼마나 가치가 있을까?

공산품의 대량생산으로 특징지어지는 산업사회는 아날로그 사회였다. 이제 정보통신기술이 발전함에 따라 정보가 재화나 용역보다 더 중요한 가치가 되었다. 마르크스가 주장한 '인간의 육체적 노동만이 가치를 창출한다'는 노동가치설을 뛰어넘은 세상이 온 것이다.

시간적으로 볼 때, 언제 어디서나 하고 싶은 일을 할 수 있는 '항상성', 즉 유비쿼터스(ubiquotus)의 사회가 도래하였다. 세계화 현상과 결부되어 개인적·조직적·국가적 관점에서 국내·외적으로 상호 영향을 미칠 수 있는 범위가 확대된 것이다.

신기술의 발달은 '정보화 사회(情報化社會, information society)'라는 사회 전방위적인 변화와 맞물려 행정에 혁명적인 변화를 가져오고 있다. 경제적으로는 개방화·세계화 현상이 가속화될 것이며, 정치적으로는 IT기술을 활용하여 정치참여가 증대하고, 직접민주정치를 실현할 수 있는 가능성이 높아진다. 사회적으로는 인간생활에 있어서 시간과 공간의 경계를 넘어서 다양한 교류가 가능해질 것이다.

정보화 사회
디지털 정보의 생산과 이용을 중심으로 하여 살아가는 사회

IT기술의 발달로 전 세계가 서로 영향을 주고받는 개방체제가 되었다. 정부의 입장에서는 이와 같은 현상으로 인하여 정부경쟁력을 높일 수 있는 기회와 위협의 요인이 상존하고 있다고 볼 수 있다. 무역과 국가 간 직접거래의 확대현상을 통해서 국가의 후생을 증진할 수 있으며, 경제문제에 대한 협력도 가능해졌다.

그러나 디지털 시대라고 해서 디지털 산업으로 모든 아날로그 산업이 대체되는 것은 아니다. 오히려 이 두 영역의 산업은 중첩하며 공존한다고 볼 수 있다. 예를 들어 온라인 쇼핑몰의 매출이 오프라인 쇼핑몰의 매출을 능가하는 와중에 일부 온라인 쇼핑몰은 근사한 오프라인 매장을 열어 특정 요일에만 운영하기도 한다. 상품가치를 극대화하는 방향으로 하이브리드형을 추구한 것이다. 독일의 경우 기계공업, 화학공업 등 아날로그적 산업에 ICT 기술을 응용한 산업이 결합하여 시너지 효과를 내고 있다. 디지털 시대에 아날로그 산업의 가치가 없어진 것이라기보다는 가치의 창출 방법이 고도화된 것이다.

Ⅱ. 디지털과 행정

Nye(2002)는 정보화를 사회 각 부분을 혁명적으로 바꾸는 힘으로 보고, 정치행정에도 많은 변화가 있으리라고 예측하였다. 시간과 공간을 초월할 뿐만 아

니라 거래비용이나 관리비용을 급감시키기 때문에, 정부의 운영도 영향을 받게 될 것이라 보았다. 한계비용이 0인 사회가 온 것이다(리프킨, 2014). 예컨대, 비용 때문에 획일적으로 행정서비스를 제공하던 것을, 이제는 컴퓨터를 통하여 각자의

읽을거리

디지털 네이티브

미국 동부 표준시간 기준 저녁 9시, 스무 살 대학생 저스틴은 쇼파에 편하게 앉아 TV를 보고 있다. … 그러나 저스틴은 TV를 보는데 그치지 않는다. 무릎 위에 노트북을 올려놓고 TV 화면을 보는 동시에 누군가와 끊임없이 채팅을 한다. … 저스틴은 필요하다면 인터넷 검색과 온라인 쇼핑까지 한 번에 한다. 이뿐만이 아니다. 한 손으로는 여자친구에게 걸려온 휴대전화까지 받고 있다.

저스틴이 현재 하고 있는 일은 몇 가지일까? 지켜보는 사람조차 정신없을 지경이다. 하지만 정작 저스틴에게는 한 번에 여러 디지털 기기를 사용하는 멀티태스킹(multitasking)이 너무나도 자연스럽다. … 도대체 이런 일이 어떻게 가능할까? 정답은 간단하다. 저스틴은 '디지털 네이티브(Digital natives, 디지털 원주민·원어민)'이기 때문이다.

디지털 네이티브란 개인용 컴퓨터, 휴대전화 등 휴대용 단말기와 인터넷의 대중화 등의 디지털 혁명으로 탄생한 신인류이다. 태어나고 자랄 시기부터 디지털 문명이 발달해 있었기 때문에 각종 디지털 기기 사용에 익숙하고 신기술에 대한 저항감이 매우 적은 새로운 집단이다.

미국의 교육 전문가인 마크 프렌스키(Marc Prensky)가 2001년 쓴 글에 디지털 네이티브라는 용어를 사용한 뒤, 이 표현은 주목을 받으며 확산되기 시작했다. … 그는 "오늘날의 학생은 새로운 기술과 함께 성장한 첫 번째 세대"라며 "컴퓨터와 비디오게임, 디지털 음악기기, 비디오카메라, 휴대전화 등에 평생 둘러싸여 살아왔다"고 했다.

프렌스키에 따르면, 요즘의 평균적인 대학생은 평생 독서에 5000시간을 투자하는 반면 비디오 게임을 해온 시간은 1만 시간에 이른다. 이전 세대와 다른 경험을 해오며 성장한 최근의 젊은 층을 프렌스키는 디지털 네이티브라고 지칭했다. 컴퓨터, 비디오게임, 인터넷 등을 통한 디지털 언어의 '네이티브 스피커(원어민)'라는 맥락에서다.

프렌스키는 디지털 네이티브와는 다른 '디지털 이주민'이라는 개념 또한 정의했다. 태어날 때부터 디지털 환경에 익숙한 디지털 네이티브와는 달리 디지털 이주민은 최근에 디지털 문명을 접하게 된 세대이다. 즉 현재 0세~20대의 디지털 네이티브 보다는 연령대가 높은 현재의 30~40대 이상이 디지털 이주민인 셈이다. 아날로그 환경 속에서 살고 있다가 디지털 세계로 '이민' 왔다는 의미로 디지털 이주민을 풀이할 수 있다.

… (중략) …

교육 전문가인 프렌스키가 디지털 네이티브의 개념을 강조한 이유는 교습법 때문이었다. 오늘날의 학생을 가르치는 교수와 교사는 디지털 이주민이기 때문에 자신과 다른 세대를 지도하기 위해서는 디지털 네이티브의 성향을 간파하여 이전과는 다른 교습법을 활용해야 한다고 주장했다.

출처: 김상훈(2009). 비즈트렌드 연구회. 125-129.

수요에 맞게 관리하는 맞춤형 행정이 가능하게 되었다.

1990년대 이후부터 이미 한국정부는 정보화의 중요성을 간파하여, 강력한 정보화전략·정책을 추진하였다. 그 결과 이제 세계적으로 정보화 사회화에 앞서가는 나라가 되었다. 정보화 사회의 특징으로 꼽을 수 있는 내용들을 살펴보면 다음과 같다(오석홍, 2011; 권기헌, 1997; Toffler, 1980; Peter F. Drucker, 2002). 첫째, 정보산업이 산업구조에서 주도적인 역할을 점유하게 된다. 둘째, 정보혁명과 정보폭증현상이 발생하며, 셋째, 탈산업화·탈관료화 등의 현상이 생긴다.

ICT는 행정에도 많은 변화를 가져왔다. 전 세계적인 관심과 정보교환으로 아랍의 Jasmine혁명과 같이 각 국가의 민주화 운동이 가능해졌다. 또한 국내문제와 국제문제의 구분이 불분명해졌다. 각종 아이디어의 교환이나 혁신의 전파는 커다란 노력 없이도 쉽게 이뤄지고 있다. 민영화, 인력감축, 개방정부, 전자정부, 성과관리, 고위공무원단제도, 권한위임, 지방분권과 관련한 이슈들이 서로 영향을 받고 있다. 정보공개법의 제정도 1980년까지는 OECD 30개 국가 중에서 7개 국가였지만 2007년에는 29개국이 완료했고, 이제 전세계적으로 보편적인 현상이 되었다. 이러한 흐름이 세계화 추세와 IT기술의 발달로 가속화되고 있는 것이다.

ICT혁명은 현실세계와는 별도의 가상현실(cyber space)을 창출했다는 점을 주목할 필요가 있다. 공원(park)과 같은 물리적 공공 공간(public space)과는 다른 차원으로서 가상의 공공 공간(cyber public space)도 창출되었다(임도민, 2016). 인터넷 사용은 개인 단위로 하지만, 이들이 상호작용하면서 공공 공간이 생긴다. 인터넷 커뮤니티가 그 대표적인 예이다. 대부분 동호인들간의 교류장소이지만, 정치적인 주제에 관해서도 의견을 많이 주고 받는다. 도명록(2015)의 연구에 의하면, 정치적 이슈에 대하여 소수의 네티즌이 각종 정보에 대한 판단을 주도하는 역할을 하고 이것이 실시간으로 확대재생산되는 현상이 발견되었다. 즉, 이 기준에 의해 지속적으로 정부불신을 강화하고, 기득권층을 '적'으로 만드는 배타적 집단주의가 생긴다.

가상현실에서 일어나는 것들은 현실세계와는 전혀 다른 개념과 규제가 필요하다. 실시간으로 대량의 정보의 교환은 물론이고, 이제 가상현실에서는 비현실적인 것도 할 수 있게 되어 인간의 욕구를 충족할 수 있다. 따라서 새로운 행정의 기능과 역할이 요구된다.

국제적 사이버테러 등 과거에 없는 현상이 벌어지는 것을 보면 이를 이해할 수 있다. 한 서버에 백만 대의 컴퓨터가 접속을 시도하면, 그 서버는 접속이 불가능한 마비상태가 온다. 이를 분산서비스거부(Distributed Denial of Service), 혹은 디도스(DDoS) 공격이라고 한다. 최근 북한이 우리나라의 공공기관 서버를 공격한 것이 그 예이다.

물리적 국경을 지키는 국방과는 별도로 사이버 공간(cyber space)의 안전도 생각할 수밖에 없게 되었다. 다른 사람의 컴퓨터에 허락 없이 들어가 중요한 정보를 빼어가는 해킹의 문제가 그 예이다. 이에 정부는 경찰청 사이버테러대응센터, 인터넷침해대응센터 등의 기관을 신설하여 국민들의 사이버 공간에서의 안전을 위해 노력하고 있다.

한편 신기술의 발달은 경제 부문의 확장현상으로도 나타나고 있다. 최근 온라인 쇼핑의 발달로 '해외직구'가 인기를 끌고 있다. 소비자들은 직접 해외 온라인 쇼핑몰에서 물건을 구입하여 보다 합리적인 가격과 다양한 선택의 이점을 누리며 무역 장벽을 무너뜨리고 있다.

또한 2009년에는 변동성, 국경 없이 값싼 거래비용, 컴퓨터의 이용을 가지고 등장한 전자화폐인 '비트코인'의 발행이 시작되었다. 2017년에는 투기 위험성 때문에 중국, 한국 등에서 비트코인 거래소가 폐쇄되기도 하였다. 이렇듯 ICT는 앞으로 어떻게 경제구조를 뒤엎어 버릴지 알 수 없다.

분명한 것은 세계화는 폐쇄체제(closed system)로서의 행정을 개방체제로 만들었다는 점이다. ICT는 개방체제로서 기능할 수밖에 없는 불가역의 수단이 되었다. 행정과 환경을 구분하는 과거의 체제론이 이제 낡은 것이 되어 버린 것이다. 이에 따라 국내영토에서 독점적으로 행사되었던 행정부의 권한이 상대적으로 축소되고 외부의 요소가 많이 작용하고 있다는 점은 받아들여야 할 현실이 되었다. 기술발전만을 추구하는 사람들은 정부의 규제가 장애물이라고 주장한다.

그러나 이것이 곧 국가의 퇴조, 그리고 행정의 쇠퇴라는 일부 학자들의 주장은 피상적인 이해라고 볼 수밖에 없다. 신기술의 발달이 주권국가의 힘을 약화시킬 수 있을지 모르지만, 오히려 정부에 새로운 역할을 부과하기로 한다. 민간기업들의 창의력으로만 기술발전이 이뤄지는 것이 아니다. 그동안 한국에서는 정부의 적극적인 지원 하에 ICT가 고도로 발전하여 경쟁력을 확보했음을 깨달아야 한다. 오히려 개방체제가 됨에 따라 정부가 플랫폼(platform)을 만들고, 국가의 이익보호를 위해 할 일은 더욱 많아졌다고 볼 수 있다. 예컨대 국제적 차원에서 사용될 규칙을 만든다든지, 표준(standard)을 설정하는데, 정부행정의 역할이 지대하다.

ICT와 전자정부

I. 전자정부의 개념 진화

전자정부
"정보기술을 활용하여 행정기관의 사무를 전자화함으로써 행정기관 상호간 또는 국민에 대한 행정업무를 효율적으로 수행하는 정부"(전자정부법 제2조 제1호)

정보통신기술(ICT)을 어떻게 행정에 활용하느냐도 매우 중요한 일이다. 이를 포괄하는 개념이 바로 전자정부(e-government)이다. 전자정부란 '의도된 목적을 달성하기 위해 정보통신기술을 활용하는 정부'라고 정의할 수 있다(김태은 외, 2008). 컴퓨터가 발명되고 인터넷이 사용되기 시작할 때에는 전자정부의 개념도 비교적 간단하였으나, 그동안 IT기술이 급격하게 발전하여 다양한 차원과 개념이 나오게 되었다.

전자정부는 개념으로서도 끊임없이 발전하고 있다. 이 발전단계에 대해서 Layne and Lee(2001), Reddick(2004), Seifert, Jeffrey W., and Glenn J. McLoughlin(2007), Kurt et al.(2006: 18-19)의 것을 소개하면 다음과 같다.

- 출현단계(presence): 마치 종이로 인쇄된 정보지와 같이 비교적 정적인 정보를 제공하기 시작하는 단계
- 상호작용(interaction): 이용자로 하여금 정적인 것보다 발전된 추가적인 의사소통수단을 허용하고, 일부 다운로드 받을 수 있도록 하는 단계
- 거래단계(transaction): 사용자가 인허가 등 서비스를 온라인으로 요구하거나 비용지불을 할 수 있는 단계
- 변혁단계(transformation): 고전적 관료모형에서 벗어나 새로운 차원의 국민(시민)이 형성되어 행정과정 자체가 바뀌는 단계

한국정부는 일찍이 정보통신부와 정보화촉진기금을 신설하고, ICT분야에 과감하게 투자하는 등 세계적으로 가장 적극적이었다. 이러한 노력이 결실을 맺어 2010년 이후 한국은 UN이 평가하는 전자정부화 부문에서 계속하여 세계 1위를 기록하는 등 ICT부문에서 정부경쟁력을 확보하였다. 이 분야에서는 다른 나라에서 미처 시도하지 못한 것을 많이 달성하는 성과를 이뤘다. 적어도 개념상으로는 아래 전자정부의 3유형 중 두 번째에 진입하였다고 볼 수 있다. 즉, 유비쿼터스 정

표 5-1 | 전자정부의 3유형

	Emergent e-government	Advanced e-government	Mobile government
의사소통방향	One-way	Two-way	Many-way
정체 체재	권위적	민주적	자주적
생산방식	수동	적극	자동
정부구조	집권	분권	근접
정보내용	보편적	개인적	구조적
기 술	Webpage	Application	API

부의 실현을 위해 노력하고 있는 것이다. 유비쿼터스 정부란 '유비쿼터스 기술을 적극 도입하고 이를 리엔지니어링·리스트럭처링 등 다양한 행정혁신과 결합하여 내부적으로 행정효율성을 높이고 외부적으로 언제 어디서나 개인화되고 중단 없는 맞춤서비스를 제공하는 유비쿼터스 시대의 새로운 정부 형태'를 의미한다(한 국행정학회, 행정학전자사전).

그러나 아직 개인정보보호(privacy)라든지 건전한 의미의 정보공개, 관료제 의 역기능 해소와 같은 변혁단계(transformation)로 진입하는 단계에 있는 것 같 다. 이를 스마트정부라고 표현하는 사람도 있다. 즉, 현재의 성과는 하드웨어 측면 에서 국한할 때 외국에 비해 앞서 있는 것이 사실이지만, 실제 그 활용을 충분히 하지 못하는 문제를 안고 있다. 인간존중적·사회보호적 차원에서는 아직 개발해 야 할 과제가 많이 있다.

Ⅱ. 한국정부의 정보화추진 과정

한국은 초기에 행정부 내의 사무업무처리 효율성 증진과 같은 소극적 개혁을 추진하였다. 정보화기술이 거의 발달하지 않은 80년대에 있었던 사무자동화개혁 에서 그 근원을 찾을 수 있다. 과거 행정부 내 공문서는 주로 손으로 썼고,[1] 많은 양이 필요할 때는 철필(鐵筆)로 원지에 써서 윤전등사기로 만들던 시기가 있었

---

1 조선시대때 사람을 평가하는 기준으로서 신언서판(身言書判)에 '書'가 이와 관련된다. 이때는 붓글씨를 의미하며, 오랜 수련을 통해 멋진 글씨체를 가진 사람이 훌륭한 인격도 갖추었음을 의미한다.

다. 각 행정관서에는 글씨를 잘 쓰는 필경사와 '등사실'이 있어 이런 종이문서 생산업무를 담당했다. 이를 수동 타자기(type writer)로 치는 사무자동화를 이룬 것이다.

첫째, 타자기라는 아날로그에서 컴퓨터인 디지털로 사무관리방식이 바뀌면서 행정사무의 질은 혁명적으로 발전해 왔다. 이에 한 걸음 더 나아가, 90년대에는 종이 없는 사무실(paperless office)로의 개혁을 슬로건으로 내걸었다. 이로 인해 각 사무실에 있었던 타자수들이 실직을 하게 되었지만, 실제 종이 없는 사무실은 쉽게 실현되지 않았다. 소위 품의제도(稟議制度)[2]라는 결재시스템(decision making system)이 있어서 상관들은 결재를 할 경우 종이로 된 것을 보는 습관을 그대로 가지고 있기 때문이다.

둘째, 행정문서를 생산, 유통, 보고, 승인, 보존하는 것을 종이의 형태가 아니라 전자적으로 하는 것이 1998년 '전자결재 및 전자문서 유통 활성화 계획'을 시작으로 본격화되었다. 이 단계의 핵심적인 변화는 품의제도를 전자적으로 하기 위해 손으로 사인하던 것을 전자적으로 서명해도 법적인 효력이 있게 하는 조치를 한 것이다. 이를 위해 사내통신망(intranet)과 같은 전자문서유통시스템을 만들어 외부에 공개되지 않도록 문서유통을 하였다. 또한 사무실마다 문서보관용 캐비넷이 많이 있던 것이 변하여 전자적으로 행정기록물이 관리되도록 하는 기록물관리 시스템의 변화가 있었다. 그러나 문서생산량은 기대한 만큼 줄지 않았고, 정부관료제 내 일하는 방식도 크게 변화가 없었다.

셋째, ICT기술을 주로 행정조직 내부에서 활용하는 데서 벗어나 다른 기관 간 혹은 국민 간 소통하는 단계로 발전하기 시작하였다. 표준화 작업, 배달증명시스템 구축, 정부전자문서유통센터 구축, 대상기관의 확대 등이 필요하게 되었다. 특히 '나라장터'라는 전자조달통합시스템이 구축되어, 정부입찰업무부터 계약체결까지 전자적으로 하게 된 것이 그 성공사례이다(Im, 2007). 복잡한 예산회계사무를 통합한 디지털예산회계시스템도 또 다른 예이다. 현재 69개의 행정정보시스템과 시스템을 연동시켜 운영하고 있다.

국민들은 이제 관공서에 가지 않고 집에서 컴퓨터로 각종 증명서를 발급받을 뿐만 아니라, 세금신고 및 납부 등 실질적인 행정업무를 집에서 처리할 수 있게 되었다. 또한 정보 접근과 획득이 용이해짐으로써 투명성을 증가시켰고, 이는 정부 부패 위험을 감소시키는 데 큰 공헌을 하게 되었다. 종이 문서로 업무를 수행하던 과거와 달리 업무전산화로 인해 업무 수행과정이 기록에 남기 때문에 행정

---

2 자세한 것은 제9장을 참조.

조직 내부 뿐 아니라 외부와의 소통과정에서 생길 수 있는 비리를 차단할 수 있게 된 것이다.

이와 같이 정부에서는 IT기술을 활용하여 정부활동의 효율성을 더욱 증대시 키고자 많은 노력을 하고 있다. 전자정부화를 지지하기 위한 법률로서 「전자정부 법」, 「전자정부구현을위한행정업무등의전자화촉진에관한법률」, 「정보화촉진기본 법」 등이 제정되었다. 아날로그식 행정체제에 디지털식 업무처리 방식을 도입하 는 데에는 선결되어야 하는 많은 문제점이 있다. 이를 위해 각 행정기관에는 정보 화 책임관(CIO, Chief Information Officer)을 두어, 업무를 총괄하게 하고 있다.

CIO
기관내 정보화 문제를 총괄하 는 책임자로서, Hardware적인 것은 물론이고, 전자행정시스템, 일반부서, 일반국 민간의 정보유통 의 문제까지 총괄 하는 역할을 한 다. 우리나라에는 '정보담당관'이란 직명이 있고, 전 산직 공무원 출신 이 임용된다.

 ## Ⅲ. 전자정부의 효과

1. 행정관료제의 변화

전자정부는 많은 효과를 가져온다. 행정활동에서 즉시성(즉, 실시간)의 특성 으로 행정현실은 혁명적으로 변화시켰다. 과거 막스 베버가 주장한 전통적 행정 관료제는 관료들의 익명성(anonym)을 보장하고, 행정의 비밀은 당연한 것으로 여겼다.

정부의 관료집단 역시 변화를 겪게 되는데, N. Henry(2010: 127)는 "정보 관료(infocrat)"라는 용어를 사용하여 설명하고 있다. 정보기술을 활용한 행정 으로 인해 전자정부가 발전해 나가면 street-level bureaucracy에서 screen-level bureaucracy, 나아가 system-level bureaucracy(일명 infocracy)로 관료집단의 성 격이 대체되어 간다고 하였다. 즉 관료집단이 시민을 대면하는 방식과 성격이 직 접 대면에서 컴퓨터 화면상의 대면으로, 나아가 시스템 수준의 대면으로 바뀌어 간다는 것이다.

우선 과거 관료제의 불투명성에서 기인하던 행정부패가 감소되는 효과가 있 다(Bertot 외, 2010). 김태은 외(2008)는 정보화가 특히 OECD국가와 같이 선진 국에서 부패감소효과가 확실히 있음을 실증자료를 통해 주장하였다.

전자정부화의 실질적이고 가장 가시적인 효과는 행정관료제의 효율성 증대 이다. 아직 이 분야에는 무한한 가능성이 있다. 몇 가지를 예시하면 다음과 같다.

• 조직의 칸막이 제거: 행정정보공동이용을 통하여, 행정기관 간의 정보를 공

유함으로써 많은 효율성을 높일 수 있다. 과거 부처이기주의로 인하여 정보가 공유되지 않았고, 결과적으로 비슷한 정보를 복수의 조직에서 생산하고 보관하는 등 비효율성이 비일비재하였다. 전자정부법 제36조는 행정정보를 공동으로 이용해야 하며, 다른 행정기관이 정보를 제공할 수 있는 경우에는 같은 내용의 정보를 수집하는 것을 명시적으로 금하고 있다. 그러나 자기 조직의 정보독점 경향, 부처이기주의, 개인정보보호 등의 이유로 실제로 제도 개선은 더디게 일어나고 있다.

- BPR(Business Process Reengineering): 경영학에서 사용하는 개념으로 업무처리 절차를 근본적으로 개혁함으로써 기업의 생산성을 높이려는 기법을 통칭한다. 우리나라 행정에서도 불필요한 업무줄이기를 통해 이러한 개혁을 많이 시도하였다. 민원인의 입장에서 업무흐름도(work flow)를 파악해보면, 실제로 꼭 필요하지 않으면서 관료적 편의에 의해서 생긴 절차들이 많이 있다. 이런 것을 과감히 줄이려는 노력이다. ICT의 활용은 BPR에 획기적 도움이 될 수 있다.

- ERP(Enterprise Resource Planning): 경영부문에서 사용하는 개념으로서 물품의 생산, 유통, 재고관리, 인사관리, 재무관리를 한 눈에 볼 수 있도록 하는 패키지형 IT 솔루션이다. 그동안 한 회사 내에서도 각 부분별로 따로 정보를 관리하고 업무를 수행하던 것을, 컴퓨터 소프트웨어로 통합하여 종합관리하는 것이다. 행정조직에서는 아직 이러한 것을 본격적으로 사용하지는 못하고 있다. 그러나 잘 활용하면, 효율성 제고에 크게 기여하여 정부조직의 경쟁력을 높일 수 있는 잠재력을 가지고 있다.

정부에서 ICT의 활용은 장밋빛으로 보이지만 실제로 보기와는 달리 매우 복잡한 문제를 안고 있다. 가장 큰 이슈가 개인정보보호의 문제이다. 주민등록번호 등 개인정보가 유출됨으로써 많은 피해가 나타날 수 있기 때문이다. 그동안 전 국민에게 주민등록번호와 같은 ID를 부여하여 효율적인 행정을 할 수 있었다. 그러나 주민등록번호 도용 등으로 피해를 입는 사례도 많아졌다. 그동안 행정에서 '효율성'만이 유일한 가치로 추구되었던 것에 대한 반성이 필요한 것이다.

2. 정보설계

전자정부화로 관료제의 투명성 제고를 어떻게 하느냐에 따라 효과는 다르다. 즉, 정보를 공개하는 경우에도 실제로 전자정보화의 의도와는 다른 결과가 나타날 수 있다. 예를 들면 정부 내 정책결정과정을 공개 하는 경우, 정책의 내용을 공개하는 경우, 추진한 정책의 효과를 공개하는 경우가 각각 다르다(Porumbescu, 2013).

후진국의 경우 정보를 성실하게 공개하지 않는 경향이 있다. 정부의 특정 정책 효과를 과장되게 홍보하는 것이다. 이 경우 오히려 더 큰 정부불신을 가져오게 된다. 정책의 내용도 마찬가지다. 기관장들은 정책의 효과를 과장하여 자신의 업적을 돋보이게 하려고 한다. 그러나 정책결정 과정을 공개하는 것이 전자정부화 효과를 달성할 수 있는 가장 강력한 것인데도 불구하고, 실제로 잘 이뤄지지 않는다.

지식과 정보(Knowledge & Information)가 중요한 행정의 수단이 되어 단지 전산직 정보화 책임자(CTO)가 아니라 좀더 넓은 의미에서 정보설계자(Information designer)로서의 행정가가 필요하게 되었다. 정보설계는 단순히 컴퓨터의 원리뿐만 아니라, 통계학, 사회학, 심리학, 경영학 등 다양한 분야의 지식이 필요한 분야이다. 이제 행정관료는 행정학적 차원에서 정보설계자가 되어야 한다. 이런 활동을 정책설계(policy design)라고 한다. 특히 여러 가지 정책이 정책대상집단에게 어떻게 인식되고, 순응되고, 집행되는지에 관해서는 행동경제학적 시각에서 정책을 설계해야 한다.

예컨대, 투명한 행정으로 개혁한다고 하더라도 효과는 정책 대상의 특성에 따라서 다르다. 정보를 공개함으로써 행정에 더욱 관심을 갖게 되는 층, 이미 정부의 정책에 많은 관심을 갖고 있는 층, 정보에 무관심하고 이용을 하지 않는 층이 있다. 즉, 정책에 관심을 갖는 정도와 정보의 이용정도에 따라 다르다. 다음의 표에서 Ⅳ집단에게는 아무런 효과가 없을 것이다. 정책에 관심이 없지만 정보이용을 많이 하는 Ⅲ집단에게는 정책에 대한 관심을 갖도록 하는 것이 우선적으로 필요하다.

정보화의 효과는 신기술을 어떻게 사용하느냐에 따라 상당히 달라질 수 있다. 따라서 전자정부화에 예산을 투입했다고 해서 그동안의 문제가 해결되는 만병통치의 수단으로 생각하면 안 된다. 정보공개를 통한 투명성의 제고와 정부 부패의 관련성도 마찬가지다. 부패와 관련된 정보를 공개하느냐가 중요한 것이지,

정보설계
정보를 추적, 발굴하고, 잘 가공하여 유용하게 전환시키는 것. 행정에서는 정보를 잘 설계하여 행정의 목적을 달성하게 하는 것.

표 5-2 | 정책-정보 집단구분

정보이용 정책에 관심	강	약
강	I	II
약	III	IV

일반적인 정보공개가 부패를 감소시키는 것은 아니다.

　　물론, 전자정부화는 행정과 상호작용해야 하는 시민들에게도 많은 변화를 가져왔다. 편리성이 증가하고, 행정업무에 소요되는 시간이 과거에 비하여 상당히 절약되었다. 투명성의 획기적 증대는 행정의 민주화에 기여한다. 예컨대, 이제는 인터넷으로 민원을 접수함으로써 아무리 권력이 센 사람도 대기순서를 무시하고 '새치기'를 하기 어려운 시대가 되었다. 그러나 그동안 투자한 예산에 비하여, 숙의민주주의와 같은 결실을 충분히 거두지 못하고 있다.

제3절　4차 산업혁명과 행정

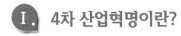

I.　4차 산업혁명이란?

1. 기술발달의 역사

　　현재까지 산업은 네 가지로 분류된다. 1차 산업은 농수산업, 2차 산업은 공업, 3차 산업은 서비스업, 4차 산업은 지식 산업(knowledge industry)이다. 그러나 최근 산업의 차수를 높여가며 일궈낸 인류의 급격한 경제적 발전에 대해 '분류'보다 '혁명'이란 개념이 적절하다는 주장도 있다.

　　유럽에서 18세기에 일어난 1차 산업혁명은 증기기관의 발명을 계기로 일어난 에너지와 동력에 관한 혁명이다. 2차 산업혁명은 19세기 백색에너지로 불리는 전기의 발명을 계기로 일어난 산업의 변화이다. 3차 산업혁명은 20세기 후반 인터넷의 발명으로 인한 정보산업혁명이다.

4차 산업혁명은 21세기 초반부터 일어나는 여러 기술발달이 결합되어 가져올 복합적 변화를 지칭한다(Schwab, 2016). 즉, 인터넷 도입 후 일어난 변화에 더하여 인공지능(Artificial Intelligence), 빅데이터, 사물인터넷(Internet of Things), 모바일 등의 발달이 상호연결되어 인간생활에 가져올 커다란 변화를 말한다. 그런데 4차 산업혁명이란 표현은 2016년 세계경제포럼(WEF)에서 사용하기 시작했지만, 정보혁명인 3차 산업혁명의 후속편이라는 의미에서 '3.5차 산업혁명' 정도라고 보는 것이 주로 미국에서의 시각이다. 반면 제조업이 강력한 독일과 일본의 경우 정부 주도로 4차 산업혁명을 내세우며 ICT기술과의 융합을 통한 노동 혁신을 꾀하고 있다.

4차 산업혁명이 과거의 산업혁명과 다른 점은 방대한 규모로 축적된 데이터를 매우 빠른 속도로 처리하기 때문에 원하는 결과가 빠르고 쉽게 얻어진다는 점이다. 스마트폰의 발달로 인간이 인터넷에 항시 연결되어 있기 때문에 혁신이 빠르게 확산된다는 점도 중요하다.

그러나 AI와 같은 기술발달이 인간능력을 넘어설 것이라는 속단을 할 필요는 없다. 컴퓨터는 기본적으로 모든 정보를 0과 1이라는 형태로 인식하고, 이를 계산(computing)하는 존재임을 잊지 말아야 한다. 즉, 컴퓨터에서 나오는 결과물은 우리를 놀라게 할 정도로 발달된 형태이지만, 이를 산출하는 과정인 블랙박스에서의 연산은 단순하다는 것이다.

4차 산업혁명
신기술의 발달이 가져올 인간생활 방식과 사회의 변화를 통칭한다.

2. 4차 산업혁명의 주요 내용

3차 산업혁명에 비하여 4차 산업혁명은 인간의 생활에 어떤 변화를 가져올 것인가? 이미 자동차, 로봇 등의 발달로 인하여 과거에 생산요소로서 중요시 되었던 인간의 육체노동의 중요성이 많이 감소되었다. 장소와 시간의 제약 등 많은 제약에서 해방되었다. 4차 산업혁명은 다음과 같은 점에서 국민들의 생활에 큰 변화를 가져올 것이다.

첫째, 초연결성(hyper-connectivity)으로 인한 인간생활의 변화이다.

사물인터넷(IoT)과 모든 것의 인터넷(IoE)으로 인간과 기계가 연결되고, 다른 사람의 중계가 필요 없이 인터넷이 순간순간 필요한 문제를 해결해 줄 것이다. 그동안 데이터 간의 호환성 부족으로 인한 정보 교류의 칸막이가 있어 효율성이 떨어졌다고 한다면, 이제 서로가 연결된 사회가 될 것이다. 예컨대, 우리의 혈압, 체온 등 건강상태가 스마트폰을 통하여 항시 체크되어 사무실의 온도 조절이나 의료서비스가 비서나 전문가가 필요 없이 사람들은 인터넷을 통하여 일상생활에서 일어나는 불편함을 해결할 것이다.

둘째, 지능정보화로 인하여 지식이 생산되고 교환되는 방식이 획기적으로 바뀔 것이다. 빅데이터의 축적과 인공지능은 데이터 사이언스와 머신러닝(machine learning)을 가능케 하여, 창의성이 발휘되는 소위 딥러닝(deep learning)이 생길 것이다. 예컨대 번역과정에서 소비자가 한편으로는 영어 → 일어, 다른 한편으로는 일어 → 한국어를 각각 사용해 왔는데, 시간이 지나면 컴퓨터가 스스로 알아서 영어 → 한국어로 직접 번역을 한다는 것이다.

딥러닝
그동안 투입한 정보에 한정한 연산처리를 해왔던 컴퓨터가 그 이상의 것을 찾아내어 창의적 결과를 산출하는 것

과거에는 상상하지도 못했던 엄청난 양의 데이터를 사용하고, 소비하는 시대가 될 것이다. 이를 바탕으로 그동안 로봇은 인간의 손발을 대체해 왔다고 한다면, 이제 인간의 두뇌까지 어느 정도 대체하게 된다. 컴퓨터가 소설을 쓰고, 신문기사를 쓰며, 고위 정책가를 대신하여 복잡한 정책분석을 대신할 수 있을 것으로 예상된다.

셋째, 그동안 각 분야에 분리되어 제각기 작동하였던 것이 융합되어 시너지 효과를 낳게 된다. 의료분야, 공산품 생산 공장이, 서비스 산업 등이 서로 연계되게 된다. 원하는 제품이 주문-대기시간을 거치지 않고 3D 프린터를 통해 집근처에서 즉시 생산되게 된다. 예상치 못했던 상황이 벌어지면 불량품을 생산하던 과거의 생산 공장에 반해 이제 재료의 불안정이나 정전 등의 상황이 발생해도 적절한 조치를 스스로 취하여 최고의 제품이 생산되는 스마트 공장이 작동하게 될 것이다.

이는 산업부문에서 과거 테일러 혁명이 가져온 소품종 대량생산(mass production)에서 다품종 소량생산으로의 변환과 동시에 가격이 떨어질 것이라는 것을 의미한다. 다양한 수요를 낮은 가격에 충족시키는, 수요-공급 곡선 자체의 이동이 일어나는 것이다. 행정서비스는 역시 고객맞춤형(customize)으로 공급될 것이다. 건강진단 및 치료와 같은 적극적인 보건복지 보장 행정서비스부터 납세고지서 발급과 납부 등 조세행정에 이르기까지 국민의 요구 및 별도의 행정 노동이 없이도 자동 전산화되어 이루어지는 시대가 열리는 것이다. 범법 행위에 대해서도 자동적인 처벌이 이루어질 것이다.

요컨대, 4차 산업혁명은 인간의 필요나 욕구를 즉각 즉각 실현시킬 수 있는 방향으로 삶의 방식전환을 가져온다. 다시 말하면, 기계를 통하여 시간의 단축, 즉 실시간(real time) 시대가 오는 것이다. 그동안에는 개인이 무엇이 필요한지 느끼

는 '인지'하는 시간(sensing)이 없어질 것이며, 이것을 상품이나 서비스로 생산하는 시간도 거의 필요하지 않는 시대가 올 가능성이 높다.

또한 4차 산업혁명시대에는 시간을 저장할 수도 있다. 현실의 3차원 공간에서 일어나는 소리와 영상을 저장할 수 있는 빅데이터가 디지털 공간에 시간을 저장하는 역할을 하는 것이다. 디지털화된 시간은 인간이 언제든 현실세계에 소환하여 사용할 수 있다. 소비되는 시간이 거의 없고 필요한 시간을 저장할 수도 있는 '시간'의 혁명인 것이다.

Ⅱ. 4차 산업혁명과 정부의 역할

1. 적극설과 소극설

4차 산업혁명의 부정적 미래를 점치는 사람도 있지만 인류의 생활을 혁신적으로 바꿀 이익을 가져올 것이라는 의견이 다수이다. 국제경쟁 사회에서는 어떻게 이 혁명을 앞당기느냐의 문제에 관심을 집중한다. 4차 산업혁명에 관련된 치열한 국제 기술 개발 경쟁에서 뒤지면, 기술이 앞선 나라에게 경제적, 과학적으로 종속될 것이라는 걱정 때문이다. 4차 산업혁명 과정을 촉진시키기 위한 행정의 역할에 대해서 적극설과 소극설로 의견이 나뉜다.

소극설은 정부는 새로운 변화를 주도하기 부적합한 주체라고 보면서 행정의 주도적 역할은 필요없다는 입장이다. 정부가 할 수 있는 가장 좋은 일은 신기술발전에 장애가 되는 기존의 규제를 푸는 일이다. 이 입장에 따르면 방향이나 구체적인 전략을 정부가 정하기보다는 민간에게 넘겨야 한다. 주로 관료제적 병폐를 비판하는 이공계 학자들이 주장으로, 신자유주의를 신봉하는 규제개혁론자의 논리와 같다.

그러나 이들은 규제정책의 부정적 측면만을 강조한다는 점에서, 과학기술발전이라는 부분 이익 이외의 사회 전체라는 전체 이익(general interest)을 보지 못하는 한계가 있다. 사회 전체의 이익 측면에서 바라보면, 특정 시점의 특정 규제가 가져오는 이익이 기술개발을 저해하는 비용보다 클 수도 있다. 예를 들어 드론에 대한 사회적 인지가 낮은 상황에서 주택가를 날아다니다 인명 사고를 일으키는 드론의 문제를 선제적인 행정 규제 외의 방법으로는 감당하기 어렵다. 규제 정책은 안전과 같은 사회적 합의가 확보되는 시점에서부터 문명의 이기를 사용토록

하게 하는 시점간에 시간조절의 문제이다. "드론의 안전한 운행환경"에 대한 드론 사용자와 국민의 합의 이후에 비로소 드론 기술의 적절한 활용이 이뤄지도록 규제하는 것이다.

요컨대 4차 산업혁명에 관련된 기술 개발의 장애가 되는 규제 중 무엇을 먼저 어떤 방식으로 풀어야 하는지도 미지수다. 기존 규제가 반드시 역기능만 있는 것이 아니고 일부 순기능도 있기 때문이다. 따라서 행정 규제 정책에 대한 소극설의 입장은 복잡한 4차 산업혁명의 시대에 일차원적인 접근 방식이라고 볼 수 있다.

적극설은 정부가 방향을 설정하여 주도적 역할을 해야 한다는 입장이다. 독일의 메르켈 정부가 'Industrie 4.0'이란 계획을 가지고, 민간이 참여하는 '협의체'를 만들어 강력히 추진한 것이 그 예이다. 독일 정부가 4차 산업혁명에 주목하는 이유는 전통적으로 2차 산업에 강점이 있는 산업구조로서 정보화에 늦어지는 경우 중국과 같은 저임금 사회의 추격에 따른 경제전쟁에서 불리하다는 인식 때문이다. 전통적인 제조업에 ICT를 접목하여 고부가가치를 창출하려는 4차 산업혁명에서 독일은 정부 주도로 괄목한 성과를 얻은 것으로 평가되고 있다. 일본의 아베 정부 역시 'Industry 4.0'이란 정책으로 공장자동화 등 많은 발전을 가져왔다. 그동안 후발주자로 여겨져 왔던 중국도 적극적인 정부의 개입으로 놀라운 변화를 일으키고 있다.

적극설은 신기술 개발에서 다른 나라에 뒤지면, 우리나라의 경제에 타격이 클 것이라는 입장에서 출발한다. 각국의 정부가 신기술개발 면에서 국제경쟁에서 뒤처지지 않으려고 정책경쟁을 벌이고 있다는 점에 주목해야 한다. 4차 산업혁명의 혜택에 집중하는 입장에서는 소극설과 적극설을 가리지 않고 인류의 삶에 불가피한 큰 변화를 가져올 것이라 예상하고, 이에 각기 다른 방식으로 대비함을 알 수 있다.

2. 4차 산업혁명 실현 후 공공성확보의 문제

4차 산업혁명은 정부-국민간의 관계를 현저히 변화시킬 것으로 예측된다. 전통적인 법치주의 국가모델이 과연 그대로 작동할 것인가에 대한 의문도 제기된다. 물리적 시공간의 제약 때문에 이뤄지지 못했던 것이 가능해지고, 정보의 불투명으로 야기되었던 문제들이 감소될 것이다. 전통적인 행정모델이 유지된다고 하더라도 불가피하게 행정의 작동방식은 달라질 것이다. 대한민국이라는 공동체의 이익을 지킨다는 공공성의 입장에서 보면, 4차 산업혁명에서 정부가 할 일은 매우 중요하다.

먼저 사회 제도의 플랫폼(platform)이 만들어져야 한다. 사회변화는 진공 속에서 이뤄지는 것이 아니고 여러 제도와 그 제도 간의 연계를 통해 이뤄진다. 플랫폼에 따라 정책분야별 혹은 기능별로 정부가 해야 할 역할이 달라질 것이다. 특히 급진적 기술발전은 그 영향이 과학과 기술분야에 그치는 것이 아니고, 정치, 경제, 사회, 조직에 영향을 미친다는 점을 고려한다면, 플랫폼을 만드는 정부의 역할은 오히려 더 중요해질 것이다.

다음으로 규제가 강화되고 치밀해질 필요가 있다. 가장 문제시 되는 것은 정보의 무제한 유통 속에서 어떻게 사생활을 보호하느냐의 문제이다. 심장박동수, 혈압 등 각 개인의 일상적인 건강정보는 물론이고, 무엇을 어디서 언제 구입했는지 등의 행태까지 모든 정보가 수집되고 축적된다는 것은 장점이지만 위협요인이기도 하다. 누군가가 자신이 알지 못하는 사이에 자신에 대해 알 수 있을 뿐만 아니라, 그 정보를 통하여 상업적 이익을 추구하거나, 심지어 인간의 사고에 영향을 미칠 수 있을 것이다.

세 번째로 어떻게 완벽한 시스템을 만드냐의 문제이다. 민간은 신기술을 통하여 재빨리 돈을 벌려고 하지, 백만분의 일의 확률로 일어날 위험을 개의치않는 경향이 있다. 예컨대 해킹, 시스템오류로 인한 전반적인 사회적 작동불능사태 등의 위험을 어떻게 통제할 것인가가 관건이다. 아무리 자율자동차를 완벽하게 만든다고 하더라도, 일시적으로 시스템 장애를 일으켜 도시전체의 교통이 마비된다든지 연쇄충돌이 일어나는 경우를 어떻게 완벽히 예방하느냐의 문제이다.

네 번째로, 기계에 의한 인간의 자율성을 어떻게 확보하느냐 문제를 해결해야 한다. 인터넷 중독, 스마트폰 중독 등의 심리적인 문제이다. 우리가 잠시라도 인터넷이나 스마트폰이 없는 동안에 얼마나 무기력해지고, 무의미해지기까지 하는지를 생각해보면 이 문제의 중요성을 이해할 수 있다. 기계가 인간의 사고에 영향을 미치고, 사회구성과 운영원리를 바꾸게 된다는 것이다.

다섯 번째, 신기술 발달에 따른 기계 자율성이 높아지면서, 만약의 경우 그 책임을 어떻게 확보하고, 묻느냐의 문제이다. AI가 인간의 권리를 침해하는 사고를 내면, 기계에게 책임을 묻느냐의 문제, AI가 들어간 로봇 공장이 물건을 생산하면 세금을 로봇에게 물리느냐의 문제이다. 즉, AI에게 법인격을 부여하느냐의 문제이다.

신기술 발달과정에서 기술의 사회적 역할에 비례하여 인간의 의존하는 정도가 커진다. 여기서 기술에게 인간이 지배받지 않을 뿐만 아니라, 인간의 존엄성을

플랫폼
4차 산업혁명이 올바른 방향으로 진행되도록 만드는 틀 내지 길

어떻게 완벽하게 지키느냐의 문제가 중요해진다. 기계중심이 아닌, 사람이 중심이 되는 사회가 되어야 한다는 것이다. 기술은 인간의 편의를 위한 활용의 대상이지 인간이 지배받는 것은 생각할 수 없기 때문이다.

제4절 민주적 전자정부화

우리나라에서는 정부가 정보화에 많은 투자를 하고, 정보사회화를 주도하고 있다. 아울러 ICT를 정부운영에도 적극적으로 활용하려고 많은 노력을 해왔다. 그럼에도 불구하고, 아직 정보화의 효과가 충분히 나타났다고 보기는 어렵다(Im, 2011). 과거 관료제적 관습이 계속되고 있는 부분이 많기 때문이다.

정부기관이나 지방자치단체는 많은 공공정보를 보유하고 있다. 그런데, 지금까지 주로 정보를 보관하고 있을 뿐이지 적극적으로 활용하지는 않았다. 정보는 필요한 사람에게 유통될 때 비로소 그 가치가 나타나는 것인데, 현재까지는 이런 가치를 창출하지 못하는 것이다. 한 단계 격상된 전자정부가 실현되면, 첫째, 국민에게 서비스하는 것을 우선으로 하는 행정, 둘째, 행정업무처리를 효율적이고 효과적으로 하는 행정, 셋째, 행정의 활동을 확실히 공개하는 투명한 행정이 될 것으로 기대한다

첫 번째로, 국민의 알권리를 충족시켜준다는 것은 행정이 할 수 있는 가장 초보적인 서비스이다. 이미 가지고 있는 정보를 공개하는 것이기 때문에 상대적으로 쉬운 분야이다. 행정안전부의 [정보공개 연차보고서]에 의하면 정보공개제도가 시행된 2011년 이후 정보공개율은 늘 10건 중 9건 이상을 기록하고 있다. 그러나 아직도 정보를 청구할 때 참고하는 정보목록이 구체화되지 않아 전문적 지식이 부족한 일반인이 스스로 수집해야 하는 사전 정보의 양이 많다. 또한 청구한 정보가 아닌 엉뚱한 정보를 제공한 후 '공개'로 청구를 종결지어버리는 경우가 부지기수다. 심지어 아직도 일부 공무원들은 전화를 걸어 청구인의 신분이나 목적을 따지는 경우가 많다. 정보공개법에 의하면 국민에게 당연히 보장된 알 권리인데도 말이다. 빅데이터 시대에 공공정보의 절대량은 늘어날 수밖에 없다. 정보에 대한 공개 요구도 함께 늘어날 것이다. 기존의 소극적·방어적 태도에서 벗어나 과

표 5-3 | Gov 3.0의 정의 및 특징 비교

구분	산업사회적 전자정부 Government 1.0 World Wide Web	정보사회적 전자정부 Government 2.0 Web 2.0	스마트사회적 전자정부 Government 3.0 Web 3.0

접근성	정부중심
	- First-Stop-Shop
	- 단일창구 창구
	  (포털)
		시민중심
		- One-Stop-Shop
		- 정부서비스 중개기관을
		  통해서도 접속
			개인중심
			- My Gov
			- 개인별 정부서비스 포털
			- 플랫폼 기반의 장(場)

서비스
제공방식
	- 일방향 서비스 제공
	- 제한적 정보공개
	- 서비스의 시공간
	  제약
	- 공급 위주 서비스
	- 서비스 전자화
		- 양방향 정보제공
		- 정보공개 확대
		- 모바일 서비스
		- 정부·민간 융합서비스
		- 신규서비스 가치 창출
			- 개인별 맞춤정보제공
			- 투명한 정보공개
			- 사회적 연결망을 통한 공공
			  서비스 창출과 부가가치 재생
			  산
			- 정부의 협력적 동반자의 역
			  할 강화
			- 지능화된 서비스전달체계로
			  정보관리/예측 능력 고도화

채널	- 유선 인터넷	- 유·무선 인터넷	- 유·무선 모바일 기기 통합
통합업무	- 단위 업무별 처리	- 프로세스 통합 (공공·민간 협업)	- 서비스 통합
기반기술	- 브라우저 웹 저장	- 브로드 밴드 - Rich Link/Connect Models	- 시멘틱 기술 - 센서 네트워크

출처: 명승환·허철준(2012: 334).

거의 정부와 완전히 다른 정보관리 및 공개 능력이 요구된다.

두 번째로, 행정부 내부의 효율성과 효과성을 높인다는 것은 고전적인 개혁이다. 예컨대, 과거에는 종합병원에서 환자의 기록이나 X-ray 필름 등을 통에 담아서, 천장에 설치된 레일을 통해 이동시켰다. 오늘날에는 컴퓨터로 병원 전체가 연결되어 모든 기록을 실시간으로 여러 전공의들이 공유할 수 있다. ICT의 응용이 낳은 결과이다. 그러나 행정내부에는 책임의 문제 때문에 최근에 들어와서 더욱 부처 간 칸막이가 높아지고, 보신주의로 인한 법규맹신으로 국민들의 필요를 외면하는 관료제적 병폐는 커지고 있는 상황이다. 행정내부의 ICT응용의 활성화는 부처경계를 벗어나서 다양하고 정확한 정보를 가지고 빠른 시간에 정책분석을 할 수 있게 하며, 과학적 대안비교를 통한 효율적 정책결정에 기여할 수 있다.

세 번째로, 국민에게 '서비스하는 행정'은 위의 두 가지가 잘 결합하여 시너지 효과를 낼 때 나타날 수 있다. 민원창구에서 서로 관할권 미루기로 민원인들을 '이리 갔다, 저리 갔다'하게 하는 시대는 지났다고 봐야 한다. 실질적인 One-stop service 체제로 정착하는 것은 물론이고, 집에서 한번 클릭함으로써 민원을 해결하는 시대를 여는 것이다. 특히 사회적 약자 등 특별한 서비스를 받아야 하는 입장에 있는 사람들의 수요를 만족시키는 맞춤형 서비스도 ICT를 활용하면 쉽게 이뤄질 수 있다. 서비스를 필요로 하는 국민들을 기다리는 행정이 아니라, 필요한 서비스를 적극적으로 국민들에게 가져다 주는 행정이 되는 것이다.

디지털 시민권과 정부경쟁력 – 에스토니아

유럽 동북부에 위치하고 구소련연방의 하나였다가 독립한 「에스토니아」는 인구 125만 명 정도의 작은 나라이다. 다른 구소련권 국가들이 경제발전에 고질적인 병을 앓고 있지만, 에스토니아는 각종 혁신적인 기술을 도입하여 전자정부를 구축·활용하고 있는 나라이다.

모든 에스토니아인은 디지털 인증서가 내장되어 있는 신분증을 가지고 있다. 전자 서명을 기초로 한 아이디카드를 접속한 후 개인 핀 번호만 입력하면 정부 주도의 모든 디지털 서비스를 자유롭게 이용할 수 있다. 국가가 관리하는 공공서비스 시스템 안에서는 금융·통신·교육·비즈니스와 같은 개인 서비스에도 접근할 수 있는데, 이는 전적으로 국가 종합 데이터베이스인 '엑스로드(X-Road)' 덕에 가능하다. 엑스로드는 2001년 에스토니아 정부 주도로 도입된 국가 데이터베이스 플랫폼이다.

에스토니아 전국에서 약 400개의 기관 및 기업이 이를 이용하고 있고 수십 개의 서로 다른 데이터베이스가 연동된다. 공공 기록과 데이터는 물론 금융과 통신 등 개인이 이용할 수 있는 디지털 서비스도 엑스로드를 통해 관리된다. 에스토니아 정부는 엑스로드를 비롯해 정부가 주관하는 모든 소프트웨어의 소스를 공개하는 '오픈 소프트웨어' 정책을 취하고 있다. 오늘날 에스토니아의 디지털 환경이 세계 최고의 투명함을 자랑하는 배경도 모두 이런 오픈 소프트웨어 정책에서 나온다.

누구든지 정보에 접근할 수 있는 사회, 온라인을 통해 전 세계 어디서든 원하는 디지털 서비스를 이용할 수 있는 에스토니아의 열린 실험이 최근에는 전 세계로 향하고 있다. 올 5월 첫선을 보인 'e-레지던시(e-Residency)' 프로젝트를 통해서다. '지난 15년간 모든 에스토니아인들이 아이디카드를 통해 누렸던 디지털 서비스를 국적에 관계없이 전 세계인 누구나 똑같이 이용할 수 있도록 하는 것'이 이 프로젝트의 핵심이다. 국적에 관계없이 에스토니아의 디지털 시민이 되고 싶다면 해당 홈페이지(apply.e-estonia.com)에 접속해 여권 정보와 사진 등의 개인 정보를 입력한 후 50유로로만 지불하면 된다. 심사가 완료되면 각국의 에스토니아 대사관에서 에스토니아 국민의 것과 똑같은 아이디카드를 수령할 수 있다. 모든 절차를 완료하는 데는 15분이면 족하다.

e-레지던시 프로젝트는 지난해 4월 열린 이노베이션 콘테스트에서 타비 코카 에스토니아 국가 최고 기술책임자(CIO) 등이 주축이 된 팀이 제출한 아이디어에서 출발했다. 코카 CIO는 e-레지던시 프로

젝트를 기획한 배경에 대해 "어떻게 해외투자를 유치할 것인지, 어떻게 인재를 끌어들일지가 이미 국가 간의 보이지 않는 전쟁이 됐다"고 설명했다. "인구나 국토 면적, 천연자원 등 어느 것 하나 내세울 게 없는 에스토니아가 생존할 수 있는 길은 사람, 즉 고객을 끌어들이는 길 뿐"이라는 게 그의 설명이다.

"국적과 인종에 상관없이 디지털상에서는 누구나 에스토니아인이 될 수 있는 거예요. 만약 당신이 필요로 하는 서비스가 당신이 속한 나라에 없다고 생각해 보세요. 그런데 어디에 있든 관계없이 원하는 서비스를 이용할 수 있는 나라가 있다면 어떨까요. 다행히 우리에게는 뛰어난 기술이 있었죠."

현재 에스토니아 정부는 인터넷에서 은행 계좌를 개설하거나 에스토니아 내 주소지가 필요한 때 (에스토니아에서 창업하려면 반드시 자국 내 주소지가 필요하다)에 대비해 '가상 오피스' 대행 업체와 협력하고 있다. 1년에 120유로 정도의 돈을 내면 가상 오피스를 이용할 수 있다. 카르테 카스멜 e-레지던시 마케팅·홍보 책임자는 이 프로젝트가 특히 유럽 내에서 창업을 꿈꾸는 개발자들에게 유용하다고 강조했다. 에스토니아의 아이디카드는 유럽연합(EU) 회원국이면 어디서든 공용 신분증으로 인정받는다. e-레지던시를 통해 디지털 아이디카드를 발급받은 사람은 에스토니아 내에서 개발과 창업에 필요한 절차를 똑같이 밟을 수 있고 이는 곧 고객에게 EU 회원국의 신용을 담보할 수 있다는 의미다. e-레지던시를 갖고 있다고 해서 에스토니아 정부에 세금을 내야 하는 것은 물론 아니다. 다만 에스토니아 내에서 수익이 발생하면 이에 대한 납세 의무는 져야 한다. e-레지던시 발급이 정식 이민이나 영주권 발급을 의미하는 것도 아니다. 정부경쟁력(GC) 평가에서 에스토니아가 상위권으로 급부상하는 이유가 여기에 있다(Government Competitiveness Center, 2016: 2017).

출처: 장진원. "에스토니아인이 되세요 ⋯ 디지털 시민권" 한국경제매거진 제1039호(2015. 10. 28.)에서 발췌수정.

참고문헌

권기헌(1997). "정보사회의 논리: 정보혁명·사회변동 그리고 국가경영 논리". 서울: 나남 출판.

김문조(2000). "지식기반사회: 진단 및 대응".「한국행정연구」9(1).

김상훈·비즈트렌드 연구회(2009).「앞으로 3년 세계 트렌드: 세계를 뒤흔드는 45가지 혁신 키워드」. 서울: 한스미디어.

김태은·안문석·최용환(2008). "전자정부가 부패에 미치는 영향에 관한 연구: 횡단 및 패널자료를 통한 증거".「한국행정학보」42(1): 293-321.

도명록(2015). "인터넷 공론장에서의 정부불신형성에 관한 연구". 서울대학교 행정대학원 박사 학위 논문.

명승환·허철준(2012). "스마트사회 전환에 따른 Gov 3.0 기반의 전자정부 개념과 패러다임 변화".「한국정책학회 춘계학술발표논문집」: 325-341.

오석홍(2011).「행정학」. 서울: 박영사.

이승종·오영균(2013).「국민행복과 정부 3.0」. 서울: 학지사.

임도빈(2016). "공간의 행정학".「행정논총」.

제레미 리프킨(안진환 역)(2014).「한계비용 제로 사회」. 파주: 민음사.

행정안전부(2017).「정보공개 연차보고서」.

Drucker Peter, F. (2002). "Managing in the Next Society." adapted by permission of St. Martin's Press. *Business Book Review* 19(26).

Government Competitiveness Center. (2016, 2017). Annual Report, Seoul National Uni (unpublished, http://gccenter.net)

Henry, Nicholas (2010). "Public Administration and Public Affairs(11th ed.)." New York: Longman.

Im, T. (2007). "IT and Administrative Innovation in Korea: How Does IT Affect Organizational Performance?." *The Korean Journal of Policy Studies* 21(2): 157-175.

_____ (2011). "Information Technology and Organizational Morphology: The Case of the Korean Central Government." *Public Administration Review.* Vol.71. No.3: 435-443.

John C. Bertot, Paul T. Jaeger, Justin M. Grimes (2010). "Using ICTs to create a culture of transparency: E-government and social media as openness and anti-corruption tools for societies." *Government Information Quarterly.* online published.

Joseph Nye (2002). "Information Technology and Democratic Governance, Governance. com: Democracy." Washington D.C.: The Brookings Institute.

Layne, Karen, and Jungwoo Lee. (2001). "Developing Fully Functional E-Government: A Four Stage Model." *Government information quarterly* 18(2) 122-136.

Naisbitt, John (1993). "Global Paradox: The Bigger the World Econmy, the More Powerful Its Smallest Players." William Morrow & Co., Inc.

Porumbescu, Gregory A. (2013). "An assessment of the impact of citizens' use of e-government and online mass media on their levels of trust in government." 서울대학교 행정대학원 박사학위논문.

Prensky, Marc (2001). "Digital Natives, Digital Immigrants Part 1." *On the horizon* 9.5: 1-6.

Reddick, Christopher G. (2004). "A two-stage model of e-government growth: Theories and empirical evidence for US cities." *Government Information Quarterly* 21(1): 51-64.

Schwab (2016). (송경진 옮김). 「클라우스 슈밥의 제4차 산업혁명」/The Fourth Industrial Revolution. 서울: 현재.

Seifert, Jeffrey W., and Glenn J. McLoughlin (2007). State e-government strategies: Identifying best practices and applications. Library of congress Washington D.C. congressional Research service.

Toffler, Alvin, Wally Longul, and Harry Forbes (1981). The Third Wave. Bantam books New York.

제**6**장

정　책

정책이란 '정부가 국민생활에 있어 한 시점에서 다른 시점 사이에 무엇인가 변화를 이뤄내는 것'이다. 정부의 경쟁력은 그 정부의 상품이라고 할 수 있는 정책의 질에 달려 있다. 팽이모델에서 국민과 정부를 연결시켜주는 또 하나의 고리는 정책(policy)이다. 행정은 단기적 시각에서 국민의 요구에 영합하는 포퓰리즘적 체제가 아니라 장기적 시각에서 국민의 행복을 위한 준비자, 예견자가 되어야 한다. 대의민주주의 과정에서 국민의 선호를 파악하고, 이를 정책과정에 반영하는 것은 매우 중요한 일임에 틀림없다. 정책은 행정이 만들어내는 것으로서 정부와 국민을 이어주는 매개물이다. 시간의 흐름선상에서 국민들이 자신의 행복을 극대화할 수 있도록 도와주는 것이 행정이고, 따라서 국민들의 행복을 극대화하기 위해서 필요한 것들을 정부는 시의적절하게 공급해 주어야 한다(임도빈, 2009).

　정책을 통하여 정부와 국민은 상호작용을 한다. 이 상호작용을 관찰해보면, 일정한 유형이 있다. 우선 사회에서 일어나는 많은 문제들이 있다. 다음으로 정부가 수많은 문제 중에서 '무엇'을, '어떻게' 해결할 것인가라는 정책목표를 선정하고, 이를 실현시킬 정책수단을 선택해야 한다. 정책이 결정되면, 실제로 선택한 정책수단을 가지고 집행하고, 이를 평가한다. 본 장에서는 이와 같은 분류체계에서 정책학 전반의 이론을 살펴볼 것이다.

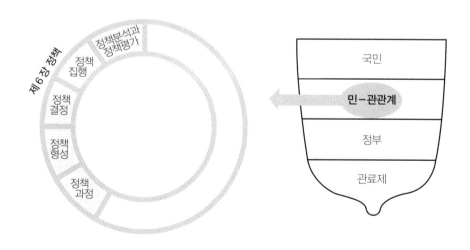

I. 정책과정단계론

정부가 어떤 목표를 달성하기 위해 구체적인 행위를 하기로 한 것을 정책이라고 본다면, 정부가 하는 활동을 모두 정책이라고 봐도 과언이 아니다. 정책학은 이 중에서 사회에 비교적 큰 변화를 일으키는 것을 주요 정책연구대상으로 한다. Y. Dror(1983: 12)가 정의한 정책이란 주로 정부기관에 의하여 결정되는 미래를 지향하는 행동의 주요지침이며, 이 지침은 최선의 수단에 의하여 공익을 달성할 것을 공식적인 목표로 삼는다.

다양한 정책의 유형을 분류하여 보면 정부가 어떤 일을 하고 있는지 알 수 있으며, 정책 전반에 대한 이해가 가능하다. 정부의 활동은 다양하기 때문에 정책의 유형론도 다양하다. T. J. Lowi(1964: 689-690; 1972: 298-301)의 네 가지 유형은 사회에 대한 정책의 효과 및 영향을 기준으로 분류한 것이다. 첫째, 분배정책은 재화나 서비스를 다양한 사회구성원에게 분배해주는 정책을 말한다. 둘째, 규제정책은 정책대상 집단의 각 행위주체에 제재, 통제를 가하는 것이다. 기본적으로는 자유를 보장하지만 그 중에서 특정 행위를 못하게 통제, 제재하는 것이다. 불공정거래정책, 독점금지관계법령 등이 이에 해당된다. 셋째, 재분배정책은 물질적 재화나 권리를 많이 소유하고 있는 개인이나 집단으로부터 그렇지 않은 집단으로 이전시키는 정책이다. 이와 관련된 정책의 대표적 사례로는 사회보험, 소득세 부과 등을 꼽을 수 있다. 넷째, 구성정책은 정치체제의 구조와 운영에 관련된 정책이다. 이 외에도 Ripley and Franklin(1980), Spitzer(1987) 등 여러 학자들이 유형론을 제시해왔다. 그러나 이러한 유형은 이론상 범주화에 불과한 것이고 실질적으로는 정책의 성격들이 서로 겹치는 상황이 많다.

정책이 집행되기까지는 많은 단계가 필요하다. 예를 들어 신용카드 정보유출 문제를 해결하기 위해서 정부가 보다 강력한 개인 정보 보호 정책을 집행한다고 하자. 이를 위해서는 시민들의 정보유출 범위와 현황, 신용카드사의 정보보안망 관리실태, 국가의 주민등록관리 현황, 다른 국가의 정보관리 현황 등에 대한 다양한 정보가 필요하다. 이를 통해서 타당한 대안을 도출하고 이것이 한국 상황에 맞

> 정책
> 정부가 인위적으로 사회를 변화시키는 것으로서 t_1과 t_2사이의 차이를 의미한다.

는지 판단할 필요가 있으며, 비용과 편익을 고려해야 할 것이다. 이러한 과정을
통해서 정책이 의도한 목표를 달성할 수 있다는 근거를 마련하여야 하며, 위법한
정책인가의 여부도 확인해야 할 것이다.

정책을 만들기 위해서는 가장 먼저 여러 가지 사회문제 중에서 정부가 해결
해야 할 문제를 선정해야 한다. 정책문제를 선정하는 데에는 정부의 정책목표와
가치가 투영된다. 이러한 다양한 정부정책은 다음의 정책과정을 통해서 형성되고
분석되며 집행되고 평가된다.

전체적인 정책결정의 과정은 다음의 〈표 6-1〉에 나타난 것과 같다. 주요 내용
을 살펴보면 다음과 같다.

첫째, 정책의제 설정 과정이다. 표에서는 선출된 공직자와 관료들이 공공의제
를 설정하는 것으로 알려져 있다. 이는 하향식 접근 방법으로 일반시민, 사회단체,
이익집단 등에 의해 의제가 설정되는 상향식 접근 방법은 포함하지 않은 것이다.

둘째, 정책형성이다. 정책문제를 해결하기 위해 시행할 여러가지 정책대안을
만드는 것이다.

셋째, 정책결정(policy making) 혹은 정책채택이다. 입법부의 다수결, 행정
부의 심의, 또는 결정을 통해서 공식적으로 채택되는 과정이다.

넷째, 정책집행이다. 채택된 정책은 순응을 확보하기 위해 인적·물적 자원을
동원한다.

다섯째, 정책평가이다. 정부감사부서(감사원 등), 입법기관(국정감사, 상임
위원회), 분쟁시 사법부(헌법재판소의 위·합헌 판단)에 의해서 정책에 대한 평가
가 이뤄진다.

여섯째, 정책적응이다. 감사·평가부서의 정책에 대한 평가내용의 수정 혹은
지속사항을 해당 기관에 알려준다.

일곱째, 정책승계이다. 정책을 종결하기보다 새로운 문제, 목표 등에 맞추어
유지시키는 것이다.

여덟째, 정책종결이다. 평가/감독기관이 더 이상 정책의 지속이 필요하지 않
다고 판단하는 경우 중단을 결정하는 것이다(Dunn, 2003: 45-46).

일반적으로 이러한 여러 절차를 학자들은 정책의제설정, 정책형성, 정책분석,
정책결정, 정책집행, 정책평가 4단계로 구분한다. 그런데 이러한 정책과정의 현실
은 한 방향으로 그리고 순서대로 이리저리 얽혀 있다. 또한 정책과정에는 다양한
참여자들이 있다. 흔히 입법부, 행정부, 사법부 등 중앙정부 및 지방정부조직에 해
당하는 공식적 참여자와 정당, 이익집단, 언론, 전문가집단, 시민단체 등 비공식적

표 6-1 | 정책의 과정별 특징

단계	특징	사례
의제 설정	선출된 공직자와 임명된 관료가 문제들을 공공의제화한다. 결코 다루어지지 않는 문제도 많으며, 어떤 문제는 오랫동안 지체한 다음에야 다루어지기도 한다.	주정부의 의원과 공동발의자가 보건·복지위원회에서 검토하고 통과시키기 위해 법안을 제출한다. 그 법안은 위원회에 잔류한 채 표결에 부쳐지지 않는다.
정책 형성	관료들이 문제를 해결하기 위한 정책대안을 형성한다. 정책대안은 행정명령, 법원의 결정, 입법행위 등의 형식을 취한다.	주정부의 사법부가 여성과 소수민족에 불리한 점수가 나온다는 이유로 SAT 등의 표준화된 성적시험의 사용을 금지시킬 것을 고려한다.
정책 채택	정책대안이 입법부의 다수결, 행정기관 책임자들의 합의, 또는 법원의 결정에 의하여 채택된다.	Roe 대 Wade의 판례에서 대법원은 여성이 낙태를 통하여 임신을 중절할 권리를 가지고 있다는 다수의견에 도달한다.
정책 집행	채택된 정책은 정책에 순응하기 위해 재원과 인적 자원을 동원하는 행정단위에 의해 수행된다.	도시 재무관은 세금면제지위가 취소된 병원에 세금을 부과하기로 결정한 새로운 법에 순응하기 위하여 추가로 직원을 채용한다.
정책 평가	정부의 감사부서나 회계부서에서 행정기관, 입법기관, 법원이 정책의 법적 요구사항에 순응하는지 그리고 그 목표를 달성했는지 여부를 판단한다.	회계검사원(General Accounting Office)에서 부양아동가정지원 프로그램(AFDC)과 같은 사회복지 프로그램을 점검하여 집행에서 부정의 범위를 판단한다.
정책 적응	감사부서나 평가부서는 잘못된 규제, 불충분한 자원, 부적당한 훈련 등으로 정책의 수정이 필요하다는 점을 정책의 형성·채택·집행에 책임이 있는 기관에 알려준다.	어떤 주의 노동산업부는 차별금지 프로그램을 평가한 결과, 고용인들이 차별에 대한 고소(고발)를 담당공무원보다는 감독관(그들은 그런 것을 거의 고려하지 않는)에게 해야 하는 것으로 잘못 알고 있다는 것을 발견한다.
정책 승계	정책평가 담당기관은 정책결정자들과 함께 문제가 해결되어 어떤 정책이 더 이상 필요치 않다고 인정한다. 정책을 종결하기보다는 새로운 문제·목표·세부목표에 맞추어 유지시킨다.	국립고속도로안전청(NHTSA)은 의회에 시속 55마일 속도제한을 유지시킬 것을 설득한다. 그 이유는 교통사고로 인한 사망자수, 상해자수, 재산손실 등을 감소시키는 새로운 목표를 달성하고 있기 때문이다.
정책 종결	평가·감독기관은 어떤 정책 또는 기관이 더 이상 필요치 않아 종결되어야 한다고 (올바르게 또는 잘못) 결정한다.	의회는 기술평가국(OTA)을 폐쇄하고 관련 프로그램들을 종결하였다. 그 이유는 다른 기관이나 민간부문이 기술의 경제·사회적 효과를 평가할 수 있다고 보기 때문이다. 종결문제는 정치적으로 논란거리이다.

출처: Dunn, William N.(남궁근 외 역)(2008: 28).

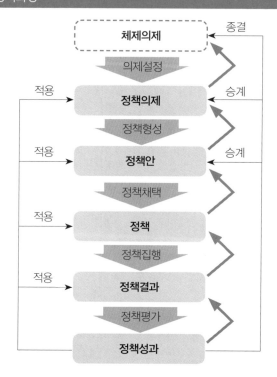

그림 6-1 | 정책과정

출처: Dunn, William N.(남궁근 외 역)(2008: 59).

참여자로 구분된다. 이들 간에 복잡한 상호작용을 통해 많은 정책이 끊임없이 추진되고 변화된다.

Ⅱ. 포스트모더니즘

정책학은 어떻게 하면 가장 효율적으로 가장 효과가 큰 정책을 만들어 내는가를 연구한다. 즉, 정책학은 모두 합리성을 토대로 발달한 학문분과이다. 이와는 반대로 권력과 융합된 합리성을 부정하는 포스트모더니즘적 시각이 있다. 이것은 일종의 절대적 진리의 존재를 부정하고, 실증주의에 기초한 근대과학을 부정하는 데서부터 시작한다.

포스트모더니즘은 정책의 '합리성'이란 개념자체에 의문을 제기한다. 가장 단적인 예로 모든 정부의 활동들이 일종의 위선에 불과하다는 주장이 있다

(Brunsson, 2002). 우리가 생각하는 진실은 존재하지 않고, 담론이나 아이디어들이 뒤얽혀 있는 것이 현실이라는 것이다. 합리성이라는 것 자체도 존재하지 않는다. 예컨대 정부의 정책은 한쪽으로는 국민건강을 위한 환경보호(즉, 국민안전)를 이유로 핵발전소를 폐쇄하면서, 다른 한쪽에서는 아직 안전성이 완벽하지 않은 원자력발전소를 건설하는 등 모순덩어리이다.

또한, Brusson은 정책이란 실제로 결정되는 것도 어렵고, 집행되는 것은 더 어렵다는 점을 지적한다. 대부분의 경우, '말(talk)'뿐이라는 것이다. 이런 시각에서 본다면, 후술하는 실증주의적 정책학은 거의 무용지물이 된다. 오히려 우리가 어떻게 담론을 형성하고, 갈등을 거친 후 어떻게 합의를 하게 되는가 등에 더 관심을 기울여야 현실을 이해하는 데 더 도움이 된다. 논증을 하는 과정, 담론분석이 중요한 수단이 된다.

사람들은 각자 자신의 생각만이 옳다고 믿는 경향이 있다. 이러한 생각의 논리적 구조는 토론이나 재판과정에서 볼 수 있다. 어떤 정책문제에 대한 찬반론자들간 상호작용을 통하여 어떻게 정책이 형성되고 변화되는가를 보여주는 것이 정책논변 모형이다. 변증법적으로 보면, 어떤 주장을 하면, 이에 대한 반증이 이어지고, 양자의 조화가능성이 있으면 이를 합의하고, 그렇지 않으면 평행선을 달린다. 여기서 증명이라기보다는 설득을 위한 주장이기 때문에 '왜(why)'를 설명하는 것이 매우 중요하다. 이런 측면을 강조하는 정책논변모형에서는 '반드시', '100% 확실히' 등의 한정접속사를 많이 사용한다는 점을 밝히고 있다(Toulmin, 1958).

포스트모더니즘적 시각에서 정책을 연구하는 접근법이 프레이밍이론(framing theory)이다. Goffman(1974)에서 시작하여 사회학, 언론학에서 발달한 프레이밍이론은 실증주의에서 말하는 사실(fact)보다는 어떤 개인이나 집단이 현상을 일정한 방식으로 이해하는 인식(perception)이 중요하다고 본다. 언론에서 많이 사용하는 '보수', '진보'는 가장 흔히 쓰는 프레임이다. 어떤 정책집단이나 정책을 이 둘 중 하나라고 치부하고, 옹호하거나 비난하는 등 특정 프레임 하에서 정책문제를 보기 때문에 다른 측면을 보지 못한다.

정책프레임은 정책과정에서 중요한 역할을 한다. 정책갈등이 있을 때는 이를 지지하는 사람이나 집단 간에 프레임이 대결하는 경우가 많다. 이러한 시각에서 정책과정을 분석하는 것이 정책옹호연합론(policy coalition frame)이다.[1] 마음 속에는 자신의 이해관계를 계산한 사람들도 많겠지만, (내면의 개인적 이해관계를 떠나) 겉으로는 특정한 시각을 가진 프레임을 가지고 있고, 이것을 고수하다 보니

정책논변모형
정책과정을 주장
되는 논리의 구조
와 그 변화과정으
로 파악하는 이론
모델

---

1 자세한 것은 제4절 Ⅲ. 정책의 변동 부분을 참조.

정책이 난항에 빠진다는 내용이다. 같은 정책프레임을 가진 사람들끼리 연합하여, 프레임대결을 통하여 정책을 수정해나가는 것도 흔히 발견할 수 있다.

 제 2 절 정책형성

I. 기본시각

1. 정책과정의 주체는?: 엘리트인가 아닌가

어느 나라의 정책문제를 소수의 특정집단이 독점적으로 다루느냐, 아니면 비교적 여러 집단으로 분산되어 다루느냐는 정치학의 고전적 논쟁거리에 속한다. 엘리트이론(Elitism)은 왕정 및 귀족정치를 경험한 유럽을 비롯한 대부분의 전통 있는 국가들에서 볼 수 있는 현상들을 설명하는 데 설득력 있는 시각이다. 그 사회의 지배엘리트가 허용하는 문제만이 정부의제로서 거론되고, 지배엘리트는 자신들의 이익을 해치는 문제는 정치체제에 침투하지 못하게 막는다고 주장한다. 미국의 엘리트론자들이 가장 설득력 있는 논리를 전개한 것이 정책문제 채택과 결정단계에서 엘리트집단의 족적성에 대한 부분이며, 정책의제설정이론 자체도 이들에 의해 개발되었다.

엘리트론자들로는 유럽의 G. Mosca, V. Pareto, R. Michels, 미국의 C. W. Mills, F. Hunter 등이 있다.

그러나 다원주의(Pluralism) 이론가인 R. Dahl, D. Truman 등은 정책이 어느 특정집단의 전유물이 아니고, 여러 이해관계집단의 타협의 산물이라고 본다. 특히 다민족국가로서, 풀뿌리 민주정치를 경험한 미국에서 설득력 있는 시각이다. 다원론자들은 비록 정치제도상 유력자들이 공식적으로 정책문제채택 및 정책결정에서 권한을 행사하는 것은 사실이지만, 기본적으로는 특정엘리트에 의하여 좌우되지는 않는다고 본다. 정책과정의 정치인들은 특정지배집단이 아니라 여론에 민감하게 반응하기 때문에 결과적으로 다양한 집단들의 영향력에 의해 정책이 결정된다고 본다. 즉, 다원주의는 정치적 영향력 및 권력은 사회 각 계층에 널리 분산되어 있으며, 정치권력의 실질적 소재가 다원화되어 있다고 본다. 권위주의 국가에서는 엘리트론이 더 설명력이 크지만, 그 사회가 민주화 되어감에 따라 다원주의적 시각이 더 유용하게 된다. 우리나라의 경우도 예외는 아니다.

2. 정책과정을 주도하는 집단

신다원주의(neopluralism)는 고전적 다원주의가 정부의 특권적 지위는 물론, 이념적 요소 등을 고려하지 못했음을 비판하며 비롯된 것으로, 다원주의 사회의 대표적인 예로 여겨지는 미국에서 나왔다. 신다원주의는 1차적으로는 다원주의같이 보이지만, 실제로는 엘리트론적 특성을 가지고 있음을 지적한다. 구체적으로 하위정부모형이 그 예이다.

하위정부모형(subgovernment model)은 사회의 각 부문별 이익집단이 공식적 참여자인 의회의 상임위원회와 해당 행정부처의 관료와 연계되어 정책 형성에 큰 영향을 미친다고 본다.[2] 미국의 상원의원과 하원의원은 이들을 지지하고 후원하는 이익집단에 의해 큰 영향을 받는다. 이들은 미국에서는 합법적인 로비스트를 통해 이익집단과 밀접한 관계를 갖는다. 결과적으로 이익집단을 마치 정부와 함께 정책결정을 좌우하는 핵심부분(즉, 하위정부)으로 보며, 가치중립적 시각을 가진다.

같은 현상에 대해 '철의 삼각(Iron triangle)'모델은 비판적인 시각에 있다. 일반국민들의 이익과는 관계없이 특정 이익집단, 관료, 의회의 해당 위원회 등 3자가 삼각형과 같이 서로 이해관계가 맞아떨어져 서로 협조한다는 것이다. 즉, 상호 간의 이해관계를 보호하기 위하여 각 정책영역별로 상당히 독립적인 연합체제가 형성되어 있는데, 각 정책영역별 정책결정권이 다양한 집단에 분산되는 수준을 넘어 독점적이고 배타적이라는 점에서 비민주적이라는 문제가 있다.

예컨대 미국이 이라크 전쟁을 일으킨 원인은 군수산업에 관련된 이익집단, 이들과 교감하고 있는 의회, 그리고 정책결정을 할 권한을 가지고 있는 딕 체니 부통령 등 행정부 인사들이 전쟁을 일으킴으로써 자신들의 공통된 이해가 증진되기 때문이라고 해석한다. 이런 시각에 의하면 미국에서는 국방정책의 일환인 첨단무기개발 투자비를 회수하고, 계속 신무기를 개발하기 위해서는 주기적으로 전쟁을 일으켜 구무기를 소비할 유인체계가 있다. 미국에서의 철의 삼각관계는 일반국민들이 직접적으로 알기 어려운 농업보조금, 산림, 무기, 고속도로 등의 분야에서 형성되는 경향이 있다.

---

2 이러한 시각은 미국이 의회중심의 정책결정을 하는 나라이기 때문이며, 행정부중심인 우리나라에 적용하기에는 한계가 있다(임도빈, 2016).

철의 삼각관계가 안정적이고 폐쇄적인 연합체를 지칭한다면, 현대사회에서는 많은 참여자들이 유동적으로 참여하는 유형의 연합이 이합집산하는 현상이 벌어진다. 이 문제에 대해서는 네트워크(network)개념이 유용하다. 예를 들면, 환경보호문제에 대해서 관련 분야 전문학자, 국회의원, 관료, NGO, 나아가서 외국의 관련자들끼리 서로 연락을 하면서 의견을 공유하고 있다. 이처럼 특정 이슈를 중심으로 형성되어 어느 정도 합의가 이뤄지는 편이면서 간헐적으로 상호작용하는 느슨한 결합력의 다수의 사람들을 통틀어서 '이슈네트워크(issue network)'라고 한다.

이에 비하여 좀 더 한정된 사람들을 중심으로, 상호작용의 강도가 높으며, 지속적인 이해관계로 정책과정에 간여하는 일부 사람들을 통칭하여 '정책공동체(policy community)' 혹은 '정책네트워크(policy network)'라고 한다(Marsh & Rhodes, 1992). 예컨대 북한문제만 나오면, 매스컴은 보수진영과 진보진영의 의견이 다르다고 보도한다. 이 보수진영과 진보진영이 각각 이슈네트워크라고 할 수 있다. 그런데 이중 해병대전우회, 전몰장병유가족회, 성우회(예비역 장성모임) 등의 대표들이 사안이 있을 때마다 북한을 규탄하는 시위를 주도한다든지, 반박성명서를 내는데, 이 경우 해당 집단들은 정책공동체라고 할 수 있다. 최근에는 사회연결망분석(SNS)기법이 발달하여, 이런 네트워크를 그래프로 그려서 이해하기 쉽게 하는 연구가 많아지고 있다.

Ⅱ. 정책형성

1. 정책의제 설정의 오류

정책이 형성되기까지의 각 과정에서 가장 중요한 것이 정책문제를 정의하는 것이다. 정책문제의 구성요소와 원인, 결과를 규정하는 것은 이후 정책목표, 정책수단에 영향을 미치기 때문이다. 특히 정책문제를 잘못 인식하게 되는 경우에는 전체 정책과정에 영향을 미치게 된다.

최근에는 어떤 문제가 있다고 인식되기만 하면 정책을 만드는 경향이 있다. 국회의원은 제안한 법안의 수로 성과평가를 받고, 관료들도 생산한 정책의 수에 따라 성과를 평가받기 때문이다. 정부 규제가 양산되는 것도 이러한 이유에서이다. 그러나 정책은 문제를 제대로 인식하였는지의 여부와 이를 해결하는 방법

표 6-2 ㅣ 정책의 오류

문제인식 \ 정책대안	옳음	잘못됨
옳음	잘된 정책	제 1 종 오류
잘못됨	제 2 종 오류	제 3 종 오류

(즉, 정책)이 적절한지 여부라는 두 가지 차원에서 생각해봐야 한다. 이는 통계학의 '제 3 종 오류' 논리를 응용해서 생각해 볼 수 있다.[3] 사회문제가 제대로 인식된 경우(표에서 옳음)와 제대로 인식되지 못한 경우(표에서 잘못됨)가 있고, 이를 해결하기 위한 정책이 제대로 인과관계가 성립되는 경우(표에서 옳음)와 잘못 인식된 경우(표에서 잘못됨)로 구분해 볼 수 있다. 첫째, 사회문제를 제대로 인식하고, 이를 해결하기 위한 적절한 정책을 사용해야 한다(잘된 정책). 둘째, 풀어야 할 정책문제는 잘 인식했는데 이를 해결하지 못하는 엉뚱한 정책을 펼 수 있다(제 1 종 오류). 이를 위해 정책분석을 하고, 정책을 집행한 후 정책평가를 하여 환류(feedback)하는 과정을 거친다. 셋째, 풀어야 될 사회문제가 존재하지 않거나 전혀 관계없는 엉뚱한 문제를 인식한 후 어떤 정책을 실시하는 경우가 있다(제 2 종 오류). 이것은 쓸 데 없는 정책을 하는 정책남용이라고 할 수 있다. 모든 정책은 일단 집행하면 국민에게 어떤 영향을 미치기 때문에 무분별한 정책을 시행하는 제 2 종 오류를 막아야 한다. 넷째, 정책문제를 제대로 파악하지도 못하고, 적절하지도 않은 정책을 펴는 경우가 있다(제 3 종 오류).

따라서 중요한 것은 정책문제를 탐색하는 과정에 있다. 정책문제 정의를 하는 단계에서 문제 상황을 개념화할 때 잘못된 세계관, 이념, 또는 신화를 선택할 위험이 존재한다. 또한 정책의 구체화과정에서 잘못된 정책을 선택하는 경우도 있다. 이 경우 제 3 종 오류를 범하게 되는 것이다(Dunn, 2003).

정책의제설정(Agenda Setting)이란 정부가 정책적 해결을 위하여 사회문제를 정책문제로 채택하는 과정 또는 행위, 즉 사회문제가 정책문제로 전환되는 과정이나 행위를 말한다. 이 단계가 매우 중요한 이유는 그 후의 정책과정이 이 단계에서 결정되기 때문이다. 정책문제로 채택하는 과정에서 이미 어떤 사회계층이나 사회집단에 미치는 서로 다른 영향이 결정된다. 즉, 특정집단에게 혜택을 주면

---

3 통계학에서 제시하는 오류의 종류에는 첫째, 제 1 종 오류(귀무가설이 옳은데 이를 기각하는 것)와 둘째, 제 2 종 오류(영가설이 거짓인데 이를 채택하는 것), 그리고 제 3 종 오류(잘못되거나 틀린 문제를 푸는 것)가 있다.

서 타 집단에게는 피해를 줄 수도 있다. 정책대상집단과 비대상집단이 구분되기 때문이다. 또한 정책문제의 내용을 어떻게 정의하느냐에 따라 문제해결방법이 달라지고, 이에 따라 영향 받는 집단이 달라지게 된다.

2. 정책의제설정의 주도권문제

정책의제설정(agenda setting)을 이해하기 위해서는 공공의제와 정부의제를 구분할 필요가 있다. 공공의제(Public Agenda)는 '입장이나 의견을 달리하는 집단 또는 개인에 의하여 인식되는 쟁점'들인데, 매우 국지적이거나 특수하다는 특징을 가지고 있다. 정부의제(Governmental Agenda)는 정부가 공공의제를 정책문제로 인식하여 해결을 위한 고려대상이 되는 것이다.

여기서는 의제설정과정이 실제로 누구에 의하여 주도되느냐가 중요한 문제 중의 하나이다. 정정길 외(2010)는 다음과 같은 4가지 형태를 제시하고 있다. 첫째, 사회문제가 바로 정부의제가 되는 경우를 들 수 있다. 이는 최고정책결정자가 처음부터 문제의식을 갖고 있는 경우로서, 과거 발전시기의 한국과 같은 후진국에서 주로 나타난다. 두 번째 유형은 사회문제가 사회적 쟁점이 되어 논란이 커지자, 해결주체 및 해결방법에 대한 사회적 합의가 이루어지기 전에 정부가 먼저 나서서 정부가 해결해야 하는 일로 만드는 경우이다. 세 번째 유형은 사회문제가 떠오르자마자 정부가 해결해야 하는 일로 여론이 기정사실화 시키는 공중의제 과정을 거쳐 정부의제가 되는 것이다. 마지막 네 번째는 사회문제→사회적 쟁점→공중의제→정부의제라는 네 가지 과정을 단계적으로 모두 거치는 것을 의미한다.

위 4가지 형태 중에서 두 번째 유형인 사회문제→사회적 쟁점→정부의제의 경우가 일반적이다. 사회문제가 사회적 이슈가 되고 있으나 아직 사회적 합의가 도출되기 이전인 시점에서, 정부에서 이 문제를 정부의제로 적극적으로 채택하여 검토하는 것이다. 최근 사회문제가 사회적 쟁점이 되고 이의 해결을 요구하는 의견이 형성되고 나서야 비로소 정부가 의제로 설정하는 경우가 많이 생기고 있다. 아동성범죄 등의 큰 사건이 발생하였을 때 이 문제의 해결을 정부 측에 요구하는 의견이 형성되는 경우가 이에 해당할 것이다. 행정이 민주화되고 있다는 것을 의미한다.

정책의제설정의 주도집단이 정부 내에 있는가 외부의 세력인가에 따라서 의제설정과정뿐만 아니라 정책과정 전반에 걸쳐서 차이가 발생하게 된다. 이러한 의제설정과정의 유형은 다음과 같이 분류된다(Cobb, Ross and Ross, 1976).

정부의제설정
여러 가지 사회문제가 공공의제를 거쳐 정부의제화 되는 것

첫째, 외부주도형(Outside Initiative Model)이다. 정부의 외부집단이 사회문제의 해결을 정부에 요구하여 이를 사회쟁점화하고 공중의제로 전환시켜 정부의 의제로 채택하도록 하는 의제설정과정이다. 이 모형은 이익집단의 활동이 활발하고 정부의 반응성이 높은 다원화된 정치체제에서 찾아볼 수 있다.

둘째, 동원형(Mobilization Model)이다. 정치인, 행정관료에 의해서 사회문제가 정부의제로 채택되는 것이다. 그리고 정부의 홍보를 통하여 공중의제가 된다. 따라서 정부가 먼저 새로운 정책의제를 설정하여 일반국민들에게 지지를 얻기 위해 노력을 기울이는 경우를 말한다. 과거의 한국과 같이 정부의 힘이 강한 발전국가의 특성을 가진 국가에서 많이 나타난다.

셋째, 내부접근형(Inside Access Model)이다. 정부기관 내의 관료집단이나 정책결정자에게 쉽게 접근할 수 있는 외부집단에 의하여 주도되며, 최고정책결정자에게 접근하여 문제를 정부의제화 시키는 경우이다. 이 경우에 하위정부모형, 철의 삼각동맹 등의 현상이 나타날 수 있다. 내부접근형은 동원형과 같이 정책결정자들에 의해 자발적으로 정책의제화가 진행되지만, 일반국민들과는 관계없이 특수 외부집단이 정부관료제 내부에서 움직인다는 점에서 차이가 있다. 또한 공중의제화를 꺼려한다는 점도 역시 차이점이다. 무기구입계약 등 외교 및 국방정책분야에서 상대적으로 많이 찾아볼 수 있다.

제3절 정책결정

정책의 결정은 행정조직내부에서 일상적으로 일어나는 것으로 흔히 조직론의 의사결정론에서 다룬다. 예산결정론에서 다룰 내용들도 유사하다. 중복을 피하여 주요 이론을 정리하면 다음과 같다.

I. 의사결정사전차단론

바흐라흐(Bachrach)와 바라츠(Baratz)(1962)는 Robert Dahl이 주장한 다원

주의가 밝히지 못한 권력의 두 가지 측면(two faces of power)이 있음을 주장했다. 첫 번째는 정책결정과정에서 적극적으로 영향력을 행사하는 측면이고, 두 번째는 정책결정과정에 선행하는 단계인 정책문제의 채택과정에서 영향력을 행사하는 측면이다. 그동안 권력론에서는 권력의 첫 번째 측면에 집중했고, 두 번째 측면, 즉 엘리트에게 불리한 문제가 제기될 수 없도록 억압한다는 측면을 경시했다는 것이 그들의 주장이다. 이와 같이 엘리트들의 선호에 반하는 문제는 사전에 거론할 수 없도록 차단하는 것을 무의사결정(Non-decision making)이라고 한다.

무의사결정은 기존의 혜택이나 특권의 배분상태를 변화시키려는 요구를 표명하기도 전에 사장시키는 것을 의미한다. 문제가 의사결정단계에 도달되기 전에 제거하고, 이 방법이 작동하지 않으면 정책결정이나 집행단계에서 이를 좌절시킨다. 문제가 생기기 전에 미리 손을 쓴다는 점에서 일반국민들은 어떤 사안이 무의사결정 메커니즘으로 정책문제로 등장하지 못했는지 알 수조차 없다. 이는 영향력을 가지고 있는 사람들만 알 수 있는 것이다.

의사결정을 사전에 차단하는 구체적인 방법으로는 다음 세 가지를 들 수 있다.

첫째, 폭력 등 강제력의 행사, 혜택의 박탈 또는 제공, 새로운 이익으로 매수, 정치체제 내의 지배적 규범이나 절차의 강조를 통해 변화를 위한 주장을 접게 만드는 간접적 방법이 있다. 간혹 청와대에서 어떤 사실을 은폐했다고 의혹을 받는 경우가 있음을 생각해보면 된다.

둘째, 새로운 주장을 지배적인 정치이념에 위반되거나 기존의 절차나 규칙에 위반되는 것으로 낙인찍어 의제화를 막는 방법이 있다.

셋째, 가장 간접적·우회적 방법으로서 정치체계의 규범, 규칙, 절차 자체를 수정·보완하여 정책의 요구를 봉쇄하는 방법(편견의 수정, 지연전략 등)이 있다(정정길 외, 2010).

Ⅱ. 합리성의 문제

1. 합리모형

일반적으로 정책은 합리모형에 의해서 이뤄진다고 믿어져 왔다. 이때 정부는 인지적으로 전지전능함을 전제한다. 즉, 정부는 모든 문제에 대해서 알고 있고, 문제를 풀기 위한 대안도 모두 알고 있으며, 그 결과도 평가할 수 있을 뿐만 아니라,

최선의 대안을 선택할 수 있다고 본다. 초기에는 합리모형을 오랫동안 신봉해왔다. 합리모형의 기본가정(합리적 의사결정을 위해 필요한 전제조건)은 적어도 다음과 유사한 과정을 거쳐서 정책결정이 이뤄진다(현실설명)거나 그렇게 되어야만 한다(당위적).[4]

첫째, 정책의 목표를 명확히 알고 있다.

둘째, 정해진 정책목표를 달성하기 위하여 가능한 모든 대안을 선택할 수 있다.

셋째, 각 대안이 가져올 결과에 대해서 예측 가능하다.

넷째, 위의 목표-대안 검토결과, 가장 좋은 대안을 선택할 수 있다.

그런데 현실적으로 합리모형의 가정을 충족하는 것은 불가능한 경우가 더 많다. 아무리 컴퓨터가 발달하고, 빅데이터를 축적한다고 해도, 합리모형이 충분히 적용되기에는 매우 어려운 것이 현실이다.

한편, 1980년대 이후 맹위를 떨쳐온 신공공관리론의 이론적 토대를 형성하고 있는 공공선택이론은 이보다 더 영향력이 있다. Buchanan(1954)과 Tullock(1959) 등이 주장한 공공선택론은 합리적이고 이기적인 행위자를 가정하고 있다. 경제학의 영향을 받아 대두된 공공선택이론은 방법론적 개인주의 (methodological individualism)에 기초하고 있는데, 이것이 곧 개인의 합리성과 이기성을 전제한다. 즉, 정책결정에 있어 개개인이 자신만의 선호를 가진 채 이익을 극대화하는 방향으로 참여하고 있다고 보기 때문에 여러가지 정책문제를 흥미있게 설명하고 있다.

2. 만족모형

합리모형에 비하여, 좀 더 현실적인 입장에서 설명하는 개념이 바로 제한된 합리성(bounded rationality)이다. 이를 지적한 사람이 노벨경제학상 수상자인 H. Simon(1955)인데, 그는 '제한된 합리성'이란 개념을 통해서, 비현실적인 합리주의 모형을 극복하고 실증적인 모형을 만들고자 노력하였다.

제한된 합리성을 가진 인간은 인지능력, 시간, 경비의 부족으로 가능한 모든

---

4 이런 합리적 정책결정을 하려면, 몇 가지 전제조건이 충족되어야 한다. 우선 정책목표나 정책수단에 있어서 가치와 사실이 분명히 분리 가능해야 한다. 정책결정은 결국 후자, 즉 사실에만 국한해서 이뤄져야 한다. 둘째, 선택가능한 모든 대안에 대한 지식이 있어야 하고, 셋째, 대안의 결과를 예측하는 데 필요한 지식과 계산능력이 갖춰져야 하며, 넷째, 정책결정자는 아무런 정치적 고려 없이 위의 계산결과에 의해서만 정책결정을 하는 상황이어야 한다.

대안을 탐색할 수도 없고, 상황에 대한 충분한 정보수집도 할 수 없다. 더구나, 상황이 복잡하고 동태적이면 이러한 조건이 더욱 악화되어 극도의 불확실성 속에서 대안을 탐색하고 결과를 예측하게 된다. 따라서 최선 또는 최적의 대안(best or optimum)을 선택할 수 없게 되고, 심리적으로 적당한 수준에서 만족스런 대안으로 탐색을 중지하게 되는 것이다. 따라서 이를 만족모형(satisfycing model)이라고 한다.[5]

정책결정론의 입장에서는 조직론에서 출발한 Simon의 만족모델에서 배울 것은 그리 많지 않은 것 같다. 현실과 동떨어진 합리모델을 비판적으로 봐야 한다는 정도의 가치가 있을 뿐이다. 즉, 현실에서 정책결정을 할 때, 합리모델에서 지칭하는 것과 같은 합리적 대안을 찾기란 불가능하며, 결국 어느 정도 만족할만한 수준에서 대안이 결정된다는 의미를 깨닫게 해주었다고 본다.

Ⅲ. 현실론적 모델

1. 점증모형

합리모형이 정책결정 현실을 설명하지 못하는 것을 알게 되자, 좀 더 현실적인 설명을 하려는 시도가 잇따랐다. 예컨대 Lindblom(1968)은 합리적, 총체적 모형(rational-synoptic model)을 비판하는 것에서 출발한다. 첫째로 합리모형에서 말하는 정책수단을 가치나 목적으로부터 분리하기 어렵다. 둘째, 목적달성을 위한 모든 가능한 대안을 고려한다는 것이 불가능할 뿐 아니라, 실제로 바람직하지도 않다. 현실은 오히려 점증주의(incremental)적으로 이뤄지는 것이 보통이고, 장점도 있다고 본다.

이를 바탕으로 Lindblom(1959)은 정책결정자의 분석능력, 시간, 정보가 제약되어 있는 상황인데도 불구하고, 대안비교에 이용할 가치기준마저 불분명한 상태가 정책현실이라고 본다. 이 경우 과학적 이론에 의존하기보다는 기존 정책에서 소폭적인 변화만을 대안으로 고려하여 정책을 결정하고, 시간이 흐름에 따라 환류되는 정보를 분석하여 잘못된 점이 있으면 수정·보완하는 식으로 연속적인

---

5 원래 Simon은 조직이론(administrative behavior)으로서 만족모형을 제시했다. 즉, 합리모형에서 가정하는 의사결정자를 경제인(economic man)이라고 부르고, 자신이 제시하는 합리성의 제약을 받는 의사결정자를 행정인(administrative man)이라고 칭하였다(정정길 외, 2010). 이것을 정책학자들이 정책결정모델로 차용하고 있는 것이다.

정책결정을 하는 것이 불가피하면서도 또한 바람직한 정책결정방법이라고 주장한다.[6]

2. 혼합주사모형

사회학자 Etzioni(1967)는 점증주의를 다음과 같은 이유에서 비판한다. 실제 정책결정 현실에서는 집단 간 권력의 차이가 있기 때문에 지배집단의 영향력이 크고, 이들을 만족시키는 방향의 정책이 이뤄진다. 점증주의적 결정은 결국 여기서 자유로울 수 없다는 한계를 지적한다. 또한, 현실의 잘못된 것을 근본적으로 바꾸는 개혁적 대안보다는 현실유지적인 대안이 될 수밖에 없다. 더욱이 기존 정책이 잘못된 것일 경우 악순환이 심화될 가능성이 있으며, 과감한 변화 없는 지속성으로 인해 정책의 축소나 종결 작업을 어렵게 하는 환경을 제공한다.

Etzioni는 그 대안으로 혼합주사모형(mixed scanning model)을 주장한다. 이것은 정책대안을 탐색할 때, 우리가 지도를 놓고 특정 장소를 찾는 것과 같은 방식으로 보는 것을 의미한다. 만약 서울에서 프러포즈를 할 만한 좋은 장소를 찾는다면, 우선 지도를 놓고 서울을 강북, 강남, 강서, 강동 등 크게 나누어 보고, 어느 지역이 대체로 좋은가를 생각한 후, 일단 구역을 정하면 거기서 다시 정밀탐색을 한다는 식의 설명이다.

혼합주사모형은 합리주의, 점증주의 양 모형을 결합하되, 각각의 단점을 극복하는 방식을 제안한다. 이를 위해 Etzioni는 우선 근본적 결정과 점증적 결정을 구분한다. 근본적인 결정(즉, 큰 그림)을 하는 경우에는 합리모형의 아이디어와 같이 전체적인 문제를 파악은 하되 합리모형에서 요구하는 바와 같이 세부적 정책분석은 하지 않는다. 그리고 일단 근본적 결정을 한 이후에 구체적이고 부분적인 결정(즉, 작은 결정)을 하며, 선택된 소수 대안에 대해서는 점증적 접근을 하되 맥락을 고려해야 한다는 것이다.

그러나 혼합주사모형이 정책결정에서 일어나는 현상을 잘 보여준다고 보기는 어렵다. 실제로는 이 모형이 전제로 하는 전체와 부분의 구분도 어렵다. 현실은 복잡하고 불확실하여 실제로 정책결정자가 할 수 있는 것은 별로 없다. 인간의 분석능력의 한계와 정치적 속성을 감안하여 기존에 존재하던 대안을 좀 더 개선하는 방식의 정책결정이 불가피할 뿐만 아니라, 바람직하다고 보는 시각도 있다.

---

6 이것은 전년도 예산에 부분적 점감을 하는 점증주의 예산이론과 일맥상통한다.

3. 앨리슨의 다차원모형

쿠바 미사일 위기 시의 정책결정과정을 분석한 Allison(1999)은 3가지 모형을 제시했다. 합리적 행위자 모형(모형 I), 조직과정 모형(모형 II), 그리고 정치모형(모형 III)이 그것이다.

합리적 행위자 모형은 위에 제시된 합리모형과 유사하며, 조직과정 모형은 조직과정의 산물로서 정책을 바라본다. 즉, 정부는 하위조직의 집합체로, 정책은 조직의 표준운영절차(SOP)에 의해 결정된다. 모형 I 과 모형 II 는 실질적으로 새로운 모형이라기보다 그간의 다양한 모형을 Allison이 정리, 통합한 것이다.

그리고 제 3 의 모형으로 정치모형을 제시하는데, 이 모형은 정책결정에 참여하는 구성원(주로 정부 관료)들 간의 정치적 게임을 통해 정책이 형성된다고 본다. Allison의 모형은 3가지 모형을 통해 유기체적 정부(모형 I), 조직(모형 II), 개별 참여자(모형 III)와 같이 계층별 모델을 동시에 제시하고 있다.

4. 정책의 창모형

점증주의나 혼합주사모형보다 인간의 합리성을 더욱 부정하는 쪽의 정책결정이론모델이 정책의 창(policy window)모형이다. Kingdon(1984)은 조직론에서 알려진 쓰레기통모형(garbage can model)의 아이디어와 마찬가지로 정책결정에서도 '시간의 흐름'을 가장 중요한 변수로 본다.[7]

그림 6-2 ㅣ Kingdon의 정책의 창모형

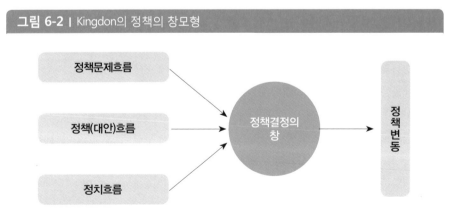

출처: Kingdon, John W.(1984).

7 물론 보통 사회과학에서 '변수'란 통제가능한 것을 의미하는데, 여기서는 통제할 수 없는 것을 의미한다.

Kingdon(1984)은 정책결정에는 다음 3가지의 흐름이 있다고 본다. 그것은 정책문제의 흐름, 정책(대안)의 흐름, 그리고 정치의 흐름이다. 이 세 가지 흐름은 서로 독립적으로 움직이지만 이것이 만나는 결정적 순간(critical junctures)이 되면, 중요한 정책변동이 일어난다고 본다. 그때서야 정책의 창이 열리는 것이다. 사실 이것은 세월을 기다리는 수밖에 없다는 운명론에 가까워질 수 있는 이론이다. Kingdon은 여기서 '정책기업가(policy entrepreneur)'란 개념을 주장하는데, 대중들의 관심을 끌게 하고, 정책문제와 정책대안을 서로 결합(coupling)시키는 책임이 있는 사람을 지칭한다.

5. 기타 이론

이종범(1994)은 정책결정의 어려움이 정보의 불완전성이나 기준의 애매함 때문이 아니라, 선택해야 하는 대안들이 초래한 결과가치가 유사해 선택이 곤란한 상황에 초점을 맞춘 딜레마이론을 제시하였다(윤견수 외, 2000). 즉, 기존 대안들의 결과가 서로 양립 불가능하여 어느 것을 선택하더라도 만족할 수 없는데도 불구하고, 시간의 제약 때문에 정책결정을 내려야 하는 딜레마 상황의 경우가 많다고 본다. 이때 실제 선택할 수 있는 영역은 시간을 늘리는 수준의 '비선택'을 하거나 재검토 및 철회, 상징적 행동, 형식적 집행 등 실질적으로 문제 해결을 할 수 없는 선택을 하게 되는 현실을 지적하고 있다.

사실 많은 정책결정과정에 비합리적인 면이 있다. 특히 정치적 현실에서는 어떤 문제를 해결하기 위한 정책결정이라기보다는 서로 다른 아이디어 간 경쟁 속에서 어떤 선택을 하는 것이다. 정치의 현실에서는 과연 복지를 위한 것인지 아니면 복지를 반대하는 것인지, 적인지 아군인지 구분이 안 되는 경우가 많다.

이에 대해 Sone(1997)은 미국식약청(Foods and Drugs Administration, FDA)의 역할에 관한 것을 예로 들고 있다. 미국의 많은 제약회사들은 FDA의 까다로운 안전성 검사 때문에 신약개발에 비용이 엄청나게 추가되고 시간이 많이 걸려 국제적으로 다른 나라의 제약회사와 경쟁이 어렵다고 주장하며, 안전성 검사의 폐지를 끈질기게 요구하였다. 그런데 마침 공화당이 하원을 장악하여 1995년 FDA의 기능을 대부분 민영화하려고 하였더니, 오히려 이들 제약회사들이 민영화를 반대하기 위해 제일 먼저 나섰다. 그 이유는 바로 FDA의 안전성 검사가 제약회사의 제품에 일종의 신용을 부가하는 것으로, 오히려 이 덕분에 더 확실한 시장을 확보할 수 있기 때문이라는 설명이다. 국제개혁의 문제도 깊이 들여다보면 이와 같이 정책이 결정되기 어려운 것은 바로 이러한 정책의 역설(policy paradox)이 존재하기 때문이다.

 제 4 절 **정책의 집행**

I. 집행을 보는 시각

아무리 좋은 정책결정을 해놓아도 실제로 집행되지 않으면 무용지물이다. 집행이 정책과정 중에서 가장 중요한 것은 이러한 이유에서이다. 행정학에서는 정책집행을 주어진 정책목표의 달성을 위한 수단적 행위로 파악하는 하향적 접근방법(top-down approach)과 집행을 다수의 참여자들 사이에서 발생하는 상호작용으로 이해하는 상향적 접근방법(bottom-up approach)의 두 가지 유형으로 나누고 있다.

하향적 접근방법은 관료제적 방법에 의한 것으로 전통적인 행정학에서 채택한 시각이다. 이 시각은 집행을 제대로 하기 위한 정책설계를 강조한다. 정부의 의사결정으로부터 출발하여 결정된 것이 성공적으로 수행되거나 그렇지 못한 정도를 검토하고 그러한 집행 문제를 일으킨 원인을 찾아내려고 노력한다(Sabatier, 1993: 266-293; 노화준, 2006: 418). 최고관리자의 입장에서, 새로운 정책의 내용에 따라 집행 관료가 어떻게 노력하였으며, 정책대상 집단의 행태가 어느 정도 변하였는가를 집행성공 판단의 기준으로 본다.

상향적 접근방법은 정책집행과정에서 일선집행 현장에 있는 행정관료의 역할에 관심을 둔다. 최고관리자는 현장에 대한 감각이 떨어지기 때문에, 정책집행 단계에서 어려움을 겪는 것이 보통이다. 위에서 내려다보는 정책목표 대신, 실제 정책대상집단의 입장에서 느끼는 문제의 해결에 초점을 둔다. 따라서 집행과정에 가장 큰 영향을 주는 것은 일선집행관료와 대상집단이라고 본다.[8] 하향식 접근방

---

8 상향적 접근방법의 이론적 기초를 제공한 논의로는 일선관료론(street-level bureaucrats)이 있다. 일선관료가 처한 집행상황 특수성을 설명하고 이에 대응하는 일선관료들의 대응행태에 관한 이론이다(Lipsky, 1976). 자세한 것은 Ⅳ. 정책집행의 담당자: 일선관료 부분 참조.

법의 경우 많은 정책들이 집행과정에서 용두사미 격이 되거나 엉뚱한 결과를 초래하기 때문이다. 특히 민주화가 진행됨에 따라, 일방적으로 밀어붙이기식의 정책집행보다는 정책대상집단들의 반응이 중요해지면서 상향식 접근방법이 점점 주목을 받고 있다.

Ⅱ. 정책집행의 상황적응론

　　Matland(1995)는 상향적 접근방법 혹은 하향적 접근방법 중 어느 것이 어떠한 조건에서 더 잘 적용되는지, 그리고 이때 중요한 집행변수가 무엇인지를 연구하였다. 집행현장의 상황(contingency)에 따라 집행결과에 영향을 미치는 가장 중요한 변수, 집행과정의 특성, 집행실패의 요인들이 달라지기 때문에 하향적 접근방법과 상향적 접근방법의 설명력도 각각 달리 나타난다고 본다. 그는 집행과정에는 수많은 변수들이 작용하는데, 이를 모두 정책담당자에게 제시해주는 것은 도움이 되지 않으며, 특정 상황에서 가장 영향력이 큰 변수를 제시하는 것이 실천적으로 더 나은 처방이 된다고 주장한다.

　　집행의 상황에서 중요한 것은 정책문제가 가진 모호성(ambiguity)의 정도와 갈등(conflict)의 정도라는 두 차원이다. 모호성이란 '정책목표가 무엇인지'의 차원과 '정책수단이 무엇인가'의 차원에서 발생할 수 있다. 집행이 성공하기 위해서라면 상향적 접근방법보다 하향적 접근방법에서 모호성이 적어야 한다.

　　하지만 정책을 명확하게 규정할수록 갈등의 수준이 더 높아질 수도 있기 때문에 반드시 긍정적인 영향을 미치는 것은 아니다. 즉, 정책의 목표와 수단이 모호하면 모호할수록 추상성이 높아서, 실제로는 반대할 집단이 아전인수 격으로 해석하든지 주의를 덜 기울일 수 있다. 적어도 초기단계에는 모호성이 다양한 해석을 가능하게 함으로써 보다 많은 지지를 얻을 수도 있다. 이와는 반대로 정책목표와 수단이 명확하면, 이에 관련된 집단들의 이해관계들이 표출되기 쉽다. 갈등원인은 명시화된 정책목표에 관련된 것으로 왜 그런 정책을 집행하느냐의 문제가 될 수도 있고, 구체화된 정책프로그램 또는 정책수단에 동의하지 못할 때 생길 수도 있다. 하향적 접근방법에서는 이런 갈등을 최소화하려고 하지만, 상향적 접근방법은 불가피한 것으로 본다. 모호성과 갈등의 수준을 두 차원으로 하여 네 가지 집행상황을 설정하면 〈그림 6-3〉과 같다.

그림 6-3 | 모호성-갈등 매트릭스모형

	갈등정도 낮다	갈등정도 높다
모호성정도 낮다	관리적 집행 (Administrative Implementation)	정치적 집행 (Political Implementation)
모호성정도 높다	실험적 집행 (Experimental Implementation)	상징적 집행 (Symbolic Implementation)

출처: Matland, Richard E.(1995: 145-174).

- 관리적 집행

관리적 집행은 목표가 명확히 정해져 있고 정책목표를 달성하기 위하여 가장 효율적이고 기술적인 수단이 알려져 있기 때문에, 정책결과는 집행에 필요한 자원의 확보 여부와 정도에 의해 결정된다는 특징이 있다. 갈등의 수준이 낮기 때문에 정책과정은 계층제에 기반한 중앙집권적 권위로 쉽게 이뤄질 수 있다. 정책대상집단의 순응은 큰 문제가 되지 않으므로, 강압적 또는 보상적인 수단보다는 규범적인 수단으로 충분히 확보될 수 있다.

정책수단의 모호성이 낮기 때문에, 집행담당자들은 표준운영절차(SOP)를 개발하여 처리하면 된다. 즉, 집행현장의 다양성에도 불구하고 상대적으로 SOP를 통한 획일화된 정책집행을 하게 된다. 이 유형에서는 기술적인 문제, 예를 들어 자원과 시간의 부족, 의사전달과정의 왜곡, 통제와 감시 수단의 비효율성 등으로 정책실패가 일어날 수 있다.

- 정치적 집행

모호성 정도는 낮으나 관련 행위자들 간의 갈등의 정도가 높을 때는 정치적 집행이 일어난다. 즉, 행위자들이 정책목표나 정책수단에 대해서는 명확히 인식하지만 이에 동의할 수 없을 때 혹은 다른 이유가 있을 때 정책집행은 권력관계에 의해 이뤄진다.

정책집행과정은 대립적인 이해관계를 가진 집행조직 외부의 행위자들에 의해 영향을 많이 받으며, 강제력을 행사하여 지지를 확보하거나 또는 협상을 통하여 합의를 이끌어낼 수밖에 없다. 반대파를 흡수(cooptation)하는 등 각종 정치적 기법이 동원된다.

이 경우, 정책대상집단의 순응을 확보하기 위해서는 강압적 또는 보상적인 수단이 중요해진다. 특히 정책에 이해관계를 가지고 있는 행위자들이 상대적으로 강한 독립성과 자율성을 가지고 있다면, 집행과정이 난항에 빠질 수 있다.

- 실험적 집행

정책목표와 수단에 대한 참여자들의 선호관계가 모호하거나 정책을 실현하기 위해 필요한 기술이 불확실한 상황이지만 갈등의 정도는 낮은 경우이다. 정책대상집단이 누구인지 불명확하거나 아직 문제의 심각성을 인식하지 못한 경우가 이에 해당한다. 이 경우 새로운 정책을 일단 시험삼아 해보고, 그 결과를 보자는 식의 정책집행이 가능하다.

갈등이 적기 때문에, 실질적으로 집행이 일어나는 현장에서의 집행 관료의 선호와 그들의 능력, 그리고 자원이 집행과정의 성격과 집행결과를 결정짓는 중요한 변수가 된다. 실험적 집행을 특징짓는 모호성은 새로운 수단과 새로운 목적을 학습할 수 있는 기회를 제공하기 때문에 소규모로 비용을 저렴하게 하는 것이 필요하다. 집행의 성공과 실패라는 양자택일에 대한 평가보다 학습(learning)과정으로서 집행과정을 이해하는 것이 필요하다.

- 상징적 집행

상징적 집행은 정책목표가 모호할 뿐만 아니라, 이를 해결하기 위한 정책수단도 불분명한데다, 이해관계자 간 높은 갈등수준이 존재할 때 사용할 수 있는 유형이다. 실질적 결과를 가져오는 것보다는 인간의 인지작용에 중점을 두는 집행방법이다. 새로운 정책목표를 공고히 하거나 계속적으로 추진되어 온 이전의 정책목표를 재확인하거나 중요한 가치와 원칙을 강조하기 위해서 상징적인 집행이 일어난다.

상징적 집행과정의 가장 큰 특징은 정책목표가 애매모호하기 때문에 집행과정이란 해석(interpretation)의 과정으로 이해될 수 있다는 점이다. 상술한 바 있는 포스트모더니즘이나 프레이밍 이론이 잘 적용될 수 있는 집행유형이다. 이 경우, 정책의 목표나 수단에 대한 상이한 해석들이 서로 경쟁하고, 비슷한 해석을 가진 참여자들 간에는 연합체가 형성되고, 이들 간의 프레임 경쟁이 이뤄지게 된다.

이상의 네 가지 집행에서는 갈등과 모호성의 수준이 각기 다르고 이에 따라 정책결과에 영향을 미치는 변수와 집행과정의 특징이 달라지기 때문에, 하향적 접근방법과 상향적 접근방법이 각 집행을 설명할 수 있는 정도 또한 달라진다.

하향적 접근방법은 정책이 명확하고 갈등 수준이 낮은 경우에 더 큰 설명력을 가지고, 상향적 접근방법은 정책이 모호하고 갈등 수준이 높은 경우를 잘 설명할 수 있다. 정책의 모호성은 적지만 갈등 수준이 높은 경우에는, 특별히 정치적인 변수를 고려하는 하향적 접근방법의 설명력이 높을 것이다. Matland의 상황론적인 접근은 각 4가지 접근방법이 더 큰 설명력을 지니는 집행의 상황조건을 연구하는 것이 중요하다는 것을 지적한다는 장점이 있다.

Ⅲ. 정책의 변동

실제 하나의 정책을 보면, 시간적으로 볼 때 정책형성에서 집행까지 일사천리로 진행된 후 종결되는 것은 아니다. 마치 정책집행과정을 살아 있는 생물과 같이 시간이 흐름에 따라 변화한다. 이를 정책변동(policy change)이라고 한다. Hogwood와 Peters(1983)는 정책변동을 좀 더 넓은 의미로 보고, 그 속에 정책혁신(policy innovation), 정책유지(policy maintenance), 정책승계(policy succession), 정책종결(policy termination)이 있는 것으로 보고 있다.

여기에서는 정책변동을 좀 더 좁은 의미로 보고, 정책형성이 된 이후, 실제로 집행되는 과정에서 당초에 의도했던 것에 비하여 변화가 있는 것을 지칭하기로 한다. 특히 한국의 경우, 사회가 급변하기 때문에 정책도 수시로 변하는 경향이 있다. 따라서 정책의 일관성을 유지하는 것도 중요한 과제 중 하나이다. 정책이 급변하면, 현장에서 혼동이 발생하여 원래 의도했던 정책효과를 거두기 어렵기 때문이다.

Sabatier는 1988년 정책변동을 위한 설명으로서, 옹호연합모형(ACF)을 제시했다. 이는 외적변수(external parameters), 정책옹호연합(policy advocacy coalition), 신념체계(belief systems), 정책중재자(policy brokers), 정책학습(policy learning), 정책산출(policy output), 그리고 정책변동(policy change) 등으로 구성된다.

다음의 그림에서 볼 수 있는 바와 같이, 외적변수는 외부환경으로서 문화와 같이 안정적인 변수와 지배집단의 변화와 같이 역동적인 변수가 있다. 이들은 정

> **정책종결(policy termination)**
> 이미 실시되었던 정책이 완전히 폐지되는 것으로 관련 예산과 담당 조직이 없어진다. 실제로 한번 실시된 정책은 완전히 종결되기 어렵다.

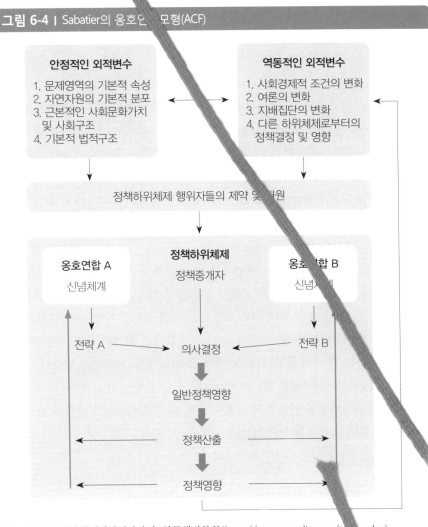

그림 6-4 | Sabatier의 옹호연   모형(ACF)

출처: 양승일. 온라인행정학전자사전. 한국행정학회(http://www.epadic.com/in   x.php).

책을 제약하는 요건으로 작용하기도 하고, 재원이 되기도 한다. 특   정책에 대해
정책을 옹호하거나 반대하는 집단이 생긴다. 이들이 반대하는 것은   들이 믿는
신념체계가 다르기 때문이다. 이들의 신념체계가 서로 격돌하는 가운데,   책중재
자가 간여하게 된다. 정책중재자는 정부일 수도 있고, 정치인일 수도 있고,   간조
직일 수도 있다. 최근에는 정부가 민간인을 포함하는 민관합동위원회를 구성하
경우가 많다. 심지어 공론화 위원회와 같이 완전히 민간인으로 구성하기도 한다.
이들의 전략이 서로 만나 일반정책이 나오게 되고, 이것은 시간이 흐르면서 정책
학습이 된 후 드디어 정책이 산출되게 된다.

정책실패
정책이 초기의 목
적을 달성하지 못
하는 것. 정책이
란 시간의 선상에
서 끊임없이 변화
하는 것이기 때문
에, 어떤 순간에
는 실패한 것으로
판단되더라도 시
간이 훨씬 지난
후에는 성공으로
판단될 수 있으므
로 신중하게 사용
되어야 한다.

Sabatier의 이론모델은 정책과정이 정책이 가지고 있는 물리적 특성, 즉 정책
문제해결에서 인과관계가 중요하기보다는 정책관련 행위자들의 생각, 즉, 신념체
계에 달려 있다고 본다. 이 신념체계를 기초로 반대의 논리를 바꾸는 것이 정책집
행과정이라고 본다.

그런데 신념체계는 그 변화가능성의 정도라는 차원에서 세 가지가 있을 수
있다. 첫번째로 규범적 핵심신념(normative deep core beliefs)은 예컨대 개인의
자유, 사회적 평등, 이들 간의 가치부여 등 모든 정책분야에 적용되는 근본적 규
범이다. 따라서 특정 정책과의 연계보다는 보편적이어서 변화시키기도 어렵다. 두
번째로 정책핵심신념(policy core beliefs)은 특정 옹호연합이 가지고 있는 기본적
원칙, 정책방향 등을 의미한다. 예컨대 경제성장과 환경보존과 같은 대립되는 가
치는 정책옹호연합이 존재하는 기반이므로 변화가 쉽지 않다. 세 번째로 2차적 혹
은 도구적 신념(secondary or instrumental aspects beliefs)은 예산배분 등 주로
특정한 규범적 핵심신념을 집행하는 데 필요한 행정상 또는 입법상의 정책수단,
법 개정 등 전술적인 것을 의미한다. 이것은 상대적으로 변화가 용이하다.

정책옹호연합(ACF)모형은 실제 정책이 결정되고 집행되는 가운데 변동되는
과정을 설명하는 데 유용한 틀이다(장지호 2004; 엄석진·허미혜, 2011). 정책의
단기적 측면보다는 한 정책의 장기적 변동과정을 분석하는 데 유용하다. 그러나 실
제로 안정된 환경변수와 역동적 환경변수 간의 구분이라든지, 신념체계 중 도구적
신념이 행정학에서 말하는 보통의 행정수단과 큰 구분이 되지 않는 한계가 있다.

정책집행의 담당자: 일선관료

1. 일선관료의 업무환경

Lipsky(1976)는 '일선관료제'라는 개념을 만들어 이들이 일반관료들과는 다
르다는 점을 주장하였다. 이들의 업무환경의 특성을 규정하고, 업무환경의 어려움
에 대처하기 위해 어떠한 적응 메커니즘을 개발하는지를 흥미 있게 분석하였다.

일선관료들은 비록 계층제적인 구조 속에 놓여 있지만 집행현장의 다양성과
복잡성, 그리고 자신이 보유한 전문성과 경험 때문에 직무의 자율성이 광범위하
며 의사결정에 있어서 상당한 재량권을 가지고 있다. 하지만 민원인과 자주 부딪
치며 그들의 특수한 사정을 파악하고 해결해야하는 집행현장에서는 매우 어려운

일이 많다.

따라서 상향식 집행은 물론이고 하향식 집행에서도 현장에서 정책을 실제로 집행하는 일선관료제(street-level bureaucracy)가 정책의 성패를 좌우하는 가장 결정적인 변수이다. 일선관료가 정책과정의 다른 참여자와 가장 구별되는 특징은 일반 시민들과 직접 면대면으로 상호작용을 한다는 점이다. 이들의 능력과 의욕, 그리고 그들이 처한 환경적 요인은 집행결과에 많은 영향을 미친다. 여기서는 정책집행론이라기보다는 조직론인 일선관료제론에 의존하여 설명하기로 한다.

일선관료들이 처하는 특수하고 어려운 업무환경은 다음의 세 가지로 정리될 수 있다(조원혁, 2012).

첫째, 불충분한 자원이다. 일선관료수준으로 내려오면 조직이 작아지므로 가용한 예산액 자체가 작게 나뉘는 것은 보통이다. 이와 더불어 문제를 해결해야 하는 시간적 압박과 정보의 부족, 기술(technical)적인 지원의 부족은 상대적으로 불확실성이 높은 일선관료의 업무환경을 더욱 악화시키는 요소이다.

둘째, 권위에 대한 위협과 도전이다. 예컨대 경찰의 집행현장에서는 크고 작은 위협이 끊이지 않고, 교사는 일탈학생, 부도덕한 학부모 등으로부터 불안한 상황에 있다. 이와 같이 도전과 위협이 커지면 커질수록 일선관료들은 자신들의 권위가 떨어지는 것으로 인식한다. 권위가 있어야만 시민들에 대한 통제가 가능해진다고 믿기 때문에, 자신들의 권위를 과시하려는 경향이 커진다.

셋째, 모호하거나 모순되는 기대이다. 일선행정 현장의 현실도 모르고 상관들이나 민원인들은 일선관료들이 마치 자신의 마음과 같이 알아서 처리하는 존재가 될 것을 기대한다. 어떤 때는 엄격한 집행을 바라고, 어떤 때는 관대한 인간상을 원한다. 민주화되면서 관료를 자신의 세금으로 고용했다고 생각하기 때문에 기대가 더 커진다. 그러나 일선관료들은 자신들에 대한 역할기대에 대해 합의가 이루어지지 않는 경우 가능한 한 많은 기대를 만족시키기보다는 그 중 하나를 선택하는 경향이 있다.

2. 적응 메커니즘

일선관료는 위와 같은 특수한 상황에서 일하고 있기 때문에 직무를 보다 용이하게 하기 위해 스스로 적응하는 심리적 메커니즘을 개발한다. 위에서 살펴본 세 가지 문제를 해결하기 위해 일선관료들이 주로 개발하는 메커니즘은 다양한 상황을 단순화(simplifications)하는 것과, 일정한 유형으로 고정하여 정형화하는

일선관료
구청, 동사무소 등의 창구 직원은 물론이고, 경찰, 교사, 환경감시원 등 실제로 일선현장에서 정책을 담당하는 공무원을 지칭하는 개념

것이다(조원혁, 2012).

단순화란 복잡한 현실을 자신이 이해하고 다룰 수 있는 방식으로 구조화시켜 인식하는 것을 말한다. 구체적인 것을 생략하는 것이다. 그리고 정형화란 업무가 수행되는 방식을 규칙적이고 습관적인 것으로 패턴화 시키는 것을 의미한다.

첫째, 부족한 자원에 대처하는 가장 쉬운 방법은 '지름길'을 택하는 것이다. 지름길을 택함으로써 시간을 절약하고 정책대상집단과의 갈등, 결정에 대한 심리적 불안을 피하고자 한다. 1심을 맡은 판사들이 개별적인 사례에 대해 충분한 증언과 피의자에 대한 배경지식 없이 간단히 판결하는 것이나, 경찰과 교사들이 전과자나 문제아들을 먼저 의심하고 문제가 발생한 경우에도 그들을 가장 주목하는 것이 그 예이다.

둘째, 육체적·신체적 위협에 대처하기 위해 '잠재적 공격자'의 특징을 사전에 규정해 놓고 대처한다. 이렇게 함으로써 복잡한 상황을 파악하는데 노력하기 보다는 즉각적 판단을 할 수 있다. 경찰들은 옷차림, 인종, 전과경력 등을 기준으로 자신들에 대한 신체적 위협자를 정의한다. 그리고 피해를 보지 않기 위해 간여를 최소한으로 줄이려 한다. 이러한 회피전략으로 위협요인에 대처하는 것이다.

이것은 민원인을 일종의 고정관념(stereo type)을 가지고 대한다는 것을 의미한다. 하지만 이미 사회에 자리 잡고 있는 차별을 더욱 공고히 한다는 점에서 큰 문제점이 있다. 일선관료들이 행하는 차별은 일반 개인들의 차별적 행위보다 훨씬 큰 파급효과가 있으며, 고정관념에 의해 형성된 단순화와 정형화가 집행조직 내에 제도화되어 있다면 문제는 더욱 심각해진다. 일선관료들은 고정관념이 반영된 자신들의 집행을 감추거나 합리화시킨다. 민원인들은 관료가 공정하지 못하다고 인지하는 데 반하여, 일선관료 자신들은 중립적이고, 공정하며, 합리적인 것이라고 인지한다. 고객과의 갈등이 표면화되면 일선관료들은 그것이 업무수행에 필수불가결하여 어쩔 수 없는데도 고객들이 이를 이해하지 못한다고 항변한다.

셋째, 모호하고 상반된 역할기대에 적응하는 메커니즘으로는 역할기대를 변경하는 방법과 고객집단을 변경하는 방법이 있다(조원혁, 2012). 우선 일선관료들은 자신들이 달성해야 할 성과나 시민들이 자신들에게 기대한다고 여겨지는 역할을 재정의하는 방법을 흔히 사용한다. 교사는 스스로에게 전통적인 사표(師表)라는 이상적 이미지를 투사(projection)시킨다. 다른 사람들이 인정해 주지 않고 아무런 보상이 주어지지 않더라도, 소수인종이나 가난한 가정의 학생들을 위해 헌신하는 것으로 마음 속에 자아를 그린다. 경찰은 항시 거리에서 자신에 대한 위협을 느끼는 약한 존재함에도 불구하고, 지역사회의 평화를 지키는 수호자로 자신들의 역할을 정의한다. 이러한 역할 재정의가 가져올 수 있는 문제점은 업무의 결과에 대한 심리적인 책임전가가 발생할 수 있다는 점이다. 정작 그 자리가 요구하는 일은 회피하고, 자신이 스스로 부여한 역할에만 집중하는 결과를 가져올 수 있기 때문이다.

다음으로 고객집단에 대한 인식을 변경하는 방법이 있다. 결과에 대한 모든 책임을 고객에게 전가시키거나 고객이 겪고 있는 문제를 사회 탓으로 돌린다. '아무리 도와줘 봤자 소용없다'라는 식의 인식전환이다. 그러므로 자신들이 해줄 수 있는 것은 아무 것도 없고, 따라서 열심히 일할 필요도 없다는 식으로 정당화하는 것이다. 요컨대, 일선관료들은 자신의 인지구조 속에 단순화시켜 놓은 인종, 성, 학력, 경제적 계층, 문화적 계층 등의 기준을 가지고 고객을 정의한 후(예를 들어, 빈민지역의 거주자, 결손가정의 학생, 노숙자) 해결해야 할 문제의 원인이 고객 자신에게 있다거나 사회경제적 구조의 전반적인 변화 없이는 해결이 불가능하다고 주장함으로써 책임을 회피한다.

3. 재량권 축소문제

일선관료들은 법과 현실과의 차이 속에서 늘 고민해야 하는 존재이다. 아무리 자세하게 법규 조항을 만들어도 실제 업무처리과정에서는 애매하거나 예외적인 경우가 생기기 때문이다. 일선관료에게 주어지는 재량권은 불가피할 뿐만 아니라, 당연한 것이다.

실제로 힘이 있는 것 같은 일선경찰도 사실상 법적으로는 강제력이 주어지지 않은 경우도 많다. 일선 경찰서에 와서 술에 취하여 난동을 부리는 주취자를 엄격히 제어할 수단도 갖지 못한다(조원혁, 2012). 어떤 경우에는 재량권 발휘에서 생긴 일종의 실수가 결국 일선관료에게 매우 불리한 결과를 초래하기도 한다. 이러한 것이 사회적으로 학습되면서, 일선관료들은 이미 자신에게 주어진 재량권도 자진해서 발휘하지 않는다. 일종의 보신주의가 생기는 것이다.[9] 그런데 최근 민주화로 인하여, 행정내부에서 일어난 사항이 자세히 외부에 알려져 여론의 큰 비난을 받기도 한다.

이상은 왜 관료들이 창의적이고 훌륭한 공복이 되기 어려운가를 설명한 것이다. 이러한 일선관료들이 관료 전체의 이미지를 부정적으로 만든다. 즉, 법규만능주의 혹은, 철밥통 관료라는 낙인이 찍히는 것이다. 행정개혁은 관료들의 부정적

---

9 이것은 제13장의 악순환모델에서 설명되는 하위층 관료들의 행태이다.

이미지를 희생양으로 하고, 민간부문을 미화하는 방향으로 추진되는 경향이 있다.

결과적으로는 관료들의 재량권을 축소하는 방향으로 좀더 자세한 법규범들이 추가된다. 일선관료들이 업무수행과정에서 참조할 법규범이 점점 많아짐에 따라 법조문 해석에 좀더 시간을 쓰게 된다. 그리고 법규정에서 명시적인 근거를 찾아볼 수 없는 경우에는 절대로 집행하지 않는 행태를 보이게 된다. 즉, 주어진 법규 내에서 적극적으로 행정행위를 하여 문제해결을 해주기보다는, 거꾸로 재량권을 스스로 축소하는 것이다.

제 5 절 정책분석과 정책평가

정책분석과 정책평가는 정책(원인)으로 인해 발생하는 효과(결과)를 과학적으로 추정하는 정책학의 한 연구 분야이다.[10] 이를 하는 목적은 첫째, 문제를 명확하게 하고 이 문제를 처리하기 위한 새로운 지식을 얻는 것, 둘째, 정책과 행정관리 도구의 효과성과 능률성을 평가하여 대안을 선택하는 데 도움을 주기 위한 것이다(노화준, 2012: 454).

I. 정책분석과 정책평가의 필요성

1. 정책의 인과관계문제

행정이 어떤 사회적 문제를 해결하기 위해 취하는 조치가 정책이다. 과연 이 조치(즉 정책)가 원래 해결하고자 의도했던 문제를 얼마나 해결할 수 있을 것인가(정책분석), 혹은 해결하였는가(정책평가)를 따져 볼 필요가 있다. 정책평가와 정책분석은 정책수단(X)과 정책목표(Y) 사이에 인과관계(causal relation)가 존재하는지의 여부를 경험적·과학적으로 검증하는 것으로서, 정책효과의 추정은 결

---

10 학자들마다 의견이 다르기는 하지만 정책분석과 정책평가의 내용과 방법은 대체로 유사하기 때문에 여기서는 같이 다룬다. 여기서는 정책이 시행되기 전에 시행하는 활동을 정책분석으로, 시행 이후에 하는 것을 정책평가로 보기로 한다.

국 인과관계의 규명이라 할 수 있을 것이다.

원인은 어떤 현상을 일으키거나 변화시키는 요인 또는 어떤 현상이 일어나기 위해 반드시 존재해야 하는 선행요인이다. 정부의 정책개입이 이루어진 이후의 변화 상태인 정책의 효과를 추정하는 데 있어서 시간변수가 중요함은 자명하다.

그런데, 정책이란 아무 것도 없는 진공상태에서 실시되는 것이 아니다. 한국 사회 자체에서 나오는 수없이 많은 변수들이 있는 가운데, 또 하나의 정책이 집행 되는 것이다. 정책(원인) → 변화(결과)의 관계를 제대로 추적하지 못하게 하는 것으로 허위변수와 혼란변수가 있다.

허위변수(spurious variables)는 X와 Y 두 변수 모두에 영향을 미치면서 이들 간의 공동변화를 모두 설명하는 변수이며, 혼란변수(confounding variables)는 X 와 Y 두 변수 모두에 영향을 미치지만, 이들 간의 공동변화를 모두 설명하지는 못 하는 변수를 말한다.

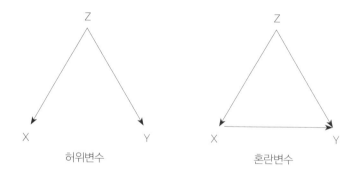

사회현상은 복잡하므로, 정책평가자는 여러 가지 연구방법을 동원하여 허위 변수와 혼란변수의 영향을 제거하려고 노력해야 한다.

2. 타 당 성

추정된 원인(정책)과 그 정책결과 사이에 존재하는 인과적 추론의 정확성을 내적 타당성이라 한다. 예컨대 복지정책을 통하여 저소득층이 감소되었다는 인과 관계가 직접적으로 증명된다면, 그 복지정책은 타당성이 높은 것이다. Campbell 과 Stanley(1979)는 원래 상정하고 있는 원인 이외에 결과를 설명할 수 있는 제3 의 변수 또는 경쟁가설을 '내적 타당성의 저해요인 또는 위협요인'이라 하였다. 내 적 타당성의 위협요인은 다음과 같다.

첫째, 정책대상집단 자체의 특성변화이다. 구체적으로 성숙요인(maturation)과 역사요인(history)이 있다. 성숙요인은 시간의 경과 때문에 발생하는 조사대상집단의 특성변화를 말한다. 예컨대 복지혜택을 받는 사람이 철이 들면서 작년에 비하여 올해 좀 더 자활하려는 의지도 강해지고 의욕이 높아져서 일을 더 열심히 하여 소득이 높아질 수 있다. 역사요인(history)은 조사기간 중에 연구자의 의도와는 관계없이 일어난 사건으로 결과변수에 영향을 미치는 경우에 나타난다. 예를 들어 복지정책 이외에도 같은 기간에 우리나라 경제가 특별히 호황이어서 모든 국민들의 소득이 올라간 것이다. 이러한 혼란변수에 의한 효과는 방법론적으로 통제할 수 있다. 즉, 실험집단과 함께 비교집단을 동일하게 구성하여, 정책전후의 변화를 두 집단에 대해서 측정하여 비교하면 된다. 역사적 사건의 효과는 성숙요인의 효과와 마찬가지로 실험집단이나 비교집단에 똑같이 나타나므로, 그 효과가 상쇄되기 때문이다.

둘째, 정책평가에 모집단 전수를 대상으로 할 수 없을 때 생기는 문제이다. 즉, 표본의 무작위 추출을 제대로 못하거나 대표성을 확보할 수 없을 때 생기는 문제이다. 구체적으로 선발요인(selection), 상실요인(mortality), 회귀요인(regression)이 있다. 선발요인(selection)은 실험집단과 비교집단 간의 결과변수에 대한 측정값의 차이가 정책집행의 효과라기보다는 표본 선택시에 다른 두 집단구성원들을 선택했기 때문에 나타나는 경우이다. 복지정책을 평가할 때 실험집단에 이미 어떤 자격증이 있는 사람을 더 많이 포함시켰을 때, 이들이 취업할 가능성도 높고 월급수준도 높을 수 있다. 상실요인(mortality)은 정책 집행기간 중에 관찰대상집단의 일부가 탈락 또는 상실됨으로써 남아 있는 대상이 처음의 관찰대상집단과 다른 특성을 갖게 되는 현상이다. 복지정책을 평가할 때 병약자가 사망한다든지, 외국에 취업하여 t_2에서 제외되는 경우가 그 예이다. 회귀요인(regression)은 극단적인 측정값(최고값 또는 최저값)을 갖는 사례들을 재측정할 때, 평균값으로 회귀하여 처음과 같은 극단적 측정값을 나타낼 확률이 줄어드는 현상이다(정정길 외, 2017).

셋째, 정책평가를 할 때 사용하는 관찰 및 측정방법에 관련된 요인도 있다. 구체적으로는 검사요인(testing), 측정수단요인(instrumentation)이 있다. 검사요인(testing)은 정책 실시 전과 실시 후에 유사한 조사(설문지나 인터뷰)를 반복하는 경우, 정책평가 참여자들이 이에 친숙도가 높아져서 측정값에 영향을 미치는 현상을 말한다. 측정수단요인(instrumentation)은 정책 또는 프로그램 집행 전과 집행 후에 측정자의 측정기준이 달라지거나, 측정수단(measuring instrument)이

변화함에 따라서 정책효과가 왜곡되는 현상이다.

이상과 같은 여러 요인들 중 역사요인, 성숙요인, 상실요인, 회귀요인 등은 정책평가에 있어서 시간 개념을 고려해야 함을 의미한다. 그러나 기존의 실험연구들에서는 역사효과와 성숙효과 등을 제대로 추정하지 못하고 있다(노화준, 2012).

Ⅱ. 정책분석

1. 기   법

정책분석(policy analysis)은 어떤 정책이 결정되기 이전에 이뤄지는 것으로 정책결정에 도움을 주는 활동이다. 그러나 정책이 집행된 이후 정책의 효과에 대해 전반적으로 분석하는 것이라고 하여 넓게 보기도 한다. 여기서는 '정책결정자들이 그들의 판단력을 행사하는 데 있어서 판단의 기초를 높여주는 것, 혹은 복잡한 정책이슈에 직면했을 때 바람직한 대안들을 설계하고 선택하기 위한 일련의 접근 방법으로 대안의 탐색과 개발에 도움을 주는 것'이라고 보기로 한다(노화준, 2006: 186).

정책분석에는 여러 가지 기법이 사용된다. Dunn(2003)은 다음과 같은 차원으로 설명한다. 1차적 데이터를 활용하느냐, 아니면 2차적 데이터에 의존하느냐라는 측면과, 일반적인 인과관계를 나타내는가 아니면 특수하고 국지적인 인과관계를 나타내는가라는 측면이다. 그러나 이들 기법이 모두 정책의 타당성(즉, 인과관계)에만 국한되어 사용되는 것은 아니다. 좀 더 넓은 목적에서 사용될 수 있는 기법이다.

정책분석에서 가장 어려운 부분은 미래를 예측하는 부분이다. 미래는 불확실한데 가능한 한 조금이라도 예측하여 이를 근거로 어떤 정책의 수요나 효과를 분석해야 하기 때문이다. 여기에서는 다음의 그림에서 제시된 여러 가지 분석방법 중 미래예측과 관련한 몇 가지를 소개한다.

전문가의 전문지식과 정보를 이용한 비계량적·주관적 예측방법으로는 델파이 기법을 들 수 있다. 이것은 전문가 그룹이 일련의 예측치를 제공하는 방법으로서, 이들 전문가끼리 서로 모르는 사이여야 한다. 이들 간의 반복적인 환류를 통해 주어진 문제에 대해 합의를 유도하는 것이다.

그림 6-5 I 정책분석의 방법

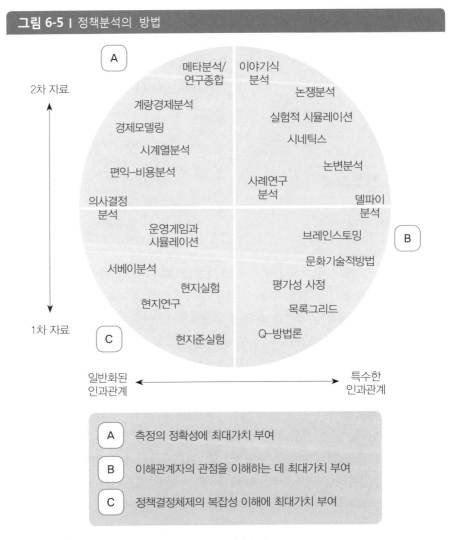

출처: Dunn, William N.(남궁근 외 역)(2008: 23) 일부수정.

브레인스토밍은 각 분야 전문가가 모여서 자유로운 토론을 통해서 정책 혹은 미래의 상황에 대한 전망을 종합하는 것으로 반드시 합의할 필요는 없다. 대신에 정책분석 초기에 전반적인 상황을 조망하고 연구주제를 구체화하는 데 사용된다.

트렌드 분석은 과거 수년 간 이상의 역사적 데이터나 추세에 근거하여 정책 문제의 특징, 원인, 발전 속도, 잠재적 파급효과 등에 대한 추세를 분석하는 것이다. 예컨대 경제성장, 인구, 에너지 소비량, 교통량 등을 예측한다.

수리모델을 이용한 트렌드 분석법은 과거의 경험치를 연장하여 미래 상태를

표 6-3 ㅣ 정책분석을 위한 주요 미래예측 기법

기법	주요 내용
델파이	- 1948년 Rand연구소에서 개발, 60년대 본격 사용 시작 - 전문가들을 대상으로 일련의 설문(4-5회)을 반복하여 특정 주제에 대해 합의 도출 - 미래예측에 있어 고려해야 할 이슈, 변화 요인, 추세 파악에 전문가들의 직관 이용
시나리오	- 제2차 세계대전시 미군이 적의 공격 전략에 대응하기 위해 처음 사용 - 워크샵 등을 통해 '미래에 어떤 일들이 일어날 것인가'를 시나리오 형태로 제시 - 미래 가상적 상황에 대해 여러 가지 시나리오를 도출, 각각의 전개 과정 추정, 장기적 예측에 많이 활용
패널	- 독립된 전문가 패널이 일정기간 특정 문제 및 이슈에 대해 심층적인 논의, 합의 과정을 거쳐 미래 전망 - 나노기술, 건강과 같은 적용 분야, 제약 부문 등이나 국가 과학기술 분양의 미래 전망에 주로 활용
트렌드 분석	- 현재·과거의 역사적 데이터나 추세에 근거, 특징, 원인, 발전 속도, 잠재적 파급 효과 등에 대한 추세 분석 - 경제성장, 인구증감, 에너지 소비량 등을 예측하는 데 주로 사용, 시계열 자료분석에 의존
브레인 스토밍	- 각 분야 전문가가 모여 자유로운 토론을 하면서 미래에 관한 전망 종합 - 연구 초기에 전반적 상황 조망, 연구주제 구체화, 과제 도출 단계에서 주로 활용

출처: 한국정보사회진흥원(2008: 54).

예측하는 것이다. 시계열분석(예: 인구증가율 예측)은 관찰치의 집합을 토대로 경향선을 도출하여 미래 상태를 예측하는 것이다. 회귀분석(예: 경제성장율 예측)은 미래예측의 영향요인들을 이론적으로 추출한 후 모형을 작성하여 미래예측을 하는 것이다.

패널(panel)은 독립된 전문가 패널이 일정기간 동안 특정 문제 및 이슈에 대해서 심층적인 논의와 합의를 거쳐 분석을 하는 것이다.

미래예측과 별로 관계는 없지만, 정책분석에서 가장 많이 사용되는 것이 비용-편익분석(Benefit Cost Analysis)이다. 이것은 여러 정책수단이 있을 때, 그중 어느 것이 가장 좋은가를 평가하는 방법이다. 즉, 각 정책수단이 가져올 편익과 예상되는 비용을 모두 생각하여 이를 금전적 가치로 환산한 다음 편익:비용의 비율이 가장 높은 것을 찾아내는 방법이다. 이 경우에도 미래의 비용과 편익을 계산함에 있어서 불확실성이 높을 때, 상술한 다른 기법들에 의존할 수도 있다.

B/C분석과 C/E분석
비용과 편익을 분석하는 것과 비용과 효과를 분석하는 것

편익은 특정 정책을 선택하면서 얻을 수 있는 것을 말하며, 비용은 편익을 얻기 위해서 포기해야 할 것을 말한다. 비용-효과분석(Cost Effects Analysis)은 정책에 투입되는 비용은 모두 금전적 가치로 환산하나 산출되는 편익은 금전적 가치로 환산하지 않고 산출물 그대로 분석에 활용한다. 즉, 산출물을 금전적으로 환산하기 어렵거나 비교하는 대안들의 산출물들이 동일한 정책의 평가에 주로 활용된다(노화준, 2006: 254-255).

2. 정책대안의 비교기준

지금까지는 정책평가나 정책분석을 하는 목적을 주어진 정책목표를 달성하는데 타당성, 즉 인과관계가 얼마나 있는가에 초점을 맞춰서 논의하였다. 그런데 실제 정책분석상황에서는 목표가 무엇인지조차도 불확실할 때가 많다.

Palumbo와 Nachmias(1983)가 주장한 이상적인 정책평은 다음과 같다. 첫째, 모든 참여자가 동의하는 조작적 정의가 가능한 정책목표가 존재할 것, 둘째, 정책목표를 달성할 수 있는 수단이 존재하고, 이것이 기술적으로 실현가능하여 집행될 수 있을 것, 셋째, 관련 외생변수를 통제할 수 있을 것, 넷째, 정책 추진 기관이 정책 추진에 대해 강한 의지를 가지고 있을 것, 다섯째, 정책관련자들이 정책평가 결과를 적극적으로 받아들일 의지가 있을 것 등이다.

그러나 위의 조건을 만족시켜 정책평가나 정책분석을 하는 것은 쉬운 일이 아니다. 어떤 정책의 성과를 제대로 평가하는 것은 현실적으로 많은 제약요소를 갖기 때문이다. 특히 외생변수를 통제하는 것이 어렵다. Knoepfel et al.(2007)은 자연자원의 희소성, 정보의 불완전성, 그리고 제도적 요인 등을 모두 고려한 정책평가모형을 주장한다.

이러한 현실적 제약에서도 정책대안을 비교하는 데 사용하는 기준을 몇 가지 살펴보면 다음과 같다(Kraft & Furlong, 2013).

- 효과성(effectiveness): 정책목표와 정책목표의 달성가능성이나 그 정도를 의미한다. 실제로는 앞서 살펴본 대로 미래를 예측하는 데 어려움이 있기 때문에, 효과성을 기준으로 정책분석을 하는 것은 매우 어렵다.
- 효율성(efficiency): 정책이 실현되었을 때 얻는 편익에 비하여 정책을 집행하는 데 드는 비용이 얼마인가를 나타낸다. 상술한 비용편익분석을 통해서 할 수 있다.

- 형평성(equity) : 정책의 비용, 편익, 그리고 위험이 어떤 계층에 불리하거나 유리하지 않고 공평한가를 나타낸다. 특히 사회적 약자에게 불리한 것이 아닌가에 대한 문제의식을 내포하고 있다.
- 자유(freedom) : 공공정책이 개인의 자유를 확대하는가 줄이는가에 대한 기준이다. 규제정책과 같이 대부분의 공공정책은 개인의 자유를 제약하기 때문에 이 기준이 중요하다.
- 정치적 실현가능성(political feasibility) : 특정 정책이 당시의 정치적 상황 때문에 입법이나 집행과정에서 반대에 부딪칠 가능성을 의미한다. 아무리 좋은 정책이라도 정치적 지지를 얻지 못하면 실현되기 곤란하다. 민주주의 국가에서 중요하게 고려해야 할 기준이다.
- 사회적 수용가능성(social acceptability) : 그 사회에서 일반국민의 정서상 받아들일 수 있는지 여부에 관한 기준이다. 시대를 너무 앞서가는 정책은 사회적 저항을 일으킬 가능성이 크다.
- 행정적 실현가능성(administrative feasibility) : 정책집행에서 담당 행정기관이 제대로 집행할 수 있는가의 기준이다. 측정가능성, 인력의 제약, 자원의 제약, 기관의 형태 등이 이와 관련되는 변수이다.
- 기술적 실현가능성(technical feasibility) : 정책집행이 그 나라의 과학기술 수준으로 봐서 집행가능한가라는 기준이다.

정책분석은 단순히 가져올 결과에 대해 수학적으로 계산할 수 있다고 보기보다는 위와 같은 다양한 기준에서 대안을 치밀하게 분석할 것을 요구한다.

 ## Ⅲ. 정책평가모델

1. 실험설계

정책효과의 존재 여부를 평가하는 논리는 정책실시 전(t_1)과 정책실시 후(t_2)의 상태를 비교하는 것이다. 예컨대 어떤 복지정책을 실시하기 전 복지수혜층의 가처분소득과 실시 후 가처분소득의 차이를 본다. 이것을 '단일집단 사전사후 측정'이라고 한다.

그러나 보통의 경우에는 정책문제가 발생하여 시급히 정책형성을 하여 집행

그림 6-6 | 정책평가모델-진실험방법

	정책실시 전	정책실시 후
실험집단	E_1	E_2
통제집단	C_1	C_2

하기 때문에, 정책실시 전(t_1)의 상태에 대한 자료가 없어서 정책실시 이후에 관해서만 측정한다. 복지정책실시 후, '그 전에 비하여 가처분소득이 증가하였습니까?'라고 물어보는 방식이다. 이를 '단일집단 사후측정'이라고 한다. 하지만 이런 방법은 허위변수나 혼란변수가 너무 많이 포함되어 실제 그 정책의 효과라고 판단하기에는 많은 문제점을 가지고 있다.

이러한 문제를 해결하기 위한 가장 이상적인 정책평가모델은 진실험방법이다. 정책이 실시되는 실험집단과 정책이 실시되지 않는 비교집단을 나누되 이들을 동질적 집단으로 구성한 후, 정책집행의 사전과 사후에 측정을 하여 이들을 비교하는 것이다. 이를 '솔로몬4집단설계'라고 한다.

복지정책의 경우, 연령, 성별, 학력, 지역, 결혼 여부, 자녀 수 등 소득에 영향을 미칠 수 있는 변수를 기준으로 정책실험집단과 통제집단을 유사하게 구성하느냐의 문제가 있다. 보통 유사하게 구성하는 방법은 무작위추출(random sampling)이다. 그리고 이들의 정책실시 전 가처분소득을 조사한다(E_1, C_1). 다음은 의도한 복지프로그램을 실험집단에게만 시행한 후 일정한 시간이 흐른 후, 양 집단의 가처분소득을 측정한다(E_2, C_2). 이 경우, 이 복지정책의 효과는 (E_2-E_1)−(C_2-C_1)이라고 할 수 있다. 그리고 이 차이가 단순히 표본추출할 때 생길 수 있는 이론적으로 허용할 수 있는 오류치 범위 내에 들어가는지 본다(통계적 유의성 검증).

현실세계에서 진실험방법으로 어떤 정책의 효과를 평가한다는 것은 그리 용이한 것이 아니다. 따라서 이런 원칙 중의 일부를 포기하는 준실험방법(Quasi Experimentation)을 사용하는 경우가 더 일반적이다.

2. 정책대상집단의 반응

비록 진실험방법으로 정책평가를 했다고 하더라도, 그것이 반드시 정책의 효과인지는 단언하기 어렵다. 통계적 유의성에 의한 오류가능성을 제외하고도 말이다. 정책이라는 것이 그리 단순한 것이 아니고, 매우 복잡한 것이기 때문이다.

정책대상집단이 실험실의 쥐와 같이 가만히 있는 것이 아니라, 정책에 대하여 반응하기 때문에 의도된 정책효과가 발생하지 않는 경우가 많다. 예를 들어 에너지 정책의 경우, 자동차의 연비를 좋게 한다든지, 냉장고 등 전자제품의 전기사용효율을 높이는 정책들이 쏟아져 나온다. 그렇다고 이런 정책들이 결국 소비자들의 전체 에너지 소비량을 줄였을 것이라고 단정하면 안 된다. 진상현(2013)의 실증연구 결과, 에너지 효율화 정책이 오히려 전기를 더 소모하게 하는 반등효과(rebound effect)가 있음을 발견하였다. 즉, 효율 개선 이후의 에너지 사용량이 정책 시행 이전의 에너지 사용량보다 큰 역효과가 나타나는 것이다. 예를 들어 냉장고 효율을 높이는 정책은 적어도 저소득층에서는 반등효과가 분명히 나타난다는 연구결과가 나왔다(진상현, 2013). 사실 에너지 정책 이외에도 여러 분야에서 반등효과가 존재할 수 있다.

또한, 정책과정이란 정태적인 것이 아니고, 시간에 따라 변하는 동태적인 것이다. 정책효과의 'longtail의 법칙'이 그것이다(Anderson, 2006). 처음에는 일반국민들이 특정 정책에 관심이 없는 듯하다가, 일정 시간이 지난 후 서서히 관심을 갖는 사람들이 생긴다. 관심이 생기면, 초기의 무반응기와는 달리 어떠한 반응을 하게 된다. 만약 정책평가자가 무반응기에 정책을 평가하였다면, 그 후에 나타날 실제 정책효과를 간과할 것이 자명하다. 따라서 나중에 관심을 갖게 된 사람들이 정책이 중단되는 데에 대해 불만을 제기하면 여론에 큰 영향을 미칠 수 있기 때문에, 특히 정치인들은 한번 정책이 만들어지면 종결하지 않으려 한다.

반등효과(rebound effect) 실제 기대했던 정책목표를 달성하지 못하고 거꾸로 나타나는 현상

longtail의 법칙이란, 경영학에서 나온 개념으로 틈새시장에서 반짝 히트를 하고 사라지는 숏헤드(short head)법칙에 반대되는 개념이다.

정권별 미래보고서 어떻게 변모했나

1971년 발표 이후 한동안 뜸했던 정부 미래보고서가 다시 등장한 것은 1992년 문민정부 출현 직전이었다. 1989년 대통령 소속 자문기관으로 설치된 21세기위원회가 주요 역점사업의 정책적 타당성과 효율성을 검토해 장기발전전략 수립 차원에서 내놓은 '2020년의 한국과 세계'가 그것이다. 1971년 보고서와 동일하게 30년 후를 내다보는 작업이었다.

이 보고서는 한국사회에 일어날 정보혁명이 일상생활의 구석구석까지 파고들 것으로 예측했고, 인구가 정체되면서 한국이 선진국 형태의 인구구조를 갖게 될 것이라는 전망도 내놓았다. 그러나 한국 미래보고서는 이 보고서를 기점으로 변하기 시작했다. 민간 주도의 미래예측 작업은 정부 주도로 바뀌었다. 김영삼 정부 들어 21세기위원회가 세계화추진위원회를 지원하는 국가정책자문위원회로 바뀌면서 당장의 현안과는 먼 장기정책보다는 중·단기정책으로 초점도 옮겨졌다. 이 같은 변화는 김대중 정부의 '비전 2011'로도 이어졌다. 당시 미래기획에 참여했던 한 정부 관계자는 "외환위기가 끝나자 단기 위기극복 대책만 있고, 중기 비전은 없다는 반성에서 시작됐다"며 "10년 이후를 목표로 미래전망 없이 중기 정책과제 설계 위주로 논의했다"고 설명했다.

상대적으로 전망주기가 짧아졌던 미래보고서는 참여정부 들어 '비전 2030'으로 다시 장기화됐다. 한국행정연구원 서용석 연구위원은 "참여정부의 미래비전은 성장에 집중하던 이전 정부들과 달리 성장과 복지가 함께 가는 동반성장으로의 전환을 언급한 점에서 차별화된다"고 평가했다. 노인수발보험, 근로장려세제(EITC), 주택바우처 등 새로운 복지프로그램 도입 등 비전 2030이 계획대로 실현되면 국민소득 대비 복지지출 규모가 OECD 최하위 수준에서 2020년 현재의 미국, 일본 수준, 2030년에는 현재의 OECD 평균 수준에 도달할 것이라는 전망도 제시됐다.

정부의 미래 전망은 5년 단임 대통령제 권력에 취약성을 보였다. 정권이 바뀔 때마다 코드가 맞지 않는 기존 미래보고서와 전문가들은 과감히 버려졌다. 미래기획위원회 관계자는 "현 정부에서도 '미래비전 2040'에 대한 비판적인 목소리가 있다. 지나치게 먼 미래만 담고 있어 손에 잡히지 않는다는 지적이다. 보완책으로 '실전 비전 2025'도 동시에 추진하고 있는데 솔직히 제대로 되진 않는다"고 말했다. 한 세대 너머를 봐야 할 미래보고서가 정치논리에 엮여 5년마다 휘둘리는 상황이 반복되자 정부 차원의 미래연구기능을 아예 국회 소속으로 둬야 한다는 주장도 나오고 있다. 중앙대 공공행정학부 김동환 교수는 "핀란드의 미래상임위원회는 입법부가 중심이 돼 미래예측과 미래지향적 정책검토를 수행하고 있다"며 "우리 국회도 상임위 설치로 입법평가와 미래예산, 미래부채 심의 기능을 활성화할 수 있을 것"이라고 지적했다. 현 정부의 미래비전이 여전히 수치상 성장에 초점을 맞춘 '더 큰 대한민국(the Greater Korea)'을 강조하고 있는 것도 문제점으로 지적된다. 행정연구원 서 연구위원은 "물질 중심의 성장 일변도로 흐르다 보니 정부에서 내놓는 미래 비전에 이념과 가치가 결여되어 있다는 비판이 일 수밖에 없다"며 "성장지상주의 미래 비전과 전략은 다양한 가능성의 미래의 구상 실패로 연결될 수 있다"고 우려했다.

출처: 국민일보, 2011. 2. 17.

참고문헌

김신복(1999). 「발전기획론」. 서울: 박영사.

김주환(2010). "의료수가결정과 변화에 대한 사이버네틱스 접근방법에 의한 연구". 「한국
　　　정책학회보」 19(3): 171-197.

남궁근(2008). 「정책학: 이론과 경험적 연구」. 서울: 법문사.

노화준(2006). 「정책평가론」. 서울: 법문사.

_____(2012). 「정책학원론」. 서울: 박영사.

_____(2010). 「정책분석론」. 서울: 박영사.

목진휴(2007). 「우리나라 국회의 법률안 처리속도에 관한 연구」. 한국행정연구원.

엄석진·허미혜(2011). "행정절차법과 정보공개법의 제정과정 비교연구: 정책옹호연합모
　　　형(ACF)의 적용". 「한국행정학회 동계학술대회발표논문집」: 1-38.

염재호(2005). "정책연구에서 시간개념 도입의 유용성". 「한국행정학보」 39(4): 431-441.

윤견수(2000). 「딜레마와 행정」. 서울: 나남출판.

이종범(1994). 「딜레마 이론: 조직과 정책의 새로운 이해」. 서울: 나남출판.

이종원(2005). "방법론적으로 재해석한 거버넌스 이해". 「한국행정학보」 39(1): 329-340.

임도빈(2003a). "시간적 관점에서 조직연구의 필요성". 「한국정책학보」 12(1): 375-397.

_____(2003b). "시간길이와 부처조직운영에 관한 연구: 정통부와 농림부의 비교". 「한국
　　　행정학보」 37(4): 79-102.

_____(2004a). 「한국지방조직론」. 서울: 박영사.

_____(2004b). "정부조직의 재설계". 「행정논총」 42(3): 1-25.

_____(2005a). "시간관리측면에서 본 조직분석: P청 사례". 「행정논총」 43(2): 1-31.

_____(2007a). "시간의 개념분석: 행정학에의 적용가능성을 중심으로". 「한국행정학보」
　　　41(2): 1-21.

_____(2009). 「정부조직과 시간관리」. 서울대출판부.

_____(2016). 「개발협력 시대의 비교행정학」. 서울: 박영사.

장지호(2004). "경유승용차 판매허용의 정책변동연구: 정책옹호 연합모형(Advocacy
　　　Coalition Framework)의 적용". 「한국행정학보」 38(1): 175-197.

정정길 외(2017). 「정책학원론」. 서울: 대명출판사.

조원혁(2012). "일선 경찰관의 재량행위에 관한 연구: 근거이론의 적용". 서울대학교 박사
　　　학위논문. 서울: 서울대학교 행정대학원.

진상현(2013). "에너지 효율개선 정책의 효과성: 서울시 저소득 가구의 반등효과 분석".
　　　「한국정책과학학회보」 17(4): 55-77.

팀 오라일리 외(CCKOREA 역)(2013). 「열린 정부 만들기」. 에이콘출판사.

한국정보사회진흥원(2008). 국가미래예측메타분석.

Allison, Graham T. & Philip Zelikow (1999). Essence of Decision: Explaining the Cuban Missile Crisis(2nd ed.). NY: Longman.

Anderson, Chris (2006). The Long Tail: Why the Future of Business is Selling Less of More. NY: Hyperion.

Bachrach, Peter & Morton S. Baratz (1962). "Two faces of power." *The American Political Science Review* 56(4): 947-952.

Brunsson Nils, translated by Nancy Adler (2002). The Organization of Hypocricy: Talk, decisons and Actions in Organizations. VA: Liber.

Buchanan, J. M. (1954). "Individual Choice in Voting and the Market." *Journal of Political Economy* 62(4): 334-343.

Campbell, Donald T. & Julian C. Stanley (1979). Delineamentos Experimentais E Quase-Experimentais de Pesquisa. USP/EPU.

Cobb, Roger W., Ross, J Keith & Marc H. Ross (1976). "Agenda-Building as a Comparative Political Process." *American Political Science Review* 70(1): 126-135.

Dror, Yehezkel (1971). Public Policy Making Reexamined. NJ: Chandler-Publishing Company.

Dunn, William N. (2003). Public Policy Analysis: An Introduction. Prentice Hall.

Etzioni, Amitai (1967). "Mixed-Scanning: A 'Third' Approach To Decision-Making." *Public Administration Review* 27(5): 385-392.

Goffman, Erving (1974). Frame Analysis: An Essay on the Organization of Experience. MA: Harvard University Press.

Grofman, B. (2004). "Reflections on Public Choice." *Public Choice* 118(1-2): 31-51.

Hogwood, Brian W. & B. Guy Peters (1983). "Policy Dynamics." Sussex: Wheatsheaf Books.

Howlett, Michael & M. Ramesh (2009). Studying Public Policy: Policy cycles and Policy Subsystems (3rd ed.). NY: Oxford University Press.

Kingdon, John W. (1984). Agendas, Alternatives, and Public Policies. Harper Collins Pub.

Knoepfel, Peter; Corinne Larrue; Frederic Varone & Michael Hill (2007). Public Policy Analysis. Bristol: Policy Press.

Kraft, Michael E. & Scott R. Furlong (2013). Public Policy: Politics, Analysis, and Alternatives (4th ed.). CA: Sage Publications.

Lathrop, Daniel, & Laurel Ruma (2010). Open Government: Collaboration, Transparency, and Participation in Practice. CA: O'Reilly Media, Inc.

Lindblom, Charles Edward (1959). "The Science of 'Muddling Through'." *Public Administration Review* 19(2): 79-88.

_____ (1968). The Policy-making Process. N.J.: Precntice Hall.

Lipsky, Michael (1976). Toward a Theory of Street-Level Bureaucracy, Hawley, Willis D. & Michael Lipsky (eds.). Theoretical Perspectives on Urban Politics. N.J.: Prentice-Hall.

Lowi, Theodore J. (1964). "American Business, Public Policy, Case Studies and Political Theory." *World Politics* 16(4): 677-715.

_____ (1972). "Four Systems of Policy, Politics and Choice." *Public Administration Review* 32(4): 298-310.

Marsh, D. & R. A. W. Rhodes (1992). Policy Networks in British Government. Oxford: Oxford University Press.

Matland, Richard E. (1995). "Synthesizing the Implementation Literature: The Ambiguity-Conflict Model of Policy Implementation." *Journal of Public Administration Research and Theory* 5(2): 145-174.

Palumbo, Dennis J. & David Nachmias (1983). "The Preconditions for Successful Evaluation: Is There an Ideal Paradigm?." *Policy Sciences* 16(1): 67-79.

Peters, B. Guy (1996). The Future of Governing: Four Emerging Models. Kansas: University Press of Kansas.

Quade, Edward S. (1975). Analysis for Public Decisions. American Elsevier.

Ripley, R. B. & G. A. Franklin (1980). Congress, the Bureaucracy and Public Policy. Dorsey Press.

Sabatier, P. A. (1988). "An Advocacy Coalition Framework of Policy Change and the Role of Policy-oriented Learning Therein." *Policy Sciences* 21(2-3): 129-168.

Sabatier, P. A. & H. C. Jenkins-Smith (1993). Policy Change and Learning: An Advocacy Coalition Approach. CO: Westview Press.

_____ (1999). The Advocacy Coalition Framework: An Assessment. CO: Westview Press.

Sabatier, P. A. & Christpher M. Weible (2007). The Advocacy Coalition Framework: Innovation and Clarifications. CO: Westview Press.

Simon, H. A. (1955). "A Behavioral Model of Rational Choice." *The Quarterly Journal of Economics* 69(1): 99-118.

_____ (1976). Administrative Behavior: A Study of Decision-Making Processes in Administrative Organization (3rd ed.). NY: Free Press.

Smith, M. J. (1990). "Pluralism, Reformed Pluralism and Neopluralism: The Role of Pressure Groups in Policy-making." *Political Studies* 38(2): 302-322.

Spitzer, Robert J. (1987). "Promoting Policy Theory: Revising the Arenas of Power."

Policy Studies Journal 15(4)∶ 675-689.

Stone, Deborah (1997). Policy Paradox∶ The Art of Political Decision Making. NY∶ W.W. Norton.

Tullock, G. (1959). "Problems of Majority Voting." *Journal of Political Economy* 67∶ 571-579.

Wildavsky, Aaron (1979). Speaking Truth to Power∶ The Art and Craft of Policy Analysis. Boston∶ Little, Brown.

정　부

이 장에서는 광의의 정부(government)를 다루려고 한다. 협의의 정부를 행정부 관료제라고 한다면, 광의의 정부는 주로 국민의 대표기관으로서의 통치기관을 의미한다. 서구에서 발달한 3권분립의 원리에 기초한 헌법에 따라 우리나라도 입법부, 행정부, 사법부가 있다. 이들 간에는 어느 것도 지배적인 위치에 있지 않고 견제와 균형(check and balance)을 하도록 되어 있다. 즉, 프랑스의 사상가 Montesquieu가 주장한대로 "권력은 오직 다른 권력에 의해서만 통제될 수 있다"는 논리가 들어 있다.

국회, 대통령, 법조계는 모두 임기라는 주어진 시간적 제약 속에서 활동할 수밖에 없다. 즉, 비교적 짧은 시한 내에 임무를 수행해야 한다는 한계가 있다. 법조계가 비교적 장기적 제약에 있는 것은 분명하지만, 판·검사도 인사이동을 한다는 점에서 시간적 제약이 있다.

공공문제를 다룰 때, 이들 간 역할도 시간적 배열 면에서 다르다. 입법부 → 행정부 → 사법부와 같이 순차적으로 역할을 하도록 제도화되어 있다. 입법부에서 법을 제정하면 행정부에서는 제정된 법을 토대로 집행하고, 사법부는 집행의 옳고 그름을 따지게 되어 있다. 이 순차적 배열은 나라마다 다르다. 또 제도설계와는 달리 과연 누가 실제로 가장 큰 권력을 누리느냐도 나라에 따라 다르다. 우리나라도 정부 수립 초기에는 서구 민주제도를 모방하였지만, 오랜 세월을 통해 우리나라만의 독특한 특성이 많이 정착되었다.

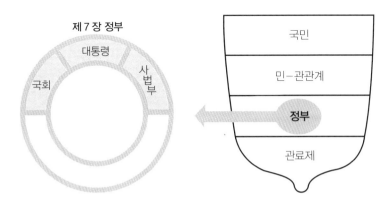

제1절 정부의 의의

I. 환경인가 아닌가?

좁은 의미의 행정(즉, 관료제)을 둘러싸고 있는 것을 '환경'이라고 한다. 행정관료제가 처한 환경을 분류하는 방법에는 여러 가지가 있다. 행정학에서 전통적으로 사용하던 분류는 분야별 방법이다. 정치적 환경, 경제적 환경, 사회적 환경, 법적 환경 등 (전공)분야별 혹은 기능별 분류방식이다. 특히 정치적 환경을 가장 중요한 환경으로 보고, 국회, 대통령 등을 꼽는다(유민봉, 2017: 87-99).

국토, 기후와 같은 자연조건을 환경으로 보는 것에는 이의가 없다. 그러나 행정관료제를 둘러싼 행위자를 환경으로 보기 어려운 점이 많다. 실제로 일어나는 상호작용이란 관점에서 보면 그 경계선이 애매하기 때문이다. 예컨대 대통령의 행위는 정치적인 것이면서 행정적인 것이 대부분이다. 나아가서 정치와 경제, 그리고 법은 행정과 여러가지로 서로 얽히고설켜 있어서 구분이 힘들다. 예컨대, 자원의 권위적 배분을 정치라고 정의한다면, 자원배분에 시장이 얼마나 개입하고 국가가 얼마나 개입하느냐 등은 곧 경제문제이다. 동전의 양면과 같은 것이다. 또한 법적 환경을 구성한 법체계는 국회뿐만 아니라 법무부를 비롯한 행정부의 여러 부처에서 생산하는 산출물이다.

공무원의 입장에서 본다면, 조직론에서 환경을 분류하는 방법인 일반행정(general environment)과 특수환경(specific environment)이란 분류도 유용하다. 전자는 다른 조직도 공유하고 있는 환경이고 후자는 업무상 일반적 환경(general environment)과 직접적으로 관심대상이 가져야 하는 대상이다.

그런데 이 구분도 상대적이다. 예컨대, 대통령의 입장에서는 자신을 뽑아준 일반국민이 모두 특수환경이고, 외국은 모두 일반환경일 수 있다. 또한 교육부의 입장에서는 전국의 학부모가 특수환경이고, 그 외의 국민들이 일반적 환경을 구성한다. 따라서 분류의 실익은 별로 없다(윤재풍, 2014: 126-127).

전통적인 환경론적 시각은 민주주의라는 시각에서 봐도 문제가 있다. 즉, 일반국민을 환경으로 보는 경우도 많으나, 국민주권이론에 근거하여 볼 때, 환경보다는 주체로 봐야한다는 입장이 더 설득력이 있다. 그러나 행정이 어떤 사회문제를 해결할 때, 이들 국민은 주체이든, 민간과 공동으로 하든, 행정을 둘러싼 환경임에는 이론의 여지가 없다. 단지 그 정신면에서 관존민비(官尊民卑)라는 시각보다는 국민을 주인으로 섬긴다는 시각이 오늘날의 민주주의에 더욱 적합하다고 할 수 있다.

따라서 최근 유행하는 네트워크 이론시각에서 보면 이 문제를 해결할 수 있다. 조직 내외의 경계를 구분하지 않고 행위자들 간의 상호작용 빈도를 중심으로 분석하기 때문이다. 이들간 주객 관계나 계서적 관계도 전제하지 않는다. 오늘날의 복잡한 행정현상을 이해하는 데에는 체제론보다는 네트워크 이론이 더 유용하다.

네트워크 이론에서 보면, 본 장의 행위자인 대통령, 국회, 사법부는 이들 간에 서로 밀접한 상호작용을 한다. 나아가서 행정학의 고유 연구 분야인 행정관료제와는 더 밀접한 상호작용을 한다. 따라서 여기서는 상호작용의 빈도라는 측면에서 사람(actor) 단위에 주목하려 한다. 이를 바탕으로 국회, 대통령, 법조계를 중점적으로 보기로 한다.

Ⅱ. 정부의 두 가지 의미

1. 서구의 제도형성

국민의 의사를 대변하는 통치기구를 어떻게 구성할 것인가에 관해서 서구의 학자들은 많은 고민을 하였다. 왕권신수설로부터 벗어나 국민주권론으로 바뀌는 과정에서 국민들의 의사를 대변하는 기구로서 대의민주주의 정치체를 구성하는 방법에 대해 고민한 것이다. J. Locke는 '시민정부론'에서 국민 아래 입법권이 있고, 입법권 아래 행정권이 있는 것으로 이권분립론을 주장하였다. Montesquieu는 '법의 정신'에서 입법, 행정에 더하여 사법권을 주장하여 삼권분립론을 완성하였다.

국가의 주권을 행사하는 기구를 '정부'라고 한다. 사회과학에서 정부(government)란 두 가지 의미로 사용된다. 하나는 국민의 대표기관인 통치기구를 총칭하는 것으로 입법, 행정, 사법부를 모두 포함한 넓은 의미이다.[1]

다른 하나는 집행부(executive branch), 즉 행정관료제를 의미한다. 그런데 이 좁은 의미의 정부도 정치행정일원론에서 본 바와 같이 정부와 분리시켜 생각

---

1 우리나라의 경우 여기에 중립적 기구인 헌법재판소와 선거관리위원회 등을 모두 포함할 수 있을 것이다.

하기 어렵다. 예컨대, 좁은 의미의 정부, 행정부가 어떤 정책을 실패하였다고 하더라도 그 책임을 모두 묻기 어려운 경우가 대부분이다. 행정부의 모든 활동은 입법부가 만든 법을 벗어날 수 없고, 입법부가 승인한 예산을 사용하기 때문이다. 이 점에서 한 몸이라고 하겠다.

이외에도 여러 사상가들의 사유를 통해 제도가 성립되면서 유럽 대부분의 국가는 입헌군주제적 내각제 정부를 택하게 된다. 내각제는 집행부를 의회에서 구성하는 방식이다. 즉 의원을 국민직선에 의해서 선출하고, 의회의 다수당 의원 대표가 행정부(즉, 내각)를 맡는 방식이다. 이는 엄격히 말하면, 역설적으로 입법부와 행정부가 구분되지 않는 정부형태라고 하겠다. 왜냐하면 내각이 의회에서 안정된 의석을 확보하고 있는 한, 내각의 정책이 곧 의회의 의견을 반영한 것이므로 의회에서 부결될 수 없기 때문이다.

물론 여기에는 의원들이 얼마나 당론에 의해 투표하느냐가 변수이다. 의원내각제에서는 수상은 의회를 해산할 수 있고, 거꾸로 의회가 내각불신임을 할 수 있는 제도가 보장되어 있다.

읽을거리

미국정부, 왜 총기규제를 못하나?

2007년 4월 버지니아 주 대학캠퍼스에서 한국인 조승희 씨가 총기를 난사하여 32명의 목숨을 빼앗았다. 2012년에도 콜로라도 주의 밀폐된 극장에서 쏘아댄 총으로 12명이 사망하고 70여명이 부상당했고, 더욱이 같은 해 12월에는 커네디컷 주 뉴타운의 초등학교에 갑자기 뛰어든 편모슬하의 20살 Adam Lanza가 순진한 어린이 20명과 교사 6명의 목숨을 앗아갔다. 이것은 아무 원한 관계가 없는 사람을 대상으로 무작위로 대량살상한 사건일 뿐이고, 미국에서는 매일 같이 소규모 총기살인 사건이 일어나고 있다.

이렇게 심각한 사회문제를 놓고도 오바마 대통령은 2012년 재선을 위해 선거유세시 총기규제에 대한 언급을 거의 안 했다. 바로 미국 최대의 압력단체 중의 하나인 미국총기협회(National Rifle Association)의 표를 의식했기 때문이다. 당선이 된 후 이제 이 문제를 해결하겠다고 나서기는 하고 있지만, 한심한 수준이다. 이것은 총기'규제'가 아니고, 총기'소지허용' 법안이었다. 총기를 합법적으로 소지토록 하겠다는 이 법안조차도 상원에서 부결되었다는 것이다. 즉, 국민의 대표기관인 의회가 국민의 생존을 위협하는 총기의 마구잡이식 불법소지를 계속 눈감아 주겠다는 것이었다.

그렇다면 우리와 같이 총기소지 자체를 모두 불법화하고 필요한 경우에만 인가해주면 안 되나? 그 이유는, 미국 수정 헌법 제 2 조에 다음과 같이 무기소지를 일종의 권리로 천명하고 있기 때문이라고 한다.

"A well regulated Militia, being necessary to the security of a free State, the right of the people to keep and bear Arms, shall not be infringed."

　　헌법제정 당시 영토는 넓고 치안은 불안한 상태에서 국가건설을 하려던 입헌자들의 고민이 있었던 것 같다. 현재 미국에는 약 3억 자루의 총이 퍼져있는 것 같고, 가정의 80%정도가 총기를 소지하고 있는 것으로 추산된다. 이것은 "유일하게 국가만이 합법적으로 무력을 행사할 수 있다"고 한 M. Weber의 국가론과 정면으로 배치되는 사상임에 틀림없다.

　　그래서 2013년 연속 총기비극을 보고 겨우 나온 아이디어가 10발 이상의 총알을 장전하는 총을 소지하는 것을 규제하는 법안과, 연속기관총적인 총의 소지를 규제하는 법이었다. 물론 두 법안 모두 이미 상원에서 부결되었다. 이번에 부결된 법안은, 총기를 구매하려는 자의 전과 등 '신원조회를 의무화'하는 것을 내용으로 하고 있다.

　　총기시장(Gun Fair)같은 데에서 우리가 라면을 사듯이 자유롭게 총기를 구입할 수 있다. 실제로 이러한 거래량이 상당하다고 한다. 펜실바니아 주의 어느 조그만 마을의 축제를 가본 적이 있다. 마을 축제라고해야 별 것이 없고, 하얀 천막을 쳐놓고 이러저러한 물건을 파는 것과 몇 가지 행사가 있는 정도다. 그런데 이 거리의 한 천막에서는 무기도 판다. 다양한 권총종류, 사냥용으로 보이는 엽총종류, 살상용칼 등이었다.

　　'국민 90%가 지지하는 신원조회시 위험인물을 체크하겠다는 법안을, 상원 공화당의원 90%가 반대해서 부결되었다'고, 오바마는 이를 미국의 수치라고 선언했다. 이것이 민주주의 국가라고 할 수 있는지 회의가 든다. 설혹 이 법안이 통과했어도 전과자에게만 무기를 팔지 못하게 하는 정도의 제재효과가 있을 뿐이다.

　　2012년 뉴타운 초등학교 사건의 범인 Adam은 이혼한 어머니의 신경질에 시달리면서, 어머니의 지도 하에 사격연습을 해온 평범한 학생이었다. 그 젊은이가 어머니부터 죽이고, 곧장 무방비로 놀고 있는 초등학교에 침입하여 어린아이들에게 연발총으로 난사를 한 것이다. 조승희 학생도 전과자는 물론 아니고 평범한 젊은이었다. 현실이 이런데도 불구하고 총기규제를 못하는 의회를 포함한 미국정부의 한계이다.

　　또 다른 형태의 정부는 대통령중심제이다. 이것이 내각제와 다른 점은 의회와 행정부(즉, 대통령)가 완전히 분리된다는 점에 있다. 즉, 대통령제에서는 행정부가 의회에서 파생되는 방식으로 구성되지 않고, 독자적으로 구성된다. 대통령은 국민직선에 의해서 선출되기 때문에, 행정권을 직접 국민으로부터 위임받은 존재라고 할 수 있다. 미국이 대표적인 대통령중심제이다. 프랑스, 핀란드 등 대통령중심제를 택하고 있는 나라도 많이 있다.

2. 우리나라의 정부

　　한반도에는 오래전부터 국가의 통치기구가 있었다. 특히 유교국가인 조선시

대부터 상당히 민주적인 제도가 발달하여 이조, 호조, 예조, 병조, 형조, 공조 등 6조 체제를 가지고 있었다(윤재풍, 2014: 579-581). 형조는 오늘날의 사법부에 해당한다. 선거제도가 없었기 때문에 의회는 당연히 없었지만, 세종대왕 때에는 의정부가 왕권 견제 역할을 하였다는 점에서 일부 입법부의 역할을 담당했다고 볼 수 있다. 왕을 포함한 이들 기구를 총칭하여 일종의 정부였다고 할 수 있다(차세영·임도빈, 2011).

그러나 이러한 전통은 일제 강점기 이후 말살되었다. 해방 이후 서구식 민주주의 정부가 도입되었다. 국가의 기본적 통치구조를 규정한 헌법 상으로는 3권이 분립되어있다. 그러나 운영상으로는 행정부 우위의 양상을 보여왔다.

소위 개발독재시대에, 입법부는 통법부(通法府)라는 오명을 받기도 하였고, 사법부도 마찬가지로 독립성이 의심되었다. 특히 박정희 장군의 5·16군사혁명으로 등장한 제4공화국 헌법은 행정부(즉, 대통령)의 권한을 크게 한 권력구조를 택하였다.[2] 즉, 대통령은 초월적 지위에서 국정을 총괄하고, 수상은 대통령이 임명하지만 실제로 의회와의 관계에서 내각제와 같이 책임을 지는 방식을 결합한 것이다(임도빈, 2016). 이는 제왕적 대통령이라고 비판받을 만큼 대통령에게 권력이 집중되는 현상을 초래했다.

제4공화국과 제5공화국은 정치발전의 유보 속에 경제성장을 하는 기간이었다. 그러나 점점 많은 행위자들의 목소리가 커지면서 의회중심의 서구민주주의를 학습하기도 하고, 나름대로의 발전도 해나가고 있는 상황에 있다.

광의의 정부와 협의의 정부 간 구분의 의의는 실제로 입법부와 사법부가 얼마나 대통령으로부터 독립적인가에 달려 있다. 그러나 견제와 균형의 원리 이면에는 기본적으로 국민전체의 이익을 지켜야 한다는 근본원리가 깔려 있다. 이를 위해 어느 한쪽이 지나치게 우세해서는 안 된다.

정부를 구성하고 있는 각 권력기관 모두가 대한민국이라는 나라를 이끌어 간다는 측면에서 역할을 분담하고 있다. 국민의 문제를 해결한다는 입장에서 본다면, 입법부(기본 방향 설정) → 행정부(집행) → 사법부(오류시정)라는 시간적 순서로 되어 있다. 즉, 입법·사법·행정부는 각각 다른 시간적 차원에서 일을 하고 있다.

---

2 그것은 프랑스 드골 장군이 수립한 이원집정제와 유사한 것이었다.

제 2 절   국   회

I. 대의민주기관으로서의 특성

1. 이론적 시각

국민주권론에 의하면 국민만이 주권을 행사할 수 있고, 불가피한 경우에 국민을 대표하는 대표에 의해 공공의 문제가 해결되어야 한다. 대의민주주의 하에서 국민들이 직접 뽑아서 대표성을 부여했다는 '국회'와 임명제 공직자로 구성된 행정관료제는 상하관계에 있다.

일정한 권한을 포괄적으로 위임하여 대리인이 행사토록 하는 관계를 정리한 이론이 주인-대리인이론(principal agent theory)이다. 이는 보험 등 다양한 분야에 적용된다. 주인-대리인이론에 따르면, 이들 간에 정보가 불균형적으로 분포되어 있고, 통제와 감시가 어려운 대리인이 주인을 충실하게 대변하기 어렵다. 그 결과 대리인의 도덕적 해이와 무임승차가 일어나기 쉬우며, 주인이 대리인을 선택하는 것이 아니라 대리인이 주인을 선택하는 역선택의 경향이 있다.

이를 국회에 적용해 본다면, 국회의원들은 모든 국민 전체를 대표하는 집단이므로 곧 국민의 대리인 집단이라고 하겠다. 물론 좀 더 실질적 대표성이란 기준에서 보면, 지역구를 대표하는 의원과 나라 전체를 상정하고 특정 정당을 대표하는 의원으로 나눌 수 있다. 보통 지역구의원이 비례대표의원보다 투쟁성이 강한 편이다.

그러나 간접민주주의 이론에서 말하는 바와 같이 선거에 의해 의원이 된다고 하여 반드시 국민의 의사를 대변한다고 볼 수는 없다. 선거시에는 국민을 충실히 대표하겠다 약속했지만, 실제 의정활동에서는 정보 불균형, 도덕적 해이, 역선택의 현상이 나타나기도 한다. 국민들이 일부 국회의원들에게 실망하는 이유가 여기에 있다.

나아가서 후술하는 행정부와도 또 다시 주인-대리인 관계가 성립된다. 국회의원이 법안을 통과시키고 예산안을 심의하면, 행정부가 문자 그대로 적용할 수 있을 정도로 자세히 규정하기는 불가능하다. 따라서 국회의원(주인)이 대략적 정

주인-대리인이론 1976년 M. Jensen과 W. Meckling에 의해 처음 만들어진 이론으로 주인과 대리인 간의 관계에서 정보 비대칭에 의해 야기되는 여러 문제를 지적하고 있다.

책방향을 정한 후, 행정관료(대리인)에게 자세한 것은 알아서 집행해 주기를 위임했다고 볼 수 있다. 이를 국민 입장에서 보면, 국민-(대리) → 국회의원-(대리) → 관료 관계로 '이중대리' 혹은 '복대리'라고 할 수 있다. 따라서 주인-대리인 이론에서 상술한 문제점이 더 크게 나타날 수 있다.

2. 국회의 구성적 특성

행정관료제의 활동을 제약하고 구속하는 행위자로서 대표적인 것이 바로 국회이다. 민주주의의 기본원리인 삼권분립의 원칙에서 보면, 이러한 견제와 통제하는 것은 바람직하다.

인적 측면에서는 국회는 국회의원으로 구성된다. 이들 국회의원은 대부분 정당이라는 조직을 기반으로 하여 존재한다. 정당(political party)은 정권쟁취를 목적으로 하는 단체이다. 국민은 그것이 특정 정치이념이 되었든, 아니면 특정집단(예: 소수집단)을 대표하든 자신이 선호하는 정당을 통해 정치적 권리를 행사할 수 있다. 일부 국민들은 정당에 가입하여 당비도 납부하며 적극적으로 활동하고 있다.

그러나 일반인들은 정당에 가입하지 않고도 정당을 자신의 정치적 권리를 행사하는 도구로 사용할 수 있다. 가장 흔한 것은 선거 때 각 정당의 후보를 놓고 자신의 이해를 가장 잘 대변할 것 같은 후보에게 투표하는 것이다. 국민들의 생각이 다양하다면 많은 정당이 있는 다당제가 좋을 것이며, 비교적 간단히 두 가지로 나뉜다면 양당제가 좋을 것이다.

중국 등 공산주의 국가에는 지배적인 정당이 하나만 있고, 나머지는 들러리에 불과하다(임도빈, 2016). 자유주의 국가로 대표되는 미국은 공화당과 민주당 양당이 경쟁하는 양당제 국가이다. 그러나 미국은 유럽에 비하여 정당의 역할이 약한 편이다. 영국도 노동당, 보수당, 자유당이 있지만 실제적으로는 노동당과 보수당이 경쟁하는 형태이므로 양당제 국가로 분류된다. 두 당이 서로 더 많은 의석을 차지하기 위해 경쟁하고 특정 정당이 독보적으로 장기 집권하지 않고 번갈아 집권하는 경향이 있다. 양당제는 내각제와 잘 부합되는 제도이다.

그러나 최근에는 다양한 당이 등장하여 다당제가 되어가는 경향이 있다. 의회선거에서 안정된 하나의 당이 없을 경우, 내각을 구성할 때는 여러 정당 간의 연립정부를 구성한다. 국민들의 정치의식이 높아지고, 정보가 투명해짐에 따라 기존의 정당들이 국민들의 신뢰를 얻는 것이 점점 힘들어지고 있다. 2017년 프랑스

국회의 가장 중요한 역할은 국민 전체를 대표하여 행정부를 통제하는 것이다.

대통령 선거에서는 양대 정당인 공화당, 사회당이 모두 참패하고 39세의 마크롱이 튼튼한 정당기반 없이 당선된 것이 그 예이다.

우리나라는 역사적으로 안정된 정당이 존재하지 않았다(김성희, 2004). 국회는 선거구를 대표하여 당선되는 지역구 의원과 지역주민과는 관계 없이 정당의 대표로 당선되는 비례대표 의원으로 구성된다. 그동안 대통령을 지지하는 사람들이 이합집산하여 여당을 구성하고, 이를 반대하는 집단이 야당이 되는 경향이 있었다. 국회 내에서 정당의 존재를 강조해주는 제도로서 비례대표로 뽑힌 국회의원을 정당구도에 더욱 예속된다. 1인 1투표로 지역구 의원과 전국구 의원 의석을 배분하던 기존의 제도가 위헌판결이 나자 1인 2표 정당명부식 비례대표제가 도입되었다. 유권자는 지지하는 후보자 개인에게만 투표하던 것에서 이제 지지정당에도 투표할 수 있게 되었다.

3. 국회의원의 특권과 역할

국회의원은 국민을 대표하여 사회의 곳곳(특히 지역구)에 도사리고 있는 문제를 파악하고 해결책을 찾아야 한다. 원활한 업무수행을 위해 다른 국민들과는 달리 누릴 수 있는 상당한 권한이 있다. 예컨대 현행범이 아니면, 어떤 잘못을 해도 회기 중에 체포될 수 없다. 이는 역사적으로 정권이 (특히)야당 국회의원의 입을 막기 위해 자의적으로 압력을 넣거나 체포하는 것을 막기 위한 정신에서 나온 것이다. 민주주의가 어느 정도 성숙한 오늘날에도 여전히 이 제도가 존재하여 의

표 7-1 | 국회의원의 주요 권한

국회의원의 주요 권한
• 예산안 심의 확정, 결산 심사
• 헌법·법률 제정 및 개정 권한
• 조약 체결과 비준동의권
• 일반사면에 대한 동의권
• 선전포고 및 국군의 해외 파견·외국 군대 주류에 대한 동의권
• 정부공공기관 국정감사·조사권, 주요 사안의 국회 청문회 개최
• 대통령·국무총리·국무위원·감사원장 등의 탄핵소추권, 국무총리·국무위원 해임건의권
• 불체포특권: 현행범인 경우를 제외하고 회기 중 국회 동의 없이 체포·구금되지 않음
• 면책특권: 국회에서 직무상 행한 발언과 표결에 관해 국회 외에서 책임지지 아니함
• 외국인사 초청 외교, 방문 외교 활동, 국제회의 참석

국회의원이 뭐길래

　여의도에선 국회의원이 되면 누릴 수 있는 유형무형의 특권들이 사람들을 끌어들이고 있다고 본다. 정치가 직업이 되는 매력도 크다. 국회의원 특권이라 하면 대개 불체포특권과 면책특권만을 떠올리지만, 일상생활에서 누릴 수 있는 혜택도 적지 않다. 의원만 되면 특혜가 200가지에 달한다는 말이 나온다.

　일상생활에서의 편리함은 양적 · 질적으로 다양하다. 철도와 선박의 무료 이용은 대표적인 특권이다. 국회사무처에서 의원 개개인에게 연간 450여만원의 교통 경비를 지원해주고 있다. 공적인 목적으로 사용했는지는 확인이 불가능하다. 평범한 국민들은 줄을 길게 서서 기다려야 하는 출국 · 입국 심사 때도 국회의원들은 특별대우를 받는다. 1시간 가량 소요되는 출입국 절차와 보안심사는 간소화된다. 특별출입구로 드나들며 공짜로 공항 귀빈실도 이용할 수 있다.

　국회의원 한 사람에게 지급되는 연간 비용은 5억원에 달한다. 세비(월 941만원), 의원실 경비 지원, 보좌진 월급(의원 1인당 연평균 3억 2000만원), 차량 기름값(월 110만원)도 포함돼 있다. 의원들은 의원회관 25평의 사무실을 사용한다. 여의도에서 이만한 크기의 사무실은 보증금 2000만원에 100만~130만원의 월세를 내야 한다. 국회사무처는 '제 2 의원회관'을 내년까지 완공해 사무실 평수를 45평으로 늘릴 예정이다.

　더 막강한 권한은 입법권이다. 이해관계가 걸려 있는 기업 · 공기업, 이익단체, 정부 공무원들이 의원 사무실을 드나들며 의원들에게 설명하고 부탁할 일이 많아지게 하는 힘이다. 한 의원은 "유력인사들과도 자연스럽게 연결되고, 특권층이 된 듯한 생각이 든다"고 말했다.

　-일부 수정-

출처: 경향신문. 2012. 1.

원이 국민의 입이 되어 주게 하는 안전장치를 확보하고 있다. 즉, 발언의 자유가 있다는 의미인데, 일부 의원들은 이런 특권을 악용하기도 한다.

　국회의원에게 주어지는 특권의 본질은 국민의 대리인으로서 의정활동을 효과적으로 수행하라는 의미이다. 적재적소에 꼭 필요한 특권의 사용만이 국민의 세금을 헛되지 않게 한다. 국회의원 1인당 연간 약 5억원 이상의 세금이 소요된다. 전(前)의원들이 일상생활에 겪는 불편함에 대한 호소 이면엔 불필요한 특권의 남용이 있다.

　국회는 국민 전체의 의사를 잘 대변(represent)해야 한다. 이때 가장 중요한 것은 국민의 다양한 의견을 얼마나 '정확히', 그리고 '빨리' 대변하느냐를 의미하는 반응성(responsiveness)이다.

　하지만 국민 전체의 의사보다는 특정계층이나 지역의 이익을 대변할 위험성이 상존한다. 특정지역구의 이익(즉, 부분적 이익)은 국민 전체의 이익과 부합되지 않을 경우가 많다. 또한 개인차는 있지만, 자신의 사업분야, 친지, 동문 등의 이익을 암묵적으로 고려하기도 한다. 그리고 국회는 시간상 늦장대응을 하는 경우도 많다.

Ⅱ. 행정부 통제

1. 입 법 권

(1) 입법권과 규제개혁

입법권은 국회가 국민의 대표기관으로서 갖는 가장 큰 고유의 권한이다. 입법통제는 삼권분립의 원칙 하에 국민에 의해 선출되어 구성된 의회에서 행정부가 권력을 남용하지 못하도록 제도적으로 통제하는 것이다. 법치주의 국가에서 법적근거가 없이 어떤 행정도 불가능하기 때문이다.

국회는 법률의 제정뿐만 아니라, 개정에 관한 권한을 통해 행정부가 수행하는 활동들을 통제한다. 정부가 추진하고자 하는 정책을 담은 정부제출 법률안에 대한 승인과 통과, 혹은 수정 과정에 영향을 미치다.

국회가 얼마나 일을 하였는가는 국회에서 새로 제정되는 법률의 수로 미루어 짐작할 수 있다. 이를 나타낸 그래프는 다음과 같다. 그러나 행정부에서 발의하고자 하는 법안을 상대적으로 발의 절차가 간단한 입법부에 위임하여 '대리발의'하는 경향이 있다. 이에 대해서는 아래 (2) 입법권의 실질적 소재에서 자세히 논의하기로 한다. 국회의원들 역시 법안발의가 많을수록 좋은 실적으로 평가 받기 때문에 단순 용어 변경 등 '질보다 양'으로 승부하기도 하는 폐해가 나타나고 있다.

또한 법률의 범위 내에서 대통령령이 제정되고, 대통령령의 범위 내에서 부령이 제정된다. 제정되는 법률의 수보다 새로 제정되는 대통령령의 수가 훨씬 많다. 이를 국민입장에서 보면, 그만큼 규제의 수가 늘었다는 것을 의미한다. 따라서 규제의 수를 줄이는 규제개혁을 하려면 사실상 국회에서부터 시작해야 한다.

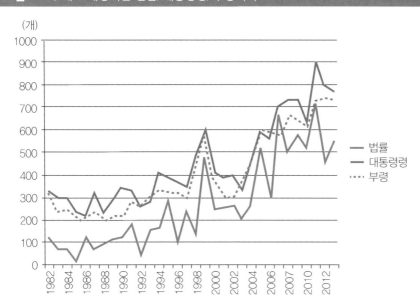

그림 7-1 | 새로 제정되는 법률, 대통령령, 부령의 수

출처: 임성호(2014).

(2) 입법권의 실질적 소재

입법과정에는 입법 주체에 따라 의원입법과 정부입법으로 나누어 볼 수 있다. 의원입법에는 두 가지 경우가 있는데, 하나는 말 그대로 국회의원이 실제 제안하는 것이며, 다른 하나는 형식상은 의원이 제안하는 형태이나 실제는 행정부가 제안하는 것이다. 정부입법은 행정부가 제안하는 것으로서, 민주성 측면의 보완 혹은 특성상 국회를 통하는 것보다 적절하다고 판단되는 경우에 이루어진다. 내각제 하에서는 정부입법안은 의회의 다수당의 의사라고 볼 수 있기 때문에 이런 구분이 의미가 없다. 대통령제를 택하고 있는 미국에는 정부입법제도가 없다. 따라서 정부는 대통령이 속한 당을 통해 법률안을 제출한다. 결국 형식상의 문제라고 할 수 있다.

우리나라의 경우, 의원입법의 경우보다 정부에서 제출한 법안이 가결될 확률이 훨씬 높다(박재창, 2009). 그 원인은 행정부가 집행과정에서 쌓은 전문성이 있어 법안의 완성도가 높을 뿐만 아니라, 보통 국회 내 여당의 지지가 확보되어 있기 때문으로 보인다.

그러나 최근 국회의 입법권은 점점 커지는 경향이 있다. 17대 국회 활동을 분석한 이현출·김준석(2012)의 연구에 의하면, 국회는 과거와는 달리 정부가 제출한 법안을 원안가결하기보다는, 조금이라도 수정을 하여 가결하는 경향이 있다. 반면, 국회의원 개인 발의가 아닌 국회상임위가 대표발의한 경우에는 원안을 그대로 통과시키는 경향이 있다.

우리가 관심 가져야 할 것은 의회의 입법권이 사실상 얼마나 발휘되고 있느냐이다. 이를 위해서는 대통령의 소속당과 의회의 다수당이 같은 단점정부와 양자가 다른 분점정부를 비교해 볼 필요가 있다. 왜냐하면 단점정부에서는 정부제출법안이 쉽게 통과될 수 있다고 보기 때문이다. 반대로 여소야대인 경우에는 정부안이 통과될 확률이 낮아질 것이다. 실제로 13-18대 국회의 법률안 통과율 통계를 살펴보면 〈표 7-2〉와 같다. 국회의장이 야당으로 넘어간 현재에는 분점정부와는 또다른 정치적 경험을 하고 있다.

**단점정부와 분점
정부**
의회의 다수당과 행정부 수장의 당이 일치하는 경우를 단점정부라고 하고, 그렇지 않은 경우를 분점정부라고 함.

그런데 여기에는 국회의원들이 자신이 속한 정당의 방침에 따라 법률안 투표에 임한다는 가정이 필요하다. 만약 국회의원들이 정당의 지침과 관계없이 자율적으로 투표한다면, 위와 같은 통계는 별로 의미가 없게 된다.

또한 당 조직의 운영도 중요하다. 김대중 대통령 이전 시기까지는 대통령이 여당의 당수를 겸직하였다. 이후 여당이 국회 내에서 대통령의 친위부대 노릇을 했다는 의혹이 지속적으로 발생하자 대통령이 당수를 하지 않는 것이 관례화되었고, 간혹 대통령이 당적마저 포기하기도 한다.

다음으로, 자신의 출신지역구의 이해관계에 따라 투표하느냐, 국민전체의 이익에 따라 투표하느냐의 문제도 중요하다. 이상적으로는 국회의원들이 국민전체 이익을 대변해야 하지만, 실제로는 그렇지 않은 면도 많다. 지역구 의원들의 경우, 다음 선거에서의 당락을 결정하는 것은 결국에는 소속 선거구의 유권자들이기 때문에 출신지역구의 여론을 무시할 수 없는 것이 현실이다.

마지막으로 국회의원의 전문성 제고라는 문제가 있다. 국회의원은 자신의 지

표 7-2 | 법률안 통과율 비교

법안종류	통과확률 분점정부	통과확률 단점정부	단점정부와 분점정부 법안통과 확률차이
정부안	75.6%	84.5%	8.9%
의원안	22.2%	26.9%	4.7%
정부안과 의원안 법안통과 확률차이	53.4%	57.4%	4.2%

출처: 문우진(2014).

역구나 국민전체를 대변하는 건전한 상식이 있다고 전제한다. 나아가서 자신의 직업이나 교육적 배경 등을 바탕으로 전문분야가 있는 것이 이상적이다. 이를 기반으로 전문성이 있는 입법활동을 해야 한다. 끊임없이 공부하는 국회의원이 되어야 한다.

최근 국회에서는 국회의원의 전문성 제고를 돕기 위해 국회예산정책처나 입법조사처 등 전문기구를 많이 만들었다. 이에 더하여 입법서비스 제도를 도입하여, 국회의원이 입법아이디어가 있으면 이를 법률안으로 구체화시켜 주고 있다. 더불어 입법부 내에서 입법관료들이 행정적 지원을 해주고 있다. 즉, 스웨덴 등 북구국가에서는 의원이 보좌관 없이 혼자 연구하고 조사해야 하지만, 우리나라 국회의원의 경우에는 전문성을 보완하는 장치가 지나치게 잘 되어 있다(정부경쟁학센터, 2016).

2. 돈에 관한 통제 권한

국회는 행정부가 사용하는 돈에 관한 수입(즉, 대부분은 세금임)과 지출을 통제하는 권한이 있다. 예산의 심의 및 결산에 관한 권한을 행사함으로써 행정부가 수행하는 정부정책에 지대한 영향을 미친다. 국회가 예산과 재정에 대한 통제를 하는 이유는 조세법률주의를 통해서 행정부가 제출한 예산안에 대해 최종 결정 및 승인권을 가지고 있기 때문이다.

'대표 없이 조세 없다'는 원칙은 정부의 세입에 관한 것이다. 대부분의 정부정책은 집행에 재원이 소요될 수밖에 없으며, 이는 국민의 세금으로부터 나온다. 세금의 징수는 국회에서 제정한 법에 근거를 해야 하며 행정부가 자의적으로 할 수 없다. 이에 제정한 조세에 관한 법의 범위 내에서 매년 조세를 징수할 계획을 세우고, 그 돈을 사용하여 달성하고자하는 정부활동을 국회로부터 승인받아야 한다. 따라서 돈에 관한 한 행정부는 국민을 대표하는 기관인 국회로부터 세밀한 통제를 받게 된다.

또한 국정감사가 있다. 이는 행정부가 수행하는 국정 전반에 관하여 소관 상임위원회별로 매년 이루어지는 감사권한을 의미한다. 그리고 국회는 이러한 국정감사권 등을 바탕으로 행정부의 활동을 주기적으로 체크하여 문제점을 지적하는 감사활동을 한다.

이를 위해 관련서류 제출 및 증인출석요구에 대한 권한도 가진다. 실제로 매년 9월 이후 국정감사가 실시되는 시기에는 각 행정부서가 이에 대비하느라 분주

'대표 없이 조세 없다'
절대군주들이 자의적으로 세금을 신설하고 국민을 착취하는 것에 대한 반발로 나온 사상이다. 영국의 권리장전(1628년)에 처음 주장되었으며, 1789년 프랑스 인권선언에도 포함되었다.

하다. 심지어 평소의 주요 업무도 수행하기 힘들 정도로 바빠진다. 이와 같이 매년 행정부는 일시적으로 국정감사대비 업무량이 폭주하고, 그 중요성 때문에 다른 업무가 마비되다시피하는 업무수행실태가 몇 달씩 반복되고 있다.

3. 국회중심 모델

일반적으로 전 세계 여러 국가에서의 행정국가화 현상으로 인해 국회보다 행정부의 기능이 중요시되는 행정우위형 정치행정모델이 형성되는 경향이 있다(임도빈, 2016). 우리나라도 과거 군사정권 및 정부 주도의 경제개발정책 등을 통해 상대적으로 행정부의 권한이 강했다. 하지만 민주화가 진전되면서 국회의 영향력이 점차 커지고 있다(조석준·임도빈, 2016).

민주화된 오늘날 행정관료제의 입장에서 국회는 '시어머니'와 같은 상위기관이다. 입법권, 예산권 이외에 예산의 심의 및 결산권과 더불어, 대통령 탄핵, 해임건의안, 국정조사, 국정감사 등이 있다. 여소야대 측면에서는 국회가 행정부의 주요정책결정을 합리적인 이유보다 정치적인 이유로 반대하여 국정의 비효율성이 발생하기도 한다. 이를 극복하기 위해 행정부 부처별 고위관료들은 자신을 소관하는 상임위원회 소속 의원들과 평소에 각별한 관계를 유지하고 있다(조석준·임도빈, 2016: 71).

깊이 들여다보면, 국회의원과 관료 간에는 견제관계라기보다는 어려운 일을 도와주는 공생관계가 되기도 한다. 예컨대 소위 '청부입법'이라는 것을 통해 불필요한 조직을 늘리는 등 정부부처와 국회의원이 나랏돈을 축내는 데 앞장서기도 한다.

나아가서 행정관료제는 정치적·정책적으로 여당 및 야당과도 비공식적으로 긴밀한 협력 및 갈등 관계를 수립하게 된다. 서로 한발씩 양보하고 주고 받는 관계가 되는 것이다. 이것을 엄밀히 말한다면 국회가 행정부를 통제하라는 삼권분립의 정신에 배치된다. 즉, 민주주의의 원칙인 권력 견제의 원칙이 무너지는 것이다. 국회의원과 관료들 모두에게 높은 윤리의식이 요구되는 것은 이러한 이유에서이다.

오늘날 서구 선진국가에서도 국회 중심의 대의민주주의 제도가 많은 문제점을 노정하고 있다. 특히 우리나라는 국회의원에 대한 신뢰가 낮아서 문제이다. 주인-대리인이론의 입장에서만 봐도, 국회(주인)가 행정부(대리인)를 제대로 견제하지 못하고 서로 공생관계를 가진다는 점을 비판한다. 이러한 맥락에서 국회의원 이외에도 행정부를 직접 통제해 보고자 하는 새로운 행위자들이 생겨나고 있다. 이익집단, 시민사회단체, 언론 등이 그 예이다. 또한 인터넷을 통한 불특정다수의 국민도 행정부를 통제하고 있다.

 ## 국회 권한의 시간적 특성

국회의 역할에 대한 평가는 각 국가별로 역사적, 정치적 배경에 따라 다르게 해야 한다. 미국은 영국으로부터 독립한 이후 독자적인 제도발전을 통해 입법부를 강화하여왔다. 국민의 의견을 대변하는 입법부가 국가권력 행사의 중심이 되어야 하고, 행정은 정치의 수단에 가깝다는 입장이다.

반면 프랑스 등 유럽에서는 행정의 중립성과 전문성을 인정하는 입장이다. 입법부는 행정부보다 큰 방향만을 의회에서 제시하고 그 범위 안에서 행정부가 맡아서 업무를 수행할 수 있도록 권한을 위임한다. 행정관료는 법치행정이 원칙에 입각하여 국민의 행복을 지키는 적극적인 역할을 한다.

우리나라의 국회의 역할도 그동안 많은 변화를 겪었다. 유럽모델에서 미국모델로 바뀌고 있는데, 실제로는 과연 어느정도인지 파악하기 힘들다. 따라서 현행 국회가 보유한 다양한 권한 및 역할을 시간적 관점에서 구분해보는 것은 유용하다. 그리고 이러한 국회 권한의 시간적 특성은 기본적으로 정기적인지 비정기적인지에 따라 나누어 살펴볼 수 있다.

첫째, 정기적으로 시행되는 국정감사와 상임위원회 회의이다. 매년 9월 정기국회가 열리는데, 여기서 나타날 수 있는 상황은 정부가 직접 제출하거나 의원을 통해 제출하는 입법안의 통과 지연(입법부의 마찰)현상이다.

또한 국정감사와 상임위원회 회의는 정해진 시간에 진행된다는 점에서 시간적 경직성이 존재한다. 법안통과나 심의절차 자체가 정해진 시간틀에 의해 진행된다는 점은 법안통과의 시급함의 정도에 따라서 장단점이 될 수 있다. 특히 특정 정치적 성향의 법률처리에 여/야의 대립이 심할 경우 법안의 통과가 지연 또는 폐기 되는 경우가 많다.

정해진 시간 안에 진행되어야 하는 국회 권한 중에서 중요한 것 중 하나로 익년도 예산안 심의가 있다. 문제는 최근에는 이러한 예산안 심의가 여야 간 대립 등을 이유로 해를 넘기는 경우가 다반사라는 점이다. 매년 12월이 되면 예산안 통과를 놓고 여야 간 대립양상을 보여주고 있다. 여당의원끼리 장소를 옮겨가며 '날치기 통과'를 하기도 하였다.

이러한 문제점을 보완하기 위해 2013년도에는 국가재정법을 개정하였다. 예산안을 국회에 제출하는 마감기한을 회계연도 120일 전(기존 90일 전)으로, 국회법에 따라 국회의 예산안 심사는 11월 30일에 반드시 마감하도록 하였다.[3] 만약 기한내 예산안을 확정하지 못하면, 정부제출안이 그대로 확정되도록 하였다. 법으로 정해진 시간의 틀을 좀 더 엄격히 적용하여 익년도 정부활동이 지장을 받지 않도록 하기 위한 고육지책이라 할 수 있다. 이는 그만큼 국회 및 정부 업무의 '시간' 관념이 중요하다는 것을 의미하는 것이라고도 볼 수 있다.

그러나 실제로는 최근 몇 년간 예산안 심사가 11월 30일을 넘기는 경우가 반복(즉, 시간용어로 repetition)되고 있다. 마감시간을 하루, 이틀 넘겨서 임시국회를 열어 해결하는 것이다. 예산안 심의가 국회의 주요 권한인 만큼 여야가 다른 정치적 이슈를 예산과 연계시켜 '투쟁'하기 때문이다. 아예 예산심의를 하기는 커녕 몇 달간 국회가 회의를 열지 못하는 경우도 빈번하게 발생한다.

둘째, 비정기적으로 시행되는 국정조사특위활동, 인사청문회, 국정현안질의, 탄핵 등이다. 비정기적으로 이루어지는 이러한 입법부의 행정부 견제활동은 즉각적인 대응이라는 측면에서는 장점이 있다. 하지만 여론이 쏠리는 특정 이슈에 대해 정치적으로 대응하는 양태가 많아 시간 낭비라는 비판도 많다. 즉, 국회의원의 자기 홍보성 언론 노출을 목적으로 한 활동도 빈번하게 일어나고 있다.

하지만 이러한 비정기적 권한들의 긍정적인 현상도 나타나고 있다. 대표적으로 꼽을 수 있는 것이 바로 인사청문회를 통한 고위공무원의 검증이다. 인사청문회를 통해 탈세, 위장전입, 군복무 문제 등 후보자의 도덕성과 적격여부를 판단한다. 이러한 인사청문회를 통한 낙마사태가 과거에 비해 더 빈번해지고 있다. 인사청문회의 벽 때문에 장차관 등 고위직 제안을 사양하는 경우도 생기고 있다. 앞으로는 후보자가 과연 그 공직에 취임하여 직무를 충분히 수행할 능력이 있는가를 검증하는 것에도 좀더 관심을 가져야 한다.

인사청문회는 고위공무원 검증 그 자체의 효과도 있지만 이로 인해 다른 젊은 공무원들에게도 윤리 수준에 대한 경각심을 불러일으키는 교육적 효과도 있다. 요컨대 국회인사청문회의 심사보고서 채택이 감소하고 있는 것은 한편으로는 인사가 정치화된다는 측면이 있지만, 다른 한편으로는 문제의 소지가 있는 인사

---

3 상임위원회에서 11월 30일까지 예산안 심사를 마치지 못한다면 12월 1일에 국회 본회의에 자동적으로 예산안이 부의되는 것으로 간주한다. 다만, 국회 교섭단체 대표들의 합의가 있는 경우는 제외된다(국회법 제85조의3 제 2 항).

들이 공직에 임용되는 것을 막고, 국민을 대표하는 기관인 국회가 행정부의 인사
에 대한 통제 권한을 발휘하고 있다는 것을 보여준다.

그러나 대통령 탄핵권과 같은 권한은 시간적 주기라는 측면에서 볼 때 발휘
될 확률이 희소한 편이다. 2017년 박근혜 대통령 탄핵도 있었기는 하지만, 행정학
적으로 중요한 것은 해마다 발생하는 권한이면서 일정한 주기(cycle)를 갖는 권
한이다. 이런 관점에서, 행정관료제에 직접적으로 영향을 미치는 국회의 권한은
법률 및 예산에 대한 권한과 국정감사권 등이다(조석준·임도빈, 2016: 84).

Ⅳ. 국회 구성원과 시간

국회내부과정에는 거쳐야 할 단계가 있다. 의원입법이든 정부입법이든 〈그림
7-2〉와 같은 단계를 거쳐야 한다. 전 과정에서 국회의원들은 개인보좌관은 물론이
고, 입법조사처, 예산정책처, 국회도서관 직원들의 도움을 받는다. 또한 논란이 예
상되는 문제에 관해서는 전문가 혹은 일반대중을 대상으로 한 공청회를 거치기도
한다.

국회는 국회의원과 국회직원들로 구성된 복합조직이라 할 수 있다. 이러한
국회 구성원들은 시간적 측면에서 나름대로의 특성을 가지고 있다. 먼저, 국회의
원은 4년의 임기라는 시간제약을 가지고 있다. 대부분의 국회의원이 가지고 있는
가장 큰 목표 중 하나는 바로 재선이다. 기본적으로 국회의원은 많은 권한과 혜택
이 있기 때문에 연임하는 것을 매우 중요하게 생각한다. 국회의원 재직 중에 장관
이 되는 경우도 있지만, 장관 재임 기간이 짧기 때문에 한계가 있다.

다만, 우리나라는 정당의 안정화 정도가 낮아 대통령에 따라 여당의 내부 구
조가 재편되고 야당의 구조 개편도 잦은 편이므로, 재선율이 비교적 높지 않은 편
이다. 따라서 대부분의 경우 국회의원의 시계(time perspective)는 4년으로 제한
된다고 하겠다. 국회의원들이 하는 행정부의 통제와 입법활동도 이에 종속된다.
즉, 직업공무원들은 임기가 없어 장기적 관점에서 일할 수 있는데, 국회의원은 4
년 임기내에 무엇인가 해보려는 식으로 입법활동을 한다.

국회의원의 4년 임기내에서도 주기적으로 입법활동의 범위와 강도가 반복되는
경향의 원인이다. 예컨대 선거를 앞둔 해에는 국민들의 관심을 사기 위한 새로운 정
책들이 증가하다가 일단 선거가 치러진 해에는 좀 감소되는 경향이 있다. 그리고 이
는 행정의 논리보다 정치의 논리에 따른 것이라고도 볼 수 있다. 행정은 보통 '항

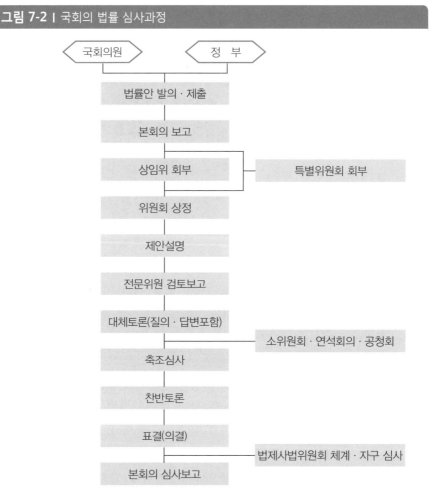

그림 7-2 ┃ 국회의 법률 심사과정

출처: 정대영 외(2010).

상성'을 보인다.

　그런데 국회에는 정치활동만 일어나는 것이 아니다. 국회에는 국회의원들의 의정활동을 지원하기 위해 만들어진 국회사무처가 있다.[4] 이들은 국회의장의 지휘·감독을 받아 국회 및 국회의원의 입법활동과 국회의 행정업무를 담당한다. 국회의원이 정치활동을 벌인다면, 국회의 공무원들은 관료조직의 일원으로서 국회의원과 다른 동기로 행정업무에 종사한다.

4　국회사무처는 직제상 정원 3,000여 명 그리고 직제외 정원을 합하면 전체 총 4,000여 명으로 구성된 관료조직이다. 장관급인 사무처장 이외에 차관급 차장 2인과 입법조사처, 국회예산처, 그리고 국회도서관 등 차관급 기관도 있다.

따라서 여기에는 좁은 의미의 행정현상이 발견된다. 즉, 시간의 측면에서 국회의원은 4년마다 바뀌지만, 국회사무처 직원은 계속 근무하게 되므로 일종의 '항상성'이 나타난다. 다만 의원개인 보좌관들은 4년마다 고용해줄 국회의원을 찾아야 하는 '철새'와 같은 처지에 있다. 국회관료제에는 9장-11장에서 자세히 설명되는 직원채용, 예산편성 및 집행 등 행정관료제 내부의 모든 현상이 그대로 나타나는 행정부의 축소판이라고 할 수 있다. 이를 포함하여 의회의 행정현상을 전반적으로 다루는 것이 의회행정론이다(박재창, 1995).

의회행정론
국회의원의 활동을 지원관리하는 것을 분석하는 학문분과

제3절 대 통 령

I. '대통령'이라는 자리

1. 권 한

헌법 제66조를 보면 대통령은 국가의 원수이며, 외국에 대하여 국가를 대표한다고 규정하고 있다. 이어 대통령은 국가의 독립·영토의 보전·국가의 계속성과 헌법을 수호할 책무를 지며, 조국의 평화적 통일을 위한 성실한 의무를 진다고 규정한다. 그리고 행정권은 대통령을 수반으로 하는 정부에 속한다고 규정하고 있다.

대통령의 책임과 의무 수행 사항은 재직 중인 현 사회에서뿐 아니라 역사적으로 지속적인 평가가 이루어진다. 과거 정부가 경쟁력있는 정부였는지 시간이 흐른 후 따져볼 수 있다.

일상적인 행정부 운영에 관해서 대통령이 행사하는 중요한 권한으로는 1) 공무원임명권, 2) 법률안의 제출과 공포, 3) 예산안의 제출과 집행권이 있다. 그리고 남북분단이라는 우리나라의 특수사정에 비추어 행사하는 국군통수권 등도 중요하다. 대통령의 행정권의 수반으로서의 권한은 매우 포괄적이다. 행정학적으로는 행정수반으로서의 권한 속에는 각종 정책에 관련된 최종결정권한이 어떻게 행사되는가를 보는것이 중요하다(조석준·임도빈, 2016: 106).

실제로 대통령은 혼자서 직무수행을 하는 것은 아니다. 수많은 사람들의 보좌를 받아 임무를 수행한다. 대통령이 행정을 책임지고 지휘하는 가장 중요한 제도적 장치로서 공무원 인사권이 있다. 대통령은 고위 국가공무원에 대한 임용과 징계 권한을 가지고 있다. 장·차관 임명은 물론 실·국장의 인사에 직·간접적으로 관여하여 대통령이 추구하는 국정운영의 방향과 정책에 대한 실효성을 확보한다.

대통령과 손발을 맞춰 일하는 사람들이 정무직 공무원이다. 직업공무원(즉, 경력직 공무원)에 비하여 이들 정무직 공무원들은 대통령과 생각을 같이 하여, 뜻을 실현시키는 역할을 해야 한다. 미국의 정무직 공무원 평균 재임기간이 2.8년인데 비해 한국의 장관 재임기간은 김영삼 정부 때 11개월, 김대중 정부 때 10개월, 노무현 정부 때 14개월, 이명박 정부에서 13개월에 불과하였다(국민일보, 2009. 8. 12. 자).

대통령은 일단 자신이 중요한 결정을 해야 하고, 이에 결정한 것에 대해서는 추진력을 부여하고 지휘해야 하며, 이 과정에서 각 계의 여러 의견과 계획들을 통합하고 조정하는 일도 해야 한다. 이 모든 것은 정부경쟁력과 직결된다. 동시에 그는 대외적으로뿐만 아니라 대내적으로도 국가를 대표하는 상징으로서의 기능도 해야 한다.

이를 위하여 민족의식, 국가관이 뚜렷해야 하고 윤리나 도덕적으로도 결점이 없어야 한다. 국민들은 대통령에게 무한한 기대를 가지고 있다. 마치 가뭄이 들어도 자신의 부덕의 소치로 알았던 조선시대 왕과 같이 아직도 국민들은 대통령에게 무한책임을 지우려 한다. 재난이나 불의의 사고가 발생했을 경우에도 대통령의 국정 운영이 잘못되어서라며 책임질 것을 요구한다. 이에 부합하기 위해, 대통령은 상징적인 언어로 대책을 제시하거나 대국민 담화문을 발표하면서 국민들을 안심시키고 조직을 개편하기도 한다. 그 결과 큰 사건이 생길 때마다 대통령은 각종 권한을 행사하면서 권력이 더욱 강화되는 경향이 있다.

2. 리더십: 특성론

리더십이론
크게 보면 개인적 자질이 리더의 특성을 결정한다고 보는 특성론과 '시대가 영웅을 낳느다'고 보는 상황론이 있다.

우리나라는 박정희 대통령 18년 통치 이후, 전두환 군사정권으로 이어진 것은 국민들이 장기집권에 대한 혐오감을 갖게 하였다. 따라서 1987년 9차 헌법개정 당시, 대통령직선제를 도입하면서 대통령의 임기를 5년 단임제로 명문화하였다. 그런데 단임제의 역효과로서 대통령은 연임에 연연하지 않고 5년의 임기동안 국가 전체에 막강한 영향력을 행사하게 되었다. 즉, 대통령의 리더십스타일에 따라 법령에 의해 명시된 것보다 더 크게 행사되기 때문이다.

대통령은 정부 내의 어떤 직위보다도 넓은 시야를 갖고 있어야 하고, 장기적인 안목으로 생각하는 비전있는 지도자이어야 한다. 그러나 일단 대통령이 된 후에는 어떤 사안에 대해 깊이 있는 연구와 사유를 할 시간적 여유가 없다. 따라서 대통령이 되기 이전에 준비된 대통령이 아니면 임기동안 시간만 허비할 가능성이 크다.

읽을거리

리더십과 국가운명

부시(George W. Bush) 부자는 연속하여 미국대통령이 되었다. 아버지 부시(George H. W. Bush)는 CIA국장(1976-1977) 출신으로 레이건 대통령(1981-1989) 밑에서 부통령을 한 후 1989년 제41대 미국대통령이 되었다. 아버지 부시는 재임기간 중인 1991년 이라크가 쿠웨이트를 침공한 것에 대한 대응의 일환으로 걸프전쟁을 주도한 바 있다.

아들 부시는 한 때 마약에도 빠진 불행한 삶을 살았지만 도서관 사서였던 부인 로라의 극진한 사랑으로 마음을 잡아 1993년 텍사스 주지사에 선출된 입지전적인 인물이다. 2001년부터 2009년까지 대통령직을 수행하는 동안 아들 부시 대통령은 아버지와 유사하게 군사력 위주의 대외 우위정책을 추진하였다.

아들 부시가 아버지를 이어 이라크와의 두 번째 전쟁을 일으키게 된 사건은 당선 직후인 2001년 9 · 11 테러사태였다. 테러 발생 직후 '오사마 빈 라덴'을 배후세력으로 지목하고 그가 이끄는 테러조직 '알 카에다'를 테러의 주범으로 발표하였다.

알카에다를 소탕한다는 명분으로 영국과 함께 단행한 아프가니스탄 침공은, 테러 발생 이후 한 달이 되지 않은 2001년 10월 7일 시작하여, 2002년 12월 22일 전쟁 종결이 선언되었다. 하지만 빈 라덴을 체포하는 것은 실패하였다(오사마 빈 라덴이 사살된 것도 그를 뒤쫓은 지 10년만인 오바마 대통령 집권기인 2011년 5월이었다).

2003년 미국은 이라크의 대량살상무기(WMD)를 제거함으로써 자국민 보호와 세계평화에 이바지한다는 대외명분으로 이라크 전쟁을 시작하였다. 무자비한 독재자 사담 후세인으로부터 이라크 주민들의 인권을 보호한다는 명분하에 치뤄진 이 전쟁은 미국 국민들로부터 지지를 얻었다. 그러나 사실상 부시의 재선에 도움이 된다는 정치적 계산도 깔려 있었다.

또한 전쟁을 일으킨 이면에는 이라크의 석유를 확보하여 미국의 경제에 도움을 주려는 계산이 포함되어 있다는 소문도 있었다. 전쟁 관련 산업종사자와 경제계 사람들 중 아마 이 이유 때문에 전쟁을 지지한 사람도 많았을 것이다.

이후 사담 후세인을 생포하여 법정에 세워 처단하고 바그다드에 있는 후세인의 큰 동상이 철거되는 것을 보고, 드디어 이라크가 민주국가가 되는 것으로 믿었던 사람들이 많다. 그러나 미군이 각종 첨단장비를 이용하여 수색을 해도 전쟁의 구실거리였던 대량살상무기는 찾아낼 수가 없었다. CIA, 국방부 등 미국 정보기관의 무능력함은 전쟁의 장기화에 영향을 미쳤다.

문제는 미국의 군수산업과 관련이 있는 Dick Cheney가 부통령이었다는 점이다. 군수산업의 진흥을 위해 일으킨 이라크 전쟁이 오히려 미국 경제에 악영향을 끼친 것이다. 즉 1,100조 원에 이르는 막대한 국가예산이 소모되고 5,000명이 넘는 전사자가 발생하였다. 전쟁 등 많은 실정으로 미국의 경제는 이미 높은 국가부채율에 허덕이고 있었다. 즉 아프가니스탄, 이라크 전쟁으로 소요된 많은 재원으로 인해 재정상황이 악화되었고, 이에 더해 2008년 서브프라임 모기지론의 부실사태가 발생하면서 미국경제는 최악의 상황에 직면한 바 있다. 미국발 금융위기는 단순히 자국경제에만 영향을 미치지 않고 전 세계로 확산되었다. 미국은 금융권의 막대한 부채를 국민세금으로 메워야 했고, 국채를 발행할 수밖에 없었다. 이러한 실정들의 누적은 역설적으로 중국이 미국의 최대 채권국가가 되는 결과를 낳았다. 금융면에서는 이미 패권이 넘어가고 있는 것이다. 우리나라는 이명박 정부가 비교적 이 외환위기에 잘 대처한 것으로 평가된다.

미국의 국가위상이 이렇게 추락한 것에는 여러 가지 원인이 있다. 여기서 한번 되새겨 볼 부분은 국가의 정보력이다. 이라크에 대량살상무기가 있다는 것과 오사마 빈 라덴에 대한 위치정보는 간단한 추측보다는 각종 과학적 근거를 가지고 정보기관이 종합판단을 한 결과였어야 한다. 정보기관은 각 국가가 가지고 있는 대표적인 행정조직이다. 이러한 행정조직의 착오가 결과적으로 미국의 경제를 위협하는 원인을 제공하였고, 명분 없는 전쟁이라는 국제사회의 부정적 여론에 직면하게 되었다.

후에 역사가 판단하겠지만, 이런 행정조직의 판단착오가 세계정치의 중심을 미국에서 중국으로 바꾸는 대전환점의 중심에 있었다고 할 수도 있다. 물론 그 최종적 책임은 대통령에게 있다. 국가지도자의 리더십이 얼마나 중요한가를 알 수 있다.

이와 같이 어떤 사람의 개인적 특성을 기준으로 리더십을 보는 이론을 특성론(trait theory)이라고 한다. 개인의 신체적 특성, 지적능력, 연설능력 등을 보는 것이 그 예이다.

대통령이 갖춰야 할 중요한 특성은 국가의 미래에 대한 비전이라고 할 수 있다. 나아가서 대통령 개인의 통치스타일로 유형화하여 분석한다. 예컨대 민주주의적 성격과 대조되는 것으로 권위주의적 모습을 대표적인 심리적 성격형으로 보는 것이다(김종석, 2010). 이러한 대통령 개인 심리적 리더십 스타일은 부하의 성격과 연결시켜 조직차원에서 분석할 수도 있다. 즉 대통령의 스타일이 권위주의적이라는 것은 다른 한편으로는 자신을 보좌하는 참모들의 전문성을 존중하는 경향이 적어진다는 것을 의미한다. 만약 대통령이 권위주의적이면서 동시에 전문성도 강조하는 사람이면 형식적 결정은 자기가 하고 실질적 결정은 아래에서 하게 된다. 그러나 대통령은 최종적 책임을 져야 하기 때문에 실질적 결정부분에도 간여하게 된다.

계서제상 높은 위치에 있는 리더일수록 큰 방향을 결정하는 데 집중할 필요가 있다. 그런데 대통령이 세세한 결정까지도 하려고 한다면 정책이 그 내용면에서 방향성, 일관성, 합리성, 전문성을 결하게 될 가능성이 크다. 나무만 보고 숲을 보지 못하는 격이다. 그 결과로 대통령 측근의 역할에 혼돈상태가 초래되며, 이 혼돈상태는 곧 대통령의 '카리스마'를 커지게 한다(조석준·임도빈, 2016: 112-113). '제왕적 대통령'이 되는 것이다.

3. 상황론적 리더십

대통령은 국가에 대한 장기적 비전을 가지고 그때그때 다양한 요구와 세력들을 정치적으로 고려하여 타협하고 합의를 이끌어 내는 자리라고 할 수 있다. 대통령은 국민들에게 희망을 주며, 정책(policy)이라는 행동(action)을 통하여 정부경쟁력을 높이고 사회를 변화시키는 자리이다.

대통령의 지위에 따른 역할과, 그 역할을 수행하기 위해서 부여된 수단이라할 수 있는 권한을 어떻게 행사하는가는 대통령의 스타일뿐만 아니라 대통령이처한 상황에 따라서 달라진다. 즉, 대통령의 리더십은 그의 성격, 정치 또는 정계에 대한 사고방식, 국민여론을 중시하는 정도, 그리고 대통령을 둘러싼 당시의 상황요인 등에 의하여 정하여질 것이다(조석준·임도빈, 2016: 107-108). 이와 같이리더의 개인적 특성보다는 상황을 결정요인으로 보는 시각을 상황론이라고 한다.

예컨대, 역대 대통령이 취임 초 기대와는 달리 새로운 비전이나 역사에 남는일을 하지 못하는 데에는 시대적 상황이라는 구조적 원인도 있다. 나아가서 대통령을 보좌하는 행정조직의 문제이기도 하다. 즉, 대통령과 국무총리 그리고 장관들과의 관계는 대통령의 리더십 스타일의 여하에 따라서 달라지게 되어 있다. 대통령도 하루 24시간 밖에 없기 때문에 물리적으로 모든 일에 간여할 수 없다. 따라서 법령에 있는대로 대통령이 국무총리에게 그가 일을 할 수 있는 충분한 권한을 대폭 위임하는 것이 바람직할 것이다. 이 경우 장점은 국무총리는 각부 장관에대한 실질적인 통할을 할 수 있다는 점이다. 그러나 이런 경우는 실제 잘 발생하지 않는다. 우리나라에서는 김대중 대통령 집권 당시 또 다른 정치거물이었던 김종필 국무총리가 이러한 관계에 있었던 것으로 보인다.

한편 대부분의 국무총리는 대통령에 비해 정치력이 약한 사람이 임명된다. 따라서 대통령이 얼마나 스스로 집권적으로 일을 처리하느냐가, 곧 국무총리의권한의 범위를 결정해 준다. 대부분의 경우, 국무총리는 결국 대통령이 결정한 일에 대해 정치적으로만 책임을 지는 희생양이 되는 경향이 있다.

문제는 우리나라의 권위주의적 또는, 계서적 행정문화가 상하를 막론하고 보편적으로 만연되어 있다는 점이다. 아무리 대통령이 혼자서 민주적 스타일로 하려 해도 밑으로부터 대통령의 직접재가를 요구하는 행태가 지배적이다. 대통령이 이 파도에 밀리면 실제로 민주적인 리더라고 하더라도 자기의사에 반하여 권위주의적 스타일로 변신할 수밖에 없다. 결국 구조적으로는 집권이 필연적인 것이 현실이지만, 자신의 노력에 따라 이를 완화할 수 있는 여지가 있다고 볼 수 있다.

대통령 지지율은 대통령 선거기간에 가장 높다. 선거 시점에 지지율이 높은 후보자가 당선되는 것이기 때문에 논리적으로도 그럴 수밖에 없다. 그러나 취임 이후 인기는 하락하는 경향이 있다. 급락의 정도는 국민의 성향에 따라 달라진다. 높은 지지율을 유지하는 것은 대통령의 리더십에 대한 평가이기도 하고, 신뢰와 기대이기도 한다. 지지율은 대통령의 리더십에 힘을 실어주기도 하지만, 지나치게 인기영합주의로 갈 위험성도 있다.

Ⅱ. 권한 행사의 시간적 특성

1. 선거주기론

헌법 제70조는 "대통령의 임기는 5년으로 하며, 중임할 수 없다"라고 규정하고 있다. 원래 박정희 대통령은 소위 유신헌법개헌으로 7년임기도 연임 제한 없이 선거에 출마할 수 있도록 하여 장기집권을 할 수 있도록 하였다. 18년 집권 이후 김재규 중앙정보부장의 암살 이후 등장한 전두환 정권은 국민들의 대통령 장기집권 반대 여론을 감안하여 임기를 7년 단임제로 바꿨다. 6.10 민주화 운동 이후 등장한 1987년 헌법은 국민들의 직선제 요구와 함께 이루어진 것으로서 다시 대통령의 임기를 5년으로 하고 연임할 수 없도록 하였다. 즉, 대통령 권력집중을 막기 위한 고육책의 하나로 임기제한을 제도화한 것이다.

하지만 모든 제도에는 장단점이 있다. 최근 대통령제도의 단임제에 따른 권력형 부정부패 문제와 권력분산 문제, 일관성과 영속성 있는 행정의 부재 등의 이유로 중임 허용에 대한 논의가 거세게 일어나고 있다. 그리고 2007년 당시 노무현 대통령이 대통령 5년 단임제에 대한 개헌 의사를 언급한 이후, 박근혜 대통령 탄핵 이후 등장한 문재인 대통령시대까지 이에 관한 논의가 끊임없이 나오고 있다.[5]

---

5 최근 '대통령제 개헌', '분권형 대통령제', '대통령 중임제' 등을 키워드로 살펴보면, 최근까지도 개헌론자 및 정치권 등을 중심으로 논의되고 있는 대통령제 개헌 논의에 대한 다양한 입장들을 알 수 있다.

이러한 대통령제도와 임기제에 관하여 민주성 제고를 위한 다양한 이야기가 나올 수 있지만, 행정학에서 무엇보다도 주의 깊게 살펴 보아야 할 점은 바로 단기적 관점과 장기적 관점 간의 대립 문제와 입법부와 행정부 간의 권력 문제가 얽혀 있다는 점이다. 대통령 임기제의 변경은 또한 다른 문제와 연결되어 있어 그리 간단한 문제가 아니다. 대선과 총선의 선거주기를 일치시키느냐 여부와도 깊은 관련이 있다.

선거주기란 임기제를 기본 전제로 두고, 물리적 시간의 개념상 이번 선거와 다음 선거 사이의 시간적 거리를 말한다(음선필, 2007: 108). 또한 선거주기는 이번 선거에 당선된 대통령 혹은 국회의원이 다음 선거 때까지 공식적으로 인정받은 정치권력을 행사하는 시간이자, 재선이 되지 않는다면 권력행사의 종점이기도 하다. 즉, 선거란 시간의 흐름선상에서 각 정파들에게 공식적 권한배분형태를 달리하는 것으로, 정치권력의 시간적 배분변화라고 할 수 있다.

특히 대통령선거와 국회의원선거의 선거주기가 같은지, 다른지에 따라 양자의 역학관계에 영향을 미치게 된다. 예를 들어 대통령선거와 국회의원선거에서 같은 당이 승리하게 된다면, 정국이 안정되고 대통령은 국정운영에 있어 좀 더 큰 추진력을 갖게 될 것이다. 반대로 이른바 '여소야대'의 분점정부가 되면, 좋은 정치적 소모가 발생하거나, 혹은 대통령이 좀 더 민의에 민감하게 정국운영을 해야 한다.

우리나라는 대통령의 임기는 5년이고, 국회의원 임기는 4년이라서 혼합주기 유형을 택하고 있다. 일반적으로 국회의원 선거보다는 대통령 선거가 중요하다고 생각하기 때문에 국민여론은 여기에 집중한다. 따라서 일단 대통령 선거가 끝나면, 그 다음 임기 중에 실시하는 국회의원 선거는 마치 대통령의 그동안 국정운영에 대한 중간평가의 성격을 갖는다.[6] 특히, 야당은 이를 정치적으로 활용하는 경향이 있다.

대통령은 자기의 임기가 주어져 있다고 하여, 정치에 관심을 접어두는 것은 아니다. 국회에서 과반수 이상의 지지세력을 얻는 것이 중요하기 때문에, 임기 중 국회의원 선거에 상당히 신경을 쓰게 된다. 그런데 압도적 지지를 받은 대통령 선거 직후에 치러지는 총선에서는 여당이 유리하다. 이를 '옷자락 끝 효과'라고

---

6 또한 양선거 간 시간적 차이(time distance)에 따라 선거결과가 달라질 수도 있다. 이에 따라 밀월선거(honeymoon election), 종반선거(counter-honeymoon election), 중간선거(midterm election)로 분류할 수 있다(Shugart and J. Carey, 1992). 밀월선거는 대통령 임기 개시 후 1년 이내에 실시되는 의원선거를 가리키며 여당에 유리하며, 종반선거는 그 반대로 대통령 선거 1년 이전에 실시되는 선거로서 현직 대통령에 대한 연계나 관심이 감소된다. 중간선거는 밀월선거와 종반선거를 제외한 대통령임기 중에 실시되는 모든 선거로, 일반적으로 여야의 정치적 투쟁이 고조된다.

한다. [7]

　　대통령이 여당을 통해 선거에 영향을 미치는 방법은 여러가지가 있다. 예컨대 선거가 있는 해에는 예산편성이라든지, 정책집행의 우선순위가 달라진다. 즉, 정치성이 합리성을 넘어서는 정도가 심해지는 시기이다. 이것은 행정관료들에게는 커다란 불확실성요인이 된다. 행정관료들은 장기적 관점에서 국익을 지키는 것을 임무로 하고 있기 때문에, 단기적이고 정치적인 고려는 이에 반할 가능성이 커진다. 물론 이런 현상은 모든 관료들이 그렇다는 것이 아니고, 당위적으로 그래야 한다는 뜻이다. 실제로 정치화된 관료들은 이런 기회를 통해 자신을 돋보이게 하려고 하는 것이 현실이다.

2. 대통령의 정책추진과정

　　아무리 대통령이 급하게 하고 싶은 일이 있다 해도 즉시 이뤄질 수 있는 것은 아니다. 각종 절차와 한계가 있기 때문이다. 과거, 법치주의가 확립되어 있지 않고 대통령의 권력이 강했던 과거에는 비교적 빨리 정책을 수립할 수 있었다. 그러나 최근에 민주화가 진행되고 법치주의가 확립되어 가기 때문에 이 소요 기간이 점점 길어지고 있다. 〈그림 7-3〉과 같이 행정 내부의 심사 및 협의 과정이 있다. 관할 부처 사무관을 통하여 행정부 내부의 공식적 절차를 시작해야 한다. 이런 공식적 절차 이면에는 반대하는 사람들에 대한 설득과정이 있다는 점도 유의해야 한다.

　　임도빈 외(2008)는 노무현 정부시 대통령이 직접 관심을 가지고 있는 219개

그림 7-3 | 대통령 정책의 행정적 결정 과정

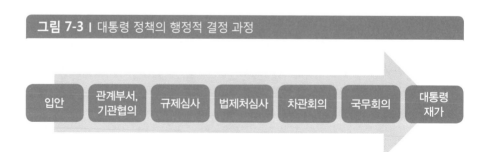

입안 → 관계부서, 기관협의 → 규제심사 → 법제처심사 → 차관회의 → 국무회의 → 대통령 재가

---

7 국가적 차원에서 대통령 선거가 차지하는 비중이 크기 때문에 여타의 선거가 이에 의하여 영향을 받게 마련인데, 대통령 선거와 의원 선거가 동시에 실시되는 때에는 의원 선거가 대통령후보자에 대한 지지의 부산물처럼 인식되어서 옷자락 끝같이 끌려오는 것을 말한다 (Campbell, 1991; Jacobson, 1990). 이 덕택에 대통령의 소속당이 의회에서 과반수 또는 이에 준하는 의석을 차지하기 쉽다.

주요정책이 공식적 시작(의제설정)에서부터 행정부 내부의 최종 의사결정에 이르는 데까지의 소요시간을 분석하였다. 정책마다 편차는 컸지만 대통령이 개인적으로 추진하려는 큰 정책이 행정부 내부에서 결정되기까지 걸리는 평균 소요시간은 371일이었다. 이들 소요시간에 영향을 미치는 요인들 중에는 정책의 법제화 여부, 예산소요여부, 신규사업여부 등이 있는 것으로 나타났다.

그런데 위 연구는 정책결정의 행정적 과정만 분석한 것이다. 즉 국회이송 이후의 정치적 단계를 제외한 것이다. 신현기(2013)[8]는 법안의 국회통과 소요시간을 측정하였다. 분석결과 대통령법안은 제출부터 통과까지 평균 92일이 소요되었다. 특히, 국회의원과의 친밀도와 같은 개인적 요인, 여당 국회의원의 수와 같은 입법환경요인, 그리고 법안제출 시 재임기간 등 입법과정상의 특수요인들이 소요시간에 영향을 끼치는 것으로 나타났다.

위 두 연구의 중요한 시사점은 대통령이 아무리 빨리 특정한 개혁을 하려고 해도, 정당한 절차를 거치는 데 상당한 시간이 걸린다는 점을 실증적으로 분석했다는 것이다. 두 연구결과를 단순합산하면, 총 소요시간은 평균 463일이 걸린다. 하지만 앞으로 대통령은 업무수행에 있어 시간적 변수가 중요함을 염두에 두어야 한다는 것을 시사한다.

한편, 대통령은 재임기간의 뒤로 갈수록 국정운영의 전문지식(실무지식)이 많아진다. 이렇게 되면 그에 비례하여 자기가 다른 사람의 말을 듣기보다는 혼자 결정하려는 경향이 커지고, 따라서 권위주의적 성향이 더 강하게 나타난다. 재임기간의 뒤로 갈수록 자신감도 커진다. 자기의 권력의 범위나 무게, 강도 등을 계속 유지할 필요성 때문에 권위주의적으로 행동할 가능성이 많아진다.

특히 집권 후반기에는 소위 '레임덕(Lame duck)'이라고 하여, 주위사람들도 대통령의 권위를 존중하지는 않는다. 대통령은 임기 말에 가까울 수록 공약사항을 이행하려고 초조하게 되는데 반해, 부하들로부터 순응을 얻을 가능성이 낮아진다. 따라서 임기제인 대통령이 성공하려면 권력행사가 침투되는 정도의 부침을 고려한 장기적 시간관리가 매우 중요하다. 대통령의 취임 초기일수록 정책집행의 추진력이 강하고, 집권 후기일수록 약화되는 경향이 있기 때문에, 마지막 1년은 새로운 정책을 시도하기 보다는 그동안 추진한 것을 마무리하는 것이 더 효과적일 수 있다.

Lame duck
미국 남북전쟁시 생긴 말로, 정책의 일관성이 없이 변동되는 것을 뒤뚱거리는 거위로 비유한 것이다. 지금은 그 의미가 변질되어 임기 만기를 앞둔 권력자의 권한행사가 잘 받아들여지지 않는 경우를 주로 지칭한다.

---

8 연구는 김영삼-노무현 대통령 기간 국회를 통과한 대통령법안을 대상으로 분석한 것이다.

Ⅲ. 청와대: 정치와 행정이 만나는 곳

대통령은 혼자이지만, 도움을 받는 청와대라는 조직을 두고 있다. 법적으로 대통령 비서실은 대통령을 보좌하는 기능을 가지고 있다. 대통령이 매우 분주한 나날을 보내기 때문에 대통령의 분신과 같은 이들 비서들의 역할이 중요하다. 대통령이 일일이 신경쓰지 못하는 부분에 대해서 기획하고, 통제를 확인하고, 새로운 문제를 발견하며, 대안을 모색해야 하기 때문이다. 따라서 청와대는 대통령의 분신으로 '정치'와 '행정'이 만나는 교차로라고 하겠다. 비서실장을 정점으로 하여, 각 분야별 수석비서가 있다. 수석비서는 각 행정분야별 문제를 총괄하여 대통령에게 정보를 제공하고, 분석하며 대안을 만드는 역할을 한다.

수석비서는 차관급이다. 각 수석 밑에는 비서관이 있다. 비서관은 국장급이고 그 산하에 다시 비서를 두고 있다. 비서관은 각 부처를 대표하는 국장급이 파견되는 방식으로 구성된다. 즉, 각 행정기능분야를 담당하는 부처가 있다면, 이를 대통령과 연결하는 통로역할을 하는 것이 비서실이다.

대통령 1인에게 권력이 집중되는 현상은 곧 그의 참모인 비서들 혹은 측근들의 역할과 관련이 있다. 측근들이 공식적 의사결정권한이 없음에도 불구하고 실질적으로 영향을 미치는 기현상을 나타기 때문이다. 예컨대 '총리보다 막강'하다는 '청와대 실세' 몇 명의 영향력이 나타난다. 비록 장관이라고 하더라도 대통령과 단독으로 면담할 시간은 거의 없는 반면, 청와대 참모진인 실세들은 대통령과 자주 회의를 하고 단독면담을 할 수 있기 때문이다. 즉, 대통령과 시간을 같이하는 데에 비례하여 그 사람의 권력이 커진다.

이러한 대통령과의 근접한 위치를 배경으로, 청와대 비서조직이 심각한 역기능을 초래하기도 한다. 한동안 '실세'라고 여겨졌던 사람들이 결국 감옥에 가는 경우가 그 증거이다. 행정학적으로 중요한 것은 비서실이 해당 부처에 대해 정상적으로 의견교류를 돕는 것을 넘어 과도한 영향을 주는 현상이다. 즉, 구조적으로 수석비서와 비서관이 해당부처의 일을 얼마나 부각시켜 대통령의 관심을 끌게 하느냐가 그 담당 장관이 대통령의 관심을 끄느냐에 도움이 되기 때문이다. 부처의 입장에서는 수석이 일종의 문지기(gate keeper) 역할을 하는 것이다. 그래서 수석비서가 마치 내각의 위에 군림하는 것과 같은 '옥상옥(屋上屋)'이란 비난을 받기도 한다(조석준·임도빈, 2016: 119).

제왕적 대통령이라는 표현도 대통령 자신뿐만 아니라 청와대 조직의 과대영향과 관련이 깊다. '초'를 아껴 업무를 수행해야 하는 대통령이 비서실이라는 '인의 장막'에 둘러쌓여 현실감각이 떨어지기 때문이다. 그래서 청와대의 규모를 줄이고, 수석비서의 직위를 낮추려는 노력도 있다. 예컨대 과거에는 청와대 수석이 장관급이었는데, 차관급으로 낮췄다.

　　그러나 이는 시간에 따라 달라지는 경향이 있다. 즉, 대통령 취임 초에 비서실을 작은 규모로 시작하려는 노력과는 반대로 임기 말이 될수록 비서실 규모가 점점 커지는 경향이 있다. 제왕적 대통령이란 비난과 더불어, 국민여론에서는 크고 작은 일이 모두 청와대의 책임으로 귀결되기 때문에 새로운 이슈를 다루는 조직들이 점점 늘어나기 때문이다. 대통령으로의 권력집중은 지원부서의 조직확대를 가져온다(조석준·임도빈, 2016).

제4절　사법부와 법조계

Ⅰ. 사법기관

1. 행정권에 대한 견제

　　사법부는 개인 간, 국가권력기관 간 그리고 권력기관과 개인 간의 갈등에 시시비비를 가리는 역할을 한다. 여기서는 권력기관을 둘러싼 갈등에 초점을 맞춰 논하기로 한다. 행정기관이 국민을 대상으로 행정활동을 하는 것은 일종의 권력행사이다. 행정부가 행사한 권력에 대해 분쟁이 있을 경우, 사법부는 입법부가 생산한 법률을 근거로 시비를 가리는 역할을 한다.

　　정부의 대국민 간 업무처리를 하는 시간적 단계를 보면, 사법부가 먼저 사회문제를 나서서 해결할 수는 없고, 행정활동의 공정성을 사후적으로 논할 수 있을 뿐이다. 즉, 시간순서로 볼 때, 입법부(법률의 제·개정) → 행정부(법률의 집행) → 사법부(법적 분쟁해결)이라는 순차적 순환관계를 갖는다. 사법부가 순차적 관계의 방향을 바꾸어 견제하는 것은 힘들다. 특히 대륙법 체계를 따르고 있는 나라에서는 이러한 시간적 순서가 강하게 나타난다.

　　사법부가 추구하는 기본적인 관점은 바로 정의실현, 즉, 공정성(justice)이다.

사법부
한 국가사회에서 일어나는 각종 분쟁에 대하여 일정한 절차를 통해 사후적 판단을 내리는 행위자 어느 누구도 손해를 보지 않도록 불편부당한 판단을 내리는 것이 우선이다. 국회는 국회의원의 임기에 따른 한계로 인해 단기적인데 반해, 사법부는 상당히 오랜 기간, 장기적 안목으로 판단을 한다. 사법부에서 진행되는 사법심사의 지속기간은 매우 길고, 반드시 사후에 이루어진다.

우리나라는 공권력에 대한 사법적 견제기구를 여러개 두고 있다. 특히 국민의 기본권침해에 대해서는 별도로 헌법재판소를 두고 있다. 즉, 헌법을 지키는 역할을 하는 헌법재판소와 법률적 정의를 지키는 대법원을 중심으로 조직된 일반 사법부로 이원화되어 있다. 또한 각종 분쟁에서 가장 중요한 가치인 '중립성'을 확보하기 위해 광의의 사법기관을 두고 있다.

첫째로 선거에 관한 분쟁에서는 일차적으로 선거관리위원회가 분쟁을 해결한다. 그러나 본격적인 유죄 여부는 사법부에서 판단하기 때문에 선거관리위원회를 사법부로 분류하지는 않는다. 그러나 선거관리위원회는 조직도상으로는 행정부 밖에 있는 헌법상 독립기관이다.

둘째로 행정부 내부에 있으면서, 제도적으로 독립성을 보장받는 준사법기관이 많이 있다. 대표적인 것이 국민권익위원회이다. 국민권익위원회의 일반 국민들의 권리보호를 광범위하게 할 수 있는 기관이다. 그 중에서 행정심판기능은 일반 관료에게는 일종의 제약이다. 즉, 행정기관의 장이 행사한 권력에 대해 불만이 있을 경우 국민권익위원회에 분쟁해결을 요청하면 권력행사가 번복될 가능성이 있기 때문이다.

분쟁을 해결은 전문적인 교육을 받고 사법활동을 하도록 권한을 부여받은 특수한 집단이 한다. 구체적으로 검사, 판사, 변호사 등 일련의 전문가들을 법조인이라고 한다. 법조인들은 기소권, 소송권, 변호권, 재판권 등을 행사한다. 이들은 법을 해석하는 권한을 가지고 있으며, 원고와 피고가 서로 대립하는 입장을 가지고 주장하고, 판사가 중립적인 위치에서 최종판단을 하는 역할분담을 한다.

2. 독 립 성

분쟁을 해결하는 기구가 분화되고, 이 기구운영이 행정부로부터 독립되는 것은 한 국가의 행정제도 성숙을 나타내는 매우 중요한 요건이다. 개발도상국의 경우에는 이런 기구의 분화가 미흡하거나, 인력 구성, 예산제약 등으로 운영의 독립성이 미흡한 경우가 많다(임도빈, 2016). 민주주의가 발전한 나라에서는 이런 독립심이 제도적으로 마련되기는 하지만, 정치현상은 항상 존재하기 때문에 실질적으로 독립성을 유지하기는 쉽지 않다. 따라서 분쟁해결기관 내에서 행정의 자율성을 확보하는 것이 중요하다. '사법행정'체제를 갖춰야 한다는 말이다.

국회 내부의 사무처 직원들처럼, 법원 내부에도 법원 직원들이 존재한다. 장관급의 법원행정처장 이하 2만여 명의 관료조직이 판사들의 재판활동을 보좌하고 있다. 법원행정직은 공개채용방식으로 9급, 또는 5급 수준으로 충원된다. 사법부의 예산도 행정부와 별도로 편성된다. 독립된 행정체계로서 이들 내부에서는 다음 장 이하에서 설명할 인사, 조직, 재무행정의 활동이 이뤄진다.

일부 국가에서는 판사나 법원직원의 임명에서 실질적으로 인적 분화(人的 分化)가 이루어지지 않아 독립성이 훼손되는 경우도 있다. 극단적인 예로 공산국가의 경우, 공산당원이 주요 사법부 재판장을 겸임하거나, 군대에서 지휘관이 군사재판소의 재판관을 겸하는 경우가 있다. 많은 나라에서 사법부가 엄격한 의미에서 정치적으로 중립을 지키느냐는 회의적인 시각이 있다.

사법행정
우리나라의 경우에도 법원행정처를 중심으로 사법부의 조직·인사·재무를 담당하는 행정체계가 별도로 발달되어 있다.

3. 사법행정의 과정

사법행정체계에서는 국민전체를 대표하여 정의를 실현시키는 역할을 하는 행위자가 분화되어 있다. 헌법재판소나 공정거래위 등 준사법적 기능을 하는 경우도 그 내부에는 역할분화가 되어 있다.

우선 재판을 담당하는 사법부와는 달리 공익을 수호하기 위해 재판을 시작하는 역할(즉, 기소)을 하는 행위자가 행정부 내부에 있다. 이를 검찰(public prosecutor)이라고 한다. 검찰은 소속을 행정부(법무부)로 하고 있어, 공익을 실현하는 국가의 대리인 역할을 하도록 하고 있다.

검찰은 경찰을 지휘하여 사건의 수사 및 증거를 확보한다. 이를 근거로 사법부에 재판을 시작하도록 하느냐 마느냐라는 권한인, 기소권을 갖는다.[9] 재판현장에서는 피의자에게 엄한 벌을 주어야 한다는 입장을 취한다. 재판 현장에서 피고에게 줄 형량을 판사에게 제안하는 것을 구형이라고 한다. 피의자는 자신의 무죄를 주장하기 위해 전문 법조인인 변호사의 도움을 받는다. 우리나라는 '검사동일체의 원칙'이라고 하여, 검사들끼리 강한 유대감과 계서제가 형성되어 부작용도 나타나고 있다(조석준·임도빈, 2016: 411).

사법부의 심판이 이뤄져서 범죄의 대가를 집행하는 것도 국가의 역할이다.

---

9 검찰이 수사지휘권과 기소권을 독점적으로 소유함으로써 무소불위의 권력기관이라는 비판적 시각도 있다. 이를 견제하기 위해 경찰에서도 이런 권한을 줘야한다는 주장도 있다.

대표적인 예가 사형을 집행하거나 교도소를 운영하는 것이다. 판결은 사법부에서 담당하지만 판결에 따른 집행을 담당하는 것도 사법부가 아닌 법무부에서 교도행정을 담당한다. 미국은 인구당 수형자수가 가장 많은 나라이며, 이러한 범죄자를 다루는 행정기능이 발달되어 있다(임도빈, 2016: 123-124). 또한 이러한 문제를 중점으로 다루는 학문분야로서 범죄학(criminal justice)이라는 학문이 발달되어 있다.

Ⅱ. 법률체계와 법치주의

1. 법률체계

법조계의 행위자들은 인간과 인간 간의 관계를 규율하는 규범인 법을 수호하는 역할을 한다. 법조계에게는 헌법을 비롯한 '법'이 가장 중요한 존재기반이 된다. 정부경쟁력을 확보하기 위해서도 장기적 관점에서 예측가능하고 수시로 변하지 않는 안정성 있는 법이 필요하다. 어느 국가나 사회의 공동생활을 규율하는 법체계에는 여러 법계가 있지만 그 중 세계법률문화에서 가장 중요한 법계로 대륙법 체계와 영미법 체계가 있다.

(1) 대륙법계(Continental law)

대륙법계 국가에서는 판례보다는 체계화된 법전의 조문 해석을 더 중시한다.

로마법에서 시초하여, 독일, 프랑스 등 유럽에서 발달한 법률체계를 의미한다. 로마법계와 게르만법계를 근간으로, 인류의 보편적 규범을 찾아서 이를 체계화해 성문법화한다는 특징을 가지고 있다. 이것이 영미법과의 본질적인 차이점이다. 일반적인 법전 편찬은 통일된 법체계를 가지려는 국민적 열망 실현, 혁명의 영향, 선진국의 문물 흡수 등의 동기를 가진다. 전쟁 중에도 각종 법을 통합하여 법전화하려 했던 나폴레옹법전이 한 예이다.

대륙법 체계는 보편적이고 객관적으로 옳고 그름이 존재한다는 입장에서, 우주의 최고 가치를 실현하는 법체계를 미리 명시하는 것을 지향한다. 따라서 기본 가치가 되는 헌법을 미리 서술해두고, 공동체 유지를 위해 필요한 법전을 공식화해두는 것이다. 법전은 체계적이고 완전무결하여야 한다.

이때 법 제정의 주체는 주권 위임 기관인 국회가 되고, 행정부는 법을 집행한다. 판사는 동서고금을 통해 불변한 법진리를 추구하기 위해 높은 지식을 소유한 존재라는 점에서, 전문적이고 높은 위치를 가지고 있다. 따라서 법적인 지식이 없는 일반인으로 구성된 배심원단은 없거나 역할이 제한적이다. 대륙법체계는 그 내부에서 다시 프랑스법계와 독일법계로 분류된다. 프랑스법계는 개인주의와 자유주의를 표방하는데 반해, 독일법계는 단체주의적 사상의 특색을 가진다.

(2) 영미법계(Anglo-American law)

중세시대 게르만부족법이 영국으로 건너가면서 영국의 중앙집권적 봉건제 형성에 영향을 주었다. 영국과 미국, 오스트레일리아, 뉴질랜드 등 앵글로색슨 국가에서 발달한 법률체계로 각 개인을 중시하는 자유주의적 철학이 기본을 이루고 있다.

영미법계의 가장 큰 특징은 판례법주의(principle of precedent)를 따르는 것이다. 영국은 단일법으로 헌법조항이 존재하지 않는 불문헌법국가이다. 마그나 카르타 등 역사적으로 쌓여온 중요한 문서들에 들어있는 정신이 곧 헌법인 셈이다.

법적인 정의는 각 개별 분쟁사건이 있을 경우, 법적인 공방을 통해 성립된 판례가 중심이 된다. 즉, 사전에 성문화된 법령체계를 기준으로 심판하기보다는 거꾸로 개별사건들에서 '정의'를 구현한다는 원리를 도출해내는 불문법주의를 택하고 있다. 즉 판례가 규범 형성 기능을 하는 것이다. 때문에 사법교육기관에서도 판례 연구가 교육의 주를 이룬다. 물론 이들 개별판례를 생산할 때, 보편적 정의를 생각한다는 점에서는 대륙법 체계와 내용상 다르지는 않을 수 있지만, 형식상으로 차이가 있다는 점은 분명하다. 영미법계에서는 법전보다는 법조인들의 역할이 중요하다. 즉 대륙법계에서의 법조인은 법전을 해석하는 역할을 하지만, 영미법계에서의 법조인은 법정신에 근거한 판례를 형성함으로써 법규범 발전에 기여

표 7-3 ㅣ 대륙법계와 영미법계의 비교

	대륙법계	영미법계
국가	독일, 프랑스 중심 유럽대륙	영국, 미국
기준	성문법주의 법질서 조직화, 일반화	판례법주의 구체적 사실 존중, 판례법 중심
법관의 역할	법전의 해석자	법규범 형성의 담당자
배심재판	소극적	적극적

출처: 최완진, 2013: 54-60 내용을 기초로 표 수정.

한다.

따라서 사법부가 법규범의 생산을 생산하는 셈이라는 측면에서 입법부의 역할과 갈등의 소지가 있다.[10] 영미법은 대륙법과는 달리 일반시민으로부터 선출된 법률문외한인 배심원에 의한 재판을 채택한다는 점에서도 대륙법과의 차이를 보인다.

영미법이 보통법과 형평법이 대립, 조화되며 발전해온 점 역시 대륙법과 구별되는 특징이다. 보통법 재판소에서 발달한 보통법의 엄격성, 판례법주의의 한계를 극복하고자 이와 대립하는 형평법 재판소가 생겼고 현재는 보통법을 근간으로 형평법이 이를 보충하고 있다. 이러한 영미법 체계는 대륙법 체계에 비하여 귀납적이고, 단기적이고, 누적적이라고 하겠다(최완진, 2013).

대륙법 전통과 영미법 전통은 단지 사법부 내부의 운영에서만 차이가 보이는 것은 아니다. 경찰의 경우를 봐도 그 차이를 알 수 있다. 대륙법계에서 경찰은 국가의 강제력을 국민에게 행사하는 계시적이고 권위적인 존재이다. 대륙법계와는 달리 영미의 경찰개념은 경찰을 시민과 대립적인 관계로 보지 않고 주권자인 국민으로부터 자치권한을 위임받은 조직체이다. 경찰이 주권자인 국민을 위해서 서비스를 하는 기능 또는 역할을 중심으로 형성되었다.

우리나라는 일본을 통해 대륙법계 개념이 들어왔기 때문에 치안질서를 유지하는 권위적 역할을 수행하고 있다. 미군정시대를 거치며 영미식의 경찰개념이

표 7-4 l 영미법계와 대륙법계의 경찰개념의 차이

	영미법계	대륙법계
목적	국민의 생명, 신체, 재산의 보호	사회공공의 안녕과 질서유지
권력의 기초	자치권을 위임받은 조직체	일반 통치권
시민과의 관계	시민과 동반자 관계	대립관계
수단	권력적 작용＋비권력적 서비스	권력작용
범위	확대경향	축소과정
행정 · 사법경찰 구분	구별하지 않음	행정경찰과 사법경찰을 구별

출처: 강용길·백창현·김석범·이종화, 2012: 22.

---

10 영미법은 대륙법 체계에 비하여 사법권의 우위를 더 인정하는 편이다. 영국에서는 사법권이 행정권에 대해 우위에 있음을 인정하지만 미국에서는 법의 지배 사상이 철저하여 행정권과 입법권 양자보다 사법권을 우위에 두고 있다고 하겠다.

추가되어 기업과 같이 서비스를 제공해야 한다는 식의 정신이 추가되고 있다. 현재에는 경찰의 직무를 "사회공공의 안녕 혹은 질서에 대한 위험을 방지하기 위하여 혹은 위험의 사전대비(또는 배려)를 위하여 개인에게 명령·강제하여 그의 자연적 자유를 제한하는 작용"으로 그 직무범위를 확대해 나가고 있다.

2. 법단계설

우리나라는 기본적으로 대륙법 체계를 채택하고 있다. 즉, 성문헌법인 제6공화국 헌법을 기반으로 하여, 국회에서 각 분야를 규율하는 체계적인 법조문을 가지고 있다. 최근에는 너무나 다양한 법들이 있어서, 각 분야별로 이들을 종합하여 더 중심적인 법을 만드는 경향이 있다. 이들에게는 보통 '***기본법'이라는 명칭이 붙는다.

국회에서 제정한 법은 너무나 추상적이어서 구체적으로 적용하는 데 다양한 해석의 여지를 남기는 경우가 많다. 대체로 법은 일반적인 원칙이나 큰 정책방향을 정하는 것이다.

국회가 제정한 법을 구체적으로 집행하는 데 필요한 내용은 대통령령으로 정한다. 보통 '**법 시행령'이라는 명칭이 붙는데, 대통령령은 국무회의의 심의를 요한다. 지방자치단체에서 시행을 하는 경우에는 자치단체의 '조례'로 규정하고, 이는 지방의회의 심의를 요한다.

그러나 대통령령도 너무 추상적이어서 행정각부에서 더 구체적으로 세분화된 규정을 만드는 경우가 많은데, 이를 보통 '**법 시행규칙'이라고 한다. 시행규

> **법단계설**
> 오스트리아의 법학자 메르켈이 시작하여 Hans Kelsen이 완성한 이론이다. 즉, 한 국가의 법은 여러 개가 무질서하게 섞여있는 것이 아니라, 가장 기본이 되는 근본규범. 이를 구체화하는 헌법, 법률, 명령이 있고, 이를 사법부에서 적용한 판례가 있다고 본다.

표 7-5 | 우리나라 법령체계: 국유재산관리의 예

단계	법체계	예
1	근본법	대한민국 헌법(constitutional law)
2	법	국유재산법(법률 제11821호)
3	대통령령	국유재산법 시행령(대통령령 제25067호)
4	부령	국유재산법 시행규칙(기획재정부령 제353호)
5	훈령, 예규	행정중심복합도시 무상 관리전환·이관 국유재산에 관한 규정(행정중심복합도시건설청훈령 제167호, 2013. 3. 19. 제정) 국유재산의 관리청 명칭 첨기등기에 관한 예규(제정 1997. 9. 11. 등기예규 제888호)

칙은 장관 이하의 행정계층에서 제정하기 때문에 부령이라고 한다. 이를 더 구체화하는 것이 훈령, 예규 등이다.

예규도 실제 행정현장에서는 큰 영향력을 발휘하는데, 이는 행정수단에서 검토한 행정지도(administative guidance)와 관련 있다.

이상에서 설명한 법령의 체계를 표로 정리하면 다음과 같다. 국유지, 청와대 등 행정관청의 관사, 설비와 기계 등 국유재산을 관리하는 행정의 경우를 예를 들면 다음과 같다. 가장 하위단계(5)인 훈령, 예규 등은 법령으로서 정통성이 다른 것에 비하여 낮은 편이다. 예규는 '예'를 들은 것으로 형식적으로는 구속력이 낮아 지키지 않아도 무방하다. 그러나, 실제로 적용하는 입장에서는 더욱 명확한 기준이어서 보신주의적 성향의 공무원들은 이를 어기지 못하는 경향이 크다.[11]

법령의 제·개정은 국무회의를 거쳐 부령을 발할 수 있는 중앙정부의 장관이 주도권을 독점하고 있다. 즉 위원회, 청, 처는 국법생산의 주도권이 없다. 현재 실제로 국유재산을 관리하는 업무는 조달청, 행복도시건설청 등에서 담당하기 때문에, 이들이 훈령이나 예규 등을 활용하기도 한다.

한편 하위규범은 상위규범의 내용을 저촉하지 않는 범위에서 규정해야 한다. 법규범에는 상위규범과 하위규범이 있어서 내용상 일관성이 있어야 한다. 이와 같이 법규범들 간에 계서적 관계가 있다고 보는 법이론이 법단계설이다.

Ⅲ. 시간과 법치행정

1. 법치행정의 원칙

법치행정
독일의 법학자 오토 마이어가 주장한 것으로 국가행정활동의 법률지배를 의미한다. 구체적으로 법률의 법규창조력, 법률우위의 원칙, 법률유보의 원칙을 의미한다.

역사적으로 볼 때, 많은 독재정권이 법치행정의 원칙을 위반하여 자의적으로 행정을 수행해 온 나쁜 기억이 있다. 따라서 근대국가의 행정, 경쟁력있는 정부는 '법치행정' 원칙에 따라야 한다. 법치행정의 원칙은 다음 세 가지 하위 원칙으로 구성된다. 첫째, 국민의 권리와 의무를 규정하는 것은 의회에서 제정한 법률에 의해서만 창조되며(법률의 법규창조력), 둘째, 행정행위는 이미 존재하는 법률을 위반해서는 안 되며(법률우위의 원칙), 셋째, 행정의 결정이나 규칙은 법률의 위임에 의해서만 이뤄져야 한다(법률유보의 원칙).

모든 행정관료의 직무행위는 자의적이어서는 안되고 법률에 근거해야 한다는 것은 막스 베버가 주장한 근대 관료제의 원칙이다. 우리나라에서도 법치행정

---

11 예시에 불과한데, 일선관료들은 이를 문자 그대로 집행하고 일반국민은 이에 종속될 수밖에 없는 상황이 생긴다. 이를 행정지도(administrative guidance)라고 한다.

의 원칙이 보편적인 원칙으로 받아들여지고 있다. 법치행정은 법의 정신인 정의 (justice)를 실현하고, 법 앞에서 만인이 평등하게 대해지는 것을 확보하는 수단이 기 때문에 중요하다.

첫째, 행정실무를 담당하는 공무원들은 자신의 소관분야에 대한 법률을 완벽하게 숙지하고 있어야 한다. 법조문을 법학적으로 해석하고, 이에 맞게 행정을 집행하여야 한다.[12] 법률을 위반하여 업무를 수행하는 경우, 차후에 법원의 판결에 따라 손해배상 등을 해야 하며, 담당공무원의 명백한 실수가 있었던 경우에는 개인적인 책임도 져야 하기 때문이다.

둘째, 관료들은 처음에는 법령이 없다가 시간이 지나면서, 새로운 상황에 대응하기 위해 법령이 계속 추가되는 상황도 민원인 입장에서 고려해야 한다. 문제는 일정시간이 지난 이후에는 법령이 너무 많아서 실제 적용상에 혼란이 생긴다는 점이다. 심지어 관련 법령을 모두 파악하지 못하는 경우도 많다. 결과적으로 전문 법조인들의 역할이 중요해지고, 일부 행정관료와 일반인들은 이에 종속되는 경향이 있다.

셋째, 어떤 사실이나 위반이 발생한 이후에 사후약방문(死後藥方文)식으로 법령을 제정하여 소급해서 적용해서는 안 된다. 소급적용의 금지원칙은 행정행위에 대하여 장기적으로 예측가능하게 하기 위한 원칙이다. 이를 실현하기 위한 전제조건으로서, 국회는 이미 완성된 사실이나 관계를 소급하여 규율하는 법을 제정할 수 없다는 소급입법금지의 원칙을 지켜야 한다.

> **소급적용의 금지** 어떤 법령이 제·개정되면 그 이후에 생긴 사실에만 적용이 되어야 하고, 그 전에 발생한 것에 대한 것에 적용하는 것을 금지하는 원칙

그러나 이상에서 서술한 법치행정의 원칙에는 이론의 여지가 없으나 현실은 그렇지 않다는 반론도 존재한다.

첫째, 원래 행정기관 내부에만 적용되는 규칙에는 의회가 간여할 필요가 없다는 주장도 있다. 권력분립의 원칙에 위반된다는 것이다.

둘째, 의회가 미처 규정하지 못한 공백부분에서는 행정이 적극적으로 규율해야 한다는 주장도 있다. 실제로 긴급조치, 경제긴급권과 같이 비상시에 행정에 적절한 조치를 위임한 경우도 있다. 간혹 국민에게 수혜가 가는 경우, 행정이 소급적용의 원칙에 반하여 세금감면 등 혜택을 적용하는 경우도 있다.

셋째, 행정이 해야 할 일을 법률이 자세히 규정하는 것은 불가능할 뿐만 아니라 타당하지도 않다는 주장이 있다. 행정에게 적극적 임무를 부여하자는 행정국가론(administrative state)의 입장이 이에 해당한다.

---

12 우리나라의 법조문에 대해서는 법제처 국가법령정보센터(http://www.law.go.kr)에 총정리되어 있어 쉽게 검색할 수 있다.

2. 사업부의 시간과 선거

행정은 비교적 신속하게 업무를 수행한다. 반면에 사법부는 보통 삼심제를 사용하며, 최종 판결이 나기까지 수개월 내지 수년이 걸리는 것이 보통이다. 즉, 시간적 속도(speed)라는 측면에서 행정과는 달리 매우 느린 세계에 있다.

이러한 사법부 판단의 속도와 현실정치의 주기(cycle)와의 관계에 관한 대표적인 사례로서 선거재판의 지연현상을 들 수 있다. 보통 선거재판의 경우, 지속기간이 너무 길어서 그다지 재판의 효용이 없었다. 이러한 재판지연의 가장 큰 원인은 국회의원들의 늑장 출석 때문이라고 할 수 있다(임성식·박영실, 2005: 109).

최근 나아졌다고는 하나, 변함없이 국회의원의 불체포특권을 악용하여 늑장 출석을 하는 경우가 있으며, 피고인들이 증거에 대하여 동의하지 않아 증인신문에도 많은 시간이 소요되고 있다(임성식·박영실, 2005: 109). 국회의원과 지방선출직의 임기는 4년이기 때문에 재판 출석을 미루고 버티다 보면 임기가 끝나는 경우가 발생하는 것이다. 선거에 참여하는 후보자들이 선거법을 위반하더라도 걸리지 않으면 그만, 혹은 걸리더라도 임기를 최대한 채울 수 있기 때문에 당선되면 그만이라는 생각이 일반적 인식으로 고착화되어 있어 문제가 쉽게 해결되지 않는다.

완벽한 재판을 위해 사법부가 시간적 여유를 가지고 장기적 안목으로 법적 안정성을 추구하면 좋긴 하지만, 이로 인해 다양한 문제점과 국민들의 불편이 발생할 수 있다. 사법부가 업무효율화를 통하여 재판시간을 단축해야 한다. 그러나 사법부가 일반 국민들의 불편을 항시적으로 살피는 데에는 한계가 있기 때문에 행정의 재빠른 대응 등이 중요하고, 따라서 이러한 업무의 상당부분을 행정이 수행할 수 밖에 없게 된다. 즉, 문제가 발생하지 못하도록 사전에 대비하는 예방행정이 더욱 중요하다.

차관진의 사색
청부입법, 낙하산 자리 만드는 통로였다.

지난해 10월 새누리당 이명수(충남 아산) 의원은 '국제의료사업지원법안(의료지원법)'을 발의했다. 외국인에 대한 원격의료를 허용하는 법안이다. 이 의원은 7일 취재팀에 "정부 발의 법안은 야당에 두들겨 맞으니 의원입법으로 해야 공격이 덜하다. 솔직히 고백하자면 그 법안은 청부(請負)입법"이라고 말했다. 법안의 소관부처는 보건복지부. 정부입법안의 발의 절차는 관계부처 협의와 공청회, 국무회의 등을 거쳐야 한다. 반면 의원입법은 의원 10명 이상의 서명만 받으면 바로 발의할 수 있다.

청부입법 시 이 의원과 복지부엔 무슨 이득이 있을까. 익명을 원한 새누리당 의원은 "복지부가 공무원을 낙하산으로 내리꽂는 기구를 법으로 정할 수 있다"며 "정부가 협회 등 낙하산 기구를 만들어 세금으로 억대 연봉을 주고, 해당 의원은 지역사업 배정 때 우대받을 수 있다"고 말했다. 이 의원의 법안엔 '정책심의위원회와 전문인력 양성기관을 둔다'는 규정이 있다. 통과되면 복지부 장관은 위원회 임명권을 갖고 위원회는 부처 예산을 지원받는다.

청부입법 가운데 의료지원법 같은 'ㅇㅇㅇ지원법안'의 경우 대개 자리 · 예산 · 민원의 대가가 따른다고 복수의 의원이 증언했다.

취재팀이 만난 국회 미래창조과학방송통신위(미방위) 위원들 중 상당수는 '클라우드 컴퓨팅 발전법안(클라우드법)'을 청부입법으로 지목했다. 2013년 말 정부안으로 클라우드법이 미방위에 제출됐다. 클라우드 컴퓨팅은 인터넷 서버에 모든 정보를 저장한 뒤 PC에서 내려받아 활용하는 기술이다. 기획재정부의 30개 중점처리법안 중 하나였다. 법안엔 클라우드 컴퓨팅과 관련, '협회를 설치해 예산을 지원한다'는 항목이 포함돼 있었다. 야당은 "부처 낙하산 일자리를 만들려는 의도"라고 반대했다. 그러자 야당 미방위 간사인 우상호 의원실로 윤종록 미래창조과학부 차관이 찾아왔다. 우 의원은 "윤 차관이 '박근혜 대통령이 반드시 처리해야 한다고 했다'고 말해 '협회 부분을 빼야 한다'고 했더니 윤 차관이 며칠 뒤 '지적한 부분을 수정했다'면서 다시 찾아왔다"고 전했다.

실제로 수정법안이 발의됐다. 하지만 주체가 미래부에서 새누리당 김도읍 의원으로 바뀌었다. 김 의원의 법안엔 '협회' 관련 항목이 삭제됐다. 대신 '미래부가 국토부에 클라우드 산업단지 지정을 요청할 수 있다'는 규정이 새로 생겼다. 클라우드법은 지난달 국회를 통과했다. 미래부는 컴퓨터 산업단지를 공교롭게 김 의원의 지역구(부산 북-강서을)인 부산에 유치하는 것을 검토하고 있다. 김 의원은 "법안을 낼 때 정부와 협의는 전혀 없었다"며 "지역에 클라우드 시범단지가 지정돼 이를 지원하기 위한 모법이 필요했다"고 해명했다.

청부입법은 공공연한 비밀이다. 취재팀은 정부 중점처리법안으로 선정된 30개 법안 중 의원이 대표발의자로 된 법안 10여 개에 대한 확인에 나섰다. 그 결과 상당수가 청부입법이었으며 법안이 통과될 경우 부처엔 산하기구와 예산이, 의원 지역구엔 산하기구가 유치되는 커넥션이 존재한다는 증언이 많았다. 고려대 이내영(정치외교학) 교수는 "청부입법이 남용되면 손쉽게 예산을 받아 '낙하산 기구'를 만들고 의원들은 지역구 사업에 도움을 받는 거래가 생긴다"고 우려했다.

출처: 중앙일보. 2015. 4. 8.

참고문헌

강용길·백창현·김석범·이종화(2012).「경찰학개론」. 서울: 경찰공제회.

김성희(2004).「정당론」. 서울: 박영사.

김종석(2010). "대통령의 성격유형과 리더십 스타일에 관한 사례 연구: 박정희·김영삼 대통령을 대상으로".「행정논총」48(3).

문우진(2014). "13-18대 국회 입법현황과 정부유형별 입법생산성에 대한 제도적 영향".「정책지식포럼 736회 발표자료」.

박재창(1995).「한국의회행정론」. 서울: 법문사.

_____(2009).「국가와 시민: 시대를 넘어, 경계를 넘어」. 서울: 이담북스.

신현기(2013). "대통령 정책의 법제화 소요시간".「한국행정학보」47(2): 31-54.

유민봉·임도빈(2016).「한국인사행정론」. 서울: 박영사.

유민봉(2017).「한국행정학」. 서울: 박영사.

윤재풍(2014).「조직론」. 서울: 대영문화사.

음선필(2007). "정치권력의 시간적 배분: 대통령선거 및 국회의원선거의 선거주기".「헌법학연구」13(1): 105-153.

이현출·김준석(2012). "가결과 부결의 이분법을 넘어: 17대 국회의 입법시간과 처리결과에 대한 경쟁위험분석".「한국정치학회보」46(2): 121-144.

임도빈(2002).「프랑스의 정치행정체제」. 서울: 법문사.

_____(2016).「개발협력시대의 비교행정학」. 서울: 박영사.

임도빈 외(2008). "정책결정 소요시간에 관한 연구: 참여정부의 대통령 주요정책을 중심으로".「한국정치학회보」42(3): 191-217.

임성식·박영실(2005). "선거사범 처리실태와 개선방안".「한국형사정책연구원 연구총서」4: 1-130.

임성호(2014). "국회권한의 변천에 대한 정치적 해석: 입법영역의 축소와 비입법영역의 확대".「정책지식포럼 735회 발표자료」.

정대영 외(2010). "장기미처리법률안의 해결방안". 국회입법조사처 현안보고서 95(http://www.nars.go.kr/index.do).

정부경쟁력센터(2016). 2016 정부경쟁력보고서. 서울: 법문사.

조석준·임도빈(2016).「한국행정조직론」. 파주: 법문사.

차세영·임도빈(2011). "세종 조 중앙 정부조직의 운영에 관한 연결망 분석 — 조선왕조실록의 자료를 중심으로 —".「한국정책학회보」20(4): 447-478.

최완진(2013).「新법학통론」. 서울: 세창출판사.

Gary C. Jacobson(1990). The Electoral Origins of Divided Government: Competition in U.S. House Elections, 1946-1988. Westview Press.

James E. Campbell(1991). "The Presidential Surge and Its Midterm Decline in Congressional Elections, 1868-1988." *Journal of Politics* 53: 477-487.

Mattew S. Shugart and J. Carey(1992). Presidents and Assemblies: Constitutional Design and Electoral Dynamics, Cambridge Univ. Press.

지방정부

정부경쟁력이라는 것은 중앙정부뿐만 아니라, 지방자치단체(지방정부)에도 달려있다. 정부경쟁력은 중앙정부 뿐만 아니라 지방자치단체(지방정부)에도 달려있다. 행정학에서 지방은 두 가지 의미로 해석될 수 있는데 첫째는 서울을 포함하는 지역이라는 의미의 지방이고 둘째는 서울이라는 중심부와 대비되는 주변부로서의 의미의 지방이다. 첫 번째 의미의 지방에서 서울도 하나의 지방이기 때문에 우리는 모두 지방에 살고 있다고 볼 수 있다. 지방이라는 공간에서는 앞에서 설명한 정치와 행정의 모든 현상들이 일어나고 있다. 지방에서도 사회적 행위자, 민-관관계, 정부(지방의회, 단체장), 조직, 인사, 재무, 정책, 정보화 등의 현상이 그대로 나타난다. 팽이모델로 치환하여 보면, 지방정부는 기존의 팽이모델이 갖춘 관료, 정부, 민-관관계, 국민의 틀을 그대로 갖고 있는 개별적인 작은 팽이라 볼 수 있다.

중앙-지방관계와 주민참여가 중요한 변수로 부각된다. 역사적으로 중앙집권의 전통이 있고 지방자치 실시가 오래되지 않은 한국에서 지방의 역할이 중요하다고 주장하는 목소리에는, 항상 과도한 중앙의 영향에서 벗어나려는 문제의식이 원심력으로 작용한다.

중앙정부는 전국이라는 공간에서 길고 짧은 시간을 가지고 행정활동을 수행한다. 그런데 중앙의 시간은 지방의 시간과 다른 점이 있다. 중앙의 시간은 일반국민들의 삶에서 좀 유리된 것이라면, 지방은 일상생활과 가까이 있는 것이다. 곰곰이 생각해 보면, 중앙은 실체가 없는 멀리 있는 존재이고, 지방은 현실이다. 특별히 중앙정치에 관심이 없는 사람이거나 보통의 일반시민에게는 지방의 시간이 더 중요한 의미를 가진다.

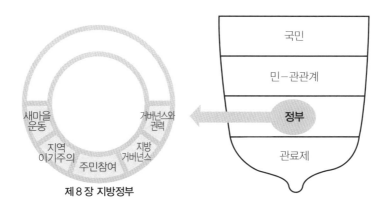

제 8 장 지방정부

제 8 장
지방정부

I. 지방에서의 거버넌스

근대국가 이후 각 나라에는 중앙정부가 있어 전국을 체계적으로 관리하여 왔다. 중앙정부가 지방에 대해 정치·경제 및 행정적 권한을 행사하는 방식에는 전국을 획일적이고 권위적으로 통치하는 방식 이외에도 여러가지가 있다. 광의의 거버넌스는 이러한 모든 유형의 국정관리방식을 칭하는 보통명사와 같이 사용되기도 한다.

그러나 협의의 거버넌스는 거버먼트(government)에 대조되는 개념으로서 사용한다. 거버넌스의 출발점은 정부 이외에도 복수 이상의 행위자(정책결정자)가 존재한다는 점이다. '정부'라는 개념이 어느 정도 폐쇄성을 전제로 한다면, 거버넌스는 국정에 국민을 참여시키는 점을 강조한다. Guy Peters 등이 주장하는 내용으로 주로 미국적 상황에서 나오는 개념이다. 즉 국정관리체계의 주요 양식으로는 계층제(관료제 또는 전통적 형태의 정부조직), 시장, 네트워크(network) 등이 있다.

> 거버넌스
> 국정관리체계(國政管理體系), 공치(共治), 협치(協治) 등의 용어로 번역되어 사용한다.

표 8-1 | Government와 Governance에서의 참여의 비교

	Government에서의 참여	Governance에서의 참여
시민권력의 속성	저항권력(defensive power)	공존권력(Power with), 존재권력(Power of being)
정부태도	폐쇄적, 권위적	개방적, 비권위적
시민위상	통치의 객체, 고객	통치의 주체, 서비스 공동생산
정부-시민관계	수직적 통제	수평적 협력
참여의 기능	견제, 비판	협력, 공동생산
참여관점	도구적 관점	교호적 관점
참여양태	일방적 참여	생산적 참여

자료: 이승종·김혜정(2011: 481) 일부 수정.

행정과정(administrative process)은 관료와 다양한 참여자들 간의 정치적 게임 또는 정치적 상호작용의 양상에서 이뤄지는 것으로 본다. 사회의 여러 세력들과의 관계에서 공무원의 지배적인 역할(dominant role)에 의한 행정이 이루어질 수 있을 것이고, 또는 공무원과 여러 세력들과의 타협에 의해 행정이 이루어질 수도 있을 것이다. 우리나라와 같은 경우 전자가 지배적인 양태였으나, 거버넌스주의자들은 후자의 모델을 바람직한 것으로 보고 있다. 여기서 주목해야 할 것은 '권력'이다. 이것을 요약한 것이 권력모형인데, 이는 거버넌스에 관한 논의가 이뤄지기 전부터 이미 이론적으로 발달해온 것이다.

Ⅱ. 중앙집권에서 지방자치로

지방자치는 서구에서 생긴 개념이다. 지방자치란 '일정한 구역에 거주하는 주민들이 공동체의 일을 스스로 결정하고 처리하는 제도'이다. 우리나라에서의 지방자치는 영국과 프랑스와 같이 결국 지방이 중앙으로부터 자율성을 인정받는 하향적인 개념이다. 미국과 같이 역사적으로 지방이 먼저이고 거기서 자치개념이 생겨난 것을 '주민자치'라고 하고, 유럽과 같이 중앙으로부터 지방이 자치권을 부여받은 것을 '단체자치'라고 한다.

물론, 우리나라도 조선시대의 향약(鄕約)과 같이 지역주민이 스스로를 통치하려는 훌륭한 사례가 있었다. 그럼에도 불구하고 역사적 신제도주의 입장에서 볼 때 중앙집권의 전통이 큰 맥을 이룬다고 하겠다. 1990년대 지방자치제도의 도입과정을 보면, 중앙의 통치권이 확립된 이후, 지방이 자치를 할 권한을 부여받는 단체자치의 차원에서 발달하였다. 이는 주민자치이론의 입장에 있는 지방자치론자들에게는 불만을 가져오는 원인이 된다고 본다. 즉, 중앙의 권력이 지방자치의 방해요소로밖에 보이지 않게 된다.

우리나라는 해방직후 지방자치(선거)가 잠시 실시된 경험은 있으나, 곧 폐지되었다. 특히, 강력한 중앙집권적 체제는 1960년대 고도경제개발시대에 공고화되었다. 이는 전국의 자원을 동원하여 경제를 개발하려는 발전행정국가의 부산물이기도 하다.

학생운동 등 민주화를 주장하는 세력들은 군사독재체제를 무너뜨리기가 어렵다는 것을 깨달은 후, 지방에서라도 야당이 권력을 잡아보려는 정치적 계산에 의해서 지방자치를 주장하기도 하였다. 이는 서구의 지방자치제도를 도입하자는

단체자치
중앙집권적 전통을 가진 나라에서 중앙정부가 일정한 범위에서 자치권을 지방에 양여한 것으로 보는 지방자치

학계의 주장과 힘을 합하게 된다. 결국 1994년에 지방의회선거가 있게 되고, 1998년에 최초의 지방선거가 실시되었다.

우선 지방자치의 필요조건은 지방선거이다. 그동안 중앙에서 임명하던 도지사, 시장, 군수를 지역에서 주민들이 스스로 선출함으로써 정통성이 부여된 정치행위자가 탄생한다. 지방권력이 중앙으로부터 일부 분리되는 거버넌스의 변화, 즉 지방정치의 활성화가 이뤄진 것이다. 이와 더불어 추진되어야 하는 것이 지방분권이다. 지방분권은 지방자치권의 개념과 함께 하는 것으로서 기존에 중앙정부가 보유하고 있던 권한의 일부를 지방자치단체의 요구와 중앙정부의 필요에 따라 지방으로 그 권한을 이양시켜주는 것을 말한다.

지방자치의 충분조건은 주민들을 위한 지방행정의 실현이다. 좋은 지방행정은 주민이 필요로 하는 서비스를 제때에 제공하는 것이다 아울러 주민 생활의 편리성의 증진이 중심이 되는 '생활자치'가 필요하다.

지방자치란 지방정치(민주성 추구)와 지방행정(효율성 추구)의 두 가지 요소로 구성된다. 우리나라는 필요조건인 지방선거 도입을 통한 민주성이 어느정도 달성되었다고 볼 수 있다. 따라서 지방자치 성공은 곧 중앙정치와는 다른 지방 나름대로의 자치행정이 이뤄져야 한다. 효율성을 추구하기 위한 자치행정을 가로막는 주요 제도 중 하나가 정당공천제라는 비판이 있다. 단체장과 지방의회 선거에서 중앙권력(정당)에 예속되는 측면이 있기 때문이다. 즉, 지방만의 색깔을 가진 지방당이 존재하지 않아서 일부 지방의 문제가 중앙정치와 연계된다는 한계가 있다.

읽을거리

정당공천제의 찬반논리

찬성하는 입장에서는 정당공천으로 인해 지방정치의 발전에 기여하고, 중앙과 지방 간의 관계를 원활하게 해주며, 신진 정치인들의 충원에 기여하고 후보자의 난립을 방지할 수 있다고 주장한다(유재일·정상호, 2009). 이에 반해, 정당공천제를 반대하는 입장에서는 지방정치 무대까지 중앙정치가 그대로 흡수하는 현실로 인해 지역주민의 이익을 반영하는 것보다 중앙의 지역구 국회의원의 의사를 반영하는 형태의 이른바 눈치보기가 발생한다고 이야기한다. 또한 지방선거에 있어서 개인보다 정당의 이름으로 인한 투표가 발생하면서, 해당 지역구에서 지지를 많이 받는 중앙 정당의 공천을 받으면 당선이 된다는 인식이 확대되었다. 그리고 이로 인해 해당 정당의 공천을 받기 위한 줄 서기 풍조와 부정부패 등으로 오히려 지방 정치의 민주성이 후퇴하는 결과를 낳는다고 주장한다. 이러한 논거를 들어 한국의 지방자치단체장과 지방의회의원들의 7할 이상이 중앙 정당에 의한 공천제도를 반대하고 있다(한국지방자치학회편, 2010: 36).

한국의 정당공천제의 역사를 간략히 살펴보면, 1991년에 광역시·도 의원 선거에서 정당공천제가 도입된 이후로 1995년에는 시·도지사와 시·군·구청장 선거로 확대되었다. 2006년에는 시·군·구 기초의원선거에까지도 적용되어 정당공천이 이뤄지고 있다(한국지방자치학회편, 2010: 36).

Ⅲ. 지방자치개혁 주기: 4-5년

1. 정치논리와 행정논리

시간적으로 보면 두 가지의 개혁주기가 존재한다. 첫 번째는 중앙정부를 중심으로 하는 법적인 제도개혁이고, 두 번째는 선출된 단체장과 의원들에 의해 각 지방에서 실제적으로 그 지역의 정책면에 변화를 가져오는 주기이다. 이 주기는 대개 선거주기와 맥을 같이 하기 때문에 전자는 5년이고, 후자는 4년이다.

대통령 선거 때마다 등장하는 선거구호가 지역발전, 지방자치이다. 주민들의 복지를 향상시키고자 하는 정권의 의지가 바로 지방자치 강화라는 구호로 나타난다. 이러한 지방분권에 대한 논의가 시작된 것은 김대중 정부 출범 이후부터라고 할 수 있다(김순은, 2003). 가장 극단적인 주장은 스위스모델과 같이 외교·국방 등 일부기능만 중앙에 남겨두고, 지방에 기능을 대폭 이양하여 연방국가와 유사한 형태로 가자는 것이다(안성호, 2018).

매번 지방자치의 구호가 등장하는 이면을 보면 후보자들에게는 서울뿐만 아니라 지방의 표가 대선승리에 절대적으로 필요하기 때문임을 알 수 있다. 대통령에 당선된 후에는 임기 5년 동안 자신이 내건 공약을 실현시키기 위한 제도 개혁을 추진 역시 매번 반복되는 현상이다. 그동안 추진된 지방분권적 개혁의 성과를 요약하면 다음의 표와 같다.

이러한 개혁을 논의할 때 표면상의 논리와 실제의 의미를 깊이 생각해볼 필요가 있다. 예컨대 지방자치를 강화하려는 제도개혁 추진시 중앙정부의 공무원들이 접근하는 태도는 표면상의 논리와 다른 경우가 있다. 구체적으로 그 개혁의 추진방법만 봐도 중앙정부는 행정의 편의성과 효율성 때문에 결과적으로 집권을 강화하게 되기도 한다. 즉, '지방자치'개혁을 '중앙집권'식으로 추진하는 것이다. 따라서 겉으로는 '지방자치를 위해서'라고 하는데, 실제로는 '중앙정부를 위해서'인 행정논리지배적인 모순이 발생한다.

표 8-2 | 역대 정부의 지방분권적 측면의 개혁

	권한(사무)이양	재정배분	주민참여	자치규모 및 기타
전두환 정부	• 지방자치제실시연구회 설치			
노태우 정부	• 지방의회의원선거 실시 • 지방이양합동심의회 설치	• 지방양여금도입		
김영삼 정부	• 단체장 선거 실시 • 직무 이행 명령제 및 대집행 제도의 도입 • 단체장 인사권 제약 • 조례의 벌칙 범위 축소	• 재정진단제도입 (1998년부터 실시)	• 주민투표제도입 (2004년부터 실시)	• 시·군 통합 추진
김대중 정부	• 지방이양촉진법 제정 • 지역 갈등에 대한 직권 조정 제도 도입 • 지방이양추진위원회 설치	• 지방교부세율인상 (내국세의 15.0%) • 예산 감축	• 조례제정개폐청구제 도입 • 주민감사청구제 도입	• 지방인력 및 조직 감축 • 민간 위탁 활용 • 읍·면·동의 기능 전환 • 단체장협의체에 법적 지위 부여
노무현 정부	• 지방분권특별법 제정 • 정부혁신지방분권위원회설치균형발전위원회설치 • 총액 인건비제 도입 • 제주특별자치도 출범	• 지방교부세율인상 (내국세의 19.13%) • 지방채발행승인제 폐지 • 균형발전회계 신설 • 분권교부세 도입	• 주민투표제 실시 • 주민소환제 실시 • 주민소송제 실시	• 지방의원유급제도입 • 기초의원정당공천제 도입 • 중대선거구제 도입
이명박 정부	• 지방분권위원회 설치	• 주민참여예산제 • 지방재정고(웹사이트)		• 시·군통폐합

자료: 정정길 외(2007: 269) 첨삭.

반대로, 일부 지방에서 지방의 자율성을 요구하는 개혁이 국가적으로는 다른 문제를 가져올 수도 있다. 자율성이 강화된 자치단체간의 경쟁은 자치단체 간 '부익부 빈익빈' 현상을 초래할 수 있다. 박근혜 정권에서 복지부가 서울시의 청

년수당, 성남시의 청년배당·공공산후조리원·무상교복 등 독자적인 지방복지정책
에 '부동의'의견을 주로 낸 것도 같은 맥락이다. 양도소득세 등의 지방소득세 배분
비율을 상향하는 재정자립개혁을 한다면 가난한 지방은 더욱더 불리해질 수도 있
다. 따라서 지역간 균형발전도 중요한 가치이다. 이를 위해서는 중앙정부의 역할
을 강화하는 방향의 개혁을 해야한다. 즉, 지방자치와 지역균형 발전이라는 두 마
리의 토끼를 좇아야 한다는 어려움이 있다.

2. 지방에서의 개혁

4년 주기로 실시되는 지방선거는 지방자치실현을 위한 결정적인 변수이다.
선거기간동안 다른 후보와의 차별성을 강조하여 내건 각종 정책들을 임기동안 실
현해 보려고 하기 때문에 생기는 주기이다. 선거에서 당선된 단체장은 임기가 시
작되면 자신의 선거전에서 정신없이 내건 공약을 재점검하는 작업을 하는 것이
보통이다. 그리고 자치단체 집행부에 특정부서를 신설하여 공약개발에 도움을 준
사람들을 중심으로 이를 체계적으로 추진하려 한다.

지방선거 공약의 공통점은 지역'경제'발전이다. 즉, 지역정치에서의 지배적인
패러다임은 발전국가론의 주장과 같다. 대부분의 지방자치단체의 주민들은 자신
의 지역이 낙후되어 있다고 생각하기 때문에 이 패러다임이 통한다. 예컨대 김진
선 강원도지사는 평창올림픽게임 유치를 지역발전의 계기로 삼기 위해 노력하였
다. 삼수 끝에 올림픽 유치에 성공했고, 개인적으로도 도지사 선거에서 승리하였
다(샤플레·임도빈, 2017).

공약을 실현시키기 위해 필요한 재원의 부족분을 어떻게 메우느냐가 정책의
실현성 여부를 판단할 수 있는 핵심 포인트이다. 대부분의 후보는 중앙정부를 탓
한다. 따라서 후보들은 중앙정부로부터 권한을 더 가져오는 지방자치를 실현시키
겠다는 투쟁의 의지와, 다른 한편으로는 자신이 중앙에 네트워크도 있고 영향력
도 있다는 것을 과시한다. 실제로 정책이 정치적 구호에 그치느냐 아니면 실천에
옮기느냐는 그 사람이 정치가형이냐 행정가형이냐의 문제이다. 대체로 행정가가
일을 실행에 옮기는 데에는 더 적합한 유형이다.

지방선거를 통해 새로운 단체장과 의회가 구성되면, 새로운 것을 시도하려는
개혁이 추진된다. 특히 단체장이 새로운 사람으로 바뀐 경우에는 전임자시절에 주
축이 되었던 공무원들을 선별하고, 자신의 임기 동안에 주축이 될 사람들을 요직에
배치하기 위한 인사를 단행한다. 주기적 정기인사가 있기는 하지만, 대체로 이런

틀이 잡히면 이런 초기체제가 임기 말까지 가는 것이 보통이다.

시·도청이나 시·군·구청에 의해 중앙정치의 정책이 추진되는 과정과 방법은 중앙정부에 관해서 분석한 본서의 전체내용이 적용된다고 볼 수 있다. 1년 주기인 인사, 조직, 재무 관련 반복적 주기도 마찬가지이다. 문제는 법적인 측면이나 예산의 측면에서 중앙정부가 정한 일정한 틀을 벗어나지 못한다는 점이다.

제2절 지방의 거버넌스

I. 공간분할(zoning)

1. 자치구역과 자치계층

지방자치는 필연적으로 전국에 여러 개의 지리적 경계를 긋는 문제가 생긴다. 즉, 공간(space)의 개념을 사용하여 지리적 분할을 반드시 짚고 넘어가야 한다. 물론 이때 공간이란 지리학에서 말하는 순수한 공간보다는 사람을 고려한 공간이다. 일정한 지리적 경계를 중심으로 자치구역(이를 '지방자치단체'라고 한다)이 있고, 자치구역에는 여러 행위자(actor)가 존재한다. 이들 간의 관계가 곧 지방 거버넌스(local governance)이다.

오랫동안 중앙집권국가였다가 지방자치를 실시한 우리나라에서는 자치구역과 자치계층을 어떻게 할 것인가가 항상 중요한 이슈가 된다. 우리나라의 자치계층은 광역자치단체와 기초자치단체의 2계층으로 되어 있다.

역사적으로 우리나라는 산, 강, 평야 등을 중심으로 마을이 형성되고, 왕조에 따라 수도가 정해졌다. 조선시대에는 광역행정구역으로 8도를 나누고 그 아래 고을 크기에 따라 부, 목, 군, 현으로 나누었다. 이것은 산과 강, 평야 등 자연여건에 따라 자연부락이 형성되어 오던 것을 조선시대에 행정체제로 공식화하였음을 의미한다. 현재의 도(道) 구분을 비롯하여 많은 군(郡)도 조선시대에 뿌리를 두고 있다(임도빈, 2004).

산업화에 따라 농촌인구가 도시로 유입되면서 도시화 현상이 발생하여, 기존의 '도'와 '군'과는 다른 지위의 지치단체가 발달하게 되었다. 대표적인 예가 특별

282 · 행 정 학

시, 광역시, 시이다. 이들은 특정지역에 인구가 집중하게 된 도시화의 산물이다. 또한 교통·통신의 발달과 토목건축기술의 발달로 인위적인 도시도 많이 생겼다.[1]

자연적 제약조건 및 산업화에 따른 인구이동과 더불어 정치인들의 이해관계에 따른 인위적 구역개편과 조정도 계속되고 있다. 또한 제주특별자치도와 세종특별시는 그 계층이 아닌 단일계층의 자치구역이 되었다. 그러나 인위적 구역개편, 조정에 따른 진통도 있다. 역사와 전통이 다른 지역을 행정편의를 이유로 한데 묶는 것에 대해 지역 주민들이 반발하는 것이다. 이는 곧 자치구역을 어떻게 획정하느냐의 문제이다.

2. 행정구역과 행정계층

우리나라 국토는 7개의 광역자치단체(시, 도), 제주특별자치도, 세종특별자치시와 기초자치단체(시, 군, 구) 구역으로 분할 지정되어 있다. 이것은 중앙정부가 국가 사무를 효율적으로 집행하기 위한 일반 행정구역이기도 하고, 지방선거로 지방정부를 구성하는 자치구역이기도 하다.

하나의 자치구역에는 그 지역주민을 대표하는 하나의 지방의회와 하나의 집행부가 구성된다. 단체장을 최정점으로 하는 집행부는 편의상 자치구역을 복수이상의 행정구역으로 분할하여 행정업무를 수행한다. 광역시에 있으면서 자치구가 아닌 일반구, 그리고 시·군·구의 밑에 있는 읍·면·동이 행정구역이다.

이에 더하여 중앙정부의 지방사무소로서 설치되는 특별지방행정기관이 담당하는 행정구역도 다수 존재한다. 법원과 검찰의 관할지역이 대표적인 예이다. 국토부나 환경부도 지방을 나름대로 나눠서 관할하는 행정구역체계를 가지고 있다.

그리고 특수한 기능을 담당하기 위한 행정구역도 있다. 산업지구, 상업지구, 특별구, 자유무역지구 등 여러 가지가 있다. 이렇게 구역화(zoning)한 대표적인 예는 토지용도 지정이다. 주거지역, 상업지역, 공업지역, 녹지지역, 관리지역 등으로 토지용도를 분류하여 이에 따라 토지를 사용할 수 있게 한 것이다.

3. 통합분리의 논리

기초자치단체 구역은 이를 그대로 하거나 다시 몇 개로 세분하여 국회의원

---

1 수도권의 분당, 송도 등 그리고 지방의 많은 거점도시들이 새롭게 만들어간 신도시가 계획도시로서 발달하고 있다.

구역구분의 종류

- 행정구역: 행정기관의 권한이 행사되는 일정한 구역. 중앙정부 혹은 지방자치단체가 담당하는 종합행정기능을 행사하기 위한 관할구역도 있지만, 특수한 기능을 중심으로 이뤄지는 구역도 있음. 후자의 예로는 교육구청의 관할 구역, 군 지역(military zone) 등이 있음.
- 자치구역: 공식적 통치기구로서 지방자치단체의 자치권이 미치는 지리적 단위. 일반자치단체와 특별자치단체(예: 교육)가 관할하는 단위가 각각 다름.
- 선거구역: 일정 지역에 거주하는 국민(주민)들이 그들의 정치적 대표를 뽑는 단위

및 광역의원의 선거구로 사용된다. 이러한 구역화(zoning)는 선거구와 밀접한 관계를 가지고 있다. 선거구를 변경하는 권한은 국회에서 정하는 법에 의하게 되어 있다. 특히 선거구 조정은 4년 주기의 선거를 앞두고 이루어 진다. 이를 중심으로 여야의 입장이 정치적 계산에 따라 첨예하게 대립하는데, 결국 선거구 조정은 정치적인 타협의 산물이다.

한편, 자치구역, 행정구역, 선거구 조정에는 국회의원들이 결정권을 가지고 있기 때문에 단체장과 지방의원들은 자신의 지역구 의원들의 눈치를 보는 이들 나름대로의 권력관계가 형성된다(임도빈, 2004). 미국에서도 선거에서 특정정당이나 후보자에게 유리하도록 선거구를 구불구불하게 구획하는 것을 '게리맨더링(gerrymandering)'이라 하여 문제시 되고 있다.

우리나라는 행정구역의 분리와 통합의 움직임이 번갈아 일어났다(임도빈, 2004: 104-106). 도시화가 되면서 군지역에서 분리시켜 시승격이 주장되다가 어느 순간에 가면 이를 통합하려는 움직임이 반복된다.

현재에도 행정구역통합이라는 문제가 쟁점이 되고 있다. 통합은 행정의 효율성을 추구하는 논리이며, 분할은 주민대표성(즉, 자치의 논리)의 논리이다. 구체적으로 양측의 논리는 아래와 같다.

우선 행정구역통합을 찬성하는 논리를 정부 측 주장을 중심으로 살펴보면 다음과 같다.

- 인구과소지역은 자립기반이 약화되고 행정비효율성이 발생하고 있다.
- 인구과밀의 도시지역은 생활권과의 괴리 및 경쟁력이 정체되고 있다.
- 분절적 행정구역으로 인한 효율적 국가경영이 저해되고 있다.

한편 행정구역통합을 반대하는 논리를 살펴보면 다음과 같다(박종관, 2009: 423-424).

- 오랜 기간 분리된 상태로 인해 자치단체가 통합할 경우 정치·행정적 혼란이 발생할 가능성이 크다.
- 행정서비스와 주민들 간의 거리가 더 멀어짐으로써 주민들의 문제는 주민들 스스로 처리하겠다는 자치행정의 정신이 훼손될 가능성이 있다.
- 자신보다 큰 지역에 통합되는 군소 지역의 경우 정치·사회적 영향력 감소 우려에 따른 저항 가능성이 있다.
- 행정조직의 축소 등 구조조정에 따른 관련 조직 및 인원들의 반발이 예상된다.

그러나 이러한 행정구역통합 반대 측이 주장하는 문제점도 지역주민들 스스로의 자율적 통합이 전제된다면, 어느 정도 해결 가능성이 있다고 할 수 있다. 즉 지역주민들이 충분한 논의를 거쳐 자율적으로 행정구역통합을 이룬다면 반드시 지방자치의 정신을 훼손시킨다고 주장할 수 없을 뿐만 아니라, 지역 간 다양한 이해관계자들의 갈등과 저항도 줄어들 가능성이 크다.

4. 공간을 둘러싼 갈등

행정구역통합이 추진될 때에는 주민의 의사를 중시한다고 하면서도, 사실상 중앙의 입김이 많이 작용한다. 그리고 중요한 개혁의 집행과정에서 중앙정부는 시간적 변수를 고려하지 않은 채 밀어붙이기 방식으로 통합을 추진하는 경우도 있었다. 하지만 이런 경우에는 행정구역이 통합된 이후에도 주민 간 갈등은 지속된다. 지방자치단체장 선거에서도 주민들은 통합 이전의 구역에 따라 어느 지역 출신인지를 구분하고, 지역별, 후보별 득표수가 달라지는 현상이 나타나기도 한다.

이런 게임의 내용을 들여다 보면 정치적인 문제가 작용하는 것을 알 수 있다. 주로 지역의 사회단체들이 현수막을 붙이는 등 갈등을 부추기는 것이다. 이들을 깊이 살펴보면, 통폐합을 통해 자기소유의 땅값이 오르는 문제 등 지대추구(rent seeking) 동기도 있음을 이해해야 한다.

예컨대 고속철도 건설을 앞두고 천안아산역의 역명을 정하는 것이나 천안시와 아산군의 통폐합문제를 놓고 나타난 갈등을 들 수 있다. 주민들의 통합반대 현

표 8-3 | 과장의 내용

구 분	빈 도	%
고속철도 역사명 강탈	17	34.0
천안은 정체 또는 쇠퇴	15	30.0
흡수통합	5	10.0
아산시민 의사 무시	4	8.0
통합은 자치권상실	2	4.0
칠천만이 살고 싶은 아산	3	6.0
목숨바쳐 사수	1	2.0
일방적 통합	3	6.0
계	50	100.0

출처: 윤주명(2013).

수막 구호의 내용을 분석해보면 사안을 과장하고 부정적인 개념화를 시도한다는 것을 알 수 있다(윤주명, 2013: 19-21). 이 과정에서 현수막에 느낌표를 사용하여 감정을 표출하고, 단체의 이름으로 작성하여 다수의 의견임을 밝히는 경향이 있다.

　효과적인 의사전달을 위해 다양한 수사법도 사용된다. 신화와 과장법을 사용한 경우가 많고, '뿌리', '상생의 길', '침략'과 같은 상징적 표현을 사용하기도 한다. 현수막 구호 속에 드러난 통합갈등의 요인으로는 정치적 요인이 가장 많은 비율을 차지하였다. 또한 분석 사례 중 과반에 가까운 사례에서는 '적'을 설정하고 있었다. 위의 표와 같이 과도한 부정적 어법을 사용하기도 하였다.

5. 실험: 제주특별자치도와 세종특별시

　역대 정권이 약속한 지방분권개혁이 미진하다는 비판이 끊이지 않았다. 좀더 근본적인 개혁을 위해 2계층으로 되어 있는 다른 자치단체와는 달리 단일계층으로 하는 실험이 이뤄지고 있다. 제주도와 세종시가 그것이다.

　특히 중앙행정기관의 많은 사무를 이들에 이양하거나 또는 조례에 위임하고 있다.[2]

　국회에 대한 관계에서도 특별한 권한을 행사할 수 있다. 즉 다른 자치단체에게 부여된 법률개정 건의권보다 한 차원 높은 수준인 법률안 제출 요청권이 부여

---

2 「지방자치법」제 2 조를 개정하고, 「제주특별자치도 설치 및 국제자유도시 조성을 위한 특별법」이 제정되어 제주특별자치도에는 2006년부터 보다 강력한 자치권이 부여되었다.

되어 있다. 또한 기구설치의 자율성, 능력과 성과중심의 인사관리체계 강화 등 자치조직권과 자치인사권이 제고되었다. 제주도에는 다음과 같은 세 가지 실험을 하고 있다.

첫째, 전국 최초로 자치경찰을 설치하여 제주지역 특성에 맞는 치안서비스를 제공하고 있다. 자치경찰제도에 관해서는 찬·반의 논리가 공존하고 있는데, 중요한 실험이라고 할 수 있다.

둘째, 중앙집권의 수단이라 비판받아 온 특별지방행정기관을 지방에게 완전 이관하는 실험이다. 이를 위해 7개의 특별지방행정기관을 제주도에 이관하여 보다 통합적이고 주민밀착형 행정서비스를 제공하고 있으나, 많은 문제점도 노정하고 있다(민기, 2017).

세번째로 재정부분에 대한 자치권을 강화하는 실험이다. 지방교부세의 법정률(3%)화, 균특회계의, 제주계정 설치로 재정의 자율성이 다른 자치단체에 비하여 현저히 높아졌다.

제주도는 이미 존재하던 자치단체이고 섬이란 특수여건에서 지방자치 실험대상이 되었다면, 세종시는 과거 농촌지역인 충남 연기군 일대에 인위적으로 만들어지고 있는 신도시라는 특성이 있다. 중앙행정기관이 이전하여 공무원들과 그 가족들이 거주자의 대부분이라는 점에서 인구의 중질성이 확보되어 있다. 도시인프라 등이 정부가 집중투자하여 비교적 잘 갖춰져 있다는 특성도 가지고 있다.

6. 바람직한 자치구역

우리나라 기초자치단체의 평균인구는 20만명이 넘으며, 전 세계적으로 규모가 큰 편이다. 이러한 규모는 서로 면대면 관계로서 알고 지내거나, 정적인 유대감을 갖기에는 너무 많은 인구이다. 특히 대규모 아파트에 거주하는 사람들이 많아 과거 마을단위의 끈끈한 정을 맺는 이웃관계는 어렵게 되었다. 한국사회가 개인주의적이고, 이기적인 서구문화를 닮아가고 있기 때문이다(임도빈, 2004).

따라서 진정한 의미의 지역공동체(community)를 어떻게 형성하는가에 대한 고민이 필요하다(곽현근, 2015). 지방자치를 실시하는 이유가 중앙정치를 지역단위에 모방하자는 것은 아니기 때문이다. 나름대로의 자치를 하는 커뮤니티를 형성하는 것이 중요하다.

공동체주의(communitarianism)를 추구한다는 측면에서 보면, 자치구역의 요건은 다음과 같다.

첫째, 인구규모가 너무 크면 바람직하지 않다. 농어촌 지역은 전통적으로 형성된 지역일체감이라는 기준으로 볼 필요가 있다. 도시화로 인해 인구집중이 일어나고 고층아파트가 거주형태가 된 오늘날 좀 더 다른 형태의 자치규모와 모형이 나타나야 한다.

둘째, 중앙으로부터의 자율성이 필요조건이라면, 주민의 적극적 참여는 충분조건이다. 주민들이 자치업무에 직접참여를 할 수 있는 기회의 제공과 유인책이 필요하다. 지방자치가 주민들은 팔짱을 끼고 지켜보고, 지방의원과 지방관료제에 의한 또다른 간접민주주의 형태가 되는 것은 바람직하지 않다. 이를 탈피할 수 있는 과감한 노력이 필요하다.

Ⅱ. 공식적 행위자의 구조

1. 지방자치단체의 기관구성 유형

자치구역의 행위자로는 크게 보면 법적·공식적 권위를 부여받은 것(local authority)과 그렇지 않은 것, 즉 지역사회가 있다. 지역사회란 주민 혹은 시민(citizen)을 지칭하며, 이들은 기업 등 경제적 행위자는 물론이고 시민단체 등도 포함한다. 전자를 법적인 용어로는 '지방자치단체'라고 하지만, 일상생활에서는 영미의 영향을 받아 '지방정부(local government)'라는 용어를 사용하기도 한다.

지방자치단체의 기관구성 형태는 크게 기관대립형, 기관통합형, 그리고 이두 가지를 결합한 형태의 절충형으로 나누어 볼 수 있다. 기본적으로 기관대립형과 기관통합형은 의결기관과 집행기관을 모두 주민직선으로 선출하느냐, 아니면 의결기관만 선출하느냐를 기준으로 이해할 수 있다. 따라서 기관대립형은 대통령제와 유사하고, 기관통합형은 의원내각제와 유사한 개념이라고도 할 수 있다.

먼저, 기관대립형은 의결기관인 지방의회와 집행기관인 지방자치단체장을 모두 주민의 직접선거에 의해 선출하는 형태로서, 우리나라, 일본, 미국의 일부 지역 등에서 채택하고 있다. 기관대립형은 의결기관과 집행기관이 상호견제와 더불어 권력간 균형을 이룰 수 있다는 점이 가장 큰 장점으로 꼽히며, 이러한 장점은 민주적이고 합리적인 지방자치를 구현할 수 있다는 점에서 긍정적이다.

이에 반해, 선거에 의해 주민들에게 권력을 부여 받은 합법적 기관이 나누어짐으로 인해 양 기관이 대립할 경우 비효율성과 행정상의 불안정을 초래할 수 있

다. 또한 집행기관의 장인 지방자치단체장이 행정적 문제보다 정치적 문제에 휘
말릴 수 있다는 점도 기관대립형의 단점이라고 할 수 있다.

둘째로, 기관통합형은 주민의 직접 선거에 의해 선출된 지방의회가 의결기능
과 집행기능을 모두 수행하는 형태로서, 영국, 독일, 프랑스 등 유럽의 여러 나라
와 더불어 미국의 위원회형이 이에 속한다. 기관통합형은 의결기관과 집행기관이
일원적으로 구성되어 있기 때문에 기관대립형이 갖고 있는 행정상의 낭비나 비효
율성을 감소시킬 수 있다는 점이 가장 큰 장점이다. 하지만 정치적 상황에 따라서
는 상호견제와 균형 원리의 미작동으로 인해 대표기관이 권력을 남용할 수 있으
며, 선거에 의해 선출되어 활동하는 의원들이 행정 활동에 있어서의 대표성을 담
보할 수 없다는 단점도 있다.

셋째로, 절충형은 기관이 구성되는 형태와 내용에 따라 매우 다양하게 나타
날 수 있으므로 일률적으로 구분하기는 어렵지만, 대표적 형태로서 미국에서 주
로 나타나는 시정관리관형(city-manager plan)이 있다(김병준, 2016: 167).

시정관리관형(city-manager plan)은 주민에 의해 선출된 지방의회의 책임 하
에서 전문행정인을 임명하여 행정 업무를 처리하게 하는 형태이다. 일반기업이
이사회나 주주총회에서 전문경영인을 영입하여 관리하게 하고 성과에 책임지게
하는 방식과 유사하다고 할 수 있겠다. 이러한 시정관리관형은 지방의회 중심의
기관통합형의 장점을 살리면서도 행정의 전문성을 유지할 수 있다는 점이 가장
큰 장점으로 꼽히며, 책임소재가 명확하기 때문에 책임행정에 있어서도 긍정적이
다. 이에 반해, 지방의회의 입김이 강하게 작용하여 결과적으로 의회에 휘둘리게
되는 경우에는 시정관리관을 따로 두는 의미가 감소하며, 행정책임에 따른 지나
친 성과 추구는 시정관리관의 시계를 단기에 머무르게 한다는 단점이 있다.

2. 기관대립형 조직

우리나라는 기관대립형을 택하고 있다. 전국적으로 모든 자치단체가 동일한
조직구조를 갖추고 있어 획일적이다. 특별자치단체인 교육자치도 마찬가지로 기
관대립형이다. 교육감과 교육위원을 각각 선출하여 양자를 견제와 균형의 원리를
유지하도록 하는 제도적 취지를 가지고 있다.

(1) 단 체 장

단체장은 지방선거에서 선출되는 광역시장, 도지사, 시장, 군수, 구청장, 그리고 교육감을 의미한다. 지방자치단체장은 임기 4년의 정무직 공무원의 신분이다. 단체장이 연임에 성공하면 최대 3기에 한하여 연속하여 재임할 수 있다. 이들은 지방정부 대표로서의 지위, 집행기관장으로서의 지위, 국가의 일선 지방행정기관 장으로서의 지위, 정치지도자로서의 지위를 갖는다(김병준, 2016: 507-509).

한편, 지방자치단체장은 의회의 조례제정권이나 예산심의권에 구속된다. 그러나 의회운영에 있어서 임시회의 소집요구, 지방의회의 의결과 관련하여 발의권과 재의요구권, 선결처분권 등의 권한을 가진다. 이 외에도 각종 지방 사무에 대한 집행권과 규칙제정권, 임면권 및 지휘·감독권 등의 권한을 갖는다.

한국은 대부분의 지방 정책 결정 과정에서 지방자치단체장이 강력한 권한을 갖는 것이 보통이다. 독임제(獨任制) 행정관청 제도의 행정문화를 가지고 있기 때문이다(조석준·임도빈, 2016). 주요 정책 결정마다 시장의 리더십에 의해 이루어지는 경우가 대다수이다.

(2) 지방의회

지방의회는 기초자치단체의 경우, 읍·면·동 구역을, 그리고 광역자치단체의 경우 시·군구역을 선거구단위로 하여 선출된 지방의원들로 구성된다. 교육위원은 기초자치단체를 단위로 선출된다. 지방의회는 지방자치법 제66조 제 1항에서 규정한 대로 발의권을 가지며, 아울러 지방자치법 제39조 제 1항의 의결권을 갖는다. 예산승인, 결산승인, 행정감사 등 국회가 중앙정부에 대하여 갖는 권한을 지방 수준에서 거의 그대로 가지고 있다. 지방자치제도가 시행될 때 지방의회의 의원은 무보수 명예직으로, 수당을 지급하는 형태였으나 2006년부터는 전문성과 책임성을 높인다는 취지에서 지방의원 유급제가 등장하였다.

3. 단체장 – 의회 간의 관계

지방의회와 단체장과의 관계는 의회의 다수를 차지하는 정당에 따라 다르다. 일반적으로 견제와 균형보다는 상호공생의 관계에 있는 경우가 많다. 겉으로는 견제를 하는 것 같지만, 실제로는 양자가 서로 상대방의 협조가 필요하기 때문이다. 실제로는 단체장의 월등한 집행권 때문에 의원들이 단체장에게 협조하는 관계가 형성되기도 한다. 즉, 양자는 이론적으로는 평등한 관계이어야 하지만, 실제로는 계서제적이라고 해도 과언이 아니다.

의회에서의 토론의 유형도 다양하다. 의원들의 질의 내용도 다르고, 이에 대한 관료들의 대응도 다르다. 의원들은 자신의 존재를 과시하려 하고, 관료들은 원안을 지켜 통과시키려고 한다. 의원들의 질의 유형을 각각 설명하면 다음과 같다 (임도빈, 2004: 126-128).

첫째, 전통적 통제형이다. 예산안의 낭비와 오류를 통제하려 하고 관료들에게는 예산을 절감하거나 삭감하기를 요구한다.

둘째, 정치가적 조정가형이다. 의원의 권위를 전제하여 형평성이나 상호이해 조정 등을 강조하고, 의원들과 관료들 간 갈등을 조정하려 한다.

셋째, 지역구 대변가형이다. 국가 전체의 이익 보다는 지역구의 이해관계를 우선시한다. 발언 시에는 주민의견을 강조하는 경향이 있다.

넷째, 경쟁적 기업가형이다. 성과위주, 효율성과 효과성 위주의 사고를 가진 의원 유형이다. 따라서 주로 목표의 적절성 여부, 산출의 효율성 관련 질의를 한다.

이에 대하여 관료들은 상황에 따라 조절하여 답변을 한다. 관료들의 답변 유형은 다음과 같다.

첫째, 적극형이다. 질의에 대해 상세한 설명이나 반박을 통해 적극적으로 답변한다.

둘째, 한계형이다. 적극적인 의사 표명 대신에 회피하거나 유보하는 답변을 한다. 그 예로는 '고려해보겠다', '노력하겠다' 등의 답변이 있다.

셋째, 소극형 답변유형이다. 의원들이 잘못을 지적하면 이를 시인하고, 질의에 대해 수긍하는 태도를 보인다.

상술한 의원의 네 가지 질의 유형에 대한 관료의 세 가지 답변 유형에는 일정한 상호작용 패턴이 나타난다. 전통적 행정부 통제형 질의에 대해 관료들은 적극형으로 답변하는 경향이 있다. 반면 정치가적 조정가형의 질문에 대해서는 한계형으로 대응한다. 또한 지역구의 이해관계에 중점을 두는 의원의 질의를 받을 때에 관료들은 영향력을 유보하거나 수긍하고, 경쟁적 기업가형의 질문에는 소극적인 답변을 하는 경향이 있다. 대체적으로 의원들에 비해 관료들이 가진 정보가 많기 때문에 질의에 적절히 대응하되 원안을 통과시키려는 노력을 한다.

Ⅲ. 자치권의 내용

권력분립의 원리에 의하면, 한 정부는 입법, 행정, 사법의 3권이 있어야 한다. 조직론적으로 보면, 입법은 지방의회, 행정은 단체장, 사법은 지방재판소가 있어야 한다. 자치정부로부터 시작하여 연방정부를 구성한 미국에는 이들 3권을 담당하는 조직이 모두 있다. 지방정부의 하나로서 지방재판소도 있고, 교도소도 있다. 그러나 우리나라는 사법은 완전히 중앙정부에서 담당하고 있다. 따라서 입법권과 행정권이 자치권의 주가 된다. 자치단체가 '실제로 어느정도 권한을 행사할 수 있는가'가 자치권의 주요 쟁점이다. 우리나라의 자치권에 대해서 입법, 조직, 행정, 재정에 관한 권한을 중심으로 서술해보면 다음과 같다.

(1) 자치입법권

자치입법권은 지방의회가 조례를 제정함으로써 행사된다. 헌법과 지방자치법에서는 자치입법권을 "법령의 범위 안에서"라고 명시하고 있어 지방자치단체의 조례 제정에 제약을 두고 있다. 즉, 법단계설에 의해, 법규정이 없는 것은 조례로 제정할 수 없다. 예컨대 1991년 청주시의회의 행정정보공개조례 제정 당시, 근거 법률이 존재하지 않아 대법원까지 간 끝에 추진이 결정된 바 있다.

(2) 자치조직권

지방자치단체장은 법률이 정하는 바에 따라 대통령령이 정하는 범위 안에서 부단체장 이하의 임명 및 기구 설치에 관한 권한을 가지고 있다. 그러나 완전히 자율성이 주어진 것이 아니고 중앙정부에서 정한 지침이나 기준을 벗어나지 않는 범위 안에서 자치조직권을 행사할 수 있다.

자치조직권을 중앙정부가 통제하는 이유는 4년 동안 재임하는 단체장이 책임성을 갖고 작고 효율적인 조직을 운영할 것인가에 대한 우려 때문이다. 중앙정부와 마찬가지로 지방자치단체도 방만하게 운영되는 경향이 있기 때문이다.

현재 2007년에 전면 도입된 총액인건비제도를 통해 자치조직권의 범위가 약간 넓다. 지방자치단체장은 총액인건비 한도 내에서 조례로써 기구를 구성하고 정원을 산정할 수 있게 되었다.

총액인건비제도
행정기관의 총예산 중 인건비총액에 지출할 수 있는 한도액을 정한 후, 그 범위 내에서 인력의 활용을 자율적으로 하는 것

(3) 자치재정권

지방자치단체의 자치재정권은 기본적으로 지방자치법 제135조를 통해서 부

여받고 있다.[3] 하지만 조세법률주의에 따라 조례에 의한 세목의 신설은 허용되지 않고 있다.

자치재정권을 나타내는 척도 중에 하나는 재정자립도이다. 재정자립도는 지방자치단체의 총 재정소요액에 비한 자체수입을 의미한다. 재정자립도가 낮은 자치단체에게는 중앙정부가 보충해 주는 다양한 제도가 있다.

재정권은 중앙정부의 통제를 받는다. 예컨대, 일정 규모 이상의 투자 사업에서는 행정안전부의 심사를 통해 타당성을 입증받아야 한다. 또한 행정안전부에서는 지방재정분석을 통해 지방자치단체의 재정운영을 평가하고, 확인하며, 통제하고 있다.

지방의 입장에서는 할 일은 많은 반면 재원이 없다는 것이 항상 문제이다. 따라서 여러 가지 경영기법들이 도입되고 있다. 민간의 돈이나 기술을 활용하는 방법이 대표적이다. 중앙정부에서 사용하는 BTL(Build-Transfer-Lease)이나 BTO(Build-Transfer-Operate) 기법이 지방에서도 사용되고 있다.

문제는 재원이 부족한 지방자치단체를 구할 근본적인 요술방망이는 없다는 데 있다. 민간사업자들이 손해를 감수하고 전철, 시설 등에 투자할 이유는 없기 때문이다. 이 제도는 그 자치단체의 미래의 재정수입을 민간기업에 저당잡히는 것이다. 즉, 시간(time)을 주요 변수로 하는 위험투자라고 봐야한다. 단기간 재임하는 단체장의 이해와 20-30년의 사용료 수입으로 수익을 확보하려는 민간업자들의 이해가 맞아서 계속 무모한 사업을 벌이는 경우, 이들에게 장기적인 책임성을 어떻게 확보하느냐가 과제로 남아있다.

중앙정부는 지방에 자치재정권을 부여하면서 동시에 이들의 책임성을 어떻게 확보할 수 있는지 방안을 강구하고 있다. 지방재정상태가 위험할 때 이를 경고하는 제도나 파산을 선언하는 것이 그 예이다. 지역발전을 위하는 진정한 기업가적 지도자와 인기영합주의자로 지역의 장래를 파탄에 빠뜨릴 위험인물을 구분하는 것이 과제이다(임도빈 외, 2016).

Ⅳ. 자치행정의 실현방법

행정적 측면에서 중앙정부와 지방자치단체는 거의 상시적으로 연동된 긴밀한 시간관계를 가지고 있다. 물론 주요 정책은 중앙에서 결정하고 지방이 집행하

BTL
사회기반시설의 준공(Build)과 동시에 당해 시설의 소유권이 국가 또는 지방자치단체에 귀속(Transfer)되며, 사업시행자에게 일정기간 동안 그 시설 관리운영권을 임차(Lease)하여 주는 방식으로 수익을 보전하는 방식

BTO
사회기반시설의 준공(Build)과 동시에 당해시설의 소유권이 국가 또는 지방자치단체에 귀속(Transfer)되며 사업시행자에게 일정기간의 시설관리운영권(Operate)을 인정하는 제도

---

3 [지방자치법 제135조] 지방자치단체는 법률로 정하는 바에 따라 지방세를 부과·징수할 수 있다.

는 경우가 많으므로 중앙과 지방 간에는 어느 정도의 시차가 존재한다. 즉, 중앙이 먼저하고, 지방이 이에 맞추는 선후관계가 일반적이다.

1. 중앙 – 지방사무배분의 기준

지나친 중앙집권의 폐해를 경험하고 있는 우리나라로서는 어떻게 하면 중앙정부의 기능을 지방으로 이양하느냐가 지방자치 실현의 관건이 된다. 어떤 업무를 중앙정부와 지방자치단체 중 어디가 할 것인가는 일종의 제로섬 게임이기 때문이다. 현재 자치단체가 처리하는 사무는 위임사무와 자치사무 두 가지가 있다. 주민등록, 병역, 여권 등 국가(즉, 중앙정부)의 사무를 위임받아 하는 부분이 위임사무이고, 자치단체가 스스로 알아서 하는 것이 자치사무이다(〈그림 8-1〉 참조). 중앙정부의 입장에서는 국가사무를 특별지방행정기관을 통해서 직접 처리하는 경우도 있지만, 지방자치단체에 위임하여 처리하게 할 수 있다. 일반국민(주민)에게 제공되는 보편적 공공서비스의 경우, 지방자치단체를 활용하는 경향이 크다.

예컨대 지방자치단체는 복지서비스와 같은 국가사무를 위임 받아서 처리하는 경우가 많이 있다. 기초자치단체 소속의 읍면동사무소에 사회복지직 공무원들이 별도로 있어서 이를 전담한다. 이 경우 재원이 국가에서 나올 뿐더러 중앙정부는 지방자치단체에 세심한 지침을 내려주기 때문에 자치단체의 재량의 여지가 적다. 따라서 지방자치 활성화를 위해서는 가급적 많은 국가사무나 위임사무를 자치사무로 이양해야 한다는 주장이 있다.

우리나라의 사무배분의 방식은 ‘포괄적 예시주의’와 ‘특례주의’, 이 두 가지로

그림 8-1 | 사무처리의 주체

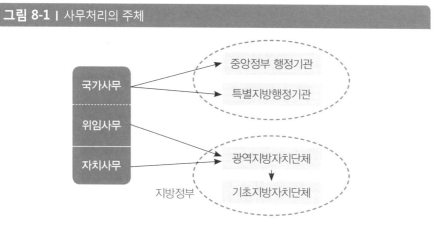

이루어져 있다.

먼저 포괄적 예시주의란, 포괄적 배분방식의 큰 틀은 그대로 유지하면서 지방자치단체가 수행 가능한 사무에 대해서 예시하는 방식을 의미한다. 지방자치법 제9조 제1항 및 제2항에서 지방자치단체가 관할구역의 사무를 처리한다는 내용과 함께 관련 사무를 예시하고 있다.

다음으로 포괄적 예시주의를 기본 틀로 가지고 있으면서, 광역자치단체와 기초자치단체 간의 사무배분에 있어서는 일부 '특례주의'를 채택하고 있다. 이러한 특례는 크게 '자치구에 대한 특례'와 '인구 50만 명 이상의 도시에 대한 특례'로 나누어진다.

2. 바람직한 사무배분

지방은 국가사무를 자치사무로 바꾸어야 지방의 자치권이 증대한다고 생각하는 경향이 있다. 반대로 중앙정부는 현재의 기능배분 상태를 고수하거나 강화하려고 한다. 이 제로섬게임에 대해 정답은 없다. 추상적 수준에서, '그 사무의 특성상 어느 수준에서 처리하는 것이 가장 적합한가'라는 기준에서 봐야한다는 처방이 가능할 뿐이다. 그러나 법률의 규정내용을 적극적으로 해석한다면, 바람직한 사무배분의 원칙에 대해서 크게 효율성의 원칙, 포괄적 책임성의 원칙, 충분재정의 원칙을 들 수 있다(김병준, 2013: 380).

첫째, 효율성의 원칙이다. 중앙정부와 지방정부가 사무를 배분함에 있어서 효율성을 중시해야 함을 강조하는 원칙이다. 이에 대한 내용은 「지방분권 및 지방행정체제개편에 관한 특별법」 제9조에서 언급한 사무배분의 원칙 중 제2항에서 간접적으로 확인할 수 있다. 여기에는 하위계층이 상위계층보다 더 효율적으로 사무를 처리할 수 있다는 전제가 깔려있다. 즉, 지역생활과 밀접한 사무는 원칙적으로 하위 자치단체가 처리하게 하고, 이 원칙을 지키기 어려울 때만 '보조적으로' 상급정부가 처리한다는 '보조성의 원칙'이 있다.

보조성의 원칙
주민과 가장 가까운 자치단체가 자치사무를 처리토록 하고, 상위정부는 보조하는 역할을 해야 한다는 원칙

둘째, 포괄적 책임성의 원칙은 「지방분권 및 지방행정체제개편에 관한 특별법」 제9조 제3항에서 언급하고 있는 바와 같이, "국가가 지방자치단체에 사무를 배분하거나 지방자치단체가 사무를 다른 지방자치단체에 재배분하는 때에는 사무를 배분 또는 재배분 받는 지방자치단체가 그 사무를 자기의 책임 하에 종합적으로 처리할 수 있도록 관련 사무를 포괄적으로 배분하여야 한다"는 것을 의미한다.

이는 배분되는 사무를 여러 책임 주체가 나눠서 책임을 지는 일이 없도록 하

기 위해 나온 원칙으로, 지방자치단체가 하나의 사무를 온전하게 책임지고 처리할 수 있도록 하기 위함이다. 덧붙여, 이 원칙은 지방정부가 본연의 사무를 처리함에 있어 중앙정부의 불필요한 간섭을 줄이고, 행정책임을 명확히 설정하기 위해 나온 원칙이라 할 수 있다.

셋째, 충분재정의 원칙은 지방자치단체에게 충분한 수단을 주자는 원칙이다. 「지방분권 및 지방행정체제개편에 관한 특별법」 제11조 제 3 항을 보면, "국가는 지방자치단체에 이양한 사무가 원활히 처리될 수 있도록 행정적·재정적 지원을 병행하여야 한다"고 규정하고 있다. 덧붙여, 지방자치단체 우선의 원칙은 동법 제11조 제 1 항의 "그 권한 및 사무를 적극적으로 지방자치단체에 이양하여야 하며"를 통해 간접적으로 이해할 수 있다.

이 원칙은 사무를 더 가져오는 것보다는 이를 실현시킬 수 있는 수단이 중요하다는 측면에서 주목할 만하다. 자치재정권 확대를 주장하는 것도 이러한 맥락에서 이해할 수 있다. 선진국에서는 이 원칙이 중시되어 지방이 무조건 사무를 더 많이 가져오려고 하지는 않는다. 예컨대, 일본의 경우, 자치단체가 돈이 많이 드는 기능은 오히려 중앙정부로 이양하려는 움직임이 있다.

3. 지방행정의 혁신성

지방자치가 실현되면 중앙집권을 할 때에 비교하여 행정혁신이 일어날 가능성이 높다. 첫째, 우선 규모가 작기 때문에 자체적으로 파일럿(pilot) 제도를 실시하는 데 어려움이 적다. 청주시에서 시작한 행정정보공개제도나 울산시의 주민참여예산제는 외국제도를 중앙보다 지방자치단체가 먼저 도입하여 성공한 사례이다. 또한 지방자치단체들은 지리적으로 국한된 구역 내에서 서비스를 제공하기 때문에 상하수도, 쓰레기 수거, 버스와 같은 대중교통 서비스 등 행정 서비스 혁신 경쟁도 치열할 수 밖에 없다. 서울시 버스 중앙차로제, 도시세관개선사업이 그 예이다.

둘째, 고질적 행정관행과 절차를 극복하는 일, 즉 정책 부분에서 설명한 일선관료들의 역기능적 병폐를 드러내는 일이 지방 규모에서 더 쉽게 이루어진다. 중앙정부가 정책 형성 및 결정을 주로 담당한다면, 정책 집행은 지방자치단체가 담당하는 일종의 수직적 분업관계가 제도화되어있기 때문이다. 앞서 논의한 행정서비스의 경우에도 생산이나 공급방법에 대해서 다양한 아이디어가 적용될 수 있다. 예컨대, 서울시가 소유한 보라매병원의 운영을 서울대에 위탁운영하게 함으로써 주민들이 질 좋은 의료서비스를 받도록 하는 것이다.

셋째, 지방자치단체는 또한 지역 경제를 활성화하기 위한 아이디어를 적극적으로 생각해낼 동기가 있다. 영월군 주사의 사례(윤견수, 2001: 143-160), 청보리밭 축제(임도빈 외, 2013), 순천시의 갯벌보존 및 정원박람회 등이 지역 경제를 띄운 축제의 성공 사례들이다.

종합해보면 지방정부의 혁신성의 중심에는 지방자치단체간의 경쟁심이 있다. 민주성과 효율성을 겸비하여 주민들에게 더 좋은 서비스를 제공하려 하는 지방정부간의 경쟁은 지방자치옹호론의 핵심적인 근거이다. 이미 미국에서 Tiebout은 주민들이 자신이 부담하는 세금과 지방정부에서 제공하는 복지 서비스를 비교하여 거주지를 이동한다는 가설을 주장하였다. 지방자치단체의 경쟁의 결과를 이동인구로 알 수 있다는 것이다.

예컨대 중앙정부가 정책형성 및 정책결정을 주로 담당한다면, 정책집행은 지방자치단체가 담당하는 일종의 수직적 분업관계가 제도화되어 있기 때문이다.

4. 새로운 중앙통제방법

지방자치 실시 이후, 지방의 자치권을 신장시키는 개혁은 꾸준히 추진되어 왔다. 거꾸로 보면, 중앙정부의 지방에 대한 통제권은 점점 감소되어 왔다고 볼 수 있다. 즉, 법적, 제도적 통제권은 약화되고 지방의 자율성을 성장시켜왔다. 그러나 역설적으로 '돈'에 의한 통제는 더 정교화되고 있다.

국가, 즉 중앙정부가 특정 정책을 추진하기 위해서 지방자치단체에게 재원을 공동부담(co-finance)케 하는 방법이 최근 들어 늘고 있다. 지방자치제 실시 이후 지방자치단체가 중앙정부의 통제에 과거와 같이 순응하지 않기 때문에, 간접적인 협조를 얻어 방법을 사용하는 것이다.

과거에는 전국에 획일적으로 지시했다면, 이제는 모든 지방자치단체에게 어떤 종류의 정책을 공고하고 응모케 한 후 이들 중 심사하여 선별하는 방법이다. 재원의 부담은 50:50으로 하는 방법도 있고, 어떤 조건을 충족시키면 일정한 액수를 지원하겠다는 방식으로 하기도 한다. 이를 국고보조금 사업이라고 총칭한다.

국고보조금 사업은 지방으로서는 매우 중요하다. 즉, 약 60조원으로 중앙정부 예산의 약 4.4%에 불과하지만, 지방자치단체의 총 예산의 약 36%나 될 정도로 큰 비중을 차지한다. 중앙정부의 각 부처는 사업의 목적을 세분화하고, 집행후, 평가까지 세밀하게 함으로써 관료제적 업무를 증진시키고 권력을 행사한다. 즉, 중

표 8-4 | 국고보조금의 규모와 보조사업 추이(2012-2016)

(단위: 조원)

	2012	2013	2014	2015	2016	연평균 증가율
• 국고보조금 규모(조원)	46.5	50.5	52.5	58.3	60.3	6.8%
– 자치단체보조	34.2	37.8	40.0	45.1	46.0	7.8%
– 민간보조	12.3	12.7	12.5	13.2	14.3	3.9%
• 보조사업 수(개)	2,035	2,080	2,031	2,055	1,986	-0.6%
• 정부 총지출(조원)	325.4	349.2	355.8	375.4	386.4	4.4%

출처: 서정섭(2017: 7).

앙집권을 유지하는 수단이면서, 자치단체에게는 자율성을 해치는 요인인 것이다.

더욱 주목할 점은 이러한 정책집행방법이 해가 갈 수록 더욱 심화된다는 점이다. 중앙부처는 부처이기주의로서 새로운 사업을 경쟁적으로 늘려가는 경향이 있고, 지방자치단체는 이를 쉬운 돈(easy money)로 보고 무조건 많이 얻고 쓰려는 도덕적 해이가 있다. 표에서 볼 수 있는바와 같이 연평균 증가율이 약 8%이고, 2,000개에 가까운 사업이 있다.

 지방정치와 주민참여

I. 주민참여의 양면성

중앙으로부터 자율성 확보가 지방자치실시의 필요조건이라면, 주민참여는 지방자치의 실질적 실시를 위한 충분조건이라고 할 수 있다. 지방자치가 실시된 이후, 우리는 전자인 필요조건에만 많은 논의가 이루어져 왔다. 그러나 지방자치의 핵심은 직접민주주의에 있다. 직접민주주의는 주민의 참여가 없이는 불가능하다.

주민참여의 대표적 순기능으로는 대의정치(즉, 간접민주주의)의 한계를 보완해주는 것이다. 특히 생활밀착형 지역 정책에 관하여 직접민주주의를 실현할 수 있다. 일방적 정책의 시행보다는 주민의 참여를 통해 정책순응을 확보할 수 있다는 장점이 있으며, 주민들에게 주인의식과 지역정체성을 심어줄 수 있다는 점도 지방자치에 있어서 주민참여의 긍정적 효과라고 할 수 있다.

그러나 주민참여가 긍정적인 면만 가지고 있는 것은 아니다. 먼저 주민참여에 있어서 대표성 문제가 나타날 수 있다. 이는 전체 주민의 이익을 반영하는 것이 아니라 지역 내의 특정 계층이나 소수 참여자의 이득을 반영하는 경우에 발생한다. 또한 주민참여가 활성화되면, 그에 따른 비용 문제와 더불어 정책과정상 비효율성이 발생할 가능성도 높다. 주민들 간에 합의가 제대로 이루어지지 않는다면, 갈등만 남고 정책 결정은 이루어지지 않는 경우가 나타나기도 한다.

실제로는 지방의회보다는 단체장에게 권한이 집중되고, 이러한 관계에서 단체장의 의지는 주로 해당 집행부 공무원에 의하여 좌우된다. 과거의 지방관료들은 중앙의 눈치를 주로 살폈지만, 이제는 지방정치의 장에서 중심적 역할을 수행한다. 지방관료, 일부 시민단체 대표 및 지방 매스미디어로 인한 '신(新) 철의 삼각관계'가 성립하기도 한다(임도빈, 2004). 중앙과 지방의 이런 고질적 특성으로 인해 대다수 주민의 참여로 이뤄져야 할 지방자치에 거꾸로 특정 계층의 이해관계가 반영되는 문제도 발생가능하다(김병준, 2013: 620-621).

Ⅱ. 주민의 직접참여제도

지방에서 중요한 공공적인 문제에 주민이 참여하는 방법은 중앙정부에 관한 것과 유사하다. 이런 제도는 중앙에서는 비교적 성사되기가 어려운 반면, 지방의 경우 보다 용이한 면을 가지고 있다. 주권자로서 지방자치 공직자에게 실질적으로 영향력을 미칠 수 있다는 점에서 정치적 효능감(political efficacy)을 제고하는 제도이다.

1. 주민투표

주민투표제
지역의 중요한 정책문제에 대해 주민들에게 1인 1표의 투표를 하게 하는 방식으로 직접 의견을 묻는 제도이다.

2004년 제정된 주민투표법[4]에 의해 도입된 제도이다. 이 법은 중앙정부와 지방자치단체장은 국가정책의 수립에 관하여 필요하다고 인정되는 경우나 주민에게 중대한 영향을 미치는 사안에 대해 주민투표를 시행할 수 있도록 하고 있다. 지역

---

4 [주민투표법 제 7 조 제 1 항] 주민에게 과도한 부담을 주거나 중대한 영향을 미치는 지방자치단체의 주요결정사항으로서 그 지방자치단체의 조례로 정하는 사항은 주민투표에 부칠 수 있다.

주민들 간 갈등이 발생할 수 있는 사안, 즉 혐오 및 기피시설(NIMBY)의 설치나 행정구역 개편 등과 같이 민감한 사안에 의해 나타날 수 있는 갈등을 최소화하는 데 기여할 수 있다는 점에서 그 중요성이 높아져 가고 있다.

실제 예로는 2005년에는 제주도에서 시·군자치폐지안을 놓고 주민투표를 벌인 결과, 기준치인 3분의 1을 넘겨 시·군자치의 폐지가 확정 시행되었다(김병준, 2009: 623). 2011년 서울시 초·중등학교 무상급식 여부에 대해 주민투표를 한 결과, 33.3%의 투표참가율 요건을 충족시키지 못하여 개표도 하지 못했다.

2. 주민소송

주민소송제도는 2006년부터 시행된 제도이다. 민선자치제가 시행된 이후 지방자치단체장의 예산 낭비나 재정 관련 업무에 있어서 문제가 되는 부분에 대하여, 일단 감사청구를 해야 한다. 그 감사청구가 만족스럽지 않은 경우, 법원에 소를 제기하는 특수한 행정소송이다. 지방자치단체의 재정 운용에 대한 자율적 통제나 지방의회에 의한 통제가 가지는 내생적 한계를 극복하기 위해 주민이 직접 통제권을 행사할 수 있다는 의미가 있다.

> 주민소송제
> 법률이 정한 일정 수의 주민이 지방자치단체를 대상으로 법원에 소송을 제기하는 제도

모든 국민은 자신의 권리가 침해되었다고 생각하면 언제나 소송을 제기할 수 있다. 이런 의미에서 사법부는 특정 계층의 사람들만을 위해 존재하는 것이 아니고 모든 사람을 보호하기 위해 존재한다. 문제는 주민이 소송에서 피해의 정도를 파악하는 것이나 지방자치단체의 잘못이라는 인과관계를 밝히는 것이 쉽지 않을 것이다.

3. 주민소환

선출직 공무원은 원래 법이 부여하는 기간동안 재임이 보장된다. 그런데 임기 4년의 단체장이 극히 제대로 임무를 수행하지 못할 때에도 임기가 끝날 때까지 기다려야 하느냐의 문제가 생긴다. 선출직의 경우 합법적으로 공직자를 강제로 자리에서 물러나게 할 수 있는 제도가 필요하다. 이것이 주민소환제도이고, 중앙정부의 탄핵 정도에 해당한다고 할 수 있다.

> 주민소환제
> 임기 중이라도 일정한 요건과 절차를 충족시키면 직무에서 물러나게 할 수 있는 제도

2006년 「주민소환에 관한 법률」이 제정되면서 도입된 주민소환제는 "지방자치에 관한 주민의 직접참여를 확대하고 지방행정의 민주성과 책임성을 제고함"을 목적으로 하고 있다. 선출된 지방자치단체장과 지방의원이 지방정부와 지역주

민들에 대한 높은 책임성을 갖도록 하기 위해서 도입되었다. 하지만 역으로 선출직 공무원들인 이들에 대한 직무 불안정성을 높일 수 있고, 이를 정치적으로 악용할 여지가 있다는 단점이 있다.

지금까지는 주민소환제도가 실제로 작동하여 선출직을 주민의 힘으로 물러나게 한 사례가 없다. 지난 10년간 84건의 주민소환 시도가 있었고, 그중 8건에 대하여 주민투표가 실시되었다. 단체장에 대한 주민투표는 투표참가율 3분의 1 요건을 충족시키지 못해 모두 무산되었다.

4. 주민참여예산

주민참여예산제
주민이나 주민대
표, 또는 주민들
의 이익을 반영
하는 관련 전문가
등이 자치단체의
예산과정에 직접
관여하는 제도

원래 브라질의 포르토알레그로 시에서 시작한 것을 우리나라 울산시에서 처음 도입한 바 있다. 참여 범위에 있어서 광의의 경우에는 예산 전 과정에 주민이 참여하는 방식이지만, 협의의 경우에는 편성 단계에 한하여 참여하는 방식이라고 할 수 있다(곽채기, 2005: 16).

2011년 3월에는 「지방재정법」을 개정하여 지방정부의 예산편성에 있어서의 주민참여를 의무사항으로 규정하였다.[5] 즉, 하나의 지방에서 시작한 개혁이 중앙정부를 통하여 전국에 확산된 사례이다. 현재 많은 지방정부에서 주민참여예산제도 운영조례를 제정하여 다양한 형태로 운영하고 있다.

이 제도는 지역주민들이 직접 예산과정에 참여하여 통제 권한을 행사할 수 있고, 자신들이 선호하는 정책에 예산을 반영할 수 있는 등 수요자 친화적인 제도라는 점에서 긍정적이다. 하지만 지역 내부에서 예산 배분을 둘러싼 이기주의적인 갈등이 발생할 수 있으며, 정치적 논리에 따른 자원배분이 이루어질 수 있다는 점은 단점으로 지적된다(김병준, 2013: 629).

특히 지방의회만이 예산안 심의권을 소유한 정당한 기구인데 비하여, 주민의 대표성이 없는 참여예산위원들이 예산을 실질적으로 결정하는 역할을 한다면 법리상에도 문제가 있다. 따라서 대부분의 경우, 전체예산의 일부만을 이 방법을 통하여 편성하고 있다.

---

5 [지방재정법 시행령 제46조 제 1 항] 법 제39조의 규정에 의한 지방예산 편성과정에 주민이 참여할 수 있는 방법은 다음 각 호와 같다.
  1. 주요사업에 대한 공청회 또는 간담회
  2. 주요사업에 대한 서면 또는 인터넷 설문조사
  3. 사업공모
  4. 그 밖에 주민의견 수렴에 적합하다고 인정하여 조례로 정하는 방법

나가수 방식의 주민참여예산제

서울특별시는 주민참여예산제도를 운영하면서 실링제와 사업박람회가 결합된 '나가수 방식'의 투표를 통해 주민제안사업을 확정하고 있다. 서울특별시의 '나가수 방식'의 투표로 사업의 우선순위가 결정되는 절차는 다음과 같다. 시민이 직접 제안한 사업은 제안사업의 위치를 기준으로 25개 자치구로 분류하여 서울특별시 주민참여예산위원회가 해당 자치구 주민참여예산위원회(지역회의)에 심사의뢰를 하면 자치구 주민참여예산위원회는 30억원 한도 내에서 사업을 선정한다. 그리고 자치구 주민참여예산위원회가 제안한 사업은 자치구 주민참여예산위원회가 30억원 한도 내에서 사업을 선정한다. 그 후 소관 분과위원회에서는 해당 분과위원회에 설정된 실링의 한도 내에서 30% 이상을 득표한 사업을 총회 상정사업으로 선정한다. 마지막으로 총회(참여예산 한마당[6])에서 위원별로 총회상정사업수의 30%에 해당되는 투표권을 부여하고, 1개 사업당 1표씩을 행사하는 '나가수 방식'의 투표를 실시하여 최종 사업으로 확정한다.[7]

표 8-5 | 2014년도 서울특별시 주민참여예산제도 운영체계

시민 직접 제안	자치구 주민참여예산위원회 사업 제안
⇩	⇩
25개 지역회의 사업심사 (30억원 한도내 사업 선정)	25개 지역회의 사업 선정 (30억원 한도내)

분과위원회 심사·사업 선정
(분과위원회 실링 범위 내 30% 이상 득표 사업

⇩

총회(참여예산 한마당 개최)
("나가수" 투표방법으로 최종 500억원 규모 사업 선정)

출처: 서울특별시청(2014) 내부자료 참조 후 수정.

출처: 김찬동(2014).

---

6 참여예산 한마당은 지역회의와 분과위원회를 거쳐 올라온 사업을 제안한 시민들이 250명의 서울특별시 주민참여예산위원들을 대상으로 사업의 필요성과 효과성에 대해 적극적으로 호소할 수 있는 박람회식의 사업설명회로 각 위원은 순위결정대상 사업수의 30%에 상당하는 투표권(스티커)을 부여받고, 1개 사업당 1개의 투표권을 행사한다.
7 2012년 9월 1일에 개최된 '참여예산 한마당'에서 132개 사업, 총 499억원 규모의 시민제안 사업이 결정되었다.

Ⅲ. 바람직한 주민참여

지방자치의 충분조건으로 주민참여를 확대하는 방안이 여러 가지로 고안되고 있으며, 행정의 방법이나 참여의 방법도 다양해 졌다. Arnstein은 참여의 영향력을 기준으로 하여 8가지 형태로 나누어 구분하고 있다. 여기에는 조종(Manipulation), 교정(Therapy), 정보제공(Informing), 의견수렴(Consultation), 친화(Placation), 파트너십(Partnership), 권한위임(Delegated Power), 시민통제(Citizen Control)가 있다. 한국지방행정연구원(2006)은 정책과정에 따라 주민 참여 유형을 아래의 표와 같이 정리하고 있다.

지방자치실시를 계기로 단체장이나 지방의원들에게 모든 권한이 독점되고,

표 8-6 ㅣ 정책과정에 따른 주민 참여 유형

	정보 제공		협의	능동적 참여
	정부 → 주민	주민 → 정부		
의제 설정		• 인터넷 민원실 • 게시판	• 주민참여예산제도 • 정책설문조사 • 사이버정책토론방 • 여론조사	• 주민감사청구제 • 주민제안제도 • 인터넷주민참여 • 명예기자제 • 주민아이디어모집
정책 형성	• 주민설명회 • 주민참관확대 간부회의 • 결재문서공개방	• 정책토론방 • 사이버토론광장	• 정책자문단(위원회) • 온라인정책토론 • 각종 위원회 • 설명회	• 공청회 • 인터넷 공청회 • 심의위원회 • 주민투표제도

정책 집행	• 행정정보공개
	• 인터넷
	  법률상담실
	• 시정운영
	  상황공개
	• 메일링문자서비스
		• 부조리신고제
		• 인터넷 의견 수렴
		• 신문고제
		• 모니터제
		• 직소민원창구
		• 이동민원실
			• 모니터제
			• 1일명예공무원제
			• 정책자문위원회
			• 운영위원회
				• 민간자원봉사자
				• 명예감시원제

정책 평가	• 평가 결과 공개
	• 감사 결과 공개
		• 행정서비스
		  시민만족도조사
		• 민원행정 개선
		  설문조사
		• 전화친절도 평가
			• 정책모니터링제도
			• 사이버 모니터
				• 정책평가단
				• 시민감사원제
				• 행정서비스
				  품질평가제
				• 옴부즈만
				• 시민고충처리관제

출처: 한국지방행정연구원(2006: 55).

정치화되는 것은 바람직하지 않다. 중앙에서 발생하는 간접민주주의의 병폐가 그대로 지방에서 나타나게 하는 것도 바람직하지 못하다. 일부 주민들은 지방의 문제를 중앙정치와 연계시키고, 여론호도용으로 악용하기도 한다. 모두 지방자치의 목적을 벗어나는 현상들이다.

지방자치는 일정 지역의 주민들이 '자기 구역에 관련된 공공의 문제'를 스스로 해결하는 것이지, 지역의 문제를 중앙의 문제와 연계시켜 투쟁하는 것이 목적은 아니다. 지방의 문제는 중앙의 문제에 비하여 상대적으로 주민생활과 직결되는 실질적인 문제들이다. 따라서 특정 정당이념과 연결되어 정치화되는 것보다는 '생활'에 초점이 맞춰져야 한다. 앞서 설명한 주민소환제 등이 중요한 것이 아니다. 이는 주민들의 절대적인 참여 부족에서 나온 문제를 해결하기 위한 보완적인 수단에 불과하다. 스위스에서는 마을 총회와 같은 직접 참여를 기본으로 하여 보완적 주민참여 수단이 발달하였다(안성호, 2017).

지방자치는 중앙집권에 비하여 '주민참여'가 우선시 되어야 한다. 이때 정치적 참여보다는, 자원봉사 등 행정적, 실질적 참여가 더 중요하다. 단지 지리적으로 작은 구역에 국한되었을 뿐, 중앙정치의 갈등구조를 재생산하는 것은 바람직하지 않다. 특히 인기영합주의(포퓰리즘)가 흥행하는 중앙정치의 부작용을 모방하고 재생산하는 경향을 경계해야 한다(임도빈, 2004).

오히려 주민생활의 행복증진이라는 측면에서 획기적인 변화를 가져와, 거꾸로 중앙정치의 병폐를 시정하는 계기를 만드는 것이 더욱 중요하다. 시간활용 면에서 주민의 행복을 증진시키는 방향으로 나아가야 한다(예: 버스중앙차로제 실시, 자전거 도로). 주민들이 팔을 걷어붙이고, 적극적으로 참여할 때 지방자치는 빛을 발하게 될 것이다.

제4절 지역갈등과 협력

I. 지역갈등

1. 지역이기주의

지역감정은 한국 정치를 이해하는데 가장 중요한 변수라고 하겠다(김용철·조영호, 2015). 1990년대 초 지방자치제도 도입이 가능했던 것도 지나친 지역주의(혹은 지역감정) 때문이라고 봐도 과언이 아니다. 중앙정치에서 해소하지 못하는 고질적인 병을 지방자치를 통해 해소해보겠다는 기대가 컸기 때문이다. 영호남 갈등의 지역감정은 오랜 역사적 뿌리를 가지고 있으며, 특히 박정희 정권 18년 동안 이루어진 호남차별론에서 강화되었다고 볼 수 있다. 영호남, 충청, 강원 등 초광역 수준의 지역감정과 더불어, 기초자치단체 수준의 지역이기주의도 심화되고 있다.

민선 지방자치제도가 시작되고, 주민참여가 활성화 되면서 자기 지역에 유리한 방향으로 정책을 이끌어가려는 현상도 나타나기 시작하였다. 지역 간 건전한 경쟁관계를 넘어서 소규모 지역이기주의 양상으로 확대되어 가기도 한다.

서구에서 지역이기주의란 특정지역의 지방정부나 그 지역에 거주하는 지역주민들이 자신들의 지역의 이익을 위해 사회 전체의 공익이나 다른 지역의 지방행정에서 상황은 고려하지 않고 행동하는 것을 말한다. 보통 이러한 지역이기주의는 NIMBY(Not In My Back Yard) 현상과 PIMFY(Please In My Front Yard) 현상으로 나타난다.

NIMBY와 PIMFY
전자는 혐오시설 및 기피시설이 자기 지역에 들어오지 못하게 하는 것을 말하며, 후자는 지역 경제나 지역 환경에 도움이 되는 시설 등을 서로 유치하고자 하는 것을 말한다.

2. 지역갈등유형

지방자치의 실시는 자신의 지역에 관한 공동체적 문제를 스스로 해결하도록 하였고, 그 결과 지방자치단체 간의 갈등도 증폭되었다. 중앙-지방 간 관계뿐만 아니라, 자치단체 간 관계(intergovernmental relation)도 갈등관계로 발달하게 된 것이다. 즉, 지방자치가 지방의 문제를 스스로 해결하기 보다는 오히려 문제를 일으키는 기능을 하게 된 것이다. 물론 갈등을 통해 발전하는 효과도 있기는 하지만, 지나친 갈등은 역기능을 가지고 있는 것이 사실이다. 우리나라의 지방에서 발생하였던 대표적 분쟁사례와 갈등사례를 표로 정리하면 아래와 같다.

표 8-7 ㅣ 지역갈등의 주체별 양태

유형	갈등유형
지역주민과 정부 간의 갈등	• 지역주민과 중앙정부 (예: 부안 방폐장건설을 둘러싼 갈등) • 지역주민과 광역단체 (예: 서울특별시의 서초구 추모공원 설립을 둘러싼 갈등) • 지역주민과 기초단체 (예: 화장장 설치문제를 둘러싼 원주시와 해당 지역주민 대립)
중앙과 지방 간의 갈등	• 중앙정부와 광역단체 (예: LG-필립스 공장 건설문제를 둘러싼 중앙정부와 경기도 갈등 • 중앙정부와 기초단체 (예: 장흥산업단지 문제를 둘러싼 중앙정부와 서천군의 갈등)
지방자치단체 간의 갈등	• 광역단체와 기초단체 (예: 부지사 임명문제를 둘러싼 충청북도와 청주시의 갈등 등) • 광역지방정부와 광역지방정부 (예: 수도권 규제완화와 관련된 수도권과 비수도권 광역정부 갈등) • 기초단체 간 (예: 방폐장 유치활동을 하던 군산시와 이를 반대한 서천군의 갈등)
주민 간의 갈등	• 지역주민 간의 갈등 (예: 한탄강댐 건설문제와 관련한 상류지역 주민과 하류지역 주민의 갈등)

출처: 김병준(2013: 589, 재인용 일부수정).

 ## Ⅱ. 공동체 자치 모델: 새마을 운동

지방자치실시가 그 이전에 비하여 지역갈등을 증폭시키는 결과를 가져온 것은 부인할 수 없다. 지방행정만 존재하였던 중앙집권시대에서 벗어나 '지방정치의 활성화'를 가져왔기 때문인 것이다. 그러나 지방자치가 실시되기 이전에도 모범적인 지방수준의 자치가 있었다. 현재 많은 개발도상국에서 관심을 가지고 있는 새마을 운동이 그 예이다. 관이 아니라, 주민이 자발적으로 주도한 지역개발의 중요한 모델이다.

1. 시대적 맥락

1970년대야말로 농촌의 여러 문제들이 증폭되고 누적된 시기이다. 해방 이후부터 1960년대까지 농업 정책 입안자를 괴롭히던 문제는 첫째, 생산성이 떨어지는 영세농 중심의 농업구조, 둘째, 식량자급을 위한 쌀증산의 필요성 등이었다. 그리고 배고픔에서 벗어나야 한다는 문제가 해결되지 않은 채 1970년대까지 넘어왔다. 또한 공업화와 도시화로 인해 청년들의 이촌향도 현상이 가속화되고 있었다. 농촌 노동력의 부족 및 고령화에 대비해서 농촌의 기계화 문제가 이미 1970년대 후반에 태동하고 있었다.

이를 보면, 각각 60, 70, 80년대에 발생했고, 해결했어야 할 문제들이 모두 동시에 발생하고 있었다. 1970년대에 거점도시 중심의 경제발전 추구로 인한 농촌 인구의 도시유입현상도 발생하였다. 이에 따라 도·농 간의 소득 및 생활수준 격차, 거시경제구조상 1차 산업과 2차 산업 간의 불균등 발전 등의 문제가 새롭게 발생하였다. 이것은 압축적 근대화의 빠른 변화 속도에 기인한다.

거시경제지표에 나타나는 산업 간 불균등 발전과 거점도시 중심의 발전은 박정희 정부가 추구하던 경제개발 방법상 어쩔 수 없었던 문제라고 볼 수 있다. 왜냐하면 농업부문만의 주장으로 '선(先) 공업화 후(後) 농업발전'을 '선(先) 농업발전 후(後) 공업화' 정책으로 바꿀 수는 없기 때문이다.

여기서 관심이 있는 것은 농촌의 저발전문제를 어떻게 해결하느냐의 문제이다. 즉, 경제개발계획의 틀을 유지하면서도 도·농 간의 생활수준 격차해소를 어떻게 하느냐의 문제를 살펴볼 필요가 있다.

2. 새마을 운동의 성과

농촌지역의 낙후된 생활수준을 농민 스스로 개선하려는 노력이 새마을 운동이었다. 포장도로 등 부족한 사회간접자본을 확충시키기 위해 1970년부터 시작된 정부 수준의 농촌개발정책도 뒷받침이 되었다. 새마을 운동이라는 발상은 경상북도 구미, 청도지역에서 시작된 것으로 알려져 있다. 이것이 지역에 국한된 자발적 운동에서 그치지 않고, 중앙정부가 매우 독특한 방법으로 지원했다는 데 성공의 비결이 있다. 새마을 운동은 농촌재건사업 또는 농촌 근대화 사업이라고 할 수 있다.

새마을 운동을 추진하는 방법은 정부(내무부)가 아무 조건 없이 마을당 시멘트 500부대, 철근 1톤을 제공하는 것과 같은 자율성 원칙이었다. 어느 마을은 도로포장을 했고, 어느 마을은 마을회관을 짓는 등 자율적으로 물자를 사용하였다.

마을사람들이 모두 참여하는 진정한 자치가 있었다. 특히, 앞으로도 계속 농촌에서 생활해야 하는 중년층, 부녀자 등 주민들의 참여가 돋보였다(임도빈, 2013). 그 외에도 정부 각 부처가 참여하여 전기(상공부)와 전화(체신부)를 연결하고, 도로 등 사회간접자본을 개선하였다.

결과적으로 1971년부터 1978년까지 건설된 농촌 도로의 총 거리는 85,851㎞이고, 이것은 마을당 2,601m가 건설된 셈이다. 이 당시의 도로 건설은 1980년대 농촌 기계화 정책을 시행할 때 큰 도움이 되었다. 농가소득 역시 고미가(高米價) 정책에 힘입어 1970년도의 824달러에서 73년 1,209달러, 75년 1,804달러, 77년 2,961달러로 70년에 비해 약 3.6배가량 증가하게 되었다.

새마을 운동이 시작되던 1970년 당시 전체 취업인구 중 농촌의 고용률은 60%에 다다랐다. 또한 본격적인 이촌향도 현상이 발생하기 전이라 농촌에 어느 정도 과잉 노동력이 존재하고 있었다. 이런 과잉 노동력의 존재가 새마을 운동으로 투입되어 새마을 운동 성공의 밑거름이 되었으며, 이것은 이촌향도가 본격화되지 않은 1970년대이기 때문에 가능했다.

3. 새마을 운동의 성공요인

새마을 운동은 마을 주민들의 공동체 의식에서 출발한다. 여기에 그동안 가난을 숙명으로 알고 있던 것에서 깨어나 '할 수 있다'는 자신감이 중요한 요소였다. 모든 주민들이 일시에 이런 의식을 가진 것이 아니고, 새마을 지도자를 비롯한 몇 사람에서 시작한다. 이들이 다른 사람들을 동참시키면서 마을 단위의 운동이 된 것이다(임도빈, 2013). 정신혁명 후는 의식혁명을 통해서, 마을 주민들이 자발적으로 운동에 동참하여 노동력을 제공하였기 때문에 성공할 수 있었던 것이다.

여기에 시간적 요인도 중요하게 작용하였다. 새마을 운동이 시작된 것은 '도시에 비해 낙후된 농촌'이 문제라는 인식이 있었기 때문이다. 1960년대에는 이런 문제의식조차 가진 사람이 별로 없었다. 한편 1980년대에는 문제의식이 존재했다 하더라도 이미 이촌향도 현상이 많이 진행되고 농촌의 노동력 부족과 고령화로 인해 새마을 운동에 투입될 노동력이 부족했을 것이다. 따라서 새마을 운동이 농촌에 아직 유휴·과잉 노동력이 남아있던 1970년대에 진행되었다는 시간적 요인이 결정적 성공요인이었다.

또한 새마을 운동의 핵심 부문이 도로 등 사회간접자본의 건설이었는데 여기에는 기존 주민들이 자신의 토지를 희사(喜捨)한 비율이 높았다. 1970년대만 해도 농촌의 땅값이 고작 평당 1,000원 정도의 수준에 머무르던 것이 1970년 후반부터 높아지기 시작해 1980년대에는 평당 10,000원 수준까지 높아지게 되었다. 단정할 수는 없지만 이렇게 될 경우 과연 1980년대에 주민의 땅을 희사하면서까지 새마을 운동이 진행될 수 있었을지 의문이다. 오늘날 극단적 이기주의 현상에서 볼 수 있듯이, 자신의 땅에 대한 보상 및 희사 거부 움직임이 발생했을 수 있기 때문이다.

만일 새마을 운동이 1970년대에 있지 않았다면 1980년대부터 시작된 농촌 기계화 역시 없었을 수도 있다. 기계가 다닐 수 있는 도로 같은 인프라 시설이 없었기 때문이다. 이런 점에서 압축적 근대화의 물결 속에서 발생한 여러 문제들에 대한 대처 방안으로서의 새마을 운동은, 1970년대 농촌의 환경에 적합하면서도 시의적절하게 실시된 성공한 농업(또는 농촌) 정책이라고 할 수 있다.

Ⅲ. 발전방향: 생활자치

지방은 지리적으로 해당 자치단체에 국한된 곳에서 민주주의를 실험할 수 있다. '민주주의의 학교', '풀뿌리 민주주의'라고 할 수 있다. 국가전체는 대중사회로서 익명의 사회이고 느슨한 사회조직인 반면, 자치단체는 지리적 단위가 작아짐으로써 공동체의식도 커지고, 익명성도 줄어든다. 지방자치가 중앙정치에 비해 발생가능한 이점이 여기에 있다.

그런데 중앙집권적 전통을 가진 우리나라에 도입된 지방자치는 '단체장, 지방의원, 지방관료를 어떻게 통제하느냐'라는 측면의 간접민주주의적 측면에 초점이 맞춰져 논의되고 있다. 진정한 의미의 직접민주주의라는 요소는 결여되어 있다. 즉, 그들(공직자)만을 위한 지방자치가 아닌 주민들의 행복을 증진시키는 생활자치적 요소가 취약하다.

여기서 말하는 생활자치는 마을공동체, 근린자치 등으로 대표되는 말로서 기본적으로 면대면의 작은 규모의 생활공동체를 의미한다. 과거의 새마을 운동에서 찾아볼 수 있는 부락단위에서 주민들이 서로 알고 있는 정도를 말하는 것이다. 마을 주민들끼리 얼굴을 맞대고 공동의 관심사를 토론하고, 문제를 공동으로 해결하고 생산하는 것을 의미한다.

어느 경우에는 정부의 재원이 전혀 소요되지 않고 자체적으로 해결된다. 예컨대 마음에 맞는 사람끼리 모여서 단독주택을 짓고, 아이들 방과 후에 서로 주민들이 번갈아서 아이들을 돌봐주는 것, 마을 청소나 꽃길 가꾸기 같은 것을 같이 하는 것이다. 심지어는 기존 교육체제에 만족하지 못하는 사람들끼리 모여서 대안학교를 세워서 교육 서비스를 제공하기도 한다(구체적인 것은 이종수, 2015 참조).

이는 농어촌뿐만 아니라, 도시에서도 이뤄진다. 이를 '마을자치', '동네자치'라고 부르기도 한다(곽현근, 2015). 같은 곳에서 비교적 오래사는 사람들이 중심이 되어 신뢰를 높이고 상호부조 하는 방식이다. 이런 것의 원형은 조선시대의 향약, 계 등을 들 수 있고, 외국의 경우에는 Ostrom이 사례연구한 바 있는 자율적인 거버넌스 체제를 들 수 있다. 이와 유사한 맥락에서 Fung(2015)은 미니공중(minipublic)이라는 개념을 사용하면서 마을 규모의 작은 자치단체에서 진정한 참여가 어떻게 정당성, 효율성, 정의실현에 기여하는지 설명한다.

중앙은 정치적 담론이 강조되는 상징정치가 많은 반면, 지방은 주민생활에 직결되는 생활행정이 많다. 우리나라의 경우, 지방은 국가가 위임한 사무와 지방의 고유사무를 모두 집행하는 집행기관의 성격이 강하다. 생활은 곧 말뿐만이 아닌 행동(action)을 의미한다. 고령화 사회, 사회 양극화 등 극심한 문제를 안고 있는 우리사회에서 주민생활에 실질적 변화를 가져오는 자치가 필요한 것이다. 지방에서는 정책기획보다는 정책집행이 강조될 수 밖에 없다. 지방이 중앙정치와 행정의 축소복사판이 되어서는 안 된다(임도빈, 2004).

차 한잔의 사색

신(新) 철의 삼각관계

지방자치 실시는 지방에 관한 정책결정권을 중앙에서 지방으로 이양하는 효과를 가져왔고 이를 위하여 '주민들의 의사가 무엇이냐'라는 문제나 '진정으로 그리고 장기적으로 주민을 위하는 것이 무엇이냐'에 대한 논의를 많이 하게 하였다. 즉, 중앙으로부터 정책결정권을 부여받으니 당연히 정책형성권을 부여받은 것이다.

문제는 누구도 주민 전체의 의사가 무엇인지 알아낼 수 없다는 제약 속에 있다는 데 있다. 물론 사안에 따라 다르겠지만 주민의 의견이 나눠져있는 경우도 있을 것이고, 대다수의 주민이 무관심하여 의사가 존재하지 않는 경우도 있을 것이다. 나아가서 주민의 생각과 여론은 정체되어 있는 것이 아니고 생물체와 같이 변화하는 것이다. 그러나 적어도 침묵하는 다수의 의견을 파악할 수 없다는 제약점은 단체장이 소수에 의한 정치를 가능하게 한다.

사회단체의 지도부들과 일부 교수들은 단체장과 '주민대표'라는 게임을 하게 된다. 이들은 특정한 정책이슈나 정책대안을 제시하면서 그것이 바로 주민 다수의 의사라고 주장(즉, 민주성)하거나 혹은 당장 주민들의 지지는 눈에 보이지 않지만 진정으로 지역사회를 위하는 것(즉, 중우정치의 피해를 비판)이라고 주장하는 방법을 사용한다. 이 과정에서 언론이 중요한 매개체 역할을 한다. 만약 주민들의 의사와 이들 몇몇 엘리트들의 의사가 일치하지 않는데도 이를 채택하면 결국 주민자치가 아니라 엘리트 자치가 될 가능성이 크다. 즉, 몇몇 전문가의 의견이 '주민을 위한' 혹은 '주민의' 의견으로 둔갑하는 것이다.

단체장은 자신의 선거공약도 있을 수 있고 중앙정부의 정책방향도 있을 수 있기 때문에 다수 주민의 반대에도 불구하고 어떤 정책을 추진해야 할 때가 많이 있다. 이때 사용할 수 있는 기법들은 다음과 같다.

- 반대가 예상되는 단체나 그 대표들을 정책입안 처음 단계부터 '자문위원' 등의 직책으로 참여시킨다.
- 반대 집단의 흡수가 불가능하면 이들 반대 집단에 반대 의견을 가진 사람들을 참여시킨다.
- 맨 처음부터 단체장의 의사를 드러내기보다는 이들에게 진정한 주도권을 주는 것처럼 '아무것도 정해진 바가 없다'고 한다.
- 중요한 사안은 이들에게 '연구용역'을 발주한다.
- 연구용역이 자치단체의 입장에 유리한 결과가 나오도록 유도한다.
- 연구용역 중간 혹은 종료 후에 '학술세미나', '토론회', '공청회', '국제회의' 등의 명목으로 모임을 가지도록 한다.
- 이들 행사에는 가능한 사안에 대해 반대입장을 가진 인사를 참여토록 한다.
- 지방언론을 활용하여 용역 결과나 이들 행사의 내용이 민주적 절차를 거쳤으며, 과학적으로 타당한 것임을 적극 홍보한다. 이를 위해 필요한 경우 청중도 동원된다.

이상의 기법들이 동원되어 단체장들이 특정 시민단체나 특정 교수들과 수년 동안 독점적인 관계를 갖게 됨으로써 다른 엘리트나 일반 주민들의 참여가 소외된다. 결국 주민 전체와는 유리된 소수 지방엘리트-언론-단체장(공무원) 간의 철의 삼각관계(iron triangle)가 형성되게 되는 것이다(임도빈, 2000). 이것은 언론과 지방 엘리트를 매개로 하여 주민 전체의 의사에 역행하는 의사결정을 하는 셈이 되어 주민자치에 역행하게 된다.

출처: 임도빈(2004: 246-248).

참고문헌

곽채기(2005). "주민참여 예산제도의 기본 모형과 운영 시스템 설계 방안". 「한국지방재정 논집」10(1): 247-246.

곽현근(2015). "주민자치 개념화를 통한 모형 설계와 제도화 방향". 「한국행정학보」 제49권 제3호.

김병준(2016). 「지방자치론」. 서울: 법문사.

김순은(2003). "일본 지방분권의 평가와 시사점". 「한국지방자치학회보」15(3): 313-336.

_____(2003). "지방분권 정책에 대한 평가: 추진 절차 및 과정을 중심으로". 「지방행정연구」17(3): 41-72.

김용철(1998). "NIMBY와 PIMPY 현상의 정치적 갈등구조 비교". 「한국정치학회보」32(1): 87-109.

김용철·조영호(2015). "지역주의적 정치구조의 사회심리적 토대". 「한국정당학회보」14(1): 93-128

김찬동(2014). "주민참여예산제도의 분화와 시사점". 「736회 정책 & 지식포럼」5월 26일 발표자료.

김흥식·정형덕(1993). 「지역이기주의 극복을 위한 정책연구」. 한국지방행정연구원총서.

김흥희(2008). "협동 거버넌스 모형의 적용—부안 방폐장 선정과정 사례 분석". 「한국행정논집」20(1): 47-76.

민기(2017). 제7장 지방조직과 좋은 행정. 임도빈(편). 「국가와 좋은 행정」. 서울시출판 문화원.

박종관(2009). "행정구역 개편의 논리와 방향". 「한국정책학회」2009년 3호: 413-442.

샤플레·임도빈(2017). 「성공적인 올림픽개최를 위한 체육거버넌스」. 서울: 대한미디어

서정섭(2017). "지방재정의 쟁점과 과제". 제875회 정책&지식 포럼 발제자료: 7.

심준섭(2008). "님비갈등의 심층적 이해". 「한국공공관리학보」22(4): 73-97. 안성호(2018). 「왜 분전국가인가」. 서울: 박영사.

안성호(2018). 「왜 분전국가인가」. 서울: 박영사.

양정호(2007). "보호된 가치로 본 부안방폐장 부지선정정책". 「국가정책연구」21(1): 127-153.

유재일·정상호(2009). "지방정치에서 정당정치의 위상과 과제". 「한국과 국제정치」25(1): 149-177.

윤견수(2001). "약자의 설득전략: 어느 하위직 지방공무원의 개혁활동에 대한 현상학적 보고서". 「한국행정학보」35(1): 143-160.

윤주명(2013). "지방자치단체 간 통합을 둘러싼 주민 간 갈등분석: 통합반대 현수막에 대

한 내용분석을 중심으로". 「현대사회와 행정」 23(1): 1-27.

이선엽(2007). "갈등의 해결경로와 '제도의 생성': '부안군 사태'를 사례 연구". 「한국행정
　　　사학지」 20: 1-21.

이승종·김혜정(2011). 「시민참여론」. 서울: 박영사.

이종수(2015). 「공동체: 유토피아에서 마을만들기까지」. 서울: 박영사.

이현우·이병관(2005). "부안 원전수거물 관리시설 유치쟁점에 대한 언론보도 프레임분
　　　석". 「언론과학연구」 5(3): 516-547.

임도빈(2004). 「한국지방조직론」. 서울: 박영사.

＿＿＿(2013). "새마을운동의 성공요인: 행위자 전략분석법을 사용하여". 「새마을운동과
　　　지역사회개발연구」 9권: 73-105.

＿＿＿(2016). 「개발협력시대의 비교행정학」. 서울: 박영사.

임도빈 외(2013). 「공직사회의 낭중지추를 찾아서」. 서울: 법문사.

임도빈 외(2016), 「실폐한 정책들」. 서울: 박영사

정정길 외(2007). 「작은 정부론」. 부키.

조석준·임도빈(2016). 「한국행정조직론」. 서울: 법문사.

한국지방자치학회편(2010). 「한일 지방자치 비교」. 서울: 대영문화사.

한국지방행정연구원(2006). 「지방자치단체의 주민참여 수준 진단과 발전 방안」. 한국지방
　　　행정연구원.

Archon Fung. (2015). "Putting the Public Back into Governance: the challenges of
　　　citizen participation and its future." *PAR* 75(4): 513-522.

제**9**장

돈에 관한 행정

정부의 활동에는 재원이 소요된다. 정부라는 기계가 돌아가는 데 필요한 기름이 바로 돈이다. 정부경쟁력을 가장 가시적으로 측정하고 비교할 수 있는 부분이 바로 돈에 관한 행정이다. 수치로 객관적인 통계를 제공하기 쉽기 때문이다.

행정부는 세금 등 여러 가지 방법으로 재원을 마련하여, 정책을 집행하고 국민들에게 서비스를 제공한다. 이러한 과정에서 여러 가지 지켜야 할 절차와 원칙 등이 있다. 특히 국민의 혈세인 정부의 돈을 다루는 과정에 관한 것이기 때문에, 부패나 낭비의 여지를 항상 경계해야 한다. 따라서 이런 문제를 방지하기 위한 각종 법과 제도들이 구체적으로 발달되어 있다.

정부의 돈을 관리하는 활동에 관한 것을 연구하는 행정학의 분과가 재무행정론이다. 재무행정에서는 주로 예산(과 회계)과 재정에 관해서 다룬다. 예산은 가장 큰 경제주체로서 정부의 수입과 지출에 대한 계획이고, 회계는 국가의 지출을 통제하는 일련의 과정이다. 재정(public finance)은 정부가 본연의 임무를 수행하기 위한 모든 경제활동을 말한다. 매우 광범위한 개념으로 주로 재정학이라는 거시경제학의 이론에 의존한다. 행정학에서는 관료와 정책대상인 국민들의 행태에 대해서도 많은 연구를 하고 있다. 예산론과 재정정책론 이외에 재무행정론에서 중점적으로 다뤄야 하는 분야는 회계, 세무, 감사, 조달 등이 있다.

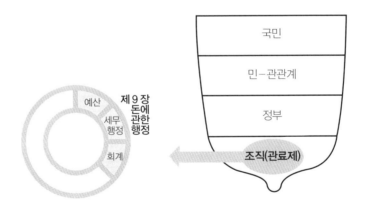

I. 정부재정의 중요성

1. 예산의 의미

어느 나라든 정부재정이 국가경제에 미치는 영향은 매우 크다. 우리나라 정부가 1년동안 운용하는 돈주머니(즉, 총 지출예산액)에는 약 400조원이 들어오고 나간다. 우리는 조 단위(1조＝1,000,000,000,000)가 얼마나 큰지 짐작하기조차 어렵다. 이는 삼성그룹이 지금까지 보유한 총 자산액과 비슷한 액수이다. 좀 더 쉽게 말해 인구 50만 명의 시민들에게 모두 200만원씩을 나눠줄 수 있는 돈이다. 이렇게 큰 액수이다 보니 예산편성을 담당하는 사람들은 일상생활에서 쓰는 돈의 단위에 대해 무감각해질지도 모른다.

정부는 한국사회에서 연간 400조원이 넘는 거액을 획득하여 다시 이 돈을 소비하는 가장 큰 소비자이다. 물론 이것은 과잉단순화한 설명이다. 왜냐하면 재정정책의 재원동원에는 국민들로부터 거둬들이는 세입은 물론이고, 국가채권의 발행, 차관의 도입 등 다양한 방법이 있기 때문이다. 또한 예산에 포함되지 않는 각종 사회복지기금(연금기금 등)같은 다른 돈도 많이 있다. 어떤 방식으로든 정부는 정부지출을 통하여 한국경제 전체를 관리하는 셈이다.

Musgrave는 재정의 3가지 중요한 기능으로 첫째 자원배분의 효율성, 둘째 소득재분배를 통한 형평성 추구, 셋째 경제안정화를 들고 있다. 자원배분의 효율성 기능이란 정부가 재정을 통해서 공공재를 공급함으로써 시장실패로 인한 자원배분의 왜곡을 시정하는 역할을 담당한다는 것을 의미한다. 정부의 소득재분배 기능이란 정부 재정에 누진세율을 적용한 각종 세입이 포함되고, 이러한 세입 중에 많은 부분이 사회복지 또는 농어민을 지원하기 위한 예산으로 사용되기 때문에 소득이 사회계층 간 재분배된다는 기능이다. 마지막으로 정부는 재정정책을 통해서 물가안정화를 추구하고, 이는 경제의 안정성에 도움을 줄 수 있다.

재무행정 연구 분야에서 이러한 측면에 초점을 맞춰 연구하는 것이 재정정책이다. 예산을 어떻게 지출하느냐는 국민경제에 지대한 영향을 미친다. 정부는 재

재정정책(fiscal policy) 정부지출이나 조세율을 변화시켜 국민경제의 안정적 성장을 도모하고자 하는 행정활동

정정책뿐만 아니라 더 많은 수단을 가지고 국가경제에 중요한 행위자로 활동한다. 예컨대, 세입 및 세출에 의한 재정정책뿐만 아니라 금리조정, 외국돈의 관리 등 금융정책을 통해서도 국가경제에 간여한다. 기준금리는 독립기관인 한국은행의 금융통화위원회에서 정하지만, 실제로 정부가 영향을 미치는 범위는 넓다.

심지어 사기업들이 부채를 갚지 못하는 문제에 대해서도 정부가 직·간접적으로 간여한다. 국민경제에 미치는 영향이 크기 때문이다. 실제로 1997년 말 기업들이 외국에서 빌린 돈을 갚지 못하는 사태인 1차 외환위기 때는 우리나라 정부가 IMF로부터 돈을 빌리는 대신 IMF가 요구하는 조건을 받아들여 겨우 위기를 넘겼다. 그러나 IMF의 요구조건이 우리 실정에 맞지 않는 것이 많아 기업의 도산, 신용불량자 발생, 실업자 양산 등 희생이 발생하였다. 그러나 2차 외환위기인 2008년에는 정부가 적극적으로 대처하고 고환율정책을 일관되게 유지하여 OECD국가 중 가장 빠르게 위기를 극복한 나라로 간주되기도 하였다. 실업을 줄이기 위해 정부가 예산을 조기 집행하여 경제위기의 쇼크를 최소화하려 한 것이나, 일본이나 중국과 서로 보유하고 있는 외환을 빌려주기로 하는 통화스와프협정을 맺은 것이 그것이다(Im & Cho, 2010: 103-128). 행정이 학습을 한 것이다.

정부의 재정정책 및 경제정책의 중요성은 최근 목격되는 그리스, 남미국가 등의 실패사례를 보면 더 분명히 알 수 있다. 신용을 담보로 t_2 시점의 돈을 t_1에 미리 쓰는 것을 대출이라 할 수 있다. 이들 나라에서 정부나 기업이 부채상환능력이 부족한 문제를 알면서도 정부가 적절한 시점에서 필요한 재정정책을 실시하지 않는 등 실정을 거듭했다. 국가부도에 이르면 산더미같이 쌓인 빚을 해결하기 위해, 공직자들의 임금을 삭감하고, 공공부문 구조조정을 하게 되는 등 치르는 댓가가 크다. 이처럼 한 국가의 경제적 차원의 경쟁력에 정부는 매우 중요한 역할을 수행하고 있다. 이는 정부경쟁력외 경제 부문에 높은 관심을 가져야 한다는 점을 시사한다.

2. 예산과 재정건전성

우리나라 정부와 각 행정기관의 한 해의 살림살이가 어떻게 이루어지는가는 예산서를 통해 알 수 있다. 특히 예산서의 지출내역을 보면 정부가 앞으로 어떠한 정책에 우선을 두고 돈을 많이 지출할 것인지를 잘 보여준다. 우리나라 중앙정부 예산의 구체적인 내용은 열린 재정(재정정보 공개시스템(www.openfiscaldata.go.kr))에서 볼 수 있고 행정안전부 지방재정 365(http://lofin.mois.go.kr)를 보

통화스와프
상대방 국가가 보유하고 있는 화폐를 사용하여 외환시장을 안정화하는 방법. 환율이 급등할 경우. 이를 이용하여 달러를 외환시장에 공급하고, 상대국에는 원래 매입시의 환율을 적용하도록 하는 일종의 위험방지책이다.

예산(budget)이란 일정기간 동안의 정부의 수입과 지출에 대한 예정표이다.

면 잘 알 수 있다. 예산을 보는 데 몇 가지 관전포인트가 있다.

첫째, 예산의 규모가 얼마이거나 중가율이 얼마인가보다는, 재정상태가 얼마나 건전한가가 더 중요하다. 일반적으로 국가는 부채를 가지고 있지만, 그 정도에 따라 장기적으로 빚의 늪에서 헤어나오지 못하고 파산할 가능성도 있기 때문이다. 재정건전성 정도를 나타내는 관리대상수지는 2017년(추경예산기준)보다 2조 8000억원이 증가된 −25.5조원이 될 것으로 예상되었다. 관리대상수지의 GDP 대비 규모는 −1.6%이다. 미국(−1.8%), 일본(−3.4%), 독일(−0.9%), 프랑스(−21.0%), 영국(−3.3%)(기획재정부, 2008) 등 다른 국가들에 비해서는 상대적

재정건전성
국가 재정을 운용할 때 세출(지출)과 세입(수입)의 균형 유지 및 국가 부채의 축소를 통해 복지 수요를 충당할 수 있는 상태

표 9-1 I 관리재정수지

(조원, %)

| | '17년 | | '18년 | | 증감 | | |
	본예산(A)	추경	정부안(B)	최종(C)	국회증감 (C−B)	'13대비 (C−A)	%
총수입	414.3	423.1	447.1	447.2	0.1	32.9	7.9
총지출	400.5	410.1	429.0	428.8	△0.1	28.3	7.1
관리재정수지 (GDP대비, %)	△28.3 (△1.7)	△28.9 (△1.7)	△28.6 (△1.6)	△28.5 (△1.6)	0.1 (−)	△0.2 (0.1%p)	
국가채무 (GDP대비, %)	682.4 (40.4)	669.9 (39.7)	708.9 (39.6)	708.2 (39.5)	△0.7* (△0.1%p)	25.8 (△0.9%p)	

출처: 기획재정부 보도자료. 2014. 1. 1.

그림 9-1 I 국가채무 추이

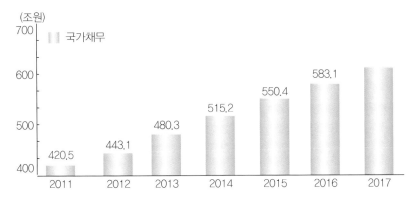

출처: 통계청.

으로 건전하게 관리되고 있다고 볼 수 있다.

둘째 나라의 빚을 의미하는 국가채무정도를 봐야 한다. 국가채무는 국가(즉, 중앙정부)가 직접 원리금을 상환해야 할 의무가 있는 확정채무를 의미하고, 국채·차입금·국고채무부담을 포함한다. 국가의 총 채무는 2018년 말 644조원이며 계속 증가할 것으로 보인다. 여기에는 금융당국의 채무, 공기업이나 지방자치단체의 채무는 포함되어 있지 않다.[1] 우리나라의 국가채무는 GDP 대비 41.8%에 이른다. 이것은 미국(127.6%), 일본(234.0%), 독일(78.0%), 프랑스(120.3%), 영국(123.2%) 등에 비해서는 상대적으로 적은 수치라고 해석할 수도 있다.

셋째 채무비중이 상대적으로 낮다고 낙관할 수 없다. 시간적 관점에서 채무비중은 꾸준히 증가하고 있으며, 증가속도(speed)를 보면 상당히 위험한 정도이다. 특히 미래에 갚아야 할 연금까지 포함한 넓은 의미의 국가 부채는 1,284조에 이른다. 분류방식, 제도, 회계통계를 산출하는 방식의 차이에서 우리나라 국가채무 비율이 상대적으로 낮게 나온 점도 감안해야 한다. 여기에 공기업 및 지방자치단체의 채무까지 포함한다면, 천문학적인 숫자가 되어 우리나라 재정건전성은 상당히 위협받고 있는 수준이다.

관리대상수지
일정기간동안 정부가 제수입으로 거둬들인 총수입액에서 총지출을 뺀 금액

 II. 정부예산으로 본 정부활동

1. 예산의 기능

행정학도들은 정부가 한 해 동안 어떠한 일을 할 것인지가 궁금하다. 정부의 모든 활동에는 돈이 소요되기 때문에 예산서를 보면 그 활동의 내용을 알 수 있다. 정부기구를 운영하고 유지하기 위한 비용도 포함되어 있고, 정부가 추진하는 핵심 사업에 대한 예산도 포함되어 있다.

예산은 국회가 정부에게 조세를 징수하고 재정을 집행할 권리를 부여한다는 점에서 법적 기능을 가지고 있다. 물론 우리나라에서는 예산이 법률은 아니지만 의회에서 의결된 예산에 따라 집행을 해야 한다는 점에서 정부에서는 법규범과 비슷한 구속력이 있다고 볼 수 있다.[2] 예산은 다음과 같은 세 가지 의미가 있다.

---

1 중앙정부가 좁은 의미에서 반드시 갚아야 할 돈을 '국가채무'라고 하는데 비하여 이와 같이 넓은 의미에서 빌린 돈을 '국가부채'라고 한다.

2 프랑스와 같은 일부 나라는 예산서에 법(loi)이라는 지위를 부여한다. 법이나 예산이나 모두 국회의 승인을 얻어야 한다는 점에서 명칭으로 법적 지위를 부여하는지 여부는 크게 중요하지

첫째, 정부가 예산을 통하여 시장에 개입하고 그를 통한 안정성 및 형평성을 추구한다는 점에서 경제적 기능을 가지고 있다.

둘째, 예산편성과정에서 다양한 이해관계자가 직·간접적으로 참여하여 결정한다는 점에서는 정치적인 기능을 가지고 있다. 한 국가 내에서도 계급, 계층, 지역 등 국민들의 다양한 소속, 지위에 따라 수혜관계가 각각 다르기 마련이다. 이들 간의 합의를 이끌어내는 것이 곧 정치이고, 따라서 예산을 집행하는 것 역시 정치활동이다. 특히 Wildavsky의 점증주의 견해가 이러한 정치적 기능을 중요시하는 견해로 볼 수 있다.

마지막으로 예산은 통제, 관리, 계획과 같은 행정적 기능을 가지고 있다. 재무행정론은 예산의 행정적 측면을 주로 연구한다. 이에 관하여 Schick(1966: 243-258)는 '통제(control)', '관리(management)', '계획(planning)'이라는 3대 원칙을 제시하였다.

통제기능은 국회가 의결한 예산을 그대로 집행해야 하는 것과 같이 예산이 정해진 규칙과 같은 역할을 해야 한다는 것을 의미한다. 통제기능을 가장 잘 제도화한 것이 품목별 예산제도(LIBS)이다.

관리기능은 이미 승인된 행정목표를 세부적인 사업계획으로 구체화하고 그 집행을 위한 자원을 확보하는 과정으로, 성과주의 예산제도(PBS)가 이러한 관리기능에 초점을 둔 예산제도이다.

마지막으로 예산은 계획기능을 가지고 있다. 예산은 정부의 정책목표를 반영하고 있으며, 그 세부 사업계획을 담고 있다. 특히 예산편성을 계획과 연결시키려고 노력한 계획예산제도(PPBS)가 이러한 계획기능을 가장 잘 제도화했다고 볼 수 있다.

이러한 예산의 기능 중 어느 것 하나 중요하지 않은 것이 없다. 예산제도의 변화는 바로 이러한 기능 중에서 어느 것 하나를 중요시하거나 부족한 기능을 보완하는 과정에서 이뤄져왔다.[3]

않다. 예산의 집행시에도 국회에서 통과된 예산 내에서 이뤄져야 한다는 점과, 특수한 경우에 융통성을 부여하기도 한다는 점에서도 양자간 큰 차이는 없다.

3 그 후, 쉬크(Schick, 1998)는 새로운 예산의 기능으로 총량적 재정규율(Aggregate fiscal discipline), 배분적 효율성(Allocative Efficiency), 운영상 효율성(Operational Efficiency)을 들고 있다. 총량적 재정규율은 재정건전성 유지를 위한 예산총액에 대한 통제를 의미한다. 배분적 효율성은 예산배분에 있어 정책 우선순위를 고려하여야 한다는 것으로, 지출대비 한계편익이 가장 큰 분야에 예산배분이 이뤄져야 함을 의미한다. 운영상의 효율성은 생산에 있어서의 효율성을 의미하는 것으로, 정부기관이 생산하는 재화나 서비스는 최소가격에 최대의 산출을 달성해야 한다는 것을 의미한다.

2. 정부활동의 내용

예산의 계획기능은 매우 중요하다. 예산은 그 해에 정부가 어느 분야에 돈을 많이 쓸 것을 계획하고 있느냐를 나타낸다. 따라서 예산을 보면, 정부의 1년 정책의 방향을 알 수 있다. 2018년도 예산의 분야별 재원배분과 그 변동내역에 대해서 살펴보자. 이 중 가장 큰 규모를 차지하는 것은 보건·복지·고용 분야로서 총 144.7조원의 지출을 예정하고 있다. 그 뒤를 이어 일반지방행정(교부세 제외), 교육, 국방, R&D의 순으로 이어지고 있다.

또한 정부가 제출한 예산안에 대해 국회의 심의과정에서 어떠한 변화가 발생하였는지를 보면, 국회의 정치를 짐작할 수 있다. 예컨대, 박근혜 정부와 문재인 정부의 국회심의결과 증액된 분야와 감액된 분야가 서로 다르다. 각 시대에 정부

표 9-2 ┃ 2018년도 예산(국회의결)

구 분	'17예산 본예산(A)	'18예산 정부안(B)	'18예산 최종(C)	증감 국회증감 (C-B)	증감 '16대비 (C-A)	증가율
◇ 총 지 출	400.5	429.0	428.8	△0.1	28.3	7.1
1. 보건·복지·고용	129.5	146.2	144.7	△1.5	15.2	11.7
2. 교 육 (교부금 제외)	57.4 (14.5)	64.1 (14.6)	64.2 (14.6)	0.0 (0.1)	6.8 (0.2)	11.8 (1.2)
3. 문화·체육·관광	6.9	6.3	6.5	0.1	△0.4	△6.3
4. 환 경	6.9	6.8	6.9	0.12	△0.0	△0.3
5. R&D	19.5	19.6	19.7	0.03	0.2	1.1
6. 산업·중소·에너지	160.0	15.9	16.3	0.3	0.2	1.5
7. SOC	22.1	17.7	19.0	1.3	△3.1	△14.2
8. 농림·수산·식품	19.6	19.6	19.7	0.1	0.1	0.5
9. 국 방	40.3	43.1	43.2	0.04	2.8	7.0
10. 외교·통일	4.6	4.8	4.7	△0.1	0.2	3.5
11. 공공질서·안전	18.1	18.9	19.1	0.2	0.9	5.1
12. 일반·지방행정 (교부세 제외)	63.3 (22.6)	69.6 (23.7)	69.0 (23.0)	△0.7 (△0.7)	5.6 (0.4)	8.9 (1.8)

출처: 기획재정부 보도자료, 2018. 1. 1, 일부수정.

그림 9-2 | 재정지출 대비 분야별 지출 비중변화

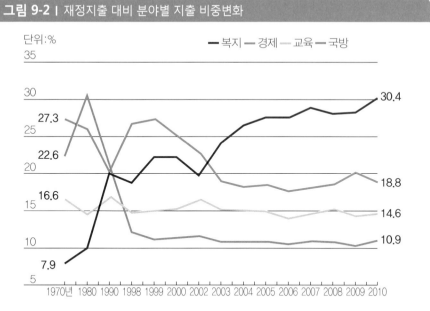

출처: 기획재정부.

가 채결해야 하는 당면문제를 보는 시각이 어떻게 다른가를 알 수 있다.

　예산의 장기적 계획기능은 1년 예산보다는 수년간의 예산을 보면 더 자세히 알 수 있다. 우리나라 정부의 예산배분 비율은 시대에 따라 변천해 왔다. 〈그림 9-2〉에서 볼 수 있는 바와 같이 복지부문에 대한 지출이 지속적으로 증가해 왔다. 그림은 전체예산을 100으로 했을 때, 4개의 정책부문별 상대적 비중의 변화를 의미한다. 따라서 절대액수는 항상 증가해왔다고 봐야 한다. 과거에는 국방비의 비율이 상당히 높았으나, 이제는 복지예산의 비율이 30%이상이나 차지하고 있다. 복지분야 지출 비율과 절대 금액이 급속하게 늘어가고 있다는 점에서 볼 때, 우리 나라는 복지국가가 상당히 진전된 나라라고 할 것이다.

 바람직한 예산의 요건

1. 전통적 원칙

　예산과정에서 예산 기관이 준수해야 소기의 목적을 이룰 수 있는 기본적인 규

범이다. 이러한 예산의 원칙은 시대의 흐름에 따라서 통제(control)를 강조하던 전통적인 예산원칙과 재량(discretion)을 강조하는 현대적 예산원칙으로 나누어 볼 수 있다. 구체적으로 전통적 예산원칙은 보통 다음과 같은 내용이 주장되어 왔다.

- 공개성의 원칙: 예산은 모든 국민에게 투명하게 공개되어야 함을 말한다. 하지만 국방비와 같이 대외적으로 밝힐 경우 국가의 안보에 부정적인 영향을 줄 수 있는 경우는 예외로 한다.
- 명확성의 원칙: 예산의 구조나 과목이 단순해서 일반국민들이 쉽게 이해할 수 있도록 해야 한다는 것이다. 이 부분은 사실상 정도의 문제이다. 우리나라 예산의 경우, 보통 사람이 보면 첫째 그 양이 방대하고, 둘째 내용이 복잡하여 이해하기 쉽지 않다.
- 사전의결의 원칙: 회계연도가 개시되기 전에 국회의 의결이 반드시 필요함을 의미한다. 헌법에서는 국회가 회계연도 개시 30일 전까지 의결할 것을 명시하고 있다. 국회가 회계연도 개시 전까지 의결을 하지 못한 경우에는 국회에서 의결할 때까지 전년도 예산에 준하여 정부가 예산을 집행할 권한을 부여하는 준예산제도가 있다.[4]
- 엄밀성의 원칙: 예산과 결산이 일치해야 함을 의미한다. 이것은 수치상의 문제이기 때문에 비교적 쉽게 지켜지고 있다.
- 한정성의 원칙: 예산은 원래의 목적, 시간, 금액의 범위를 벗어나서 집행되면 안 된다는 것이다. 다만 이러한 한정성의 원칙은 지나치게 경직적이어서 예외적으로 융통성을 주는 제도를 두고 있다. 예산의 이용, 전용, 예비비와 같이 목적범위를 벗어나서 사용하는 것을 인정하는 것이나, 이월·계속비와 같이 시간범위의 예외를 둔 경우와 예비비, 추가경정예산과 같이 금액의 범위를 벗어나는 경우를 인정해주는 것이 그것이다. 물론 이러한 예외적 제도를 악용하는 것을 막기 위한 장치로서 엄격히 정해진 절차와 기준이 있다.
- 통일성의 원칙: 특정세입과 특정세출이 연계되지 않고, 모든 국가의 세입은 국고로 통일된 후, 그 다음에 이에 구속받지 않고 다양한 목적에 지출되어야 한다는 것이다. 이러한 통일성의 원칙을 벗어나는 것으로 목적세와 특별회계 기금이 있다. 특별한 목적에서 세금을 거둔 후 그것을 그 목적에 쓰는 것

---

4 제1공화국에서는 가예산제도를 채택한 바 있고, 미국·일본·영국과 같은 나라들은 잠정예산을 사용하고 있다. 잠정예산은 최초 4~5개월분에 해당하는 예산지출 권한을 정부에 부여하는 것이며, 가예산은 그 사용기간을 1개월로 한정한다는 점에서 잠정예산과 차이가 있다.

이기 때문이다. 예컨대 교통세는 유류에 리터당 일정률을 부과하는 세금으로 교통인프라 개선에 사용된다.

- 단일성의 원칙: 예산은 하나의 회계 내에 정리되어야 한다는 것이다. 즉, 여러 개의 장부에 기록하면 재정구조를 정확하게 파악하기 힘들기 때문에 단일의 장부에 기록해야 한다는 것을 의미한다.
- 완전성의 원칙: 모든 세입과 세출이 예산에 명시되어야 한다는 것이다. 하지만 기금과 같은 경우에는 예산에 포함되어 기록되지 않기 때문에 이러한 완전성의 원칙의 예외로 볼 수 있다.

2. 제도의 발전

역사적으로 보면 과거 우리나라 예산은 전통적 원칙에 부합되었다고 볼 수 있다. 그러나 정부의 살림이 복잡해짐에 따라 예외가 생기기 시작하였다.

우선 우리의 예산은 다시 일반회계, 특별회계로 구분된다. 일반회계는 국가의 고유한 영역인 일반적인 재정활동에 지출되는 것으로 정부 재정에서 가장 큰 규모를 차지한다. 반면에 특별회계는 국가재정법 제 4 조 제 3 항에 "국가에서 특정한 사업을 운영하고자 할 때, 특정한 자금을 보유하여 운용하고자 할 때, 특정한 세입으로 특정한 세출에 충당함으로써 일반회계와 구분하여 회계처리할 필요가 있을 때"에 법률로써 특별회계를 설치하도록 하고 있다. 따라서 특별회계는 예산 통일성의 원칙에 위배되는 예외로 볼 수 있다.

다음으로 정부 총지출은 크게 예산과 예산 외의 공공재원인 기금으로 구분할 수 있다. 기금의 경우도 특정목적을 위해 특정자금을 운용한다는 점에서 예산 통일성의 원칙에 벗어난다고 볼 수 있다.

이러한 원칙위반의 문제를 해결하기 위해 정부는 통합재정제도를 도입하였다. 이것은 중앙정부의 일반회계, 17개 특별회계, 5개의 기업특별회계, 44개의 기금을 모두 포함하여 회계의 범위를 잡아 한 눈에 알 수 있도록 해주는 것이다. 통합재정제도에는 이들 회계 간 거래가 이중 계상되기 때문에, 분류체계를 달리하여 정리한다. 일반회계에서 기금출연을 하는 등의 내용은 통합재정에서는 자체 지출로 가기 때문에 이중 계상되지 않는다. 나아가서 지방자치단체의 것도 포함하여 우리나라 전체의 재정규모를 알 수 있도록 하고 있다. 이렇게 되면, 일반회계 248개(중앙정부+지방자치단체), 특별회계 1,645개, 기업특별회계 194개, 기금 2,223개를 포괄하는 방대한 규모를 전체적으로 관리할 수 있게 된다.

둘째, 예산관리의 기본적인 관점의 변화이다. 보수적인 시각에 기반한 전통적 예산의 경직성을 탈피하기 위한 노력이다. 즉 현대적 예산원칙은 전통적인 통제 중심적 예산이 경직성을 띠어 변화하는 환경에 대한 대처가 늦어지기 때문에 유연성을 확보하는 데 큰 중심을 둔다. 통제성(즉, 경직성)과 융통성은 예산이 추구해야 할 두 마리의 토끼인 것이다.

셋째, 유연성을 부여하는 대신 계획된 예산이 경제적으로 집행되어야 함을 강조하는 '책임성의 원칙' 또한 현대에는 더욱 중요해지고 있다. 즉, 재량을 주는 대신 예산을 효율적으로 집행하여야 할 책임을 지우는 것이다. 나아가서 예산관련 부서 간 상호협력과 수평적 의사소통이 필요함을 강조하는 '상호책임성의 원칙'도 있다. 최근에는 성과책임과 '시민들의 참여'를 강조하는 예산원칙이 제기되고 있기도 하다.

그러나 이러한 제도의 발전이 통제를 중시하는 전통적인 예산원칙을 폐기하는 것은 아니라는 점을 유의해야 한다. 단지 전통적인 예산원칙을 지나치게 강조하게 되면 발생하게 되는 경직성을 극복하기 위해서 신축성과 재량을 부여하려는 부차적인 중요성이 있다고 보는 것이 옳다. 다른 각도에서 보면 현대 사회의 예산의 원칙에서 실질적으로 중요한 것은 통제 또는 재량보다는 책임성(accountability)이라고 볼 수 있다.

Ⅳ. 예산제도의 종류

1. 예산제도이론 모델의 발달과정

돈에 의한 관리가 발달한 미국에서조차 예산이론과 예산실무는 밀접히 접목되어서 발달하지 못했고, 오히려 큰 괴리가 발생하였다(Rubin, 1990). 그러나 예산제도는 시대적 필요성의 발달에 따라 단계별로 진화하여 왔다. 정부의 행정현장에서 돈을 쓸 계획과 실제의 집행은 개인의 경제생활과 유사하게 발달한 것으로 볼 수 있다.

우선, 예산제도의 시작은 품목별 예산부터라고 할 수 있다. 이는 우리가 도서구입비, 식비, 영화관람비, 교통비 등과 같이 품목별로 지출할 내용을 정리하는 방법과 같다. 정부가 하는 활동에 대해 통제하기 쉽고, 일반인도 이해하기도 쉽다는 장점이 있다. 예산을 품목별로 분류함으로써 각 행정기관이 사용하는 예산의 세부항목에 상한선을 설정할 수 있기 때문에, 지출을 통제하는 데 있어 가장 효과적인 분류체계이다(Shah & Shen, 2007: 139). 즉, 정부가 어떤 품목에 얼마를 지출하는지 일반국민들도 이해하기 쉽고, 앞으로 어디서 돈을 절약해야 할지를 처방할 수 있다는 점에서 전술한 통제의 원칙에 가장 부합되는 예산제도이다.

그러나 품목별 예산은 나무만 보고 숲을 못 보는 단점이 있다. 정부예산의 규모가 크고 활동이 다양하다는 점을 고려하면 이 단점이 더욱 심각함을 알 수 있다. 품목별 예산에서 볼 때, 예컨대 자동차를 1년에 5,000대를 구입한다고 되어 있고 예산 절약을 위해 4,500대만 구입하는 것이 적당하다는 지적을 쉽게 할 수 있다. 하지만 기관장의 관용차인지, 직원들의 업무용인지, 경찰차인지와 같은 구입용도가 명확히 드러나지 않고, 이 자동차를 사용함으로써 어떤 행정기능이 얼마나 향상되는지도 알 수가 없다.

따라서 품목별 예산에서 성과예산으로 변화하게 되었다. 정부예산이라는 것은 무조건 절약하는 것이 선이 아니고(부정적), 돈을 써서 정부의 목적을 달성해야 한다(긍정적). 목표를 설정하고 이를 달성하기 위해 돈을 쓰도록 예산을 편성하는 것이 성과예산제도이다. 시기적으로는 한참 후인 미국 Clinton 정부에서 목표를 정하는 데 그치지 않고, 오히려 집행단계에서 재량권을 부여하되, 그 집행이후의 성과는 또한 엄격하게 통제하고 평가하자는 것이 결과중심적 예산(result based budget)이다. 도입된 제도는 성과주의예산을 한 단계 더 끌어 올린 것이다. 즉, 이에 따라 복잡한 성과지표의 개발과 이에 따른 평가작업이 이루어졌다. 이는 예산을 어떻게 효율적으로 쓸 수 있느냐라는 관점에서 발달한 것이다.

한편, 이들 예산은 모두 단년도 예산이란 단점을 갖고 있다. 즉, 매년 전년도에 비하여 조금씩 증가하는 점증주의 예산의 특성을 가지고 있으므로, 결국 기존예산이 가진 문제를 누적시킬 위험성이 크다. 따라서 이를 근본적으로 해결하는 영기준예산제도(ZBB)가 등장한다. 영기준예산제도는 예산결정이론이라는 측면에서 합리주의 혹은 총체주의의 정신에 부합하는 것이다.

읽을거리

예산의 종류

1. **품목별 예산(line-item budgeting):** 품목(item)별 분류를 기반으로 해서 예산을 운용해나가는 제도이다. 이는 정부가 구입하는 재화와 서비스를 중심으로 예산을 분류하는 방식이다.
2. **성과예산(Performance Budgeting):** 사업의 목표를 설정하고, 이러한 목표를 달성하는 데

소요되는 비용을 기준으로 예산이 편성된다. 예산의 과정에서도 각 사업별로 수행된 과업과 성과를 측정하여 관리한다.

3. 계획예산(Planning-Programming-Budgeting System: PPBS): 계획(plan)과 사업(program), 그리고 예산(budget)을 연결시키는 제도이다. 먼저 정부활동의 목표를 설정한 후, 이 목표달성을 위한 계획을 수립하고, 이러한 계획을 구체화하여 집행할 수 있는 프로그램을 만들고, 이에 따라 예산을 편성한다. 마치 정책분석에서 하듯이 정부의 목표달성을 위한 대안들을 체계적으로 분석한다.

4. 영기준예산(Zero-Base Budgeting: ZBB): 조지아주 주지사였던 Jimmy Carter가 주정부에 이를 도입하였고, 그가 대통령에 취임한 후 연방정부에도 도입한 바 있다. 원칙적으로 모든 정부사업과 예산항목을 원점(zero base)에서 재검토하는 예산제도이다. 의사결정론에서 하는 합리모형의 예산의 적용이라고 보면 된다. 그런데 실제로 이런 원칙대로 하는 것은 불가능하기 때문에 실제로는 예산배분의 최소 수준을 제시하고 이 수준을 초과하는 예산에 대해 집중적으로 예산을 검토한다.

5. 결과 중심적 예산(results-oriented budgeting): Clinton 정부에서 도입한 것으로 예산을 편성할 때부터, 얼마만큼 돈을 써서 '무슨' 결과(result)가 나올 것인가를 계량적 지표(performance indicator)로 제시한다. 예산의 집행단계에서는 가급적 재량권을 부여한 후, 평가단계에서는 목표로 제시했던 성과지표를 달성했는가를 평가하여 그 결과에 따라 책임을 지게 한다.

2. 최근 재정문제와 예산제도

최근에는 대부분의 선진국이 재정적자의 문제에 허덕이고 있다. 특히 미국의 예산은 점증주의 시대가 지났다고 보는 시각이 지배적이다. 예산을 감축하는 것에 더 관심을 갖는다. 세퀘스터(sequester)로 연방정부가 문을 닫는 일(shut down)이 실제 벌어지는 것을 보면 그 심각성을 알 수 있다.

sequestration
1985년 '평균예산 및 긴급 적자 통제법'에 의하여, 매년 1,100억 달러의 지출을 줄여 균형예산을 이루려는 제도. 이를 달성하지 못할 때, 연방정부는 문자 그대로 문을 닫는다.

우리나라는 예산개혁에 관해서 미국의 제도를 모방하였다. 이미 박정희 정부 때부터 성과예산을 도입하려고 하였다. 김대중 정부인 1999년 IMF 구제금융을 받을 당시 정부의 효율성을 높이기 위해 기획예산위원회가 결과중심주의 예산제도를 도입하려고 하였다. 하지만 이는 미국의 GPRA(Government Performance and Result Act, 1993)를 모방한 것으로 많은 노력이 필요한 작업이어서 무늬만 도입한 것 같은 인상이 짙다. 즉, 전략목표, 중간목표, 성과목표, 그리고 성과지표 등을 제시토록 하는 것이었다. 예산을 마치 '목표관리제(MBO)'와 같이 관리하는 것이어서 실제로는 상술한 성과예산에 가까운 것이다. 결과적으로는 성공하지 못하

였다. 사실, 외환위기와 같은 상황에서는 영기준예산 제도 같은 것을 실시했어야
했다.

2003년 노무현 정부가 출범하면서 다시 유사한 제도인 성과관리 제도로 전환
을 하게 된다. 그럼에도 불구하고 기본적인 아이디어는 종전의 성과예산 제도와
비교하면 크게 다르지 않았다. 미국 Clinton 정부의 결과중심주의 예산과 좀 더 유
사한 것이 되어 복잡해진 형태였다. 그리고 주로 주요 재정사업에 대해 이 제도를
적용한다는 차이가 있을 뿐이다. 따라서 우리나라에서는 예산의 효율성에 대한
많은 문제점이 여전히 지적되고 있다.

그러나 예산이론과 예산의 배분이 항상 좁은 의미의 '효율성과 경제성'이라
는 경제학적 시각에 국한되서는 안 된다. 어차피 희소한 자원을 권위적으로 배분
하는 것이 정치(politics)라고 한다면, 예산이야말로 이러한 정치과정의 주 대상물
이 된다. 따라서 이를 정치적 협상의 대상으로 보고 연구할 필요도 있다. 조직론
에서 발달한 쓰레기통 모형을 응용하여 Kingdon이 정책의 창 이론을 만들었듯이,
Rubin(1990)은 실시간 예산(Real Time Budgeting) 모델을 만들었다. 루빈은 세
입에서의 흐름, 세출에서의 흐름, 예산균형 흐름, 예산집행의 흐름, 예산과정의 흐
름이라는 다섯 개의 흐름으로서 예산결정의 기회를 묘사한다. 이 다섯 개의 흐름
에 관련된 각 행위자들은 각각 그 흐름 속에서 기한(deadline)을 고려하여 특정
순간(real time)에 의사결정을 한다는 것이다. 이런 정치적 의사결정이 바로 예산
결정이라는 것이다.

그러나 대부분의 예산제도는 1년 이상의 좀 더 긴 기간을 통하여 국가정책이
갈 방향을 추구하지 못하고 작은 단위에서 우물 안 개구리식이 될 위험성을 가지
고 있다. 이는 예산이 기본적으로 1년 단위로 이뤄지기 때문이다. 국가가 나아가
야 할 장기적 청사진에 근거하여 예산기능과 기획기능을 연계시키려는 노력이 등
장한 것이 바로 이러한 이유에서이다.

3. 예산과 계획 간의 관계

대부분의 정부활동에는 돈이 필요하기 때문에 예산편성은 가장 정확한 계획
(planning)이라고 할 수 있다. 그런데 보통 정부활동의 계획이라는 것이 암묵적
이든 명시적이든 따로 있는 경우가 많다. 예컨대, 대통령 선거시 공약내용은 임기
중에 달성하겠다는 계획이다. 그런데 이것이 예산에 반영되지 않는다면, 공약(公
約)이 공약(空約)이 될 수밖에 없을 것이다.

기획과 정책은 유사한 개념이고, 적어도 행정기관 기준으로 본다면 양자가 서로 같은 방향으로 가야 한다. 우리는 영어의 Planning을 기획이라고 번역하기도 하고, 계획이라고 번역하기도 한다. 미래에 대한 대비를 한다는 측면에서 크고 작은 계획을 만드는 '활동'은 '기획(planning)'이라고 한다. 그러나 기획활동을 통해 만들어낸 문서(plan)를 '…계획'이라고 하지 '…기획'이라고 하지는 않는다. 현상으로서 보면 기획과 정책은 동일한 것이며, 다만 쓰임새, 즉 용도 차이가 있다. 그 이유는 기획과 정책이 모두 목표 설정과 그 목표 달성을 위한 수단, 그리고 목표와 수단과의 인과관계에 초점을 두고 있기 때문이다(신무섭, 2014: 284). 기획을 미래를 생각하는 종합적 행정기법으로 보는 시각도 있다. 이들은 전략적 기획(strategic planning)이란 개념을 사용한다(John M. Bryson, 2011). 또한 기획보다 정책을 상위 개념으로 보는 입장과 하나의 기획에도 여러 개의 정책이 포함될 수 있다는, 정책보다 기획을 상위 개념으로 보는 입장이 있다.

우리나라 정부에서도 각종 계획이 수립되고 있다. 원래 박정희정부의 경제개발 5개년계획도 처음에는 따로 운영되었다. 중반기 이후에는 예산을 편성할 때 반드시 5개년계획 안에 있는 것임을 확인해야 했다. 즉, 예산과 계획이 연계될 때 계획이 힘을 발휘하는 것을 늦게나마 인식한 것이다.[5] 이후 각 부처에서는 부처별로 크고 작은 계획을 양산하게 되었다. 계획을 전적으로 담당하는 부서도 있다. 정부에 따라 부서의 명칭이 바뀌기는 하지만, 기획담당관, 기획조정실 등이 그것이다. 이와 같이 미래의 불확실성에 대한 대비책으로서 계획이 존재하고, 또한 필요한 것이다.

한편, 이러한 계획에는 여러 가지 종류가 있다.

먼저, 계획 기간을 기준으로 보면, 장기계획, 중기계획, 단기계획이 있다. 보통 행정기관에서는 장기계획은 10년 정도를 생각한다. 1990년대 우리나라에 정보화추진계획이 수립되어 성공적으로 추진된 바 있다. 중기계획은 3년-5년 정도를 의미하는데, 우리나라에서 1960년대 이후 추진한 바 있는 경제개발 5개년계획이 그 대표적인 예다. 단기계획은 보통 1년을 지칭하는 것으로 사실상 그 행정기관의 1년 예산을 편성할 때 녹아들어가 있다.

두 번째로, 특별한 정책분야의 계획을 수립하기도 한다. 경제계획, 사회계획 등 대부분의 부처가 상술한 기간별 계획과 결합하여 수립한다. 특히 미흡한 문제가 있지만, 그것을 하루 아침에 해결하기 어려울 때 이런 계획을 수립한다. 산업

---

5 미국에서 예산을 계획과 연결시키려는 노력이 1965년 존슨대통령이 도입한 계획예산제도(PPBS)이다. 계획뿐만 아니라, 좀 더 구체적인 정책, 즉 프로그램까지 연결시키려는 노력이다. 여기에는 비용/편익분석(B/C) 등의 기법이 뒷받침되어야 한다.

표 9-3 | 계획의 비교

요소 계획종류	목표 수준	담당 기관	관심 대상	예시
발전계획	발전목표	중앙기획기구	가치, 규범	경제사회발전 5개년계획
부문계획	부문목표	각 부처	가치, 전략	보건의료 부문, 과학기술 부문계획
사업계획	사업목표	해당 국	전략, 관리	보건계획, 도시계획, 교통계획
세부사업계획	세부목표	해당 과	목표, 관리	시장현대화 계획, 영세민대책

출처: 신무섭(2014: 291).

화가 추진됨에 따라 농촌의 생활수준이 하락하여 매년 농외소득증대계획을 수립한 것이나, 선진국에 비하여 낙후된 항공산업발전을 위해 항공산업발전기본계획(2010-2019)을 수립한 것이 그 예이다.

　세 번째로, 계획의 수준에 따라서 발전계획, 부문계획, 사업계획, 세부사업계획으로 나눌 수 있다(신무섭, 2014: 208). 발전계획(development plan)은 바람직한 사회 변화를 이루기 위해 모든 분야를 포괄하는 총괄계획(comprehensive plan)을 의미한다. 1962년부터 우리나라에서 추진한 바 있는 경제개발 5개년계획이 대표적인 예로, 정부 전체에서 자원을 전략적으로 배분하는 데 적합하다. 발전계획을 모든 분야를 포함하는 총괄적 계획이라고 한다면, 부문계획(sectoral plan)은 경제·재정·사회·교육·농업·과학기술 등의 정책부문 계획을 의미한다. 발전계획이 부문계획과 잘 연동이 되어 있어야, 추진하는 주체인 부처들의 업무가 같은 방향으로 나아갈 수 있다. 사업계획(program plan)은 부문계획보다 더 구체적인 것이다. 그리고 사업계획보다 더 구체적인 것이 세부사업계획(project planning)인데, 구체적인 행동계획(action plan)이라고 할 수 있다.

　이렇게 계획을 수준별로 나누는 것은 그 종합성과 구체성이라는 기준이지만, 실제로 이를 추진하는 기관이 행정조직도표상 다르기 때문이기도 하다. 발전계획은 대통령 수준, 부문계획은 각 부 장관 수준, 사업계획은 '국' 수준, 세부사업계획은 '과' 수준에서 담당한다고 할 수 있다. 물론 대통령이 직접 계획을 집행하는 일은 거의 없으므로 가장 중요한 것은 최하위단위인 세부사업계획(즉, 과장 수준)이다. 즉, 전체와 부분 간에 목표-수단 관계가 분명하게 연결되고, 아울러 예산과의 관계가 명백해지면, 그 만큼 높은 성과를 낼 수 있다.

　하지만 각 부처가 정책기능별로 조직되어 있기 때문에 예산이 부문계획에 의해 이뤄져도 전체를 볼 수 없거나 중복되는 것을 막지 못한다는 한계가 있다. 나아가서 우리나라의 경우 심각한 부처이기주의 문화도 작용한다. 이러한 문제를 극복하기 위해 프랑스 정부가 시도하고 있는 것이 부처의 경계를 넘어선 부문별 예산을 수립하고, 그 단위별로 책임장관을 지정하는 프로그램예산제도[6]이다. 예컨대 기존에는 과학기술부문계획의 경우, 과학기술부 장관(현 조직으로는 과학기술정보통신부)의 조직 내부에만 국한되었다. 그런데 실제 과학기술부문은 대학의 연구활동(교육부), 산업부 등 다른 분야에서도 정책이 추진된다. 이러한 부처 간 경계를 넘어서는 '프로그램별' 예산을 수립하고, 이를 다시 구체화시키는 하위단위의 예산을 수립하는 것이다.

제 2 절 예산의 1년 주기

I. 예산과정

1. 회계연도

정부에서 돈을 사용하여 하는 활동은 시작과 끝을 나타내는 시점이 필요하다. 여기서 회계연도라는 개념이 사용된다. 다시 말하면 회계연도란 예산의 유효기간을 뜻한다. 회계연도는 대개 1년으로 하고 있는데, 이는 편리함 때문이지 철칙은 아니다.

우리나라는 역년주의, 달력의 한해를 중심으로 1월부터 12월까지를 1회계연도로 보고 있다. 반면에 미국은 10월부터 이듬해 9월까지가 1회계연도이고, 일본의 경우는 4월 1일에 예산회기가 시작된다. 이처럼 회계연도는 그 출발시점은 다르지만 기본적으로 1년을 단위로 하고 있다는 점은 같다.

예산에 관한 활동은 회계연도를 중심으로 하여 일정한 주기를 가지고 반복되는 특성이 있다. 이렇게 반복되는 일정한 주기를 예산주기 또는 예산순기라고 부른다. 예산주기는 하나의 시점에서 여러 개의 주기가 동시에 진행되고 있기 때문

회계연도
수입지출상황을 명확히 하고 재정을 효과적으로 통제하기 위해 설정된 일정기간을 말한다.

6 여기서 말하는 프랑스의 program예산은 신무섭 교수의 부문계획(sectoral plan)의 수준을 의미한다. 이는 부처간 칸막이를 벗어날 수 있다는 장점이 있다.

에 중복되어 있다. 이것은 그 나라의 법률에 의해 규정된 것으로 인위적 제도이다.

다음 〈그림 9-3〉은 우리나라의 예산순기를 구체적으로 나타내고 있다. 즉, 예산과정은 예산의 편성·심의 및 결정과정과 집행과정, 그리고 결산과정으로 구분해 볼 수 있다. 올해 편성된 예산은 내년에 집행되고 내후년에 결산심사를 받게 되기 때문에 하나의 예산을 기준으로 한다면 예산과정은 3년으로 볼 수 있다. 정부의 입장에서 보면 2018년에는 다음해인 2019년 예산을 편성하고, 2017년에 국회가 결정한 2018년 예산을 집행하고, 전년도인 2017년도에 예산사용을 완료한 부분에 대한 결산을 하게 된다. 가을에 열리는 정기국회의 경우는 2019년도 예산에 대한 심의와 2017년도 결산심의를 동시에 하게 된다.

그림 9-3 ㅣ 예산순기

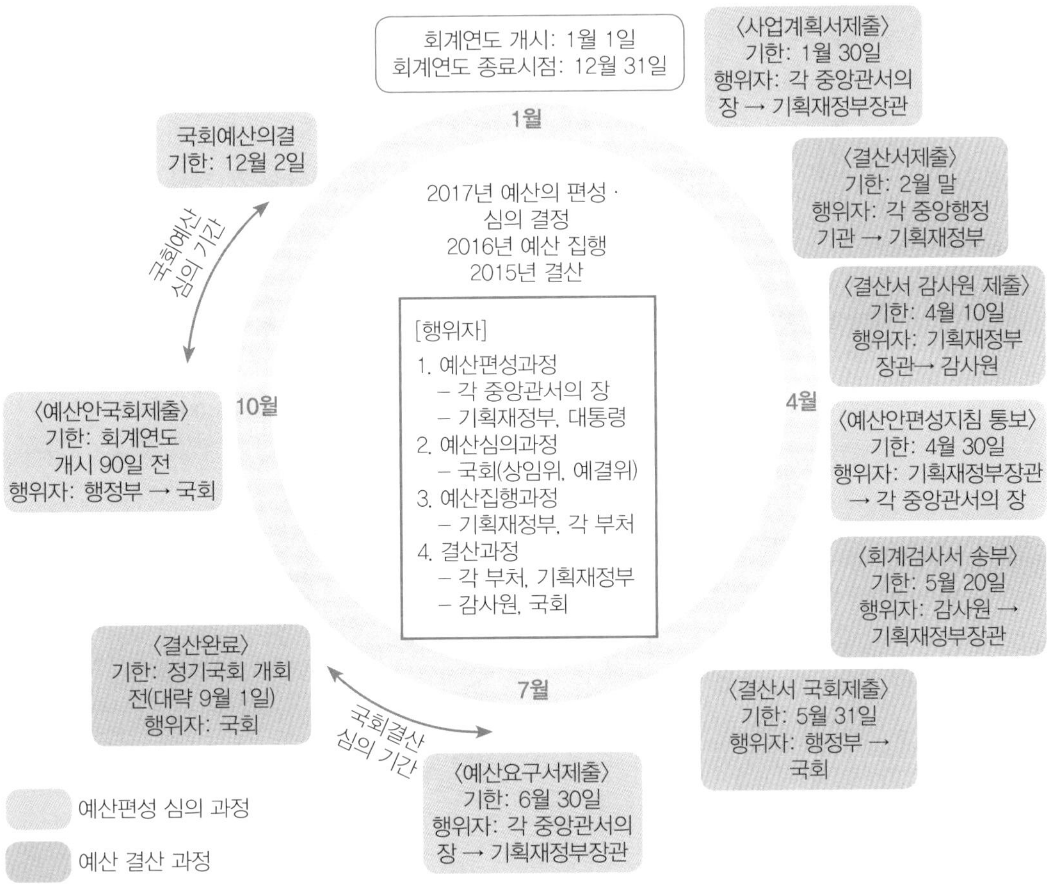

2. 세수예측

　　예산활동을 하기 전에 제일 먼저 알아야 할 것은 과연 내년 국가재정에서 수입이 얼마나 될 것인가라는 정보이다. '돈을 어떻게 쓸 것인가'를 결정하기 전에 '과연 수입이 얼마인가'를 아는 것이 필요하기 때문이다. 하지만 세입이 얼마나 될 것인가를 예측하는 것은 매우 어려운 작업이다.

　　세입을 예측하는 방법은 몇 가지가 있다(윤영진, 2014: 331-336).[7] 첫째, 추세분석(trend analysis)은 과거의 정보를 분석하여, 미래에도 비슷한 경향이 계속될 것이라고 보고 세입액을 구하는 것이다. 둘째, 시계열분석(time series analysis)은 추세분석보다 좀 더 정교한 것으로, 미래치는 단순히 과거의 연장선일 뿐만 아니라 이에 더하여 계절요인, 순환적 요인, 그리고 오차요인으로 구성된다. 셋째, 회귀분석모형은 세입에 미치는 여러 독립변수를 선정하여, 회귀방정식을 만든 후 통계적으로 유의미한가를 판단한다. 보통 세수(稅收)에 영향을 미치는 변수로서 GNP, 비농림어업 GNP, 민간소비지출, 최종소비지출, 설비투자, 수출, 수입 등을 사용한다. 넷째, 계량경제모형은 그 나라의 경제의 종합적 현상과 관련된 것으로 보고, 그 경제에 작용하는 내생변수와 외생변수 간의 관계를 통하여 추계하는 방식이다. 마지막으로 모의실험 방법이 있는데, 이것은 미시적 자료를 가지고 시뮬레이션 모델을 만들어 추산하는 방법이다.

그림 9-4 | 예측방법의 비용/정확도

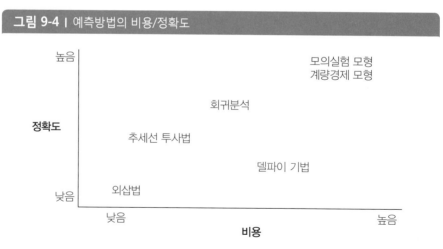

출처: 윤영진(2010: 341).

---

　　7 대체로 정책분석에서 사용하는 방법을 여기에도 사용할 수 있다.

그런데 이들 방법은 그 정확도에서 차이가 날 뿐만 아니라, 실제로 활용하는 데 소요되는 비용면에서도 차이가 있다. 대체로 정확도를 높이려면, 그 만큼 비용이 많이 드는 비례관계가 있다(그림 9-4 참조).

예산의 편성

1. 전통적 예산편성 방법

예산의 편성은 예산과정의 시작점이다. 행정부 내에서 각 행정관서가 내년에 어디에 돈을 쓸 것인지 용도를 공식화하는 것이다. 즉, 국회에 예산안을 내야 하는 행정부 내부에서 일어나는 것이 예산편성이다.

예산편성은 중앙정부의 수준에서 전체 예산의 규모를 조정하고 재정운영계획을 확정하는 것이기 때문에 매우 중요하다. 이러한 점에서 예산편성과 기획은 상호 깊은 관계가 있다(신무섭, 2014: 284). 예산편성의 과정면에서 볼 때, 각 부처로부터 시작해서 중앙예산기구로 올라가는 상향식 예산결정과정(bottom-up)을 미시적 예산결정이라고 한다. 반면에 중앙예산기관이 예산편성의 주도권을 가지고 위에서부터 순차적으로 예산액을 결정하여 그 범위내에서 예산을 편성하도록 하는 하향식 예산결정과정(top-down)을 거시적 예산결정과정이라고 한다.

내년 세수입이 얼마나 될 것인가 추계가 되고 나면, 예산부처(기획재정부)는 각 부처가 참고하여야 하는 가이드라인을 서술한 '예산안 편성지침'을 행정관서에 내려 보낸다.

> "각 중앙관서의 장은 예산안편성지침에 따라 그 소관에 속하는 다음 연도의 세입세출예산·계속비·명시이월비 및 국고채무부담행위 요구서를 작성하여 매년 5월 31일까지 기획재정부장관에게 제출한다(국가재정법 제31조 제1항).
> 기획재정부장관은 제1항의 규정에 따라 제출된 예산요구서가 제29조의 규정에 따른 예산안편성지침에 부합하지 아니하는 때에는 기한을 정하여 이를 수정 또는 보완하도록 요구할 수 있다(국가재정법 제31조 제3항)."

예산편성과정의 시작은 예산요구서의 작성이다. 예산편성단계의 게임은 예산담당부처(즉, 기획재정부 예산실)와 각 부처 간의 협상이 주가 된다. 즉, 각 부

예산요구서
통보받은 예산안편성지침에 따라 각 중앙관서가 내년도 사업계획을 추진하기 위해 필요한 재원을 예산실에 요구하는 서류

처는 지출예산액을 가능한한 많이 확대하려는 전략을 추구한다. 돈이 곧 그 조직의 활동을 진작시키기도 하고 위축시키기도 하기 때문이다. 각 부처는 특정사업의 타당성을 강조하고 부처의 고객집단을 활용하여 예산기관의 신뢰를 확보하려고 한다.

이러한 보편적인 전략과 함께 각 부처는 정부의 역점사업과 관련 있는 사업을 개발하여 예산을 획득하려는 방법,[8] 정치적으로 지지도가 높은 사업의 우선순위를 지지도가 낮은 사업보다 낮은 우선순위에 둠으로써 모든 사업예산을 확보하려는 방법, 부처가 우선적으로 추진하고자 하는 사업의 경우 초기에는 적은 예산을 할당하여 저항을 극복한 이후 이를 점차 확대하는 방법, 사업내용의 계량화와 B/C분석과 같은 기법을 사용하여 타당성을 입증하려는 방법과 같은 상황적 전략을 추진하기도 한다. 이러한 방법 이외에도 비공식적으로 학연·지연을 이용해 영향력을 행사하거나, 언론매체를 이용하고, 기관장의 정치적 역량을 활용하는 방법을 사용한다.

중앙예산기구인 기획재정부는 '삭감전략'을 추구한다. 특히 과거에는 각 부처가 예산을 요구하게 하고, 예산실이 이를 깎는 방식의 bottom-up 방식이었다. 그래서 각 부처는 아무리 정직하게 해도 어차피 예산실 심의에서 삭감될 것이라 예상하였기 때문에 무조건 터무니 없이 많은 예산을 요구하는 경향이 있었다.

2. 하향식 예산편성 방법

각 부처는 예산을 부풀리고 예산실은 대폭 삭감하는 기존의 예산편성 방식이 낭비적이라는 문제의식하에 2005년부터 예산편성방법에 획기적 개혁을 시도하였다. 예산실에서 각 중앙관서에 배분가능한 최대 예산액수를 정해서 알려주고 이를 기준으로 각 부처가 예산을 요구하는 예산총액배분 자율편성제도, 즉 top-down 방식을 도입한 것이다. 재정적자를 줄이기 위한 취지에서 생긴 것으로 총액 내에서 예산을 편성하기 때문에 정부예산의 증가를 막을 뿐만 아니라, 각 중앙행정기관이 자율적으로 예산을 편성한다는 장점이 있다(Blondal, 2003).[9]

그러나 Top-down제도를 시행하면서 과거의 미시적인 사정보다는 전체적인

Top down 예산편성제도
중앙예산기관이 예산총액을 사전에 결정하여, 이를 중앙행정기관별로 예산한도로 분배한 후, 이들 각 부처가 자율적으로 사업별로 예산을 배분하는 제도

8 예를 들면 이명박 정부가 강조했던 '녹색성장'이나 박근혜 정부가 강조하는 '창조경제' 관련 사업을 개발하는 것이다.
9 우리나라는 이 새로운 제도를 도입하면서, 각 부처의 자율적 예산편성능력을 향상시킨다는 명분하에 각 부처의 과장급인 예산담당관을 국장급인 재정기획관으로 승격시켰다. 이면에는 관료팽창 경향도 엿볼 수 있다.

총액단위의 사정을 하게 된 면도 있지만, 기본적으로 삭감 전략은 변함없다고 볼 수 있다. 예산실이 사실상 각 행정기관의 세부사업까지 간여하는 행태가 계속되고 있기 때문이다.

중앙예산기구는 각 부처에게 예산총액 및 특정 사업의 금액을 미리 할당(fixed-ceiling)하는 전략, 부처의 총액한도는 제한하지만 개별사업에 대해서는 제한을 두지 않는 방법(open-end budgeting), 업무량 및 단위 원가를 결정하여 이를 토대로 예산안을 산정하는 방법, 전년도에 대비하여 증액된 항목만을 대상으로 사정을 하는 방법, 부처에게 사업 간의 우선순위를 명시하도록 하고 이를 반영하는 전략 등을 사용한다.

읽을거리

예산요구서의 작성, 제출

과거 상향식(bottom-up) 예산제도 아래서는 예산당국이 구체적인 재정사업에 대해 사업의 타당성이나 투자방향 등 거시적인 국가재원 배분방향뿐만 아니라 세부 사업내역이나 경비 지출항목 등 미시적인 사항까지 검토·조정 작업을 직접 수행하였다. 따라서 각 중앙관서는 일선 집행기관이나 지방자치단체, 이해집단 등의 예산요구에 대해 정책 우선순위의 조정이나 국가재원의 효율적 활용방안에 대한 고려보다, 소관업무 추진을 위해 필요한 예산사업을 발굴하고 소요예산을 최대한 확보하는 데 우선적인 노력을 경주하였다. 이러한 예산행태에 따라 매년도 각 중앙관서가 예산당국에 제출하는 예산규모는 전년보다 엄청나게 증가하는 모습을 보여왔다.

그러나 하향식(top-down) 예산제도가 도입된 2005년 이후 예산당국은 예산과정에서 예산당국과 중앙관서 간의 역할분담 체계를 재정립하였다. 예산당국의 기능은 거시적인 재정운영방향의 정립, 총재정지출 규모의 책정, 분야별 지출한도 및 투자방향의 설정 등에 중점

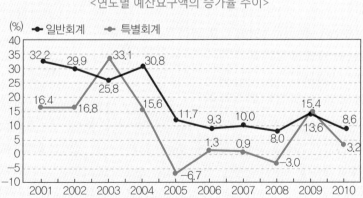

<연도별 예산요구액의 증가율 추이>

을 두는 반면, 설정된 분야별·부처별 지출한도 내에서 세부 예산사업에 대한 재원배분이나 경비 지출비목의 결정은 해당 중앙관서의 자율에 맡기도록 하였다. 이러한 예산편성에서의 부처 간 역할분담의 결과 각 중앙관서가 예산당국에 제출한 예산 요구액의 증가율은 큰 폭으로 떨어지게 되었다. 아래의 그림은 연도별 예산요구액의 증가율 추이를 잘 보여주고 있다.

이러한 현상은 종래 각 중앙관서들의 예산요구액 부풀리기 관행을 탈피하고 한정된 지출한도에서 정책우선순위를 점검하는 일에 역점을 두게 되었다는 긍정적인 효과를 가져왔다고 할 수 있다. 그러나 부분적으로는 국회심의 등 정치적 과정을 통해 해당 예산이 반영될 것으로 예상되는 사업의 소요예산을 의도적으로 누락하고 부처차원에서 추진하고 싶은 사업을 중심으로 예산을 요구하는 사례 등 제도변경에 따른 부작용도 발생하고 있다. 또한 당초 배분된 분야별·부처별 지출한도 내에서 각 중앙관서가 편성한 예산요구서가 국회에 제출되는 정부예산안에 제대로 반영되지 않고 예산당국에 의해 수정되고 있다.

출처: 강태혁(2013: 210).

Ⅲ. 예산의 심의

예산심의
행정부가 제출한 예산안을 입법부가 검토하고 예산을 최종적으로 조정·배분하는 과정

행정부가 편성한 예산안에 대해서 국민의 대표 기관인 의회가 이를 검토하고 수정한 후 승인되어야 한다. 민주주의제도는 행정의 관점에서 편성된 정부의 예산안을 입법부가 정치적 관점에서 검토하는 과정을 필수요건으로 한다. 이는 재정민주주의의 중요한 요건이기도 하다.

정부가 제출한 예산안을 그대로 승인하기보다는 의회에 의해서 수정되는 것이 보통이다. 그러나 그 수정되는 정도가 정부형태(대통령 중심제와 합의제 모형, 웨스트민스터 모델 등), 정당체제와 선거제도의 특징(양당제와 다당제, 소선구제와 비례대표제 등), 의회의 구성(단원제와 양원제), 의회 내 위원회제도의 특징, 의회 내 예산 관련 전문조직의 존재 여부에 따라 다르다. 한국의 경우, 보통 의회의 예산안에 대한 수정 정도가 '약간의 수정 후' 의결되는 것으로 나타났다(하연섭, 2010: 145-148).

국회내 예산심의과정은 시정연설 → 상임위원회의 예비심사 → 예산결산특별위원회의 종합심사 → 본회의 심의·의결로 이루어진다. 좀 더 구체적으로 살펴보면 기획재정부가 10월 2일까지 국회에 예산안을 제출하면 국회전체회의에서 보통 국무총리나 대통령이 정책방향에 대한 연설을 한다. 이 시정연설이 끝나면, 예산안은 각 부처를 담당하는 상임위원회가 나누어서 심의를 담당한다.

각 상임위원회의 심사가 끝난 안을 종합하여 예산결산특별위원회의 심사가 이뤄진다. 이 과정에서 이뤄지는 예산안조정소위원회의 회의는 각 사업별로 구체적인 예산금액을 조정한다. 우리나라 예산심의과정에서 가장 실질적이며 구체적인 금액조정이 이루어지는 단계이다. 그런데 이 과정에서 정부예산이 증액되는 경우에는 행정부의 사전 동의를 받는 절차를 거쳐야 한다(헌법 제57조).

예산결산특별위원회의 종합심사가 끝나면 본회의에서 예결위의 안에 대한 질의 및 토론이 이루어지며, 마지막으로 국회 본회의에서 예산안을 의결함으로써 이듬해의 예산이 확정된다.

예산심의는 가을 정기국회시 짧은 기간 내에 400조원에 달하는 거대한 액수를 심사하는 과정이다. 그러나 시간이 부족하기 때문에 그리 용이한 작업은 아니다. 각 의원들의 보좌관은 물론이고, 각 상임위원회에 속해있는 전문위원, 그리고 예산정책처 직원들의 전문적 지원을 받는데도 말이다. 예산심의는 각 사업의 우선순위에 대해서 검토하고, 그 타당성을 심의하는 것이 주가 되어야 한다. 한정된 자원을 가지고 사회의 많은 요구를 충족시키는 쪽으로 예산이 배분되어야 하기 때문이다.

구체적 심의내용은 주로 각 사업별 예산의 규모가 적절한가를 보는 것이 중점이 된다. 재정의 건전성이라는 측면과 국민의 혈세를 낭비하지 말아야 한다는 필요성이 있기 때문이다. 특히 신규 사업비에 대해 관심이 집중되기 마련이다. 그러나 계속 사업비의 경우 그것이 중기재정계획과 연결되었는가를 본다.

주목할 것은 국회에서 이뤄지는 예산의 심의·의결의 과정은 기본적으로 정치적인 과정이라는 점이다. 지역 간, 계층 간 균형이라는 가치도 중요하게 고려된다. 국회의원들은 자신의 지역구에 선심성 사업 예산을 확보하기 위해서 치열한 노력을 기울인다. 이 과정에서 능력있는 국회의원은 자신의 지역구에 많은 예산을 따내는 의원으로 여겨지기도 한다.

비록 행정부의 예산안을 합리적으로 비판하는 것으로 보이지만, 실제로는 국회의원들의 개인적 이해관계가 철저히 작용한다. 선심예산이 의결되는 경우가 많다. 따라서 국회의원들의 책임성을 증가시키는 방향으로 개혁이 이뤄져야 한다. 책임성을 강화하는 미국의 제도인 'pay go'를 참고할 만하다.

pay go제도
미국의회에서 법률안을 심의할 때 적용하는 원칙이다. 구체적으로 '새로운 정책을 도입할 때는 소요되는 재원에 대해서도 대안을 제시해야 한다'는 것으로 기존 정책 폐지와 조세 증가 등의 방법을 생각할 수 있다.

Ⅳ. 예산의 집행

1. 예산집행의 원칙

아무리 이상적인 예산이 편성되고 심의의결되었다고 해도, 그것이 실제로 집행되지 않으면 행정의 목적은 달성될 수 없다. 구체적으로 예산의 배정, 자금의 배정, 재화와 서비스의 구매결정, 납품 및 검수, 수표의 발행 및 지급, 전자결재수단을 사용한 지급 등의 행위가 필요하다. 행정의 목적을 돈을 통해 실현시키기 위해서는 예산집행이 필요하다. 여기서는 실제로 돈의 흐름이라는 측면에만 국한하여 조명한다.[10]

국민의 혈세인 예산을 집행하는 데 아무런 원칙 없이 이뤄져서는 안 된다. 예산집행시 지켜야 할 원칙은 다음과 같다(하연섭, 2014: 170ff).

첫째, 입법부의 의도 준수이다. 행정부는 입법부의 의도를 준수하면서 예산을 집행해야 한다. 이때 입법부의 의도란 재정적 측면뿐만 아니라 예산에 담긴 정책적 의도까지 포함하는 개념으로서, 예산집행을 통해 입법부가 당초 의도한 정책목표를 실현할 수 있어야 한다.

둘째, 예산의 통제이다. 전통적으로 예산의 부적절한 사용과 낭비를 방지하고 예산절약을 기해야하는 통제의 원칙이 예산집행에도 적용된다. 예산을 제대로 통제하지 못한 정부는 국민들의 불신을 자초할 수밖에 없기 때문이다

셋째, 신축성의 유지이다. 이는 예산의 통제와는 반대되는 개념으로 예산안을 제출할 때와 예산을 집행할 때에 시차가 있고 미처 예상하지 못하였던 상황에 대해 신축적인 예산 운용이 필요하기 때문에 중요한 개념이다. 구체적인 예산의 신축성 유지 방법에는 이용(移用), 전용(轉用), 이체(移替), 예비비, 추가경정예산, 이월, 계속비, 국고채무부담행위 등이 있다.

넷째, 예산운용의 효율성과 효과성 제고이다. 이는 최근에 와서 강조되기 시작한 예산집행의 목적으로 이를 위해서는 투입에 대한 세부적인 통제로부터 벗어나 예산운용과정에서 집행기관에 상당한 자율성을 보장해 줄 필요가 있으며, 투입보다는 예산집행의 결과에 초점을 맞출 필요가 있다.

---

10 예산의 집행은 제6장 '정책'의 정책집행론과 연결해서 생각하면 된다. 정책집행은 정책 혹은 정부사업, 프로그램 위주로 생각하는 것이다. 1년 단위로 마감을 해야 하는 예산집행과는 달리 시간적으로 볼 때, 정책집행은 1년 주기일 수도 있고 아닐 수도 있다.

예산집행
행정부 공무원들이 예산서가 정한 범위 내에서 돈을 실제로 지출하는 것

예산집행의 신축성을 위한 제도

- 예산의 이용: 국회가 통제하는 입법과목 간(즉, 장, 관, 항)의 칸막이를 넘는 예산의 활용. 국회의 동의가 필요.
- 예산의 전용: 행정과목 간(즉, 예산의 세항, 목)을 넘는 예산의 융통성있는 활용. 예산담당장관 승인 필요.
- 예산의 이체: 기구통폐합으로 예산주체가 변화되는 경우, 구기구에서 신기구로 예산이 이동하는 것.
- 예산의 이월: 다음 연도로 예산을 넘겨 사용하는 제도. 세출예산 중 경비의 성질상 연도 내에 지출을 끝내지 못할 것이 예측되는 때에는 그 취지를 세입세출예산에 명시하여 미리 국회의 승인을 얻은 후 다음 연도에 이월하여 사용할 수 있다(국가재정법 제24조).
- 추가경정예산: 예산의 집행과정에 다시 행정부에서 추가로 제출되는 별도의 예산. 국가재정법 제89조는 자연재해, 경제위기 등 대내·외 여건에 중대한 변화가 생겼거나 발생할 우려가 있을 때, 그리고 법령에 따른 의무적 지출경비가 발생하거나 증가하는 경우로 이를 제한. 실제로는 매년 몇 차례 추가경정예산이 편성되는 것이 보통임.
- 계속비: 완성에 수년도를 요하는 공사나 제조 및 연구개발사업은 그 경비의 총액과 연부액(年賦額)을 정하여 미리 국회의 의결을 얻은 범위 안에서 수년도에 걸쳐서 지출할 수 있다. 규정상 국가가 지출할 수 있는 연한은 그 회계연도부터 5년 이내이지만 필요하다고 인정하는 때에는 국회의 의결을 거쳐 그 연한을 연장할 수 있다(국가재정법 제23조).
- 국고채무부담행위: 국가는 법률에 따른 것과 세출예산금액 또는 계속비의 총액의 범위 안의 것 외에 채무를 부담하는 행위. 미리 예산으로써 국회의 의결을 얻어야 함. 또한 국가는 재해복구를 위하여 필요한 때에는 회계연도마다 국회의 의결을 얻은 범위 안에서 채무를 부담하는 행위를 할 수 있는데 이 경우 그 행위는 일반회계 예비비의 사용절차에 준하여 집행. 이처럼 국고채무부담행위는 사항마다 그 필요한 이유를 명백히 하고 그 행위를 할 연도 및 상환연도와 채무부담의 금액을 표시하도록 함(국가재정법 제25조).

2. 예산의 배정

예산이 국회에서 확정되었다고 해서 중앙행정기관이 금방 돈을 쓸 수 있는 것은 아니다. 1년치 세금을 1월 1일자로 모두 거둬져서 그냥 쓰기만 되는 것이 아니기 때문이다. 기획재정부는 예산배정계획을 세워 연중 어떻게 예산을 중앙행정기관에 내려보낼 것인가를 결정한다.

국가재정법에 의하면, 각 중앙관서의 장은 예산이 확정된 후 사업운영계획 등을 포함한 예산배정요구서를 기획재정부장관에게 제출해야 한다. 기획재정부장관은 이에 따라 분기별 예산배정계획을 작성하여 국무회의의 심의를 거친 후 대

예산배정계획 기획재정부가 각 행정부서에게 지출을 할 수 있는 권한을 부여하는 행위를 의미하는 것으로 주로 분기별로 이루어진다.

통령의 승인을 얻어야 한다. 이러한 절차를 거쳐 각 부처에 예산을 배정할 때에 기획재정부장관은 이를 감사원에 통지하여야 한다(국가재정법 제42, 43조).

예산배정계획이 있다고 해서 행정기관에 실제로 돈이 내려오는 것은 아니다. 서류상으로 돈을 쓸 수 있다는 권한만 내려온 것이다. 실제로는 수립된 자금배정 계획에 근거하여 기재부가 돈을 각 지출기관에 분기별로 교부해야 한다.

이와 같이 예산의 배정에 따라 예산을 지급받은 각 중앙행정기관 등 상위기관은 다시 그 실무부서와 하위기관에 예산을 재배정한다. 즉, 예산재배정은 각 행정기관의 내부에서 이루어지는 절차이다. 행정부처의 장이 실무부서에게 지출을 할 수 있는 권한을 주는 과정인데 이는 월별로 이루어지는 경우가 많다.

실제로 세금 등 세입은 국고은행인 한국은행으로 모아진다. 그리고 자금배정계획에 따라 해당 국고관리대리점으로 이전된다. 각 행정기관은 보통의 시중은행중 국고대리지점에 계좌를 지정하여 운영한다. 이 은행이 한국은행 국고대리점 역할을 한다. 즉, 예산이 배정되어도 해당 행정관서가 직접 현금을 보관하는 것은 아니다.

3. 예산의 지출

이제 정말 돈을 지출할 차례이다. 그런데 여기에도 복잡한 절차가 있다. 예산을 집행할 때에는 보수 등 법령에 따라 지급하는 것과 계약, 주문, 구매 등을 통해 지출되는 것으로 나눌 수 있다. 이와 같이 배정받은 예산을 실제로 지출이 이루어지게끔 하는 행위를 지출원인행위라고 한다. 이러한 지출원인행위에 따라서 카드를 사용하거나, 현금을 지급하거나, 계좌이체를 하는 것이 지출이다. 그리고 지출은 국고관리은행을 통해서 이뤄진다.

지출원인행위와 실제지출은 각각 다른 사람이 하도록 되어 있다. 따라서 규모가 작더라도 모든 행정관서에는 재무관과 지출관이 지정되어 있다. 보통 재무관은 그 기관의 기관장이고, 지출관은 회계담당 최고위 직원이다(즉, 보통 총무과장 혹은 회계과장이란 명칭). 재무관과 지출관은 원칙적으로 겸임할 수 없도록 되어 있다(윤영진, 2014: 202). 이렇게 복잡하게 제도를 만든 이유는 돈에 관해서는 항상 사고가 날 수 있기 때문이다. 두 사람에게 권한을 나눠줌으로서 권력분리 (seperation of power)의 원칙을 적용한 것이다. 즉, 지출을 하는 문서에는 이 둘의 서명을 함께 요구함으로써 향후 책임도 지게 하는 것이다.

선진국일수록 지출관의 독립성이 보장된다. 지출관은 오직 회계의 원칙(즉,

지출원인행위
예산을 지출할 권한이 있는 공직자가 지출을 하기로 공식적으로 결정하는 행위

합법성)에 의해서만 지출을 통제하려는 성향이 있다. 그러나 재무관은 기관의 임무를 수행하기 위해, 좀더 고도의 '정치적(?)' 판단을 하고자 한다. 후진국일수록 총무과장은 기관장의 수족과 같아서 견제기능을 수행하지 못한다. 부패가 일어나기 좋은 구조로 되어 있는 것이다.

Ⅴ. 예산의 결산

예산이 다음 해에 이뤄질 예산 사용에 대한 계획서라고 한다면(즉, 미래형), 결산은 이미 이뤄진 세입과 세출을 확정하는 것이다(즉, 과거형). 각 행정기관에서는 매년도 말에 한 해 동안 지출한 것을 종합적으로 나타내는 결산서를 작성한다. 예산집행에서 설명한 재무관, 지출관을 통해 엄격히 이뤄진 지출행위가 일련의 과정의 마지막 단계는 아니다. 지출행위가 이뤄진 직후에는 필요한 증빙서류, 즉 영수증을 보관하도록 되어 있다. 따라서 정상적으로 작동하는 회계부서는 1년 동안 이뤄진 각종 지출행위에 대해서 각종 회계규정에 따라 관련 증빙서류를 모두 축적하고 있다.

> **결산**
> 예산과정의 마지막 단계로서, 세입과 세출의 결과를 확정된 계수로 표시하는 행위

그럼에도 불구하고, 1년 동안 이뤄진 지출행위를 문서로 총정리하는 결산서를 작성하는 작업은 상당히 많은 노력을 필요로 한다. 연말에 담당직원은 거의 정시퇴근을 하지 못할 정도로 바쁘다. 1년 단위로 일어나는 이런 집계작업을 더욱 명확히 하기 위해, 일반부서의 직원들은 지출원인 행위를 좀 더 일찍(예컨대 12월 20일) 종료하도록 내부적으로 정한다.

각 행정단위조직에서 작성된 결산서는 상위단위 조직으로 합산되어 결국 정부 전체의 것으로 모습을 그리게 된다. 행정부가 집행한 예산은 행정부를 견제하는 권한이 있는 국회가 승인을 해야 비로소 법적으로 정당하게 종결을 하게 된다. 이는 재정집행에 대한 사후적 심의를 통하여 재정운용의 적법성과 타당성을 확인하고 재정집행을 최종 승인한다는 의미를 지닌다.

전년도 국가결산보고서가 5월 31일까지 국회에 제출되면, 국회 내에서는 예산심의와 동일한 절차를 밟아 결산을 심의·의결한다. 그런데 결산은 사후적이기 때문에 이를 통해서 실질적 재정 통제를 하는 것에는 한계를 지닐 수밖에 없다. 결산은 이미 이뤄진 지출행위에 대한 사실 보고서이기 때문에 비록 잘못된 것이 있어도 그 자체로 강제력을 가지고 있지는 않다(윤영진, 2014: 209).

이를 해결하기 위해서 우리나라 국회법(제84조 제 2 항)은 결산의 심사결과

위법 또는 부당한 사항이 있는 경우, 정부 또는 해당 기관에 변상 및 징계조치 등 그 시정을 요구할 수 있고, 정부 또는 해당 기관은 시정요구를 받은 사항을 지체 없이 처리하여 그 결과를 국회에 보고하도록 규정하고 있다.

또한 결산에는 단순한 통제기능보다는 목표달성도를 관리하는 기능도 최근 추가되었다. 국가재정법과 국가회계법에 의하면 2009 회계연도 결산부터 국회에 제출하는 국가결산보고서에 전년도 예산의 성과보고서를 포함하도록 되어 있다. 그리고 2011 회계연도 결산부터는 국가결산보고서에 재무제표를 포함하여 국회에 제출하도록 되어 있다. 이는 국회의 결산행위가 종래의 집행실적점검, 회계검사 위주에서 성과중심의 심사로 변화할 기초가 마련되었다고 볼 수 있다(하연섭, 2014: 192-194).

결산결과는 국회에 제출되기 이전에 먼저 감사원의 검사를 받아야 한다. 감사원은 회계통제의 전문성을 가지고 있는 기관이기 때문에, 이 과정을 통해 집행의 적법성과 회계의 적절성을 검증받는다는 의미가 있다. 따라서 국회의 전문성 부족부분을 어느 정도 보완할 수 있는 제도적 장치인 셈이다.

결산서의 국회 제출은 5월 31일로 예산심의에 비해 앞당겨져 이루어진다. 이것은 국회의 전년도 결산의 지적사항을 후년도 예산심의에 반영할 시간을 더 많이 주기 위한 것이다. 감사원의 결산 확인을 받은 결산안에 대한 국회의 결산심의가 끝나면 한 회계연도의 예산과정은 완전히 종료된다. 실제로는 정기국회 동안 예산안 심의에 국민과 국회의원들의 관심이 집중되기 때문에, 결산과정은 언론에서도 많이 다뤄지지 않는다.

 제 3 절 ## 세무행정과 정부회계

 Ⅰ. 재원의 동원

1. 조세발달의 역사

정부는 '나라'라는 공동체를 운영하기 위하여 필요한 총 재원을 확보해야 한다. 역사적으로 국가가 존재하는 순간부터 통치하는 데 다양한 물자와 용역이 필요하였다. 국가재정이란 조세를 통해 공공재를 생산하는 것인데 이러한 책임은 정부에게 있다(Hillman, 2009: 246). 전술한 예산서의 '세입부분'은 국가가 필요한 재원을 어떻게 동원(動員)하느냐를 나타내는 계획이다.

세금을 부과할 수 있는 기준이 되는 세원(稅源)을 찾는 것이 어려운 과제였다. 18세기 영국에서는 벽난로에, 프랑스에는 창문에 세금을 매겼었다. 이 시기에는 난방수준이나 건축기술로 비추어 볼 때, 벽난로를 만들거나 창문을 만드는 것이 어느 정도 돈이 있는 가구에서만 가능했기 때문이다. 세금을 내기 싫은 국민들은 조세를 회피하기 위해 머리를 짜내었다. 지금도 프랑스 시골의 농가에 가면, 창문을 만들었다가 없앤 흔적을 간혹 볼 수 있다. 오늘날에도 조세를 회피하려는 심리가 있는 것은 마찬가지이다(신방수, 2014).

오늘날에는 화폐경제가 발달하고, 각종 재원동원이 도입되어 이제 국가가 필요한 재원의 동원방법은 다양화되었다. 그 중에는 조세, 국채, 외국의 원조, 사용료, 화폐발행 등이 있다. 다양한 재원 중에서도 조세는 근대국가의 성립조건의 하나이기도 하다. 과거의 조세는 세금을 거두는 편의를 중심으로 형성되었다. 물론 그 이면에는 부자에게 세금을 거둔다는 원칙이 숨어 있었다.

사실상 조세는 국민 개개인의 사유재산권을 국가가 침해하는 것이다. 1773년 미국 보스턴 지역에서 당시 영국 식민당국이 영국동인도회사에게 차수입을 독점시키는 관세법을 통과시킨 데 반발하여 342자루의 차를 바다에 던진 '보스턴 차사건'이 발생하였다. 그때 구호는 "대표 없이 과세 없다"는 것으로 영국의회에 미국인 대표가 없는 상태에서 미국인에게 세금을 부과할 수 없다는 것이었다. 오늘날 모든 근대국가에서는 주권의 대표기관인 국회가 그 내용을 동의해야 하는 조세법률주의를 택하고 있다. 우리나라에서도 조세의 종류와 세율 등은 법에 의하여 자

조세법률주의
국민의 경제적 부담을 가져오는 조세는 반드시 주권기관인 의회가 정한 법률에 의해야 한다는 원칙.

읽을거리

조·용·조

중국에서 시작하여 우리나라에도 도입된 조·용·조(租庸調)제도가 대표적인 예이다. 조(租)는 토지를 대상으로 거두는 곡물이고, 조(調)는 가구(戶)를 대상으로 거두는 토산물이며, 국가에 노동력을 제공해야 하지만 실제로 노동력을 제공하지 않고 대신 물자로 대납하는 것을 용(庸)이라 하였다. 현재는 조세라고 하여 금전적인 부담이 일반화된 국가의 재원조달수단이다. 이외에도 젊은 아들을 병역현장에 보내는 것은 국민이 나라에 제공하는 가장 중요한 조세의 성격을 가진 것이었다.

로마의 국방세

현대의 세제는 복잡하고 기묘하다고들 하지만, 요약하자면 세금은 국가를 유지하고 운영해 나가는 데 필요한 경비를 국민이 부담하는 것이다. 그리고 그 중에서도 절대로 빠뜨릴 수 없는 것이 국가 방위에 드는 비용이다. 로마에서는 국가 방위를 시민 자신이 직접 병역으로 치렀다. 그러니까 국방비를 금전이나 물건 대신 자신의 몸으로 지불하는 것이다. 실제 로마에서는 제정시대에서 지금의 우리가 소득세를 지불하는 것과 같은 형태의 직접세란 없었다. 라틴어에서 말하는 '혈세', 즉 병역으로 충분히 세금을 지불했다고 여겼기 때문이다.

"병역이 곧 세금이라면, 가난한 사람에게나 부자에게나 똑같이 과세하게 된다. 오히려 불평등한 게 아닌가?"라고 생각하는 독자가 있을지도 모른다. 그러나 그런 걱정을 할 필요가 없다.

제6대 왕 세르비우스가 정한 군제를 예로 들면, 시민을 자산의 정도에 따라 여섯 단계로 분류했다. 자산이 많을수록 군무의 부담도 커졌다. 그래서 더 많은 수의 병사를 제공하게 되어 있었다. 더욱이 제1계급과 제2계급의 사람들은 중장비 보병이나 기병으로서 참가해야 했다.

당시는 중장비 보병이 사용하는 고가의 장비나 무기를 자기 부담으로 직접 준비해야 했기 때문에 경제적 부담이 적지 않았다. 기병의 경우, 말도 자기 부담으로 준비해야 했으므로 비용이 만만치 않았다.

그에 비해 경장 보병으로서 군에 복무하는 평민일 경우는 몽둥이와 투석기 등, 장난감이 아닌 병기라고는 하지만 요컨대 놀이기구를 해도 될 정도의 군장 구비를 하는 것이어서 부담이 가벼웠다. 또한 재산이 없어 하루하루 근근이 살아가는 생활자이거나 집을 비우고 출정하는 것조차도 힘든 '프롤레타리'(재산이 전혀 없는 시민. 후대에 무산계급을 가리키면서 사용된 프롤레타리아의 어원)는 예비역이 되기도 했지만, 사실상 병역을 면제받는 것이다.

로마의 병제는 이처럼 '국가 방위는 시민의 의무'라는 이념과 로마의 현실이 잘 조합되어 있었다. 그래서 로마의 군대는 주변 여러 부족과의 전투에서 연전연승을 거둘 수 있었다.

출처: 시오노 나나미(2007: 5).

세히 규정된다.

2. 조세부과의 원칙

조세란 국가가 국민으로부터 돈을 빼앗는 것이지만, 정부가 필요로 하는 재원마련이란 목적 이외에도 많은 목적이 있다. 민주주의에서 법률이 조세제도를 마련할 때 추구하는 가치는 여러 가지이다.[11] 정부에 의해 결정되는 다양한 세율,

---

11 자유시장주의자인 R.A. Musgrave는 다음과 같은 조세원칙을 제시하였다. ① 공평성: 모든 사람은 공평하게 자기 몫의 조세를 부담해야 한다. ② 시장 간섭 최소화: 시장경제에 대한 간섭이 최소가 되도록 해야 한다. ③ 재정정책: 국가경제의 안정과 성장을 추구하는 재정정책에 부합되어야 한다. ④ 세무행정: 조세제도는 공평무사한 세무행정이 이뤄지도록 하며, 납세자

세율의 특징, 세율의 배분 등은 지대한 경제적 파급효과를 가지고 있기 때문이다 (Profeta, 2004: 55).

첫째, 조세는 무엇보다도 모든 국민에게 공평해야 한다. 이것은 언뜻 보면, 빈부의 격차에 관계없이 모든 사람들에게 동일한 세율의 조세를 부과하는 것으로 보일 수 있지만, '공평'이 무엇이냐에 따라 더 깊이 있는 해석을 해야한다.

둘째, 개인이 국가로부터 받은 이익에 비례하여 조세를 부담시키는 것이 공평하다고 보는 시각이 있다. 이를 이익설이라고 한다(신무섭, 2014: 509).

셋째, 지불능력이 많은 사람은 조세를 더 부담하고, 그렇지 못한 사람은 덜 부담하자는 '능력설'이 있다.

어떤 특정한 조세수단이 위의 세 가지 가치를 동시에 추구하는 것은 쉽지 않다. 예컨대, 대중교통시설인 버스를 이용할 때 일정액의 교통세를 부과한다고 하자. 공평성 이론을 문자 그대로 적용한다면, 전 국민에게 일정액수를 똑같이 부여해야 할 것이다. 그러나 이익설의 입장에서 보면, 버스승차권에 일정액을 부과하여야 한다. 능력설에 의한다면, 부자에게 높은 교통세를 부과하고 가난한 사람은 면제시켜 줘야 한다. 가난한 사람이 특히 더 버스를 이용한다고 한다면, 이익설에 의할 때와 능력설에 의할 때 승차권 가격면에서 완전히 다른 결과를 가져오게 된다. 사실 무엇이 가장 '정의(justice)'에 부합되는 조세인지에 관해서 모든사람이 합의하는 것은 불가능하다. 각자가 보는 국가의 역할, 사회정의에 관한 이데올로기가 개입되기 때문이다.

조세에 관한 법률에 근거하여 정부는 매년 각종 경제주체에서 세금을 징수한다. 과세 또는 징세라고 불리는 조세부과실무는 주로 국세청과 관세청, 그리고 지방자치단체가 담당한다. 세무행정에서는 조세부과의 용이성과 명확성이 중요하다. 국가입장에서 보면, 조세는 거두는 데 행정비용이 덜 들면서 세입은 많을수록 좋다. 화폐경제가 발달한 이후 가장 보편적으로 사용되는 것이 소득세이다. 그러나 소득세제 자체도 여러 문제점을 가지고 있다.

조세를 부과하려면 명확한 기준이 필요하다. 소득 등 현금의 흐름 혹은 토지, 건물, 자동차, 부동산 등 과세의 대상이 되는 것을 세원(稅源)이라고 한다. 그리고 실제로 일정한 세율을 곱하여 조세가 부과되는 과세의 대상을 과세표준(tax base)이라고 한다. 예컨대 소득세의 경우 소득이, 그리고 부가가치세의 경우 판매액이 과세표준이 된다. 여기서 과표가 증가할수록 높은 세율을 적용하는 누진세냐 아니면 동일한 세율을 적용하느냐와 같은 문제가 생긴다. 이러한 구체적인 과

조세
국가가 직접적인 반대급부 없이 강제적으로 부과하는 재화

가 이해하기 쉬워야 한다. ⑤ 행정의 용이성: 징세비용은 가급적 적어야 한다.

그림 9-5 | 세금으로 인한 개인 소득의 변화체계

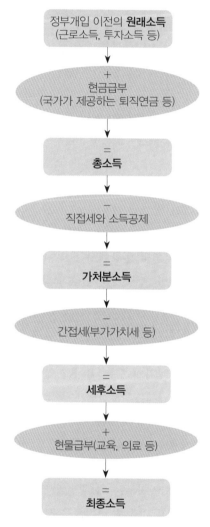

출처: 크리스토퍼 피어슨(1998: 163) 수정.

세방법에 따라서 '정의로운 사회가 무엇인가'라는 과세가 추구하는 가치의 실현여
부에 대한 논란이 일어난다.

어떻든, 국민의 입장에서 보면 국가가 있음으로써 자신의 원래 소득이 여러
가지 단계에서 가감되어 최종소득이 된다. 이 과정에서 국민간의 소득재분배가
이뤄지고, 국가는 중심적 역할을 하는 것이다.

3. 우리나라의 조세체계

고대에는 조세체계가 단순하였다. 세월이 지남에 따라, 기존의 세금으로는 국가재정을 충분히 채울 수 없다는 판단 하에 새로운 조세제도를 추가시켜 왔다. 이제는 다양한 조세들을 이해하는 것조차 쉽지 않을 정도로 복잡해졌다. 우리나라의 조세구조를 보면 다음과 같다.

첫째, 조세를 부과하는 주체가 국가냐 지방자치단체이냐에 따라 국세와 지방세가 있다. 〈그림 9-5〉에서 볼 수 있는 바와 같이, 국세는 소득세, 법인세, 부가가치세, 교육세 등이 있고, 지방세로는 재산세, 주민세, 자동차세, 담배소비세 등이 있다. 세무행정을 담당하는 조직이라는 측면에서 보면 국세는 국세청이 부과하고, 지방세는 각 지방자치단체가 부과한다.

둘째, 직접세와 간접세가 있다. 직접세는 소득세와 같이 과세의무자에게 직접 부과되고, 과세의무자가 그 액수를 부담하는 것이다. 간접세는 부가가치세와 같이 부과의무자는 상품이나 재화를 판매한 사람인데, 실제로는 소비자가 부담하는 것을 말한다. 우리나라의 직접세는 소득세, 법인세, 상속세이다. 그런데 직접세와 간접세는 소득재분배라는 측면에서 의미가 완전히 다르다.

직접세는 다른 사람에게 전가되지 않으므로 상술한 능력설에 기초한 과세가 가능하다. 따라서 대부분의 나라에서 누진세율을 적용하여, 소득재분배의 효과를 갖게 하고 있다. 법인세의 경우, 과연 진정한 의미에서 직접세인가에 의문을 가질 수 있다. 기업주가 법인세를 상품가격에 포함시키면 실질적으로는 소비자에게 전가하는 효과가 있기 때문이다.

이에 비하여 간접세는 일정률로 부과하기 때문에, 실질적으로는 소비자의 지불능력을 기준으로 할 때 역진적인 효과가 있다. 그러나 세무행정이 간단하고, 조세저항이 적다는 장점이 있어서 자꾸 더 이용하게 되는 조세수단이다. 현행 조세체제에서 직접세와 간접세의 비율은 56:44 정도이다.

셋째, 거둔 세금이 일반 예산의 지출로 들어가는 보통세와, 특별한 목적에서만 쓰이도록 하는 특별세가 있다. 이 구분은 조세의 공평성이나 경제적 효과와는 직접적으로 관련되어 있지 않고, 행정내부에서 징세된 세금을 어디에 쓰는지를 구속한다.[12] 지방세는 주로 보통세이고, 지역자원시설세와 지방교육세가 목적세이다. 국세는 목적세로서 교육세, 농어촌특별세, 그리고 교통·에너지·환경세를 가지고 있다.

---

12 진술한 예산의 원칙 중에서 통일성의 원칙에 위반되느냐 여부에 의한 구분이다.

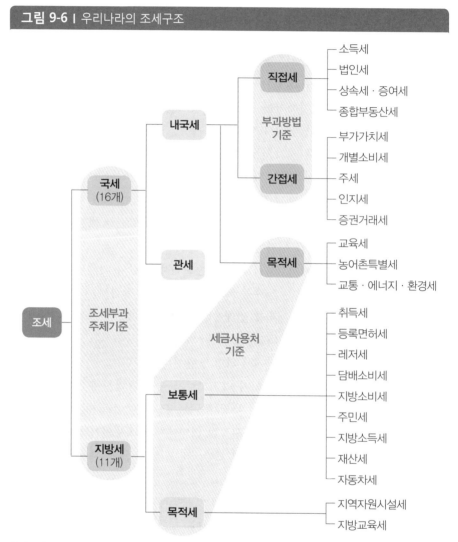

그림 9-6 | 우리나라의 조세구조

출처: 신무섭(2014: 517).

4. 조세부담의 증가

국가기능이 증가하면 할수록 그만큼 재원이 필요하게 된다. 최근 우리나라는 사회복지분야를 비롯하여 여러 분야로 국가의 기능이 확대되어 예산이 계속 증가하여 왔다. 이는 새로운 세원을 발굴하거나 조세율을 높이는 방법으로 조세를 증가시킨다. 어느 나라에서 세금을 얼마나 내느냐는 조세부담률로 나타난다. 조세부담률은 GDP에서 총조세가 차지하는 비율을 의미한다. 그럼에도 불구하고,

2015년 기준으로 우리나라의 조세부담률은 4회보장기대금을 제외하면 18.53%(이를 포함하면 25.25%)이다. 미국 20.12%(26.36%), 영국 26.46%(32.52%), 프랑스 28.63%(45.5%)에 비교하면 아직 다른 선진국에 비하여 높은 편이 아니다(연도별 수치는 http://www.openfiscaldata.go.kr 국제비교를 참조).

한편, 위와 같은 조세부담률은 실제 국민이 느끼는 세부담을 제대로 나타내지 못한다는 비판도 있다. 소득에 따라 차등과세하는 누진세제도도 조세부담률과는 다른 느낌을 주고, 각종 감세제도, 그리고 사회복지비 등이 있기 때문이다. 그래서 OECD는 민간부문의 미혼 무자녀 근로자 중 임금수준이 평균인 사람들을 기준으로 '세금부담률'을 산정하고 있다.

OECD의 세금부담률에는 소득세 이외에도 근로자 및 기업이 부담하는 사회보장관련 비용이 포함되어 있다. OECD보고서에 의하면, 2013년의 경우 벨기에 55.8%, 독일 49.3%, 오스트리아 49.1%, 헝가리 49.0%, 프랑스 48.9% 순으로 높았으며, 일본과 미국은 각각 31.6%와 31.3%로 OECD 평균에 못 미쳤다. 우리나라는 21.4%로 하위권에 속한다. 그러나 이러한 절세수치 자체가 그리 중요한 것이 아니기 때문에 시간변수를 봐야 한다. 즉, 최근 그 증가속도가 높기 때문에 주의를 기울일 필요가 있다(윤광재, 2011).

조세부담률
경상GDP에서 조세(국세+지방세)가 차지하는 비중. 한 국가의 국민들의 조세부담 정도를 나타내는 지표

5. 세무행정서비스와 정보화

국세청과 관세청, 그리고 지방자치단체의 지방세 관련조직은 이런 법적 근거 하에 세금을 부과한다. 조세의 큰 정책이 기획재정부 차원에서 이뤄진다면, 징세의 집행실무는 이들 행정기관이 담당한다. 이들 집행공무원들도 현금을 직접 취급하지는 않는다. 현금은 징세업무를 위탁받고 이 서비스의 대가로 정부로부터 수수료를 받는 시중은행을 통해서 관리한다. 부패를 막기 위해 권력을 분리하는 원칙이 여기에도 적용된다.

징세는 국민의 입장에서는 강제적이다. 따라서 세무행정은 국민정서상으로 보면 '서비스'라고 표현하기 어려운 측면을 가지고 있다. 세금을 내기 좋아 하는 사람은 없기 때문에 탈세를 막는 것이 세무공무원들의 주요 관심사이다. 따라서 세무관료들은 오랜 세월 동안 권위적이거나 부패한 사람이라는 비판을 받아왔다.

그러므로 징세의 방법을 고도화, 효율화하고, 각종 감세제도를 적극 활용하여 조세조항을 줄이는 것이 요구된다. 한편으로는 세수를 늘리면서, 다른 한편으로는 개인이 부담해야 하는 액수를 최소화하고, 세금납부를 간편하게 해야 하는

감세
특정한 사유로 납세의무의 일부를 면제하는 것

등 두 마리의 토끼를 좇아야 한다.

첫째, 과거 역사상 유럽에서 등장한 징세자가 징세를 편하게 하기 위해서 만들어진 세금제도에서 벗어나, 거꾸로 납세자가 충분히 납득하고(즉, 알권리 충족), 간편하게 납부할 수 있도록 해야 한다. 세무행정을 고객위주로 바꾼 것은 바로 전자정부화이다. 이전에는 필요한 업무가 있으면 세무서에 직접 가서 공무원들을 만나야 하였고, 종이로 출력한 세금고지서가 가정에 배달되었다. 그러나 이제는 증명서 발급, 세무상담, 세금 납부 등 모든 업무를 집에서 인터넷으로 할 수 있게 되었다(www.hometax.go.kr 참조).

둘째, 탈세나 납부지체를 막는 방법도 많이 발달하고 있다. 공무원을 비롯한 봉급생활자는 매달 월급에서 미리 예상되는 세금액수를 징수한 후 그 나머지 액수를 받는다. 이를 원천징수라고 한다. 이것은 과세의무자와 납세의무자가 동일하다는 직접세 원칙의 변형을 의미한다. 그러나 전년도 기준으로 매월 공제한 세금액이 실제로 내야 될 세금액수보다 많거나 적기 때문에, 연말에 이 차액을 신고하는 절차를 거친다. 이것을 연말소득공제신고라고 한다.

원천징수
소득자에게 소득을 지급하는 자가 소득자의 세금을 미리 징수해 국가에 대신 납부하는 제도

셋째, 각종 소득세 공제제도는 개인별 소득세는 줄어들지만 국가적으로는 세금수입을 더 늘리는 행정수단(administrative tool)을 사용하기도 한다. 실제로 소득세를 부과할 때, 소득에 세율을 곱해서 산출하지는 않는다. 즉 소득액 전체가 과세표준이 아니다. 일정한 액수 이상의 소득이 되더라도 가족수대로 기본적으로 필요한 경비가 있다고 가정하여 그 액수를 제외하고, 자녀학비를 제외하는 등 각종 제외되는 액수가 많이 있다. 그런데 거꾸로 세수증대를 가져오는 효과가 있다. 많은 기업과 중소상공인들이 현금거래를 통해 이들의 소득세, 법인세, 그리고 부가가치세를 탈세하기도 하는데, 이를 막는 데 활용된다. 국민들이 보통 소비자로서 거래를 할 때 신용카드를 사용토록 하여 그 사용액수를 소득공제하는 제도가 그것이다. 국민들에게는 절세를 하기 위해 카드를 사용하는 인센티브가 된다. 결과적으로 카드를 사용한 모든 상거래는 은행전산망의 데이터에 기록되고, 국세청은 이것을 근거로 세금을 부과하기 때문에 회사와 가게들은 탈세할 수 없게 되어 있다. 전자정부화의 또 다른 효과이다.

세무조사
세금납부에서 탈세, 오류 등이 있는가를 조사하기 위해 관련 서류, 물건 등을 조사하는 것

마지막으로 세무행정당국이 사용하는 가장 강력한 수단은 세무조사이다. 세무조사에는 세무사찰과 일반세무조사가 있다. 전자는 처벌을 목적으로 하여 법원의 수색영장을 발급받아 하는 것이고, 후자는 해당 납세자의 승낙을 전제로 납세의무의 성립 및 이행여부를 검증하는 것이다. 일반세무조사는 정기적으로 이뤄지는 정기조사와 필요할 때 부정기적으로 하는 임시조사가 있다.

대부분의 사업자는 세무조사를 두려워한다. '털어서 먼지 안 나오는 사람이 없다'는 속담과 같다. 이러한 이유 때문에 이를 정치적으로 악용하고 있다는 의혹을 받는다. 표적조사는 세무행정이 추구해야 하는 가치인 공평성을 위반하는 것이다.

Ⅱ. 정부회계

1. 정부회계의 특성

행정조직에서 공무원들이 일상적으로 하는 활동에는 바로 재무행정의 뒷받침이 있다. 돈을 지출하는 행위가 이뤄져야 하는데 여기에도 일정한 법적인 제약이 있다. 공무원들이 마음대로 돈을 지출하지 못하게 하고, 이런 지출행위에 대해 필요한 정보를 축적하여 필요할 때 제공하는 것이 회계이다.

정부회계는 정부조직에서 일어나는 돈의 흐름에 관한 것이다. 예산의 집행과 정에서 지출관이 돈을 지출하는 행위가 바로 회계행위이다. 이런 회계행위의 결과, 문서로 종합적으로 정리하고 기록하는 장부와 같은 것을 회계라고도 한다.

정부조직은 기업과 상이한 점이 많기 때문에 회계도 상이한 점이 많다. 예컨대 기업조직은 손익이 어디에 어떻게 생기느냐에 관심이 가장 크지만, 정부조직에서는 이익개념 자체가 존재하지 않는다. 전술한 바와 같이 대부분의 재원이 세금으로부터 나와서, 그 해에 전부 지출하는 것이 통상적인 관례이다.

따라서 회계를 잘 해야 하는 목적은 정부의 예산이 어떻게 낭비 없이 소기의 목적에 맞게 잘 쓰여졌는가를 확인하기 위한 것이다. 적자재정을 운영해서는 안 되고 세입액과 세출액이 꼭 맞는 균형예산이 이상적인 것이다. 물론 균형예산 속

회계(accounting) 어떤 경제조직에 관하여 이해관계를 가진 사람들에게 합리적인 의사결정을 하는 데 유용한 재무적 정보(financial information)를 제공하기 위한 일련의 과정 또는 체계

표 9-4 | 회계 보고 실체

구분	보고실체
중앙정부	- 중앙관서의 장 - 기금관리 주체
지방정부	- 지방자치단체: 시·도, 시·군·자치구

출처: 윤영진(2014: 465).

에 숨겨진 궁극적 목적은 이윤추구가 아니라 국민 복리의 향상과 같은 행정의 목적달성에 있다.

2. 정부회계의 행위자

정부조직은 여러 단위조직들로 구성되어 있다. 이들은 기획재정부로부터 정부예산을 배정받아 돈을 쓰는 하나의 단위조직이다. 이를 회계실체(accounting entity)와 보고실체(reporting entity)라는 개념으로 나누어 볼 수 있다(윤영진, 2010: 475).

먼저, 회계실체란 법규, 예산 또는 기타 제약에 따라 설정된 회계 단위를 말한다. 즉, 일반회계, 그리고 특별회계 및 기금회계의 각각의 개별 회계 단위가 회계실체다. 예컨대, 각 부처의 장관 등 중앙관서의 장과 국민연금관리공단 이사장 등 기금의 관리자를 들 수 있다. 아울러 지방자치단체도 회계실체이다.

둘째로 보고실체란 회계 처리 결과에 따른 재무보고서를 독립적으로 작성해 공표하는 회계 단위를 말한다. 우리나라 국가회계의 보고실체는 중앙관서의 장과 기금관리주체로 정하고 있다. 그리고 지방재정법은 재정 운영에 관한 재정 보고서를 각 자치단체별로 제출하게 하고 있으므로 각 지방자치단체들도 보고실체라고 할 수 있다. 이들은 자치권 및 예산 편성 단위와 일치하며, 재정 상태를 평가하는 것이 타당하기 때문에 해당된다. 결국 회계실체와 보고실체는 조직상으로는 같다고 하겠다.

정부의 회계실체가 회계행위를 한 후 보고하는 방법은 역사적으로는 세금을 거둬들인 후, 이를 사용할 때마다 기록하여 정리하는 것으로 시작하였다. 즉, 우리가 금전출납부나 가계부를 쓰는 방법이다. 이 경우, 돈을 지불하는 행위와 거래가 이뤄지는 행위가 시간적으로 완전히 일치한다.

3. 회계제도의 종류: 시간의 관점에서

정부의 규모가 커지고, 지출하는 방식이 다양화되면서, 기존의 회계는 한계를 드러내기 시작하였다. 예컨대 큰 관공서 건물을 짓는 경우를 생각할 수 있다. 건축회사와 계약을 하는 경우에 계약시점에는 돈이 한 푼도 지출되지 않는데, 실제 몇 달이 지나 공사 완공 후에 준공검사를 거친 후 잔금을 지불하게 된다. 즉, 계약시점에서 보면 돈의 지불이 안 되었지만, 이미 거금을 지불하기로 약속을 한

표 9-5 | 회계제도의 비교

구분	현금주의 회계	발생주의 회계
거래의 해석과 분류	현금을 출납한 시점을 기준으로 거래를 인식하는 방식	근원적으로 자산과 부채에 영향을 미치는 사건을 기준으로 거래를 인식하는 방식
회계처리	단순 회계와 예산처리로서 실무자의 이해가 용이 형식적 자산·부채 표시	회계원리에 대한 이해 필요 실제 회수·지급할 금액으로 자산·부채 표시
수익·비용의 인식기준	현금의 수취·지출	수익의 획득·비용의 발생
선급비용·선수수익	수익·비용으로 인식	자산과 부채로 인식
미지급비용·미수수익	인식 안 됨	부채와 자산으로 인식

출처: 현금주의 회계와 발생주의 회계의 비교(임동완, 2008: 5).

것이며, 이것은 큰 이변이 없는 한 지불할 것이기 때문에 정부로서는 지출한 것이나 마찬가지이다. 즉, 어떤 행정행위가 발생한 시점과 실제 돈이 지불된 시점 간에 차이가 있게 된다.

회계활동을 보고할 때, 현금을 지불한 시점을 기준으로 할 것인가, 아니면 지출을 유발하는 행위의 발생시점을 기준으로 할 것인가에 따라 현금주의와 발생주의로 나뉜다(윤영진, 2014: 482).

현금을 받았을 때는 수익, 현금을 지불했을 때는 비용으로 인식한다. 즉 현금주의에서는 재화와 용역을 제공했다고 하더라도 현금으로 회수되지 않았을 때까지는 수익으로 인식되지 않는다. 마찬가지 이유로 재화와 용역을 제공받았다 하더라도 현금으로 지급되기 전까지는 비용으로 인식되지 않는다.

현금주의(cash basis) 현금을 수취하거나 지급한 시점을 거래라고 인식하는 방식

한편 미리 지불한 비용(즉, 先給費用)과 미리 받은 이익(즉, 先給收益)은 현금주의에서는 수익과 비용으로 인식하는 데 반하여, 발생주의에서는 자산과 부채로 인식한다. 아직 지출하지 않은 비용(未支給費用)과 아직 금고에 들어오지 않은 수익(즉, 未收收益)은 현금주의에서는 회계행위가 일어난 것으로 인식되지 않는데 반해, 발생주의에서는 부채와 자산으로 인식된다. 그리고 감가상각과 대손상각은 현금주의에서는 인식되지 않으며, 발생주의에서는 비용으로 인식된다.

요약하자면, 현금주의 회계방식은 현금 수취 시, 지출 시에 각각 곧바로 수익과 비용으로 인식해 기록하므로 회계원리를 모르는 사람도 쉽게 파악할 수 있는 특징을 가지고 있다. 그에 반해 발생주의 회계방식은 거래나 사건 그리고 환경이 국

발생주의(accrual basis) 현금을 주고 받는 것과는 관계없이 거래가 발생된 시점에 거래를 인식하는 방식. 실제적으로 수익이 발생되거나 지출 또는 비용이 발생된 시점을 기준으로 인식한다.

가에 미치는 재무적 효과를 현금의 수취나 지급과 분리하여 거래의 발생시점에서 기록하는 회계방식인 것이다. 발생주의 회계방식은 국가자산 및 부채를 일목요연하게 나타내어 재정현황을 종합적으로 파악할 수 있게 해준다는 장점을 가지지만, 회계원리를 모르는 사람은 이용하기 어렵다는 단점이 있다(윤영진, 2014: 6-7). 위의 표는 발생주의 회계와 현금주의 회계의 차이점들을 잘 나타내주고 있다.

4. 현금주의 회계에서 발생주의 회계로

실제로 각국에서 사용하는 회계기준은 현금주의와 발생주의를 양축으로 해서 중간의 연속선상의 다양한 형태를 취한다. 과거에 대부분의 나라가 그러하였듯이, 우리나라 역시 오랫동안 현금주의 회계방식을 채택하였다가 2010년부터 발생주의적 복식부기제도를 택하고 있다. 현금주의는 전통적으로 정부가 추구해 온 목적이 '합법성에 기초한 부정과 오류의 방지 및 적발'이었다는 점에 기인한다. 특히, 대부분 입법부의 시계(time perspective)가 1년이므로 현금기준 회계방식을 적용하는 것이 실정에 적합하였다. 또한 감사 등 정부 통제작용은 현금을 기준으로 하고 있으므로 현금기준 하의 현금관리가 훨씬 용이하였던 것이다(윤영진, 2014: 6-7).

그러나 단순히 합법적인 행정만을 추구하는 시대가 가고 시장지향적인 행정개혁을 추구하는 시대가 도래하면서, 현금주의 회계의 문제점이 드러났다. 민간부문에서는 발생주의를 택하고 있고, 공인회계사(CPA)제도도 발달하였기 때문에, 이의 장점이 부각되기 시작한 것이다. 이제 발생주의 회계가 국제적으로 권장되는 표준이 되기도 하였다. 발생주의 회계의 장점은 시간관리 관점에서 봤을 때 잘 이해할 수 있다.

정부의 대규모사업들은 현금이 한꺼번에 많이 들어가는데 효과는 10년 이상에 걸쳐 나타나는 정책이 많다. 예컨대 어떤 정책이 공익을 위해 꼭 필요한 일이었고 정책의 집행은 효율적으로, 그리고 효과적으로 이뤄졌다고 가정하자. 하지만 현금주의 회계방식을 적용할 경우, 이정책은 비효율적으로 예산을 사용했다는 이유로 징계의 대상이 될 수 있다. 왜냐하면, 현금이 들어오거나 나갈 때만 기록을 하는 현금주의의 특성상, 당해 평가에 있어 큰 액수의 돈을 쓰고도 효과는 조금밖에 얻지 못한 것으로 나타날 것이기 때문이다. 정책을 시행하고 나서 몇 년의 기간이 지나야만 이 정책의 모든 효과가 나타날 것이므로, 현금주의에는 이러한 종류의 사업 성과를 제대로 평가할 수 없는 것이다. 이러한 특성을 알고 있는 예산집행자라면 아무리 공익을 위해 꼭 필요한 일이라고 해도 그것을 실행에 옮기지 못할 것이다. 아무리 잘해도 효율적인 예산집행으로 평가받기 어렵기 때문이다.

현금주의의 문제점은 '실제 정책이 집행되고 정책 효과가 나타나는 시간의 길이'가 '예산이 집행되고 평가되는 시간의 길이'와 같지 않다는 데 기인한다.[13] 현금주의의 입장에서는 서로 다른 길이의 시간을 가지는 두 요소를 같은 길이를 가진 것으로 보게 된다. 단순히 현금의 수취와 지급으로만 성과를 따지려고 하기 때문이다.

그러나 발생주의 회계방식은 이와 다르다. 정부는 재화와 용역을 구입하고, 현금을 보관하고, 사용하며, 돈을 다른 곳에서 차입하기도 하고, 자산을 관리하기도 한다. 발생주의 회계방식에 의하면 이와같이 그 해에 한꺼번에 지출한 현금은 당해에 한꺼번에 계상되지 않는다. 선급비용·선수수익 등의 미래를 나타내는 개념이 사용되기 때문이다. 따라서 수익·비용이란 두 가지 차원만으로 인식되지 않고, 자산과 부채란 개념으로 인식함으로써, 그 해에 실제로 발생한 수익에 대응하는 비용만을 지출한 것으로 계상된다. 결과적으로 당해 예산을 평가하는 사람에게 비효율적인 예산집행을 했다고 비판받을 이유가 없어진다.

요약하자면, 발생주의 회계원칙은, '수익-비용대응 원칙'을 철저히 지킴으로써 예산집행의 성과를 제대로 반영할 수 있는 시스템을 갖추고 있다고 할 수 있겠다. 시간관리 관점에서 볼 때, '수익-비용대응 원칙'은 '실제 정책이 집행되고 정책 효과가 나타나는 시간의 길이'와 '예산이 집행되고 평가되는 시간의 길이'를 서로 일치시켜주는 효과가 있다. 일정한 시간동안 발생한 정책 효과(수익)와 그에 따라 실질적으로 지출한 예산(비용)을 정확히 대응하여 계상하기 때문이다. 시간관리 관점에서, 발생주의 회계방식은 현금주의 회계방식의 시간관리상 문제점을 해결할 수 있는 바람직한 도구이다.

5. 기장방식: 단식부기와 복식부기

우리가 가계부를 작성하듯이 정부의 지출활동들에 대한 정보를 체계적으로 제공하는 문서가 필요하다. 이것이 회계장부이며, 회계장부를 정리하는 방식을 기장방식이라고 한다.

단식부기(single-entry bookkeeping)는 상술한 현금주의 회계방식에서 가장

---

13 '실제 정책이 집행되고 정책 효과가 나타나는 시간의 길이'＝10년
　 '예산이 집행되고 평가되는 시간의 길이'＝1년.

읽을거리

단식부기와 복식부기

회계는 기장방식(記帳方式)에 따라 단식부기 회계와 복식부기 회계로 구분된다. 단식부기와 복식부기는 회계의 하위 기술로서 하나의 거래가 조직에 미치는 영향을 기록하고 분류 집계해 정보화하는 방식이다.

단식부기(single-entry bookkeeping)는 현금의 수지와 같이 단일 항목의 증감을 중심으로 기록하는 방식이다. 거래의 영향을 단 한 가지 측면에서 수입과 지출로만 파악해 기록하는 점이 특징이다. 현금의 증감 발생시에 회계 처리를 하는 현금주의에 주로 채택한다.

복식부기(double-entry bookkeeping)는 경제의 일반 현상인 거래의 이중성을 회계 처리에 반영해 기록하는 방식이다. 하나의 거래를 대차 평균의 원리에 따라 차변(왼쪽)과 대변(오른쪽)에 이중기록한다. 복식부기는 자산, 부채, 자본을 인식해 거래의 이중성에 따라 차변과 대변을 계상하고 그 결과 차변의 합계와 대변의 합계가 반드시 일치해(대차 평균의 원리) 자기 검증 기능을 갖는다. 거래의 영향을 반드시 두 가지 이상의 상반된 측면에서 파악해 각각 별도의 절차를 거쳐 기록하고 집계하는 점이 특징이다. 경제활동의 발생 시에 이를 기록하는 발생주의에서 주로 채택한다.

복식부기는 15세기에 이태리의 수학자이며 신부인 파치올리(Luca Pacioli)에 의해 처음 고안되어 사용되었으나 우리나라는 이미 그 이전 고려시대 개성상인들에 의해 사용된 것으로 알려지고 있다. 복식부기는 단식부기의 단점을 보완하기 위해 만들어진 발전적인 회계제도라는 점에서 단식부기와 복식부기 중 어느 회계제도가 더 우월하냐에 대해서는 논쟁의 여지가 없다.

출처: 윤영진(2014: 478).

쉽게 이용할 수 있는 방식이다. 즉 회계실체를 기준으로 할 때, '현금'이 '수익으로 들어온 것'과 '지출로 나간 것'을 장부에 기록하면 된다. 그런데 발생주의 회계에서 설명하였듯이 경제현실은 그리 간단치 않다. 이러한 복잡한 현실을 장부에 나타내기 좋게 한 것이 복식부기(double-entry bookkeeping)이다.

복식부기를 이해하기 위해서는 몇 가지 기본적인 회계개념을 알아야 한다. 현금주의에서는 현금만 생각하는 경향이 있는데, 행정기관에는 이외에도 다양한 자산(asset)이 존재한다. 일반적으로 동산, 부동산, 금전, 채권, 물품 등 재산적 가치가 있는 것을 들 수 있다. 국가회계에서는 유동자산, 투자자산, 일반유형자산, 사회기반시설, 무형자산, 그리고 기타 비유동자산으로 분류한다. 그런데 어느 회계실체의 자산은 부채와 순자산의 합과 같다.

부채(Liabilities)란 일상용어로 빚이다. 부채는 다른 회계주체에게 미래에 제공하기로 한 의무이다. 순자산(net asset)은 보통 기업회계에서는 자본(capital)을

표 9-6 | 복식부기의 기본요소

차변	대변
자산의 증가 부채의 감소 자본의 감소 비용의 발생	자산의 감소 부채의 증가 자본의 증가 수익의 발생

의미한다. 그러나 주로 세금을 가지고 운영하는 보통의 행정기관에서는 자본을 소유하는 것이 예외적이므로, 자산에서 부채를 차감한 것을 순자산으로 간주한다.

자산과는 달리 행정기관을 운영하면서 생기는 회계상의 변동분이 있다. 그것은 수익(revenues)과 비용(expenses)이다. 수익은 재화와 용역을 제공한 대가로 받는 것과 법령에 따라 대가 없이 강제적으로 징수하는 것이 있다. 비용은 재화와 용역을 제공받은 대가로 혹은 반대급부 없이 지불하는 순자산의 감소를 의미한다.

위와 같은 기본개념을 가지고 복식부기 회계장부를 만드는 방법을 간단히 설명하면 다음과 같다. 회계활동을 보면, 빌리는 측면(the debit side)과 빌려주는 측면(the credit side)이 있다. 전자를 차변이라고 하고, 후자를 대변이라고 하는데, 이 양자를 기입하는 것이 이중기입(double entry)이다. 여기서 양자의 각각은 항상 같아야 한다.

이러한 복식부기는 주로 기업에서 이용되어 왔는데, 최근에는 공공부문에서도 도입하고 있다. 국제공공회계기준(International Public Sector Accounting Standards)기구는 민간의 복식부기와 같은 기준을 공공부문에도 도입할 것을 권하고 있다. 대표적으로 유럽연합이 회원국가에게 이를 택하도록 권고하고 있다. 우리나라는 2010년에 복식부기를 도입하였다.

복식부기는 회계활동의 여러 측면을 빠짐없이 정리함으로써 단식부기보다 국민의 알권리를 더 잘 충족시키는 도구가 될 수 있다. 즉 회계의 투명성을 높이는 도구이며, 이를 통해 부패의 감소를 기대할 수 있다. 그러나 아직 이러한 효과가 나타났는지는 알 수 없다.

제4절 예산제도의 시간적 이해

I. 1년 제도의 문제점

정부예산활동은 1년이란 회계연도를 기초로 하고 있다. 이에는 많은 문제점이 있다.

첫째, 1년이라는 기한을 두고 예산을 배분하고 운용하는 것은 예산의 집행과 기획에 있어 근시안적인 시각을 야기할 가능성이 높다(김재훈 외, 2004: 8). 하지만 1년이라는 시계의 제약으로 예산을 기획·집행할 경우, 장기적인 시각을 가질 때 얻을 수 있는 이익을 놓칠 수 있다. 예산의 집행에 대한 평가도 1년 안에 이루어지기 때문에 예산집행자는 당장의 가시적인 효과만을 내는 데 집중하게 된다. 이러한 단기적 시계는 정부경쟁력에 매우 부정적일 수밖에 없다. 정부경쟁력을 높이기 위해서는 이처럼 장기적 시각을 가지고 국가 미래의 정책방향을 운용해야 할 필요가 있다. 따라서 재정운용도 미래지향적이어야 한다.

둘째, 예산의 단기적인 운용은 행정의 안정성을 해칠 수 있다(김재훈 외, 2004: 8). 거의 모든 행정은 예산에 의해 집행되므로, 예산은 행정을 구속하는 효과를 지닌다(장용근, 2005: 17). 그러나 예산이 짧은 주기로 기획되고 집행될 경우, 그리고 그 주기가 특정 정책이 집행되는 기간보다 짧을 경우에, 예산은 그 정책이 집행되는 동안에 바뀔 수 있고, 그럴 경우 예산은 행정의 안정성을 해치게 된다.

셋째, 예산의 운용 기간이 1년으로 고정되어 있기 때문에, 다년도 계약이 어렵다. 즉, 단년도 현금으로 예산자원이 제공되는 까닭에, 예산집행자는 계약체결과 현금지출을 당해 회계연도에 완결하여야 한다. 이는 예산집행자로 하여금 다년도 계약을 꺼리게 하며 장기적인 투자로 얻을 수 있는 이익을 포기하게 한다. 이는 예산의 효율적 운용을 해치는 것으로 이어진다(옥동석, 2005: 5).

나아가서 예산의 평가가 1년 내에 이루어지는 까닭에, 예산집행자는 중·장기적 투자를 꺼리게 되고, 심한 경우 공공부문에 있어서도 투자지출을 줄이는 경향을 보이게 된다. 김재훈·박재완(2004: 8) 등은 단년도 예산주의의 폐해가 심각했던 영국의 경우, 예산제도개혁이 이루어지기 전이었던 1990년대 후반까지 예산지출에 있어 투자지출이 졸속으로 수행되었으며 공공부문의 순투자지출이 지속적으로 감소하였다고 밝히고 있다.

넷째, 예산의 운용기간인 1년내에 집행되지 않은 불용액을 차년도에 이월이 불가능하다는 점은 예산의 낭비를 조장할 가능성이 매우 크다. 예산을 남긴다는 것은 예산 배분권이 있는 자에게는 '필요 이상의 예산을 배분해 주었다'라는 신호를 전달하는 것과 같다. 따라서 다음 회계연도에 그 부처는 더 적은 예산을 배분받게 된다. 즉, 예산을 효율적으로 사용해 남겼다고 해도 돌아오는 것은 더 적은 예산뿐이다. 그래서 예산집행자는, 차년도에 예산을 보다 효율적으로 사용할 수 있음에도 불구하고, 일단 예산을 남김없이 다 써버리려고 한다. 이는 큰 낭비가 아닐 수 없다.

시간관리 관점에서 봤을 때, 이상의 문제점들을 파생시키는 원인에 대해 2가지 분석이 가능하다.

첫째, 예산이 운용되는 시간의 길이가 고정되어 있음에 기인한다. 예산이 기획·집행되고 평가되는 시간의 길이가 고정되어 있기 때문에 비효율적이더라도 가시적인 효과를 내는 방식을 택하게 되고 단년도 계약 및 단기적 투자를 선호하게 되는 것이다.

둘째, 실제 정책이 집행되는 데 필요한 시간과 예산의 운용기간이 불일치한다는 점에서도 원인을 찾을 수 있다. 특정정책의 집행에 있어, 그 정책의 시계적 제약을 고려하는 것은 매우 중요하다(임도빈, 2010: 283). 하지만 단년도 회계주의는 예산의 운용기간을 고정시킴으로써 두 시간 간 길이 불일치를 심화시킨다. 실제로, 이러한 불일치는 많은 공무원들이 현재 느끼고 있는 문제점이다.

Ⅱ. 중기재정계획

1년 주기의 예산회계제도를 보완하려는 노력도 많이 시도되고 있다. 그중에서 주목할 만한 것은 중기재정계획(Mid-term expenditure framework: 약자 MTEF)이다. 이것은 5년 정도를 대상기간으로 하여 수립하는 수입·지출계획을 말한다. 즉, 단년도 예산편성의 문제점을 극복하기 위하여 사업의 투자 우선순위 및 시기를 중장기적 관점에서 검토하여 재원배분의 일관성, 효율성, 건전성 등을 제고하기 위한 제도이다.

중기재정계획은 A. Schick 등이 들고 있는 예산의 계획적 기능을 제고하는 제

표 9-7 | 계획과 예산을 일치시키는 제도

제도의 명칭	시기
기본운영계획	1962 ~ 1982
총자원예산	1967 ~ 1976
국민경제운용계획	1977 ~ 1981
중기재정계획	1982 ~ 2003
국가재정운용계획	2004 ~ (현재)

출처: 신무섭(2014: 294).

도의 하나라고 할 수 있다. 국가재정법 제28조는 "각 중앙관서의 장은 매년 1월 31일까지 당해 회계연도부터 5회계연도 이상의 기간 동안의 신규사업 및 기획재정부장관이 정하는 주요 계속사업에 대한 중기사업계획서를 기획재정부장관에게 제출하여야 한다"라고 규정하고 있다. 중기재정계획은 법적 효력을 지니지 않는다. 그러나 이것은 국회에 제출되어 매년 예산심의시 참고자료가 된다. 이는 계획과 예산의 연계성을 제고하고, 예산편성의 합리화와 자원의 전략적 배분을 위한 것이다.

우리나라에서는 기본운영계획(primary program system), 총자원예산(overall resource budget), '국민경제운용계획' 등 계획과 예산을 연계시키려는 노력을 해왔다(표 9-7). 그러나 그 실제효과가 1년 단위의 예산제도의 큰 틀을 크게 벗어나는 것은 아니었다.

우리나라에서는 제5차 경제개발계획이 시작되는 1982년부터 중기재정계획이 도입되어 5년이란 시간적 안목으로 생각하게 되었다. 그 도입 목적은 예산과 계획을 일치시키려는 것이었다. 그러나 이것도 강제성이 부족하여 실효를 거두지는 못하였다.

2004년부터 중기재정계획은 국가재정운용계획이란 명칭으로 바뀐다. 이는 5년 단위 계획이며, 매년 연결되어 수정되는 연동방식(rolling plan)을 택하였다. 이 계획은 수립 당시부터 많은 관련 행위자가 참여할 뿐만 아니라, 국회에 제출한다는 점에서 이전의 것보다 그 실효성이 높아졌다고 할 수 있다. 매년 예산편성시 기본방침으로 활용되고 있기 때문이다. 따라서 중기재정 운용계획 수립시에 관계 부처, 지방자치단체, 민간 전문가 등이 참여한다.

중기재정계획은 다음과 같은 중요한 기능을 한다(강태혁, 2013: 169-172).

첫째, 거시경제 안정화 기능이다. 단년도 예산은 항상 균형예산으로 편성되는데, 실제로 그 해 경기의 호·불황에 따라 같은 방향으로 재정지출이 늘거나 준

다. 이것은 결국 경기과열이나 불황을 부채질하는 셈이다. 중기재정계획을 통해
호황 때는 재정지출을 억제하여 경기안정을 시키고, 불황 때는 재정지출을 확대
하여 경기를 진작시키는 효과를 가져올 수 있다.

둘째, 국가재정 건전화 기능이다. 중기재정계획은 선진국에서 복지지출의 과
다로 재정위기가 나타남에 따라 하나의 대책으로 나온 것이다. 재정을 근시안적
으로 1년 단위로 보지 말고, 중기적인 안목에서 운용한다는 것이다. 국가재정은 1
년 사이에 급진적으로 바꿀 수 없는 경직성이 있으므로, 중기의 목표를 세워 놓고
매년 이에 맞춰서 예산을 운영하는 것이다.

셋째, 전략적 자원배분 기능이다. 이 계획은 국가 비전과 우선순위를 반영하
고, 가용재원을 전망하여, 분야별 재원배분을 제시하기 때문이다. 따라서 중기재
정운용계획은 하향식 예산편성방식을 채택해야 더 효력을 발휘할 수 있다. 현재
우리나라의 경우는 이러한 제도적 요건을 갖추고 있으나, 그 실효성에는 아직 의
문이 있다.

이러한 중기재정운용계획은 기존의 단기적 시각에서 벗어나 정부경쟁력 제
고를 위한 장기적 시각에 기여할 수 있다.

Ⅲ. 정치적 경기순환론

단년도 예산제도가 지배적이기는 하지만, 정부의 예산관련 활동에는 다른 시
간적 주기도 작동한다. 그것은 항상 정부의 경쟁력을 높이는 방향으로 작동하는
것이 아니라 반대로 작동하기도 한다. 정치적 경기순환론이 그 예이다.

정치적 경기순환론은 집권자들이 선거에서 승리하기 위해 선거 이전에 경기
호황이 이루어지도록 확장정책을 사용하는 반면, 선거 후에는 물가 상승을 억제
하기 위해 긴축정책을 펴기 때문에 정치적 경기순환이 이루어진다는 이론을 말한
다(Nordhaus, 1975). 이 이론에 의할 때 중앙정부와 마찬가지로 지방정부도 지방
선거 전후 예산집행의 강도가 변화할 것이라는 가설이 가능하다.

선거가 있기 전에 각종 선심성 정책을 시행하고, 그 다음 해에 인플레이션 등
경제적 어려움을 겪게 하는 것은 경제주기(economic cycle)를 교란하는 기능을
한다(Alesina et al., 1997). 즉 정치인들은 당선되는 과정에서 사실상 국고예산의
혜택을 받는 셈이며 이는 차년도의 인플레 등을 통해 국민경제에 해악을 끼치는
것이다. 또한 이러한 인위적·정치적 상태는 지속적이고 안정성 있는 정부경쟁력

유지에 악영향을 끼친다. 객관적이고 일관성있는 지표로 평가받아야 하는 정부경쟁력이 선거라는 사건(event)에 영향을 받아 즉흥적으로 평가될 수도 있기 때문이다.

우리나라의 관련된 연구로 지방자치단체장 개인의 특성이 재정지출정향에 미치는 영향에 관한 김경령(2010)의 연구가 있다. 연구결과, 정치가 출신의 단체장은 자신의 정치적 활동 경험에 의해 가시효과가 높은 사업이 득표에 유리하다고 판단하여 자신의 득표 전략으로 단기적 효과가 큰 사회복지정책을 택한 반면, 기업가 출신의 단체장은 자신의 기업경영의 경험을 살려 자신의 득표 전략으로 경기활성화와 실업 감소 등 경제성장정책을 택하기 때문에 이러한 점에서 단체장의 이전 경력이 지방예산배분결정에 차이를 가져왔다. 이러한 결론은 자치단체장의 특성이 예산집행에 반영된다는 것으로 정치적 경기순환론에서 논의하고자 하는 것과는 차이가 있다.

정치경기순환론과 직접적인 관련이 있는 연구로 한정수(2007)와 조용석(2017)의 연구가 있다. 한정수(2007)는 지방선거와 지방자치단체의 세출예산과의 상관관계를 통하여 정치적 경기순환이 지방정부에서도 나타나는지에 대한 연구로 지방자치시대 개막 12년차인 시점에서 정치적 경기순환이 일어날지를 검증하였다. 연구결과, 지방선거는 지방정부의 전반적 예산규모에 유의미한 영향을 미치며 다소 약하게나마 경제개발비를 통해 정치적 경기순환이론에서 말하는 선거주기가 나타나고 있다고 보았다. 조용석(2017)은 2008년에서 2015년 사이 16개 시·도지사의 업무추진비 세부지출내역을 분석하였다. 분석결과, 선거에서 후보자 간에 경쟁이 치열할수록 현직단체장의 업무추진비가 증가한다는 점을 발견하였다. 예산지출 항목중 적어도 업무추진비는 '정치적 변수'임을 확인한 것이다.

Ⅳ. 단년도 예산제도의 극복

지금까지는 설명의 편의상 암묵적으로 정부의 일반회계 예산을 전제로 하였다. 일반회계는 정부의 살림살이 중 가장 중요한 부분인 것이 사실이다. 그러나 정부살림에는 이외에도 1년에 구속되는 일반회계의 범주에서 벗어나도록 하는 제도들이 있다.

우선 특별회계가 있다. 특별회계는 행정부의 재량권을 넓혀 주고, 일정 목적의 사업에 집중적으로 관리할 필요가 있을 때 이뤄진다. 매년 일반회계에서 분리하여 별도로 국회의 승인을 받아 관리하기 때문에 1년이란 한계를 넘어 지속적으로 정책을 추진할 수 있다. 대부분의 국민들도 이에는 주의를 덜 기울이게 되고, 정부는 오히려 이를 악용하여 대외적으로 비판을 받을 만한 사업들을 할 유혹을 느끼게 된다. 물론 특별회계도 합법적인 예산이지만, 관리상의 융통성을 갖기도 한다. 즉, 특별회계는 특정사업을 운영하거나 특정한 용도의 자금을 운영하거나, 특정세입으로 특정세출을 충당하는 것이다. 현재 양곡관리 특별회계, 철도사업 특별회계, 정보통신사업 특별회계, 조달사업 특별회계, 국유임야관리특별회계, 교도작업 특별회계, 군용시설 교외이전 특별회계 등 18개가 있다.

다음으로 기금이 있다. 예산은 1년을 주기로 정부의 금고에 돈이 들어왔다가(세입), 돈이 나가는(지출) 유동(flow)개념이다. 그러나 정부가 일정액의 돈을 출연하여 기금을 조성하거나, 민간이 조성하고 운용하는 기금에 출연하여 일종의 저장(stock)되어 있는 돈이 있다. 이 거액의 돈을 자본으로 투자, 이자 등을 운용하여 일정한 목적의 정부기능을 수행하는 것이다.

기금도 국회의 통제를 받기는 하나, 별도로 관리하고 융통성이 있다는 점에서 특별예산과 마찬가지로 단일예산제도의 원칙에 어긋나는 것이다. 2010년 현재 기금의 총액은 약 480조이며, 이를 바탕으로 이뤄지는 사업비는 약 120조이다. 이와 같이 기금의 종류와 액수가 커지면서 '제3의 예산'이라고 불리기도 한다.

우리나라에는 현재 60여 개의 다양한 종류의 기금이 있다. 우선 국민연금, 공무원연금 등 사회보험성기금 등을 들 수 있다. 이것은 복지사회를 위해 불가피한 것이고, 어떻게 효율적으로 운용하느냐가 중요한 과제이다.

이에 반해 정부의 활동이 예산 이외의 방법으로 이뤄진다는 비판을 받을 만한 것으로 사업성 기금, 계정성 기금, 금융성 기금 등도 있다. 사업성 기금은 농어촌, 문화, 과학기술 등 특정정책을 진흥하기 위한 것이 많다. 예컨대 정보통신진흥기금은 국민이나 사업자가 정보통신관련 서비스를 사용할 때 일정한 비율의 기금을 내도록 하고 이를 가지고 정보통신관련 정책을 추진하는 데 사용한다. 금융성 기금은 수출입진흥 기금과 같이 일종의 은행과 같은 기능을 하는 기금이다.

이와 같이 기금은 긍정적으로 보면 정부가 비교적 안정된 재원을 가지고 융통성 있게 정책을 추진할 수 있다는 장점이 있지만, 부정적으로 보면 감시가 심한 예산제도를 벗어나 일종의 '편의적' 공공재원의 이용이라고 할 수 있다. 최근 국민의 통제를 강화해야 한다는 재정민주주의 분위기가 제고되면서, 국회의 통제가 강화되었다. 이에 따라 국가재정법 제68조는 기금운용계획안을 회계연도 개시 120일 전까지 국회에 제출하여 예산과 동일하게 국회의 통제를 받도록 하였다.

외국의 정보화 사전평가 제도: 영국의 Gateway Review

영국의 정보화평가제도는 상무성 주관 하에 정책 일반에 대한 평가제도를 준용하여 수행하고 있다. 성과관리시스템은 미국 등 다른 선진국보다 조기에 정착시켰으나 정보화평가제도가 따로 마련되지 않고 일반 정책평가제도를 전자정부 사업관리에 활용하고 있다. 상무성(OGC: Office of Government Commerce)이 평가운영기관이며, IT 프로젝트를 포함하여 중앙정부의 신규조달 프로젝트를 중심으로 평가를 수행한다. 이 기관은 영국재무성(HM Treasury) 산하기관으로서, 중앙정부 차원에서 이루어지는 조달업무의 효율성과 효과성을 향상시키고 각 정부부처의 혁신프로그램 및 프로젝트에 대한 관리 등을 담당한다. 사업의 본격적인 집행 이전에 사업계획의 적절성, 사업의 실현가능성, 중복성 등을 평가하여 사업의 성공가능성을 제고시킨다.

Gateway는 대상사업의 성패를 좌우할 수 있는 결정적인 시점을 의미하며 총 여섯 단계(Gateway 0-Gateway 5)로 구성되어 전체 단계가 한 사업의 수명주기를 형성하고 있다. 각 게이트웨이 단계에서는 검토를 위한 전제조건들(preconditions) 및 성공가능성(potential for success)확인, 현 상태의 검토(review of current phase), 위험관리(risk management), 다음단계를 위한 준비(readiness for next phase) 등에 대한 검토 등을 수행한다. 하나의 사업이 다음 단계로 성공적으로 진행되기 위해서는 각 단계별로 사업이 일정한 지표에 의해 검토되는데, 시점별 검토 중 처음 네 단계(Gateway 0-Gateway 3)가 사업에 대한 사전평가에 해당되며 다음 단계(Gateway 4)가 사업의 집행 준비, 마지막 단계(Gateway 5)가 사후평가에 해당된다고 할 수 있다.

평가시행의 주체는 해당사업과 직접적인 이해관계가 없는 전문가로 구성된 분석팀이며 팀의 구성원은 해당사업에 대한 인지도, 평가에 관한 일반지식, 전문성 및 실무경험 등을 갖추어야 한다. 분석팀은 다시 사업의 위험요소에 따라 세 종류의 팀으로 구성되며[14] 평가의 결과는 색깔별로 3가지 형태(빨강색/황색/녹색)로 제시된다. 예를 들어 빨강색은 사업의 성공적 추진을 위해 즉각적인 조치사항이 필요하지만 사업의 중지를 의미하지는 않는다.

영국의 Gateway Review 제도의 특징은 다음과 같이 정리될 수 있다. 첫째, 일회적 행사로 끝나는 평가가 아니라 사업 또는 프로젝트의 생애주기에 걸쳐 지속적으로 평가를 실시하고 있다. 생애주기별 평가를 통해 사전·집행과정·사후평가 간 일관성 있는 기준, 지표 및 방법을 사용하여 평가들이 서로 효과적으로 연계된다. 이렇게 선행 평가와 후행 평가가 서로 연결되어 이루어지면 사업의 계획단계부터 사업이 종결하여 효과가 발생하는 단계까지 일관성 있는 평가가 이루어져서 사업의 목적을 효과적으로 달성하는 데에 직접적인 도움을 주게 된다. 둘째, 평가가 컨설팅의 기능을 수행함으로써 적극적인 의미의 성과제고에 기여할 수 있다. 사업을 집행하는 과정에서 문제가 발생할 수 있는 가능성이 생길 경우 조치를 미리 취해 문제발생을 미연에 방지하여 성과를 극대화할 수 있게 된다. 셋째, 평가결과를 적극적으로 활용하는데, 평가가 처벌 또는 감시 기능이기 보다는 사업의 효과적인 추진을 위한 바람직한 방향제시적 기능을 수행함으로써 결과 활용도를 훨씬 높일 수 있다. 마지막으로, 독립적인 평가시행기관에 의해 평가가 이루어지고 있다. 평가를 시행하는 기관은 해당기관 또는 사업과 무관한 전문가로 구성되어 평가의 객관성을 확보하고 있으며, 사업의 위험요소의 비중에 따라 객관성 확보를 위한 상이한 기준을 적용하여 천편일률적인 평가보다는 상황적응적이고 신축적인 평가를 시

---

14 위험요소가 가장 많은 사업, 사업의 위험도가 중간인 사업, 그리고 위험요소가 가장 적은 사업 등으로 구분하며, 각각 약간씩 상이한 리더와 구성원들로 분석팀을 구성한다.

행하고 있다.

Gateway Review의 단계별 특징

단계	내용	특징
0	전략적 평가	o 사업 및 사업실행을 위한 특정한 프로그램의 필요성 검토 o 사용자나 이해당사자들이 누구이며 해당사업에 대한 지지여부, 사업이 조직의 상위전략에 기여하는지의 여부 파악 o 성공적인 사업집행에 영향을 주는 각종 위험요인들을 파악하고 관리하는 위험관리체제의 유무를 검토 o 사업실행에 따르는 재정확보여부 점검

1	사업의 정당화	o 사업의 실현가능성에 대한 연구(feasibility study) 수행
		  - 사업의 달성가능 여부
		  - 적절한 대안의 유무
		  - 투자가치의 성취가능성 등을 확인
		o 사업의 전체규모, 목표 결과, 구체적 일정, 사업 추진과 관련된 외부영향요인들에 대한 고려
		o 사업의 성공적 추진을 증명하는 계량화된 측정지표 및 각 대안의 평가방법을 개발

2	조달전략	o 조달방법 및 구조의 적절성 점검
		  - 사업의 계획에서 완료단계까지의 구체적 기술(description) 여부
		  - 전체적인 재정계획의 마련 여부
		o 사업추진을 위한 조직의 적절성, 사업의 고객 및 공급자들의 업무에 대한 이해도, 사업추진과 관련한 변화요소에 대한 이해도, 사업으로 인한 편익에 대한 인식 및 동의 여부, 조달체계와 전략에 대한 검토 여부

3	투자결정	o 다음의 사항들을 검토(일부는 앞의 단계와 중복)
		  - 사업관련 특정프로젝트가 업무의 필요성 및 부처목적에의 부합성 여부 재검토
		  - 예산범위 내에서 적절한 사업의 효과나 결과가 초래할 것인지의 여부 재검토
		  - 사업 종료 시까지의 관리활동의 연속성 여부
		  - 사업추진에 대한 지속적인 지원 가능성
		  - 사업추진을 위한 조달전략의 지속성 여부
		  - 사업이 고객과 공급자 등에게 적절하고 달성가능한지의 여부
		  - 위험관리를 위한 계획이 마련되었는지 등을 검토

4	사업집행 준비	o 사업집행을 위한 준비단계로서 사업을 추진하기 직전에 최종적으로 검토해야 할 사항
		  - 계약 완료
		  - 당사자들에 대한 교육훈련, 의사소통, 납품 및 지원 등에 대한 계획에 동의여부
		  - 모든 당사자들의 위험관리계획에의 합의 여부

5	이익평가	o 기대이익들의 실현 여부의 평가단계
		  - 기대했던 편익들이 실제 실현 여부
		  - 환경변화에 대한 서비스공급이나 계약내용의 적절한 적응 여부
		  - 사업의 추진과정상의 변화들의 사업수준 달성에의 영향 여부

출처: 김기환(2006), 일부수정.

참고문헌

강태혁(2013). 「예산제도와 재정관리: Budgeting system & fiscal management」. 서울: 율곡출판사.

김경령(2010). "지방자치단체장의 개인적 특성이 지방재정지출정향에 미치는 영향에 관한 연구". 서울대학교 석사학위논문. 서울대학교 행정대학원.

김기환(2006). "공공정보화분야 예비타당성조사제도 도입 및 운영에 관한 연구". 「한국행정학회 동계학술대회」: 1-16.

김이석(2006). "시장경쟁의 올바른 이해와 바람직한 재정개혁의 방향". 「한국재정정책학회 재정정책논집」 8(1): 27-50.

김재훈 외(2004). 「주요국가의 정부예산회계제도 개혁: 영국, 뉴질랜드, 프랑스」. 서울: 한국행정연구원.

김진·이강호(2007). "불완전정보하의 예산결정모형". 「한국재정학회 학술대회 논문집」: 1-21.

나중식(2006). 「재무행정론」. 서울: 형설출판사.

루빈·아이렌·신무섭 옮김(2001). 「미국예산정치론」. 서울: 대영문화사.

시오노 나나미(한성례 역)(2007). 「(또 하나의) 로마인 이야기」. 부엔리브로.

신무섭(2014). 「재무행정학」. 서울: 대영문화사.

신방수(2014). 「합법적으로 세금 안내는 110가지 방법: 개인편」. 아라크네.

옥동석(2005). 「예산항목별 예산권한의 법제적 개선」. 한국법제연구원.

윤광재(2011). "OECD국가의 조세 및 지출비중에 대한 비교분석". 「현대사회와 행정」. 한국국정관리학회. 21: 61-86.

윤성식(2006). "정부혁신의 이론과 사례". 「한국행정과 정책연구」. 강원행정학회. 4: 29-50.

윤영진(2014). 「(새)재무행정학」. 서울: 대영문화사.

이남국(2006). "우리나라 책임운영기관 평가제도 및 운영의 개선에 관한 연구". 「한국거버넌스학회보」 (13): 79-111.

이종수 외(2012). 「새 행정학」. 서울: 대영문화사.

이창우 외(2009). 「IFRS 회계원리」. 제3판. 서울: 박영사.

임도빈(2010). 「정부조직과 시간관리」. 서울: 서울대 출판부.

임동완(2008). 「외국의 발생기준 회계와 예산 제도 개혁과 시사점」. 국회예산정책처.

장용근(2005). 「예산의 법적 성격 및 예산통제에 관한 연구」. 한국법제연구원.

정해방(2004). "예산 총액배분 자율편성(top-down) 제도의 실태와 현황". 「지방재정」 2004: 13-22.

조용석(2017). 「업무추진비 지출에 미치는 정치적 요인에 관한 연구」. 서울대학교 행정대학원 석사논문.

크리스토퍼 피어슨(1998). 「근대국가의 이해」. 박형신·이택면 역. 일신사: 163.

하연섭(2014). 「정부예산과 재무행정」. 다산.

한정수(2007). 「선거와 지방자치단체 세출예산의 상관관계에 대한 연구: 서울특별시 기초
　　자치단체를 중심으로」. 서울대학교 석사학위논문. 서울대학교 행정대학원.

함성득·이상호·양다승(2010). "총액배분자율편성제도의 효과에 관한 실증적 연구: 교육
　　과학기술부 교육 분야 예산의 점증성을 중심으로". 「행정논총」. 48: 295-323.

기획재정부 보도자료(2014. 1. 1.).

기획재정부 홈페이지. 국가채무현황 설명 「OECD Economic Outlook No. 87(2010. 6.)」.

기획재정부 홈페이지. 통합재정수지 설명 「IMF World Economic Outlook(2008. 4.)」.

Alesina, Alberto, Nouriel Roubini, and Gerald Cohen (1997). Political Cycles and the
　　Macroeconomy. MIT Press. Cambridge.

Blondal, Jon R. (2003). "Budget Reform in OECD Member Countries: Common Trends."
　　OECD Journal on Budgeting 2(4): 7-26.

Bryson, John M. (2011). Strategic Planning for Public and Nonprofit Organizations: A
　　Guide to Strengthening and Sustaining Organizational Achievement. John Wiley
　　& Sons.

Cozzetto, Don A., and Robert W. Kweit (1995). "Using Interactive Video Technology in
　　Graduate Programs in Public Administration." *Journal of Public Administration
　　Education*: 116-129.

Hillman, AL (2009). Public finance and public policy: responsibilities and limitations of
　　government (2nd ed.). Cambridge: Cambridge University Press.

Holcombe, Randall G. (1996). Public Finance: Government Revenues and Expenditures
　　in the United States Economy, West Publishing Company New York. New York.
　　USA.

Mikesell, John (2003). Fiscal Administration. Analysis and Applications for the Public
　　Sector(Sixth edition). Thomson-Wadsworth.

Musgrave, R. A. (1959). theory of public finance; a study in public economy.

Nordhaus, William D. (1975). "The Political Business Cycle." *Review of economic Studies*
　　42(2).

Profeta, Paola (2004). Public Finance and Political Economics in Tax Design and
　　Reforms: 55-75.

Rubin, Irene S. (1990). "Budget Theory and Budget Practice: Mow Good the Fit?."
　　Public Administration Review. 50(2): 179-189.

Schick, Allen. (1966). "The Road to PPB: The Stages of Budget Reform." *Public
　　Administration Review*: 243-258.

_____ (1998). A Contemporary Approach to Public Expenditure Management. World Bank Institute.

Schwepker Jr, Charles H., and J. David Good. (2007). "Sales Management's Influence on Employment and Training in Developing an Ethical Sales Force." *Journal of Personal Selling & Sales Management* 27(4)﹕ 325-339.

Shah, Anwar, and Chunli Shen (2007). A Primer on Performance Budgeting. Budgeting and budgetary institutions﹕ 137-178.

Tobin Im, Wonhyuk Cho (2010). "Time Factors in Policy Performance﹕ The Korean Government's Economic Crisis Management in 2008." *The Korean journal of policy studies* 25(2)﹕ 103-128.

사람에 관한 행정

정부경쟁력은 결국 정부의 인적 자원(human resource), 즉 공무원에 달려있다. 아무리 돈이 많아도 행정의 목표달성은 결국 사람(즉, 공무원)이 열심히 하지 않으면 불가능하기 때문이다. 그러나 동물과 신의 중간존재라고 할 수 있는 '사람'을 어떻게 다뤄야 하는가는 간단히 대답하기 힘든 질문이다. 그래서 '인사는 만사'라고 한다. 즉, 정부의 성과나 이들이 국민에게 어떤 평가를 받느냐는 정부가 공무원을 어떻게 다루고 이들의 역량을 어떻게 100% 발휘하게 하느냐에 달려있다고 해도 과언이 아니다.

본 장에서는 이러한 정부의 인사행정 전 과정을 1년 단위로 살펴본다. 즉 각 행정기관 내 직원들의 인사를 다루는 부서(인사과 혹은 총무과)가 1년 동안 반복적으로 하는 일을 중심으로, 새로운 사람을 조직 내로 유입하는 충원, 이미 있는 사람을 잘 활용하는 방법, 평가, 보상, 제재, 마지막으로 매년 12월 31일자로 이뤄지는 정년퇴직을 중심으로 나누어 살필 것이다. 시간적 관점의 이러한 인사행정활동들은 1년을 단위로 반복적으로 이루어진다. 그러나 한편 이것은 인사담당자의 관점이고, 공무원 당사자의 관점에서 보면 취직부터 퇴직까지 이르는 재직 기간(즉, 20-30년)이 주기일 것이다. 예컨대 경력발전의 경우에는 재직기간을 아우르는 기간을 주기로 봐야할 것이다.

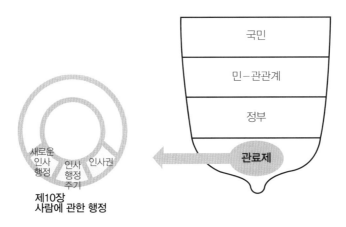

새로운
인사   인사   인사권
행정   행정
        주기

제10장
사람에 관한 행정

국민

민-관관계

정부

관료제

제1절 인사행정의 제도적 특성

I. 사람의 중요성

인사(人事)란, '조직을 구성하고 있는 인간(人間)에 관한 것(事)'이다(유민봉·임도빈, 2016: 6). 인사행정은 공무원, 공직에 있는 사람을 어떻게 다루냐에 관한 것이다. 전통적으로 관료는 '고리타분하고, 작은 규정에 얽매여서 큰 그림을 보지 못하는' 이들로 인식되어 왔다. 실제로 아직도 전 세계의 많은 나라에서 공무원은 이런 부정적인 이미지를 가지고 있다.

서구의 절대군주국가 시대에 관료는 군주의 사용인이었으며, 의회주의 시대에는 정당의 사용인이었다. 이 시기에는 정당정치에 예속되는(즉, 후술하는 엽관주의) 인사가 이루어졌다. 한편 산업혁명 이후 현대민주주의 국가에서 관료는 국민의 봉사자이기를 요구받았고, 정파나 권력자와의 인연보다는 실력을 갖추는 것이 중요시되었다.

현재 우리나라에서는 공무원에 대해 '철밥통'이라는 표현으로 대표되는 부정적인 이미지가 있는 반면, 치열한 시험 과정을 거쳐 정부 조직에 입문한 이들이 국가지도자로 성장할 수 있는 권력의 자리로도 인식된다. 이러한 상반된 이미지는 공무원을 어떻게 다루고 관리하여 이들로 하여금 어떤 존재가 되게 하느냐에 따라 달라지는 것이다. 관료제 체계에서 공무원들을 잘 활용하고, 일을 열심히 하도록 만드는 기술이 인사행정이며, 공무원들은 관리의 대상으로 여겼다.

그러나, 현대적 의미의 인사행정은 인간을 투자의 대상으로 보는 인적 자원(human resources) 혹은 인적 자본(human capital)의 관점이다. 그 바탕에는 미래에 달성할 목표를 위해 현 시점에 투자하듯이, 인적자본에 투자하면 미래에는 현재보다 더 나은 성과를 낼 수 있을 것이라는 전제가 있다. 고정된 물적 자원과는 달리 인적 자원은 다루기에 따라서 고무줄과 같이 달라질 수 있다. 따라서 인적 자본의 개발은 매우 의미있는 일이다.

이러한 관점에서 교육훈련 프로그램도 다양화 되고 있으며, 공무원들 역시 이를 통해 자기 계발 및 커리어 계발을 이루고자 하는 인식이 점차 확대되고 있다. 또한 채용에 있어서도 임기제 공무원, 민간경력자 채용 등 공무원 채용제도 선진화 방안들이 도입되면서, 공무원 내부적인 경쟁 역시 늘어남에 따라 과거보다는 공무원 개개인들의 능력을 중시하게 되었다.

같은 사람이라도 누구하고 일하느냐, 무슨 일을 하느냐에 따라 완전히 달라진다. 그렇기 때문에 정부경쟁력을 높이기 위해서는 인적 자원을 관리하는 인사행정이 중요하다. 인사행정이 중요한 구체적인 이유를 살펴보면 다음과 같다.

첫째, 정부가 한 사회를 이끌거나 뒷받침하는 기능이 중요하다는 것은 앞에서 누누이 강조했다. 그런데 이런 기능을 하는 것은 결국 공무원이다. 정부경쟁력은 공무원 개인에서 시작하여 행정조직의 경쟁력을 거쳐서 다다르는 것이다. 결국 공무원 개개인은 그만큼 중요한 것이다.

둘째, 많은 공무원은, 특히 일선공무원은, 일종의 서비스 산업 종사자이다. 일선공무원은 정부의 홍보대사와도 같다. 국민들이 마주하게 되는 일선공무원에 대한 이미지는 정부에 대한 평가, 신뢰 등으로 이어진다. 때문에 이들의 가치관과 태도, 기술, 지식에 대한 변화를 이끌어내는 방안을 연구하는 것이 인사행정이다.

셋째, 민주화가 되면서 공무원은 단순히 정권의 도구가 아닌 하나의 직장인으로서 헌법에 보장된 권리를 갖는, 권리를 가진 존재로 인정되고 있다. 위와 같은 이유로 공무원을 적절하게 관리하는 것이 중요한 과제로 떠오르고 있다.

II. 인사권의 중요성

공무원들은 자신의 '인사문제'에 대해 매우 민감하다. 이것은 거꾸로 말하면, 정부가 행정을 잘하기 위한 수단으로 인사권이 매우 중요하다는 것을 의미한다. 한국인이 가진 개인적, 사회적 차원의 주요 특징으로는 '경쟁심과 질투심'을 꼽을 수 있다. 한국은 경쟁이 치열한 국가 중 하나로 국민성에서 남들보다 우수하고자 하는 경쟁심이 나타난다. 이런 특성이 공무원인사나 공직사회에도 적용된다. 승진제도는 극소수의 고위직을 향한 다수의 경쟁을 자극한다. 따라서 어떤 자리에 대한 임명권은 그 자리를 꿈꾸는 사람이 많은 한 매우 강력한 도구가 된다. 거꾸로 그런 자리를 탐하는 사람이 적으면, 오히려 인사권자가 적합한 자를 열심히 탐색하여 삼고초려해야 한다. 이 경우 인사권은 권력이 아니라 짐이 된다.

이런 맥락에서, 대통령의 제왕적 권력은 인사권에서 나온다고 해도 과언이 아니다. 우리나라 사람들은 출세욕이 남달리 강하기 때문에 장관, 청와대수석 등 좋은 자리를 원하는 사람은 너무 많다. 이와 같이 자리에 대한 넘치는 수요에 비해 공급이 턱없이 맞지 않는 것이 문제이다. 높은 자리를 탐하는 사람들이 서로 과도한 경쟁을 하면서, 대통령의 권력은 거품같이 커진다. 대통령의 비위를 맞추려고 필요 이상으로 노력하기 때문이다.

이 인사권의 범위가 군대의 장관급 장교에까지 미친다는 것을 생각하면 더욱 그렇다. 그렇다면 한 정권이 새로 들어서면 신임대통령이 바꿀 수 있는 자리는 어느 정도나 될까? 정권마다 약간 차이는 있지만, 정무직(장관급) 40여 명과 차관급 100여 명, 국영기업체의 사장과 감사, 기타 일부 고위공직자 등을 합하여 200-300여 명 정도가 된다. 여기에 간접적으로 임명에 영향을 미칠 수 있는 국책연구원장, 공공기관의 장 등 자리를 포함하면 그 수는 훨씬 많아 진다.

물론 이러한 수많은 자리들이 대통령의 인사권만으로 좌지우지되는 것은 아니다. 대통령보다 하위에 있는 사람들의 손을 통해 공모과정 등 적절한 절차를 거쳐야 하고, 객관적인 기준을 만들어 평가하여 후보자를 소수로 줄인 후 대통령에게 올려야 하기도 하다. 즉각 새로 임명할 수 있는 자리들이 있는가 하면, 현임자의 임기만료까지 기다려야 하는 자리들도 있다. 또한 국무총리, 감사원장, 대법원장, 헌법재판소장 등은 국회의 동의를 받아서 임명해야 하는 자리들이다. 이들 모두 인사행정의 연구대상이다.

그럼에도 불구하고 인사행정의 핵심 연구대상은 일반 공무원들이다. 즉, 정부에는 이들 '장(長)' 뿐만이 아니라 그 밑에 많은 자리들이 있다. 사실 공무원, 즉 사람은 정부조직을 구성하는 요소이고, 이들이 위치하는 자리들이 정부조직 내 실, 국, 팀, 과 등과 같은 하위 단위부서를 구성하는 것이다. 이런 조직의 틀 안에 있는 지위(즉 자리)에 개인을 채워넣는 행위가 인사행정의 요체이다. 가장 적합한 사람을 그 자리에 앉히는 것을 적재적소(適材適所)라고 한다.

그러나 적재적소에 배치하는 것이 인사행정의 전부가 아니다. 그 자리에 배치되면 지위가 부여된 것이고, 대내외적으로 공무원으로서의 역할이 기대된다. 이들이 지위에 따른 직무수행을 하는 것은 권한을 행사하는 것이고 책임도 진다. 이 과정에서 의도적 또는 비의도적으로 권력을 행사하는데, 이들이 일상적 직무생활에서 지켜야 할 일종의 규범이 있다. 이때 규범은 자의적으로 적용할 수 없도록 하기 위해, 법적인 근거를 만들어 운영한다. 그러나 법적 규정이 있다고 해서 모든 것이 해결되는 것이 아니고, 그 공백에는 비공식적 규범이 작동한다.

이렇게 조직의 틀에 의해 형성되는 지위와 직무, 규범 등이 작동하는 복잡한 과정을 통해 한 공무원을 열심히 일하게도 하고, 근무의욕을 상실하게 만들기도 한다. 그리고 이를 관리하는 총체적인 예술이 인사행정이다. 따라서 이러한 인사행정이야말로 정부경쟁력의 가장 핵심적인 세부 영역이 된다고 볼 수 있을 것이다.

Ⅲ. 인사행정의 주요 제도

소수의 사람들이 모여서 소규모의 기업을 운영한다면, 인사제도가 그리 중요하지 않다. 그저 필요에 따라 서로 서로 궂은 일을 도우며 일을 하는 등 부담없이 조직을 운영할 수 있다. 그러나 셀 수 없을 정도로 사람이 많아지면, 이들 사람들을 체계적으로 관리하는 일정한 틀이 필요하다. 그것이 바로 인사행정의 제도들이다.

1. 직업공무원제

직업공무원제
(career system)
공무원을 잠시 거쳐 가는 자리가 아니라 평생을 머무는 직업으로 고안된 인사제도. 학교를 졸업하고 직업의 세계로 나아가는 젊은 인재들을 공직에 유입시켜 그들이 공직에 근무하는 것을 명예롭게 생각하면서 일생 동안 공무원으로 근무하도록 운영하는 인사제도.

공무원도 하나의 전업직업(full time)으로 간주하는 직업공무원제도 하에서 공무원의 신분은 법률이 정하는 바에 의해 보장된다. 따라서 정권 교체와 같은 정치적 변화나 기타 개인의 의사에 반하여 해고되지 않고 계속성을 유지할 수 있다. 직업공무원제가 이뤄지기 위해서는 공직에 대해 높은 사회적 평가가 이루어져야 하며, 젊은 사람을 채용해야 하고, 능력발전 기회의 공정성이 보장되어야 한다, 또한 보수의 적정성도 중요하다.

직업공무원제와 반대되는 개념은 공직을 철새같이 왔다갔다 잠시 머무는 자리로 보는 것이다. 미국에서 한 때 유행한 엽관제가 대표적인 비직업공무원 제도에 해당할 것이다. 경제적으로 빈곤한 나라에서는 공무원이 다른 직업에 비하여 보수가 월등히 낮아서 부업을 하는 관료들이 많다. 법적으로는 직업공무원제가 존재하지만 사실상 직업공무원제가 흔들리고 있다고 볼 수 있다.

그러나 어느 나라에서든 모든 공무원을 직업공무원으로 채용하는 것은 아니다. 공무원 중 일부는 직업공무원이 아니다. 우리나라 공무원 중 직업공무원이 아닌 공무원은 정무직, 별정직, 임기제 공무원 등이 있다.

먼저 정무직 공무원에는 대통령이나 국회의원과 같이 선거에 의해 선출된 경우나 임명 시 국회의 동의가 필요한 공무원, 또는 담당 업무 성격상 중요 정책 결정 업무를 담당하는 공무원으로서 법률이나 대통령령으로 지정하는 공무원이 있다. 대체로 관료제 피라미드 구조의 상위에 위치한 고위직들이 이에 해당한다. 대표적인 정무직 공무원에는 대통령, 국회의원, 각부 장·차관, 처의 처장, 청장 등이 있다.

다음으로 별정직 공무원은 보좌업무 수행이나 특정 업무를 담당하기 위해 일반직 공무원과는 다른 별도 자격 기준으로 임용한다. 대체로 상술한 정무직 밑에서 직무를 수행하며 진퇴를 같이 하는 사람들이 이에 속한다. 그 예로는 비서관, 비서, 감사원 사무차장 등이 이에 해당한다.

마지막으로 임기제 공무원은 전문적인 지식이나 기술이 요구되거나 임용의 신축성이 요구되는 경우 일정기간 동안 국가나 지방자치단체와의 채용계약으로 공무원으로 재직하며 업무를 수행한다. 최근에 공직의 전문성을 높인다는 취지하에 중위직에도 이런 자리가 많이 생겼다. 예컨대, 각 부처의 홍보담당관을 계약직으로 하여 기자 출신을 채용하는 경우가 많이 있다.

결국, 직업공무원제의 쟁점은 첫째 공무원의 대다수를 차지하는 집단이 직업공무원으로 구성되느냐, 둘째 공무원으로서 신분보장이 얼마나 되느냐의 문제이다. 특히 간부급 관료들이 어떠한 사람들로 구성되느냐 여부가 그 나라 행정의 경쟁력을 좌우할 중요한 관점이 된다. 예컨대 간부급은 중앙부처의 국장급을 생각할 수 있다. 중하위직으로부터 시작하여 평생 공무원으로 일한 사람이 간부급으로 성공할 가능성이 높은지 외부에서 간부로 충원한 사람이 잘 할 가능성이 높은지의 문제이다.

읽을거리

개방형 직위제

개방형 직위로 분류된 중앙부처 국장급 직위 134개 중에서 민간 출신 인사가 자리 잡은 사례는 32개(23.9%)에 불과하다. 절반을 웃도는 78개 직위(58.2%)는 같은 부처 국장급이 앉아있고 24개(17.9%) 직위에는 '개방'이라는 명목으로 다른 부처 출신 공무원이 자리를 옮겼다.

민간의 경쟁력 수혈 필요성이 상대적으로 높은 주요 경제 부처 상황은 훨씬 심각하다. 기획재정부 개방형 고위직은 고위공무원 가급(1급)인 재정업무관리관과 고위공무원 나급(국장급)인 국유재산심의관, 민생경제정책관, 성과관리심의관, 공공혁신기획관, 국제금융심의관 등 6대다. 과장급도 국제조세제도과장과 기업환경과장, 외환제도과장, 자금시장과장 등 8개가 민간인에게 개방돼 있다.

하지만 민간 출신 보직자는 단 한 명도 없다. 새누리당 수석전문위원 출신인 김상규 재정업무관리관은 형식적으론 민간 출신으로 분류되지만 행정고시 28회 출신으로 기획재정부 경제예산심의관을 지낸 실질적인 내부 인사다.

산업통상자원부도 감사관과 창의산업정책관, 통상정책국심의관, 표준정책국장 등 4개 국장급 직위 중 민간 출신 국장은 없다. 9개 과장급 직위에서 홍보담당관을 제외한 8개 자리 역시 공무원 출신이 자리 잡고 있다.

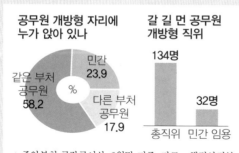

공무원 개방형 자리에 누가 앉아 있나

같은 부처 공무원 58.2

민간 23.9

다른 부처 공무원 17.9

갈 길 먼 공무원 개방형 직위

134명 총직위

32명 민간 임용

* 중앙부처 국장급이상. 2월말 기준. 자료＝행정안전부

이처럼 개방형 직위제가 유명무실하게 운영되는 까닭은 폐쇄적이고 배타적인 공무원 조직문화 때문이다. 한 중앙부처 고위 관료는 "민간 출신들이 가끔 오더라도 서열과 기수 위주인 조직문화와 비효율적인 업무 관행 때문에 능력을 채 발휘하기도 전에 나가는 사례가 허다하다"고 지적했다.

대기업 연구소에서 팀장급으로 일하고 있는 김 모씨(37)는 지난해 행정안전부 민간경력 5급 일괄 채용 공고를 보고 공직에 관심이 생겼지만 이내 마음을 접었다. "호봉만 인정받을 뿐 진급은 띠동갑 터울인 고시 출신 신임 사무관과 같이 할 가능성이 높다"며 공무원 친구가 만류했기 때문이었다.

김씨는 "민간에서 쌓은 노하우를 공무원으로서 발휘하고 싶은 생각을 꾸준히 해왔지만 이런 대우를 받느니 안 가는 게 낫겠다고 판단했다"며 "몇 급으로 뽑느냐가 중요한 게 아니라 기존 경력을 얼마나 예우해 주느냐가 중요하다"고 말했다.

또 다른 민간경력 출신 사무관 B씨는 "전문성을 인정해서 뽑았으면 걸맞은 대우를 해줘야지 이렇게 할 거면 아예 뽑지 않는 게 맞다"며 "앞으로 유능한 민간 전문가는 들어오지 않고 연금과 정년을 생각하는 평범한 사람들로 하향 평준화할까 걱정된다"고 지적했다.

민간경력을 실질적으로 인정해 달라는 요구는 행정고시를 비롯한 일반 공채 출신들 반발에 밀려 좀처럼 받아들여질 기미를 보이지 않고 있다.

행정고시 출신 사무관 C씨는 "고시 출신들도 인사 적체가 심한 마당에 민간경력까지 과장 · 국장 승진 경쟁에 뛰어들기를 원하는 공무원은 한 명도 없다"며 "7 · 9급 출신 역시 자기 승진 TO(정원)를 빼앗길까 견제가 심한 상황"이라고 전했다.

출처: 매일경제, 2014. 3. 28. 일부발췌.

모든 제도가 그러하듯 직업공무원제도에는 장단점이 있다. 장점으로는 공무원의 사기증진, 행정의 안정성 및 일관성에의 기여, 그리고 경험 축적에 따른 고급공무원 양성에 유리하다는 점을 들 수 있다. 반면 단점으로는 공직분위기 침체, 공직사회 입성 후 노력없이 무사안일주의로 일관하여 공무원의 수준이 저하될 수 있다는 점, 변화를 싫어하고 적극적으로 새로운 시도를 하지 않음에 따라 공무원 집단이 보수화되는 점, 그리고 부정적 의미로서의 관료주의 가속화 등을 들 수 있다.

강한 관료전통이 있는 우리나라에는 옛날부터 직업공무원제도가 형성되어 있었다. 근대적 인사제도가 도입되기 이전인 조선시대에서부터 이런 제도가 있었다. 선비가 유교경전을 공부하여 시험에 합격하면, 큰 과오가 없는 한 공직에 머무는 것이다. 과거에 합격하는 것이 가문의 영광이고, 높은 관직을 하는 사람은 족보에 올릴 정도로 공직은 명예로운 자리였다. 현재에도 이러한 직업공무원제도의 전통은 공무원들이나 일반국민의 생각 속에 깊이 뿌리박혀 있다(윤견수, 2011).

그러나 역대정권에서는 이런 전통이 지나치게 관료들의 이익을 보호한다는 문제의식에서 지나친 직업공무원제를 완화하는 방향으로 개혁이 추진되고 있다. 어떻든 인사행정제도 전체를 이끄는 커다란 원칙은 실적이나 실력위주로 하느냐, 그렇지 않느냐에 있다. 그리고 이는 한 국가의 정부경쟁력을 결정짓는 주요 요소로 작용한다.

2. 실적주의

우리나라는 조선시대 과거제도와 같이 개인의 능력과 공직봉사를 할 윤리적 기준으로 충원하는 실적주의적 인사행정 전통을 가지고 있다. 즉, 음서제도[1] 등 예외적인 것은 있었지만, 기본적으로는 유교적 관점에서 전인적 인격과 소양을 측정하는 시험을 통하여 관직을 충원함으로써 실적주의가 확립되어 있었다.

> **실적주의(merit system)**
> 인사행정의 모든 기준을 실적(merit), 즉 개인의 능력, 자격, 성과에 따라 하는 것

실적주의란 용어를 처음 사용한 것은 1883년 미국 펜들턴 법에서 독립적 인사위원회 설치, 공개경쟁채용시험 원칙, 그리고 공무원의 정치활동 금지를 규정하면서부터이다. 이와 같이 실적주의가 법에 명시된 이후, 1939년 Hatch법에서 공직에 대한 정당의 지배와 공무원의 정치활동 금지가 규정되면서 실적주의가 정착되었다.

실적주의 또는 실적제는 기본적으로 채용의 공정성에서 시작한다. 그리고 일단 채용된 이후에 인사행정을 하는 데에도 '실력'을 위주로 하느냐, 아니면 실력 이외의 다른 요인을 중시하느냐라는 근본적인 구분을 하게 하는 기준이 된다. 실적제적 채용의 기본요건은 실적을 제외한 모든 다른 기준에서 '기회균등'의 원칙을 적용함으로써 시작된다.

> **기회균등**
> 모든 사람이 공직에 진출할 기회를 균등하게 가져야 한다는 원칙

실적주의적으로 관료를 채용할 때 기대할 수 있는 장점은 유능한 인재를 등용한다는 점이다. 인연, 배경이 아니라 실적주의에 의해 인재를 확보하면, 이들이 하는 행정행위에서 공정성 확보, 그리고 행정의 안정성과 계속성 확보를 할 수 있다는 장점도 있다.

---

1 고려·조선 시대에 아버지나 할아버지가 관직생활을 했거나 국가에 공훈을 세웠을 경우에 그 자손을 과거에 의하시 않고 특별히 임용하는 제도를 말한다.

그러나 실적주의가 장점만 있는 것은 아니다.

첫째로 이 '실적'이라는 것이 무엇이냐, 어떻게 측정하느냐 등의 개념상의 문제에서 여러 가지 문제가 생긴다. 보통 실적에 의한 평가는 기회의 평등을 기반으로 하지만, 실력이 아닌 다른 요인(예: 사회계층) 때문에 기회가 주어져도 성취를 못하는 경우가 발생한다면, 이 원칙의 적용상에 문제가 생기는 것이다.

둘째로 민주적 통제의 문제가 있을 수 있다. 민주주의는 각기 다른 이념을 추구하는 정당이 선거라는 경쟁을 통해 집권하고, 집권하는 동안 그 정치이념을 실현시키는 제도이다. 그런데, 선거로 집권한 당이 막상 일을 하려고 해도 실적제 공무원이 말을 듣지 않으면 문제이다. 즉, 정당에의 충성도와 이에 파생되는 행정의 민주적 통제, 반응성이 문제가 되는 것이다.

셋째로 실적주의는 형식화와 비인간화를 초래할 수 있다는 우려를 낳고 있다. 실력으로 임용되어서 비인격적인 법령을 문자대로만 적용하려고 할 때 생기는 문제가 그러하다. 또한 실적주의로 인해 인사권을 쥐고 있는 중앙인사기관의 힘이 강해질 수밖에 없고 획일적 인사가 이루어질 우려가 있다. 일본의 경우와 같이 각 부처의 관료에 대한 인사권을 직업공무원 출신인 차관이 장악함으로써 장관이나 수상도 관료를 통제하지 못하는 문제가 생긴다(임도빈, 2016).

3. 정실주의

엽관주의
공직을 마치 전쟁에서 승자가 전리품(spoils)을 나눠 갖는 것처럼, 정권을 잡은 사람이 자신의 사람들에게 나눠주는 제도

정실주의란 실적 이외의 다른 기준, 즉 인간적 기준에 의해 인사행정이 이뤄지는 것을 말한다. 대표적인 정실주의의 예는 엽관주의(spoils system)이다. 엽관주의는 미국 7대 잭슨 대통령이 취임하면서 본격적으로 발달한 것으로, 집권 이후 공직의 대다수를 선거유세 동안 자신을 지지했던 사람들로 물갈이를 한 것에서 기인한다. 시험이나 자격증 등 능력의 측정을 통한 실적이 고려되기 이전에 미국에서 발달한 제도이다. 이런 제도가 등장한 것은 당시 공무원들의 일이 특별한 전문성이 필요한 것이 아니고 보통사람이면 누구나 할 수 있는 것이라는 믿음이 전제된 것에서 비롯한 것이다. 우리나라에는 이런 엽관제가 등장한 적이 없다.

그러나 대통령 등 권력자와 학연, 지연, 혈연 등 특별한 관계가 있는 사람들에게 유리한 방식으로 관료 인사가 이뤄진다는 의미의 정실주의가 문제가 된다. 넓게는 집권여당에 대한 충성도와 공헌도를, 좁게는 권력자와의 특별한 인연이 인사행정을 지배하는 제도를 말한다. 그러나 이것은 주로 고위직에 해당하는 문제로, 실제 중하위직 직업공무원에게는 큰 문제가 되지 않는다.

현대민주국가에서는 정실주의가 실적주의에 비해 가진 장점은 거의 없다. 일정수준 이상 실력을 갖춘 사람이 많이 있을 때, 이들 중 누구를 선별하느냐의 단계에서 정실주의가 개입될 가능성은 있다. 이런 경우, 매스컴에서 자꾸 의혹을 부풀리기도 한다. '회전문인사'는 실적을 어떻게 판단하느냐와 충성심이 높은 사람을 선호한다는 본질적 문제와 관련된다. 물론 매스컴이 보도하는 회전문인사는 대부분 일반 공무원이 아닌 고위 정무직에 해당한다. 따라서 이들에게도 최소한의 전문성이나 능력기준을 적용해야 한다는 주장도 설득력이 있다.

그러나 일반공무원의 경우에도, 정당제도를 통해 국민의 뜻이 전달되어야 한다는 측면에서 미국식 엽관주의가 필요하다고 주장되기도 한다. 국민의 요구에 대한 관료적 대응성을 향상시킬 수 있고 행정의 민주화에 기여할 수 있으며, 대통령의 정책실현을 용이하게 한다는 것이다.

그러나 정실인사에 따라 행정의 능률성, 공정성, 계속성, 안정성, 일관성이 훼손되고 매관매직, 뇌물 수수 등 정치적·행정적 부패를 초래할 수 있다. 정치과열 현상이 나타나고 있는 우리나라에 엽관주의를 광범위하게 적용한다면, 엄청난 문제가 야기될 것이다.

Ⅳ. 공직의 분류

공무원들은 숫자가 많기 때문에 일정한 기준에 의해 분류를 하고, 그 하위 집단별로 다르게 관리해야 한다. 공직 분류란 정부에서 일하는 공무원을 채용과 대우 등의 측면에서 다르게 관리하기 위해 유형화하는 것을 말한다.

1. 공직분류의 기준

우리나라의 경우에는 입법부, 행정부, 사법부, 헌법재판소, 중앙선거관리위원회 등 소속기관별로 공무원을 별도 분류한다. 그 중 행정부 공무원은 국가공무원과 지방공무원으로 분류되며, 경력직과 특수경력직으로 분류된다.

먼저, 신규채용이란 측면에 초점을 맞춘 공직구조 형성의 방법으로는 개방형 인사제도와 폐쇄형 인사제도가 있다. 개방형 인사제도는 공직의 모든 계급이나 직위를 불문하고 공직 내외 모두로부터 신규채용을 허용하는 인사제도를 말한다. 폐쇄형 인사제도는 신규채용을 피라미드식 계서제의 최하위 계층에서만 허용되며 내부 승진을 통해 그들이 상위 계층까지 올라갈 수 있는 제도를 의미한다.

둘째, 고용안정성이란 측면에서 볼 때, 경력직과 특수경력직으로 분류할 수 있다. 경력직 공무원이란, 실적 및 자격으로 임용하여 신분이 보장되고, 평생 공무원으로서의 근무가 예정되는 공무원을 말한다. 앞서 설명한 직업공무원이 우리나라 인사법령상으로는 경력직 공무원이란 유형으로 표현된다. 경력직 공무원에는 일반직 공무원, 특정직 공무원이 있다. 한편, 특수경력직 공무원은 경력직과는 달리 실적주의 및 직업공무원제의 획일적 적용을 받지 않는 공무원을 말한다. 즉, 직업공무원이 아니면서 공직에 근무하는 사람들을 나타내는 개념이다. 정무직 공무원, 별정직 공무원이 있다.

세번째, 근무형태라는 기준으로 볼 때, 정규직과 비정규직으로 나눌 수 있다. 최근 고용의 유연성이라는 측면에서, 혹은 가족생활의 유형 변화로 인해 비정규직 공무원도 많이 생기고 있다. 한시적 고용을 의미하는 비정규직은 직업공무원제도에서 벗어나지만, 실질적으로는 계약이 갱신되어 고용이 장기간 유지되는 경우가 많다. 계약직이지만 실질적으로 평생근무하는 무기계약직도 있다. 비정규직도 공무원을 구성하는 중요한 부분이 되고 있다.

2. 계급제와 직위분류제

계급제
공직 분류를 인간을 중심으로 하여 일정한 계급을 부여하여 이를 중심으로 관리하는 제도

역사적으로 볼 때 국가의 업무를 담당하는 이들에게 자리를 주는 방식을 만들어야 했다. 조선시대의 정 6 품, 종 6 품제도 같은 것이 대표적이 예이다. 이를 계급제라고 한다. 개개인의 자격과 능력을 기준으로 계급을 관리하는 것을 말한다.

역사적으로 다른 나라에서도 인구이동이 적은 안정된 농업사회를 배경으로 하여, 인간 간의 관계를 규율하는 신분사회의 영향으로 계급제가 정립되었다(임도빈, 2016). 시대가 발전하면서, 부여되는 계급은 그 사람의 최종학력과 관련되는 방식으로 형성된다. 계급제에서는 계급 간의 차이가 크고, 계급 간의 승진을 특별히 어렵게 하는 것이 특징이다. 또한 폐쇄형 인사체제를 채택한다.

계급제를 택함으로서 얻을 수 있는 장점은, 탄력적인 인사관리의 가능, 직업공무원제 확립의 용이, 공무원의 일체감 조성을 통한 능률성 제고, 다른 부서 공무원과의 원활한 협조, 그리고 공무원 신분보장이다. 물론 계급제의 단점도 많이 있다. 인사관리에 있어 객관적 기준보다 주관적이거나 편의적 기준을 적용할 수 있다는 점, 계급군 간 승진이나 충원의 폐쇄성, 보수와 업무부담의 형평성 결여, 전문 행정가 양성에 곤란하다는 점이 단점으로 지적된다.

직위분류제는 우선 각 자리(직위)가 요구하는 일의 내용을 자세히 규정하는 것이 필수적이다. 나아가서 각 자리가 요구하는 책임과 권한을 명확하게 정의해야 한다. 계급제와는 달리 각 자리마다 직무기술서(job description)가 있어야 하고, 여기에 직무내용, 요건 등 직무특성을 정리하여 기술해놓고 이를 인사행정에 활용한다. 따라서 직위분류제를 실시하기 위해서는 직무수행의 주요 임무와 책임, 그리고 필요한 자격을 결정하는 직무분석(job analysis)과, 각 직무가 가지는 상대적 가치를 평가하는 직무평가(job evaluation)가 선행되어 있어야 한다. 직위분류제를 통해 얻을 수 있는 장점은 다음과 같다.

첫째, 충원 및 인사배치에 있어서 좀 더 구체적인 기준을 제공한다.

둘째, 자리가 요구하는 특성이 잘 규정되어 있어 현직자의 자질과 비교하면 훈련의 수요 파악이 쉽다.

셋째, 직무의 난이도에 맞는 급여를 부여하는 직무급 수립에 용이하다.

넷째, 권한과 책임의 한계를 명백히 설정하여 조직관리의 합리성을 제고할 수 있다.

그러나 단점도 많다. 우선 직무분석, 직무평가 등이 대단히 많은 시간과 노력을 필요로 한다. 즉, 계급제에 비하여 운영에 비용이 많이 든다. 그리고 행정의 수요는 시대에 따라 수시로 바뀌는데, 이에 따라 담당할 직위를 만들고 변경하는 것은 항상 많은 노력과 시간을 요하기 때문에 비용이 많이 드는 제도이다. 또한 직무기술서에 따르는 업무만 만족시키면 되기 때문에 승진을 위해 경쟁을 하거나 일을 더 열심히 하려는 동기부여도 부족하게 된다. 따라서 실제 운영은 상당히 경직적이다.[2]

이러한 특성들로 인하여 직위분류제는 미국과 같이 인구의 직업이동이 심하고, 이를 위해 업무가 표준화되고 표준작업절차가 되어 있는 곳에 적합한 제도이다. 각 국가에서 정부경쟁력을 높이기 위해 국가별 특성에 맞는 제도를 선택해야 할 것이다.

3. 인사행정기관

이러한 공직분류체계를 만들고 인사행정업무를 실제로 담당하고 실행에 옮

직위분류제
정부조직의 직책이 가지는 업무특성을 중심으로 분류하고 각 지위를 직무의 난이도와 책임의 경중도에 따라 등급을 관리하는 제도

---

2 그러나 흔히 직위분류제를 이상화한 후 계급제를 비판하는 경우가 많아 주의를 요한다. 예컨대 계급제의 단점으로 인사운영의 경직성을 들고 있는 학자가 많으나, 실제로는 직위분류제가 인사운영의 경직성 문제에 더 심각하다(유민봉·임도빈, 2016).

기는 조직을 인사기관이라고 한다. 우리나라의 인사행정기관은 대상으로 하는 공무원의 범위를 기준으로 하여 중앙인사기관, 부처인사기관, 그리고 지방자치단체 인사기관으로 나눌 수 있다.

먼저 중앙부처의 인사기관이란 어느 정부의 인사행정전반을 총괄하는 인사행정기관을 말한다. 이는 독립성, 합의성, 집권성에 따라 구분하여 살펴볼 수 있다. 독립성이란 중앙인사기관이 정치적 영향력으로부터 어느 정도 자유로운가를 말한다. 합의성은 중앙인사기관의 결정이 다수위원의 합의에 의하여 결정되는 것을 의미한다. 마지막으로 집권성은 인사기능이 중앙인사기관과 각 부처 사이에 어떻게 배분되어 있는가를 뜻하는 것이다(유민봉·임도빈, 2016: 122-125).

우리나라 전체공무원들의 인사제도에 대한 규칙을 제·개정하고 관리하는 중앙인사기관은 시대에 따라 변화해 왔다. 60년대 이후 90년대까지 '총무처'라는 조직형태를 유지하였으나, 김대중 정부 이후에는 다른 부처와의 통폐합을 통해 이 전통적인 '처'조직이 사라졌다. '행정'자치부, '행정'안전부, 안전'행정부' 등으로 변화하였는데 이 때 '행정'이 대략 과거의 총무처 기능을 의미했다.

우선 김대중·노무현 정부 당시에는 우리나라의 중앙인사기관으로 중앙인사위원회가 존재했으나, 이명박 정부인 2008년에 폐지된 바 있다. 중앙인사위원회는 인사권의 강화를 위해 준입법기능, 준사법기능, 집행기능, 그리고 감사기능을 담당하였다. 여기서 준입법기능은 인사규칙을 제정하는 것이며, 준사법기능은 소청 재결을 담당한다. 또한 집행기능은 인사행정을 수행하는 것이며, 감사기능은 시정권고와 징계처분을 수행하는 역할이다.

다음으로 중앙인사행정기관의 지휘를 받아 각 행정기관의 인사업무를 담당하는 인사행정부서가 있다. 즉, 정부 각 부처에서도 부처 내의 인사 업무를 담당하는 기관이 있다. 이러한 각 부처 내 인사기관은 부처의 장이 수행하는 인사관리 기능을 보좌한다. 인사과나 운영지원과 등이 그것이다.

지방자치단체에서는 인사 업무를 총무과 혹은 자치행정과 등에서 주로 담당하고 있다. 일부 지방자치단체의 경우는 인사과나 인력정책과를 별도로 설치하여 운영하는 경우도 있다. 지방자치 실시 이후 지방공무원의 능력발전과 전문화, 사기 제고 등이 부각되면서 지방자치단체 내 인사기관의 활동이 활발해졌다.

제2절 인사행정의 주기

Ⅰ. 인사행정의 시간모형

인사행정은 여러 가지 부분 활동들로 구성되어 있다. 그런데 이들은 독립되어 이뤄지는 것이 아니라 서로 밀접한 관련성을 가지고 이뤄진다. 이들 중 인사행정의 대상인 공무원의 입장에서는 충원과 같이 평생 한 번 일어나는 것도 있고 근무평가와 같이 매년 일어나는 것도 있다. 물론 인사행정업무를 담당하는 사람에게는 매년 반복되는 일이다. 이들 인사기관들에 종사하는 공무원들이 관할하는 공무원들을 대상으로 1년동안 수행하는 인사행정의 모형을 그림으로 나타내면 다음 〈그림 10-1〉과 같다. 물론 시차적으로는 중앙인사기관이 준입법기능을 통하여, 이들 인사활동의 원칙을 바꾸거나 개혁하는 주도권을 쥐고 시작한다. 다른 인사기관들은 중앙인사기관의 지침에 따라 아래의 활동들을 매년 반복하며 시행한다.

그림 10-1 ㅣ 인사행정 시간모형

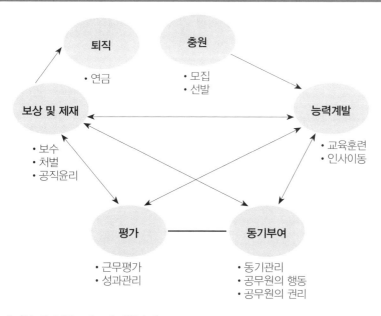

출처: 유민봉·임도빈(2016: 15) 일부수정.

인사행정기관은 그 조직에서 필요한 인력을 충원하고, 충원된 인력은 일정 기간동안 근무한 후 퇴직시키는 일을 한다. 어떤 사람이 일단 공무원으로 채용되면, 인사행정기관은 공무원들로 하여금 성실하고 열심히 근무하도록 능력을 계발해줘야 한다. 일을 더욱 열심히, 잘하도록 하기 위해 동기부여 방법인 당근(보상)과 채찍(제재)을 활용한다.

인사행정실무는 사실 관료들을 잘 활용하여 행정의 목적을 달성하게 하도록 하는 수단이다. 장기간 근무하는 공무원을 위해서는 교육과 훈련을 시키기도 하고, 다른 좋은 자리로 옮기는 보직이동도 시키며, 높은 자리로 승진도 시키고, 금전적 보상을 더 주기도 한다. "칭찬은 고래도 춤추게 한다"는 말과 같이 적절한 긍정적 보상을 주어 격려하고 사기를 북돋는 것이 중요하다.

이를 위해서는 일을 효율적으로 하지 못하는 경우를 대비하여, 업무를 얼마나 잘 수행했는가를 주기적으로 평가하는 것이 중요하다. 그리고 공무원이 지켜야 할 의무를 부여하고, 이에 어긋나는 경우에는 적절한 제재조치를 취한다. 제재조치 중 가장 무거운 것은 공직에서 근무를 강제로 종료하는 파면이다. 이런 결과에 불만을 가진 공무원들이 의사를 표시하고 이를 처리하는 절차도 있다.

각 인사행정기관은 1년 동안 위에서 나열한 일들을 반복해서 수행한다. 그러나 예산과정과 같이 일련의 과정이 순차적으로 이뤄지는 것은 아니다. 특히 인사행정의 객체인 각 공무원 개인의 입장에서 보면, 보수를 받는 것과 평가를 받는 것 이외에는 위의 인사행정 기능 중 어떤 기능은 어느 해에 직접 해당하고 또 어떤 기능은 일어나지 않는 것처럼 보인다.

Ⅱ. 인적자원의 충원

가장 적합한 인적자원을 공직으로 유입시키는 것이 인사행정에서 가장 중요한 기능이다. 특히 우리나라와 같은 온정주의적 문화에서는 아무리 일을 잘 못해도 직원을 해고시키기 어렵기 때문에 더욱 중요하다.

1. 모   집

모집
공무원을 채용해야 할 때 지원자를 확보하는 활동으로, 선발시험에 응할 잠재적인 인적자원을 찾아내서 지원하도록 하는 활동(유민봉·임도빈, 2016: 191).

만약 정부를 처음 만든다면 인사행정은 필요한 사람을 충원하기 위한 모집과정이 시작점일 것이다. 모집에는 적극적 모집과 소극적 모집이 있다. 소극적 모집은 채용계획을 일반대중에게 공개하고 지원자가 찾아오도록 기다리는 것이다. 반면 적극적 모집이란 젊고 유능한 인적 자원이 공직에 대한 매력을 느끼고 지원하도록 유도하는 활동으로 예컨대 공직채용박람회를 여는 것이다. 젊고 유능한 인재를 모집하는 것은 직업공무원제가 확립되기 위한 첫 발걸음이다. 직업공무원이 아닌 임기제 공무원이나 임시직 공무원 자리도 좋은 인재를 영입하기 위해서는 적극적 모집과정이 필요하다. 바람직한 모집을 위해서는 장단기 인력계획이 수립되고 시험의 정기적 충원실시가 필수적이다.

우리나라의 공무원 모집의 경우 자격요건을 보면, 원칙적으로 학력요건을 요구하지 않는다. 그리고 형벌을 받고 공직취임이 제한되어 있는 사람이 아니어야 하는 등 법에서 제시한 결격사유에는 해당되지 않아야 한다. 국적조건으로는 대부분의 경우 대한민국 국민이어야 한다.

2. 선   발

(1) 공개채용과 특별채용

모집은 대상 집단이 막연하기 때문에 모집활동이 잘 이루어졌는가에 대한 평가가 곤란하고, 이에 대한 책임문제도 잘 일어나지 않으나, 선발은 제한된 인원을 상대로 하기 때문에 정확히 평가해서 능력 있는 사람을 뽑았는지에 대한 평가가 가능하다.[3]

선발
모집에 응모한 지원자중 적합한 사람을 고르는 활동

아무리 완벽한 조직구조와 좋은 사업계획을 가지고 있으며, 철저한 통제체제를 구비하고 있다 하더라도 그것만으로는 반쪽에 불과하다. 그 속에서 실제 일을 담당할 사람이 중간 이하의 능력밖에 가지고 있지 못하다면 아무런 소용이 없다(유민봉·임도빈, 2016: 206).

우리나라도 매년 공무원을 선발하고 있다.[4] 5급, 7급, 9급 공개채용과 견습직원 채용, 민간경력경쟁자 특별채용시험 등을 사이버국가고시센터에 공고하여 공무원을 선발한다. 즉, 공개채용과 특별채용 방식이 있다.

• 공개채용: 일정한 자격을 갖춘 모든 사람이 지원하도록 하여 적격자를 선발하는 방식

---

3 하지만 이를 과학적으로 평가한 실증연구는 드물다. 대부분의 인사자료는 '사생활보호'라는 가치가 우선시되어 자료접근이 어렵기 때문이다.
4 구체적인 정보는 사이버국가고시센터(www.gosi.go.kr) 참조.

• 특별채용: 공개채용이 부적합하거나 비효율적이라고 판단될 경우, 특정한
  자격을 갖춘 사람만을 대상으로 채용하는 방법

공직취임에의 균등한 기회 부여를 중요한 인사원칙으로 하는 정부는 공개채
용이 대원칙일 수밖에 없다. 우리나라는 과거 고등고시, 행정고시 등의 전통을 통
한 공개채용이 지배적이었다. 오랜 전통을 통해 선발과정이 매우 엄격하며 이를
위한 다양한 선발도구도 발달해왔다. 이때 선발도구가 타당도와 신뢰도를 갖춘
선발도구인지 유의해야 한다. 시험으로 측정하고자 하는 것을 측정할 수 있는가
와 같은 선발도구의 타당성 문제, 선발도구의 일관성이 보장되는지와 신뢰도 문
제는 선발도구를 택함에 있어 신중함을 요구한다.

그런데, 공무원의 전문성이 낮다는 비판이 높아지면서 특별채용의 비중이
높아져가고 있는 추세이다. 특히 세월호사건 후, 5급채용의 경우, 고시와 민간출
신의 비율을 5:5로 하기로 하였다. 민간부문의 인재가 공무원보다 전문성이 높다
는 논리가 여론을 사로잡았기 때문이다. 특별채용은 공개채용자가 감당할 수 없
는 전문성을 요구한다는 가정에서 출발하기 때문에, 그 자리의 특수성을 잘 알고
있는 근무할 기관이 주도해서 선발하는 것이 원칙이다. 그런데 외교부의 경우, 이
명박 정권의 유명환 장관의 딸을 특별채용으로 충원하여 물의를 일으켰다. 이를
계기로 특별채용도 공개채용과 마찬가지로 중앙인사기관이 담당하게 되었다. 즉,
현행 공개채용과 특별채용의 실질적 차이는 필기시험이 있는가 없는가의 차이밖
에 없다. 특별채용도 모집은 공개모집으로 하되, 면접으로 선발한다.

그러나 공과 사의 구분이 어렵고, 넓은 인맥관계로 움직이는 우리나라 사회
에서 자격과 면접만을 가지고 이루어진 선발은 소위 정실인사가 개입될 개연성이
크다. 필기시험이 전문성을 측정한다는 점에서 타당성, 신뢰성이 의심된다고 이를
없애는 것은 특혜 시비를 낳게 할 가능성이 크다.

(2) 선발의 시간적 과정

선발과정은 일반적으로 지원서류전형, 선발시험, 면접, 신원조사 및 신체검사
등의 방법을 사용하여 최종합격자를 선별한 후, 시보를 거쳐 임용되는 순서로 이
뤄진다. 즉, 일단 지원서를 받아 서류심사를 하고, 선발시험을 통해 응시자 중에서
적격자를 순차적으로 좁혀가는 과정이다.

서류 심사에서는 특정 학맥이나 지연이 영향을 미칠 수 있다. 이것은 실적주
의에 반하는 것이다. 면접의 경우에도 외모나 임기응변, 말주변이 영향을 미치기

블라인드(blind) 채용

'블라인드(blind) 채용'이란 말 들어보셨나요? 블라인드 채용은 입사 지원서에 출신 지역, 신체 조건, 학력과 같은 편견이 개입될 여지가 있는 항목을 기재하지 않고 직무와 관련된 정보를 토대로 채용하는 것을 말합니다. 문재인 대통령이 후보 시절부터 주장해온 공약이기도 합니다. 5일 고용노동부는 '블라인드 채용 추진 방안'을 발표하면서 이달부터 전국 332개 모든 공공기관에, 149개 지방공기업은 다음 달부터 블라인드 채용이 전면 도입된다고 밝혔습니다.

블라인드 채용에 찬성하는 이들은 "블라인드 채용이 학벌 사회를 능력 사회로 이행시킬 획기적인 방안"이라며 반깁니다. 이들은 "그동안 우리 사회는 뿌리 깊은 학연 · 인맥 · 지연주의로 이 사람이 어떠한 능력을 발휘할지보다 어떤 스펙을 갖췄는지가 더 중요했다"며 "블라인드 채용이 이러한 고질적인 문제를 해결할 최적의 대안"이라고 말합니다. 학벌주의 타파는 초등학교부터 대학교까지 만연한 사교육 감소로 이어질 것이란 기대도 있습니다. 그간 취업을 포기한 '구직 포기자'가 적극적으로 구직 활동에 나서 사회가 활성화될 것이란 의견도 있습니다.

반면 반대하는 이들은 "채용에 있어서 학력과 스펙만큼 객관적인 평가 기준은 없다"고 말합니다. 학력이나 공인된 시험 점수와 같은 스펙은 채용 지원자가 입사 지원 전까지 어떤 생활과 노력을 해왔는지를 보여주는 구체적인 지표인데 이런 정보 없이 짧은 시간에 이루어지는 주관적인 면접만으로 그 사람의 능력을 평가하는 것은 거의 불가능하다는 것입니다. 능력보다는 당일 면접자의 외모와 컨디션이 당락을 크게 좌우할 것이란 우려도 있습니다. 블라인드 채용이 정부에서 함께 추진 중인 지역인재 30% 할당제와 모순된다는 비판도 있습니다. 여러분의 생각은 어떤가요?

출처: 조선일보, 2017. 7. 7.

도 한다. 이런 시비를 없애기 위해 블라인드 채용이 사용되기도 한다.

면접은 선발시험과 함께 직무수행능력을 측정하는 가장 중요한 도구로 점점 그 중요성이 더해가고 있다. 단순히 질문에 응답하는 형식보다는 집단토론 등 다양한 기법이 발달되어 있다. 공무원임용시험령 제 5 조에 따른 면접시험의 기준을 보면, 공무원으로서의 정신자세, 용모, 예의, 품행 및 성실성, 전문지식과 그 응용능력, 창의력·의지력 기타 발전가능성, 그리고 의사발표의 정확성과 논리성 등이 있다. 면접은 필기시험에 비하여 비용이 많이 드므로 필기선발시험 합격자에게만 면접기회를 부여하는 것이 보통이다. 그러나 최종선발시 면접점수만을 고려하는 경우와, 선발시험과 면접시험의 성적을 합산하는 방법으로 나누어진다.

일반적으로 면접까지 합격하면 거의 선발과정이 끝난 셈이다. 이 과정까지 온 수험생은 전과기록 등 공무원으로 부적합한 과거의 행적이 있는가에 관한 신원조사를 받게 된다. 신원진술서를 작성하여 제출하면 경찰 등 관련 기관이 조사를 한다. 그리고 신체검사를 받아 건강여부를 체크받게 된다.

신원조사와 신체검사를 모두 마친 공무원들은 정식임용되기 전에, 마지막으로 시보로 임용되어 검증받는다. 시보는 선발수단의 보완이라는 목적 이외에 후보자에게 기초 적응 훈련을 시킨다는 부수적인 목적도 가지고 있다. 시보공무원은 아직 임용되지 않았기 때문에 정규공무원과 같은 신분보장이 아직 되지 않은 상태이다. 따라서 임명권자가 일방적으로 해임하더라도 소청 등의 구제수단이 없다.

시보를 거치면 임명과 보직이 기다리고 있다. 임명은 특정인에게 공무원의 신분을 부여하는 신분 설정 행위이고, 보직은 공무원을 일정한 직위에 배치하는 행정 행위이다. '행정사무관 홍길동, … 근무를 명함'으로 임명장을 받고, 사무실을 배치받으면서 근무가 시작된다.

한편 시험을 거치지 않고 추천에 의해 공무원을 임용하기도 한다. 이 개념에는 별정직으로의 임명, 내부승진도 포함된다. 그러나, 이 경우에도 모든 선발과정이 면제되는 것이 아니라, 어떤 형태이든지 적합자를 가려내거나 검증하는 과정을 거치는 것이 일반적이다.

요컨대 모집에서 핵심쟁점은 선발의 적합성이다. 공직에 적합한 사람을 가려내기 위한 가장 확실한 도구는 지금까지 발견되지 않았다. 모든 도구는 어느 정도 문제점을 가지고 있다. 따라서 여러가지를 조합해서, 여러 단계를 거쳐 선발한다. 그럼에도 불구하고, 모든 사람에게 동등한 기회를 주면서, 동시에 최적임자를 뽑았다고 자신할 수 없는 것이 현실이다. 따라서 선발도구로서 공정성, 효율성, 차별성을 갖추는 것이 과제이다.

Ⅲ. 동기부여

"사람을 어떻게 하면 일을 스스로 알아서 열심히 하게 만들 수 있을까?"라는 의문에 답을 해 주는 것이 동기부여이론이다. 일단 정부조직 내에 들어오면, 이들이 열심히 일할 수 있는 여건을 만들어 주고 최고의 생산성을 낼 수 있도록 하는 것이 중요하다. 동기부여이론은 크게 내용이론과 과정이론으로 나누어진다.

시보
최종 선발된 후보자를 임용하기 전 일정기간 시험적으로 근무케 함으로서 적합한 사람인지를 가리는 것

동기부여
사람과 직무를 하나 되게 하여 조직의 목표달성을 위하여 일을 더욱 열심히 그리고 계속적으로 수행하도록 하는 힘을 넣어주는 것 (유민봉 · 임도빈, 2016: 311).

1. 내용이론

(1) 매슬로우의 욕구단계이론

내용이론(contents theory)은 '무엇이' 개인의 동기를 유발시키는가에 대한 답을 찾는 이론이다. 이는 욕구이론(Needs Theory)이라고도 부른다.

매슬로우(Maslow)는 인간의 욕구를 5가지 '내용'으로 추출한 후 이들 간의 관계가 계서적인 것으로 파악했다. 1단계 욕구는 '생리적 욕구'로서, 먹고, 자고, 종족보존 등 최하위 단계의 욕구이다. 2단계 욕구는 '안전에 대한 욕구'로서, 추위·질병·위험 등으로부터 자신을 보호하는 욕구이다. 장래를 위해 저축하는 것도 안전욕구의 표출이라 할 수 있다. 3단계 욕구는 '애정과 소속에 대한 욕구'로서, 가정을 이루거나 친구를 사귀는 등 어떤 단체에 소속되어 애정을 주고받는 욕구이다. 4단계 욕구는 '자기존중의 욕구'로서, 소속단체의 구성원으로 명예나 권력을 누리려는 욕구이다. 5단계 욕구는 '자아실현의 욕구'로서, 자신의 잠재력을 충분히 발휘해서 자기가 이룰 수 있는 모든 것을 성취하려는 최고수준의 욕구이다.

결국 인간이 특정 시기에 원하는 것은 위의 5단계 중 어느 한 단계의 욕구가 지배적이라고 보았다. 그리고 하위단계의 욕구가 충족되어야 그 다음 단계의 욕구가 발생한다고 보았다. 욕구는 행동을 일으키는 동기요인이며, 인간의 욕구는 병렬적으로 열거되어 있는 것이 아니라 낮은 단계에서부터 그 충족도에 따라 높은 단계로 성장해 간다는 것이다.

그러나 매슬로우의 이론도 많은 문제점이 있다. 인간의 욕구를 특정시기에 적용되는 고정적인 것으로 파악하였다는 것과, 상위 욕구의 달성으로 인해 하위 욕구가 소멸한다는 것을 전제로 했다는 것, 그리고 모든 사람의 욕구가 그가 말한 대로 계서적인가 등에 대한 한계가 있다.

(2) 허쯔버그의 2요인 이론

허쯔버그(Herzberg)는 욕구가 충족되었다고 해서 이들이 모두 그 사람을 일하게 하는 동기부여로 이어지는 것은 아니라는 점을 발견했다. 즉, 어떤 요구가 충족되었다고 해서 모두 동기부여로 이어지는 것이 아니라 단순히 불만감을 줄이는 효과밖에 없다는 것이다.

욕구충족이 동기부여의 효과를 가져오는 요인을 동기요인(motivators), 단순히 불만예방효과만을 가져오는 요인을 위생요인(hygiene factors)이라 부른다. 보건'위생'상태가 좋아지면 전염병에 걸릴 확률이 낮아질 뿐 건강 자체가 좋아지지 않는 것과 같은 이치이다. 육체의 기능이 좋아지려면(즉, 동기요인), 음식섭취나 운동이 중요한 것과 같은 이치이다.

(3) X-Y 이론

맥그레거(D. McGregor)는 인간관을 인간본질과 인간행태에 대한 두 가지 가정으로 대별하고 상이한 인간관에서 유래하는 인간관리전략을 제시하였다. 그는 전통적 관리체제를 정당화 시켜주는 인간관을 X이론이라 부르고, 인간의 성장적 측면에 착안한 새로운 관리체제를 뒷받침해 주는 인간관을 Y이론이라 명명하였다.

맥그레거는 인간에 본질에 관한 X이론은 그릇된 것이라고 비판하였다. 그리고 X이론에 입각하여 지시, 통제에 의존하는 관리전략의 경우 상위욕구의 충족을 원하는 현대인에게 동기유인을 제공하지 못할 것이라고 지적했다. 대신 인간의 고차원적 욕구를 충족시키는 관리가 실시될 수 있으며, 개인이 조직의 목적을 위해 자기통제와 자기책임 하에서 협력하게 할 수 있는지 조건을 연구하였다. 그 결과 맥그레거는 Y이론이 바로 이 조건의 기초가 된다고 전제하였다.

요컨대 욕구이론의 전개과정을 보면 처음에는 인간을 단순한 것으로 파악했다가 점점 복잡한 존재로 파악해 가고 있음을 알 수 있다. 그의 극단에는 '복잡한 인간(complex man)'이론이 있다(Argyris, 1973). 이것은 인간의 욕구는 정해진 것이 없고 상황에 지배받는다는 점에서 앞의 것들과 구분된다. 때와 장소에 따라 달라질 수도 있고, 개인이 느끼는 감정 및 성격 등과의 복합적인 작용에 의해 동기가 유발된다.

2. 과정이론

과정이론은 단순히 욕구가 '무엇인가'를 파악하는 것보다는 '어떻게' 동기가 부여되는지에 대한 심리적 과정에 초점이 있다. 여러 과정이론들을 들여다보면, 관찰 가능한 과정을 기준으로 하는 것이 아니고, 사람의 머릿속에서 이뤄지는 사고과정을 유추한 것들이다. 즉, '인간은 생각하는 동물'이라는 측면에 초점을 맞춘 이론들이다. 내용이론은 인간의 동물적 특성(생리적 측면)에 초점을 둔 것이 많은 반면, 과정이론은 인간의 사람으로서의 특성에 초점을 맞춘 것이 많다.

(1) 기대이론

인간의 동기는 어떤 행동을 하기 전 그 행동의 결과가 가져오는 기대감에 의해 더 노력을 할 것인가 여부를 결정된다고 본다. 여기서 일정한 노력을 기울이면 근무 성과를 올릴 수 있으리라는 가능성에 대한 인간의 주관적인 확률과 관련된 믿음을 '기대감'이라 정의하기로 한다. 동기의 크기는 노력과 목표달성 간의 관계에 대한 인식인 기대치(E)와 실적과 보상 간의 관계를 나타내는 수단치(I), 그리고 보상이 자신에게 가지는 가치의 정도인 유인가(V)를 곱한 값으로 결정된다(Vroom, 1964).

인간이 어떤 행동을 하기 전 여러 대안을 비교하면서 자신에게 돌아올 보상을 놓고 어느 행동을 할 것인가 결정한다고 본다. 마치 복권을 사기 전에 '기댓값'을 계산하듯이 개인은 이기적이고 합리적인 메커니즘에 의해 동기가 부여된다.

(2) 형평성이론

형평성이론(equity theory)은 공정성이론(justice theory)이라고도 하며, 얼마나 정당한 보상을 받았다고 느끼는가가 그 다음 행동을 하는데 동기를 부여하는 요인이라고 본다. "배고픈 것은 참아도 배아픈 것은 참지 못한다"는 속담과 같이, 우리나라에서는 항상 남과 비교하는 경향이 있기 때문에 설득력 있는 이론이다.

구체적으로 애덤스(Adams, 1965)는 직무수행에 동원한 노력, 기술, 경험 등이 보수, 승진, 즐거움 등으로 보상받는 체계 하에서 준거인물과의 비교로 인해 느껴지는 불형평성이 결정적이라고 보았다. 이 결과 불공평하다고 여겨지면 이의 해소과정에서 자신의 일에 대한 동기가 유발되거나 감소된다고 보았다. 남보다 대우를 못받았다고 생각한다면 자신의 노력을 줄이고, 남보다 대우를 과분하게 받았다면 노력을 늘리는 방향으로 노력을 한다. 각 개인의 인식수준으로 볼 때, 자신의 '노력＝받은 보상'이라는 공평한 상태까지 노력한다는 것이다.

3. 공공봉사동기(PSM)

지금까지는 주로 경영학분야에서 발달한 동기이론을 원용하여 설명하였다. 그러나 공사부문의 업무성격이 다르듯이, 공공부문에서 일하는 사람은 동기구조 자체도 다르다고 보는 입장이 있다. 공공봉사동기(Public Service Motivation)는 Perry와 Wise(1990)에 의해 처음 개발된 개념으로, 공공조직에만 관련된 동기에 반응하는 개인의 기본적인 성향이다.

공공부문 종사자들은 일종의 공익추구라는 동기요인이 중요하고, 민간부문

공공봉사동기
공직자들에게 찾아볼 수 있는 동기를 말하는 것으로 정책에 대한 호감, 공공에 대한 봉사, 동정심, 그리고 자기희생으로 구성되는 개념이다.

종사자들은 사익추구를 하는 경향이 있다. 공공봉사동기는 타고 나든지 개인의 성장과정에서 어느 정도 형성되어 공공조직에 참여하기 이전부터 가진다고 할 수도 있다(유민봉·임도빈, 2016: 329). 이 경우, 높은 PSM을 가진 사람을 선별해서 공직에 충원하는 것이 중요하다. 실제로 한국의 경영학 석사과정 학생과 행정학 석사과정 학생들을 비교해본 결과, 행정학과 학생들의 PSM이 높았다(Christensen 외, 2013).

4. 한국적 동기요인

앞에서 설명한 서구식 이론이 우리나라에 적용될 수 있는 면도 있지만 적용될 수 없는 부분도 있다. 더구나 우리나라 사람들은 물질적 측면을 경시하거나 체면을 중시하는 등 서구와는 다른 문화와 사고방식을 가지고 있다(유민봉·심형인, 2011). 우리나라는 집단주의가 강하게 작용하며, 집단주위에서 중요하게 작용하는 것은 다른 사람들과의 비교이다(유민봉·임도빈, 2016: 343). 집단주의 특성으로 인해 비롯되는 한국적인 동기요인을 몇 가지 살펴본다.

첫째, 완장효과이다. 평범한 사람도 반장, 회장, 대표 등 자리(즉, 완장)를 주면 180도로 사람이 바뀌어 열심히 조직생활에 몰입하는 것을 발견할 수 있다. 조직입장에서는 금전적 비용을 안 들이고 동기부여를 할 수 있는 방법이다. 어떻게 보면, Maslow의 욕구요인 중 사회적 인정이나 자아실현 욕구가 복합적으로 작용한 것이기 때문이라고 생각할 수 있다. 결과적으로 무력한 사람에게 힘을 북돋아 주는 것(empowerment)이 '완장'인 것이다(유민봉·임도빈, 2016: 343).

둘째, 롤러코스터 효과이다. 현실과는 동떨어진 인위적 상황인 롤러코스터를 타서 상승할 때 붕 뜨는 느낌을 지칭한다. 이와 같이 공직사회는 공무원들에게 스릴(Thrill)을 느끼게 하는 경우가 많았다. 예컨대, 한국사회에서는 그 동안 임시직이나 9급에서 시작하여 장관까지 오르는 신화적 존재가 많이 있었다. 또한 고시는 가장 최소의 비용으로 신분상승을 하는 수단으로 인식된다. 즉, 자기가 생각하는 자신의 능력보다 더 빨리 지위가 상승함으로 인해 극도의 희열감을 느낀다(유민봉·임도빈, 2016: 343). 힘든 줄도 모르고 신바람이 나서 밤을 세워가며 일하는 것이다.

그러나 고도성장시대가 끝남에 따라 이런 경험을 하는 사람은 점점 줄고 있고, 하나의 신화와 같이 구전되고 있다. 그럼에도 불구하고, '칭찬은 고래도 춤추게 한다'는 말과 같이 내재적이든 외재적이든 여러 요인에 의하여 자신의 동기가 확연히 부여되는 경우가 있다.

셋째, 왕따현상이다. 집단 내에서 한명 또는 소수를 표적으로 지속적으로 부정적 평가와 제재를 가하는 것으로 외면, 무시, 폭언, 괴롭힘, 폭력 등이 그 수단이다(민진, 2011: 154). 집단주의문화에서 이탈자를 처리하는 메커니즘이기도 하고, 이것이 악용되는 경우도 있다. 왕따현상이 발생하는 동기로는 먼저 가해자 측면에서 시기심, 사회적 기술 부족, 열등감, 이익보호 등이 있을 수 있고, 피해자 측면에서는 성격, 외모, 사회적 약자, 특수한 능력 등을 생각할 수 있다(유민봉·임도빈, 2016: 343). 왕따를 당하지 않으려고 노력하는 식의 동기부여 방법이 우리 조직에는 있는 것이다.

위와 같은 한국적 현상을 꿰뚫는 공통성은 경쟁심이다. 급속한 경제성장과정에서 남보다 한발 앞서야 생존할 수 있다는 것을 경험하였기 때문이다. 따라서 약간의 무리를 하더라도 남을 이기려는 경쟁심이 공직사회에서도 동기요인으로 작동하는 것이다. 그리고 이는 실제 한국의 성장과정에 큰 기여를 한 한국 정부의 경쟁력을 설명해준다.

Ⅳ. 인적자원의 개발 및 평가

확보된 인적자원에 대한 동기부여 활동도 중요하지만, 이들이 공직을 매력적인 직업으로 생각하고 이어나갈 수 있도록 그들의 경력을 개발해주는 활동도 필요하다. 또한 평가를 통해 적절한 긴장을 유지할 수 있도록 해야 한다.

1. 경력개발

경쟁력 있는 조직이 되기 위해서는 이렇게 개인이 목표로 하는 것과 조직이 목표로 하는 것의 차이를 줄이고, 개인이 달성하고자 하는 것이 곧 조직이 달성하고자 하는 것이 되어야 한다. 이를 위한 경력개발은 장기적으로 그 사람의 가치(human capital)를 높이는 방향으로 이뤄져야 한다.

> **경력발전(Career Development)** 자신의 경력목표를 설정하고 이를 달성하기 위한 경력 계획을 수립하여 능력을 스스로 개발하는 활동

직업공무원제를 택하고 있는 나라에서는 젊은 사람이 공직에 들어와서 평생을 근무한다. 그런데 하루하루 격무에 시달리다보면, 능력개발은 커녕 거꾸로 퇴보될 가능성이 있다. 따라서 각 공무원들이 경력개발목표에 부합되는 능력을 지속적으로 개발할 필요가 있다. 경력개발계획(career development plan, CDP)은

생애 각 단계별 경력목표를 정하는 문서이다. 이를 통하여 자아실현 욕구를 충족시키면, 개인은 계속하여 열심히 일을 할 것이고, 결과적으로 조직으로서는 이익이다.

그러나 CDP와 같이 서류 양식을 만들고 '강제로' 내용을 채워놓는 작업을 억지로 시키는 것이 이 제도의 취지는 아니다. 오히려, 비공식적으로 '××는 장관감이다'라는 인식하에 각 기관의 상급자들이 하급자들을 지속적으로 관리하는 것이 곧 진정한 경력개발제도라고 할 수 있다.

2. 교육훈련

오늘날과 같이 급변하는 행정환경과 이에 따른 행정수요의 변화에 대응하기 위해서는 공무원에 대한 교육훈련이 필수적이다. 한번 공직에 들어오면 이직하는 사람이 적은 폐쇄형 공직구조를 가진 우리나라의 경우, 성과가 좋은 사람이든 나쁜 사람이든 모두 교육훈련을 통해 능력을 발전시키는 것은 매우 중요하다.

일정한 근무기간이 지나면 장기해외연수 교육을 시키거나, 근무 중에 해외사례 조사 등으로 출장을 보내주는 것이 교육훈련의 예이다. 우리나라는 경제사정이 어려운 60년대부터 공무원들을 해외대학에 장기교육훈련을 보내왔다. 이들이 해외동향을 일반국민보다 먼저 파악하여 정책을 개발한 것도 정부주도형 국가발전을 이루는데 도움이 되었다. 국가인재개발원과 각 부처의 교육원에서 공무원들을 중단기로 교육시키는 것도 이러한 차원에서 이뤄진다.

교육훈련의 목적은 공무원에게 공직수행에 필요한 능력을 향상시키고, 궁극적으로는 정책결정과 행정서비스의 질을 높이는 것이다. 이상적인 교육훈련은 다음과 같은 단계를 거쳐 이뤄진다.

첫째 교육훈련 수요조사,

둘째 프로그램 개발 및 교육훈련 실시,

셋째 효과성 평가의 과정

교육훈련 수요는 계급제보다는 구체적인 직무기술서가 있는 직위분류제에서 더 파악하기 쉽다. 적절한 방법으로 교육훈련의 수요조사를 통하여 교육훈련을 필요로 하는 대상공무원과 교육시킬 내용을 결정한다.

교육훈련 수요조사가 끝나면 수요를 충족시킬 수 있는 교육훈련 프로그램을 개발한다. 교육훈련을 통해 달성하여야 할 구체적인 상태인 프로그램의 목표를 설정하고, 교육훈련 중에 가르칠 교과목의 종류, 교육내용, 교육방법을 결정한다

교육훈련수요 어떤 자리(즉, 직무)가 요구하는 지식(Knowledge), 기술(skill), 능력(ability) 등의 요소에 비하여, 공무원이 현재 가지고 있는 상태의 차이

(유민봉·임도빈, 2016: 251).

　　또한 교육훈련이 실시되는 물리적 장소가 어디인가에 따라 두 가지 종류가 있다. 보통 교육훈련이라 함은 직장에서 벗어나 교육원 등 외부 교육장소의 인위적인 상황(강의, 실험)에서 이루어지는 외부훈련(Off-the-job Training, Off-JT)을 생각한다. 그런데, 직장 내 업무를 수행하는 과정에서 필요한 능력을 습득하는 직장훈련(On-the-job Training, OJT)도 있다. 외부훈련의 경우, 훈련내용이 실제 근무시에도 전이되어 발휘되느냐의 문제가 있다(즉, 전이효과). 그래서 우리나라의 경우 보직을 받은 이후 초기에 상관으로부터 일하면서 배우는 OJT가 중심을 이룬다.

　　교육훈련을 실시했으면 의도했던 목표가 얼마나 달성되었는지를 평가하여 교육훈련을 수정하고 다시 설계하는 데 참고해야 한다. 이때 교육 참가자가 어떻게 생각하고 있는가에 대한 평가인 교육참가자 반응평가를 시행하여, 다음 교육에 참고하는 것이 매우 중요하다.

3. 근무평가

　　인적자원을 유지하고 활용하는 활동이 끝나면 이들이 수행한 직무의 성과가 어느 정도인지를 평가한다. 주기적으로 공무원의 능력, 근무 성적, 가치관 및 태도 등의 변화를 평가하는 것을 근무성적평정이라고 부른다. 이를 간단히 '근평'이라고 부른다.

　　직무성과의 평정기간은 매년 1월 1일부터 12월 31일까지 1년 단위로 이루어진다. 평정은 1차 평정, 2차 평정 및 성과관리위원회 평정의 순으로 순차적 실시한다. 1차 평정은 피평정자와 직속상사, 2차 평정은 1차 평정자의 직속상사를 지정하여 이루어진다. 어떻게해야 제대로된 근무평가를 하느냐에 대해서는 논란이 많이 있다. 충원에서 설명한 시험도구에 대한 논의를 그대로 적용할 수 있다. 즉, 평정도구는 타당도와 신뢰도가 높아야 한다. 아울러 동료들 간에 변별력이 있어야 한다.

　　근무평정 방법은 여러 유형이 있다. 평정을 평정대상자의 상관인 감독자가 행할 때에는 감독자 평정법, 동료가 행할 때에는 동료평정법, 부하가 상관을 평정할 때에는 부하평정법이라 한다. 전통적으로 상관이 부하를 평가하는 감독자평정법이 가장 흔히 쓰여 왔다. 부하는 상관에 복종해야 한다는 계서제적 사고가 그 속에 전제되어 있다.

근무성적평정
각 개인의 훈련 수요를 파악하고 승진 및 보수 결정 등에 필요한 자료를 얻고자 하는 인사행정의 한 과정

그런데 성과를 객관적으로 평가하지 않고, 자신과의 연줄 등 주관적으로 평가할 위험성이 있다. 특히, 승진을 염두에 두고 미리 고평가자를 정해놓은 채, 형식상으로 부분별 점수를 주는 '역산제'의 관행도 남아 있다. 즉 서구에서 들여온 복잡한 평가체제에도 불구하고 타당도와 신뢰도가 의심될 때가 있다.

이를 보완하는 방법으로 평정자 자신이 스스로를 평가하는 경우도 있는데 이를 자기평정법이라 하고, 동료가 평가하는 것을 동료평가방법이라고 한다.[5] 상급자·동료·부하·고객 등 여러 사람이 동시에 평가하는 경우에는 다면평가법이라 한다. 여기에서는 다면평가법에 대해 부연설명하기로 한다.

다면평가법이란 근무성적 평가와 관련하여 평가의 객관성과 신뢰성을 확보 또는 보완할 수 있는 방법의 하나로서, 다양한 사람들로부터 입체적, 다면적 평가가 이루어지는 제도이다. 이 제도는 계서적인 관료문화에서 조직 내 상하 간, 동료 간, 부서 간에 원활한 커뮤니케이션을 가능하게 하고, 다면평가 제도를 통한 장·단점의 환류로 자기역량강화기회를 촉진한다는 특징이 있다.

우리나라의 경우 노무현 정부 때 정부에 다면평가가 대대적으로 도입된 결과 부작용도 나타났다. 예컨대 묵묵히 일하는 사람에게는 불리하고, 사회성이 좋은 사람에게 유리한 일종의 인기투표와 같다는 것이다. 부산물로서 상관의 조직장악력도 떨어졌다. 그 결과 이명박 정부에서 폐지되었다.

그동안 근무평가는 그 용도가 한정되어 인사행정의 한 부분으로만 보았다. 그런데 최근 들어 한 사람이 달성한 성과(performance)를 인사행정의 주요 변수로 사용하는 방법이 발달되었다. 인사행정에서는 이를 성과관리제도(performance management)라고 한다. 이것은 직무분석을 통해 도출된 성과책임을 바탕으로 성과목표를 설정, 관리, 평가하고 그 평가를 보수를 비롯한 모든 분야에 연동시키는 일련의 과정을 말한다. 이것은 민간부분에서 온 아이디어이기는 한데, 공공부문에서는 개인의 성과를 측정하기 어렵다는 한계가 이 제도의 실효성을 의심하게 하는 요인으로 작용한다.

4. 인사이동

일정기간 근무 후에는 자리를 이동하는 인사이동이 이루어진다. '위'로의 이

다면평가
360도 평가라고도 하며, 상사, 동료, 부하, 그리고 고객까지 다양한 입장에서 한 사람을 평가하는 제도

---

5 평가의 기능중의 하나는 피평가자가 자신의 부족함을 발견하여 차후 이를 보완하게 하는데 있다. 따라서 부하평점법의 경우에도 평정결과를 당사자에게 고지하고 본인확인을 하게 하는 것이 필요하다. 평정자와 피평정자가 서로 마주 앉아서 평정상담을 하는 것도 이러한 취지에서 필요하다.

그림 10-2 | 인사이동의 종류

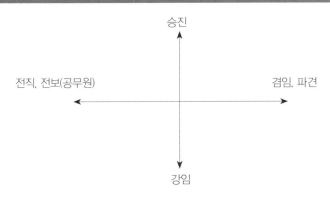

동을 말하는 승진 이외에도 모든 방향으로의 인적자원의 이동을 망라하는 개념이 인사이동이다(그림 10-2).

첫째로, 수직적 이동에는 승진과 승급, 강임이 있다. 승진은 상위직으로 이동하여 종전보다 무거운 직책을 담당하게 되는 것이고, 승급은 같은 계급 또는 등급 내에서 호봉이 높아지는 것을 의미하며, 강임은 일종의 징계로서 하위 직급으로 이동하는 것을 말한다.

둘째로, 수평적 이동에는 전직, 전보, 전입, 전출, 겸임, 파견 등이 있다. 전직은 상이한 직렬의 동일한 계급 또는 수평 이동하는 것으로, 예컨대 기술직에서 일반직으로 옮기는 것이다. 우리나라는 폐쇄형 계급제를 택하고 있기 때문에 원칙적으로 전직이 금지되어 있어 시험 등 별도의 절차를 거쳐야만 가능하다. 전보는 같은 직급 내에서 직위만 바뀌는 것을 말한다. 전입은 인사권을 달리하는 기관으로부터 들어오는 이동하는 것을 의미하며, 전출은 반대방향의 이동을 의미한다. 겸임은 한 사람의 공무원에게 둘 이상의 직위를 부여하는 것, 마지막으로 파견은 소속을 바꾸지 않고 다른 기관 및 단체에 근무하는 것을 의미한다. 파견은 반드시 수평이동뿐 아니라 수직이동하여 현 직급보다 높은 자리로 가는 경우도 많이 있다.

우리나라 공무원은 경쟁심이 강하기 때문에 승진에 매우 민감하다. 특히 준거집단에 비하여 내가 얼마나 빨리 승진하느냐라는 형평성이론에 근거한 요인이 가장 큰 동기부여요인이다. 즉, 엄격히 말하면 승진 자체보다는 승진 소요'시간'이 핵심이다. 특히 조직팽창기가 지난 오늘날 우리 공직사회에는 전반적으로 과거에 비하여 승진소요시간이 더 많이 걸린다. 즉, 이제는 롤러코스터 효과를 누리기 어렵게 되었다. 모두 자신의 승진이 늦다고 생각하는 경향이 있기 때문에 인사권자는 이들 기대를 어떻게 충족시켜주는가가 가장 큰 고민거리이다.

승진희망자는 많은 반면 승진의 기회는 제한되어 있기 때문에, 일종의 승진 효과를 가져오는 제도도 있다. 그것은 수평적으로 이동하는 전보의 형태로 비교적 덜 중요한 자리에서 더 중요한 자리로 옮기는 것이다. 공직사회에는 같은 직급이 보임되는 자리라고 하더라도, 덜 중요한 '한직'과 더 중요한 '요직'이 있다. 이러한 자리가 어느 자리인지는 알려져 있으며, 그 외에 중간정도의 자리가 있다. 따라서 한 공무원의 입장에서 보면, 밑의 직급에서 한직 → 중간직 → 요직을 거친 후, 승진하여 다시 한직 → 중간직 → 요직을 거치는 과정을 반복하게 된다. 이를 Z형 이동이라고 한다(임도빈, 2004: 339-341).

그 밖에도 공무원 조직 안에서의 이동이 아니라 조직 밖으로 이동하는 휴직, 직위해제, 직권면직, 복직, 정직, 파면, 해임 등이 있다.

Z형 보직이동
조직내에서 한직, 중간직, 요직으로 순차적 보임을 받은 후, 상위직으로 승진하는 인사 이동유형

V. 보 상

재화와 서비스를 생산하는 등 행정의 본질적인 과업을 수행하기 위해 인적자원을 활용했으면 그에 대한 금전적 대가를 지불하는 것은 당연하다. 이러한 보상은 '당근'에 해당하는 것으로 해당 공무원에게 주는 긍정적 대가(reward)이다. 여기서는 금전적인 보상인 보수에 대해 살펴본다.

보상
금전적인 보수는 물론이고 명예, 권력, 승진, 해외파견, 포상과 훈장, 요직으로 인사이동, 근무환경 개선, 등을 포함하는 매우 포괄적인 개념

1. 보수의 이론적 근거

금전적 보상은 크게 직접보상과 간접보상으로 나누어볼 수 있다. 직접보상은 공무원에게 직접 금전의 지급이 이루어지는 것으로 봉급, 수당, 상여금 등이 있다. 간접보상이란 공무원 본인에게 금전적 이전이 직접 이루어지는 것은 아니지만 연금, 의료보험, 주택지원, 금융공제, 유급휴가, 콘도 등 공무원 휴가시설 이용, 복지포인트 등과 같이 실질적으로는 부가적인 금전적 편익을 제공하는 효과가 있는 것을 말한다. 이 중에서 직접적 보상인 보수(pay)는 공무원이 근로한 대가로 정부로부터 받는 금전적 보상으로 가장 중요한 보상이다.[6]

공무원 보수는 개념상으로 민간부문의 임금과 유사하나 그 성격 면에서는 차이가 있다고 볼 수 있다. 그 이유는 다음과 같다.

첫째, 공무원의 보수에는 보수의 가장 일반적인 성격인 노무에 대한 반대급

---

6 대부분의 나라는 매월 지급하는 월급제를 택하고 미국만은 주급제를 택하고 있다.

부적 측면 이외에도 '공무원과 그 가족의 최저생활을 보장하기 위한' 생활보장적 측면을 가진다. 이는 공무원이 부패에 물들지 않기 위한 최소한을 보장하고자 하는 하나의 방편에 해당한다. 최저생활비가 보장되지 않는 개발도상국 공무원들이 쉽게 부패에 연계되기 쉽다.

둘째, 보수수준의 결정 과정에서는 법적, 정치적 요인을 고려해야 한다. 공무원 보수는 국민의 세금으로부터 나오며 법규정에 의하지 않고는 금전을 지급할 수 없다. 또한 공무원 보수는 한 해 동안의 정부예산에 속하며, 예산은 국회심의를 거치기 때문에 정치적 합의가 필요하다. 한편 공무원 보수는 때로는 선거를 앞두고 공무원으로부터 지지를 얻기 위해 정략적으로 결정되는 경우도 있다(유민봉·임도빈, 2016: 503).

셋째, 경제적 요인이다. 정부가 적자재정일 때는 심지어 공무원의 월급을 주지 못할 수도 있다. 즉, 정부의 인건비 지불능력이 중요하다. 정부는 세입과 세출의 재정규모를 고려하여 공무원 인건비를 결정한다. 특히 세입규모는 세금을 부담할 수 있는 국민의 담세능력에 좌우되며, 국가의 전반적인 경제수준을 반영한다. 대부분의 선진국은 재정적자의 문제를 안고 있기 때문에 인건비 지불능력은 보수수준의 상한선 역할을 한다(유민봉·임도빈, 2016: 510). 아울러, 공무원의 임금은 그 나라 자원배분 정책의 중요한 일부분이 된다. 일단 공무원 전체가 임금을 받으면 그만큼 구매력을 증가시켜 내수경제 활성화에 도움이 된다. 또한 어느 해의 공무원 보수인상율은 다른 준공공부문은 물론이고 민간부문까지 영향을 미쳐 가이드라인 역할을 할 때가 많다.

우리나라 공무원의 보수는 전년도의 것을 기준으로 한다. 예산의 편성과정에서 살펴본 대로, 총수입을 예측한 후, 이 범위 내에서 보수에 배분할 수 있는 재원을 역으로 배분한다. 이 과정에서 전년도 대비 보수인상율이 결정된다. 즉, 여기에서는 지불능력설이 가장 큰 결정요인이라고 하겠다.

국가공무원법 제46조 제2항에서는 "공무원의 보수는 일반의 표준 생계비, 물가 수준, 그 밖의 사정을 고려하여 결정한다"고 규정하고 있다. 생활보장적 측면이 공무원 전체에 적용되는 보수의 일반적인 수준을 결정하는 기준이라고 볼 수 있는 근거이다. 그러나 공무원의 보수수준은 생계비적 측면 이외에도 노동을 제공한 대가이기도 하고, 공무원으로서 품위를 유지하는 수단이기도 한다.

한 공무원이 받는 보수수준을 어떻게 결정하는가는 이론적 쟁점이 있다. 첫째, 사회윤리적 요소로서의 생계비를 고려해야 한다. 이것은 최하위급 공무원, 즉 월급이 제일 작은 관료들에 관한 논의이다. 마치 민간부문의 근로자에게 최저임금법을 두어 최저생계비 보장을 위해 노력하듯이 공무원의 경우에도 사회에서 인간다운 생활유지에 필요한 적정수준의 보수를 보장할 것이 요구되며, 정부는 직무의 경제적 가치나 공무원의 책임수준에 관계없이 보장되어야 할 보수의 하한선을 보장해주어야 한다는 것이다(유민봉·임도빈, 2016: 509).

둘째, 민간부문의 임금수준과의 비교이다. 공무원의 직무는 사기업에서는 볼 수 없는 직무가 많아 시장가격의 적용이 불가능하다. 예를 들어, 경찰, 소방, 국방 등과 같은 직무에 대한 근로가치가 어느 정도 되는지 계산할 수 없다. 따라서 근무가치를 정확하게 계산하는 것이 불가능하고, 합리적인 보수수준이 어느 정도인지 결정하기 곤란하다(유민봉·임도빈, 2016: 503).

그러나 동일한 자격요건을 갖춘 사람(즉, 학력, 자격증, 근무연수, 성별)의 공사부문 간 임금을 비교하는 방법을 사용한다. 민간부문에는 기업 간, 부문 간 임금차가 많기 때문에, 대기업이나 어느 정도 규모이상의 중소기업과 비교하는 방법을 사용한다.

읽을거리

공무원이 월급 더 많이 받는다

행정안전부는 올해 공무원 전체의 기준소득월액 평균액을 447만원으로 관보에 최근 고시했다고 8일 밝혔다.

기준소득월액은 공무원연금의 보험료와 수령액을 계산하기 위한 기준이 되는 금액으로, 지난해 공무원 전체 급여에 올해 인상률을 반영한 금액을 공무원 전체 숫자로 나눈 수치다.

올해 기준소득월액을 토대로 환산한 공무원의 전체 평균 연봉은 5,394만원이다. 기준소득월액에는 각종 가맹점에서 현금처럼 결제가 가능한 복지포인트와 직급보조비 등 과세 대상이 아닌 금액은 제외돼 실제 월 급여는 이보다 많아진다.

이번에 고시된 공무원 평균 월 소득은 기업체 근로자보다 많다. 고용노동부에 따르면 올해 2월 기준 종업원 5명 이상 사업체 근로자 1인당 월평균 임금은 304만7,000원, 종업원 300명 이상 중견기업이나 대기업 근로자는 432만2,000원이다.

이에 대해 안행부 관계자는 "기업 근로자 월평균 임금에는 대표이사나 임원 보수가 반영되지 않지만 공무원 월평균 급여에는 장관 차관 등 고위관료, 판·검사, 국회 사무처 직원, 국공립학교 교원 및 교수 등이 포함돼 높아진 측면이 있다"고 설명했다. 또 정년이 보장되는 공직 특성상 장기근속자가 많아 민간 기업과 단순 비교하기는 힘들다고 덧붙였다.

한편 공무원 평균 기준소득월액은 2011년 395만원, 2012년 415만원, 2013년 435만원 등 꾸준히 상승했다.

출처: 한국경제, 2014. 5. 9. 일부발췌.

2. 보수의 구성요소

공무원 한 사람이 받는 보수는 여러 가지 요소로 구분된다. 이를 생활급, 연공급, 직무급, 직능급, 그리고 실적급으로 분류할 수 있다.

먼저, 생활급은 공무원과 그 가족의 기본적인 생활 내지 생계유지에 필요한 경비를 중심으로 보수를 결정하는 것이다. 보통 기본급이 이에 해당한다. 매년 각 공무원 종류별로 호봉표가 작성되어 발표되는데, 이것이 기본급에 해당한다.

둘째, 연공급은 근속연수, 연령, 경력, 학력 등 속인적 요소의 차이에 따라 보수의 격차를 두는 보수체계이다. 우리나라는 매년 한 번씩 1호봉을 더 받는 연공급체제로 되어 있다.

셋째, 직능급은 공무원의 직무수행능력을 측정하여 그 능력이 우수할수록 보수를 우대하는 보수체계를 말한다. 보통 기술직의 경우, 상위등급의 자격증을 취득하면 이를 반영하여 임금이 더 주는 것이 이에 속한다.

넷째, 직무급이란 직무의 난이도와 책임의 정도에 따라 직무의 가치를 결정하고 그 가치를 보수와 연결시킨 보수체계이다. 벽오지에 근무하는 교사들이 받는 벽오지 수당이나, 승진을 하여 관리직이 되면 받게 되는 관리직 수당(예컨대 국장 수당)이 그것이다.

다섯째, 실적급은 개인의 실제 근무실적과 보수를 연결시킨 것이다. 전년도 실적에 따라 차년도 연봉액수가 결정되는 연봉제는 대표적인 실적급이다. 성과에 따라 차등적으로 보너스가 제공되는 성과급적 보수가 기본급에 더해 주는 실적급적 보상이다.

공무원들에게 동기부여를 하냐는 취지에서 지난 20여 년 동안 성과급제도의 행정개혁이 대대적으로 이뤄졌다. 그러나 성과급 개혁이 과연 소기의 성과를 거뒀는지는 의문이다. 성과급이 동기부여요인이 되기 위해서는 첫째 공무원이 금전적 보수를 얼마나 중요시 여기는지, 둘째 성과평가가 얼마나 공정하게 이뤄지는지 등이 결정적 요인이다. 우리나라의 경우, 성과급 체계에 대한 신뢰, 성과평가에 대한 신뢰도 등이 모두 낮은 것으로 조사되었다(최순영, 2016: 110-118). 다른 연구에서도 성과급과 실제 근무성과 간에는 밀접한 관계가 없음이 밝혀졌다(Perry 외, 2009). 이것은 금전적 보수가 위생요인일 뿐, 동기요인이 될 수 없다는 허쯔버그의 이론과 부합되는 결과이다.

마지막으로 한 공무원이 받는 월급은 위의 여러 가지 요소로 이뤄진 것들을 혼합한 형태로 구성되어 있다. 그런데 기본급을 대폭 올리는 것이 정치적인 이유로 쉽지 않기 때문에 각종 수당이란 명목으로 소액이 추가되는 방식으로 임금이 올라간다.[7] 심지어 위에서 언급되지 않은 것도 있다. 추석과 설날에 부가되는 명절휴가비가 한 예이다.

시간적 관점에서 보면, 임금체계는 각종 수당이 생겨 복잡화되는 때와 이것을 통합하는 때로 시계추와 같이 반복되는 경향이 있다. 우리나라는 경제성장을 하고 있는 나라이므로 임금은 계속 오르는 추세에 있다. 즉 아직은 삭감한 적은

통상임금
근로자에게 정기적·일률적으로 소정근로 또는 총근로에 대하여 지급하기로 정해진 시간급금액·일급금액·주급금액·월급금액 또는 도급금액

읽을거리

통상임금 판례

이번 판결로 그 동안 통상임금에 포함되지 않았던 상여금이 통상임금에 포함됨으로써 근로자는 보다 많은 액수의 퇴직금, 연·월차수당, 연장·휴일근무수당, 야간근로수당을 받게 되었다. 기업은 그 만치 재정적 부담을 안게 되었다.

이번 판결은 '통상임금'에 해당되는지 여부에 관한 판단 기준도 제시했다. '근로의 대가로서 임금이 정기성·일률성·고정성을 모두 갖추고 있어야 한다'고 했다. 정기적 지급을 뜻하는 정기성과 관련, 지급하는 주기가 1개월이 아니라도 무관하다고 판단했다.

3개월에 한 번씩 주든, 6개월에 한 번 주든 정해진 주기가 있으면 통상임금이라는 것이다. 일률성에 대해서는 모든 근로자에게 똑같이 지급하는 임금이 아니라도 근무연수와 같은 일정한 조건이나 기준에 해당하는 근로자에게 지급하고 있다면 통상임금에 해당한다며 범위를 넓혔다. 고정성에 관련해서는 지급액이 확정된 경우에만 인정된다.

이번 판결은, 근속수당의 경우 근속기간을 조건으로 하기 때문에 통상임금에 포함시켰다. 특정 자격증을 보유할 경우 지급되는 기술수당, 조건 없이 모든 근로자에게 지급되는 가족수당도 통상임금이라고 봤다. 다만 가족수당이라도 부양가족 수에 따라 달라진다면 통상임금이 아니라고 봤다.

성과급은 근무실적에 따라 지급되면 통상임금이 아니지만, 실적이 나쁘더라도 최소한의 금액을 성과급으로 지급한다면 지급되는 해당금액은 통상임금이 된다고 했다. 여름휴가비와 김장보너스, 선물비 등에 대해서는 '지급일 기준으로 재직 중인 근로자에게만 지급하면 통상임금이 아니지만, 퇴직자에게도 근무일수에 비례해 지급하면 통상임금으로 볼 수 있다'고 판단했다.

한편, 이번 판결은 '노사가 합의에 의해 상여금 등을 통상임금이나 특정수당 등을 제외하기로 합의해도 이는 근로기준법에 위반되어 무효'라고 판결했다. 결국 통상임금은 해당 임금의 객관적 성질에 의해 결정되고, 명칭이나 기급 주기 등 형식적 요소로 판단해서는 안 되고, 노사 간의 합의 등에 의해서도 통상임금의 범위를 정할 수 없는 것이다.

출처: 경기일보, 2014. 4. 20. 일부발췌.

---

7 휴일근무수당, 초과근무수당, 근속수당 등이 있다. 정근수당을 공무원의 이직을 막는 취지에 일정기간 이상 근무한 사람에게만 주는 금전적 보상이다.

없고 기껏해야 기본급이 동결되는 경우가 있었다. 임금의 인상은 가장 큰 부분인 기본급을 인상하는 방식이 아니고, 수당을 덧붙이는 식이 평상시의 관행이다. 일 정기간이 지나면 이것이 너무 복잡하다는 명분에 통합하는 개혁도 일어난다. 최 근에는 대법원의 통상임금제 판결이 이런 변화를 주도하고 있다. 시간외 근무수 당 등 그동안 통상적 임금의 성격을 띠지만, 형식상으로는 수당으로 지급되던 것 을 통상임금으로 산정토록 한 판례이다.

VI. 퇴 직

1. 퇴직 후 노후 생활

공무원이라면 누구나 언젠가 공직을 떠나게 된다. 퇴직연령이나 계약기간 종 료시한을 다 채우고 떠나는 경우도 있고 그렇지 않은 경우도 있다. 정년퇴직의 경 우, 제2의 인생을 잘 설계할 필요가 있다. 정년 후 사망시까지 필요한 생활비를 보 장해주는 것이 연금이다.

현대국가에서 연금이란 공무원이 근로의 대가로 받아야 할 보수를 일정기 간 유예시켜 놓았다가 되돌려 받는 것으로 보는 것이 일반적이다(유민봉·임도 빈, 2016: 548). 우리나라는 1960년 공무원 연금법이 통과되어 실시되어 오고 있 다. 당시에는 다른 직종에 연금이 없었기 때문에 이것도 공직이 갖는 큰 매력이 었다. 그러나 현재에는 국민연금제도가 실시되어 전 국민이 혜택을 받고 있다. 그 럼에도 불구하고, 공무원들이 퇴직 후 받는 연금액수가 국민연금보다 높아서 약 200～300만원 정도 받기 때문에, 아직까지는 공직의 매력 중 하나로 꼽는다.

우리나라 공무원연금은 예산상으로는 별도의 기금으로 운영된다. 그러나 독 일, 오스트리아, 프랑스 등 공무원에게 특수한 신분을 부여하는 유럽의 많은 나 라들은 매년 이뤄지는 공무원연금지출을 정부일반예산의 '인건비'로 계산한다. 즉, 연금이 공무원 임금의 후불(deferred pay)라기보다는 보수의 연장(extended pay)이라는 의미가 강하다(이각희, 2018). 따라서 기금고갈이란 개념이 존재하지 않는다. 공무원을 일반 직장인과 유사한 직업의 하나로 보느냐, 특수한 임무를 수 행하는 신분집단으로 보느냐의 차이이다.

2. 우리나라 공무원연금

공무원연금은 공무원의 퇴직 또는 사망과 공무로 인한 부상, 질병, 폐질, 재해 등에 대한 금전적 보상을 규정하고 있다. 연금급여의 종류 및 지급비율은 〈그림 10-3〉과 같다. 이 연금기금의 관리는 공무원연금관리공단이 담당하고 있다.

문제는 재원이다. 연금은 본인의 부담금과 국가의 부담금으로 구성된다. 그런데 공무원 자신이 재직 중 적립한 연금액보다 퇴직 후 더 많은 연금을 받아가는 구조로 되어 있기 때문에 국고로 이를 보전하고 있다. 2009년부터 2013년까지 정부가 세금으로 공무원 및 군인연금 적자를 보전해준 금액은 13조 9,000억원에 달했다. 즉, 지난 5년간 공무원과 군인이 실제 낸 연금보험료(37조 9,000억원)보다 지급해야 할 액수(51조 8,000억원)가 많아졌기 때문에 세금으로 채워준 것이다. 향후에는 적자액이 커져서 결국 기금으로 적립한 액수자체도 고갈될 처지에 다다를 것으로 예측된다. 이의 근본적 해결책은 '적게 내고 많이 받는' 현행제도에서 '많이 내고 적게 받는' 제도로의 전환일 것이다. 정년퇴직 연령을 늘려서 적립기금을 늘리고, 연금수령개시연령을 늦추는 방안도 선진국에서는 실시되고 있다.

그림 10-3 ┃ 연금급여의 종류 및 지급비율

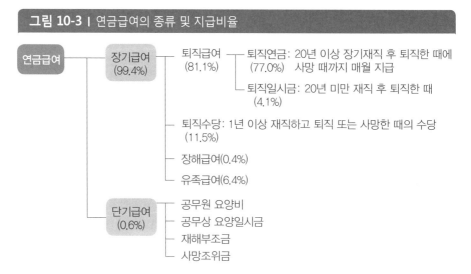

출처: 유민봉·임도빈(2016: 564).

Ⅶ. 공무원의 징계와 권리보호

1. 행동규범

적어도 조선시대부터 관료들에게는 높은 수준의 윤리를 요구해 왔다. 유교는 인(仁)을 중심 가치로 하여 관료들을 일반국민들의 도덕적 모범으로 생각하게 하였다. 이러한 전통은 아직도 우리 국민들 뇌리 속에 자리잡고 있다.

전통에 기인한 사회문화적 논의 이외에도 공무원에게 다른 직종의 종사자들보다 높은 수준의 윤리를 요구하는 법적인 논의도 있다. 우선 특별권력관계설로서, 공직에 들어오는 순간 당사자가 국가의 특별한 행정규제를 받는 것에 묵시적 동의를 했다고 보는 것이다. 우리나라의 경우, 이런 입장에서 이뤄진 각종 공직자 윤리 관련 법규가 있다.[8] 이에 대한 반대설로는 공무원도 일반시민과 마찬가지로 기본권을 향유할 수 있어야 한다는 주장이다. 즉, 공무원의 행동규범이 일반시민과 전혀 차이를 둘 필요가 없다고 본다.

그 기준이 높든지 낮든지의 차이는 있지만, 각 공무원에게 기대되는 행동규범이 존재한다. 예컨대 관료도 일반인과 마찬가지로 실정법을 위반하면, 사법당국의 절차에 의하여 처벌받는다. 금고 이상의 형을 받으면 공직취임권의 제한을 받으므로 파면된다. 어느 집단에서든 규범일탈자가 있으므로, 공직사회에서도 이런 경우가 드물지 않게 발생한다.

이에 대하여 관료제로서 조직의 질서를 유지하기 위한 규범을 명시해 놓은 것으로 국가공무원법 제78조와 같은 일종의 내부규율이 있다. 이를 위반하는 행위가 바로 부정이라 할 수 있다. 이러한 부정은 그것이 공무원 혼자서 일방적으로 한 행위인지 아니면 둘 이상의 쌍방 간에 거래를 통해 이루어진 것인지에 따라 일방적 부정과 쌍방적 부정으로 나눌 수 있다(유민봉·임도빈, 2016: 361). 또한 해서는 안 될 일을 하는 행위인 적극적 부정과 당연히 해야 할 일을 하지 않은 행위인 소극적 부정으로 나눌 수도 있다.

2. 징계

공무원이 부정을 저지르게 되면 이에 대한 처벌이 가해진다. 부정을 저지른 공무원에 대해 그들이 소망하지 않는 내용의 제재를 하는 것이 징계이다. 국가공

8 윤리의 내용에 관한 자세한 논의는 제12장 참조.

무원법 제78조는 징계사유로서 ① 이 법 및 이 법에 의한 명령에 위반하였을 때, ② 직무상의 의무에 위반하거나 직무를 태만하였을 때, ③ 직무의 내외를 불문하고 그 체면 또는 위신을 손상하는 행위를 한 때 등을 규정하고 있다.

공무원 징계의 종류에는 다음과 같이 파면, 해임, 정직, 감봉, 견책의 5가지 종류가 있다.

- 파면: 공무원 신분을 완전히 잃는 것으로 향후 5년간 공무원 임용이 될 수 없다.
- 해임: 파면과 같이 공무원 신분을 완전히 잃으며 3년간 공무원 임용의 결격사유가 된다.
- 직위해제: 공무원 신분은 유지하되, 담당하던 직위에서 물러나는 것으로, 예컨대 공무원이 중대한 위법사항으로 인하여 수사중일 때 직위해제를 한다. 그리고 만약 무죄이면 복직이 되고, 반대로 재판으로 일정 형량이상의 유죄판결이 나면 파면이 된다.[9]
- 정직: 공무원의 신분은 보유하나 직무에 종사할 수 없다. 신분보유면에서는 직위해제와 유사하나 정직은 미리 정한 기간이 지나면 자동으로 복직이 된다는 점이 다르다.
- 감봉: 보수에 불이익을 받는 것으로, 감봉기간 동안 보수액의 1/3이 감해진다.
- 견책: 잘못된 행동에 대하여 훈계하고 회개토록 하는 것으로 6개월간 승진과 승급이 제한되는 효력을 가진다. 이것은 가장 가벼운 징계의 한 종류이기 때문에 말로만 해서는 안 되고, 잘못된 행동과 훈계내용이 인사처분사유설명서로 교부되어야 한다.

그러나 우리나라는 '좋은 게 좋다'는 온정주의적 문화 때문에 비록 잘못을 하더라도 이런 징계가 이뤄지지 않거나, 형식적으로 낮은 수준의 징계로 끝나는 경우가 많다. 즉, '솜방망이처벌'이 많다.

3. 공무원의 권리제한

공무원은 두 종류의 신분을 가지고 있다. 하나는 정부에 고용된 피고용인으

---

9 즉, 첫째 직위해제를 한 사유가 소멸하고, 둘째 이에 따라 복직명령이 이루어져야 한다.

로서의 신분이며, 다른 하나는 일반국민의 신분이다. 후자의 입장에서 보면, 공무원 또한 엄연히 대한민국 국민이기 때문에 헌법에서 보장된 정치적 자유, 표현의 자유, 사생활의 자유, 그리고 근로기본권 등 기본권의 보장을 받아야 마땅하다. 그러나, 공무원의 신분이기 때문에 이러한 권리들은 제한하는 측면도 있다. 이것은 우리나라만의 독특성이 있는 제도이다.

첫째, 공무원은 정치적 중립성이 요구된다. 모든 국민은 정치적 의견과 사상을 자유롭게 표현할 수 있으며 정치적 의사형성에 능동적으로 참여할 수 있고, 선거권과 공직취임의 권리를 가지고 있으며, 나아가 정당에 가입하여 자유로운 정당활동 및 선거운동을 할 수 있는 권리를 보장받는다. 그러나 공무원의 신분에서는 일반 국민에 비해 정치적 활동이 많은 제한을 받는다. 우리나라에서는 국가공무원법 제65조에 따라 정당 결성에 관여하거나 가입하는 것이 허용되지 않으며 선거에서 특정정당 또는 특정후보를 지지하는 것도 금지된다.

둘째, 표현의 자유가 제한된다. 헌법 제21조에서는 "모든 국민은 언론·출판의 자유와 집회·결사의 자유를 가진다"고 규정하여 표현의 자유를 규정하고 있다. 그러나 공무원의 경우에는 정파성을 띤 정당이나 정치단체 또는 정당인을 위해서 정치문제에 대한 자신의 생각을 자유롭게 표현하거나 정치적 목적의 집회에 참여하는 것이 제한된다.

셋째, 사생활의 자유가 제한된다. 우리나라 헌법 제17조에는 "모든 국민은 사생활의 비밀과 자유를 침해받지 아니한다"고 규정하고 있으나 공무원에게는 예외인 경우가 많다. 공직자 재산등록, 재산공개 등 공무원의 일부 사생활 비밀의 자유는 보장받지 못하는 경우가 많다. 특히 인사청문회에서 많은 사적인 정보가 언론에 공개되어 본인은 물론이고 가족까지 심적 고통을 받는 경우가 생긴다.

또한 다른 직종이라면 징계를 받을 정도의 문제는 아닌데, 공무원이기 때문에 문제가 되는 경우도 있다. 예컨대 기혼 초등학교 여교사가 다른 남자와 동거생활을 한 경우에, 교사라는 직위의 성질상 항상 국민의 교감이 되어야 한다는 이유로 징계가 대법원에서 인정되었다(유민봉·임도빈, 2016: 405).[10]

4. 공무원의 권리보호

특별권력관계론에서 볼 때, 약자인 공무원은 국가로부터 부당하거나 억울한 처우를 받을 개연성이 있다. 일반국민으로서 헌법재판소에 재판을 요구할 수도

---

10 대판 1964. 12. 12. 64누82.

있지만, 관료제 내부에서 해결할 장치가 마련되어 있다. 특히 인사결정이나 근무조건 또는 징계수준에 본인이 불만이 있을 때 이를 해결해달라고 요구할 수 있는는 제도가 있다. 이것이 고충심사와 소청심사제도이다.

첫째, 고충이란 심리적 불만이나 애로사항을 의미하는 말이다. 후술하는 소청심사를 하기에는 사안이 비공식적이고 상대적으로 가벼운 경우에 사용할 수 있다. 대체로 이런 불만은 직속상관이나 기관장을 통해 비공식적으로 해결하는 경우가 많은데, 이 제도는 공식적인 제3의 위원회를 구성하여 보다 중립적인 위치에서 문제를 처리한다는 점에서 의의가 있다. 소청심사는 중대한 불이익 처분을 심사청구의 대상으로 하나, 고충심사의 경우에는 인사, 조직, 처우 등 각종 직무조건과 기타 신상문제에 대하여 본인이 느끼는 불만이나 애로사항을 청구대상으로 한다는 점에서 다르다.

우리나라의 경우에는 1981년에 공식적인 고충처리심사제도를 처음 도입하였고 1991년에 고충처리 결과에 대한 관계기관의 이행의무를 강화하는 등 보다 적극적인 고충처리 방법을 제도화하였다. 그러나 제도에 대한 기관장의 인식부족과 공무원이 이 제도의 활용을 꺼리는 것으로 인해 제대로 시행되고 있지 못한 상태이다. 구성원들이 직선적으로 불만을 표출하기는 어려운 상황이고, 표출한다 하더라도 자신에게 돌아올 불이익을 두려워하기 때문이다.

둘째, 소청심사는 징계처분(파면, 해임, 정직, 감봉, 견책)과 본인이 원하지 않은 신분상 불이익(퇴직, 직위해제, 면직) 처분에 대하여 사법기관에 가기 전에 행정기관내부에서 시비를 가려볼 수 있는 제도이다. 즉, 처분의 적법 타당성 여부를 심사·결정하여 줄 것을 중립적이고 독립적인 소청심사기관에 구하는 행위 내지는 권리이다.

1963년부터 설치된, 소청심사위원회는 합의성과 독립성을 보장하기 위하여 위원장을 포함한 5인의 위원으로 구성하며, 위원들은 2년의 임기를 보장받는다. 소청심사를 통해 불이익 인사처분에 대하여 중립적 기관이 다시 한 번 심의함으로써 자기감독의 효과를 가져올 수 있다. 인사권자는 자신의 인사처분이 소청심사에서 번복될 수 있기 때문에 징계를 신중하게 된다. 소청심사, 행정심판 등을 통하여 부당한 인사상의 처분에 대해 이의를 제기할 수 있다는 점에서 공무원의 권리보호가 사기업 종사자에 비하여 더 강하게 이뤄진다고 할 수 있다.

고충심사
공무원이 직장생활에서 불만과 고충을 털어놓을 수 있는 공식적 제도

5. 공무원 노조

노동자는 단결권, 교섭권, 그리고 단체행동권을 보호받는다. 사기업과 마찬가지로 공무원도 노동권을 보호받아야 하는가는 논란의 대상이다. 공무원의 권리를 보호하기 위한 가장 효과적인 수단은 그들로 하여금 단체를 만들게 하는 것이다.

유럽에서는 전반적으로 노조가 활발한 편이고 특히 공공부문의 노조가 파업을 하는 등 적극적인 편이다. 미국에서는 노조결성률부터 유럽보다 저조하다. 특히 미국 공공부문에서 노조와 협상의 인정은 기존 전통적 인사행정에 하나의 커다란 패러다임의 전환이 요구되는 사안이었다. 실적주의를 기반으로 하는 미국인사행정제도는 임금 등 예산지출내역이 의회에서 결정권을 갖고 있어 과연 상급관리자와 노사협상을 벌일 가치가 있는가 등 제도 자체가 잘 맞지 않았기 때문이다(Mosher, 1982). 미국의 연방정부, 주정부, 지방정부의 노조가입률은 30~40% 정도에 이른다(Berman et al. 2016: 447).

공무원은 특별권력관계에 있다고 보기 때문에 노조활동에 대해서도 서로 상반되는 견해가 존재한다. 간부공무원 등 입장에서 보면, 노조가 비효율의 대명사로 보이는 반면, 노조의 눈에는 간부가 권력의 시녀로 보인다. 노조간부들은 노조가입률 증대와 노조활동의 활성화가 관건이다. 그런데 일반 공무원들 눈에는 노조에 직접 참여하기보다는 노사협상의 혜택만 누리려는 무임승차자(free rider)가 되는 것이 합리적인 것처럼 보이기 쉽다.

우리나라는 오랫동안 공무원에게는 노동권의 일부를 제한하였다. 그러나 한국사회 전반의 민주화 변화와 노동권의 신장으로 오늘날에는 과거 권위주의시대보다 현격히 발전하였다. 원칙적으로 6급 이하 공무원을 대상으로 하여 단결권과 단체교섭권은 허용하되, 단체행동권은 금지하고 있는 상황이다.

공무원의 입장에서 보면, 국가라는 커다란 가공의 권위체에 공무원 개인은 위협받을 수 있는 존재이기 때문에 노동조합권의 보장은 중요한 이슈이다. 공무원노조는 이 밖에도 압력단체의 기능, 공무원의 욕구충족 기능, 행정의 민주화, 실적제 강화, 직업윤리 확립 등의 기능을 한다. 그러나 전교조와 같이 법이 허용하지 않는 시대에 결성된 데다가 사실상 정치문제로까지 그 영역을 확대하여 순수한 노조활동의 범위를 넘어선다는 비판을 받기도 한 경험이 있다.

다음으로 공무원은 법에 정하는 사유에 의하지 않고는 신분상 불이익을 받지 않는다. 관료는 정권이 바뀌어도 일관되게 법을 집행하고 정책을 관리하여야 하기 때문이다. 즉 공무원 신분의 안정성과 지속성을 통해 정부 활동의 안정성과 지

공무원노조
공무원들이 자주적으로 단결해 근로조건의 유지 개선과 복지증진, 기타 경제적, 사회적 지위 향상을 목적으로 조직하는 단체

속성을 확보해야 한다는 점에서 노조의 역할로 중요하다.

국가공무원법과 지방공무원법에서는 공무원의 신분보장을 규정하고 있다. 과거 권위주의 정권 당시 관료들이 정권의 눈치를 많이 보아야 했기 때문에 정치적인 환경의 변화가 공무원의 신분에 영향을 미치지 못하도록 보호조치를 하였던 것이다. 즉, 부당한 사유로 정권에 의하여 자의적으로 해고되지 않도록 보장해 놓은 것이다.

공무원의 신분이 제대로 보장되기 위해서는 이에 대한 실질적인 법적 장치가 마련되어 있어야 한다. 이를 위해서는 공무원 신분의 변경과 소멸사유가 법에 규정되어 있어야 하고(법적 사유의 원칙), 이 경우에도 정당한 법적 절차를 준수하도록 함으로써(적법절차의 준수) 자의적인 신분조치를 막아야 하며, 불이익 처분의 법적 사유가 없는 경우에는 본인의 자유로운 의사에 따라 이루어져야 한다(자유의사의 원칙)(유민봉·임도빈, 2016: 410). 문제는 이것이 거꾸로 일을 제대로 하지 못하는 공무원도 파면하기 어려운 분위기를 만들어 소위 '철밥통'을 가능케 하고 있다는 데 있다.

 제 3 절　새로운 인사행정

I. 성과관리 연구의 방법론적 이슈

1. 성과관리 인사개혁

NPM의 영향으로 인사행정분야에도 성과를 올리려는 제도개혁이 많이 이뤄지고 있다.

동기부여면에서 매년 초 일정한 목표를 설정하게 하고 이의 달성도에 따라 다음연도 연봉수준을 결정하는 것이 그 대표적인 예이다. 성과목표와 성과급을 연계시키는 것이다. 적지 않은 실증연구들이 성과관리제도가 긍정적인 효과를 가져 오는 것처럼 주장하고 있다(한인근, 2013: 87-115; Lavy, 2007; Otley, 1999:

63-382; Propper, 2006: 87-109; Verbeeten, 2008: 427-454). 그런데 이들 연구의 발견들을 실제 인사행정 현장에 적용하기에는 많은 문제점이 있다.

공공부문에서는 개인별 성과측정이 어려운 점이 많기 때문에 이 제도를 엄격하게 적용하기는 쉽지 않다. 즉 우리나라와 같은 집단주의적 업무수행 방식 때문에 성과 측정과 지급단위가 개인이 되기가 쉽지 않다. 그래서 개인성과급과 집단성과급으로 분류하여 양자를 활용하기도 한다.

성과급은 개입이나 집단이 달성한 근로의 성과를 측정하여 그 결과에 따라 보수를 차등적으로 지급하는 방식이다. Maslow의 욕구단계설의 주장과 같이 일을 잘 한 사람들에게 보수를 더 주어 동기를 부여하자는 이론적 배경을 근거로 하고 있다. 그러나 Perry et al(2009: 39-51)의 메타연구에 의하면, 성과급(pay for performance)과 실제 성과와의 관계에서 유의미한 관계를 발견하기 어렵다.

그럼에도 불구하고 김대중 정부 이후 우리나라 정부에서도 성과급 제도를 도입했다. 기관단위로 자율권을 주어서 종합적이고 총체적으로 인사행정에 활용하기 위한 제도들이 양산된 바 있으나 많은 문제점을 노정하고 있다.

2. '성과' 측정의 문제

대부분의 연구들은 변수간의 관계를 직접적으로 측정한 것이 아니라, 설문을 통해 인식의 세계를 측정했기 때문에 측정의 오류가 있을 가능성이 높다. 특히, '성과'라는 추상적 개념을 정확히 측정하지 못하고, 많은 유사개념을 대신 사용하고 있다.

첫째로 사람의 '직무만족'이란 개념으로 측정하는 설문지를 사용한다. 미네소타 직무만족 설문지(Minnesota satisfaction questionnaire)는 원래 100개 문항으로 구성되어 있는데, 이를 20개로 줄여 사용하는 것이 보편화되어 있다. 이중 12개 문항은 내적 동기(잠재능력발휘)고, 8개 문항은 외적동기(임금만족, 승진가능성, 감독)로 구성되어 있다. 사실 동기는 복잡한 심리적인 구성물(construct)이다. 그렇기 때문에 이를 본인의 응답으로 측정한다는 한계가 있다.

임금에 관해서도 심리적 측정이 이루어지고 있다. 사실 임금은 금액이므로 측정이 필요없는 객관적 데이터가 있다. 그런데 동기를 측정하기 위해서는 액수 자체보다는 개인이 느끼는 만족도가 중요하다고 보기 때문에 설문지를 개발하였다, Heneman과 Schwab(1985)가 개발한 임금만족도 설문지는 임금수준, 최근 임금인상액, 부가수혜, 임금구조에 대한 만족도를 측정하는 문항으로 구성되어 있다.

직무만족도를 성과라고 보는 시각도 있다. 직무만족도(job satisfaction)는 성과와도 높은 관계가 있다고 보기 때문이다. Ostroff(1992)는 조직단위로 비교하여 평균직무만족도가 높은 조직이 성과가 높다는 것을 증명하였다. 이때 직무만족도는 직무몰입(commitment), 결근율, 이직의도, 실제이직 등을 묻는 질문으로 측정한다(Agho, Mueller & Price, 1993). 그러나 성별, 나이, 교육, 호봉(pay grade) 등 개인적 특성은 직무만족도면에서 설명력은 낮은 것으로 나타났다.

둘째, 직무만족(즉, 성과)를 결정하는 변수로서 직무의 '특성'을 측정하는 노력도 다각도로 이뤄졌다. Krasek R. A. (1979)는 업무량요건(job demand), 기술적 재량(skill discretion), 권한(decision authority)을 묻는 문항으로 측정하였다. Hackman & Oldham(1980)은 자신의 일에서 의미를 찾을 수 있고, 결과에 대해 책임을 진다는 느낌을 가지며, 일의 결과에 대한 정보를 제공받을수록 직무만족이 높다고 본다. 이것은 K. Marx가 언급한 바 있는 소외(alienation)를 줄이는 방향임을 알 수 있다. 또한 다양성(skill variety), 직무정체감(task identity), 직무의미(task significance), 자율성(autonomy), 업무피드백(job feedback) 등 직무특성요인이 높으면 내적 동기가 높고 직무성과가 높은 것으로 나타났다(Hoch-warter, Zellars, Perrewe, & Harrison, 1999)

셋째, 한국의 많은 연구들도 서구에서 만든 설문지를 사용하고 있다. 한 가지 문제는 설문으로 이들을 측정할 때, 시간적 특성을 제대로 고려하지 않는다는 점이다. 상술한 여러 인사제도 개혁을 한 후, 그 결과가 성과향상에 기여했는지 여부를 상술한 직무만족도 문항으로 평가하는 방식이다. 그런데, 어떤 제도가 도입되어 정착되지도 않는 사태에서 그 효과를 묻는 설문으로 측정하기 때문에 한계점이 크다.

목표관리제(MBO)같은 것도 마찬가지 오류를 범하고 있다. 전보되어 1년도 안되어 있는데다가 예산도 전년도에 짜여진 상태에서 목표를 설정하게 하고, 그 사람의 성과를 측정하는 식이다. 즉, 제도의 도입, 실시, 효과의 시간적 특성이 서로 부합되지 않는데 마치 성과가 있는 것처럼 주장한다.

넷째, 이들 서구식 설문지를 이용한 측정의 이면에 중요한 점도 놓치고 있다. 사실 한국인의 경쟁심이나 질투심을 가정해서 볼 때, 형평성이론이 가장 큰 요인이라고 할 수 있다. 그런데 이러한 성과중심의 인사행정이 과연 공무원들에게 공평하다는 인식을 높였는지 아니면 근로동기를 부여했는지는 의문이다.

한편, 한국적 상황에서는 부정적 인센티브도 성과관리에 큰 도움이 되는 데도 불구하고 충분한 연구가 이뤄지지 않고 있다. 성과평가가 좋지 않은 사람들은 임금이 적어지기 때문에 부정적인 제재인 셈이다. 극심한 저성과자에 대한 제재도 중요한 의미가 있다. 임금삭감은 당사자에게 큰 충격이 되므로 효과가 있다. 정직, 견책 등 징계에는 임금의 삭감이 동반되는 것이 보통이다. 감봉은 임금만을 삭감하는 것을 내용으로 하는 징계이다. 이것은 당사자의 경제생활에 미치는 영향 자체보다는 주의사람들에게 체면을 잃는 등 심리적 혹은 상징적인 제재효과가 더 크다고 하겠다.

시간 관점에서의 인사행정

1. 인사행정에서 시간

미국의 행정학이 도입된 이후, 우리나라 인사행정의 실무계나 학계에서 미국의 각종 제도들을 도입하는 데 급급했던 것은 사실이다. 그런데 인사에 대한 실제 관행과 사람들의 사고방식은 그리 쉽게 변하는 것이 아니라서, 실제와 이론(혹은 제도) 간 괴리가 많았다.

미국의 인사행정제도를 도입하려면, 적어도 두 가지의 근본적인 요건이 같아야 한다. 첫째는 미국은 고용보장이 되어 있지 않다. 대부분 자리가 없어지면 직원도 해고되는 직위분류제를 근간으로 하고 있다. 이 점은 사실상 정년보장이 되어 있고 직업공무원제도를 근간으로 하고 있는 우리 나라와는 다르다. 둘째, 직업간이동(job mobility)이 심하다. 우리나라는 공무원 이직률이 극히 낮은 편이다. 이 두 가지 점에서 우리나라는 미국과 근본적으로 다르므로 미국식 인사행정 제도나 이론의 상호 호환성이 떨어진다. 그럼에도 불구하고 우리나라 인사행정 담당부서들은 유행을 좇아 많은 외국의 제도를 도입하는 데 급급하고 있다.

이와 관련하여 보수형태의 구분으로서 시간급과 성과급을 주목할 필요가 있다. 우리나라는 월급제이기 때문에 기본적으로 월 단위를 생각하고, 시간급적인 성격은 약하다. 시간급은 작업의 양이나 질을 고려하여 실제 일한 시간에 따라 계산하여 보수를 지급하는 방식이다. 미국 등 선진국에서는 실제로 근무한 시간을 중심으로 임금이 계산되는 시간급제를 엄격히 적용하고 있다. 우리나라는 시간단위(hour)로 엄격히 계산하는 문화가 아직 정착되어 있지 않다.

궁극적으로 노동시간의 양과 질이라는 측면에서 봐야 한다. 즉, 시간(hour) 단위의 노동이란 차원을 더 중시해야 한다. 따라서 탄력시간제, 시간제 전임고용,

시간기준관리 등이 강조될 것이다.

- 탄력시간제(flexitime) : 일정한 시간대 내에서 자신이 업무수행에 적합하
도록 하는 의무근무시간을 신축적으로 조정하여 근무하도록 하는 제도이다
(유민봉·임도빈, 2016: 483). 모든 사람이 정상 근무시간인 9시-6시 사이의
시간을 오직 일하는 데 사용하는 것은 아니다. 그리고, 사람마다 효율적으
로 일할 수 있는 시간이 다르다. 특히 여성들의 경우에는 육아문제와 연결되
어 보다 자유롭게 시간을 쓸 수 있도록 하면 궁극적으로는 생산성을 높일 수
있다.
- 시간기준의 관리: 실제 근무시간을 기준으로 보수를 지급하는 것이다. 예컨
대, 통상임금제도로 과거 형식적으로 이용하던 초과근무수당제도가 실질적
으로 운영되어야 할 것이다. 그동안 사실 근무시간이 엄격하게 지켜지지는
않았으며, 출퇴근 시간 체크를 한다 하더라도 무용지물인 경우가 많았는데,
이제 많이 바뀔 것이다.

2. 생애주기와 인사행정

우리나라에서는 공직에 들어오는 것을 출세로 생각한다. 위험회피 성향이 강
하고 타인에 대한 배려심이 강한 사람이 민간보다는 공공부문에 들어오는 경우가
많다(임현경, 2018). 유교적 윤리로 무장하여 진정한 의미의 공공'봉사'가 내재되
어 있기는 하지만, 겉으로는 직업안정성과 이기적인 출세욕도 작용하는 것이다.

일단 공직에 들어오면, 이직하지 않고 평생을 공직에 머무는 경향이 있다. 그
것도 한 기관(부처)에서 자리를 옮기면서 Z형 인사이동을 경험한다. 공무원 각
개인의 입장에서 보면 공직에 머무는 20-30년이라는 재직기간, 즉 장기적 시각으

표 10-1 | 관료의 생애주기

	외부사회화	내부사회화			
	학교	신입	형성기	고착기	말기
시간	25-30대	1-2년	10년	10년	5년
내용	시험준비	공직알기	자신의 유형	소일	퇴직준비
심리	인내, 초조	기쁨	희망-좌절	유지	불안

로 관리되어야 한다.

보통 관료가 되어 생활하는 생애주기를 예시하면 다음과 같다. 물론 사람들마다 각기 달라서 이렇게 요약하는 것은 많은 오해의 소지가 있으므로 대략적인 예시임을 감안해야 할 것이다.

우선 가정, 학교, 그리고 시험준비 기간에 외부사회화가 이뤄진다. 개인적 가치관과 성격이 형성된다. 이 시기에 막연하게나마, 공직에 대한 가치관이 어느 정도 형성되는 사람이 많다. 시험의 경쟁률이 치열하기 때문에 오직 합격에 대한 집념으로 제대로 공직관이 형성될 기회나 정보가 주어지지 않는다.

시험에 합격하여 신임 공무원이 되면, 그동안의 시험준비에서 쌓인 스트레스가 풀리고 주위의 부러움을 사는 시기를 거친다. 물론 고시생의 경우, 연수과정을 거치기 때문에 또 다른 경쟁의 시기를 보내야 한다. 그러나 일단 배치가 되면, 실제근무를 통해 일을 배우는 기간(OJT)이 된다. 주위사람들도 대체로 환영하는 분위기이기 때문에 즐거운 나날이 된다.

"국가를 위해 일생을 바치겠습니다"(초임 사무관)

취업의 기쁨으로 나날을 보내다가 어느 순간인가 공직사회의 한계를 느끼게 된다. 선배들의 경우로 비쳐봐서, 자신의 장래가 대체로 어느 정도인가를 점칠 수 있다. 뭔가 중요한 일을 하고, 나름대로 기여한다는 희망도 느끼지만, 역시 거대한 관료제에서 자신이 무력한 존재라는 좌절감을 느끼기도 한다. 이 과정에서 관료적 성격(bureaucratic personality)이 형성된다. 그럼에도 불구하고 각자의 성격과 의지에 따라서 각각 다른 관료유형이 된다.

> **관료적성격**
> 직업공무원제의 관료에게서 나타나는 부정적 특성으로, 예컨대 Merton은 형식주의, 규범에 과잉동조 등을 주장

- 출세형: 관료로서 남보다 빨리 승진하고, 좀더 영향력을 미치기 위해 적극적 태도를 갖는 공무원. 윗사람들에게 잘보이기 위한 대인관계 기술을 발달시키고, 필요한 지식도 습득한다.
- 체념형: 공직사회에 대한 부정적 이미지를 갖고 있거나, 현실의 커다란 제약에 순응하는 유형. 조직몰입이 약한 편이다.

이 양극단의 유형을 기준으로 여러 중간 유형이 있을 수 있다. 조직입장에서 보면, 스파이더맨, 관료화된 인간, 화학비료형, 퇴비형 인재 등이 있을 수 있다(후술 차 한 잔의 사색 참조). 어떻든 승진소요기간 때문에 대부분은 10여 년을 조직

내부에서 시키는 일을 하면서 그럭저럭 일상적인 나날을 보낸다. 사람에 따라서는 해외연수 기회도 주어지고, 교육훈련 기회도 갖는다. 개인적으로는 결혼도 하고 육아도 하고 바쁜 생활을 한다. 그러나 개인적으로 아직 준비기라는 것을 절감한다.

"저 옛날같지 않아요. 성질도 많이 죽었구요. 그냥 시키는대로 해요"(고참 사무관)

고착기가 되면, 출세형이든, 체념형이든 모두 이제 자신의 종착지를 어느 정도 느끼면서 생활한다. 출세형으로 승승장구하는 사람들은 매일 같이 정신없는 하루를 보낸다. 체념형은 체념형대로 하루하루 지낸다. 자녀도 성장하여 돈도 많이 드는데, 주위에 잘 된 친구들을 보면 심리적으로 위축되기도 한다.

노력도 중요하지만 관운(官運)이 좋아야 한다는 사실도 절감한다. 이 기간이 얼마나 길게 갈 것인가는 사람에 따라 다르다. 장차관까지 올라간 사람은 퇴직준비기간인 말기가 없이 공직에서 물러난다. 그러나 대체로는 아직 체력이 있는데 이제 남은 인생을 어떻게 보낼지 걱정한다.

"퇴직 후 어디 교수라도 할 수 없을까요? 이를 위해 박사학위를 어디서 하긴 해야 할텐데"(국장)

일-가정 양립정책 특히 가사와 육아 부담이 많은 여성을 기준으로 볼 때, 직장의 근무 조건과 환경을 개인적 필요성과 양립시키려는 정책

그러나 현재 한국사회 전체가 변하고 있다. 인력수요공급이나 공무원의 역할 등에 변화가 오고 있는 것이 사실이다. 일-가정양립(work family balance)도 점점 중요해진다. 과거에는 합숙도 많이 하면서 근무하고, 집은 하숙집같이 생활하였다. 현재 한국사회 가정의 모습은 남편은 돈을 벌고 부인은 가사와 육아를 하던 전통적 가정의 모습과는 달라졌다. 따라서, 일보다는 가정이 더 중요해진다. 남녀모두 육아휴직도 하고, 자기발전도 하려고 한다. 이러한 변화는 개인의 입장에서는 20-30년이란 장기적 시각을 기본으로 하더라도, 각 단계에 맞는 성과관리로 효율을 극대화해서 일해야 한다는 것을 의미한다.

Ⅲ. 공정성의 문제: 대표관료제

1. 왜 문제인가

우리나라는 과거 권위주의적이고 획일적인 사회에서 다양성을 중시하는 다원주의 사회로 변화되고 있다. 특히 민주주의가 발달함에 따라, 그동안 등한시 되어온 사회집단들이 그 권리를 주장하게 되었다. 따라서 인사행정은 이런 변화를 주목해야 할 것이다. 특히 공직 임용 시 사회구성집단의 비율에 따라 임용되어야 하는 대표관료제를 주목할 필요가 있다.[11]

사회적 불평등이 심한 나라에서는 실적주의가 민주적 행정에 장애물이 될 수도 있다. 실적주의적 공개경쟁채용에 의해서 모든 공무원이 충원되면 중상위계층들이 공직을 독차지할 가능성이 있다. 교육에 대한 기회균등이 보장되지 않은 상태에서 실적주의의 공개경쟁채용시험제도는 한계가 있기 때문이다. 이렇게 되면 국민전체의, 특히 소수집단의 입장을 충분히 대변하지 못할 가능성이 농후하다. 즉, 대표관료제는 관료적 대응성을 국민전체에 대해 효과적으로 확보하자는 취지이다.

다음으로 선출직 고위직들도 관료제 내에 다양한 사회계층들을 골고루 충원하는 데 실패하였다는 지적이 있다. 선거제도가 관료제 내 민주성을 제대로 확보할 수 있다면 이런 대표관료제가 굳이 필요하지 않기 때문이다. 아울러 행정국가의 등장과 더불어 선출된 국민의 대표자로부터 선출되지 않은 임명직 전문 관료로의 권력이동으로 인해 관료제 자체의 대응성과 대표성 확보가 문제시 되었다.

대표관료제에 대해서는 출신에 관계없이 교육이나 법적인 장치를 통해 다양한 집단들을 충분히 배려하는 관료를 만들 수 있다는 반론이 가능하다. 그러나 인간의 행태를 좌우하는 가치관은 개인의 성장배경, 사회화과정 등에 의해 형성된다는 입장이 대표관료제의 필요성을 대변해준다. 즉, 각 집단에 대해서 책임 있는 행정이 이뤄지려면 관료제 내부의 구성 비율이 출신 집단별로 적정성을 갖추어야 한다는 것이다. 예컨대, 보건, 복지, 교육분야의 중하위직 수준에서 대표관료제가 이뤄지면, 국민의 삶의 질이 향상된다는 것을 국제비교를 통하여 증명한 연구가 있다(김두래, 2017).

> **대표관료제**
> 인종·종교·성별·직업·신분이나 계층·지역 등 여러 기준에 의하여 분류되는 모든 사회집단들이 한 나라의 전체 인구 안에서 차지하는 비율에 맞게 관료조직의 직위를 차지해야 한다는 원리가 적용되는 관료제

---

11 원래 대표관료제는 20세기 초 영국 관료제가 Ox-Bridge(옥스퍼드와 캠브리지대학)출신들에 의하여 독점되고 있는 점에 주목하고 정부관료제의 인적 구성이 그 사회의 인적 구성을 반영하게끔 관료제를 구성함으로써 관료제 내에 민주적 가치를 주입시키려는 의도에서 생긴 제도이다.

2. 대표성 확보를 위한 방법

대표관료제를 수립하는 방법은 충원시 과소대표된 집단의 응모자들을 우선적으로 선발하는 적극적 충원(affirmative action)이 있다. 미국에서는 백인이 과도대표된 분야에서 아프리카계, 아시아계 등 유색인들을 일정 숫자 쿼터로 충원하는 방법으로 사용되고 있다. 우리나라에서도 대표성을 확보하기 위한 인사행정제도가 많이 도입되었다.

첫째, 양성채용목표제가 있다. 고위직으로 갈수록 남성의 비율이 절대적으로 높아 이를 해결하기 위한 방법으로 여성채용목표제가 시행되었고, 2003년에 양성채용목표제로 전환되었다. 이 제도는 고등고시, 7·9급 공채를 대상으로 어느 한 성의 합격자가 채용목표 비율에 미달할 경우, 하한성적 이상인 해당 성의 응시자 중에서 성적순으로 목표미달인원만큼 추가로 합격처리하는 제도이다.

둘째, 장애인 의무고용제가 있다. 국가 및 자치단체장은 장애인을 소속 공무원 정원의 3% 이상 고용하여야 하고, 각 시험실시기관장은 장애인이 신규채용 인원의 3% 이상 되도록 시험을 실시하여야 한다. 그러나 실제로 이것은 잘 지켜지지 않고 있다.

셋째, 우리나라에서 가장 차별이 심하다고 느끼는 요인은 빈부, 지역, 학력 등이다. 특히 작은 나라이지만, 수도권과 지역 간의 차이는 항상 큰 문제가 된다. 그래서 '지역인재견습공무원선발시험'이란 제도로 매년 100여 명의 7급공무원을 선발하는 제도가 생겼다. 지역 학교장의 추천을 받아서 선발하는 제도인데, 견습으로 일정기간을 거친 후 정식공무원으로 임용될 수 있기 때문에 인기있는 제도이다.

나아가서 저소득층, 특히 차별을 받고 있다고 생각하는 일부지역, 그리고 학력 요인이 서로 중복되는 계층이 있을 수도 있다. 또한 세계화로 인해 외국인 장기거주자가 늘어나고 있는데, 이들에게 적어도 지방행정조직에서라도, 공직 담임권을 부여해야 하는가에 대한 논의가 시작되어야 할 것이다. 아울러 아시아 이민자수가 늘어남에 따라 다문화사회가 되면서, 미국 등 선진국에서 오랫동안 논의되어 온 종교나 인종요인에 대한 논의도 필요하다.

장기적 시계에서 미래를 고려한 인사제도 운용은 미래 관점의 정부경쟁력 향상에 기여한다. 당면한 문제해결에만 급급하는 것은 정부경쟁력에 부정적 영향을 끼칠 것이다. 특히 사람을 다루는 인사행정은 대부분의 정책 및 제도의 시계가 장기적이라는 점을 고려하여 한 발 앞서나가야 정부경쟁력 향상에 도움이 될 수 있을 것이다.

3. 대표관료제의 한계

우리나라 정치분열의 원인은 영호남차별을 중심으로 한 지역감정에 있다고
해도 과언이 아니다. 또한 충청, 강원 등 다른 지역도 마찬가지의 지역감정을 가
지고 있다. 대통령 선거 후에 관가에는 인사에 대한 소문이 파다하다. 진퇴가 이
뤄지는 고위직 인사의 뒷배경에 특정지역의 사람이 '중용된다'든지 '소외된다'라
는 해석이다. 선거 후 논공행상과정에서 대표관료제가 이슈화되어 정치적 거래의
대상이 되는 것이다.

이러한 맥락의 대표관료제 관련 논란은 대부분의 경우 실적주의를 부정하는
정치적인 것이다. 즉, 정치에서 논의되는 대표관료제는 정치적 중립이나 능력·실
적 중심의 인사제도와는 괴리된다는 문제가 있다. 이런 논의에서는 정치와 행정
과의 차이도 인정해야 한다. 마치 관료제가 정치체와 같이 될 수 있으리라고 보면
안 된다.

가장 근본적으로 고민해야 할 것은 우리사회에 정말 어떤 불평등이 존재하느
냐이다. 보는 기준에 따라 다르겠지만, 영호남이 정말 차별을 받았느냐의 의문이
다. 이 지구상에 완전히 동일한 것은 존재하지 않는 법인데, 어느 정도가 과연 심
각한 차이인가, 그리고 그 문제가 과연 대표관료제로 해결될 문제인가를 심각히
고민할 필요가 있다.

다른 한편으로는, 헌법에서 모든 국민에게 보장한 공직담임권이란 시각에서
대표관료제 문제를 볼 필요가 있다. 전제부터 잘못된 것에 기인한 대표관료제는
역차별을 낳고 사회분열을 조장할 수 있다. '다른 것은 다르게'라는 말과 같이, 수
직적 공평만을 강조한 나머지 동일한 능력을 가진 자를 역차별한다면 자유주의나
기회균등이라는 수평적 공평을 저해한다는 비판 등 위헌 논란의 소지가 있다.

역차별
차별을 없앤다는
취지의 제도가 실
제로는 능력있는
사람이 불리하도
록 차별하는 것

차 한잔의 사색

사람의 유형

이건희 회장은 〈큰사람 작은사람〉이란 제목에서 "나는 선친으로부터 기업은 곧 사람이라는 말을 수없이 들어왔다. 회장으로서 제일 힘든 일이 사람을 키우고 쓰고 평가하는 일이다"라고 말하고 조직 내 사람을 이렇게 분석했다.

조직 내 구성원들을 유형별로 예스맨과 소신파로 크게 나누고 또 구체적으로 스파이더맨, 관료화된 인간, 화학비료형, 퇴비형 인재 등으로 가려내 평가했다.

예스맨과 소신파는 대칭되는 유형으로 어느 조직에서나 볼 수가 있다. 예스맨은 해바라기형으로 항상 좋은 말만 한다. 그러나 소견은 없다. 문제는 숨기고 본질에 대해서는 모르거나 알더라도 아예 말을 하지 않는다. 반면에 소신파는 자부심도 강하고 프로기질과 책임감마저도 갖추어 주장을 당당하게 편다. 고집이 세서 타협이 어렵지만 어려울 때 힘이 되는 쪽은 역시 소신파이다.

스파이더맨은 학연, 지연, 혈연 등을 부지런히 찾아 연줄을 만든다. 이들은 실력보다 연줄로 문제를 해결하려고 한다. 이 유형은 파벌을 조성하여 인화를 해칠 우려가 있으니 경계해야 한다. 관료화된 인간은 권위주의에 젖어 있다. 처음부터 관료주의적인 사람도 있지만 자리가 높아지면서 관료화된 사람도 많다. 이들 밑에는 권위 형식주의자들이 많이 모이고 또 큰 인물이 자랄 수 없다. 자율과 창의가 꽃 필 수 없다. 화학비료형 인간은 어떤 일에 생색이나 내고 자기를 과시하는 데에만 열중이다. 반면에 퇴비형 인간은 조직의 음지에서 묵묵히 일하는 사람이다.

문제는 예스맨과 관료화된 인간, 화학비료형 인간들이다. 이들은 모두 공통점을 가지고 있다. 이들은 능숙한 말솜씨로 대개 1인칭이 아니라 3인칭 화법을 즐겨 쓴다. 내가 하겠다가 아니라 사원이면 이렇게 해야 한다는 식으로 말을 즐긴다.

이건희 회장의 이 글을 자세히 뜯어보면 경계해야 되거나 추방해야 될 사원은 용어로서 구분했다. 그들을 가리켜 '인간'이란 용어로 표현했다. 반면에 자신이 원하는 사람은 '인재'라는 용어를 썼다. 그리고 바람직한 사원상은 예스맨보다는 소신파에다 손을 들어 주었다. 소신파는 어려울 때 힘이 되기 때문이다. 또 시간이 오래 걸리고 알아주는 사람이 없더라도 장기적 안목에서 회사와 후배를 위해 경영기반과 인프라 확충에 노력하는 사람이 적은 사실을 안타까워 했다. 그러면서 조직에서 퇴비형 인재도 많지만 화학비료형 인간이 되고자 하는 사람이 날로 더 많아지는 세태를 꼬집었다.

이 회장의 글은 계속된다. 똑같은 사회생활을 하면서도 어떤 사람은 회사가 꼭 필요로 하는 핵이 되는가 하면 어떤 사람은 많은 사원 중 하나, 즉 점이 된다. 핵과 점은 일하는 자세에서부터 다르다. 핵은 누구의 지시를 받지 않고 일을 먼저 찾아서 한다. 문제의 본질을 파헤치고 기본에 충실하며 책임을 다한다. 주인의식을 갖고 일하기 때문에 자율과 창의도 넘친다. 이 회장은 바로 이 핵의 사원상을 요구하고 있다. 문제의식으로 접근하고 해결책은 본질부터 파헤치고 성실과 책임과 자율 그리고 창의성을 구비한 인재상을 바라고 있다. 핵의 사원은 주인의식을 가졌다는 사실이 특징이다.

출처: 클레멘스 외(2004: 228-229).

참고문헌

강성철 외(2011).「새인사행정론」. 서울: 대영문화사.

김두래(2017). "정부의 대표성은 국민삶의 질을 향상시키는가?"「한국정책학회보」26(2): 311-334

민진(2011).「조직의 건강과 질병 ― 진단과 치료」. 서울: 대영문화사.

_____(2011). "군대조직문화 특성의 도출과 분석."「한국조직학회보」8(3): 91-121.

유민봉·심형인(2011). "공무원이 조직생활에서 경험하는 체면현상과 행위에 대한 질적 연구".「한국행정학보」. 45(1): 199-225.

유민봉·임도빈(2016).「인사행정론: 정부경쟁력의 관점에서」. 서울: 박영사.

윤견수(2011). "한국행정학의 영역찾기: 공직과 자리개념의 재발견".「한국행정학보」45(1): 1-22.

이각희(2018).「공무원 연금제도론」, 공무원연금관리공단.

이윤식 외(2006).「정부성과관리와 평가제도 ― 주요 선진국 사례를 중심으로」. 서울: 대영문화사.

임도빈(2004).「한국지방조직론」. 서울: 박영사.

_____(2009). "관료제를 위한 변론: 한국관료제의 성과제고 방안".「한국조직학회보」6(3): 173-209.

_____(2016).「개발협력시대의 비교행정학」 서울: 박영사.

임현경(2018).「한국적 맥락의 공직선택동기 탐색 ―민간 영역과의 비교를 중심으로―」. 서울대학교 행정대학원 석사논문.

클레멘스, 존·메이어(김민홍 역)(2004).「고전에서 배우는 리더십」. 매일경제신문사.

최순영(2016). "환경변화에 대응한 공무원 보수체계의 개편방안".「한국행정연구원 연구보고서」.

한인근(2013). "성과급의 효과성에 대한 공·사간의 비교연구".「국정관리연구」8(1): 87-115.

Adams, J. S., (1965). "Inequality in Social Exchange." *Advances in Experimental Social Psychology* 2: 267-299.

Agho, A. O., Mueller, C. W., & Price, J. L. (1993). "Determinants of employee job satisfaction: An empirical test of a causal model." *Human Relations* 46(8): 1007-1027.

Argyris, Chris. (1973). Some limits of Rational man Organizational theory, *Public Administration Review*. 33(3): 253-267.

Berman, Evan, J. S. Bowman, J. P. West and M. R. Von Wart (2016). Human Resource Management in Public Service, London: Sage.

Christensen, Robert K., Steven W. Whiting, Tobin Im, et al. (2013). "Public Service Motivation, Task, and Non-task Behavior: A Performance Appraisal Experiment with Korean MPA and MBA Students." *International Public Management Journal* 16(1): 28-52.

Hackman, J. R., & Oldham, G. R. (1980). Work redesign.

Heneman Ⅲ, H. G., & Schwab, D. P. (1985). "Pay satisfaction: Its multidimensional nature and measurement." *International journal of Psychology* 20(2): 129-141.

Hochwarter, W. A., Zellars, K. L., Perrewè, P. L., & Harrison, A. W. (1999). "The Interactive Role of Negative Affectivity and job Characteristics: Are High-Na Employees Destined to Be Unhappy at Work? 1." *Journal of Applied Social Psychology* 29(10): 2203-2218.

Lavy, Victor (2007). Using performance-based pay to improve the quality of teachers. Future of Children.

Mosher C. Frederick (1982). Democracy and the Public Service: The Collective Services. Oxford University press.

Ostroff, C. (1992). "The relationship between satisfaction, attitudes, and performance: An organizational level analysis." *Journal of Applied Psychology* 77(6): 963.

Otley, David (1999). "Performance management: a framework for management control systems research." *Management accounting research* 10(4): 363-382.

Perry, James L., and Lois Recascino Wise (1990). "The motivational bases of public service." *Public administration review* 50(3): 367-373.

Perry, J. L., Engbers, T. A., & Jun, S. Y. (2009). "Back to the Future? Performance Related Pay, Empirical Research, and the Perils of Persistence." *Public Administration Review* 69(1): 39-51.

Propper, Carol (2006). "Are public sector workers motivated by money?." CHERE Distinguished Lecture Bristol. 17(1): 87-109.

Verbeeten, Frank H.M. (2008). "Performance Management Practices in Public Sector Organizations: Impact on Performance." *Accounting, Auditing & Accountability Journal* 21(3): 427-454.

Vroom, V. H. (1964). Work and motivation. New York: John Wiley & Sons.

좁은 의미의 정부경쟁력은 곧 행정부를 구성하는 '조직'의 경쟁력을 의미한다. 대한민국의 행정조직은 국제환경 속에서 우리나라라는 공동체의 목표를 달성하기 위한 수단으로 탄생한 것이다. 한 나라의 정부조직은 하나같이 보이지만, 다시 그 안을 들여다보면, 벌집과 같이 여러 단위조직들이 속해 있는 복합조직이다.

이들 조직이란 하나의 기계 혹은 유기체와 같은 측면을 동시에 가지고 있으며, 정체상태인 측면과 함께 역동적이고 변화하는 측면을 모두 가지고 있다. 조직은 사회적 실체이고, 목표 지향적이며, 구조화된 행위체제(action system)이다. 정부조직의 계서화된 조직구조를 '관료제'라고 한다. 관료제 조직은 의도적으로 정립한 체계화된 구조에 따라 구성원들이 상호작용하며 경계를 가지고 외부환경에 적응하는 인간들의 사회적 집단이나 협동체계이다. 외부인이 구별 가능한 경계(boundary)를 가지고 있다.

앞서 살펴본 인사행정과 재무행정은 각각 정부관료제 내에 있는 사람과 돈에 관한 활동을 나타내었다. 이제 행정조직 자체를 살펴보고자 한다. 행정조직의 내부는 양파와 같은 구조이다. 즉, 공무원인 한 개인은 계에 소속해 있고, 과에 속해 있으며, 국조직의 구성원이고, 부처의 구성원이다. 나아가 가장 크게는 대한민국의 공무원이다. 관료제를 어떻게 관리하면, 국민들에게 더 좋은 서비스를 제공하느냐가 행정조직론이 해결해야 할 가장 큰 과제이다.

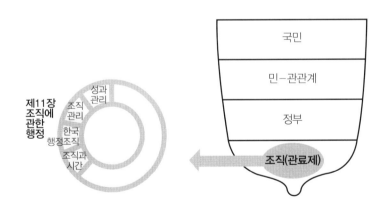

제13장
조직에 관한 행정

행정조직과 시간

Ⅰ. 시간적 특성

1. 조직의 지속성

조직은 한번 탄생하면 소멸하기도 쉽지 않고, 근본적인 것은 좀처럼 바뀌지 않는 영속성도 가지고 있다. 고조선시대 이후 초보적이나마 정부조직이 존재해 왔다. 왕조가 바뀌면서, 그리고 세대가 바뀌면서 사람은 바뀌었지만, 통치를 위한 조직은 점점 체계를 갖추는 방식으로 진화하였다. 조선시대에는 비교적 체계적인 조직이 되었다(차세영, 2011).

한반도는 제2차 세계대전의 종전과 더불어 갑자기 독립을 맞이하게 되었으며, 미군정은 한반도 안정의 손쉬운 방법으로 기존 일제강점기 시대의 사람을 그대로 물려받아 쓰는 것을 선택하였다.[1] 좌우대립의 혼란 속에서 권력구조를 정하는 헌법제정을 둘러싼 격론 끝에 1948년 제헌국회에서 헌법안이 통과되었고, 그후 약 2주라는 단시일 내에 정부조직법 초안을 통과시켜 엉겁결에 근대적인 정부조직이 탄생되었다(조석준·임도빈, 2016). 이를 초안하고 토론에 참여한 대부분의 사람들은 과거 일본의 체제에 익숙했던 사람들이었다. 결과적으로 과거 일본의 조직체계가 거의 그대로 독립 한국의 정부조직에 전승된 셈이다. 따라서 한국 행정조직의 기본적 틀은 일본조직이라고 봐도 과언이 아니었다.

해방 후 미군정이 도입한 일부 새로운 조직원리도 1948년 정부조직법 제정과정에서 완전히 무시되었다. 그후 우리나라에 미국식 행정학이 도입된 것은 1950년대 후반 이후의 일이었으니 36년동안 뿌리내린 일본식 행정조직이 새로운 정부에도 고착되기에 충분한 시간이었다.

이러한 지속성 때문에 지금까지 미국에서 공부한 사람들이 미국의 행정조직 관리 기법을 직접 도입하려고 하고 있으나, 현실은 그리 쉽게 바뀌지 않고 있다. 즉, 일본식 틀에 미국식 개혁들이 혼합되고 누적된 것이 오늘날 한국 행정조직이라고 하겠다. 근본적으로는 대륙법계 법구조(일본식)에 영미법계 조직관리 방식

---

[1] 남한에 주둔한 미국 군정청은 1946년 직위분류제를 전면적으로 도입하는 등 미국식 행정조직 기법을 사용하였다.

을 이식시키는 것이어서, 양립불가능한 것들이 끝없이 시도되고 실패하는 과정을 겪게 되었다.

2. 조직의 변화성

조직의 지속성이라는 근본적 제약 속에서도 정부조직은 매번 변화를 시도하고 있다. 주로 새로운 정부가 들어설 때마다, 소위 '새 술은 새 부대에'라는 사고방식으로 조직개편 혹은 조직개혁이 시도된다. 어느 부처가 통폐합되고, 이름이 어떻게 바뀌느냐가 초미의 관심사가 된다. 이를 다른 각도에서 보면, 새로 들어서는 정권은 조직의 틀을 흔들어서 변화를 주는 동시에 이 틀에 자기의 사람들을 많이 취직시키기 위한 의도도 있다고 하겠다. 5년마다 상위직을 자기들 사람으로 교체하고, 하위직들에게 승진의 길을 터줌으로써 사기를 올리고 충성심을 확보하기 위한 수단으로 조직개편을 사용하는 것이 반복되고 있다.

정권교체기가 아닌 평상시에도 정부조직에는 나름대로 스스로 변화하려는 힘이 있다. 매년 이런저런 이유 때문에 정부조직개편의 문제가 거론되는데, 이는 조직을 확장하려는 움직임과 함께, 다른 한편으로는 정부의 효율성이라는 목표를 위해 이를 억제하려고 하는 양면성이 존재한다. 최대한 조직을 확장시키고 싶어 하는 부처 관료들과 달리 대부분의 대통령은 우선 '작고 효율적인 정부'를 표어로 내세운다. 국민이 이를 원하기 때문이다.

이러한 힘겨루기로 인해 조직은 정체해 있지 않고 변화하기는 하지만 1년 주기로 이뤄지지는 않는다. 변화의 속도가 느려서, 미세조정에 해당하는 조직개편도 2-3년은 걸리는 것이 보통이다. 각 (부처)조직들이 총무부서의 조직팽창을 억제하려는 힘에 대응하여 사용하는 전술의 예를 들면 다음과 같다(조석준·임도빈, 2016: 600-606).

- 추가재원을 필요로 하지 않는 개편을 요구했다가 이것이 실현되면 후년에 예산을 요구하는 방법
- 한시 조직으로 설치했다가 나중에 영속화하는 방법

이것은 조직의 틀, 즉 조직도표가 바뀌는 것을 의미한다. 조직 운영의 실제와 문화는 영속성과 변화라는 특성을 동시에 갖는다. 그런데 조직의 실체는 사람이다. 즉, 실제로 사람이 바뀌고 조직문화가 바뀌어야 조직도 바뀐다고 할 수 있다.

조선시대의 유교적 학문을 중시하는 관료적 전통, 일제 관료조직에서 중시한 법령의존 전통, 그리고 개발연대 효율성을 중시하는 기술관료제라는 세 가지 전통(박종민 외, 2014)은 누적되어서 우리행정조직의 근저를 이루는 영속적인 것이라 하겠다.

이에 반해 장관의 임기는 사람에 따라 다르지만, 1년에서 3년은 된다. 국장급 인사이동이 제일 빈번하여 1년 6개월 정도 되고, 과장 이하의 직급은 이보다 길다. 사람이 바뀜에 따라 한국행정조직의 내부운영은 미시적 차원에서 약 2-3년 정도의 주기로 바뀐다고 볼 수 있다.

3. 행정조직과 민간조직·공조직의 차이

공공조직과 사조직은 여러 가지 면에서 다르다.[2] 가장 큰 차이점은 공공조직은 연속성이 있기 때문에 그속에서 일하는 공무원들도 장기적인 안목에서 일한다고 볼 수 있다. 그리고 업무상 관련되는 법률의 조문에 들어 있는 공익을 추구한다. 이때 공익이란 국가공동체의 장기적 이익이라고 볼 수 있다.

공공조직이 법적인 제약 하에서 공익을 추구한다면, 사조직은 법적인 제약이 낮은 상태에서 이윤극대화를 추구한다. 즉, 단기적 관점에서 사익을 따라 업무를 수행한다.

과거에는 행정조직을 연구할 때 공공조직에 국한하여 공부해도 되었지만, 이제는 민간조직에 대해서도 알아야 한다. 왜냐하면, 공공조직도 민간경영의 원리가 많이 도입되었을 뿐만 아니라, 양자의 중간형태에 해당하는 것도 많이 등장했기 때문이다. 공기업이 대표적인 예이다.

행정조직은 민간조직과 공통적인 점도 많이 가지고 있다. 예를 들어 일반적으로 조직은 조직구성원의 시간사용을 계서제적으로 통제한다는 특성을 가지고 있으며, 그 통제방법은 다양하다(임도빈, 2009). 그 외의 조직의 특성들을 몇 가지 종합해보면 다음과 같다.

첫째, 모든 조직은 그 자체의 목표를 가지고 있으며, 그 목표에 따라 조직 내의 질서가 유지되고 구성원의 시간 사용이 이뤄져야 한다.

둘째, 목표의 효과적인 달성을 위해 조직이 수행해야 할 과업을 부서별로 분업시키며, 분담된 과업에 따라 구성원의 역할을 규정하고 그 관계를 결정하는 규정과 절차를 가지고 있다.

2 제1장의 공·사행정의 차이점에 관한 설명을 참조할 것.

　　셋째, 조직의 경계는 조직 내부의 요소와 외부의 요소를 구분 짓게 해 주는데, 개방체제일수록 조직의 경계는 더 유동적이라고 할 수 있다. 최근에는 폐쇄체제론자보다는 개방체제론자들이 우세하지만, 비록 개방체제 입장을 취하다가도 조직의 내부운영을 이해하기 위해서는 조직의 경계를 상정하는 것이 편리하다.

　　넷째, 조직은 환경과 상호작용한다. 즉, 환경으로부터 자원을 받아들이고 이를 전환시켜 산출을 환경에 내보내는 것이다.

　　다섯째, 조직은 구성원들이 의도적으로 구성한 집단이지만, 조직구성원들과는 별도의 실체를 갖게 되어 구성원들의 교체에도 불구하고 영속적으로 존재한다.

읽을거리

시간통제와 조직권력

　　우리나라와 같이 국가전체도 조직의 한 유형이다. 조직이 통제되는 것은 구성원인 개인의 시간이 통제되는 정도와 관계가 있다. 어떻게 보면 그리니치 자오선의 설정이 전 세계가 하나의 시계권으로 묶이는 약한 수준의 통제권을 형성한 것이라고 할 수 있다.

　　각 국가 단위의 시간체계, 즉 표준시간도 나라에 따라 다르다. 각 나라의 정치적 목적에 따라 표준시간체제가 다르다. 예를 들어 중국은 북경시간 하나이다. 북경이 아침이면, 신장·위구르 쪽은 밤인데도 불구하고 그리하는 것이다. 이렇게 한 이유는 중앙집권의 욕심 때문이었다. 전 시간을 황제의 중심으로 통일하려는 것이었다.

　　영토가 광활한 미국의 경우, 건국초기에는 시간대를 어찌할 지도 몰랐었다. 당시 미국은 시간대가 100여개 정도 있었다고 한다. 광활한 영토를 과거의 교통수단으로 이동해 본 경험을 통해서 적당히 시간대를 나누어 만든 것이다. 그런데 이렇게 하다 보니, 문제가 생겼고, 지금은 기본적으로 4개로 나뉜다(동부, 중부, 서부, 하와이).

　　이러한 시간이 나누어지는 과정 등도 행정이 한 것이다. 국가, 행정이 이러한 작업을 한 것이다. 같은 면적이라면 통일되어 하나로 유지되는 국가일수록 국가의 힘이 강하다고 할 수 있다.

　　이보다 더 중요한 것은 국가가 국민의 시간에 대해 통제를 많이 하면 할수록 국가행정의 힘이 크다고 할 수 있다. 가장 많은 통제가 있는 나라가 바로 북한이다. 입법부, 사법부 등의 기관 분화는 없는 것이나 마찬가지이다. 노동당과 군대가 큰 힘을 가지고 있다. 북한은 일하는 시간은 물론이고, 하루일과가 끝나고 자아비판 시간을 두는 등 매우 강한 통제가 이루어진다. 특히 몇만 명의 학생들을 동원하는 매스게임의 경우, 연습량과 시간을 보면 이는 매우 비인간적인 것이다.

　　그러니 한 국가 전체가 병영과 같은 것이다. 이를 두고 미셸 푸코는 <감시와 처벌>이라는 저서에서 교도소, 군대 등을 조직으로 묘사하였다. 한 사회에서 국민들이 하는 모든 활동들을 국가가 통제하는 것이다. 과거에만 해도 군대에서 군가를 부르고, 단체로 시간을 정해 식사를 하였다. 기상부터 취침까지 통제하는 방식으로 사회를 움직인다. 이렇게 되면 정신마저 자율성을 잃어버린다는 것이다. 이처럼 정신까지 길들이는 원리를 푸코는 잘 묘사하고 있다.

반대로 국가가 국민들을 자유롭게 두고, 가급적 통제를 안 하는 나라가 이른바 자유국가이고 민주국가라고 할 수 있다.

Ⅱ. 정부조직의 경계

1. 협의의 행정조직

우리나라에서 좁은 의미의 행정조직은 '관청'이란 개념으로 이해해야 한다. 서구에서는 찾아보기 힘든 독특한 개념으로, 조직인 부, 처, 청, 도청, 군청 등을 말하는 것이 아니다. 대륙법계에서 발달한 이 개념은 일본을 거쳐 우리나라의 조직에 정착되었는데, 곧 그 조직에서 일어나는 모든 사안에 대하여 대외적 뿐만 아니라, 법률적으로도 해당 기관의 장이 책임을 져야한다는 것을 의미한다. 장은 외부에 대하여 모든 책임을 져야 하므로 당연히 권한을 집중하게 된다(조석준·임도빈, 2016: 49).[3]

행정수반으로서 대통령 이하 대통령이 임명하는 사람들과, 이렇게 임명받은 사람들이 다시 그 권한을 위임받아 임명하는 사람(즉, 관청)들을 우리나라 정부조직이라고 할 수 있다. 우리나라 정부조직의 조직도표(organization chart)는 청와대 홈페이지를 보면 알 수 있다(http://www.president.go.kr). 대통령은 도표에서 정점에 위치하고 있다.

협의의 정부조직은 중앙행정기관과 특별지방행정기관이 있다. 이들은 정부조직법과 행정기관의 조직과 정원에 관한 통칙, 각 행정기관의 직제 등에 근거한다. 중앙행정기관조직의 대표적인 예는 부, 처, 청이다. 그리고 합의제 행정기관으로서 '위원회'가 있다. 위원회는 특별법에 의해 설치되고, 위원장은 국무회의의 위원이 아니다. 이것은 기존의 장관 밑에 설치되는 단두제형 행정기관의 단점을 극복하기 위해 설치되는 것이다.

지방에는 특별지방행정기관과 지방행정기관이 있다. 전자는 중앙행정기관의 지방 소재 사무소를 의미한다. 지방국세청, 지방검찰청 등 그 예이다. 후자는 시·군·구청 등 지방자치단체의 사무를 담당하는 행정기관을 말한다.

협의의 정부조직으로는 중앙행정조직과 지방행정조직이 있지만, 광의로 보면

관청
국가의 사무를 집행하는 기관. 그러나 조직을 나타내는 문자 그대로의 뜻과는 달리 장관, 처장, 청장 등 기관장을 지칭

조직도표
누가 누구에게 지휘를 받는지 실제 모습을 일목요연하게 나타내 주는 도식으로서 선과 박스(Box)로 구성된다.

---

3 따라서 한국행정조직은 기관장으로 집권화가 될 수밖에 없고 조직 내 민주화가 잘 되지 않는다.

공공서비스문제를 다루는 여러 가지 형태의 조직들이 있다. 이들의 법적 지위는 정부조직법에서 규정한 행정기관은 아니지만, 실제적으로는 정부가 해야 하는 일의 일부를 담당한다. 이 안에도 다시 여러 종류의 조직들이 있다. 이를 제 3 섹터 혹은 그림자정부라고 한다.

2. 그림자정부조직

세월이 지나면서 국가와 지방자치단체의 행정기관이 아닌 조직이 생겨나서 국가의 필요업무를 수행한다. 관도 아니고 민도 아니면서 제 3 섹터라고도 하고, 준공공부분이라고도 한다. 그런데 이런 준공공부문 기관들은 협의의 행정기관을 규정하는 법률에는 보이지 않는다. 그래서 그림자조직이라고 지칭한다. 구체적으로는 공기업, 공기업에 투자하는 정부투자기관, 그리고 법적으로는 민간조직이면서 정부의 감독을 받고 있는 국책연구소 등 준정부조직이 있다.

첫째로 꼽을 수 있는 것이 소위 공기업들이다. 여기서 공기업이라는 것은 정부부처가 아니면서 공공서비스를 제공하는 기업과 같은 것이다. 한국전력, 철도공사, 공항공사 등이 대표적인 예이다. 이른바 정부투자기관이라는 것들인데, 철도청과 같이 과거에는 행정관청의 형태를 띠었던 것들이 변모한 것이다(조석준·임도빈, 2016). 소유주가 국가인가의 여부는 물론이고, 정부가 간여하는 정도에서도 다양한 형태가 있다. 소유의 형태만 하더라도 정부가 100%의 주식을 소유하는 경우에서부터 50% 이상 혹은 50% 이하지만 최대주주로 있는 경우 등 다양하다. 공기업은 정부가 기업을 완전히 사기업과 같이 행동하지 못하도록 제약을 두고, '기업'의 효율성과 '행정'의 공공성을 결합시켜 관리하기 위해 존재한다.

둘째, 이들 공기업이 다시 투자한 기관들인 투자기관이 있다. 정부투자기관은 직접적으로 기획재정부 등 각 관할 행정부처조직의 감독을 받고 있는데, 이들 간접투자기관에 대해서는 정부투자기관을 통해서 감독한다. 따라서 기획재정부 등 한 행정부처조직의 권력을 알기 위해서는 그 부처에 어떤 정부투자기관이 소속해 있는가를 파악해야 할 뿐만 아니라, 그들은 다시 어떤 간접투자기관들을 가지고 있는가를 아는 것도 필요하다.

셋째, 상술한 공기업에 속하지 않지만 행정조직의 감독을 받고 있는 조직들이 있다. 소위 준정부조직(quasi-governmental organizations)이 이에 속한다. 준정부조직은 법적으로는 공공부문의 조직이다. 이중에서 가장 대표적인 것이 KDI 등 국책연구소들이다. 서울대학교나 KAIST와 같이 법인격이 국가로부터 독립된

공기업
직원이 50인 이상이고 자체수입 비율이 50%인 공공기관 중에서 정부가 지정한 기관

조직도 준정부조직이라고 할 수 있다.

넷째, 정부가 직접 만든 경우도 있고, 이미 있던 것을 사용하는 경우도 있다. 이들이 하는 일은 공적인 기능, 특히 규제활동을 하는 경우가 많다. 구체적으로 검사와 시험업무, 교육훈련업무, 지원업무, 지도감독업무, 시설관리업무, 심사 및 조정업무, 보험연금업무, 보증업무, 금융과 신용 기타 경제사업, 민간기금 관리 및 운영, 정책절차상의 업무, 기타 공익사업 등 그 내용은 다양하다.

이 외에도 정부의 보조를 받는 조직뿐만 아니라, 자기의 수입을 확보하고 있는 조직도 많다. 특별법에 의하여 만들어지는 경우도 있고, 민법이나 상법에 의하여 설립된 것들도 있다. 이들은 설립과정과 조직형태, 명칭, 법적 지위, 공공성의 정도, 자율성의 정도, 재원구조, 업무의 성질 등에 있어서 매우 다양하다.

흔히 말하는 관변단체라는 것들이 여기에 속한다. 넓게 보면, 정부업무를 위탁받아 수행하는 민간기업도 그 업무에 관한 한 정부조직이라고 할 수 있을 것이다. 이들 기관은 어느 특정부처와 특별한 관계를 갖고 있다. 업무상 규제를 받거나 혹은 재원의존이라는 측면에서 그렇다.

요컨대, 시간이 지나면서 행정조직의 경계는 확장되어 왔다. 따라서 광의의 정부조직형태는 다양하다. 이제는 경계선 자체가 애매모호해지는 부분도 생기게 되었다.

Ⅲ. 부처직원의 시간적 안목

행정조직은 각각 다른 시간적 감각이나 비전을 가지고 작동한다. 일반적으로 행정과정은 사기업에서의 업무처리에 비하여 더 많은 시간을 요구하는 것으로 알려져 있다(Bozeman and Bretschneider, 1994; Pandey and Bretschneider, 1997). 행정관료제 내부에서의 시간소요와 지체는 Red tape라고 하여 많은 학자들이 비판하고 있다. 물론 Red tape를 권력의 자의적 행사에 대항하여 공익을 지키는 일종의 안전장치라고 보는 시각도 있다(Kaufman, 1977; Goodsell, 1985).

그러나 더 중요한 것은 관료들이 얼마나 긴 시간적 안목 혹은 비전을 가지고 일하느냐이다. 행정조직은 기업조직과는 달리 무조건 빠른 시간 내 생산을 많이 한다고 해서 좋은 것이 아니다. 마치 대학입시정책은 적어도 수험생인 고1의 학생들이 적응할 수 있도록 3년 이상의 안목을 가지고 세워야 하고, 농업정책은 1년 이상의 안목으로 세워야 하는 것과 같이 부처마다 요구되는 적절한 시간적 안목

(time perspective)이 있다.

따라서 조직의 주요 미션이 요구하는 당위적인 시간에 맞게 실제로 각 부처 직원들이 일하는 방식이 달라져야 할 것이다. 예컨대 정책형성을 위해서 장기계획, 중기계획, 단기계획과 같은 시간적 안목에서 꼭 필요한 절차나 검토를 위한 회의가 개최되어야 한다.

이 문제를 일목요연하게 보기 위해 당위시간, 실제시간의 차이를 부처조직 간 비교해 보기로 한다.[4] 평균을 방사형 그래프로써 중앙부처, 청, 위원회, 처, 실의 순서대로 그린 것이 다음과 같다. 모든 부처에서 당위시간이 실제시간보다 길고, 부처간 차이가 있음을 알 수 있다.

먼저 '부'를 살펴보자. 자기 부처의 업무특성상(즉, 당위적으로 본 시간) 긴

그림 11-1 ㅣ 부처간 시간적 안목 차이의 비교

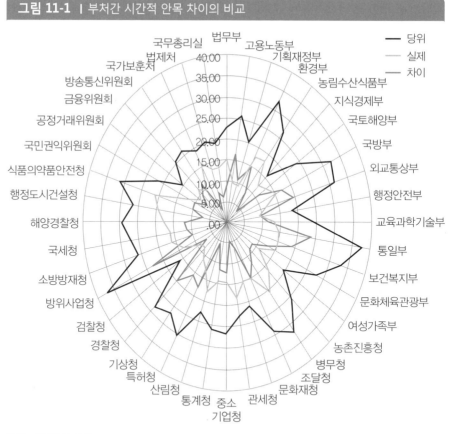

출처: 임도빈(2012).

---

4 각 부처 공무원들에게 '핵심업무를 수행하는 데 필요한 시간적 안목(당위시간)'과 '업무를 수행하는 데 실제로 갖고 있는 시간(실제시간)'을 설문조사하였다.

시간적 안목이 필요하다고 본 부처는 환경부, 국방부, 외교통상부, 통일부, 보건복지부이다. 당위시간이 짧은 부처는 기획재정부, 지식경제부, 행정안전부, 여성가족부였다. 당위시간이 긴 부처의 특징은 외교, 국방, 통일 등 안보 관련 부처였고, 당위시간이 짧은 부처는 기획재정, 지식경제 등 경제 관련 부처였다.

이것은 해당부처 공무원들의 인식을 측정한 것이다. 즉, 이 결과가 반드시 이들 부처 관료들이 긴 안목 혹은 짧은 안목으로 실제 일을 한다고 판단하기는 어렵다. 예컨대, 외교안보 분야에서는 일반적으로 30-100년의 긴 안목으로 정책을 추진해야 하는데, 그렇지 않다는 비판을 많이 받고 있다. 즉, 국제사회에서는 일시적으로 적과 동지가 바뀌어 혼돈스럽거나 이율배반적인 것처럼 보이더라도 우리나라의 존립이나 발전에 도움이 되는 방향으로 정책일관성이 유지되어야 한다는 것이다. 그런데 외교부 관료들은 평균 약 32개월의 시간적 안목으로 사고하고 있음이 밝혀졌고, 실제 시간은 당위시간보다 상당히 짧음을 알 수 있다. 이 문제는 모든 행정조직에서 유사하게 나타나고 있다.

다음으로, '청'을 보기로 한다. 부가 정책업무를 주로 한다면, 청은 집행업무를 주로 한다. 따라서 청 단위의 시간적 안목과 실제 운영이 상대적으로 짧을 것으로 예상할 수 있다. 조사결과, 청에서는 검찰청이 매우 짧은 당위시간 안목을 가지고 있었다. 하지만 각 검찰이 답변하기 보다는 총무과에 편중되어 표본이 추출되었으므로 검찰청 전체를 대표한다고 볼 수는 없다. 청 단위에서 당위시간이 긴 부처는 방위사업청과 병무청으로 중앙부처와 동일하게 안보 관련 부처였다. 반면 문화재청은 당위시간이 가장 짧았다. 당위시간의 분포에 비해서 실제시간의 분포는 좁게 퍼진 모습이다. 또한 부처와 청에 비해서 위원회, 처, 실 단위 부처는 당위시간이 상대적으로 짧았다.

 한국행정의 조직론적 특성

 정부관료제의 이해

1. 왜 조직이 중요한가

한국어에서 관료는 공무원과 거의 비슷한 말로 쓰인다. 특히 공무원을 평생 직업으로 생각하는 직업공무원을 의미한다. 또한 한국에서는 공직자와 공무원이라는 말을 자주 혼용해서 쓴다(윤견수, 2015). 이들로 구성된 정부의 조직이 협의의 정부조직이다. 이를 관료제라는 용어로 부른다.[5]

정부관료제라고 하면 마치 국민의 행복 극대화라는 목표 하에 일사분란하게 움직이는 관료들을 떠올릴지도 모른다. 하지만 실제로는 그들도 보통 사람들이다. 심지어 대표적인 관료제 조직인 군대나 경찰조직 내부도 자세히 들여다보면 사실 다양한 갈등과 불협화음이 존재한다. 여기서 '과연 여러 사람이 공동의 목표달성을 위해 일을 하도록 하면 그 조직의 성과는 올라가는가'에 대한 의문을 제기할 필요가 있다.

조직이 왜 중요한가는 집단의 규모(구성원의 수)와 집단을 위한 개인의 노력 및 성과 간 관계를 연구하면 알 수 있다. 다음의 그림과 같이 집단적 과업 수행 시 구성원의 수가 증가할수록 개인의 노력 및 성과의 양은 감소하는 것으로 나타났다.[6] 즉, 집단 내에서 다른 사람의 노력에 무임승차하려는 현상이 나타난다.

그림 11-2 ㅣ 집단의 규모와 개인의 노력 및 성과 간의 관계

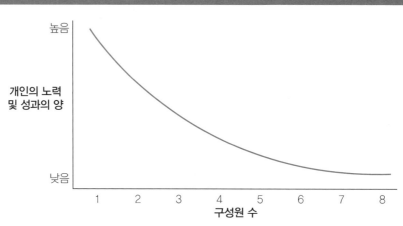

출처: 윤재풍(2014: 322) 일부수정.

---

5 1745년 프랑스의 구르네(Gournay)가 'Bureau'라는 말에 'cracy'란 단어를 합성하여 처음 사용하였다. 당시 관료들이 권력을 쥐고 있던 Prussia정부를 'Bureaucracy'라고 부르면서 정치적인 의미로 사용된 데서 유래하였다. 정치적 의미로 사용되던 관료제가 사회학적 의미의 특정한 조직형태로서 체계화된 것은 베버(Weber)에 의해서였다.

6 1913년 Max Ringelmann은 한 사람이 동아줄을 끌어당기는 경우와 여러 사람이 끌어당기는 경우를 실험한 바 있다. 실험결과, 한 사람이 잡아당기는 경우 63kg의 힘을 썼으나, 세 사람이 함께 잡아당기는 경우 평균 53kg의 힘을 썼고, 여덟 사람이 함께 잡아당기는 경우에는 평균 31kg의 힘을 썼다고 한다(윤재풍, 2014: 322-323).

사람들은 집단에 있을 때 자신이 게으름을 피우고 빈둥거려도(사회적 빈둥거림, social loafing) 다른 사람이 노력하여 성과를 낼 것이라고 생각한다. 이러한 사회적 빈둥거림의 행태가 발생하는 원인은 다음과 같다(윤재풍, 2014: 322).

첫째, 집단에서는 개인적 책임감이 상대적으로 낮아지기 때문이다. 단독으로 일을 하는 경우보다 다른 구성원에게 책임을 전가할 수 있다.

둘째, 개인적 노력과 집단적 성과의 관계가 불분명하기 쉬워 개인적 노력에 대한 평가가 제대로 이뤄지지 않기 때문이다.

셋째, 사람들은 집단에서 함께 일하는 동료들의 능력이나 노력을 자신과 비교하면서 행동하기 때문이다.

넷째, 개인주의적 문화의 영향으로 집단 전체의 성과보다는 개인적 이익을 추구하는 경우가 많기 때문이다.

이와 같은 현상을 극복하여 일을 잘하게 하는 것을 연구하는 학문이 조직론이다. 그 방법 중의 하나는 다른 조직과 경쟁을 시키는 것이다. 우리가 줄다리기 시합을 하면, 개인이 혼자 내는 힘보다 훨씬 더 큰 힘을 낼 때가 있다. 구령에 맞춰서 모두가 같은 시간대에 힘을 주면 '젖 먹던 힘'까지 나오는 것이다. 이것이 바로 조직의 힘이다. 정부의 경쟁력을 향상시키는 방법으로 활용할 수 있다.

2. 관료제의 우월성

베버(M. Weber)는 역사적 관점에서, 과거에 존재했던 전제군주, 봉건영주 등을 비교론적으로 연구하였다. 베버의 관료제는 독일을 위시한 유럽의 당시 정치·경제적 현실과 프러시아 관료제에 대한 연구 모형이므로 경험적인 것이 아니라 추상적인 이념형(ideal type)이다.

베버의 관료제론은 사실적인 모형도 아니며 규범적인 선호상태도 아니다. 그럼에도 불구하고, 공·사행정을 막론하고 모든 대규모 조직이 베버가 주장한 계층제 형태를 띤 관료제 구조라고 볼 수밖에 없다는 점에서 그 설명력과 이론적 가치가 크다.

베버는 근대적 관료제구조는 봉건시대 통치조직이나 왕조조직 등 다른 관료제 조직에 비하여 효율적이라고 보았다. 정부관료제는 그 정당성을 부여하는 권위의 근거가 전통적이거나 카리스마에 있는 것이 아니라, 합리성에 기초한 합법성으로부터 나온 것이어서 목적합리성을 추구할 수 있다고 보았기 때문이다. 관료제는 계층제에 의한 능률성과 법 앞의 평등에 의한 합법성을 추구할 수 있는 가

이념형
다양한 현상의 가장 특징적인 것만 추출해서 정립한 가설적 이론모형

장 합리적이고 이상적 조직이라고 본다. 베버는 서양사회가 동양사회보다 빨리 발전한 이유를 근대관료제에서 찾고 있다. 이런 관료제는 기본적으로 다음과 같은 특징을 가진다.[7]

- 관료의 권한의 법정화
- 계층제
- 모든 직무활동은 서류나 문서에 의거함
- 전문화
- 전임성(full-time)
- 규칙과 표준화된 운영절차, 비정의성(impersonality)

이런 조직유형을 시간적 관점에서 보면 다음과 같다. 관료제 안을 들여다 보면, 한 사람의 근무시간을 요하는 '자리(position)'들로 구성되어 있다. 이 자리들을 채운 사람들에 의해서 조직이 움직이는데, 각자가 가지는 책임과 권한이 다르다. 일정한 시간(즉, 근무시간)만 조직에 몰입하고, 나머지 시간은 자유롭게 쓸 수 있는 자리로 구성된 것이 관료조직이다(즉, 공·사시간 구분). 다시 말해 부하들이 근무시간동안 자신의 시간을 전적으로 조직에 투입하도록 설계되어 있으며(즉, full time 자리), 하급자일수록 이런 시간사용이 더욱 경직적으로 통제되는 계서적 구조를 가지고 있다.

3. 관료제에 대한 비판

베버가 주장한 관료제에 대한 비판은 오래 전부터 있어왔다(임도빈, 2000). 이제 많은 외국어에서 bureaucracy는 긍정적 의미보다는 부정적 의미가 더 크기 때문에 사용에 조심해야 한다. 예컨대 프랑스 관료들은 자신을 '관료(bureaucrate)'라고 칭하면 불쾌하게 생각할 가능성이 크다.

1940년부터 지적되어 온 관료제의 역기능들은 오늘날에도 여전히 모든 나라의 정부에서 나타난다. 관료제 규모가 커지면서, 개인의 목표와 조직의 목표가 괴리되고 목표와 수단의 대치 현상이 일어난다. 여기에 관료의 전문성이 증가하고

---

7 우리나라는 전 세계 어느 나라 못지않게 오래전부터 정부 내 관료체제를 갖춘 나라이다. 예컨대 백제는 고이왕(A.D 260년 경) 때 율령체제를 정비하여 중앙집권체제를 갖춘 것으로 알려져 있다. 관직에 16등급을 주고, 이를 3그룹으로 나눠 계급에 옷의 색깔을 달리한 계서제를 운영한 것이다. 베버는 역사적으로 존재한 동서양의 조직유형들을 보고 이를 이론화했을 뿐이다.

권한위임이 증가하면서 통제가 어렵게 된다. 이런 병리를 해결하기 위해 내부규칙을 강화하고 상부의 통제권을 강화하는 악순환이 초래된다. 조직의 체질을 바꾼다는 의미에서 조직 전체의 탈관료제화 필요성에 관한 논의는 이러한 맥락에서 등장한다.

관료제에 대한 비판은 그 범위와 내용이 매우 다양하며 그 근거도 가지각색이다. 하지만 대체로 민간조직은 사업구조 조정을 쉽게 하는 데 비해, 흔히 행정은 항상성을 요구받는 것이 많다는 점을 간과한다. 세금으로 관료제가 운영되기 때문에 그만큼 국민들의 관심도 크고 매스컴의 비난의 대상이 될 가능성도 높다. 우리나라도 예외는 아니다(임도빈, 2006).

특히 민간부문의 조직을 미화하면서 정부관료제를 비판한다. 즉, 관료제의 문제를 해결하기 위한 대안적 조직을 민간조직과 같이 만들자고 주장하는 것이다. 주로 관료제의 병폐로서 관료적 엘리트주의, 관료의 부패와 복지부동, 시민권리와 공공성의 상실화, 창의성 부재, 조직 운영에서의 경직성·폐쇄성·획일성 등이 거론된다.

4. 관료제도에 대한 종합적 견해

우리나라의 관료제는 유구한 전통을 가지고 있다. 그리고 나름대로 각 시대를 거쳐 변화되어 왔다. 따라서 서구에서 이뤄진 관료제의 역기능론을 그대로 우리나라에 적용해서는 안 된다.

Clegg과 Dunkerly(1980)가 정리한 베버 관료제에 대한 기존 연구들의 주요 쟁점들을 참고할 필요가 있다.

먼저, 개인은 자동화된 기계가 아니라는 점을 주목한다. 초기의 조직이론과 관료제 이론이 기계적 패러다임으로 이해되었기 때문에 개인은 비인격적 환경 내에서 비인간화된 방식으로 행동하기를 기대받는 장치로 인식되었다. 즉, 개인을 합리적이고 비인격적 태도를 지닌 존재로 전제하는데, 사실은 인격과 감정을 가진 존재로 행동한다는 비판이다. 개인의 이러한 특성들을 무시한다면, 관료들은 공식적 규정과 절차가 촘촘한 관료제적 구조 속에서 오로지 규정과 절차에 따라 기능해야 한다는 이상론에 빠지게 된다. 그러나 이것은 사실이 아니다. 개인의 인격적 또는 성격적 특성들이 작용하기 때문에 관료제가 의도하지 않은 결과를 가져올 수 있다고 보는 것이 과학적 태도이다.

둘째, 규정이 예외적이고 우연한 상황까지 고려하고 있는 것은 아니라는 점

관료제의 역기능에 대한 미국학자들의 비판의 요지를 요약하면 다음과 같다.

• R. Merton의 비판
: 최고관리층의 통제 욕구(demand for control)에서 비롯됨
: 표준운영절차(SOP)와 규칙의 제정과 통제 → 경직성 초래 → 고객불만 → 경직성 강화
: 최고관리층의 지나친 통제 욕구로 인해 관료제가 더욱 경화되는 역기능 초래

• P. Selznick의 비판
: 통제의 욕구를 완화하기 위해 권한을 위임
: 권한위임을 제도화 → 부문주의(하위목표의 내면화, 하위조직 중심의 의사결정) → 하위
조직 간의 갈등 유발
: 관료제의 부문주의로 인해 권한위임은 원래의 의도를 달성하지 못하고, 하위조직의 하
위 목표만을 추구하는 목표-수단 도치현상이 발생

• E. Gouldner의 비판
: 통제의 욕구 때문에 규칙을 강화
: 비인간적인 규칙의 사용 → 권력관계의 가시성(可視性)을 감소 그러나 규칙이 정한 수준
이상의 일은 하지 않으려고 함 → 관리자의 철저한 감독 → 권력 관계의 가시성은 다시 증
가, 조직 내의 대인관계에 긴장감 증가 → 다시 엄격한 규칙 적용의 악순환

• Thompson의 비판
: 관리제의 병리현상
: 조직목표와 개인목표 간의 갈등에서 비롯되는 개인이 겪는 불안, 조직이 요구하는 표준
운영절차에서 초래되는 조직의 경직화, 관례의 준수에서 비롯되는 변화에 대한 저항, 고
객에 대한 무관심과 거만함 그리고 그들과의 갈등, 권한만을 주장하는 현상

이다. 관료제는 업무를 루틴화시키고 이를 통해 효율적으로 수행할 수 있도록 규
정을 구비한다. 그러나 관료제가 우연히 발생할 수 있는 예외적 상황의 가능성까
지 모두 예측하고 규정을 만든다는 것은 사실상 불가능하다. 즉, 업무의 루틴화는
이와 같은 예외 상황과 우연한 사건의 발생에 대해서는 설명의 한계가 있는데도
불구하고, 예외적인 사건을 일반화하여 비판하는 경향이 있다.

셋째, 비공식 집단의 존재이다. 호손 효과에서 볼 수 있는 것처럼 비공식 집
단의 존재와 중요성은 조직 연구에서 중요한 위치를 차지하고 있다. 그런데 이러
한 비공식 집단은 관료제 조직의 목표 달성에 곤란을 가져올 수 있다.

넷째, 효율성과 혁신은 동의어가 아니라는 주장이다. 변화가 일어나고 있는

환경에서 조직이 살아남고 발전하기 위해서는 더 유기적인 형태를 갖출 필요가 있다. 기계적 조직으로서의 관료제는 효율성이 극대화되어 있을지 몰라도 내부적으로나 외부적으로 변화가 일어날 경우 그 적응에 한계가 있으며, 조직변동 시에 조직의 효율성을 감소시킬 수 있다.

다섯째, 개인 행위자도 의사결정자가 될 수 있다는 주장이다. 조직의 업무가 루틴화되는 측면이 있지만, 개인이 조직에서 의사결정을 수행할 필요성은 흔히 존재하며 이것은 경찰, 교사, 사회복지 공무원과 같은 일선 관료들에게 더욱 그렇다. 관료제 모형은 이러한 개인의 의사결정 기회를 부정하는 경향이 있다.

여섯째, 관료제는 대규모 조직에 적합하다는 주장이다. 경험적으로도 조직 규모의 확대로 인해 조직이 공식화되고 루틴화되는 경향이 있다. 규모가 작고 복잡성의 정도가 낮은 조직에서는 관료제가 적합한 구조가 아닐 수 있다는 지적이다. 실제로 이처럼 작고 덜 복잡한 조직에서는 관료제적인 특성을 갖출 필요성이 감소하는 측면이 있다.

II. 조직과 권력

1. 조직구조의 권력성

1960년대 이후 우리나라의 '행정주도형 경제발전'의 기적은 바로 전문가적인 기술관료(technocrats)들로 구성된 행정조직에 의해서 이뤄졌다. 구체적으로 정부부처 수준의 조직 신설이 환경에 의하여 수동적으로 이뤄진 것이 아니고, 정부가 미리 미래의 사회문제를 예견하여 부처조직을 설치하는 방식으로 이뤄졌다(임도빈, 2014). 많은 경우 환경변화보다 앞서 조직이 신설되는 선제적 조직개편이 이뤄졌었다.

조직이 신설되면, 이들 소속 관료들이 새로운 정부기능을 창출하고, 정책을 집행하는 역할을 한다. 지금도 어떤 사회적 문제가 생길 때마다, 부처조직을 신설하려는 것도 바로 이런 전통에 의해서이다. 부처가 신설되면 고위직 자리가 늘어나서 권력이 증가한다고 느낀다. 그런데 그만큼 부처 간 권력관계도 달라진다.

정부조직의 가장 높은 수준에서는 부, 처, 청 등을 어떻게 구성하는지의 문제가 있다. 예컨대 노무현 정부 당시에는 부처의 수가 매우 많았는데, 이명박, 박근혜 정부에서는 대부처주의로 통합하여 부처 수가 줄었다. 부처의 수가 많으면 이들 각자 소관분야에 집중하여 일을 할 수 있게 한다는 장점이 있는 반면, 이들 부처 간 조정비용(coordination cost)이 높아지게 된다. 부처수준의 부분 목표가 정부 전체의 목표와 부합하도록 조정할 필요가 있는 것이다. 대부처주의는 이런 부처 간 갈등의 소지를 내부화함으로써 시너지 효과를 높인다는 논리이다.[8] 실제로 역사상 일어난 정부조직구조의 역사를 보면 '분화'와 '통합'이 반복되는 변주곡(變奏曲)이라고 할 수 있다.

정부 내에서 조직의 통합과 분화는 부처간 권력관계를 변화시킨다. 특정부처를 설치하면 전문성 제고뿐만 아니라, 권력균형이라는 효과를 가지기도 한다. 예컨대 산업통상자원부가 기업 경영진의 입장에서 산업발전 및 경제성장을 다룬다면, 고용노동부는 노동자의 입장에서 노동자 보호정책을 수행한다. 정부 내에서 두 부처가 서로 대립하고 타협한 결과가 현 정부의 노동정책이라고 볼 수 있다.

행정조직의 분화는 독재나 권위주의에서 정치민주화에 중요한 기여를 할 수도 있다. 중앙선거관리위원회 조직이 대표적인 성공사례이다. 많은 개발도상국은 내무부(그리고 산하의 경찰조직)와 같은 조직에서 선거관리를 하기 때문에 부정선거에 간여하는 경우가 많다. 우리나라도 과거에 비슷한 의혹이 있었다. 그러나 대통령으로부터 독립적인 중앙선거관리위원회가 생기고, 실제로 선거관리를 담당하는 선관위 행정조직이 전국적으로 설치됨으로써 중립적이고 깨끗한 선거관리가 가능해졌다. 선거가 민주제도를 확립하는 첫 단추이자 정치후진국이 앓고 있는 고질병이라고 한다면, 선거관리 행정조직의 분화가 해결책이라는 것은 눈여겨볼 만하다.

2. 부처의 권력순위

부처조직이 신설된다고 하여 새로운 정책이 정부 내에서 쉽게 부각되는 것은 아니다. 다른 중앙정부조직도 행정관청을 단위로 다소간 서로 경쟁관계에 있기 때문이다. 따라서 정부조직 내에서 다른 부처에 비하여 권력을 더 키워야 그만큼 영향력이 커진다. 즉, 각 정부조직에서는 조직의 크기, 자원, 예산, 하부기관 등을 늘리려 한다. 이러한 관점에서 중앙부처 간 권력의 크기를 경험적으로 측정해 볼 수 있는데, 그 중에서 이를 여러 가지 방법을 통해 측정한 오재록(2014)의 연구가

---

8 어느 것이 효율적인지 여부, 어느 것이 더 바람직한지 여부는 매우 복잡한 문제이기 때문에, 여기에서는 이런 문제에 답을 주려는 것이 아니고 구조가 중요하다는 논리만 보여주려는 것이 의도이다.

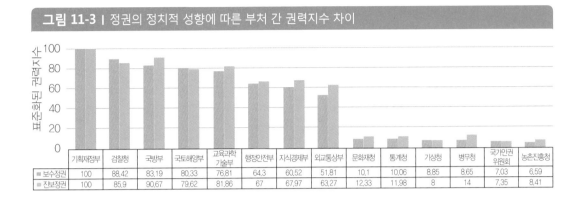

그림 11-3 | 정권의 정치적 성향에 따른 부처 간 권력지수 차이

	기획재정부	검찰청	국방부	국토해양부	교육과학기술부	행정안전부	지식경제부	외교통상부	문화재청	통계청	기상청	병무청	국가인권위원회	농촌진흥청
보수정권	100	88.42	83.19	80.33	76.81	64.3	60.52	51.81	10.1	10.06	8.85	8.65	7.03	6.59
진보정권	100	85.9	90.67	79.62	81.86	67	67.97	63.27	12.33	11.98	8	14	7.35	8.41

흥미롭다.

오재록은 정부부처의 권력을 구성하는 다섯 가지 차원을 인적·물적 자원, 자율성, 네트워크, 잉여력, 잠재력 등으로 나누어 객관적, 주관적 자료를 수집하였다. 이를 근거로 정부부처의 '권력지수(power index)'를 측정하여 비교하고 있다. 그 결과는 그림과 같다.

예컨대, 오재록(2014)의 노무현 정부의 이명박 정부의 부처 간 권력지수를 비교해보면, 보수진보정부 간 공통점과 차이점을 알 수 있다. 진보정권인 노무현 정부(2003~2008)의 경우 재정경제부(현 기획재정부, 1위), 국방부(2위), 검찰청(3위), 교육인적자원부(현 교육부, 4위), 건설교통부(현 국토교통부, 5위)가 상위 권력 부처에 속했다. 반면 보수정권인 이명박 정부(2008~2013)의 경우 상위 권력 부처 집단은 변화하지 않았지만 검찰청(2위)이 국방부(3위)보다, 국토해양부(현 국토교통부, 4위)가 교육과학기술부(현 교육부, 5위)보다 더 높은 권력지수를 기록했다. 진보정권의 경우 가장 하위 그룹은 병무청(36위), 국가청렴위원회(37위), 산림청(38위), 해양경찰청(39위) 순이었으며, 보수정권의 경우 기상청(38위), 병무청(39위), 국가인권위원회(40위), 농촌진흥청(41위)였다.

부처 간 수평적 관계를 보면, 법률적으로는 동급인 부처조직이지만, 그 권력의 크기면에서는 현격한 차이를 보이고 있다. 즉, 부처 간 견제를 할 수 있을 정도로 평등한 상태라기보다는 지배-복종관계가 생길 만큼 권력차이가 있다. 여기서 중요한 논점은 한국행정조직에서 흔히 볼 수 있는 권한책임일치의 원칙에 어긋난다는 문제이다. 대체로 힘이 센 조직이 권한은 행사하면서 문제가 생겼을 때, 책임은 힘이 약한 조직에게 떠넘기는 관행이다(조석준·임도빈, 2016). 가장 대표적인 것이 대통령이 책임져야 할 정도로 여론이 악화되었을 때, 총리가 물러나는 것이다. 이와 유사한 현상은 행정조직 내부에서도 드물지 않게 발견된다. 따라서 권력이 센 기획재정부나 검찰청이 정부 내 의사결정과정에 지나치게 영향력을 미치는 것을 어떻게 방지하는가가 과제이다.

3. 조직구조변수: 복잡성

조직구조
조직목표를 달성하기 위하여 구성원들이 상호작용하는 과정 속에서 나타나는 구성원들 간 일반화된 행위유형. 종적으로는 지배구조(권력 · 권한 등), 횡적으로는 역할구조(역할 · 지위 등)로 구성된다.

똑같은 사람들을 가지고도 조직에서 어떻게 하느냐에 따라 오합지졸이 될 수도 있고, 세계 제일의 특수부대가 될 수도 있다. 마찬가지로 정부의 조직이 얼마나 일을 잘하는지, 즉, 정부경쟁력의 수준은 조직의 구조(organizational structure)를 얼마나 잘 짜느냐에 따라 달라진다. 그리고 이는 관심을 가진 조직의 수준에 따라 논의의 내용이 달라진다.

조직의 구조가 어떠한가를 나타내는 구체적인 변수로서 복잡성, 공식성, 집권성, 규모 등이 있다. 이들 변수를 중심으로 조직학자들이 조직구조의 특성을 연구해 오고 있다.

먼저, 복잡성(complexity)인데, 조직의 내부가 하위단위로 분화된 정도를 말한다. 여기에는 수직적 분화와 수평적 분화의 두 가지가 있다.

수직적 분화란, 계층화의 정도 내지는 계층의 수를 의미한다. 계층간에는 상명하복의 권력관계가 존재한다. 우리나라에는 장관, 차관, 차관보, 실장, 국장, 과장, (계장), 계원 등 약 7개 단계가 있다. 계층의 수는 통솔범위(span of control)와 역관계이다. 즉, 동일한 수의 직원을 가정하는 경우, 계층수를 늘리면 통솔범위가 줄어들고, 그 역도 성립한다.

통솔범위
한 사람의 상관이 직접 지휘통솔하는 부하의 수

수평적 분화란 수평적으로 하위조직이 얼마나 분화되어 있는지를 말한다. 보통 횡적분화와 전문성과는 양의 관계가 있다. 노무현 정부 당시에는 40여 개의 부처로 분화되었는데, 이는 예전 정부의 20개 안쪽에 비하여 수평적 분화가 심화되어 정부조직 구조가 더 복잡해졌음을 의미한다. 동일위상의 부서간에도 권력차이가 존재하는 것이 일반적이다. 수평적 분화는 다시 직무의 분화와 사람의 전문화로 나뉜다.

4. 조직구조변수: 공식화

공식화(formalization)란 조직 내의 직무가 정형화 · 표준화 · 법규화 · 루틴화된 정도를 말한다.[9] 관료들이 그때그때마다 마음대로 하여 다른 사람들이 예측할 수 없는 상태인 '비공식화'의 반대개념이다. 즉, 관료들의 자의적인 권력을 제한하는 효과가 있다. 우리나라 정부는 계급제를 택하고 있기 때문에, 직위분류제에서와 같은 세분화된 직무기술서가 없다. 그러나 위임전결규정, 사무처리규정, 예시 등 여러 규정들이 있다. 관료들은 규정에 없는 일을 할 수 없으므로 법규의 숫자는 곧 공식화 정도라고 할 수 있다.

공식화는 다른 한편으로는 조직화, 혹은 조직의 경화(硬化)정도라고 할 수 있다. 전술한 관료제화라고도 할 수 있다. 일반적으로 공식화에 관해서는 다음의 법칙이 있다.

- 단순하고 반복적 직무일수록 공식성이 높아진다.
- 조직의 규모가 클수록 공식성이 높아진다.
- 안정적 조직 환경일수록 공식성이 높아진다.
- 오래된 조직일수록 공식성이 높아진다.
- 공식화와 집권화는 긍정적 상관관계가 있다.

공식화는 장점과 단점을 모두 가지고 있다. 가장 큰 장점은 조직 내 개인적 요소에 의해 불확실성이나 행동의 변이성을 감소시켜 행동의 예측과 통제를 용이하게 한다는 점이다. 개인이 좌우하는 것보다는 조직자체가 문제를 해결하게 하는 것이다.

가장 큰 단점은 예측불가능한 상황에 대한 대응면에서 부족하다는 것이다. 즉, 조직변동이 곤란하고 유동적인 상황에서는 탄력적 대응성이 저하된다. 문서주의나 번문욕례의 폐단이 발생할 가능성이 높다. 관료제의 역기능을 비판한 Gouldner가 이 문제에 초점을 맞춰 비판한 바 있다.

5. 조직구조변수: 집권화

집권화란 조직 내의 상하 간 권력배분양태에 관한 것으로 권력중추로부터 일선관료까지 어떻게 권력이 분산되어 있는가를 말한다. 조직의 상층부로 의사결정 권한이 집중되어 있으면 집권성이 높고, 하층부로 위임되어 있으면 집권성이 낮

공식화
규칙, 절차, 요건 등이 공식문서로 명문화된 정도를 말하고, 직무기술서와 규정들의 세분화된 정도로 조작화(operationalize)한다.

---

9 민간조직에서는 감독의 정도, 종업원과 경영자들에게 주어진 재유재량권의 정도, 작업표준화의 정도, 법규가 존재하고 강요되는 정도 등을 공식화로 이해하기도 한다.

읽을거리

조직과 환경

조직구조를 관리자가 바꾼다는 시각과는 달리 환경이 결정적 변수라고 보는 일련의 이론을 '상황적응론(contingency theory)'이라고 한다. 여기서 상황이란 환경 또는 기술을 의미한다. 환경이란 조직 경계 밖의 영역으로 조직에 영향을 미칠 수 있는 모든 요소를 말한다. 환경의 불확실성의 구성요소에는 복잡한가 단순한가의 차원과 변화가 심한가 안정적인가의 차원 두 가지가 있다. 복잡하고 불안정한 환경은 불확실성이 높은 환경이라고 할 수 있고, 단순하고 안정적인 환경은 불확실성이 낮은 환경이라고 할 수 있다. 또한 기술이란 조직의 투입물을 산출물로 변화시키는 데 이용되는 지식, 도구, 기법 등 모든 활동을 말한다. 이러한 조직이 사용하는 기술을 중시하여 조직구조를 연구하는 학파가 영국의 Aston Group이다.

조직이 사용하는 기술과 환경 간의 관계를 다룬 Thompson의 기술유형론을 주목할 필요가 있다. 그에 따르면 다음 세 가지 유형의 기술이 있다.

- 중개적 기술 : 은행, 직업소개소, 부동산 등과 같이 중개하는 기술로서, 단위부서 간 과업의 관련성이 거의 없으며 조직의 공통목표에 독립적으로 공헌하는 집합적 상호의존성을 띤다. 독립적인 부서가 고객들을 서로 중개하는 업무를 수행하는 과정에서 공간적 · 시간적으로 광범위하게 분산된 고객들을 연결시키기 때문에 중앙집권적으로 표준화된 규정과 절차를 통하여 효과적으로 조정이 가능하게 된다. 이 유형을 중개적 기술이라고 하는데, 의사소통의 빈도는 낮고 부서 간 갈등의 소지도 낮다.
- 길게 연결된 기술 : 대량생산에서 사용되는 일관작업체제에 쓰이는 기술로서, 여러 가지 행동이 순차적인 의존성을 띠고 표준화된 한 가지의 상품을 반복적으로 생산한다. 따라서 부서 간에 필요한 자원을 서로 교환하기도 하며 연속적인 활동에 대한 조정과 의사소통이 필요하다.
- 집약적 기술 : 예를 들어 환자에게 투약 · 입원 · 내과 · 방사선과 등 다양한 의료서비스를 동시에 제공하는 업무에서 요구되는 기술로서 호혜적 · 교호적 상호의존성을 띤다. 각 경우에 따라 서로 도움을 주는 의존관계가 달라지기 때문에 집권화 · 표준화하기가 어렵고 비정형적이며 부서 간에 긴밀한 상호작용과 의사전달로 조정이 이루어진다. 또한 다양한 집약형 기술은 고객의 성격과 상태에 따라 맞춤형으로 배합하여 서비스하기 때문에 일반적으로 고비용이 발생된다.

다(즉, 분권화)고 본다.

하나의 조직 내에서 계서제상 상층부에 권력이 집중되는 것도 집권화이지만, 본청과 지방청 간의 관계에서도 집권화 문제를 다룰 수 있다. 대통령에게 권력이 집중되는 현상은 우리나라의 대표적 문제로 지적된다. 1990년 실시한 지방자치제도도 크게 보면, 집권화된 정치권력의 분권화 개혁이라고 할 수 있다.

집권화는 조직활동의 통일성 · 일관성에 대한 요청이 커지고, 상층부의 권력이 신속히 집행될 필요성이 높을 때 강화된다. 전쟁이나 사회위기시 비상사태가 선포되면 국가원수에게 모든 권한이 집중되는 것이 그 예이다. 이와 반대로 분권화는 조직이 처한 환경변화가 심하여 상층부가 일일이 파악하고 대응하기 어려울 때, 조직의 적응성과 융통성을 제고하기 위해 요구된다. 특히 행정조직의 경우, 사회의 민주화가 촉진되면 될수록 사회의 다양한 요구에 부응하기 위해 일선조직에 권한을 부여하는 형태의 분권화가 더욱 요구된다.

6. 조직의 규모

정부의 규모(size)는 보통 공무원의 수를 의미한다. 우리나라는 최근까지 정규직(full time) 공무원이 주를 이뤘기 때문에 총 공무원수(중앙공무원+지방공무원)는 정부조직 규모를 나타내는 지표로 활용되어 왔다. 그러나 시간제 등 다양한 고용형태가 있으므로 정규공무원 수는 조직규모를 정확히 나타내주지 못한다. 따라서 예산규모로 대신 측정하는 경우도 있다.[10]

조선시대에는 약 1만명이던 관료의 수가, 일제시대에는 약 7만 6천명, 1953년 약 20만 3천명으로 증가하였고, 개발연대 이후 급속히 증가하였다. 즉, 행정권의 증대와 정부조직규모와는 어느 정도 비례관계가 있는 것으로 보인다. 행정안전부의 자료에 따르면, 공무원 총 정원수로 나타난 정부조직의 규모는 1960년대 이후 계속적으로 증가하여 왔다. 현재 우리나라의 공무원 총 정원 수는 백만 명을 능가한다.[11] 여기에 그림자 정부조직의 정원까지 합하면, 공공부분의 인력규모는 상당히 크다.

공무원 전체의 규모가 이렇게 증가한다면 조직 내 부서의 수도 증가하는 경향이 있다. 보통 전문성 제고를 내세워 횡적 분화를 하기 시작한다. 이에 더하여 상위직이 증가해야 승진의 가능성을 높이기 때문에 조직의 틀을 크게 하려는 힘이 작용한다. 우리나라 중앙부처는 새로운 정부기능을 추가하며 조직 팽창을 거듭하여 왔다(임도빈, 2014).

인건비 부담이 가시적이므로 직원 증가와 보수인상에 소극적인 민간조직과는 달리, 행정조직은 인건비를 예산에서 충당하므로 계속하여 규모가 증가되는

10 사기업에서는 조직의 범위와 그 책임, 사업의 규모, 업무량, 물적 수용능력, 고객의 수, 순자산 등도 조직규모의 측정 지표로 사용한다.
11 그럼에도 불구하고 우리나라는 정부의 공무원 억제정책으로 OECD국가 정부 평균의 3분의 1 정도의 수준에 머물렀다(김태일, 2000). 그러나 2000년대에는 비교적 더 빠른 속도로 증가하였다.

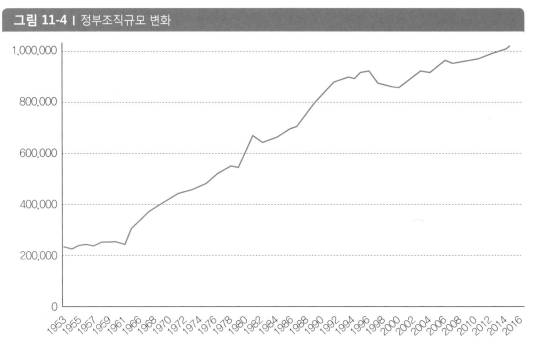

그림 11-4 | 정부조직규모 변화

출처: 행정안전부 정부조직관리시스템(http://org.mospa.go.kr).

파킨슨의 법칙
업무량의 증가가 산술급수적이라면 공무원의 수는 기하급수적으로 증가하는 현상

경향이 있다. 영국 해군성의 사례를 보고, 이런 현상을 희화하여 꼬집은 것을 '파킨슨(Parkinson)의 법칙'이라고 한다.

정부 내에서도 행정조직 내 각 부서는 자신들의 존재를 정당화하기 위해, 가능한 사업예산을 극대화하려는 경향이 있다(Nikskanen, 1971). 따라서, 공공부문에서는 자원이 최적점에서 배분되지 않고 항상 과잉배분된다는 이론이 '관료팽창론'이다. 공공부분의 효율성이 민간부문에 비하여 떨어지는 이유이다.

한편, 미시적 수준에서 '조직규모는 다른 조직구조 변수에 영향을 준다'고 보고 많은 연구가 이뤄졌다. 실증연구에 의해 밝혀진 조직규모와 조직구조와의 관계에 관한 법칙은 다음과 같다.

행정농도
전체직원 대비 순수 관리업무를 담당하는 직원의 비율

- 규모가 커지면 계층의 분화, 수평적 분화가 이루어져 복잡성이 증대한다.
- 규모가 커지면 공식화되는 경향이 있다.
- 규모가 커지면 구성원의 수가 늘어나 분권화되는 경향이 있다.
- 규모가 커지면 기본적인 주요 업무와는 관련이 적은 부수적인 업무, 즉 막료기능의 일종인 유지관리부문이 많아져 행정농도가 높아진다.

2천명의 조직보다는 20명의 조직이 구성원에게 만족감을 주어서 바람직하게 근무할 수 있게 한다. 반대로 조직의 규모가 클수록 구성원들의 만족도 및 조직몰입도나 응집성이 저하될 가능성이 크다. 공식화된 관리가 불가피하여 직원의 부품화, 비인간화 등 관료제의 역기능이 증대될 것이기 때문이다.

제3절 조직의 관리

I. 구조론적 조직관리

1. 고전적 원칙

많은 조직이론가들은 어떻게 하면 조직을 효율적으로 만드는가를 연구해왔다. 특히 경영학자들을 중심으로 민간기업이 어떻게 하면 종업원을 잘 부려서 이윤을 창출하느냐라는 관점에서 조직관리문제를 연구하였다.

고전적 조직관리이론에 속하는 학파는 크게 두 가지로 구분할 수 있다. 첫째가 Taylor를 선구자라고 할 수 있는 과학적 관리학파(scientific management school)이고, 둘째는 Gulick, Fayol 등이 영도한 행정관리학파(administrative management school) 또는 관리과정학파(management process school)이다. 신대륙의 발견을 통해 건국된 미국에서, 대량생산방법을 통하여 산업혁명을 이루는 데에는 Taylor이론이 크게 공헌했다. Taylor는 관리자의 새로운 임무는 다음과 같다고 하였다(Fremont E. Kast and James E. Rosenzweig, 1985).

첫째, 과거의 인습적 방법인 주먹구구식 관리에서 벗어나, 합리적인 규정, 규칙 및 원리 등을 갖춘 진정한 관리이론을 개발하여야 한다.

둘째, 모든 작업은 자의적인 방법이 아니라 과학적인 원리에 의하여 수행됨을 노동자에게 적극적으로 인지시켜 관리한다.

셋째, 노동자와 관리자 간에 과업과 책임의 공정한 분배를 한다.

Taylor는 당시 노사갈등이 많은 상황에서 과학적인 관리방법을 통하여 고용자와 종업원 간의 이해가 일치될 수 있다고 믿었다. 즉, 조직관리를 달리함으로써

고전적 주요 조직관리 원칙

- 계층제의 원칙

직무를 권한과 책임의 정도에 따라 등급화하고 상하 계층 간에 지휘·명령복종관계 또는 단일의 의사결정 중추를 확립하는 수직적 분업관계다.

- 전문화의 원리

업무를 종류와 성질별로 구분하여 조직구성원에게 가급적 한 가지의 주된 업무를 분담시킴으로써 조직의 능률을 향상시키자는 것이다. 전문화에는 수평적 전문화와 수직적 전문화로 나눌 수가 있다. 즉, 조직구조의 측면에서는 부서수가 옆으로 늘어나는가 아니면 수직적으로 늘어나는가의 문제이다. 수평적 전문화는 직무의 범위가 얼마나 분업화되어 있는가를 의미하고 수직적 전문화는 직무의 깊이가 얼마나 분업화되어 있는가를 의미한다.

- 명령통일의 원리

누구나 한 사람의 상관에게만 보고하고 명령을 받아야 한다는 원리이다. 조직 내 혼란을 방지하고 질서유지 및 책임한계의 명확화, 심리적 안정감 및 업무의 신속성·능률성을 확보할 수 있다.

- 통솔범위의 원리

1인의 상관 또는 감독자가 효과적으로 직접 감독할 수 있는 적절한 부하의 수가 있다는 원리이다. 이후, 적정한 통솔범위가 몇 명인가에 대한 연구가 이뤄졌으나 합의된 법칙으로서 수치는 제시되지 않았다.

- 부성화의 원리

한 조직의 내부에서 분업화를 위한 하위조직단위를 만드는 데 있어서 4p의 원칙을 적용한다. 즉, 주요 고객을 기준으로 하는 사람(people), 조직의 주요 목적(purpose), 지리적 위치(place), 그리고 업무처리 과정(process)을 기준으로 이루어진다.

당시의 비능률적이고 낭비적인 업무수행을 제거하였으며, 노사 갈등을 해결하였다. 그후 'Taylor의 관리방법을 통하면, 생산성이 향상되고, 그 결과 노동자에게는 임금의 상승을, 경영자에게는 이익의 증대를 가져오게 될 것'이라는 주장은 미국은 물론 전세계에 파급되었다. 이를 테일러리즘이라고 한다.

　　Taylor와 마찬가지로 프랑스의 국영기업관리자인 Fayol의 사상 또한 과학으로서의 조직이론 발전에 커다란 영향을 미쳤다. 그는 자신의 경험을 통하여 오늘날의 조직관리에 중요한 지침이 되는 원칙들을 만들었다. 합리적인 분업(전문화)과 분업화된 일들의 집단화, 그리고 조정에 의하여 능률을 제고시킬 수 있다고 믿었다. 즉, 분업과 조정을 조직관리의 핵심적인 요소로 보고 그에 연관된 분업의 원리, 명령통일의 원리, 통솔범위의 원리, 조정의 원리, 계층화의 원리, 참모조직의 원리 등을 발전시키는 데 주력하였다.

Fayol의 사상은 조직이론가로서의 그의 후계자들에게 커다란 영향을 미쳤을 뿐만 아니라, 오늘날에도 그의 이론의 대부분이 타당한 시사점을 제공하고 있다는 점에서 중요하다. Taylor의 조직이론은 주로 생산공장의 수준에서 필요한 이론인 데 반해, Fayol은 조직의 상위계층의 관점에서 이론을 전개시켜 나갔다는 차이가 있다.

이상의 고전적 조직관리론은 '각 조직에 최상의 조직구조가 존재한다'는 믿음에 기초하고 있다. 조직구조를 바꿈으로써 조직의 효율성은 높아지는 것이다. 오늘날에도 조직컨설팅이 많이 이뤄지고 있다. 비록 컨설팅에서 사용하는 개념들은 현대적인 것처럼 보이지만, 실제로 깊이 따져보면 이러한 고전적 조직관리의 원칙이 오늘날에도 유용한 원리로 사용된다. 예컨대 김대중 정부와 노무현 정부 당시 정부조직을 대대적으로 개편하는 작업이 이루어졌다. 외국의 유명컨설팅회사들이 조직진단을 하고 처방을 제시하였지만 이들의 내용도 실제 따져보면 이런 원리를 응용하는 것에 지나지 않았다(임도빈, 2007). 더군다나 서구에서 발달한 이런 원칙 중 일부는 우리나라의 행정현실과 맞지 않는 것도 많았다.

2. 조직구조의 민주화: 위원회 조직

(1) 위원회의 기능별 유형

계층제의 원리, 명령통일의 원리 등 고전적 조직원리는 장(長)이 하나인 단두제적 조직구조를 상정한다. 우리나라 정부에서는 '관청'개념에서 알 수 있듯이, 기관의 장에게 권한이 집중되는 독임제 조직 구조를 택하고 있다. 그런데 민주화 등 행정환경의 변화로 인해 독임제 행정관청의 한계가 드러나게 되었다. 기존 정부관료제 구조가 비판을 거세게 받으면 대안으로 등장하는 것이 '위원회' 조직이다. 현재, 단두제가 아닌 다두제 합의제 행정기관을 일반적으로 '위원회'로 명명하는 것이 일반적이다. 그러나 실제로는 다양한 조직형태가 있어서 위원회라는 명칭이 혼돈스럽게 사용되고 있다. 법적으로는 행정위원회와 의결위원회, 자문위원회가 있다.

• 행정위원회: 정부조직법 제5조에 따라 소속기관 사무의 일부를 독립하여

수행하기 위해 설립되는 합의제 행정기관
- 의결위원회: 개별법에서 행정권한의 일부에 대해 위원회의 의결을 거치도록 한 경우 이를 심의하는 기관
- 자문위원회: 정부조직법 제4조에 따라 행정기관의 소관사무에 대한 자문을 얻고자 설치한 기관으로서 심의·조정·자문 등의 기능을 수행하며, 행정기관은 위원회의 결정에 구속되지 않음

이들 기관은 그 기능이 위와 같이 구별됨에도 불구하고, 위원회라는 용어를 함께 쓰고 있어 혼란을 일으키고 있다(김병섭·김철, 2002). 특히 민주화가 진행되면 될수록, 어떤 사회적 문제가 생기면 정부가 국민들에게 어떤 조치를 취하는 모습을 보여주기 위해 특별위원회를 만드는 경우가 흔히 관찰된다.

(2) 사무조직구조의 자율성

위원회는 그를 보좌하는 사무기구의 조직적 특성에 따라 유형화 해볼 수 있다(조석준·임도빈, 2016: 186-187). 즉, '사무조직의 자율성'과 '조직 설립의 법적 근거'라는 두 가지 차원을 고려하는 경우, 〈표 11-1〉과 같이 9가지의 유형이 도출된다.

사무조직의 자율성(organizational autonomy)은 참모기관과 계선기관을 모두 갖는 독립적 단위조직인지, 참모기관(사무처)만을 갖는 조직인지, 별도의 조직이 없이 기존 행정기관의 인력을 활용하는 조직인지로 구분된다. 그런데, 이들 사무기구의 내부운영을 들여다보면, 고전적 조직원리에 의한 구조임을 금방 알 수 있다. 즉, 이 수준에서는 전술한 구조론적 조직관리가 적용된다.

우리나라 법체계상 I 유형은 선거관리위원회가 유일하다.

II유형은 공정거래위원회, 금융위원회, 방송통신위원회 등이 있다. 이 유형은

표 11-1 ㅣ 위원회의 유형

법적 근거 사무조직	헌법	법률	명령·규칙 등
독립적 단위조직	I	II	III
사무처	IV	V	VI
기존 부서조직	VII	VIII	IX

출처: 조석준·임도빈(2016: 187).

기본적으로 정부부처와 유사한 구조를 가지지만 장관이란 독임제가 아니라, 복수 이상의 위원이 있다는 특징이 있다. 주요 결정을 하는 데 있어서 좌우파 편향 등 논란이 일어날 가능성이 높은 분야이다.

Ⅲ유형은 행정조직 법정주의에 의하면 존재할 수 없다.

Ⅳ, Ⅶ유형은 헌법상 자문기관인 국가안전보장회의, 민주평화통일자문회의, 국민경제자문회의, 국가교육과학기술자문회의가 있다.

Ⅴ, Ⅷ유형에는 노동위원회, 토지수용위원회, 소청심사위원회, 행정심판위원회와 같은 준사법적 기능이나, 규제개혁위원회와 같이 준입법적 기능을 하는 의결위원회가 포함된다.

Ⅵ, Ⅸ유형은 개별 부처 내의 자문위원회로 구성된다.

(3) 위원회의 존재이유

여러 유형의 위원회가 설립되어 나름대로 행정민주화에 기여하기도 한다. 그런데, 500여 개의 위원회가 난립하고, 이중 한 번도 회의가 소집되지 않는 경우도 있는 등 문제가 많이 드러나기도 한다. 자문위원회가 정부부처의 전시행정이 되는 경우도 있다. 이렇게 위원회가 난립하여 설치될 수 있는 이유는 Ⅸ유형과 같이 '명령·규칙 등'을 통해 개별 부처가 용이하게 설립할 수 있기 때문이다.

그럼에도 불구하고 위원회는 행정조직의 민주화에 기여한다. 구체적으로 각 기관들이 자문위원회를 설치하는 이유는 다음과 같다.

첫째, 각계각층의 이해관계를 정책에 고르게 반영하고자 하는 민주적 의도이다.

둘째, 사안에 대해 전문가의 의견 수렴을 수렴하여 행정의 전문성을 높이기 위한 것이다.

셋째, 특정사실에 대한 현장조사 및 정책분석 등 과학성을 높이기 위한 것이다(조석준·임도빈, 2016: 492).

요컨대 행정의 외부통제 제고, 혹은 민간인과 주요 결정을 같이 한다는 거버넌스적 조직운영이 되는 것이다.

하지만 위원회에 대하여 비판의 목소리도 크다. 이러한 합리적 근거의 이면에는, 정치적 논리가 숨어있기 때문이기도 하다.

먼저 자문위원회는 상징적 기능을 가질 수 있다. 자문위원회를 구성하고 명망있는 인사를 위원으로 임명함으로써 민주적이고 공정한 절차를 거친다는 이미지로 비춰질 수 있기 때문이다.

둘째, 정책에 대한 정당화 기능이다. 이해관계자나 전문가인 위원의 자문을 거친 것이 정책결정이나 집행의 근거가 될 수 있기 때문이다. 또한 논란으로 결정이 어렵거나 향후 정책실패 시, 위원회로 책임을 전가하는 근거가 되기도 한다.

셋째, 조직의 권력 증대 기능이다. 정책의 이해관계자, 전문가를 자문위원으로 임명하여 조직의 지지기반을 확대하는 것이다. 또한 정책 반대자를 위원으로 포섭하는 흡수(co-optation)전략에 활용되기도 한다. 보통은 위원회의 인원이 일정 규모 이하이기 때문에, 그 산하에 소위원회나 전문위원회를 두기도 한다. 이렇게 하여 민간인 참여자 수를 높일수록 그만큼 조직은 커지고 영향력 범위는 늘어난다고 할 수 있다.

넷째, 특정인사에 '자리'를 마련해 주는 것이다. 대통령 선거에 열성적으로 도와주는 등 정치적으로 큰 기여를 한 사람들에게 장차관이나 정규직 공직을 제공해 줄 수 없는 경우 그 대용으로 위원회를 활용한다. 상임위원 자리도 있지만, 비상임 위원의 경우도 수당, 관용차, 비서 등 각종 혜택이 주어지는 경우가 있다.

이러한 이유를 종합해보면, 과거 협의의 부처조직만 있던 때에 비교한다면, 일종의 그림자 조직(shadow organization)인 것이다. 행정조직의 민주화 등, 긍정적 기능을 하는 경우도 많이 있지만, 조직팽창이라는 비판을 면하기는 어렵다. 정치적 중립을 지키기 위해 설치된 위원회도 실제로는 정권에 따라 입맛에 맞는 위원장이 임명되는 등 편향적이라는 비판을 면하기 어려운 경우도 많다.

Ⅱ. 조직행태론적 관리

1. 경험주의적 접근방법

조직이론 분야에서 경험주의적 연구방법론에 관하여 기여를 한 사람은 Herbert Simon이었다.[12] 그는 고전적 관리의 원칙(읽을거리 참조)은 과학적 이론이 아니라, '서로 모순되는 속담에 불과하다'고 비판하였다. 따라서 가치(value)와 사실(fact)를 엄격히 구별하여, 후자에 한정하여 논리적 실증주의에 바탕을 둔 경

---

12 미국에서 경험주의적 연구경향은 다른 사회과학 분야와 유사하게 1960년대에 발달되기 시작하여 경험적 증거를 기반으로 한 가설검증을 중시하기 시작하였다.

험주의적 접근방법을 따라야 조직과학 또는 행정과학을 발전시킬 수 있다고 주장하였다.

조직연구에서 사실(fact)은 조직구성원의 행태(behavior)를 의미한다. 이후 설문조사를 통해 조직구성원의 행태를 간접적으로 측정한 후, 이를 근거로 조직의 특성을 파악하는 연구가 양산되기에 이르렀고, 예컨대, 행정학에서 관심있는 주요 변수인 조직의 성과도 조직구성원의 인식을 통해 측정하기 시작하였다. 이 분야의 학문적 발전은 주로 미국 학자들을 중심으로 한 설문지 개발이 첫 번째 성과였다. 설문지의 타당도와 신뢰도를 통계적으로 검증한 표준화된 측정도구들이 만들어졌고, 여러 학자들이 다양한 조직을 대상으로 적용하였다.

두 번째 괄목할 만한 성과는 이런 개념을 사용하여 수많은 실증연구를 하게 되었다는 점이다. 가설검증에 관한 통계학이 발달하면서, 이론은 점점 정교화되고, 다양화되고 있다. 이 접근법은 개인의 특성을 종합한 것이 조직의 특성이라는 방법론적 환원주의에 기초해 있다.

2. 조직관리의 주요변수

행태론적 접근법에서 조직관리를 할때, 과연 조직의 성과를 무엇으로 하느냐의 문제가 제기된다. 흔히 직무만족(job satisfaction)과 조직몰입(organizational commitment) 등을 조직 성과로 보고 이를 향상시키는 방법에 대한 연구가 축적되고 있다. 물론 이를 측정하는 표준화된 설문지들이 개발되었다. 이를 가지고 지금까지 수행된 몇 가지 연구경향은 다음과 같다.

첫째, 직무만족도(job satisfaction)가 높으면, 더욱 열심히 근무를 할 것이라는 전제하에서 이것의 결정요인이 무엇인가를 다각도로 연구한다.[13]

예컨대 목표가 얼마나 구체적인가, 시간압박이 얼마나 큰가, 작업 환경이 어떠한가, 상사 등 인간관계가 어떠한가 등 직무특성(job characteristics)에 대한 분석을 한다.

조직구성원의 사회경제적 특성이 직무만족에 영향을 미치는지에 관해서도 많은 연구가 이뤄졌다. 연령, 근무연수, 직급, 결혼여부와 자녀수, 정규직여부, 출퇴근시간, 교육수준, 근무지 등이 연구가설에 자주 포함되는 변수이다.

둘째, 조직몰입(organizational commitment)은 문자 그대로 조직행태론에서

조직몰입
개인이 조직에 빠져들어 마치 직무수행을 자기 개인의 일처럼 열심히 하는 것.

---

13 자세한 것은 제10장 동기부여이론 부분을 참조할 것.

조직관리시 사용하는 주요 변수이다. 가장 잘 사용되는 설문지는 그 하위구성요소인 정서적으로 최선을 다하는 '감정적 몰입', 조직에 남아서 계속 일을 할 수 있는 '지속적 몰입', 그리고 '도덕적 의무감'에서 최선을 다하는 규범적 몰입이란 세 가지 차원으로 구성된다.

그런데 조직몰입이 높으면 그 사람이 일한 결과로서 조직성과가 높다는 논리에 근거하여 조직몰입은 조직성과의 대리변수로 흔히 사용된다. 어느 조직에서 조직몰입을 결정하는 독립변수가 무엇인가를 파악한다면, 이를 변화시킴으로써 조직관리를 할 수 있다. 예컨대 직무특성이 조직몰입에 중요한 결정요인이라고 보는 연구가 있다. 따라서 어떤 직무를 설계하거나 진단할 때, 목표를 구체적으로 알기 쉽게 해주고, 어느 정도 재량권을 주며, 자신이 하는 일이 무엇인가라는 등의 처방을 내릴 수 있게 해준다. 그런데, 목표의 명료성에 관해서도, 조직의 미션을 이해시키는 차원의 목표는 조직몰입에 도움이 되지만, 조직의 평가에 사용할 용도로서 명료성은 오히려 반대의 효과를 가져온다는 연구가 있다(김진·금현섭, 2017).

조직몰입의 선행요건으로서 조직정체성(organizational identity)이란 개념을 주목할 필요가 있다. 이는 '자기가 속한 조직에 대해서 자신을 동일시(senses of oneness)하는 정도'라고 할 수 있다(Ashforth and Mael, 1989). 구성원의 조직에 대한 정체성이 높을수록 성과가 높고 바람직한 조직이 될 가능성도 높다. 또한 조직정체감이 강하고, 다른 조직과의 경쟁심이 강하면, 그 조직의 성과는 더욱 올라갈 가능성이 크다.

셋째, 성과측정이 어려운 공공조직의 경우, 조직성과는 조직이 산출해낸 결과(output)이지만, 측정하기 어려우므로 만족스런 개념이 아니다. 관리라는 측면에서 보면 조직구성원이 주어진 업무 이상으로 더욱 열심히 일하게 하는 것이 바람직하다. '조직몰입'은 수동적이고 제한적인 개념이므로, 조직시민행동(organizational citizenship)이 이런 용도로 개발된 개념이다. 우리나라의 경우 한번 신바람이 나면 정신없이 일하는 것을 유사한 개념이라고 하겠다(이면우, 2004).

Van Dyne, Cummings, and Park(1995)은 조직시민행동을 첫째, 관계를 맺으려는 성향(affiliative)과 둘째, 보통 금지된 것으로 보이는 관행 같은 것에 도전하는 성향(prohibitive)의 두 가지로 나눈다. 특히 관료제의 역기능이 나타나고 있는 오늘날에는 후자가 매우 중요한 개념이다. 후자를 지칭하는 구체적인 개념이 '변화지향적 조직시민행동(change oriented organizational citizenship behavior)'

조직시민행동 조직을 위하여 원래 공식적으로 부과된 과업 이상의 봉사를 자원해서 하는 것이다. '자신이 약간의 위험을 감수하더라도 조직의 비효율적인 측면을 변화시켜보려는 행태'라고 정의할 수 있다.

Jesse Campbell(2014)은 한국중앙공무원을 대상으로 조사한 설문지를 가지고 구조방정식 방법론을 통해 이들 변수 간의 관계를 검증하였다. 개인의 조직정체성이 높으면 높을수록 변화지향적 조직시민행동의 가능성이 높아진다는 결과가 도출되었다. 여기에는 성과를 중시하는 조직관리가 매개변수로 작용한다. 이 설문지에서 '성과관리'는 성과가 높은 사람에게 개인에 대한 보상과 일정한 목표를 주고 이를 통해 관리하는 것을 측정하고 있다. 따라서 개인의 정체성이 낮은 상태에서 성과관리를 강도 높게 하는 경우에는 그 개인이 조직을 위해 주어진 과업 이상으로 희생봉사하는 정도는 적을 것으로 보인다.

III. 조직문화론적 관리

1. 조직문화의 차원

인류학 등 여러 분야에서 사용하는 문화라는 개념은 다양한 의미를 담고있기 때문에 엄밀성을 요구하는 학술의 장에서는 많은 혼돈을 가져오는 원인이 된다. 극단적인 문화론적 견해를 취하면 전통적인 체제론적, 실제론적 조직론은 쓸모가 없게 된다(Ott, 1989). 왜냐하면, 조직인의 행태나 의사결정은 기존 실증조직이론이 주장하는 내용에 의해 설명되기보다는, 더 근본적인 문화에 의해 결정된다고 보기 때문이다.

그런데 조직문화는 다차원적인 개념이다. 우리의 마음 속 깊은 곳에서 수천년 동안 흐르는 가장 추상적인 것에서부터 시작하여 오늘날 특정 리더에 의해 바뀌는 처방적인 것에 이르기까지 다양하다.

E Schein(1985)는 이에 대해 첫째, 인간의 본성에 대한 가정과 같은 '기본적 믿음과 전제'를 나타내는 차원, 둘째, 구성원 간 옳고 그름을 나타내는 '가치관', 그리고 셋째 표어, 상징물, 행동양식 등에서 나타나는 '인공물(artifacts)'이라는 세 가지 차원으로 나누었다. 우리나라의 경우, 첫째, 한민족으로서 인간성을 중시하는 등 수천년을 통하여 내려오는 한민족의 문화(혹은 전통)가 있고, 둘째, 어른을 공경하고, 상사의 명령에 복종하는 것이 반항하는 것보다 낫다는 권위주의적 가치관이 있으며, 셋째, 상관은 회의석상에서 좋은 자리에 앉고, 좋은 관용차를 타

조직문화
구성원들이 공유하는 인지적 프레임으로서 태도, 가치, 행동규범, 기대 등으로 구성된다(Greenberg & Baron, 2003).

는 것과 같은 인공물이 있다.

다른 한편으로는 그 적용되는 범위에 따라 관료로서 개인이 속한 조직의 단위인 과(課)와 같은 최소단위가 있고, 인사의 기본단위조직으로서 부처가 있으며, 마지막으로 대한민국 정부 차원에서 각기 다른 문화가 존재한다. 마치 양파와 같은 구조로 하위문화가 형성된다. G. Hofstede(2001)의 국가간 문화유형론이 이에 해당한다고 하겠다. 그에 의하면, 우리나라는 다른 나라에 비하여 남성중심적이며, 상하 간의 권력차가 크고, 위험을 회피하는 성향이 크다. 부처 수준에서 가치관을 의미하는 문화 수준의 예로는 경제성장을 중시하는 기획재정부의 문화, 평등을 중시하는 보건복지부의 문화를 들 수 있다.

2. 조직문화와 조직변화

근본적인 차원에서 보면, 조직문화란 빙산(iceberg)과 같아서, 보이는 부분이 보이지 않는 부분보다 더 적다. Ott(1989)의 견해와 같이, 조직문화는 단시간에 변화시킬 수 없는 것으로 거의 영구히 변화하지 않는 주어진 것이다. 이 입장에서 보면, 조직문화란 처치를 할 수 있는 독립변수가 아닌 종속변수로 봐야 한다. 조직마다 변화하지 않는 종속변수로서 조직문화를 밝혀내고, 이의 결정요인을 찾아보는 정도의 연구를 할 수 있을 뿐이다.

그런데 정부가 바뀔 때 마다, 혹은 상관이 바뀔 때마다 관료문화를 완전히 바꾸겠다고 천명하는 경우가 많다. 대부분의 정권 초기에 대대적인 정부혁신을 내세우는 것이 대표적인 예이다. 이 경우는 관료들의 사고방식이나 집단적으로 당연하게 받아들이는 관행을 바꾼다는 것을 의미한다. 그런데 빙산의 어느 수준의 조직문화까지 이러한 개혁으로 바뀔 수 있을지는 논쟁거리이다.

조직문화개혁을 옹호하는 학자들은 조직관리의 차원에서 조직문화를 측정하는 설문지를 개발하고, 이를 실제 조직관리에 활용하는 것을 제안하였다. K.S. Cameron & R.E. Quinn(2005)은 어느 조직에서 구성원에게 자율권을 부여하는 정도와 내부지향적인 정도를 기준으로, 계층제 문화, 시장 문화, 공동체 문화, 애드호크라시 문화로 구분하였다.

- 계층제 문화(hierachical culture)는 조직의 안정과 통제, 그리고 조직의 내부 중심과 통합을 강조하는 문화로, 전형적인 관료제 조직에서 나타난다.
- 시장 문화(market culture)는 조직의 안정성과 통제, 그리고 외부 중심과 통

그림 11-5 | Cameron & Quinn의 조직문화 유형

	내부 중심과 통합	외부 중심과 통합
유연성과 자유재량	공동체 문화	애드호크라시 문화
안정성과 통제	계층제 문화	시장 문화

출처: 윤재풍(2014: 275) 재인용.

합을 강조하는 문화로, 경쟁지향적인 기업조직과 시장에서 나타난다.
- 공동체 문화(clan culture)는 유연성과 자유재량, 그리고 내부 중심과 통합을 강조하는 문화로, 가족 및 씨족 문화라고도 한다. 이 문화에서는 구성원들의 참여와 협동지향적 행동이 중요시된다.
- 애드호크라시 문화(adhocracy culture)는 조직의 유연성과 자유재량, 그리고 외부 중심과 통합을 강조하는 문화로, 창의성을 지향하고 문제해결을 중요시하는 조직에서 나타난다.

이제윤(2011)은 공무원 조직에 비해 경영혁신이 강조되고 있는 시장형 공기업인 한국공항공사의 조직문화를 설문조사를 통해 연구하였다. 이 연구의 연구문제는 정부가 공공기관 선진화 계획의 일환으로 추진한 경영혁신 및 경영효율화가 과연 조직문화를 변화시켰는지 여부였다. 연구결과, 직원들은 조직문화가 공공조직의 전통적인 위계중심적 문화(즉, 계층제문화)에서 벗어나 성과중심의 합리문화(즉, 시장문화)로 서서히 전환되어야 한다고 생각하는 것으로 나타났다. 즉, 〈그림 11-6〉에서 현재수준의 문화를 나타내는 실선 사각형이 미래에는 점선의 사각형으로 바뀌어야 한다고 믿는다는 것이다.

이에 대한 원인은 정부조직의 운영방식에 있었다. 공기업의 주요사업의 결정 및 경영전반이 기획재정부의 통제를 받아 정부시책을 우선적으로 따르도록 강요받고 있다. 공기업에게 겉으로는 자율적으로 운영하라고 하면서 실제로는 정부의 각종 규제에 따르도록 하기 때문에 연구대상인 공기업은 자율경영의 범위가 극히 제한적이었고, 정부의 감독과 지시에 따르는 경향이 강하였다. 결과적으로 이러한 규제로 인해 공기업 구성원들은 자신의 조직이 발전문화(혁신지향문화)가 낮다

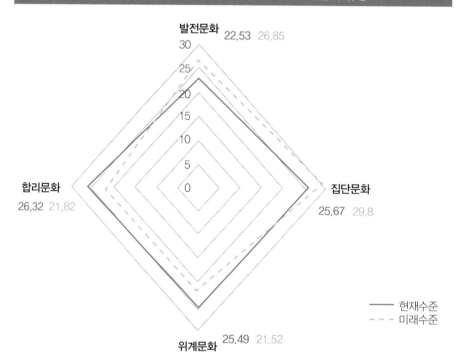

그림 11-6 | 한국공항공사 전체 조직수준의 현재/미래 조직문화 유형

발전문화 22.53 26.85

집단문화 25.67 29.8

위계문화 25.49 21.52

합리문화 26.32 21.82

현재수준
미래수준

출처: 이제윤(2011).

고 응답한 것이다.

이 연구결과는 정부조직 전체에 일반화가 가능하다. 대체로 우리나라에서는 관료제적 계층문화를 타파하는 것을 개혁의 목표로 하는 경향이 있다. 그러나 개혁의 추진방법은 여전히 계층문화(즉, 권위적 방법)를 활용한다.

3. 한국문화와 조직관리

서구의 조직문화이론은 기본적으로 개인주의적 사회운영을 전제로 하고 시작한다. 백완기(1997)는 우리의 집단주의적 문화, 정(情)적인 인간관계를 중시하는 문화를 전근대적인 것으로 보고 이를 타파할 대상으로 보았다. 그리고 아직도 많은 학자들이 바꿔야 될 문화로 지적하고 있다. 그런데, 우리사회는 기본적으로 집단주의적 문화를 가지고 있다.

헌데 과연 비인간적일 정도로 차갑고 객관적이며, 개인주의적인 조직문화가 행정의 목적을 달성하는 데 바람직한 것인가에 대해 의문을 제기할 필요가 있다. 조석준(2004)은 한국의 정부조직 내부가 마치 씨족마을의 인간관계와 같이 되어 있다고 분석하고 있다. 예컨대 똑같은 아들이라도 장손이나 맏아들에게 더 큰 책임과 권한을 주는 문화가 마치 행정조직에서 '주무'국(과)장이 더 높은 책임을 맡는 것과 같은 데 녹아 있다고 본다. 즉, 연공서열에 의해 각자 업무를 분담하여 일을 하는 것이다. 이것은 기본적으로 자기가 속한 조직을 하나의 '가족'과 같이 보는 집단주의적 문화가 조직의 실제 모습임을 나타낸다.

중요한 것은 집단주의 문화가 개인주의적 문화보다 나은 점도 있다는 것이다. 개인주의적 문화가 지배적인 서구에서 팀워크(teamwork) 중시 등 집단주의 문화를 강화하려는 노력이 계속되는 것을 보면 알 수 있다. 어떻게 보면, 한국사회도 과거보다는 서구사회의 문화를 상당히 많이 도입하였다. 확대가족이 핵가족화 되었으며, 가부장적 문화도 많이 완화되었다. 따라서 기존의 잔존 문화를 잘 발전시키는 방안을 생각해야 할 때가 왔다.

조직문화를 관리할 때, 자신이 속한 조직에 대한 긍지를 높인다든지, 조직과 개인은 하나라는 일체감을 높이는 것이 중요하다. 관료를 마치 비윤리적 집단으로 없어져야 한다는 식의 '관료후려치기'를 하면, 조직일체감은 줄어들 것이고, 이것은 행정조직의 성과에 부정적인 영향을 미칠 것임을 의미한다.

한국문화의 특성 중의 하나로 체면의식이나 순응주의도 중요하다. 한국의 권의주의 문화의 부산물로서 순응주의는 Hirshman의 '떠날 것인가, 남을 것인가'(Exit, Voice, Loyalty)와는 다른 성격을 가지고 있다. 즉, 상관의 권위, 체면을 생각해서 순응하든지 상관의 정이나 의리를 중시하기 때문에 순응하는 것이다(고대유·강제상, 2017). 이러한 차원의 조직문화는 조직내 구성원간 상호작용에 배경적 요소로 작용함을 알 수 있다. 다만 조직구성원의 입장에서 보면, 조직문화란 물속에서 헤엄을 치는 물고기와 같다. 물고기와는 다르게, 마치 연극배우가 연극을 하듯이 인상관리를 하면서 상호작용한다(여영현, 2014).

제4절　행정조직의 성과관리

Ⅰ.　조직성과의 개념

1. 성과의 개념

특정시점 t_1에서 정부조직을 잘 관리하면 일정기간이 지난 후(t_2) 좋은 성과 혹은 결과가 산출되어야 한다. t_2시점에서 발생할 성과를 미리 염두에 두고 조직을 관리하는 것을 성과관리라고 한다. 성과관리(performance management)는 영미의 학자들을 중심으로 오랫동안 행정조직론의 주요 연구주제가 되어왔다. 이러한 연구경향은 민간기업의 영향도 있다. 고객을 무조건 만족시켜야 한다는 총체적 품질관리제(Total Quality Management: TQM), 불량률을 거의 0에 가깝게 한다는 '6 시그마' 등이 그것이다.

행정부문에서 사용되는 성과관리는 크게 세 가지 차원에서 할 수 있다. 첫째, 공무원 개인의 차원에서 이뤄지는 성과관리로서, 인사행정에서 다룬 실적주의와 깊이 관련된다. 두 번째는 조직이나 부서의 차원에서 일정기간 노력을 하여 어떤 성과를 산출했는가를 생각할 수 있다. 마지막으로 재무행정의 관점에서 예산 얼마를 투입하여 얼마의 결과를 냈느냐를 생각할 수 있다.

행정조직의 운영특성상 조직의 성과가 분석단위로 가장 적합하다고 하더라도, 과연 성과가 무엇이냐는 여전히 문제가 된다. 조직의 산출(output), 조직활동의 결과(outcome), 조직활동의 영향(impact) 등 유사하지만 다른 개념이 있기 때문이다. 여기서 산출(output)은 직접적이고 관찰 가능한 것으로 성과관리에 비교적 적합한 개념이다.

이런 맥락에서 조직효과성(organizational effectiveness)을 조직성과(organizational performance)개념으로 사용하기도 한다. 이때, 조직효과성이란 목표달성도를 의미하는 동시에 투입 대 산출도 고려하는 개념이다.

조직의 성과를 어떻게 높이는가도 중요한 연구과제이다. 변화주도자(change agent)를 지정한다든지, 교육훈련을 한다든지, 보상체계를 보완한다든지 등의 방법이 있다. 어떻게 보면, 행정학의 모든 연구가 행정조직의 성과를 올리기 위한

총체적 품질관리제(TQM)
고객만족을 최우선적인 기준으로 하여 완벽한 만족 수준을 달성하기 위해 전 조직구성원이 수단과 방법을 가리지 않는 것

것이라고 볼 수 있다.

2. 성과관리의 문제점

한국 정부조직에서 성과관리를 하는 것은 생각보다 쉬운 일이 아니다. 우선 '공공부문에서 산출이 과연 무엇인가'라는 복잡한 문제가 얽혀 있다. 예컨대 유럽의 대중교통인 철도의 경우, 정시 운행률을 성과지표로 사용한다. 그렇다면 각 철도역에 기차가 정시에 도착하는 경우가 100%라고 해서 그 조직은 최고의 성과를 낸 것이라고 할 수 있는가? 정시에 운행하느라고 거동이 불편한 사람이 제때에 못 내려 다음 역에서 내렸다고 하면 어떨까? 이런 문제점을 고려할 때, 철도서비스에 대한 고객만족도라는 결과(outcome)가 더 좋은 성과지표라고 할 수 있을 것이다. 그렇다면 고객들이 철도서비스에 만족한다고 그 조직이 성과가 높은 조직이라고 할 수 있는가? 반드시 그렇다고 하기는 어려울 것이다.

둘째, 조직의 성과는 특히 집단주의적 업무수행 문화가 있는 우리나라에서 측정하기 어렵다. 왜냐하면 한국행정은 원자화된 개인보다는 부서나 부처단위로 이뤄지는 것이 대부분이기 때문이다. 예컨대 품의제도와 같이 계서제를 통해 여러 사람이 공동으로 업무를 수행하는 것이 보통이고, 불법행위단속 같은 것은 혼자하는 경우보다 여러 사람이 같이 하는 경우가 많다. 따라서 개인의 성과의 총합이 조직의 성과라기보다는, 조직의 성과는 존재하는데 이를 어떻게 개인의 몫으로 분리하느냐가 어려운 과제이다.

셋째, 시간적 요인도 매우 중요하다. 조직의 성과는 조직구성원들 여러 명이 일정한 기간동안 업무를 수행한 결과이기 때문이다. 그런데 1년 동안에 조직구성원이 전보, 신입, 퇴직 등으로 교체되기도 한다. 나아가서 특정시점의 성과란 단지 지난 1년의 성과라고 단정하기 어렵고, 과거 몇 년의 누적이라고 봐야 한다. 그리고 조직의 성과는 시간에 따라 직선적으로 상승할 수도 있고, 불규칙적으로 상승할 수도 있다.

이러한 조직의 성과특성을 고려하면, 비교적 중기 이상의 시간적 안목에서 관리하는 것이 중요하다. 단기적 시각에서는 별다른 성과가 없어 보여도, 중단기적으로는 의미있는 경우가 있기 때문이다. 거꾸로 1년 이하 단기적 시각에서는 성과가 있는 것이 보이는데, 5년 정도의 중기적 관점에서 보면 이룬 것이 없을 수도 있다. 예컨대 정책방향의 일관성이 없어서 해가 바뀜에 따라 정반대 방향으로 노력을 하여 각 년도에는 성과가 있었는데, 종합해보면 서로 효과가 상쇄되는 경우를 생각할 수 있다. 어떻든 조직의 성과를 어떻게 관리하느냐의 논의가 조직의 성과관리(performance management)이다.

Ⅱ. 목표관리제(MBO)

목표관리제(Management by Objectives)란 조직이 달성할 목표를 설정하고 이를 기준으로 달성 여부에 따라 조직의 성과를 관리하는 방법을 말한다. 이때 목표는 시간적으로 장기목표, 중기목표, 단기목표일 수도 있고, 조직전체의 거시목표(예: 부처의 미션), 중간단계의 목표(예: 국의 전략), 하부조직의 목표(예: 과의 목표)일 수도 있다. 이와 같이 목표의 체계가 다른 경우, 이들이 각각 다르게 설정되지 않고, 서로 연계되도록 하는 것이 중요하다. 즉, 상위목표와 하위목표 간에는 목표-수단 관계로 연계되어 있는 것이 바람직하다.

목표관리제로 조직을 관리하려면 리더의 역할이 중요하다. 보통 기존의 일방적·지시적인 관리방식을 탈피하여, 조직의 상·하구성원들이 공동참여하여 자발적으로 조직단위와 구성원 개인의 목표를 명확하게 설정하는 것이 첫 번째 단계이다. 그리고 목표에 따라 업무활동을 수행하게 한 후 목표달성 여부를 기준으로 성과를 측정·평가·환류함으로써 관리의 효율화와 조직 전체의 생산성 향상을 도모하는 상향적 관리기법(bottom up approach)이 바람직하다.

우리나라에서 MBO에 가장 가까운 제도는 고위공무원에게 그가 달성할 목표를 설정하는 방식으로 매년 성과계약을 하는 것이다. 직속 상관과 상의하여 목표를 설정하고, 구체적인 평가기준을 설정한 후, 이를 기준으로 달성 여부를 인사평가에 반영한다. 평가결과에 따라 차년도 연봉액이 결정된다. 인사행정분야에서의 목표관리제이다.

조직차원에서 목표관리제라고 볼 수 있는 것도 많이 있다. 예컨대 연초 대통령이 각 부처로 업무보고를 받는데, 이때 그 해에 각 부처가 추진할 목표치를 제시한다. 이것은 정부조직 수준의 목표관리제이고, 대통령의 눈치를 보는 문화에서는 가장 유효한 성과관리 방법 중의 하나라고 할 수 있다.

목표관리제(Management by Objectives)는 다음과 같은 특징이 있다.

- MBO는 일부 구성원이 아닌 모든 조직구성원이 참여한다.
- MBO는 X이론적인 통제적·하향적 지시 방식에서 벗어나, Y이론적 관점에

서 하급자가 스스로 상급자와 합의 하에 목표를 설정하고 집행한다. 직원은 참여를 통하여 설정된 목표를 정당한 것으로 인정함으로써 직무만족도가 향상될 뿐만 아니라, 목표를 설정한 직원에게 수단을 선택하게 하는 재량권이 부여되어야 한다. 따라서 업무의 성취의욕을 높이고 동기유발을 촉진시킴으로써 조직목표와 개인목표를 조화시킨다.

- MBO는 투입과 업무수행과정보다는 목표달성이라는 성과를 중시한다.
- MBO는 성과와 그에 따른 평가를 중시한다. 따라서 목표는 측정 가능하여야 하므로 단기적·계량적·양적 특성을 지닌다.
- MBO는 평가와 환류를 중시하며, 평가는 전 과정에서 수시로 실시한다. 또한 환류를 통하여 집단의 문제해결능력과 개인의 직무수행능력의 향상을 도모한다.

MBO의 성공여부는 과연 목표를 어떻게 정하느냐에 달려 있다. 예컨대 한 조직이 수행하는 것은 매우 많으므로, 이중 어느 것을 목표로 설정하느냐가 중요하다. 목표의 숫자가 너무 많아도 문제이므로, 가급적 관리가 용이한 4-5개 정도로 하되 그 조직이 수행해야 할 가장 핵심적인 미션을 포함해야 한다는 의미에서 핵심성과지표(Key Performance Indicator, KPI)를 설정한다. 그리고 중요도나 달성난이도에 따라 목표 간에 가중치를 주어, 총합성과점수를 산출하기도 한다.

Ⅲ. 균형성과기록표(BSC)

1990년대 말부터 Kaplan와 Norton(1996)은 기업들의 기존 성과관리가 재무 측면만 보는 것에 대해 비판하면서 다각도로 평가하여 성과를 볼 것을 제안하였다. 즉, 편협한 평가를 하지 말고, 그 회사의 성과를 여러 각도에서 균형있게 평가할 것을 주장한다.

균형성과기록표(Balanced Scored Card)는 구체적으로는 4가지 관점의 성과지표를 도출하여 이들 성과를 균형있게 관리하는 성과관리시스템이다. 이전의 관리방식은 단기적 성격의 재무적 목표인 당해연도 이윤창출 등에만 관심이 국한되어서 건강한 기업이 되기 어려웠다. BSC는 재무적 관점을 제외한 나머지 3가지 관점에서 장기적 목표와 균형(Balanced)을 이루도록 관리하는 것이다. 4가지 관점은 다음과 같이 요약할 수 있다.

- 재무적 관점(Financial) : "돈을 투자한 우리 회사의 주주들이 궁금해 하는 것은 무엇일까?"
- 고객관점(Customer) : "고객이 우리 회사를 어떻게 보고 있을까?"
- 내부절차관점(Internal Business Processes) : "우리가 내부적으로 무엇을 뛰어나게 만들 수 있을까?"
- 학습과 성장관점(Learning and Growth) : "어떻게 하면 우리가 더 개선을 하고 가치를 창출할 수 있을까?"

BSC는 이와 같은 4가지 관점에서 조직의 성과를 요약적으로 보여준다는 점에서 '일목성과요약표'라고 번역하기도 한다. 이것은 주로 중소기업 조직에도 적합한 기법으로서 여러 가지 버전(version)으로 전파되었고, 행정조직에도 도입되었다.[14]

그러나 BSC를 도입해보니, 행정조직에서는 기업조직과 달리 재무적 관점이 별로 큰 도움이 되지 않는다는 것이 드러났다. 행정조직은 예산을 배정받아 전부 지출하는 것이 관행이고, 기업의 이윤창출 같은 것은 보여줄 것이 없기 때문이다. 또한 외부절차관점은 정부조직관리에서 항상 문제시되는 것이어서 새로운 것이 아니었다. 그러나 고객관점을 비롯하여 학습과 성장은 과거 편협한 성과보다는 성과를 보는 지평을 넓혀주는 데는 도움이 된다고 할 수 있다.

상술한 목표관리제가 목표의 기능이 중요하다는 점을 강조하였다면, BSC는 각 4가지 분야별 목표를 설정하고, 이를 기준으로 평가하는 것을 강조하는 방법이다. 우리나라의 공공기관 경영평가, 정부업무평가 등 각종 평가지표에 BSC적 요소들이 들어가 있다.

Ⅳ. 우리나라의 성과평가제도

우리나라 정부는 '평가공화국'이라고 할 만큼 다양한 평가제도가 존재한다. 인사평가, 정책평가 등 행정기관 내부에서 이뤄지는 것도 있고, 언론 등 외부에서 이뤄지는 평가도 있다. 바람직한 성과관리는 조직을 단위로 주기적인 성과평가가

---

14 한국정부에서는 2005년 변화혁신관리 사업의 하나로, 서울대학교 행정대학원이 당시 행정자치부의 용역으로 조직진단을 하면서 정부에 본격적으로 도입되기 시작하였다. 당시까지만 해도, 조직진단과 개혁은 주로 불필요한 일 줄이기, 내부업무절차 개선이나 조직도표를 개편하는 데 중점이 있었는데, 다른 3가지 관점을 도입한다는 데 의의가 있었다.

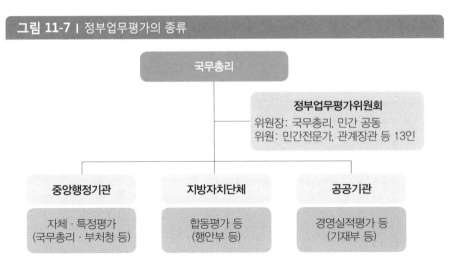

그림 11-7 ┃ 정부업무평가의 종류

출처: 국무총리실, 2010. 2. 11.

이루어지고 이를 공개하고, 문제점을 개선하는 것이 핵심적이다.

우리나라는 집단주의적 조직문화를 가지고 있기 때문에 개인단위보다는 단위조직에 대한 평가가 유효하다고 할 수 있다. 우리나라 정부의 평가는 상급감독기관이 하급기관을 평가하는 하향식 조직평가가 많이 발달되어 있다. 중앙정부가 매년 지방자치단체를 평가하는 것, 300여 개의 공공기관에 대해 실적을 평가하는 경영평가 등이 그 예이다. 「정부업무평가 기본법」이 제정되고, 국무조정실에서 정부전체 차원의 '평가업무'를 체계적으로 관리하고 있다. 실제 평가지표의 구성과 평가실무는 행정학전공 교수 중 외부전문가들이 한다. 또한 평가지표에는 BSC적 요소가 많이 들어가 있다.

그러나 이러한 평가가 정부조직을 바람직하게 관리하는 마술방망이는 아니다. 예컨대, 전 기관이 평가에서 점수를 잘 받기 위해 지나치게 총력을 기울여서 본연의 업무를 소홀히 하는 문제점도 생길 수 있다. 즉, 평가를 위한 평가가 되는 목표수단 도치현상을 발견할 수 있다. 평가피로증도 생긴다.

따라서 아무리 좋은 제도라도 과유불급이란 말과 같이 지나치면 문제가 생기는 것이다. 나쁜 평가결과가 가져올 손해가 클수록, 각종 우회적 방법으로 좋은 점수를 얻어내는 메커니즘이 발달하고 있다(Im, 2017). 인위적으로 평가에서 좋은 점수를 잘 받으려 하기보다는 단점을 발굴하여 이를 시정하는 학습의 기회로 사용해야 할 것이다. 평가제도가 원래 취지에 맞게 운영되는 것이 바람직할 것이다.

신상필벌이 만능인가?

조직의 로마를 말할 때 빠뜨린 것이 하나 있다. 바로 로마에서는 전투에서 졌을 경우에도 패한 군대의 지휘관을 처벌하지 않았다는 사실이다.

비록 로마군이 패전에 패전을 거듭했다 해도 -이것은 나중에 설명하는 한니발과의 싸움에서 실제로 일어난 일이지만- 지휘관은 바닥날 염려가 없다. 또한 패전 지휘관도 실패 경험을 다음 전투에서 활용할 수가 있다. 즉 패전 경험에서 다음 승리를 이끌어 낼 수 있는 효과도 있다는 것이다.

그러나 이것은 어디까지나 결과론이고, 로마인들이 그러한 효과까지 고려하여 패장을 재판하지 않았던 것은 아니다. 이렇게 말하는 것은 원래 로마인의 관념에서 보면 패장을 해임하거나 혹은 처벌할 필요성은 처음부터 고려되지 않았기 때문이다.

이미 말했듯이 공동체 의식이 강한 로마에서는 무엇보다도 명예를 존중했다. 일단 전쟁이 나면 귀족도 평민도 모든 것을 내던지고 국가 방위에 나서는 로마인이었다. 귀족과 평민의 항쟁이 좀처럼 결론에 도달하지 못했던 것도 그 때문이었다.

그러한 로마인이기에 자신에게 주어진 임무를 완수하지 못하여 패전의 책임자가 된다는 것은 가장 견디기 힘든 치욕이었다. 이것이 당시 로마사회의 상식이었다.

그러니 '죽고 싶을 정도로 치욕스럽다는 생각을 하고 있는 지휘관을 굳이 재판할 필요가 없지 않은가?' 이렇게 생각했기 때문에 로마에서는 패장의 책임을 거론하지 않았다. 이미 그는 패장이 된 시점에 수치라는 큰 벌을 받은 셈이니까.

미국식 경영 이론서의 첫 페이지에는 큰 고딕 문자로 '신상필벌'이라는 말이 쓰인 경우가 많다. 그것을 보면 나는 놀려 주고 싶기도 하다.

과연 명예심 따위를 약으로 쓰고 싶지 않은 현대 조직의 운영에서는 신상필벌은 매우 중요하며 꼭 필요한 규칙일 것이다. 그러나 이 규칙을 일부러 꺼내 들지 않아도 잘 움직인 조직이 실제로 존재했던 것이다.

역사가 리비우스가 "알렉산드로스도 물리쳤을 것이다"라고 한 로마의 조직력은 공화정에 의한 것만은 아니다. 리키니우스·섹스티우스법 이후의 로마에는 같은 시대의 다른 나라가 가지지 않은 두 가지 큰 '무기'가 있었다.

하나는 물건이나 사람을 움직이게 하는 네트워크로서의 도로망, 그리고 또 하나는 로마를 중심으로 하는 국가 간 네트워크로서의 '로마 연합'.

이 두 가지 네트워크의 힘으로 로마는 이탈리아 반도의 패자가 되었고, 얼마 후에는 지중해 세계의 패자도 된다. 그런데 사실 이 둘은 동전의 양면을 이루는 것으로 볼 수 있다. 표현을 달리하면, 도로망이 하드웨어라면 '로마 연합'은 소프트웨어였다고 할 수 있다.

역사가인 플루타르코스는 로마가 주변국을 누르고 커진 이유를 한마디로 요약했었다. "패자마저도 자신들에게 동화시킨다는 그들의 방식만큼 로마의 강대화에 기여한 것은 없다."

이처럼 멋진 특성은 이미 로물루스 시대 사비니 족을 동화시킬 때부터 나타나기 시작하여, 왕정에서 공화정으로 이행한 후에도 바뀌지 않았다. 오히려 그들은 그 특성을 한층 강화했다.

출처: 시오노 나나미(2007: 113-115).

참고문헌

고대유·강제상(2017). "한국의 행정문화를 적용한 침묵현상의 개념화의 측정도구 개발".
　　「한국행정학보」 51(4): 29-55.

김병섭·김철(2002). "정부위원회 조직의 개혁: 반복되는 답과 잃어버린 질문". 「한국행정
　　학회」 학술발표논문집, 79-96.

김진·금현섭(2017). "조직목표 명료성의 다차원성과 친조직적 부정행위의 관계에 관한 연
　　구". 「한국행정학보」 51(4): 149-179.

김태일(2000). "우리나라와 OECD국가의 공무원 수의 규모 비교 분석". 「한국행정학회」
　　34(1).

박종민·윤견수(2014). "한국국가관료제의 세 가지 전통". 「한국행정학보」 48(1): 1-24.

백완기(1997). 「한국의 행정문화」. 고려대학교출판부.

시오노 나나미(2007). 「또 하나의 로마인 이야기」. 한성례 옮김, 서울: 부엔리브로.

오재록(2011). "정부부처의 권력 크기 분석: 이명박 정부의 41개 중앙행정기관 실증연구".
　　「한국행정연구」 20(1): 159-183.

윤견수(2015). "한국공직문화의 원형: 자리문화". 「한국행정학보」 49(4): 1-28.

여영현(2014). "한국 공무원의 조직 드라마투루기(dramaturgy)의 활용과 수용: 인상관리,
　　계층제 옹호, 그리고 대응양식연구". 「한국행정학보」 48(1): 49-72.

윤재풍(2014). 「조직론」. 서울: 대영문화사.

이면우(2004). 「생존의 W이론」. 랜덤하우스코리아.

이제윤(2011). "조직문화 유형이 조직효과성에 미치는 영향에 관한 연구: 공항운영 공기업
　　을 대상으로". 서울대학교 석사학위논문. 서울대학교 행정대학원.

임도빈(2000). "신공공관리론과 베버 관료제이론의 비교". 「行政論叢」 38(1): 51-72.

　　　　(2006). "관료제를 위한 변론". 「한국조직학회보」 6(3): 193-221.

　　　　(2007). "정부조직진단 사업의 조직사회학적 분석". 「한국행정학보」 41(4).

　　　　(2009). 「정부조직과 시간관리」. 서울대출판문화원.

　　　　(2012). "중앙부처 관료의 정책시간안목에 관한 연구". 「한국행정논집」 24(3).

　　　　(2014). "한국중앙부처조직의 개편에 관한 연구: 역사적 시각에서". 「한국조직학회
　　　　보」 11(1): 1-45.

임현경(2018). 「한국적 맥락의 공직선택동기 탐색」. 서울대행정대학원 석사학위논문.

조석준(2004). 「한국행정과 조직문화」. 서울: 대영문화사.

조석준·임도빈(2016). 「한국행정조직론」. 제2전정판. 파주: 법문사.

차세영(2011). 「조선초기 중앙행정기구의 네트워크 구조에 관한 연구」. 서울대행정대학원
　　석사학위논문.

대한민국정부(2010). 「(2010회계연도) 성과보고서: 국무총리실」. 대한민국정부.

Ashforth, B. E., & Mael, F. (1989). "Social identity theory and the organization." *Academy of management review* 14(1): 20-39.

Bozeman, Barry, and Stuart Bretschneider (1994). "The 'publicness Puzzle' in Organization Theory: A Test of Alternative Explanations of Differences between Public and Private Organizations." *Journal of public administration research and theory* 4(2): 197-224.

Clegg, Stewart, and David Dunkerley (1980). Organization, Class and Control. London: Routledge & Kegan Paul.

E. Schein. (1985). Organizational Culture and Leadership. San Francisco: Jossey-Bass.

Kast, F. E., & Rosenzweig, J. E. (1985). Organization And Management: A Systems And Contingency Approach (Mcgraw Hill Series In Management).

French, Wendell L., Fremont Ellsworth Kast, and James E. Rosenzweig (1985). Understanding Human Behavior in Organizations. Harper & Row New York.

G. Hofstede (2001). Culture's consequences: comparing values, behaviors, institutions, and organizations across nations. Sage publications

Goodsell, Charles (1985). In Defense of Bureaucracy. NJ: Chatham House Publishers.

Gouldner, Alvin W. (1968). "The Sociologist as Partisan: Sociology and the Welfare State." *The American Sociologist* 3(2): 103-116.

Greenberg, J., & Baron, R. A. (2003). Behaviour in Organisations. eighth (international) edition.

J. Campbell. (2014). "Identification and performance management: an analysis of change-oriented behavior in public organization." 서울대학교 박사학위논문. 서울대학교 행정대학원.

Im, T.(2017). *Public organizations in Asia*, London: Routledge.

Im, T., Campbell, J. W., & Cha, S. (2013). "Revisiting Confucian Bureaucracy: Roots of the Korean Government's Culture and Competitiveness." *Public Administration and Development* 33(4): 286-296.

Kaplan, Robert S., and David P. Norton (1996). The Balanced Scorecard: Translating Strategy into Action. Harvard Business Press.

Kaufman, Herbert (1977). *Red Tape, Its Origins, Uses, and Abuses*. Brookings Institution Press.

Merton, Robert K. (1940). "Fact and Factitiousness in Ethnic Opinionnaires." *American Sociological Review* 5(1): 13-28.

Ott, J. S. (1989). "Understanding organizational culture." *Public Administration* : 487-493.

Ouchi, W. (1981). Theory Z: "How American business can meet the Japanese challenge." *Business Horizons* 24(6)∶82-83.

Pandey, Sanjay K., and Stuart I. Bretschneider. (1997). "The Impact of Red Tape'
    s Administrative Delay on Public Organizations' Interest in New Information
    Technologies." *Journal of Public Administration Research and Theory* 7(1)∶113-130.

Selznick, P. (1949). TVA and the grass roots∶A study of politics and organization (Vol.
    3). Univ of California Press.

Thompson, V. A. (1961). Modern organization (Vol. 13). New York∶Knopf.

Vandyne, L., Cummings, L. L., & Parks, J. M. (1995). "Extra-role behaviors-In pursuit
    of construct and definitional clarity (a bridge over muddied waters)." *Research
    in Organizational Behavior: An Annual Series Of Analytical Essays And Critical
    Reviews* 17∶215-285.

W. A. Niskanen. (1971). Bureaucracy and Representative Government. Chicago∶Aldine,
    Atherton.

Weber, M. (1978). Economy and society∶An outline of interpretive sociology. Univ of
    California Press.

제 **12** 장

행정철학과 공공가치

지금까지는 국가권력작용으로서 행정이 작동하는 원리와 현실에 관하여 다뤘다. 그것은 결국 중단기적이고 눈으로 보이는 실증적 차원에 중점을 두었으며 기계적 합리성이 지배하는 세계이다. 그러나 이러한 표면적 현상의 깊은 곳에는 도도히 흐르는 변하지 않는 무엇이 있을 것이다.

시대를 초월하여 사회 및 인간의 본질이 무엇인가라는 질문을 할 필요가 있다. 이를 크게 말하면 인문학적 행정학, 좀 더 구체적으로 말하면 철학이다. 팽이의 축과 같이 우리 사회의 중심을 잡아주는 역할을 한다. 이것이 잘못되면 우리 사회전체가 기울어진다. 또한 이것이 견고하지 못하면, 팽이가 돌지 않는다. 다시 말해, 눈에 보이지는 않지만 우리 사회를 이끌어나가는 중심축이 되는 것이 행정철학인 것이다.

첫 번째로 생각할 것은 행정학에서 추구해야 하는 이상향이 무엇이냐는 것이다. 행정이 그리는 이상적 상태를 실현시킬 키워드가 공공성이라고 보고 현실행정의 본질적 문제를 고민해야 할 것이다.

이런 이상적인 기준을 가지고 행정이 나아가야 할 가치판단으로 사용하고, 나아가 지켜야 할 윤리를 추출할 수 있는 것이다. 이러한 철학과 윤리는 하루 아침에 변하는 것이 아니고, 100년 이상 변하지 않고 지속되는 불변의 진리로 여겨진다. 이러한 진리를 기준으로 행정을 보면, 행정이 지켜야할 윤리가 무엇인지 알 수 있다. 아울러 그 사회의 건강도를 알 수 있는 가장 안정된 개념인 신뢰도(trust)를 증진시켜야 한다. 장기적으로 한 국가의 정부경쟁력을 높이고 지탱하는 것은 결국 철학과 윤리인 것이다.

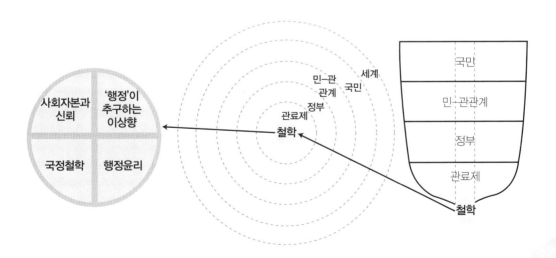

제12장
행정철학과 공공가치

제 1절 | 행정이 추구하는 이상향

I. 모두가 잘 사는 나라

1. 고전의 지혜

공자(孔子, B.C. 551-B.C. 479)는 인간사회에 평화를 가져오고 번영을 누리게 하는 것이 통치자의 '덕(德)'이라고 보았다. 그가 중시한 덕은 마치 '어린이가 우물가에 가면 빠질까봐 달려가서 안아주는 것과 같은' '인(仁)'이다. 이를 최고의 가치로 하여 통치자들이 끊임없이 수양하고 그 덕을 이루는 방향으로 통치하면, 강자, 약자, 부자, 빈자 모두 혜택을 누리는 이상적인 사회가 되리라고 설파하였다. 공자가 그리는 이상향은 바로 덕이 있는 관료들이 앞장서서 행정을 베풀고, 백성들이 이에 순종하는 일종의 계서제적 윤리공동체를 생각한 것으로 보인다.

공자의 유교사상은 조선시대의 이율곡, 이황 등의 대학자들에 의해 더욱 완성된다. 이들은 유교사상을 국가의 통치철학과 행정에 실제로 적용해 본 것이다. 동양에서 군주의 덕을 중시하는 것은 서양의 권력론과는 대조되는 사상이다. 예컨대 가장 훌륭한 왕으로 칭송받는 세종의 경우, 그 통치체제는 독재라기보다는 의정부와 같은 유교적 경전에 뛰어난 엘리트 관료들에 의해 견제를 받는 집단체제에 가까웠다(차세영, 2011).

우리나라에서의 이상향은 현실의 고통이 없는 '무릉도원'으로 요약된다. 박지원의 「허생전」에서 나오는 '무인공도'도 이상향을 나타낸다. 사방 천리나 되는 면적의 나라에서 빈부의 차가 없으면서 동시에 국가가 무역을 통해 물질적 풍요를 누리게 하는 중상국가이다. 허균의 홍길동전에서는 서얼의 차별이 없는 '율도국'을 이상향으로 보고 있다.

서양에서는 소크라테스의 제자이자 아리스토텔레스의 스승인 플라톤(Plato, B.C. 428/427-B.C. 348/347)이 '국가론'을 저술하였다. 이 책은 오늘날의 개념으로 '정의(justice)'가 무엇인가에 대해 깊이 성찰한 것이다. 결국 국가가 없이는 정의가 실현될 수 없음을 주장하였으므로 서양에서 행정의 필요불가결성에 대한 효시라고 할 수 있다. 특히 왕이든 군주든 통치자가 철학을 하지 않으면 백성들이 불행해질 수 있음을 지적하였다. 그러나 철학하는 내용이나 대상이 무엇인지는 구체적으로 제시하지 않았다는 점에서 '어짊(仁)'을 중시하는 공자에 비하여 실용성은 약하다고 하겠다.

이후 많은 철학자들은 인간사회의 본질에 대해서 고민하였다. 인간사회의 권력현상을 논하는 모든 철학서들은 어떻게 보면 행정철학 교과서라고 할 수 있다. 이에 대한 구체적인 사례로 토머스 모어(Thomas More, 1477-1535)는 인클로저 운동으로 농토에서 쫓겨나 가난과 권력에 신음하고 있는 16세기 영국인들을 보고, 이상적인 국가가 무엇인가에 대한 고민을 '유토피아(Utopia)'라는 저서를 통하여 서술하였다(황문수 역, 2008).

유토피아는 사유재산이 폐지되고, 사형제가 없는 나라이다. 지나친 물질적 풍요를 견제하고 적당한 정도의 소비를 하며 질적인 행복을 누리는 삶을 추구하는 사회이다. 모든 사람은 하루 6시간만 일하도록 하고, 나머지 시간에는 일하는 것도 금지되어 있다. 평등하게 물자를 공급받고, 모든 사상을 자유로이 표현할 수 있다. 평등을 주장한다는 점에서 일종의 사회주의 국가와 비슷한 부분도 있다. 모어도 왕과 통치자들이 제대로 통치하기 위해서 철학을 해야 한다고 주장하였다.

동서양을 막론하고 국가행정이 추구해야 하는 이상향으로 제시되는 것에는 몇 가지 공통점이 있다.

첫째, 폭군과 같은 독재로부터 자유로운 것을 꿈꿨다. 그런데 국가행정은 적어도 국민을 지켜주는 견고한 울타리 이상의 역할을 할 것을 상정하고 있다. 즉 행정이 존재하지 않는 무행정(無行政)을 전제로 하는 주장은 찾아보기 힘들다. 행정의 역할을 사회를 움직이는 제일 기본적인 장치로 인식하는 것이 현인들의 공통적인 주장이다.

둘째, 모든 사람들이 가난에서 벗어나 물질적 풍토를 꿈꿨다. 이를 위해 항상 국민을 중심에 놓고, 국민들이 편안하게 생활을 영위하는 것을 국가행정의 임무라고 생각했다. 빈부의 차가 없는 사회, 부자가 가난한 사람을 착취하지 않는 사회를 꿈꿨다.

셋째, 개인보다는 함께 어울려 사는 사회를 꿈꿨다. 즉, 극단적인 개인주의나 이기주의보다는 공동체주의 내지 사회주의적 사회를 이상적으로 보았다. 어느 누구도 행정이 국민을 억압하거나 괴롭히는 것을 이상향으로 그리지는 않았다. 오히려 개인이 어떤 위협을 받는 경우에 강력히 보호해 줄 수 있는 강한 행정으로 묘사되는 것이 많았다.

2. 자유주의와 시장주의

이와 대조적인 방향으로 자유주의 사상이 발달한다. 평등보다는 개인의 자유를 더 중시하는 것이다. 특히 미국식 자유주의 사상은 미국이라는 나라의 건국 배경에서 뿌리를 찾을 수 있다. 청교도들이 신대륙에 정착하여 국가를 건설하는 데에는 영국의 왕정을 거부하는, 반국가적 사고가 내재되어 있었다. 따라서 국가행정은 개인의 자유를 구속하는 존재로 보고, 작은 국가(최근의 용어로는 규제완화)를 이상적으로 보고 있다. 권력기구로서 국가를 부정하는 무국가성(無國家性)을 이상향으로 본 것이다(정용덕, 1996).

자유주의 사상에서는 국가는 개인의 창의성을 발휘토록 해주는 역할이 중요하다고 보고, 이를 실현시키는 방법으로서 시장(market)을 우선시한다. 모두가 잘 사는 나라는 시장원리에 따라 경제가 작동하게 해야 한다. 밀턴 프리드만(M. Friedman) 같은 자유주의 경제학자들이 이론 발달을 주도하게 된다. 이를 국가정책분야에 응용한 것이 공공선택론(public choice)과 탈규제론자(deregulation)들이다. 뷰캐넌(J. M. Buchanan)과 털록(G. Tullock)은 시장모형의 경제학과 개인주의적 가정을 미국 정치 체제의 작동에 적용하여 국민 개개인이 자기 이익의 추구를 하나의 기본적인 필수 요건으로 추구하도록 할 수 있는 민주적인 정부를 어떻게 조직하느냐를 연구하였다(Buchanan & Tullock, 1962). 즉, 시장이 행정기능을 대체할 수 있다고 생각하며, 국가의 인위적 개입을 죄악시한다. 시장중심의 사상은 미국뿐만 아니라 전 세계적으로 더욱 꽃을 피우게 된다. 많은 나라에서 경제성장을 통한 풍요한 사회를 이상향으로 가지고 있는 지도자들이 활약하게 된다.

3. 공유지의 비극

세월이 흐르면서 시장주의가 모두가 잘사는 나라를 만드는 데 큰 결함이 있다는 이론도 많이 만들어진다. 주기적으로 경제불황이 생기기도 하고, 사회 양극화도 생긴다. 이를 보완하는 방법으로서 복지국가론 등 여러 이론도 발달한다.

특히 2009년 노벨경제학상을 받은 공공선택론자인 오스트롬(Ostrom)부부는 '공유의 비극을 넘어(Governing the Commons: The Evolution of Institutions for Collective Action, 윤홍근 역, 2010)'를 통해 자유시장주의가 가진 허점을 지적한다. 삼림, 유전, 해양 등 주인 없는 공유재의 경우에는 자기 소유물만 아끼고 공유재는 마음대로 방치하거나 악용하여 결국 황폐화되는 현상을 지적하였다. 개인이 사익만을 추구하다보면 공유지의 비극이 나타난다는 점을 논리적으로 주장한 것이다.

오스트롬은 공유지의 비극을 해결하는 방법도 발견하였다. 국가가 충분히 발달하지 않은 후진국에서 일어나는 사례를 들면서, 이 문제를 해결하는 방법으로서 지역주민들의 자발적인 공동체가 형성(즉 공공성)됨을 발견하였다. 그런데 자발적 공동체가 실제로 작동하는 현장에는 공통적인 자율적 규칙이 생긴다. 즉, 초보적이나마 관리 또는 행정현상이 나타나는 것을 볼 수 있다. 예컨대, 제주도에서는 해녀들이 자기 담당 해안을 지정하여, 자원이 고갈되지 않도록 작업시간 조절 등을 한다. 여기에는 '어촌계'라는 자발적 규율기관이 있다.

공유지의 비극
모든 개인이 사익을 추구하게 되면, 공동의 재산은 황폐화되는 현상

Ⅱ. 현대적 가치: 공공성

1. 공공성의 다양성

시장주의에 대한 비판의 근원은 개인의 욕망이 아무런 제약 없이 추구되는 것이 바람직한가에 집중된다. 모든 사람이 잘 사는 사회적 조건을 만드는 존재로서, 보통 국가를 상정한다. 국가는 개인의 모든 하위 가치를 초월하는 추상적 개념인 공공성(privateness)을 추구해야 한다.

원래 공공이란 용어는 그리스어 'pubes'에서 유래한 것으로 이 의미 속에는 '육체적으로나 감정적으로 혹은 지적으로 성숙한 사람들'이라는 의미와 함께 '자기 자신에 대한 이익의 관점에서 벗어나 다른 사람의 이익을 강조하는 사람들'이라는 의미가 내포되어 있다(김항규, 2009: 44-46). 이에 반해서 개인을 의미하는 'private'은 '박탈(to deprive)'을 의미하는 'privatus'에 유래한다(임의영, 2002: 90). 또한 영어의 'common'이라는 의미와 그 유래어인 그리스어의 'koinon'이라는 용어를 살펴보면 또 다른 그리스어인 'komois', 즉 배려(care with)라는 용어에서 유래한 것이다.

공공성
개인성(privateness) 혹은 사익성의 반대개념으로서 개인의 이해관계를 초월하는 공동체의 이익을 추구하는 원칙

공공이란 말의 고전적 의미는 육체적·감정적·지적으로 성숙한 수준으로, 다른 사람들과의 관계 속에서 다른 사람들과 더불어, 자기 자신의 이익만을 고려하는 것이 아니라, 다른 사람들의 이익을 또한 배려하고 돌보는 사람들이라는 의미가 함축되어 있다(김항규, 2009: 44-46). 공공성의 개념은 나라마다 다양성있게 발전되어 왔다.

첫째, 미국의 경우, 공공성을 헌법 원리에 찾을 수 있다고 주장하였다(John Rohr, 1979). 미국헌법은 미국의 연방정부를 건국하려는 사람들의 치열한 고민에 의해서 나온 것으로 평가받고 있다. 그 기본적 원리는 인민 주권의 원리, 대의정부, 권리장전에 포함되어 있는 시민의 권리, 정당한 절차, 권력의 균형 등이다. 주목해야 할 것은 Rohr는 국가가 이러한 헌법의 이상을 실현하는 자체가 모든 것을 초월하는 가치이므로 예컨대 민주적 절차에 급급하는 것보다도 더 우위에 있어야 하는 것으로 본다는 점이다. 즉, 선출되었든, 지명되었든 공직자는 다수결 결정보다 더 높은 헌법적 원리를 추구해야 한다고 본다. 이에 더하여 Frederickson(1997: 43-47)은 자비와 사랑을 꼽는다.

둘째, 미국보다 더 근본적인 원리를 천명한 것은 프랑스 혁명기인 1789년에 공포된 인권선언(Declaration des droit de I'homme et du citoyen)이다. 이것은 자연법 사상과 계몽사상을 총체적으로 담아낸 것으로 인간의 개방, 인간의 자연적 권리를 문서화한 것이다. 제 1 조에 '인간은 나면서부터 자유로우며 평등한 권리를 가진다'고 표현한 것이 공공성 개념의 출발점이라고 할 수 있다. 이를 보장하는 주체가 국가라고 본 것이다. 즉, 자유, 평등, 박애가 공공성의 구성요소라고 하겠다.

셋째, 우리의 역사와 문화에서도 훌륭한 공공성 개념을 찾을 수 있다. 한민족으로서 유구한 역사를 가진 우리나라는 홍익인간(弘益人間)의 정신이 곧 공공성의 기반이 되는 사상적 기초라고 할 수 있다. 즉, 인간이 중심이 되어, 인간성을 확립하며, 우리 모두가 잘 사는 나라를 만드는 것이 곧 한국식 공공성이다.

홍익인간
'널리 인간을 이롭게 한다'는 삼국유사에 나오는 말로 우리나라의 공공성을 나타내는 말이다.

2. 관료적 공공성

공공성은 모든 국민이 향유해야 하는 가치이다. 무엇보다도 관료가 업무수행시 추구해야 할 변치 않는 가치이다. 잘 확립된 가치관은 그 사람의 의사결정, 행동을 좌우하기 때문에 매우 중요하다. 공직자가 여러 가지 정책결정 및 집행을 하게 되는데, 이때 '공공성', 즉 '공정한 사회의 실현'이라는 가치관이 뚜렷한 관료와 그렇지 않은 관료 간에 차이가 있을 것이 분명하다.

공공성을 실현시키는 주체로서 관료가 유념해야 할 것을 몇 가지로 제시하면 다음과 같다. 첫째, 임무수행을 통해 궁극적으로 실현해야 할 상태로서 이상향을 잊어서는 안 된다. 특히 관료들은 '효율성'이라는 미시적 가치에 매몰되어 홍익인간, 즉 인간존중의 가치를 소홀히 할 위험이 있다.

둘째, 정부의 역할에 관한 것이다. 국민 개개인이 중요한 존재라는 인식하에서 공공성을 해치는 모든 요소에 대해 적극적으로 대처할 필요가 있다. 노동, 토지, 화폐와 같은 '허구적 재화'에 관해서, 시장에 모든 통제권을 양보한다면, 자본의 남용이 일어나서 결국 인간의 존엄성을 해칠 수 있음을 잊지 말아야 한다(임의영, 2016).

나약한 개인이 인권을 침해받을 때, 굳건히 지켜주는 것이 관료의 임무이다. 즉 국민 모두에게 인간답게 생존할 수 있도록 배려해주고, 보장해 주는 것이 관료적 공공성을 실천하는 방법이다. 정의롭지 못한 상태를 바로 잡으려는 적극적 중립성을 확보해야 한다(최상옥, 2016).

셋째, 공공부문의 운영에 있어서 투명하고, 국민이 참여하도록 해야 한다. 비록 시장과 시민사회에 공공문제 해결을 일부 맡기더라도, 취약계층의 입장에서 전 과정을 이해할 수 있도록 투명하게 하고, 원할 때 언제든지 직접 참여할 수 있도록 보장해야 한다.

넷째, 시간 관점에서 관료가 공공성을 추구하는 방법이 '지속가능성(sustainability)'이란 시각이다. 이는 사익을 추구하는 소수가 단기적 시각에서 이익을 추구하는 기존의 발전(즉 성장) 개념에 비판을 가하는 개념이다. 즉 어느 사회의 활동이 장기적으로 그 사회를 유지하지 못하고 쇠퇴 혹은 멸망에 이르게 한다면 공공성에 반한다. 이러한 점에서 지속가능성은 공공성을 시간적으로 담보할 수 있는 원칙이다.

제 2 절 **행정의 철학·윤리적 고민**

행정철학
행정의 본질이 무엇이고, 행정의 근본 목적을 포함하여 행정이 추구하고 실현하려고 하는 바람직한 가치는 무엇이며, 이러한 가치들이 실천적 행정에서 어떻게 적용될 수 있는가에 관한 학문이다(김항규, 1990).

I. 행정철학

1. '정의'란 무엇인가

행정이 존재하는 이유를 다루는 존재론(ontology)이나 행정에서 각종 의사결정을 할 때 직면하게 되는 가치판단의 바람직한 기준에 따라 이뤄지고 집행되어야 한다는 실천론(practical philosophy; praxis)이 바로 철학적 질문에 대한 답을 찾는 학문분과가 행정철학이다. 실천론은 가치론과 윤리론으로 구분된다. 여기에서 이러한 것들을 살펴보는 것은 어려우므로 행정학에서 변하지 않는 가치이자 가장 중요하게 쓰이는 공공가치에 대한 철학적 의미를 살펴보고자 한다.

행정이 추구해야 하는 가치는 정의와 공익성 실현, 즉 공익보호라고 할 수 있다.[1]

쟁점은 과연 공정한 분배에 관한 '절대적' 정의기준이 존재하는가의 문제이다. '절대기준이 존재한다'는 측은 이해관계로 어지럽혀지는 경우는 있을지언정, 구성원이 도달하는 원칙은 존재한다고 본다. 이에 반해 회의론자들은 정의/공정성이라고 하는 것은 사람에 따라 다르기 때문에 정의할 수 없다고 본다.

이에 대해서 롤스는 정의의 2가지 원칙을 제시했다.

첫째, 평등한 자유의 원칙(equal liberty principle)이다. 개개인은 가장 광범위한 차원에서 인간으로서 기본적 자유를 향유해야 한다. 그리고 이러한 자유권은 타인과 평등하게 소유한다.

둘째, 불평등의 원칙이다. 사회적·경제적 불평등은 다음 두 가지 전제조건 혹은 원칙 하에서만 허용된다. 우선 모든 이에게 직업/직위에 대한 균등한 기회를 부여하는 공정한 기회균등 원칙(fair equality of opportunity)과, 다음으로 사회적으로 가장 불리한 자들에게 최다 편익을 부여하는 차별의 원칙(difference principle)이다.

불평등의 원칙(혹은 차별의 원칙)의 핵심은 사회에서 약자인 사람들의 행복이 증진되는 경우에만 가능하다는 것이다. 즉 기득권층이 사회약자들에게 혜택을 양보하는 것 대비 약자의 행복이 클 때에는 차별할 수 있다.

그러나 이처럼 일견 명확하게 보이는 원칙들도 관료들이 실제현장에 적용할 때 모호성으로 인해 어려움이 발생한다. 따라서 관료들은 이러한 원칙들을 어떻게 일상업무에 적용할지를 고민하게 된다.

관료들이 무엇이 정의인지 판단하기 어려울 때 도움이 되는 판단기준이 있다. 그것은 민원인 개인들에 대한 정보가 박탈된 '무지의 장막 뒤에서(behind a veil of ignorance)' 생각해야 한다는 것이다. 즉, 사회의 기본구조 질서에 관한 정의 문제를 고민할 때 이른바 '원초적 지위(original position)'에서 고려해야 한다

공익
어떤 공동체의 일반적/집합적 이익(general or collective interests) 혹은 사회공동체 전체에 이로운 것이라고 정의된다 (정용덕, 2003).

[1] 하지만 공익을 구체적으로 실현하는 방법면에 있어서 입장의 차이가 있다. 강한 개념정의로는 공익과 사익을 엄격하게 구분하고 공익이 사익에 우선해야 한다는 시각이다. 하지만 약한 개념정의에서는 개인들의 사익만 인정하고 공익은 사익의 집합과 동일하다고 인식하는 것이다. 공익을 달성하는 방법은 다르지만 공익이 중요하다는 것을 강조하는 점에서는 동일하다.

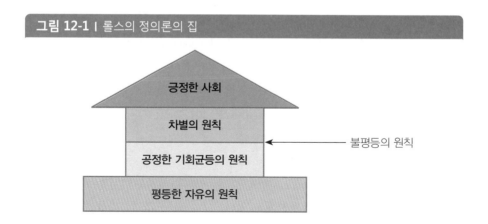

그림 12-1 | 롤스의 정의론의 집

는 정의원칙이다.

　기본적으로 행정이 추구하는 가치는 이러한 정의의 기초 위에서 좀 더 구체화될 수 있다. 실제로 정책결정내용에서 행정이 공익을 추구할 때 고민해야 하는 것은 달라질 수 있다. 제도가 확립된 민주국가에서는 합법성, 민주성, 효율성, 공정성(형평)을 추구한다. 여기서 공정성은 배분적 정의를 의미한다.[2]

Ⅱ. 행정윤리

1. 행정적 악

　행정의 철학적 가치를 어떻게 실현하는가라는 실천적 수단들에 관한 고민이 필요한데 이를 행정윤리론에서 고민한다. 윤리는 공무원들의 마음, 즉 내면의 세계를 중심으로 접근하는 방법과 공무원의 외적 행태, 즉 외면의 세계를 접근하는 방법이 있다.

　외면적 접근을 하는 행정윤리는 관료들의 마음보다는 드러난 행태를 통제하려는 입장이다. 공익을 실현시키는 도구격인 공직자들이 지켜야한다는 일련의 행동준칙들을 만든다. 이에 따라 전 세계 각국에는 이미 공직자들이 어기면 처벌을 받는 규정들이 존재한다. 이에 더하여 계서제 속의 인간으로서 상관의 명령에 복

---

2 배분적 정의는 유형, 무형가치의 공정한 분배의 결정을 위한 기준이다. 공정성(fairness), 형평성(equity)이 기본이 된다. 배분적 정의론은 고대 그리스 시대의 아리스토텔레스와 사회계약론자인 롤스가 주장하였다.

종하고, 법규정을 충실히 따르도록 하는 각종 제도 등이 이러한 행동준칙에 해당한다. 이렇게 함으로써 베버가 말하는 관료제의 합리성(즉, 효율성)이 높아진다.

내면적 접근법은 상술한 행정의 철학·윤리적 차원을 관료들에게 내면화시키는 것을 의미한다. '인간존중'의 정신을 갖도록 하여, 관료들로 하여금 일상적 업무처리에서 이를 반영토록 하는 것이다.

그런데 근대관료제에서 외면적 접근과 내면적 접근은 서로 충돌할 가능성이 있다. 즉, 추구하는 좁은 의미의 기술적 합리성(technical rationality)은 넓게 보면 공공성을 크게 해칠 수 있는 위험성이 있다. 환언하면, 협의의 외면적 윤리준수가 광의의 내면적 윤리를 현저히 위반할 수 있다는 것이다. 예를 들어, 나치 정권 당시 유대인 학살을 담당했던 사람들도 좁은 의미의 윤리적 잣대로는 부족함이 없었으나, 광의로 보면 엄청난 악을 저지른 것이다. 유대인 학살의 지휘자 아이히만 같은 사람도 법정에서 보니 지극히 평범한 사람이었다는 것이다. 이를 행정적 악(administrative evil)이라고 하고, 이를 피하는 것이 진정한 행정윤리라고 본다(Adams, Guy B., and Danny L. Balfour, 2004).

2. 법과 윤리의 사이에서

민간기업 종사자에 비하면 관료들은 많은 제약 속에서 업무를 수행한다. 이 제약은 크게 법과 윤리, 두 가지로 나누어 볼 수 있다. 법과 관련된 제약을 다룬 대표적인 이론이 베버의 관료제 이론이다. 계급에 근거한 질서에 따라 공무원은 상관의 명령에 복종해야 한다. 업무처리는 법적 근거가 있어야 가능하다는 점에서 재량권도 제약받고 있다. 법조문의 명시적 조문이 있어야 의사결정을 할 수 있다는 법치행정이 현대 행정의 근간을 이룬다.

또 다른 제약으로서 철학적·윤리적 차원은 지금까지 논의한 바와 같다. '인간존중'이라는 동서고금을 막론하고 적용되어야 할 근본적 가치가 존재한다. 이를 '공공선'이라는 개념으로 실현시켜야 하는 주체가 관료들이다. 윤리적 사고를 하는 관료, 즉 '마음이 살아있는' 관료가 되어야 한다.

두 가지 제약의 관계는 무엇일까? 일반적으로, 법을 최소한의 지켜야할 기준으로 제시한다고 한다면, 윤리는 법이 규율하지 못하는 최선의 상태(즉, 이상향)을 지향한다고 할 수 있다(유민봉·임도빈, 2016: 351-359). 철학·윤리가 단기간에 변하지 않는 근본적 가치에 관한 것이라면, 법은 때로는 잘못될 수도 있고, 제때에 개정되지 않아서 그대로 적용할 수 없을 때도 있다. 즉, 행정윤리(최선의 상

행정적악
관료제에서 내부의 규칙과 윤리규범에 부합되는 업무처리가 이뤄졌는데도, 결과적으로는 인간존중의 정신에 어긋나는 등 부정적 결과를 가져오는 것

태)와 법률과의 관계를 중심으로 관료가 처하는 상황을 다음의 〈그림 12-2〉와 같이 유형화 해 볼 수 있다.

첫째, Ⅰ사분면은 합법적이면서 동시에 윤리적인 경우를 의미한다. 행정윤리라는 측면에서 관료는 큰 고민 없이 업무를 처리할 수 있다. 문제는 '악법도 법이다'라는 말과 같이, 법치행정이라는 명목 하에 악법을 그대로 적용해야 되는 경우에는 법집행을 지연시키고, 법을 개정하는 것이 윤리적 관료의 자세이다.

둘째, Ⅱ사분면이 나타내는 '합법적이지만 비윤리적'인 상황이다. 주관적으로는 나치 정권의 아이히만의 경우를 생각할 수 있고, 오늘날에도 흔히 찾아볼 수 있는 '행정적 악'의 상황이다. 관료들이 윤리적 차원에서 각성해야 할 부분이다.

셋째, Ⅲ사분면은 불법적이면서 동시에 비윤리적인 상황을 나타낸다. 당연히 현대 민주국가에서는 없어져야 할 행정 현상이다.

넷째, Ⅳ사분면이 나타내는 불법적이지만 윤리적인 상황이다. 법치행정과 윤리적 행정이 충돌하는 상황이다. 합법성을 중시하는 관료는 불법적인 사안이므로 아무 행동을 취하지 않을 것이다. 윤리성을 중시하는 관료는 법률을 위반하면서라도 윤리적인 방향으로 집행을 할 것이다. 결과적으로 법률위반으로 그 관료는 처벌받을 위험을 감수하는 것이다.

그렇다면, 행정관료들이 어떤 정책을 수립할 때, 옳고 그름을 판단하는 기준들이 무엇일까. 이를 공공가치(public values) 혹은 윤리사상(ethical thought)이라고 한다. 이것은 정의론보다 더 깊은 행정철학적 고민거리이다. 동서양에서 나

그림 12-2 ㅣ 법적 합리성/ 윤리적 합리성 간의 관계 유형

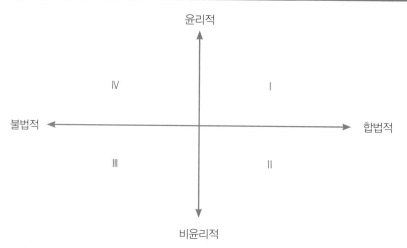

름대로 옳고 그름에 대한 믿음의 체계가 달리 발달되어 왔다. 이를 유형화하면 네 가지 정도로 정리할 수 있다.

첫째, 절대주의(칸트주의) 윤리관이다. 이 윤리관의 가장 큰 특징은 도덕의 목적이 어떤 결과를 얻기 위한 것이 아니라 인간이라는 조건 하에서 자신의 욕구나 편향성을 극복하기 위한 선의지(good will)에 있다는 것이다(Kant, 1986). 결과가 어떻든지 사람의 행위동기가 중요한 것이다. 이 윤리론에 따르면 인간은 다른 사람들이 자신에게 하지 않기를 원하는 것이 있듯이, 스스로도 남에게 그러한 행위를 하지 말아야 한다. 특히 인간을 어떠한 경우에도 '목적'으로서, 즉 인간 그 자체로서 대해야 하지 수단으로서 대해서는 안 된다. 칸트의 정언명령은 어떠한 조건이 없이 인간에게 부과하는 의무이다. '…해야 한다'는 의무를 부과하는 방식으로 윤리에 접근한다고 하여, 의무론적 윤리(deontological ethics)라고 한다.

이를 행정학에 적용해보면 공무원은 국민을 '인간 자체'로 생각해야 함을 의미한다. 롤스의 평등한 자유의 원칙도 이와 상통하는 원칙이다. 자신에 대한 의무를 지키는 것도 중요하지만, 정책형성과 집행에 있어서 타인에 대한 의무도 준수해야 하는 것이다(임도빈, 2002). 자신의 출세를 위하여 쓸데없는 도로건설을 하는 정책을 결정하는 관료는 비윤리적이다.

동양에서 '인간으로서 도저히 할 수 없는 것'이라는 상식적 생각은 비윤리적인 것의 기준으로서 내용상 쉽게 파악할 수 있다. 유교의 '인', 불교의 '자비'를 예로 들 수 있다. 절대주의 입장에서 행정인이 명심해야 할 기준이다.

둘째, 공리주의(utilitarianism) 윤리관이다. 공리주의는 어떤 행위가 인간의 행복을 증진시키고 불행을 감소시키면 윤리적으로 바람직한 것이고, 그 반대의 것은 옳지 않은 것으로 본다는 데에서 출발한다. J. J. Smart는 공리주의를 개별행위 공리주의(act utilitarianism)-개별행위자체가 가져오는 결과의 공리주의적 기준-, 일반적 공리주의(general utilitarianism)-어느 사례의 경우에 모든 사람이 그렇게 행동한다면 사회전체에는 어떤 결과가 될 것인가를 고려-, 그리고 법칙 공리주의(rule utilitarianism)-어떤 윤리적 '법칙'을 준수한다면 그 사회에 어떤 결과가 초래될 것인가를 고려-세 가지로 나눈다(임도빈, 2002).

공리주의 사상은 '최대다수의 최대행복'으로 요약할 수 있다. 롤스의 '불평등의 원칙'도 이와 일맥상통하는 개념이다. 최대다수의 행복을 극대화하는 것이 관료들이 추구해야 할 목적이라고 보고, 이를 윤리적 행위인가 여부를 판단한다는 점에서 목적론적 윤리(teleological ethics)라고 한다. 행정에 실현시키는 방법을 제시한 이론은 Buchanan과 Tullock으로 대표되는 공공선택이론이다(임도빈,

캄보디아 킬링필드(killing field)

캄보디아의 폴 포트(Pol Pot, 1928~1998)는 1975년 미군의 베트남 철수에 힘입어 론 놀 장군의 친미정권을 몰아내고 정권을 잡았다. 캄보디아 국민들은 미군의 캄보디아 공습으로 인해 이미 반미감정을 갖고 있었고, 론 놀 장군의 부패와 친미정권에 대한 염증을 느끼고 있었다. 때문에 공산혁명을 통해 캄보디아 사회를 노동자와 농민들을 위한 이상적인 사회주의로 개조하고자 하는 폴 포트의 크메르루주(붉은 크메르) 정권을 환영하였다. 하지만 급진 공산주의 정권 크메르루주는 정상적인 방법으로는 사회주의로의 완전 개조는 불가능하다고 판단하고 극단적인 공포정치를 펼친다. 그리하여 크메르루주 정권은 1975-79년 4년에 이르는 기간 동안 영화 '킬링필드(killing field)'로 알려진 대학살을 자행하는 극단적인 방법을 선택한다.

대학살의 희생자의 구체적 인원에 대한 의견은 분분하지만, 당시 캄보디아 인구를 700만 여명으로 보고 그 중 4분의 1이 넘는 200만명을 처단한 것으로 알려지고 있을 정도로 그 규모는 상상을 초월하는 대규모였다.

학살의 잔혹함은 이루 말할 수 없을 정도였다. 의사, 교사, 기자 등의 지식인들은 모두 무참히 학살당했으며, 글을 읽을 수 있는 사람, 얼굴이 하얀 사람, 안경 쓴 사람들 역시 지식인으로 간주하여 살해했다. 뿐만 아니라 부유한 사람들에 대한 적개심과 증오심으로 인하여 프놈펜을 중심으로 도시 지역에 사는 사람들을 학살하기도 했다. 역설적이게도 농민들에게 이상적인 사회를 만들어주겠다고 했던 이들은 농촌사회를 중심으로 사람들에게 강제노역을 시킨다. 도시민들을 강제노역을 시키기 위해 농촌으로 데려오는 과정에서도 물이나 식량 배급을 하지 않아 많은 사람들이 목숨을 잃었다. 어린이도 예외 없이 무자비하게 고문을 당하고 살해되었다. 어린이를 야자수나무 아래로 데려가 나무로 머리를 쳐서 죽이면서 그 소리가 들리지 않도록 확성기로 큰 음악을 틀었다는 증언은 그 무자비함이 어느 정도인지 말해준다.

캄보디아 대학살은 나치의 유대인 학살과는 달리 같은 민족을 대량학살했다는 점에서 차이가 있다. 인간이 도덕성과 윤리를 벗어나 악행을 저지르는 행위를 극단적으로 보여주는 사례이기도 하다. 자신의 정치적 이상을 실현시키기 위해, 국민을 '수단'시한 것이다.

2002). 공공선택이론은 개인들의 선택을 통해, 정책결정을 하자는 것인데 그것은 그 사회의 구성원들이 자신의 만족을 극대화할 정책에 투표할 것이라고 가정하기 때문이다(Pops, G. M., 1994: 159). 또한 공공부문 내부에서의 경쟁을 중시하고 수요자인 국민의 선택권을 강조하는 신공공관리론(New Public Management)도 공리주의적 윤리에 기초하고 있다고 할 수 있다.

셋째, 윤리적 상대주의(ethical relativism)와 공동체주의(communitarianism)이다. 윤리적 상대주의의 대표적인 학자로는 베네딕트(Ruth Benedict)가 있다. 사회마다 그 사회 고유의 관습이 있고, 관습은 환경으로부터 얻은 지혜와 같기 때문에 상대성을 인정해야 한다는 것이다. 그녀에 의하면 황홀함(trance)을 경험하는 것과 동성애자들에 대한 평가가 어떤 사회에서 초래하는 갈등의 문제는 그 자체가 나빠서가 아니고 '그 지역이기 때문'에 발생하는 것이다.

공동체주의는 개인은 사회에 의해서 만들어지는 것으로 본다(Walzer, 1983). 하지만 공동체주의가 공동체를 구성하는 개인을 중요하지 않게 여기는 것은 아니다. 공동체주의는 개인과 공동체 간의 변증법적 상호작용을 통하여 인과관계가 형성된다고 본다(임도빈, 2002). 공동체주의는 개인과 공동체가 잘 조화된 상태를 목적으로 한다.

마지막으로 이기주의(egoism) 윤리관이다. 이기주의 윤리관의 특징은 상술한 이타주의적 윤리관을 철저히 비판하는 데에서 출발한다. 이기주의 윤리관이 인간의 본성을 그대로 받아들이는 입장이라면, 다른 윤리관은 자신의 이기주의적 욕구를 억누르는 이타주의적 입장에 있다.

이기주의 윤리관은 이기주의적 욕구를 죄악시하는 이타주의 윤리관에 대해, '목적과 수단의 설정이 잘못된 것'이라 비판한다. 예컨대 어떤 사람이 돈을 버는 기계라고 비판하려면, 그의 돈을 벌겠다는 이기심보다는 돈을 벌기 위한 방법이나 수단에 대해 비판을 해야 한다는 것이다(Ayn Rand, 1986).

사실 윤리란 이타성을 강조하는 것이기 때문에 이기주의적 윤리관은 언어상으로 모순이 있어 보인다. 그러나 인위적이고 실현시키기 어려운 이타주의적 윤리관보다는 인간본능에 부합하는 이기주의적으로 제도를 설계하면 좀 더 현실성 있는 윤리관이 될 수 있다고 본다. 이를 바탕으로 윤리관 정립도 가능하다(박흥식, 2003: 211-225).

결론적으로 이러한 네 가지 윤리관들을 정리하면 다음과 같다. 첫째, 서로 명확하게 구분되는 것이 아니고, 둘째, 한 개인이 이러한 윤리관 중 하나만을 지닌 것도 아니다. 관료들이 윤리적으로 행정업무를 수행하기 어려운 것이 이 때문이다. 또한 이 윤리관들이 한국행정에서 필요한 윤리적 관점을 포괄한 것이라고 단언하기도 어렵다(임도빈, 2002). 국민들도 각자 나름대로의 윤리관을 가지고 관료들을 비판한다. 윤리에 관한 논쟁이 끊이지 않는 것은 이러한 이유에서이다.

Ⅲ. 공직자 윤리

1. 부패의 정의

부패(corruption)는 개발도상국은 물론이고, 미국, 프랑스 등 선진국에도 아직 남아 있는 심각한 문제이다. 한국도 물론 예외는 아니다.[3] 이러한 문제의식에 따라 국제투명성 기구(transparency international)는 각국의 부패인식지수를 발표하고 있다(http://www.transparency.org).

우리나라는 적어도 조선시대부터 청렴하고 윤리적인 유교의 선비형 관료를 중시하는 전통을 가지고 있었다. 황현의 매천야록을 보면 조선시대 말에는 관리들의 부패가 매우 심각하였다고 한다.

박정희 정권 이후 고도성장기를 거치면서, 관료의 부패가 심화되었다. 성공을 위한 경쟁이 치열했기 때문에 생긴 부산물이기도 한다. 규칙을 지키고, 윤리적이기보다는 편법을 하면 더 성공에 가까워지는 경우가 많았다. 특히 인허가, 인사청탁 등이 문제가 되었다. 한편으로는 뇌물은 일종의 윤활유와 같이 행정이 돌아가게 하는 기능도 하였다고 할 수 있다.

부패
공직자가 공공성을 저해하면서 사익을 추구하는 것

부패가 생기는 원인은 크게 보면 권력과 돈이다. 전자는 공직자에게 직무상 권한이 부여되니 이를 남용하여 권력행사를 하는 것이고, 후자는 국민세금이라는 돈을 다루니 마치 눈먼 돈이라고 생각하여 개인적 용도로 사용하려 하기 때문에 생기는 문제이다. 나아가서 자신의 직위를 이용하여 인사에 관여한다든지, 이권에 개입한다든지, 알선을 한다든지, 청탁행위를 한다. 관련자로부터 향응이나 금품을 수수하기도 한다.

읽을거리

볼리비아에서 외국인(Q)과 한 시민(A)과의 대화

Q: Where can one get the driver's licence?
A: It depends.
Q: It depends on what?
A: It depends on how much you would like to pay.

---

3 부패방지위원회, 국민권익위원회 등 명칭은 변화되었지만 기구도 설립되고, 부패방지 관련법도 많이 마련되었다.

공직자가 권력남용과 금전적으로 범하기 쉬운 부패행위란 다음과 같은 것이 있다.[4]

- 공직자가 직무와 관련하여 그 지위 또는 권한을 남용하거나 법령을 위반하여 자기 또는 제3자의 이익을 도모하는 행위
- 공공기관의 예산사용, 공공기관 재산의 취득·관리·처분 또는 공공기관을 당사자로 하는 계약의 체결 및 그 이행에 있어서 법령에 위반하여 공공기관에 대하여 재산상 손해를 가하는 행위
- 위에 따른 행위나 그 은폐를 강요, 권고, 제의, 유인하는 행위

2. 금전적 부패

대부분의 부패는 금전에 관한 것이다. 금전에 관한 것은 비교적 판별이 명확하기 때문에 정의가 용이한 편이다. 직무와 관련하여 금전적 이익을 취하는 뇌물은 대표적인 부패이다. 나아가서 공금사용에 관해서도 부패행위가 많이 일어나고 있다. 법적으로는 공금횡령, 공금유용은 범죄에 해당하는 것이지만, 부당지출, 목적외 지출 등은 윤리적 문제라고 할 수 있다.

- 공금횡령: 국가나 공공단체의 운영을 위하여 마련한 자금을 개인이 불법으로 가로채어 가지는 일
- 공금유용: 국가나 공공단체의 운영을 위하여 마련한 자금을 개인이 사사로이 사용하는 것.
- 부당지출(부당집행): 지출이 원래의 목적에 사용되기는 하였으나 미리 정해준 기준에 부합되지 못하는 것
- 목적외 지출: 공공재원의 지출원칙에는 부합되나 원래 목적에 위배되는 것 (예: 서류상으로는 여비 한도 등 여러 기준에 부합되지만 실제는 관광목적의 의원들의 공무출장)

그렇다면 이런 금전적 부패가 일어나는 근본적인 원인은 무엇일까(유민봉·임도빈, 2016).

우선 부패란 개인적 특성에서 이뤄진다는 시각이 있다. 원래 가난한 사람이

---

4 부패방지권익위법 제4조.

었든지, 아니면 윤리의식이 낮아서 민원인들의 유혹을 못 이기는 것이다. 생계형 비리가 이에 속한다. 개인의 일탈현상이므로 공무원 개개인의 윤리수준을 높이는 것이 그 해결책이 된다.

둘째, 부패를 행정의 조직차원으로 볼 수도 있다. 부패가 어느 행정조직의 구성원이 거의 모두 연루된 것으로 상하 간, 그리고 조직원 간의 집단적 현상으로 보는 것이다. 일종의 조직구조의 문제라고 볼 수도 있다. 공금이든, 뇌물이든 일정한 액수의 자금을 조성하여, 회식비 등 조직관리에 사용한다든지, 상관에게 상납하는 방식으로 나눠갖는 것이 그것이다.

마지막으로, 그 나라 사회전체의 문화로 부패 원인을 찾을 수 있다. 국가 차원의 공공성보다 가족과 주변 사람의 사적 이해관계를 더 중시하는 사회문화가 문제이다. 공과 사를 엄격히 구분하는 합리적 태도보다는, 주변사람의 편의를 봐주는 것이 더 선행으로 보일 뿐만 아니라, 공무원이 느끼는 불명예감도 낮춰준다 (임도빈, 2002: 367-369).

3. 부패와의 전쟁

우리가 당면한 가장 큰 부패문제는 불법적인 행위를 하면서 금품을 수수하는 것이다. 이런 부패를 없애기 위해, 우리 정부는 각종 외면적 윤리접근을 하고 있다. 2015. 9. 18에 발효된 소위 「김영란법」은 부패와의 전쟁을 선언한 획기적인 것이다. 기존의 방식과 다음과 같은 점에서 차이가 있다.

첫째, 과거에는 금품과 특혜와의 인과관계를 증명해야 했는데, 이제는 이런 문제가 없어졌다. 이는 애매모호한 인간관계로 인하여 재판과정에서 무죄가 되는 등 실제 처벌이 어려웠던 과거와의 단절을 의미한다. 예컨대 특혜를 먼저 주고, 대가는 상당한 시간이 지난 후 받는 등 다양한 형태로 교묘하게 발전하였다. 이런 경우도 처벌하기 위해, 공직자가 100만원 이상의 금품을 받으면, 대가성 여부에 관계없이 처벌하도록 하는 법이 발효되었다. 이를 당시 국민권익위원회 위원장의 이름을 붙여 '김영란법'이라고 한다.[5] 행정윤리를 공무원의 외면적 행태 차원에서 통제하려는 극단적인 예라고 하겠다.

둘째, '김영란법'은 공직자는 물론이고 언론사 임직원, 사립학교와 유치원의 임직원, 사학재단 이사장과 이사까지 적용대상에 포함되었다는 특징이 있다. 우리 사회에서 언론사, 교육자들의 막강한 권력과 영향력을 염두에 둔 것이다.

5 정확한 법안 명칭은 '부정청탁 및 금품등 수수의 금지에 관한 법률'이다.

셋째, 직무 관련성이나 대가성이 없는 경우라고 하더라도 1회 식사비 1인당 3만원, 선물 5만원(농수산물은 10만원), 경조사비 5만원이라는 한도를 명확히 규정하였다. 직무에 관련되어 있는 관계라면(즉, 갑-을 관계), 단돈 1원도 받지 못하게 되어 있는 매우 엄격한 변화이다. 이는 100만원 규정과 같이 명확한 수치를 제시함으로써 누구든지 위반여부를 쉽게 판단할 수 있게 한 것이다.

솜방망이 처벌이 갖는 한계를 극복하기 위해 획기적으로 도입된 이 정책은 공직사회에 큰 변화를 가져왔다고 평가된다. 수치가 지나치게 경직적이라는 비판도 있지만, 조직문화가 바뀌기도 한다. 즉, 민원인에게 밥을 얻어먹거나 신입직원을 위한 환영회나, 저녁회식을 하는 일도 줄었다. 그러나 그 이면에는 경조사 및 단체 식사로 주요 매출을 올리는 식당, 꽃집, 농수산업자들이 타격을 받아 경제적 활동이 줄어드는 문제점도 있다.

Ⅳ. 한국관료의 윤리성 문제

1. 관료의 윤리성 유형

한국행정관료들의 윤리적 상태는 실제로 어떻게 되어 있을까. 이에 대해 연극의 배역을 제시하고 그 중 하고 싶어 하는 역할이 무엇이냐는 설문을 통해서 측정해 본 것이 있다(임도빈, 2003). 연극배역에는 다음 네 가지 유형도출이 가능하다.

첫째, 일단 연극이 성사되는 것이 중요하기 때문에 다른 친구들 모두가 맡기 싫어하는 역은 전체를 위해 자신을 희생하려는 태도를 나타내기 때문에 봉사형으로 명명하기로 한다. 둘째 응답지인 '살인하거나 폭력을 휘두르는 비인간적인 역'은 비록 연극이기는 하지만 평소에 칸트적 인간존중의 가치관을 고수하는 태도를 대변한다고 할 수 있다. 셋째, 악역, 선한 역 등 여러 가치관을 가진 여러 인물들과 잘 조화하는 역은 폭넓은 이해를 하는 사람으로 자기의 가치관을 뚜렷이 가지고 있지 않거나 나타내기 싫어하면서 동시에 남을 존중하는 태도라고 할 수 있을 것이다. 네 번째로 제시한 관객의 주목을 받고 모든 사람들이 하고 싶어 하는 주인공역은 일종의 스타의식 내지 남이 무엇을 하든 자신이 하고 싶은 역을 하고자 하는 이기주의형이라고 볼 수 있을 것이다.

공무원을 대상으로 실제 설문조사한 결과는 봉사형 118명(26.8%), 칸트형 15명(3.4%), 원만형 239명(54.2%), 이기형 69명(15.6%) 그리고 무응답 9명 등이다. 한국관료들은 원만형과 봉사형이 주를 이룬다. 그리고, 본인을 드러내고 싶어 하는 자기과시형 혹은 이기주의형도 전체의 15%에 이름을 알 수 있다. 이들은 인간을 목적으로 보지 않고 수단으로 이용할 가능성이 있는 집단이다.

또한 위 연구(임도빈, 2003)를 통해 나타난 공무원들의 다른 윤리적 특징을 살펴보면 다음과 같다. 전체적으로 공무원들은 민족우월적 성향을 지니고 있고, 비폭력적인 특성을 가지고 있다. 흥미로운 것은 자신의 윤리성에 대해서 아주 윤리적이라고 자신있어 하는 비율이 낮은 편인 것으로 나타났다는 점이다. 하지만 그 결과를 놓고 조사대상 공무원들이 비윤리적이라고 판단할 수는 없다. 달리 해석하면 자신의 윤리성에 대해 고민을 하고 있으나 해결을 못했던 것일 수 있다.

2. 권력과 윤리성

공무원은 공공문제에 대해서 행사할 수 있는 합법적 권한을 가지고 있는 사람들이다. 이들 중 권력을 많이 가진 사람과 그렇지 않은 사람이 있다. 다른 한편으로는 윤리의식, 즉 자신이 사욕을 버리고 공공성을 추구하는 성향이 높은 사람과 낮은 사람이 있다. 이 권력의 크기와 윤리수준을 조합하면, 다음 표와 같이 4유형이 나온다.

사용가능한 권력이 많으면서 동시에 윤리의식이 강한 사람은 모범적 공직자라고 할 수 있다. 주로 고위직에 있는 사람들에게 더 강한 윤리가 요구되는 것이 이러한 이유에서이다. 이와 반대되는 사람들이 동원할 수 있는 권력이 강하면서 윤리의식이 낮은 사람들이다. 공공성을 확보한다는 측면에서 보면, 매우 위험한 공직자이다. 사실 이런 부류의 사람들이 없도록 하는 것이 행정윤리연구의 지향점이다.

동원가능한 권력이 적음에도 불구하고, 윤리의식이 강한 사람들은 청백리라고 하여 매년 표창을 수여한다. 경찰 중에서도 순경과 같이 일선현장에서 공익실현을 위해 최선을 다하는 사람들을 말한다. 사용가능한 권력도 적고, 윤리의식도

표 12-1 | 권력과 윤리간 관계유형

윤리의식 / 권력	강	약
강	모범적 공직자	청백리 상
약	위험한 공직자	관원형

낮은 사람들은 평범한 관원(官員)형이다.

요컨대, 주어진 권력(권한)은 상대적으로 강하지만, 윤리의식이 약한 '위험한 공직자'의 윤리성을 확보하는 것이 매우 중요하다.

공무원이 정책결정을 할 때 자신이 조금이라도 이해관계가 있으면 결정과정에서 스스로 배제되도록 하는 이익충돌(conflict of interest)금지가 공직자의 윤리를 확보하는 명확한 방법이다. 한국행정의 현실에서는 학연, 지연, 혈연 등의 뿌리 깊게 자리잡고 있어서 이런 원칙들을 적용하는 것은 쉽지 않다.

'이익충돌(conflict of interest)금지'의 첫번째 원칙은 공무원 스스로 자신의 이익과 사안이 되는 문제와의 관계성이 있는 경우를 천명토록하는 것을 의무화하는 것이다. 예컨대, 대학입시에서 자신의 가족이나 친척 중 응시생이 있는 경우 윤리적 관점에서 볼 때, 조건은 교수는 입시전형위원이 될 수 없다. 둘째로 이 기준을 위반한 모든 행동에 대해서 처벌을 하는 것이다.

사실 이익충돌금지의 원칙이 서구에서는 유용한 윤리적 잣대이고 운영원리이지만, 한국의 문화에서는 다른 의미도 있다. 예컨대, 우리는 각자 상당히 넓은 네크워크를 가지고 있는 사회이기 때문에, 입시, 취직 등에서 많은 특혜의혹을 갖게 한다. 그런데 하버드 대학같은 명문대에서 기부금을 많이 낸 동문의 자녀를 입학시키는 것은 미국사회에서 이익충돌의 문제자체가 되지 않는다. 하지만, 우리에게는 큰 문제가 되기 때문에 객관적인 필기시험이 불가피할 뿐 아니라, 이익충돌금지의 원칙도 필요하다.

법치주의와 공직윤리의 강화는 공직사회에 의도치 않은 결과도 가져온다. 공직자가 자신이 맡은 직책이 요구하는 법적·윤리적 책무를 제대로 이행하지 않는 도덕적 해이를 가져올 수도 있다. 즉, 업무수행을 최소한만 함으로써, 국가사회에 불편함을 초래하거나 귀중한 혈세를 낭비하기도 한다. 이를 감사원에서는 '무사안일' 행정으로 명명하는데, 그 유형은 다음 네 가지가 있다(박천오, 2016:11-12).

- 보신적: 자리보전을 위하여, 적당하게 일을 처리하는 행태
- 형식적: 규정이나 절차를 지나치게 중시하거나 얽매여서 상황에 적절한 대응을 하지 못하는 행태
- 권위적: 상관의 권위에 맹종하여 계서제 질서에 지나치게 순응하고, 부하나 민원인에게도 적당히 대하는 행태
- 자의적: 자기 조직이나 자신의 입장이나 이익을 우선시하여 업무처리를 합리적으로 하지 않는 행태

이익충돌(contlict of interests)의 금지원칙
공직자가 처리할 사안이 자신의 개인적 이해관계와 관련이 된다면, 이 사실을 스스로 공지하고 그 업무 수행과정에서 배제되어야 한다는 원칙

표 12-2	무사안일 행태의 세부 유형	
세부유형		세부유형별 정의
보신적	적당처리	일을 어물어물 요령만 피워 적당히 해치우려는 행태, 즉 근원적인 대책을 강구함이 없이 현실만을 모면하자는 방식이며, 원칙이나 정도대로 처리하지 않는 행태
	업무태만	주어진 업무를 게을리 하거나 부주의하여 업무를 이행하지 않는 행태
	책임전가	자신에 주어진 책임을 다른 사람이나 조직에 덮어씌우거나 돌리는 행태
	변화저항	행정환경이나 행정수요의 변화에 따르기를 거부하거나 거역하는 행태
형식적	선례답습	기존 행정 처리의 타당성 여부 등을 전혀 검토하지 않고 무비판적으로 따르는 행태 혹은 법령이나 지침 등이 개정되었음에도 이를 간과한 채 구 법령, 개정 전의 지침에 따라 만연히 처리하는 행태
	법규빙자	법규 자체를 합목적적·합리적으로 해석하지 아니하고, 안 되는 방향에서 법규를 집행하는 행위 혹은 경미한 사항의 하자를 이유로 기본 행정처분 자체를 거부하는 행위
	탁상행정	현실을 무시한 행정을 비판하는 말로 탁상에 앉아 머리와 서류만으로 정책을 만들어내는 것을 가리키는 행태
권위적	무책임성	주어진 권한과 의무를 이행하지 않고 이에 대한 책임을 지지 않는 행태
	고압적 처리	우월적 지위를 이용하여 상대방에게 겸손하고 성실한 자세를 보이지 않고 명령적이거나 불손하게 업무를 처리하는 행태
	수동적 처리	상관의 지시, 명령, 결정에만 의존하여 업무를 처리하는 행태
자의적	업무전가	자신이 해야 할 업무를 다른 사람 또는 조직에게 떠넘기는 행태
	비협조	자기 혹은 조직만 중시하고 다른 사람이나 조직과의 유기적인 업무 협조를 거부하거나 경시하는 행태
	관료이익	민원 등 국민의 편익을 위해서가 아니라 자신이나 조직의 이익만을 중시하여 업무를 처리하는 행태

출처: 박천오(2016:12), 표 4 일부 수정.

감사원의 1,900여 건의 사례를 조사한 결과, 절반(48.9%)에 이르는 경우가 보신적 무사안일 행태로 나타났다. 공직자가 자신의 자리를 보전하기 위해 소극적 업무처리를 하여 적발된 경우가 많다는 의미이다. 권위적, 자의적 무사안일 행태는 기본적으로 관료의 부적절한 특권의식에서 비롯되는 것이라 해석할 수 있다.

그러므로 우리 나름대로의 적극적인 윤리체계를 만드는 고민이 필요하다.

3. 적극적 윤리성

첫째, 공직자의 자부심을 고양시키는 것이다. 고위공무원에게는 엘리트 의식을 심어주는 것이다. 이것은 근거없는 자만심이나 교만과는 거리가 먼 개념이다. 남에게 창피함을 느끼는 체면의식도 관료들이 비윤리적 행위를 하지 못하도록 하는 데 중요하다.

즉, 관료는 국가를 이끄는 막중한 책임자로서 보통사람과 다른 모범을 보여야 한다는 책무감의 고양이다. 엘리트의식이라는 것은 관직에 들어온 이상, 사회

> 관료엘리트의식
> 관료가 된 것이 사회적 특혜로 인식하고, 적극적으로 공직을 수행함으로서 이 특혜를 돌려주어야 한다는 책무감

읽을거리

난 법 어겼지만 넌 꼭 지키세요?

최근 박근혜 대통령까지 언급한 드라마 <별에서 온 그대>에서 '천송이'(전지현)는 '쏘리'(sorry · 미안)를 '쐬리'로 발음한다. 인터넷에서 이 말을 흉내내면 이런 댓글도 따라붙는다. "쐬리는 천송이만 쓰는 걸로." '배우 전지현' 정도는 돼야 '쐬리 애교'가 통할 수 있다는 뜻이다.

강병규 행정안전부 장관 후보자에 대한 국회 인사청문회가 24일 열렸다. 고위 관료 시절 자녀 위장전입으로 주민등록법을 두 차례 위반한 후보자가 주민등록 업무를 총괄하는 부처 장관이 되겠다며 청문회에 나왔다. 그는 혹여 이런 생각을 한 걸까? '위장전입, 공무원 중에 어디 나만 했을까? 대통령이 장관 하라지 않나. 난 사과라도 했다.'

그는 큰아들이 중학교(1997년) · 고등학교(2000년) 입학 직전 해마다, 원하는 학교 진학을 위해 아내와 아들의 주소지를 실제 살지 않는 곳으로 옮겼다. 그는 청문회에서 여당 의원들까지 위장전입을 지적하자, "입이 열개라도 할 말이 없다", "짧은 생각으로 어쨌든 현행법을 위반해 죄송하다"고 했다. 하지만 야당 의원들의 사퇴 요구에는 "후보자가 진퇴 문제를 말하는 건 적절치 않다"고 방어막을 쳤다. 이명박 정부 시절부터 장관 후보자의 위장전입 정도는 다반사가 됐고, 자녀의 교육 문제로 그랬으니, 대충 사과하면 된다는 것일까?

문제는 그가 안행부 장관이 되겠다는 데 있다. 안행부는 "위장전입을 방지하겠다"며 지난해 11월 주민등록법 시행령 개정안까지 마련했다. 향후 강 후보자가 관리할 이 법은 위장전입에 대해 3년 이하 징역이나 1000만원 이하 벌금을 부과하고 있다.

그래서 이건 당연한 궁금증이다. "인사 검증 당시 위장전입 소명을 듣고 청와대는 문제가 없다던가?"(김현 의원), "후보자가 위장전입을 해놓고, 주민등록법 위반에 대해 벌칙을 부과할 수 있겠나?"(진선미 의원)

강 후보자는 "모든 사람들에게 (법이) 공평하게 적용돼야 한다고 각인하고 이 문제(위장전입)에 대해 철저히 대응하겠다"고 했다. 자신은 어쨌든 사과했으니 됐고, 앞으로 위장전입 범죄를 강하게 다루겠다는 것이다. 오히려 그에 대한 임명 강행은 행정과 법 집행에 대한 공평성과 신뢰를 흔들 수 있다.

출처: 한겨레신문, 2014. 3. 24.

로부터 일종의 특권을 부여받은 것이기 때문에 사회에 환원해야 하고, 이제 더 이상 국가로부터 얻을 개인적 이익은 없다고 보는 의식이다. 이러한 관직의식이 곧 우리나라 공직사회의 윤리적 상태를 제고시킬 수 있을 것 같다.

둘째, 잦은 '관료후려치기'로 공무원의 보신주의가 팽배해져 감을 주목하여, 관료가 적극적으로 윤리성을 발휘하도록 해야 한다. 개발도상국에서는 법체계의 미비때문에 부패 관료들이 생긴다면, 선진국에서는 너무 많은 법체계 때문에 무사안일로 행정을 마비시키는 것이다. 각종 내부규제가 중첩적으로 이뤄져, 관료들이 법규만 찾으면 항상 복지부동할 수 있는 도피구가 있을 정도이기 때문이다. 이것은 진정으로 행정의 도움이 필요한 국민들을 외면함으로써 국민들에게 해를 끼친다는 것을 의미한다. 주어진 재량권을 적극 활용하여 행정의 문제해결력을 도모하는 것이 아니고, 오히려 자유로부터 도피를 하는 것이다. 이것이 현대 한국사회관료의 '행정적 악'이 아닌가 한다. 문제를 스스로 찾아서 해결하는 진정한 엘리트의식을 갖고, 적극적으로 행정윤리를 실현시키려는 노력이 필수적인 것이 이러한 이유에서이다. 즉, 무사안일은 '선진국형 비윤리'라고 할 수 있다. 결국 선진국이든 후진국이든 부패문제의 해결을 비롯한 윤리의식의 고양은 정부경쟁력의 근본적 향상을 위한 필요불가결한 요인이다.

제3절 국정철학의 시대적 변화

우리나라와 같이 대통령 1인의 권력이 큰 나라에서는 대통령의 국정철학이 매우 중요하다. 역대 대통령의 성향을 파악함으로써 한국행정의 윤리적 발전과정을 살펴보기로 한다.

I. 이승만 정부: 행정철학의 부재

해방과 한국전쟁 전후의 시기는 철학적 사유를 기반으로 하는 이데올로기의 다양성이 아니라, 개인적 이권을 숨긴 채 얄팍하고 포장만 번드레한 이데올로기의 난립이 나타난 시기이다(임도빈, 2008). 그는 아주 단호하고도 적극적인 반공주의자였다(정윤재, 2003: 179). 이러한 그의 정치적 노선은 정치과정에서 좌우 협력의 가능성을 배제시킴으로써(이수인, 1989, 327-328), 1인 독재를 향해 나아가게 되었다.

경제적 측면에서 볼 때 이승만은 자유시장경제체제를 선호했다. 그러나 이러한 체제를 확립하기 위한 구체성은 결여되어 있었고, 당시의 대한민국은 시장 원리가 잘 작동할 제반 기반이 부족한 상황이었다. 그러므로 자유시장경제체제는 온전히 도입되지 못했고 오히려 빈곤과 혼란만 거듭되었다.[6]

사회면에서 볼 때 이승만은 교육을 특별히 중요시하였고 실질적인 성과도 있었다. 전쟁 중에 초등교육을 의무화하는 등 당시의 정부가 처한 경제적 여건을 고려하면 획기적인 철학이었다고 할 수 있다(임도빈, 2008).

행정적 측면에서 철학의 부재는 관료의 부패와 혼란을 심화시켰다. 진정한 민주성의 실현보다는 자신의 입지를 강화하는 인맥구성 방향으로 국정을 운영하였으며, 내각을 자주 교체하여 개인적 충성을 보이지 않는 인물이나 정적의 대상이 될 수 있는 인물을 숙청하였다(김영명, 1991). 한편 실무경험자의 부족으로 인해 친일파들이 행정의 효율성과 전문성을 이유로 청산되지 못하였다(박종철, 1987: 47; 김경순, 1990: 234-235). 결과적으로 무능하면서도 권력에 아부하는 관료조직을 기반으로 하는 전근대적 특성을 갖게 되었다(임도빈, 2008).

요컨대, 이승만 대통령 시기에는 겉으로는 미국식 민주주의 모델을 추구하는 듯 했으나 국정 전반을 아우르는 행정철학이 부재함에 따라 관료의 부패 및 비효율성이 나타났다. 1인독재 체제 하였기 때문에 행정윤리측면에서 모범이 되지 못하였다. 따라서 관료의 정책능력은 낮았으며, 행정윤리는 빈곤하였다. 그러나 토지개혁이나 의무교육의 도입은 그의 업적이었음을 인정해야 한다.

Ⅱ. 박정희 정부: 경제성장의 행정철학

이승만 정부와 마찬가지로 박정희의 정치철학은 반공주의이다. 또한 "국가 없는 자유민주주의가 있을 수 없고 민족의 생존권이 보장되지 않는 곳에 개인의 자유도 향유될 수 없음(박정희, 1962: 57)"을 강조한 점을 볼때, 국가중심주의의

---

6 그럼에도 불구하고 경자유전의 원칙에 부합되도록 토지개혁을 한 것은 매우 높게 평가해야 한다.

행정철학을 가지고 있었다. 경제정책면에서도 박정희는 이승만과는 달리 자유시
장경제보다는 국가중심의 계획경제를 강조했다(박정희, 1962: 226-227). 당분간
민주주의를 다소 희생하는 한이 있더라도 경제발전이라는 시급하고도 실현 가능
한 목표에 집중하기로 한 것을 볼 때, 그의 행정윤리관은 양적 공리주의자라고 할
수 있다(임도빈, 2008).[7]

행정기구를 운영하는 측면에서 박정희는 철저히 효율성과 능률성을 중시한
철학의 소유자였다(임도빈, 2008). 이 시기에 한국에 직업공무원제(career civil
service system)가 확립되기 시작했다는 점을 주목해야 한다. 즉, 정치인을 중시
하는 엽관제적 인사보다는 전문가에 의한 행정을 중시하였다. 또한 근대적 행정
관리기술에 대해 매우 높은 비중을 두었다. 그러나 박정희 개인의 의지가 강하게
작용하는 관료행정체제는 획일주의적이고 권위적으로 운용되었다는 한계가 있다.
그럼에도 불구하고 관료제는 경제성장이라는 최고의 목표를 달성할 수 있는 수단
으로서 작동했다.

Ⅲ. 전두환 정부: 박정희 정부의 연장선

군사 쿠데타를 정당화 하기 위한 것이었다고 할 수는 있겠지만, 전두환의 철
학은 박정희 철학의 연장선인 공리주의라고 밖에 할 수 없다. 다만 그동안 인플레
를 가져왔던 화폐 팽창 정책에서 벗어나 물가안정이라는 경제체제 개혁을 추구했
다는 점에서는 박정희와 차이도 보인다. 그러나 이것은 대통령 개인의 철학이라
기보다는 박정희 정부 말기 경제의 근본적 개혁을 주장해 왔던 김재익 등 경제 보
좌관들의 의견을 따라서 물가안정, 균형발전, 생산성 향상, 금융자율화 등 포괄적
인 경제개혁정책을 추진했을 뿐이다(이장규, 2014: 202-210).

행정철학 면에서도 전두환은 전문가에 의한 효율적 행정을 중시했다는 점에
서 박정희와 연속선상에 있었다. 모든 정책을 불도저식으로 추진하면서 관료제를
군대식으로 운영하였다. 국정 분위기 쇄신을 위해 부정부패를 척결하고자 각종
제도를 도입하기도 하였다. 고위공직자의 부당한 재산축적을 막기 위하여 재산등
록제도를 도입했고, 1982년부터 영기준 예산제도를 도입하여 정부지출을 줄이려
는 시도를 해나갔다.

---

7 오늘날의 재벌들은 이때부터 국가와 밀착관계를 유지하며 국가적 개발 경제 추진 하에 기회를
   얻어 성장의 기초를 다졌다.

그러나 전두환은 이러한 개혁을 철저한 준비나 명확한 철학 없이 즉흥적이고 권위주의적인 방식으로 시행함에 따라(오석홍, 2007: 7), 과연 그의 개인적 철학이 있었는지에 대해 의문을 갖게 한다. 나아가서, 개혁을 제도화하는 데 필요한 도덕적 자기 절제심이 결여되어 있어 솔선수범의 역할도 하지 못했다는 한계가 있었다.[8]

Ⅳ. 노태우 정부: 행정철학의 빈곤기

노태우가 집권할 당시 한국의 사회는 민주화의 열기가 정점에 있던 시기였다. 그러나 노태우에게는 민주화를 향한 적극적인 개혁의지도 철학도 없었다(임도빈, 2008). 경제정책에 대해서도 분명한 비전이 없었고, 어디로 어떻게 이끌어 나가겠다는 구체적인 정책프로그램도 없었다(김충남, 2006: 457). 노태우에게는 스스로 측근의 부정과 비리를 척결할 수 있는 철학이 부재하였으며, 군부독재 청산을 요구하는 국민들의 열망을 해소시키기에도 태생적 한계가 있었다(임도빈, 2008). '물'대통령이란 별명이 의미하듯이, 자신의 리더십도 없었고 상황에 따라서 물 흐르듯이 수동적으로 반응하였다(이장규, 2014: 234).

이러한 철학의 빈곤은 노태우 정부의 행정부 운영에서도 찾아볼 수 있다. 첫 내각 구성에서도 전두환 정부의 장관 7명을 유임시켜 직선제 헌법으로 선출된 대통령이라는 이미지를 크게 훼손시켰다. 또한 참신한 이미지만을 고려하여 행정경험이 전혀 없는 네 명의 교수를 장관으로 임명했다는 점은 효율성을 중시하는 행정철학도 부재했음을 의미한다(진덕규, 1994: 66-70). 행정부 내에 본격적인 개혁을 이끌어나갈 개혁세력이 부재했으며, 그로 인해 행정개혁도 가시적인 노력이나 효과가 없었다(안문석, 1995: 45).

Ⅴ. 김영삼 정부: 민주주의적 철학

오랜 야당생활 후 정권을 잡은 김영삼의 국정운영 철학은 과거와의 단절을 통한 투명한 공직사회와 민주성의 회복에 있었다. 국민여론에 부응하여 정책을

금융실명제
1993년 대통령 긴급명령으로 전격적으로 이뤄진 것으로, 금융기관과 거래시 가명이나 차명이 아닌 본인의 실명으로 거래해야 하는 제도

---

8 경제분야 이외의 요직에는 항상 군대의 사조직인 하나회가 관련되는 경향이 있었고, 정경유착으로 인한 부정부패에 본인도 연계된 비윤리적 대통령이었다.

추진함으로써 권위주의적 상징으로 비판받던 여러 가지 문제들을 과감히 수술하려고 하였다.[9] 요컨대, 일반국민들의 오랜 숙원들을 과감히 해결하려 하였다는 점에서 민주적 반응성(responsiveness)이 돋보이는 국정철학이었다.

정부의 운용은 능률성을 강조하는 신공공관리론이라고 요약할 수 있다. 세계화, 정보화, 전문화로 행정환경이 변하고 있다는 인식 하에 작고 강력한 정부의 구현에 역점을 두고 정부조직 개편을 실시하였다(공보처, 1996: 46). 신공공관리론적 시각에서 행정부 내부의 규제개혁도 시발되었다. 그리고 공기업 133개 중 58개 기업을 민영화 대상 기업으로 지정하고 민영화 계획을 수립하여 추진하였다(공보처, 1996: 88).

그러나 대통령 선거에 승리하고 나서 김영삼과 측근들은 그 정통성과 도덕적 우월성에 도취된 나머지 정의의 천사처럼 행동하여, 역설적으로 권위주의적 모습을 보였다(김충남, 2006: 511). 그는 주요 정책을 결정함에 있어서 제도적 절차에 따라 논의하여 결정하지 않고, 몇몇 측근들을 중심으로 비밀리에 결정하여 '깜짝 쇼'처럼 전격적으로 발표하여 세상을 놀라게 했다(김충남, 2006: 520).

특히 경제 면에서는 뚜렷한 철학이 없었고, 문제가 있을 때마다 국면전환용으로 경제팀을 교체하여 국가부도까지 이르도록 문제를 더 키웠다는 비판도 있다(이장규, 2014: 278).

결론적으로, 김영삼의 민주주의라는 측면에서 두 가지 상반된 모습을 보인다. 국민과의 관계에서는 민주정치철학이 있었다. 이에 비하여 관료제 운영에서는 민주적 행정철학이 확고하지는 않았다.

Ⅵ. 김대중 정부: 사회주의적 자본주의 행정철학

김대중 대통령의 철학은 이전의 정부와는 분명히 구분되었다. 특히 대북관계에 있어 소위 '햇볕정책'으로 불려지는 '남북화해'의 국정철학을 추진하기 시작하였다. 북한의 태도가 바뀌지 않는 한, 원조를 할 수 없다는 기존의 방식과는 정반대의 접근방식이다.

햇볕정책
북한에 경제적 원조를 주어 발전을 시켜면, 결국 개방체제로 변화할 것이라는 전제하에 경제원조를 강화하는 정책

사회주의적 경제를 구상한 '대중경제론'은 그의 독특한 철학을 나타낸다. 그러나 취임 초부터 IMF구제금융이 요구한 것을 실천해야 했기 때문에 자본주의적

---

9 군부독재의 뿌리인 하나회를 해체하여 군사쿠데타의 여지를 불식시켰다. 또한 금융실명제의 전격적 실시로, 부패를 초래하는 정부에서의 검은 돈 거래방법자체를 없애 버렸다.

정책을 추진할 수밖에 없었다. 취약한 은행과 금융회사들을 퇴출시키고, 회생가능성이 있는 회사에 대해서는 공적 자금을 투입하는 금융개혁을 실행하였다.

그럼에도 불구하고 재벌개혁, 친노조정책, 그리고 분배정책강화라는 점에서는 전 정부와 차별화를 둘 수 있다. 기초생활보장법, 국민연금제도 실시, 고용산재보험 확대 등 복지제도를 많이 구축했다. '빈부화해'를 내세운 사회적 평등의 실현을 구현하려 한 점 또한 전 정부와 다르다(임도빈, 2008).

행정철학 면에서 볼 때 오랜 영남정치에서 소외되었던 호남출신을 중용하였다는 점에서 민주성(특히 형평성)을 중시한 대통령이었다. 김대중 정부의 요직 중 호남 출신이 차지하는 비중은 과거에 비해 두 배로 늘어났다. 또한 김대중 정부의 각 부처 요직(1~3급 120개 선호직위) 중에서 호남 출신은 35%를 차지했으나 그보다 인구가 두 배나 많은 영남 출신은 28.9%에 불과했다(중앙인사위원회, 2001. 11. 30. 기준). 이 점에서 처음으로 지역 차원의 대표관료제(representative bureaucracy)를 적극적으로 시정하고 강조한 시기였다.

그러나 대화와 참여를 강조하는 그가 노조나 시민단체의 지나친 요구로 오히려 갈등이 증폭되는 것을 조정하지 못해 애를 먹었다. 정치의 달인인 그가 행정에 있어서는 아마추어였다(이장규; 2014: 325). 전 정부에서 도입한 신공공관리론을 더욱 적극적이고 맹목적으로 추진하였다. 즉, 공공부문의 효율성과 투명성을 향상시키기 위하여 시장원리와 경영기법을 적극적으로 도입하는 것이 공공부문개혁의 기본방향이라고 천명하였다(이명석, 2001). 요컨대, 좌파적 성향을 가진 대통령이 우파적 행정철학이 바탕이 되는 정책을 추진해야 했다는 어려움이 있었다. 즉, 관료제 운영면에서도 시장중심적 신공공관리론을 도입한다는 것은 철학적 비일관성을 대변하는 것이다(강신택, 2014).

Ⅶ. 노무현 정부: 형평의 철학

노무현 대통령은 분배, 형평, 자주, 균형으로 전형적인 사회주의적 철학을 가진 사람이었다. 대북관계에서는 미국과의 연대보다는 자주적 입장에서 햇볕정책을 추진했다는 점에서 김대중 대통령과는 약간 차별화되었다. 전임자 시대에 시작한 북한과의 관계는 밀월 관계가 되어, 2007년 10월 2일 최초로 자동차로 북한을 방문한 대통령이 되었다.

국제관계 면에서는 한민족의 강한 민족주의가 추구되었던 시기이다. 기존 정권의 대외정책과는 달리 미국과의 갈등을 굳이 피하지 않았고, 오히려 대륙세력인 중국과 해양세력인 일본 간 평화를 위한 중재국가가 된다는 소위 '동북아 중심국가론'을 펴기도 했다. 그러나 강한 민족주의적 철학은 현실의 벽에 많이 부딪칠 수밖에 없었다(임도빈, 2008).

중요한 것은 기득권층의 지배를 과감히 단절시키려는 '민주적' 가치태도를 가졌다는 점이다. 그의 사고방식은 기존의 틀을 과감히 탈피하여 금기시했던 것들을 들춰내고, 모든 사안을 거꾸로 보기도 했다는 점에서 포스트모던적 철학을 가졌다고도 볼 수 있다(임도빈, 2008). 즉, 이전의 대통령이 모두 '선성장 후복지'의 철학을 가졌다고 한다면, 그는 '복지 없이는 성장도 없다'란 철학을 굳게 가진 인물이었다(이장규, 2014: 334). 특히 소외층에 대한 최소한의 인간적 대우를 중시했다는 점에서, 절대주의적 윤리관을 가졌다고 볼 수도 있을 것이다.

행정과 관련한 노무현의 국정철학은 행정의 효율성과 민주성 사이에 어느 정도 이율 배반(trade-off)이 있다는 점을 간과한 아마추어리즘으로 규정할 수 있다(임도빈, 2008). 대통령 직속기구인 정부혁신지방분권위원회를 중심으로 정부개혁을 추진하면서, 임기 초에는 관료들을 개혁의 대상으로 보고 몰아붙이기를 하다가 수개월이 지나서야 뒤늦게 관료가 개혁의 주체라고 추켜세운 것은 아마추어적 정부운영임을 나타내는 대표적인 예이다.

Ⅷ. 이명박 정부: 실용주의

이명박 대통령은 직업정치인이 아닌, 현대그룹의 고용사장 출신이라는 점에서 이전의 대통령과는 차별적 배경을 가진 사람이었다. 행정철학 면에서는 친기업적 성격을 가진 자본주의 정신이 강하였다.

비록 서울시장과 국회의원을 하기는 하였지만, 국민에게 주권이 있고 이에 복종해야 한다는 민주적 사고는 이전 직업정치인 출신 대통령보다는 적었던 것 같다. 예컨데 국민적 반대여론에도 불구하고 추진한 4대강 사업 등 토목사업에 집착을 보였다. 경제적인 측면에서는 경제파이(pie)를 키워서 국민들에게 이익이 되면 된다는 '실용주의'를 슬로건으로 내세웠다. 즉, 물질적 측면에서 공리주의를 추구하는 행정철학의 소유자였다. 행정수도계획을 과학혁신도시로 바꾸려는 시도 등이 그의 주요 정책이었다.

이런 그의 윤리관은 정부관료제를 기업같이 움직일 수 있다는 자신감을 갖게 하였다. 다른 정부에 비하여 많은 기업인 출신들이 요직에 기용되었고, 행정관료제 내부에서도 기업가적 성과를 중시하였다. 절차보다는 결과(즉, 효과성)만을 중시하는 비민주성이 허용되는 분위기였다. 요컨대, 그의 실용주의행정철학은 효과성이 제 1 의 원칙이고, 이를 위해 낭비를 줄이는 효율성이 제 2 의 원칙이었다고 할 수 있겠다.

Ⅸ. 박근혜 정부: 박정희 철학의 부활

박정희의 딸로서 대통령에 당선된 박근혜 대통령은 경제문제에 집중하는 태도를 보였다. 또한 정책을 효율적으로 추진하기에는 그동안 한국이 원칙 없는 사회가 되었다고 보고 '비정상의 정상화'를 정책방향으로 천명하였다.

즉, 경제성장을 통한 일자리창출 등 목표를 달성하기 위해, 민주적인 토론보다는 효율적 방법으로 정책을 밀어 부치는 식의 효과성이 지배적인 가치가 되었다.

그러나 이미 사회적으로 민주화가 진행된 시기에 과거 박정희 시대의 철학으로 통치를 하였기 때문에 초기부터 많은 국민적 불만을 야기하였다. 인사에서도 과거의 인물들을 중용하고 언론 등 외부의 접촉을 기피함으로써 소통부재의 비민주적 철학을 노정하였다. 시대에 맞지 않는 철학에 기초한 국정운영은 곧 비선인 최순실 사건으로 인해 헌정사상 최초로 탄핵받은 대통령이 되었다.

제 4 절 사회자본과 신뢰

Ⅰ. 사회자본의 중요성

국민들 간에 상호신뢰하여 협력하는 나라와 서로 시기, 질투, 갈등하는 나라의 미래는 천양지차로 달라진다. 따라서 최근에는 사회구성원들이 공동체의 문제를 해결하는 데 적극적으로 참여하는 사회의 조건 또는 사회의 조직적 특성을 의미하는 '사회자본'이란 개념이 강조되고 있다. 팽이가 쓰러지지 않고 지속적으로 회전하려면, 안정적인 회전축이 있어야 하듯이 그 사회자체의 정신적, 심리적 안정성이 있어야 한다. 이러한 비가시적 자본은 하루아침에 만들어지는 것이 아니고, 이미 존재하고 있다. 그리고 경제적 자본과는 달리 매우 서서히 변한다. 수십 년, 수백 년에 걸쳐 형성되고 변화한다.

사회자본에 대한 개념정의는 다양하다. 이 개념을 처음 주장하기 시작한 Putnam(1995)은 이런 네트워크, 규범 그리고 사회적 신뢰와 같은 사회적 특성을 주목한다. Fukuyama(1997)는 사회자본중 사회 내에 존재하는 신뢰를 중시한다. 신뢰는 종교, 전통, 또는 역사적 관습 등과 같은 문화적 메커니즘에 의해 생겨나고 전파되기 때문에 다른 형태의 자본과는 다르다고 주장한다. 그러나 이들 학자들은 모두 사회전체를 추상적 존재로 보고, 일반적 개념 혹은 정치적 개념으로 사회자본을 보고 있다.

신뢰는 그 사회 내에서 각종 인간관계에 필요한 거래비용을 감소시킨다. 상거래를 할때, 신뢰가 높은 사회에서는 그냥 말로 하면 되지만, 신뢰가 낮은 나라에서는 자세한 계약서도 쓰고, 이를 위반했을 때 의존할 각종 제도도 필요하다. 이런 점에서 볼때 한국은 오랜 민족국가로서 사회자본이 튼튼한 나라였다. 즉, 한 민족이라는 강한 공동체 의식이 있었다. 친구끼리 '네가 하는 것은 무조건 믿는다'는 말이나 '의리'와 같은 단어 등이 바로 우리만의 특유한 사회자본이라고 할 수 있었다.

그러나 급속한 경제발전과정에서 과도한 경쟁이 있어 왔고, 그 결과 불신이 만연하게 되었다. 즉, 발전의 사회적 비용은 그동안 쌓여진 사회자본의 상실이라고 봐야한다. 결과적으로, 이웃 간, 동료 간, 사회구성원 간, 관민 간 불신이 증대되었다. 이것은 곧 우리 사회전체를 고비용구조로 만들고 있다.

사회적 자본
그룹과 조직에서 공공목적을 위해서 함께 일하도록 하는 사람들의 능력이며, 이러한 사람들 사이의 협력을 가능케 하는 한 집단의 회원들 사이에 공유된 어떤 일단의 비공식적인 가치 또는 규범 내지는 신뢰의 존재

Ⅱ. 정부신뢰

1. 정부신뢰의 종류

신뢰는 어떤 대상이나 사람에 대해 막연히 가지고 있는 믿음이다. 즉, 사람의 마음이란 그때그때마다 일어나는 긍정적, 부정적 사건들에 약간의 영향을 받기는 하지만, 크게 영향을 받지 않고 일정하게 유지되는 정서적인 상태가 신뢰이다. 마치 우리가 누구에게 믿고 돈을 빌려주듯이, 신뢰는 순수히 주관적인 상태이다. 비

그림 12-3 | 신뢰의 종류

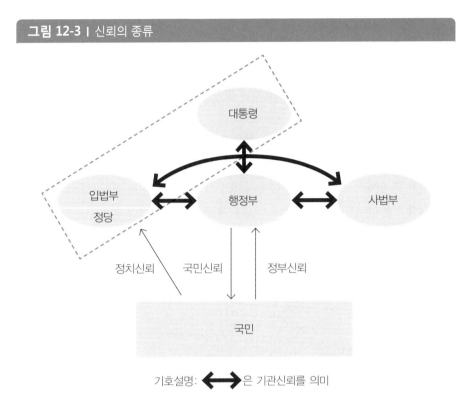

기호설명: ◀▶은 기관신뢰를 의미

록 돈을 떼일지도 모르지만, 믿고 빌려주는 것 같은 마음의 상태이다.

　최근에는 앞서 열거한 정치학자들이 사용하는 사회자본이라는 뜻으로 '신뢰' 개념을 추상적으로 사용하는 경우가 많다. 이를 행정학에서 본격적으로 사용한 것은 벨기에의 학자 Geert Bouckaert 교수이다.

　신뢰는 '누가', '누구'를 신뢰하느냐의 문제에 따라 각각 다르다. 신뢰의 높고 낮은 정도는 그 사람의 감정적 특성, 이성적 특성 및 선천적 특성 등 개인적 차이가 있다(Greg Porumbescu, 2013). 정부신뢰(trust in government)는 국민이 가지는 정부에 대한 믿음의 정도이다. Bouckaert 교수는 주체와 객체를 기준으로 이러한 정부신뢰를 다음 세 가지로 구분한다.

> **정부신뢰**
> 국민이 정부가 하는 일에 대해 의심치 않고 따르는 마음의 상태

- 정부신뢰(Trust in government): 일반국민들이 자신의 정부에 대해 신뢰하는 정도
- 국민신뢰(Government's trust in people): 정부가 국민(또는 시민)들에게 주는 신뢰의 정도
- 기관신뢰(Government's trust in government): 공공부분 내에서 기관 혹은

개인 간 갖는 신뢰의 정도. 예컨대 입법, 행정, 사법부 간의 신뢰일 수도 있고, 행정부처 내에서 부처 간, 중앙-지방 간, 정부-공기업 간 등의 신뢰 등을 생각할 수도 있다.

• 정치신뢰: 일반국민이 정치인이나 정치제도에 갖는 신뢰의 정도

국민이 주인이라는 민주주의적 관점에서는 단지 국민의 정부에 대한 신뢰가 중요했고, 이를 제고하는 방법에 고민이 집중된다. 그러나 정부의 효율성이나 경쟁력이란 관점에서 보면, 위의 네 가지의 신뢰가 모두 높아야 광의의 정부신뢰가 달성된다고 본다.

최근 전 세계적으로 정부신뢰는 중요한 이슈이다. 미국, 영국, 프랑스, 이태리 등 많은 선진국에서도 정부신뢰가 추락하는 경향이 나타나고 있기 때문이다. 신뢰는 민주주의 사상이 보급되고, 국민들의 주인의식이 높아짐에 따라 정부를 움직이는 핵심 변수가 되었다. 정부의 경쟁력을 보여주는 주요 요인이 된 것이다.

2. 정부신뢰의 국제비교

우리나라에서 정부의 오랜 형태는 왕이었다. 유교적 전통에서는 왕이 덕을 갖추어야 했고, 백성은 왕을 믿어야 했다. 즉, 군사부일체의 원리에 의해, 왕을 아버지와 같은 존재로 믿는 전통을 가졌었다. 일종의 성선설에 기초한 사회운영이

그림 12-4 I 관료에 대한 신뢰와 의회에 대한 신뢰

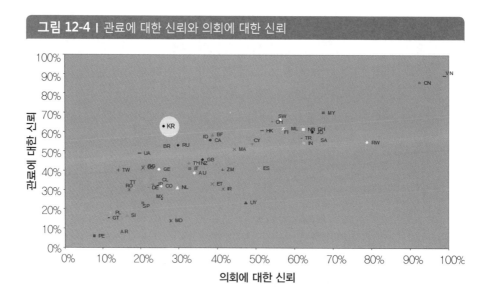

었다. 그러나 성악설에 기초한 서구민주주의 제도의 도입과 오랜 군사정부로 인해, 우리의 전통적 미덕인 신뢰에 많은 문제점을 노정하게 되었다.

그렇다면 한국정부의 신뢰수준은 다른 나라에 비하여 낮은 편일까, 아니면 높은 편일까. 미시간 대학에서 조사하는 World Value Survey에 의하면 다른 나라에 비하여, 한국인의 정부에 대한 신뢰는 그리 낮은 편은 아니다. 이것은 Fukuyama가 사회전체 수준에서 볼 때 일본은 고신뢰사회, 미시간대학이 한국은 저신뢰사회라고 단정한 것과는 다른 결과이다.

한국의 경우 서구 민주정치제도의 도입과정에서 겪은 갈등과 양극화 등으로 가족 이외의 집단수준에서의 신뢰가 낮은편이다. 특히, 정치 신뢰가 낮은 편일 것으로 추정된다. 이를 알아보기 위해 미시간대학이 행정관료에 대한 신뢰와 국회에 대한 신뢰를 각국 국민에게 설문조사한 결과를 그림으로 보면 〈그림 12-4〉와 같다.

이 그림에서 알 수 있는 바와 같이, 대체로 다른 나라의 경우, 관료에 대한 신뢰와 의회에 대한 신뢰는 비례한다. 그러나 한국의 경우(○표시부분) 의회에 대한 신뢰정도가 관료에 대한 신뢰정도보다 더 낮다. 의원들이 국익보다는 자기 지역구 이익을 더 중시하고, 나아가서 자기 자신의 개인적 이익을 추구하는 모습이 국민들에게는 부정적으로 작용하기 때문이 아닌가 한다. 그리고 사법부(특히 검찰)에 대한 신뢰도 상당히 낮을 것으로 짐작된다. 이러한 것들이 모두 정부 운영에 장애요인이 된다. 의회, 검찰, 사법부의 윤리성을 제고하는 개혁이 필요하다.

정부신뢰는 정부정책의 집행시 순응(compliance)에 영향을 미친다. 신뢰가 높을수록 서로 소통을 통하여 정책을 용이하게 결정하고, 집행할 수 있다. 정책순응도가 높아지면, 정부가 쉽게 정책목표를 달성할 수 있을 것이고, 결과적으로 정부신뢰를 높일 것이다. 반대로 신뢰의 정도가 낮을수록 서로 의심하고, 순응하지 않는다. 일단 정부가 하는 일에 대해서 정부안팎에서 서로 의심하거나 무조건적으로 저항할 것이기 때문이다. 이를 극복하기 위해 정부는 정책홍보에 많은 비용을 쏟아붓는다. 우리나라의 경우, 어떤 사건이 있을 때마다 인터넷을 통하여 음모설이 유포되는 것은 이러한 신뢰의 부족에서 나온다. 이러한 점이 정부활동의 장애요인임은 두말 할 필요조차 없다.

Ⅲ. 정부신뢰의 영향요인

1. 이론적 측면

여기서 중점을 두고 보는 것은 앞의 첫 번째 유형의 신뢰, 즉 일반국민의 행정부에 대한 신뢰이다. 설문조사를 통한 신뢰도는 많은 문제점을 안고 있다. 이에 영향을 미치는 요인은 다음과 같다.

우선 정치가 정부신뢰도에 영향을 미치는 중요한 혼란변수이다. 국민에게 '정부'는 곧 정치인으로 대변되어 인식되는 경향이 있다. 신뢰도를 여론조사하면, 응답자는 대체로 가시성이 높은 대통령, 국회의원 등 정치인들의 인기도, 스캔들 등에 영향을 받아 답하는 경향이 있다. 즉, 이를 고위 공자들의 일탈행위는 국민들이 공직사회 전체에 대한 윤리적 수준을 판단하는데 결정적 요인이다. 나아가서 설문조사를 통한 정부신뢰는 그 나라의 민주화 정도는 물론이고, 당시 집권당의 지지도 등에 상당한 영향을 받는다. 국민들은 '정치'와 '행정'의 차이를 잘 구분하지 못하기 때문이다. 이는 단지 국민들이 접하는 정보의 부족 때문만이 아니고 실제로 양자는 업무상 매우 밀접히 연결되어 있기 때문이기도 하다.

둘째로, 행정부가 제공하는 서비스에 대한 만족도가 정부신뢰에 영향을 미친다. 여기서 공공서비스는 대중교통, 인허가 등 좁은 의미의 서비스뿐만이 아닌, 안보, 국가이미지 등과 같이 좀 더 포괄적인 개념이다. 국민들은 공공서비스를 통해 행정부에 대한 직접·간접적 접촉을 경험하고, 이를 바탕으로 정부에 대한 신뢰를 형성한다.

여기서 한번 생각해 볼 만한 문제는 서비스 만족도를 측정하는 설문지 방식의 문제이다. 공공서비스는 다수의 국민들에게 만족도를 물어보는 방식으로 측정되는데, 대부분의 응답자들은 실제로 중앙부처를 방문하거나 서비스를 이용한 직접 경험이 없다는 데 문제가 있다. 응답자들은 매스컴의 스캔들보도 등 여러 요인에 의해 이미 행정에 대해서 부정적인 인상을 가지고 설문에 응답하는 경우가 많다. 이런 선입견이 서비스 만족도 측정에서 낮은 점수를 주도록 영향을 미친다. 행동행정학의 연구에 의하면, 긍정적 선입견(positive bias)이 있는 사람에게 더 긍정적 정보가 추가될 때 증가되는 만족도 개선의 크기는, 부정적 편견(negative bias)을 가진 사람에게 추가적으로 부정적 정보가 주어졌을 때 가져오는 서비스 불만족도 증가보다 작다(Olsen, 2004). 즉, 부정적 선입견이 미치는 영향력이 긍정적 선입견에 미치는 것보다 크다.

세 번째로 기대요인도 정부신뢰조사결과에 영향을 미친다. 기대이론은 공공서비스의 수준이 높을수록 기대수준이 더 올라간다는 것을 의미한다(Greg Porumbescu, 2013). 즉, 아무리 정부가 높은 품질의 서비스를 제공해도 기대수준이 올라가기 때문에 국민들의 정부신뢰는 이에 비례하여 증가하지 않을 수도 있다. 또한 국민들이 정부를 신뢰할 때, 자신들이 정부에 대해 가진 정보를 가지고 합리적인 판단을 하기도 하고, 관료와의 접촉이나 다른 사람들에게 들은 이야기를 근거로 감정적 판단을 하기도 할 것이다.

마지막으로 개인의 성향이 있을 수 있다. 기본적으로 남을 잘 믿는 사람이 있고, 계속 불신하는 경향이 있는 사람도 있다. 전술한 기대요인도 있겠지만, 타고난 생리적 요인도 작용할 것이다. 아울러 그 사람이 살아온 오랜 과거의 경험이 누적되고, 사회화된 결과이기도 할 것이다.

2. 실제적 측면

우리나라 국민들의 경우, 행정철학사에서 본 바와 같이 짧은 기간에 많은 것을 성취한 정부임에도 불구하고, 많은 격변기를 겪으면서 국민들이 정부를 신뢰하지 않는 경향이 생겨나지 않았나 생각한다. 국제적으로 비교해도 우리 행정의 수준이 그렇게 열악하지 않음에도 불구하고, 우리나라에서 정부에 대한 신뢰가 낮은 이유는 다음과 같이 설명될 수 있을 것이다.

첫째, 신공공관리론 등 시장지향적 행정개혁이 공공부문을 희생양으로 하였기 때문이다(오석홍, 2005). 경쟁성, 능률성, 생산성, 수익성과 같은 기업적 규범을 공공부문에서도 지고의 가치로 강조하고 있기 때문에, 대표성, 책임성, 평등성, 불편부당성, 공개성, 대응성, 정의 등 공공부문에 적용되는 고유한 서비스 규범과 기준들이 폄하되고 있다. 즉, 경영의 잣대로 행정을 재단하는 풍조가 만연해 있기 때문이다. 시장을 미화하는 경향도 일조하고 있다.

둘째, 정부의 역할에 대한 폄하로서, 시장주의자들의 영향력이 커지고 있기 때문이다. 정부역할이나 공공부문이 해야 하는 영역을 최소화하고 시장이 이를 대치해야 한다는 믿음이 점점 커지고 있다. 특히 규제완화론자들은 정부실패를 과장하며, 정부역할 자체의 축소를 주장한다. 이것은 정부신뢰를 저하시키는 중요한 요인이다.

셋째, 정치인들을 비롯한 일부 행정인들의 비윤리성과 무책임성이다. 즉, 일부 일탈자들의 행태가 곧 정부 전체의 신뢰에 영향을 미친다. 또한 행정책임에 관한 전통적 문제인 관료적 권력, 기능적 복합성, 사회적 고립, 비밀주의, 언론통제, 정치적 억압 등이 빚어낸 문제들이다. 무책임한 사람들이 여러 가지 스캔들을 일으킬 때마다 매스컴이 정부전체의 신뢰문제로 확대시키고 있는 것이다. 이런 것들이 국민들의 뇌리에 축적되어 정부신뢰를 이와 같이 극히 저조한 상태로 만든 것이다.

정부신뢰를 단시일에 회복시킬 수 있는 마술방망이는 존재하지 않는다. 오히려 국민들의 기대수준이 올라감에 따라 신뢰는 낮아질 수밖에 없을지도 모른다. 그럼에도 불구하고 가장 중요한 것은 사회적으로 공공성의 재확립과 윤리성의 회복이 필요하다는 것이다(Chapman, 1993: 155-171). 물론 공공성의 재확립은 정부가 아무리 노력을 해도 쉽게 이뤄지기는 어려운 것이다. 현재로서는 팽이모델이 지속될 수 있는 기반이 붕괴되고 있는 것이다. 신뢰는 곧 한 사회가 건전하게 작동하기 위한 필수적인 사회자본인데, 우리나라가 이를 많이 잃었다는 것은 안타까운 일이다.

그리스의 멍을 재촉한 부패와 부도

그리스 아테네 북서쪽에 '코파이스'라는 호수가 있었다. 1950년대에 그리스 정부는 이 호수의 물을 바다로 모두 빼내고, 도로를 내기로 했다. 1957년 공사가 완공되면서 그리스 신화(神話)에도 나오는 유서 깊은 호수는 사라졌다. 그런데 그 공사를 감독하기 위해 정부가 설립했던 기구는 50여년이 지난 지금까지도 남아 있다. 30명의 공무원이 자리를 지키고 있지만 이들이 무슨 일을 하는지는 아무도 모른다.

이런 일이 벌어질 수 있었던 것은 1911년 헌법 개정으로 공무원의 평생고용이 보장됐기 때문이다. 더욱이 1980년대에 사회당 정권이 공무원 일자리를 늘려 실업문제를 해결하고, 국민의 복지 요구도 충족시키는 정책을 펴면서 공무원과 정부기구는 더 폭발적으로 늘었다. 민간기업보다 월급이 많고 복지 혜택도 후하고, 하는 일 없이 빈둥거리며 놀고 먹어도 제재를 받지 않는다. '공무원 천국(天國)'이 따로 없다.

정부 조직이 비대해지면 관료주의와 부패의 폐단도 따라서 커진다. 그리스에서 사업을 하거나 공사를 벌이려면 인·허가를 받는 과정에서 지레 진을 다 빼야 한다. 어느 기업인이 리조트 사업을 추진하면서 공무원 서명 날인을 6000개나 받아야 했다는 이야기도 있다. 수많은 인·허가 장벽을 넘을 때마다 공무원들에게 '뒷돈'을 줘야 한다. 이러고도 경제가 멀쩡하게 잘 굴러갈 수는 없다.

그리스 재정파탄의 또 다른 주범은 탈세(脫稅)다. 아테네 교외에 '키피시아'라는 부유층 거주지역이 있다. 그리스 경제를 대표하는 해운업계 오너들을 비롯한 기업인과 정치인, 의사, 변호사 등 억만장자·백만장자들이 주로 모여 산다. 그런데 이곳 거주민의 상당수는 공식적으로는 '빈곤층'이다. 소득세 면제기준인 1만 2000유로(1800만원) 정도의 소득만 신고해 세금을 거의 내지 않고 있는 것이다. 세무공무원에게 최대 1만유로(1500만원)를 찔러주면 이렇게 터무니없이 소득을 숨기고 세금을 내지 않아도 아무 탈 없이 지나갈 수 있다.

유럽 언론들이 그리스에 대해 '부자들이 넘쳐나는 가난한 나라'라고 비꼬는 것은 괜한 트집이 아니다. 해운업계 갑부(甲富)들이 국가경제에 대한 기여를 내세워 아예 세금을 면제받고 있는 것 같은 황당한 사례도 있다. 정부가 공무원을 마냥 늘리며 나랏돈을 헤프게 쓰면서, 세금 낼 사람들이 요리조리 빠져나갈 구멍까지 만들어줬으니 나라 재정이 거덜 난 것은 당연한 일이다.

그리스에선 좌파 정권이 들어선다고 해서 기업과 부자들이 불편해지는 일도 없었고, 우파 정권이 들어선다고 해서 빈곤층에 대한 복지 혜택이 줄어드는 일도 없었다. 역대 정권들이 한결 같이 빚을 끌어다 쓰면서 돈으로 중산층과 저소득층의 환심을 샀고, 기업과 부유층에 대해서는 탈세를 눈감아 주면서 인심을 잃지 않으려고 했다. 정치인들이 선거에서 이기기 위한 정치적 계산에만 눈이 어두워 나라 경제의 현실은 무시한 것이다.

국가부도의 파국이 코앞에 닥친 상황에서도 그리스인들은 아직도 꿈에서 깨어나지 못하고 있다. 심지어 '세금 도둑'인 공무원들이 복지축소에 반발하는 총파업을 벌이며 기득권을 놓지 않겠다고 고집을 부리고 있다. 다른 선진국에선 세금을 더 내겠다는 부자들의 자발적인 선언이 잇따르는데, 그리스 부자들은 탈세를 반성하고 납세 의무를 지키겠다는 말조차 하지 않는다. 결국 온 나라에 만연한 부패와 부도덕이 그리스 비극의 뿌리인 셈이다.

출처: 조선일보, 2011. 10. 24.

참고문헌

강신택(2013).「행정사상과 연구의 논리: 한국행정의 역사적 맥락에서」. 조명문화사.

공보처(1996).「공보 개혁정책 자료: 오인환 공보처장관 연설문집」. 공보처.

김경순(1990). 관료기구의 형성과 정치적 역할. 한배호 편.「한국현대정치론 I: 제1공화국의 국가형성, 정치과정, 정책」. 서울: 나남.

김동현 외(1990).「일선기관 생계형 부조리 근절에 관한 연구」. 성균관대학교 공공문제연구소. 8.

김영명(1991). "행정철학의 개념 및 접근방법에 관한 연구".「한국행정학회」. 24(3): 1355-1372.

김충남(2006).「대통령과 국가경영: 이승만에서 김대중까지」. 서울대학교출판부.

김항규(1990). "행정철학의 개념 및 접근방법에 관한 연구". 한국행정학회.

_____(2009).「행정철학」. 서울: 대영문화사.

남궁근(2007). "사회자본의 형성과 효과에 관한 경험적 연구의 쟁점".「정부학연구」. 13(4): 297-325.

박정희(1962).「우리 민족의 나갈 길: 社會再建의 理念」. 東亞出版社.

박천오(2016). "한국 공무원의 책임 확장: 법적·계층적 책임에서 윤리적·개인적 책임으로".「한국행정학보」 50(1):

박흥식(2003). "행정윤리 접근법의 모색: 이기주의적 시각".「한국행정학보」 37(2): 211-225.

안문석(1995).「환경행정론」. 서울: 법문사.

엘리너 오스트롬(2010).「공유의 비극을 넘어 (Governing the Commons: The Evolution of Institutions for Collective Action)」. 윤홍근 외 1명 역. 랜덤하우스코리아.

오석홍(2005). M. Shamsul Haque, "The Diminishing Publicness of Public Service under Current Mode of Governance."「행정학의 주요이론」. 서울: 법문사.

_____(2007).「행정학」. 서울: 박영사.

유민봉(2016).「인사행정론: 정부경쟁력의 관점에서」. 서울: 박영사.

이명석(2001). "신공공관리론, 신거버넌스론, 그리고 김대중 정부의 행정개혁.「한국행정학회 학술대회 발표논문집」. 305-321.

이수인(1989).「한국 현대정치사」. 실천문학사.

이장규(2014).「대통령의 경제학」. 서울: 기파랑.

임도빈(2002). "행정윤리관의 분석틀 모색: 서양철학이론을 중심으로".「행정논총」 40(3): 69-95.

_____(2003). "한국 공무원의 윤리적 특성에 관한 연구". 「행정논총」 41(2): 1-29.

_____(2007). "관료제, 민주주의, 그리고 시장주의: 정부개혁의 반성과 과제". 「한국행정학회」 41(3): 41-65.

_____(2008). "역대 대통령 국정철학의 변화: 한국행정 60년의 회고와 과제". 「행정논총」 46(1): 211-251.

임의영(2006). 「행정철학」. 서울: 대영문화사.

_____(2014). "Karl Polanyi의 내포(embeddeness) 개념과 공공성". 「한국행정연구」 23(3): 1-29.

임의영(2010). "공공성의 유행화". 「한국행정학보」 44(2): 1-21.

정용덕(2003). 「현대국가의 행정학」. 서울: 법문사.

_____(1996). "미국의 행정(학) '무국가성'이 한국의 행정(학) 발전에 미친 영향". 「행정논총」 34(1): 33-50.

정윤재(2003). 「정치리더십과 한국민주주의」. 서울: 나남.

_____(2004). "기획: 한국사회에서의 정당, 정치인, 선거와 정치개혁의 방향; 정치엘리트, 정치개혁 그리고 한국 민주주의." 「기억과 전망」 6권: 179-196.

진덕규(1994). "현대민족주의의 개념전개에 대하여". 「통일문제연구」 6(1): 9-38.

차세영(2011). "조선초기 중앙행정기구의 네트워크 구조에 관한 연구: 사회연결망 분석을 중심으로". 서울대학교 행정대학원 석사학위논문.

최상옥(2016). "뉴노멀시대 新공공성 탐색". 「정부학연구」 22(2): 5-25.

토머스 모어(2008). 「유토피아」. 황문수 역. 범우.

플라톤(2005). 「국가론」. 박종현 역. 서광사.

Adams, Guy B., and Danny L. Balfour (2004). Unmasking Administrative Evil, in *public administration classic readings*, (Shafritz, J.M. et al.), Wadsworth.

Badaracco, Joseph L. (1997). "The Internet, Intel and the Vigilante Stakeholder. Business Ethics." *A European Review* 6(1): 18-29.

Buchanan, James M., and Gordon Tullock (1962). *The Calculus Of consent*. Ann Arbor: University of Michigan Press.

Chapman, Richard A. (1993). Ethics in Public Administration. in (Chapaman, ed.,) *Ethics in Public Service*, Garleton University Press.

Foucault, Michel (1975). *Surveiller et Punir*. Gallimard Paris.

Frederickson, H. G. (1997). *The spirit of public administration*. San Francisco: Jossey-Bass Publishers.

Fukuyama, Francis (1997). *The End of Order*. Social Market Foundation London.

John Rohr (1979). Ethics for Bureaucrats: Laws and Values, in Shafritz, J.M. et al. *public administration classic readings*, Wadsworth.

Kant, Immanuel (1986). *Prolegomena: To Any Future Metaphysics That Can Qualify as a*

Science. OpenCourt Publishing.

Olsen, Asmuns Leth (2015). Citizen (Dis)satisfation: An Experimental Equivalence Framing Study, *PAR* 76(3): 469-478.

Pops, G. M. (1994). A teleological approach to administrative ethics. *Handbook of administrative ethics.* 157-168.

Porumbescu, Gregory A. (2013). "(An) assessment of the impact of citizens' use of e-government and online mass media on their levels of trust in government." 서울대학교 행정대학원 박사학위논문.

Henderson, Gregory (1968). *Korea: The Politics of the Vortex.* Harvard University Press Cambridge.

Hirschman, Albert O. (1970). *Exit, voice, and loyalty: Responses to decline in firms, organizations, and states.* Vol. 25. Harvard university press.

Putnam, Robert D. (1995). "Tuning In, Tuning out: The Strange Disappearance of Social Capital in America." *PS: Political Science & Politics* 28(4): 664-683.

R, Klitgaard (1998). *Controlling Corruption, Berkeley,* CA: University of California Press.

Rand, Ayn (1986). *What Is Capitalism? Capitalism: The Unknown Ideal.* New York: Signet Publishing.

Smart, J. J. C. (1961). *An outline of a system of utilitarian ethics.*

Van de Walle, S., &Bouckaert, G. (2003). "Public service performance and trust in government: the problem of causality." *International Journal of Public Administration* 26(8-9): 891-913.

Walzer, Michael (1983). *Spheres of Justice: A Defense of Pluralism and Equality.* Basic Books.

정부의 경쟁력

지금까지 우리는 팽이모델을 이용하여 행정의 전체적인 모습을 각각 나누어서 그려보았다. 이번 장에서는 이를 결론적으로 종합해보고자 한다. 이 결론의 장은 팽이모델의 어느 한 부분이 아닌, 팽이의 전체를 다룰 것이다. 미국이나 중국과 같은 초대형 팽이가 옆에서 돌고 있고, 간혹 이들간 팽이싸움이 벌어진다. 즉, 정부 간 치열한 경쟁이 이뤄진다. 과거보다 전쟁의 위험성은 낮아졌지만 주저앉지 않고 계속 돌아야 살아남을 수 있다.

팽이싸움에서 이기려면, 강력한 추진력으로 팽이가 돌아야 한다. 이 추진력이 정부경쟁력이다. 우선, 다른 팽이보다 모양도 좋고 단단해야 한다. 단군 이래 최대의 역사적 번영을 누리고 있는 우리나라의 경우, 그동안 상대적으로 경쟁력 있는 팽이였다고 하겠다. 1960년대 이후 한국정부의 경쟁력은 놀라울 정도로 높아졌다. 하지만 이제는 그 성장모델이 한계에 부딪힌 듯 많은 문제가 드러나고 있다. 현재 우리가 안고 있는 문제를 악순환모델로 설명하고자 한다.

나아가서 악순환모델의 문제를 해결하기 위해서 어떻게 해야 하는지를 고민해본다. 즉, 선순환모델의 본질적인 특징이 무엇인지를 살펴보고, 앞으로의 과제를 고민해보도록 하자. 이를 팽이모델로 도식화하면 아래와 같다.

한국 행정학의 반성

I. 경제성장모델의 한계

1960년대 우리나라의 경제발전시기에 정부의 역할은 대단하였다. 당시에는 시민사회가 성숙해 있지 않은데다 국민 대다수가 절대빈곤층에 속하였기 때문에, 정부가 경제개발 정책을 강력하게 추진할 수 있었다. 특히 박정희 대통령은 경제 개발5개년계획을 기반으로, 행정부를 통한 강력한 경제개발을 추진하였다. 1차적 인 목표는 빈곤으로부터의 탈출이었지만, 정부는 식생활 문제 해결에 그치지 않고 사회인프라 구축, 각종 정치·경제제도의 형성까지 점점 다양하게 발전행정을 주도하였다.

민주화 이후에 나타난 역대 정권 역시 유사한 정책을 추진하였다. 적어도 경제성장에 정책의 최우선 순위를 두었다는 점에서 정책의 일관성을 유지하였다. 다만 김영삼 정부 이후 서구식 민주주의 제도의 확립과, 김대중 정부 이후 복지제도의 확립과 같은 정책이 부가적으로 추가되었을 뿐이다. 경제성장에 국한한다면, 우리 정부는 경쟁력이 있었다고 단언할 수 있다. 실제로는 관료주도이면서, 외형적으로는 다양한 행위자를 참여시키는 방법도 사용하였다(윤견수·박진우, 2016).

그런데 경제발전 과정에서 겪은 급격한 산업화는 많은 문제점을 누적시켰다. 시간을 갖고 내실을 다지기보다는 선진국 따라잡기에 바빴다. 즉, 발전행정론적 정부경쟁력에 많은 한계점이 노정된 것이다.

우선 모든 면에서 규모가 커졌고, 복잡해졌다. 원자력발전소와 같은 각종 사회인프라나 대형 시설물, 자동차와 기차 등의 대중교통 수단 확충이 가져온 안전불감증 문제가 대표적인 것이다. 작은 물레방아는 개인이 쉽게 관리할 수 있지만, 대형 발전소는 개인이 상식만으로 관리하기 어렵다. 이런 변화가 행정의 전문성을 요구하게 되었다.

다시 말해 기초가 부실한 상태로 모든 것이 이루어진 셈이다. 남에게 과시하기 위해 나온 거품도 많다. 예컨대 재난관리가 중요함에도 불구하고, 이를 철저히 예방할 수 있는 설계와 건축이 제대로 되지 않은 경우가 다반사이다. 더군다나 소위 말하는 '빨리빨리' 문화로 많은 부분이 급속하게 진행되었기 때문에, 우리 사회

곳곳에 위험이 도사리고 있다. 그리고 그 뒤에는 항상 행정이 있었다. 수단이나 과정을 중시하지 않은 채 목표달성 그 자체만을 중요시하던 행정관습이 생겼다.

다음으로 그동안 서구 선진국의 것을 거의 모방하다시피 하여 추진하던 행정모델에 한계가 왔다. 행정이 사용하는 법률의 내용을 보면 많은 부분이 일본, 미국, 유럽 등 선진국의 내용을 그대로 번역하거나 수용한 것이 많다. 경제규모가 작고 산업화 수준이 낮을 때는 법 규율과 현실 간 괴리가 크게 부각되지 않았고 대충 넘어가도 큰 문제시 되지 않았다. 하지만 경제규모와 각종 시설이 늘어나고 우리만의 독특한 사회의 도시화, 복잡화 등이 진행될수록 참고로 할 만한 선진국 모델을 찾을 수 없게 되었다.

다음으로는 한국사회의 민주화로 행정의 일방적 주도가 점점 어려워졌다. 행정주도형 발전모델은 행정이 목표를 설정하고, 관민이 힘을 합해 작동하는 체제이다. 즉 거버넌스의 문제가 제기된 것이다. 언론을 중심으로 행정의 모든 것이 감시되고, 국민들이 이의를 제기하며, 정치적 이슈화되었다. 관료제의 투명성이 증대되고 민주행정체제가 확립되고 있다. 정책과정모델에서 살펴본 바와 같이 과거 내부주도형에서 외부주도형으로 전환이 이루어지고 있는 상황이다.

정책을 산출하는 활동은 행정부 조직 내부, 혹은 그 외의 정부를 구성하는 법조계, 국회, 언론 등 조직 간의 상호작용을 통해서 이뤄진다. 큰 사회문제를 해결하기 위해 행정부와 의회 사이에서 주로 정책형성이 일어나고, 이 과정에서 언론을 매개로 하여 국민들 간의 상징적 상호작용이 일어난다. 경제규모가 커지고, 기업들이 중요한 경제행위자가 되면서 정부의 존재 자체를 부정하는 시장주의자들도 목소리를 내기 시작하였다. 특히 ICT가 발달함에 따라 조직 내·외부에서 이루어지는 다양한 행위자 간의 상호작용은 실시간으로 여과 없이 이뤄지고 있다.

요컨대 새로운 행정학은 이런 변화를 담아내야 한다. 전통적 행정학은 공공부문의 문제를 이해하기 위해서 이러한 모델 내에 일어나는 상호작용의 가장 핵심인 관료제 내부 구성원 간의 대면 상호작용에 관심을 기울여 왔다. 즉, 행정 조직의 틀 내에서 구성원, 즉 공무원을 중심으로 일어나는 행위에 주목해 온 것이다. 이제 행정학은 우리나라 전체 사회의 작동과 관료제 내부를 동시에 조망할 필요가 있다.

Ⅱ. 악순환모델

1. 한국인의 행위 성향

급속한 경제성장 이후, 한국인의 전통적인 사고방식은 근대적인 사고방식으로 많이 변화하였다. 조선시대의 계급사회가 무너지고 대한민국이 평등사회가 되면서 상대적으로 모든 사람들이 평등하다는 생각을 갖게 된 것이다. 이것은 서구민주주의의 사상이 들어오기 전부터 있었던 우리 한국인 고유의 특성이라고 할 수도 있다.

"배고픈 것은 참아도, 배 아픈 것은 못 참는다"는 특성으로 말미암아, 급속한 경제성장 속에 모든 것을 남과 비교하는 경향이 생겨났다. 즉, '평등'을 당연한 기본권으로 생각하게 된 것이다. 이에 대해서 이론적으로는 인사행정이론의 Justice theory, 즉 형평성이론으로 설명할 수 있다.

다른 한편으로 사람들은 타인과의 경쟁에서 항상 특별한 대우를 받든지, 아니면 남보다 우월하다는 것을 보여주려 했다. 즉 자기우월성을 끊임없이 증명할 필요성이 있었다. 이는 사회적 지위나 승진, 또는 부의 축적 등을 포함하는 것이다. 치열한 경쟁상황에서 간발의 차이가 승패를 결정짓기 때문에 초조함과 불안감이 억누르고 있었다.

이러한 한국사회의 특징에 평등주의와 우월주의가 합쳐져 경쟁의식으로 나타나게 된 것이다. 적어도 물질적이고 가시적인 측면에서는 남과 평등하기를 원하나, 반대로 내면 깊은 곳에서는 경쟁심리가 자리잡고 있어 여건과 기회가 되는 대로 남들보다 우월해지려는 우월의식이 있다. 그러나 본인이 평등하면서 동시에 우월할 수 없는 것이 현실이다. 실제에서는 논리적 모순이 있는 것이다. 그러므로 결국 항상 불만족스러울 수밖에 없다.

문제는 이런 모순적 행위성향이 개인차원에서 해결되지 못하면 국가에 기대한다는 데 있다. 자신의 불만족 상태를 해결할 수 있는 존재로서 강력한 정부를 희망하는 경향이 있다. 과거 왕이나 섭리주의 국가가 마음 속에 자리잡아 있어서, 문제의 원인을 국가로 돌리는 것이다. 자기 자신의 문제뿐만 아니라, 사회에서 일어나는 크고 작은 사건에 대해서도 정부탓을 하는 것이다. 정부신뢰가 지속적으로 내려가는 이유 중 하나는 이 때문이다.

이 점에서는 심지어 정부가 기능을 축소하고 시장에 맡겨야 한다는 시장주의자들도 마찬가지다. 문제가 생길 때마다 정부만을 탓한다. 큰 사회문제가 발생할

평등의식
자신이 다른 사람에 비하여 모든 면에서 적어도 평등해야 한다는 생각

우월의식
자신이 무엇인가는 다른 사람보다는 낫다는 생각

때마다, 규제완화론은 더 고개를 든다. 그러나 어느 누구도 내가 희생해서라도 공공문제를 해결하겠다는 자세를 보이지 않는다. 시장에 맡기면 잘 할텐데 왜 정부가 일을 하려고 하느냐는 식의 비판만 한다. 정부, 즉 관료는 '동네북'이 된다.

2. 행위자 전략분석

행정활동은 국민에게 만족을 주기 위한 것으로, 국민은 관료에게 행정의 환경이자 대상이다. 따라서 우리나라 국민들의 특성을 파악할 필요가 있다. 우리나라는 전통적으로 유교문화를 바탕으로 가족주의, 권위주의, 비물질주의 등의 특성을 가진 국가였다. 하지만 근대화 이후 서구의 문명이 급속도로 유입된 데다가, ICT 발달의 선두주자로서 세계 어느 국가보다 빨리 ICT 기술을 수용하고 개척해나가면서 한국 사회에는 전통문화와 서구문화가 혼재하게 되었다.

국민들은 어떤 측면에서는 전통적 규범에 따라 행동하고, 또 어떤 측면에서는 서구문화에 따라 행동하는 이중적인 행태를 보인다. 편의에 따라 취하는 자세가 달라지는 것이다. 표면적으로는 능력주의, 경쟁의 원리에 의해 부와 사회적 지위의 배치가 공정하게 이루어지는 것처럼 보기도 하지만, 많은 국민들은 자신들의 기대에 못미치는 현실에 불만을 갖고 있다. 그러나 국민들의 내면에는 여전히 공동체주의적 요소도 자리잡고 있기 때문에 더 많은 평등을 주장하기도 한다(임도빈, 2007: 6). 결과적으로 정부는 이러한 모순된 욕구를 충족시켜야 한다.

국민들의 이와 같이 서로 모순되는 두 욕구로부터 나타나는 여러 문제를 바로 정부, 좁은 의미의 관료제가 해결해야 한다. 이를 위한 각종 정책을 집행하여 우리 국민의 특성을 보완하자는 요구가 있어왔지만, 관료제 내부에서도 지위에 따라 상대하는 국민의 층이 달랐는데, 고위층들은 현실에 맞지 않는 제도개혁을 끊임없이 시도하고 있다.

모든 정부의 활동은 이를 떠받들고 있는 관료제에 달려있다. 관료제 내부의 행정활동을 수평적·기능적으로 분류하여 예산과 회계, 인사, 조직으로 나누어 설명했지만, 수직적으로는 그 위상이나 역할에 따라 또다시 고위층, 중위층, 하위층으로 분류해 볼 수 있다. 정부조직 피라미드라는 측면에서 고위층은 대통령, 장관, 단체장 등을 의미하며, 중위층은 시·도 국장급, 군 과장급, 하위층에는 이외 일반 공무원이 해당된다. 기관으로 볼 때, 고위층은 중앙부처와 시·도청 등의 기관, 중위층은 시·군·구청 등의 기관, 하위층은 읍·면·동사무소가 해당한다.

고위층은 평등주의적인 성향이 있는 추상적인 일반국민들과 매스미디어를 통해서 간접적이고 상징적인 상호작용을 하고, 하위층은 우월의식을 가진 구체적인 개인을 상대로 직접적인 상호작용을 하게 된다. 각 행위자들은 나름대로 전략적인 행위를 한다.

모든 사람은 자신이 처해있는 불확실성을 최소화하여 이익을 극대화 하려는 속성이 있다. 개인들은 자신의 예측불가능성을 최소화하기 위해 노력하면서 다른 한편으로는 다른 사람의 불확실성을 통제하려는 전략을 취한다. 즉, 주어진 제약 하에서 동원할 수 있는 물질적, 비물질적 자원과 수단을 활용하여, 자신의 목적을 달성하기 위한 행동을 결정한다.

전략은 개인이 과거에 행동한 것들 속에서 찾을 수 있는 일정한 경향, 혹은 규칙이다. 즉, 일회성이 아니기 때문에, 전략을 파악함으로써 조직과 관련된 개인들 간의 관계를 알 수 있다. 그리고 이 관계의 속성은 곧 권력이라 할 수 있다. 권력은 불평등한 관계일 때 존재하며, 완전히 평등한 관계에서는 지속되기 어렵다. 상대방을 통제할 수 있는 영역이 커질수록 권력의 정도는 커진다. 전략행위분석법을 통하여 각 행위자들의 협력, 반목관계를 분석하여 공무원의 행동유형과 조직 구조적 성격을 규명하면 사회현상을 이해하는 데 큰 도움이 된다(임도빈, 2004).

> **전략**
> 각 행위자들이 자신의 목적을 달성하기 위해 특정한 방향으로 행위하는 경향

먼저, 고위층은 임기와 선거라는 제약요인 속에서 전략적 게임을 하는 행위자이다. 임기 동안의 직무수행에 대한 국민들의 평가는 다음 선거에 중대한 영향을 미친다. 다음 선거에서 본인과 소속 정당에 유리하게 만들기 위해 고위층은 임기 내에 가시적인 결과를 내야 한다. 따라서 동원 가능한 자원, 즉 정책최종결정권을 발휘한다. 고위층은 예산 결정과 집행, 조직 구성, 인사 등에 최종 결재권을 가지므로 이것이 고위층이 보유하고 있는 가장 중요한 자원이다. 또한 여론이 악화되는 것은 막으려 노력하나 정책은 적극적으로 홍보한다. 따라서 적극적 행정

표 13-1 | 행위자 유형별 전략적 위치

분류	제약	자원	불확실성	전략
고위층	임기, 선거	예산, 조직, 언론	사회문제화	홍보효과 극대화, 책임회피
중위층	중간적 존재	실무지식, 시간	상관, 부하의 불만	단기정책개발, 책임전가
하위층	낮은 직위	현장감	상관의 인사권, 민원불만	수동적 대처

출처: 임도빈(2004: 441) 수정.

행위자인 언론과 유기적 관계를 맺기도 하고, 국민 여론 형성에 힘쓴다. 반대로, 위기가 발생했을 시에는 책임을 회피하는 전략을 취한다.

다음으로 중위층은 상하 중간적 존재로서 샌드위치 신세이다. 중위층의 인사권은 고위층이 갖고 있고, 하위층은 중위층이 관리, 감독해야 할 대상이다. 중위층은 상하의 압력을 동시에 받기 때문에 고위층을 만족시키기 위한 단기 정책을 개발하고, 하위층에게는 책임을 전가하는 행태를 보인다. 현실과 이상 사이에서 윤리적 갈등을 가장 많이 겪는 계층이다.

마지막으로 '제 6 장 정책'의 일선 관료의 정책 집행에서 다루었듯이, 하위층은 일반 시민들과 끊임없이 상호작용을 하기 때문에 현장감이 풍부한 행위자이다. 이들은 대개 업무 재량권이 적기 때문에 상관의 관료제적 운영에 따를 수밖에 없다. 특히 직업공무원제를 기반으로 하여 평생 직업으로 여기고 일하기 때문에 개인적 커리어나 이직보다는 내부에서의 승진에 큰 가치를 둔다. 따라서 민원인이 불만을 제기하게 되면 해결책을 적극적으로 찾기도 하지만, 한계에 부딪치게 된다. 혹시 물의가 일어나면 근무성적평정에서 낮은 평가를 받아 승진에 불리하게 되므로 보신주의나 최소업무처리 등 수동적으로 대처하는 전략을 취한다.

3. 악순환모델

각 행위자들의 전략 구사에 따라 한국행정은 문제를 인식하면 일시적으로 해결하기도 하지만, 대체로 근본적인 해결책을 제시하지 못하여 모순을 재생산하는 악순환(vicious cycle)을 반복한다.

(1) 거시차원의 악순환

거시차원의 악순환은 고위층과 일반 국민 사이의 상호작용과정에서 나타난다. 고위층의 기관이나 관료는 상징성(즉, 대외적 체면)을 중시하기 때문에 정책실패를 인정하거나 실패에 따르는 책임을 지려고 하지 않는다. 또한 목표를 공표할 때에는 언어적으로 강한 표현을 쓰고, 같은 문제가 반복하여 발생할 때에는 목표를 상향조정한다. 그러나 정책실패로 인식되는 사건은 반복적으로 발생하기 때문에 그때마다 평등의식을 가진 국민들에게 환심을 사기 위해 언어를 통한 상징적 상호작용을 반복한다.

그 예로 개인정보 유출로 인한 대책을 들 수 있다. 국민의 여론이 들끓고 있을 때 정부는 '금융회사 고객정보 유출재발방지대책'을 발표했다. 그러나 발표한 대책이 국민의 기대수준을 미치지 못한다는 비난이 일자 '개인정보 불법유통, 활동 차단 조치'를 발표한다. 얼마 지나지 않아 또 다시 카드 3사의 개인정보 유출 사건이 발생하였고, 이에 정부는 '금융분야 개인정보 유출재발방지 종합대책'을 발표한다.

용어를 조금씩 강한 것을 사용하면서 국민들의 환심을 사려고 하는 것이다. '나라바로세우기', '근본적 대책', '획기적', '발본색원', '적폐', '국가개조' 등과 같이 온갖 강한 표현이 사용된다. 그리고 문제를 해결하기 위한 대책의 목표는 약간씩 상향조정되었지만 근본적인 문제를 해결하지는 못하였다.

일시적으로 여론을 잠재우기 위한 수단으로 평가되며 포장만 바꾼 것이 아니냐는 비판을 받게 된다. 그러므로 더 강력한 정책을 강구해야 한다. 제도를 바꾸는 노력을 하지만, 행정환경에 적합성이 떨어지는 제도들이 중첩적으로 도입된다(엄석진, 2016). 따라서 정부의 경쟁력은 약화되고 있다. 문제는 현실상황은 단기에 크게 달라지지 않는데, 국민들을 안심시키기 위해 더 강력한 정치적 수사(political rhetoric)를 구사해야 한다는 데 있다. 이 와중에서 관료는 항상 희생양이 된다.

(2) 미시차원의 악순환

거시차원에서 고위층이 일반국민들에게 상징적으로 대응한 결과, 매스컴을 접한 국민들의 행정에 대한 기대수준은 더욱 높아진다. 하지만 관료제는 일반적인 경우에 대해서는 규칙이 존재하기 때문에 그대로 하면 되지만, 예외적인 경우에 대한 대응성은 부족하기 마련이다. 예외적인 경우가 발생했을 때 하위층 기관이나 일선관료가 할 수 있는 것은 '규정에 따른 것'이라고 설명하는 정도이다. 규정을 넘어 민원인들 개개인이 만족하는 수준으로 업무를 처리하기에는 무리가 있다. 또한 관료제 내부에서는 관료들에 대한 충분한 인센티브도 작동하지 않는다. 개인이 느리게 변화하는 행정과 접촉하게 될 때 체감하는 불만족은 그만큼 더욱 커진다.

민원인이 불만을 제기했을 때 이를 원만히 해결한 관료는 조직 내부에서 우대받을 수 있지만, 물의를 야기하게 되면 인사상의 불이익을 받을 수 있기 때문에 누구도 특수한 민원을 처리하기 위해 발 벗고 나서려 하지 않는다. 더군다나 최근에는 인터넷 언론이나 국민 신문고를 통해 민원을 제기하는 것이 더욱 용이해져서 관료들은 보수적으로 업무를 처리하려는 경향이 늘어나는 것으로 보인다. 관료들의 보신주의로 인해 재량권 행사를 적극적으로 하려고 하지 않기 때문이다

그림 13-1 | 악순환모델

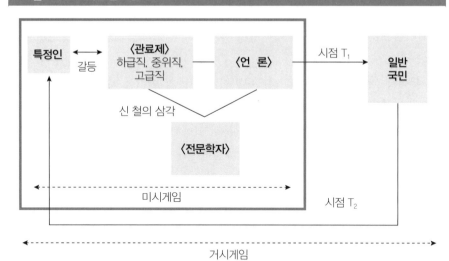

출처: 임도빈(2007: 23).

(조원혁, 2012).

　국민들은 미시적 악순환 고리에서 생활하면서 거시적 악순환 고리에 대하여 비판을 한다. 평등의식을 가진 국민들이 불평등을 의식하는 경우 이에 대한 불만은 비판으로 연결되고, 우월의식을 가진 국민들은 행정에 자신들의 요구를 적극적으로 표현하고, 이것이 관철되지 않으면 행정에 대한 비판으로 연결된다(임도빈, 2007: 23). 여러 가지 이유로 현실은 획기적으로 개선되지 않고 간혹 더 악화되는 경우도 있다. 미시적 수준의 악순환게임이다.

　제도는 더 복잡하게 발달하고, 외형적인 것은 달라진 것처럼 보이는데, 실제 관료들의 문제해결력은 오히려 기대수준에 비하여 더욱 부족하다. 거시게임에서, 큰 사건이 터질 때마다 유사한 것이 재발하지 않도록 개혁을 했다고 하는데, 미시게임에서는 그 반대의 경우도 발견된다.

　국민들 각자가 하고 싶은 일을 마음껏 할 수 있도록 해주는 행정을 구현하는 데에는 한계가 존재한다. 국민의 기대수준은 점점 올라가는 데 비하여, 많은 민원인들이 느끼는 미시게임에서의 만족도는 그러하지 못하다. 이 미시게임과 거시게임이 반복되면서, 선거 등 정치적 기회가 오면 불만이 표출되는 것이 악순환되는 과정을 거친다.

Ⅲ. 선순환모델

1. 악순환모델의 한계

이렇게 악순환모델이 작동함에도 불구하고, 우리나라가 그동안 발전을 해올 수 있었던 이유는 무엇일까? 그 근본적인 이유는 우선 경제성장기에 있었다는 점을 들 수 있다. 공공부문을 비롯하여 민간부문도 커지고, 모든 파이(pie)가 커졌기 때문에, 이런 악순환 과정이 있음에도 불구하고 전반적인 상태는 향상되었다. 어떻게 보면 본래 가지고 있던 저력보다도 더 빠른 성장을 했기 때문에, 각 개인들에게 더 많은 기회가 돌아갔고, 이를 충족시키고 작동하게 하기 위해서는 악순환모델의 메커니즘이 불가피한 측면도 있었다. 기본적인 운영방침이나 작동원리는 크게 바뀌지 않았음에도 불구하고, 상징적인 것과 실질적인 것이 엇박자로 돌아가며 그나마 전체적으로는 향상되는 양태를 보여왔다.

오늘날 악순환모델이 큰 문제점을 드러내는 이유는 성장이 둔화되었기 때문이다. 성장이 둔화되면서 우리가 기대하는 발전속도와 실제 현실의 발전속도 간 점점 차이가 발생하기 시작한 것이다(〈그림 13-2〉의 실선). 기대와 현실 사이의 차이가 커지면 커질수록 불만은 높아지고, 이 불만의 화살은 정부부문, 즉 관료제에 돌아가게 되었다.

또 하나의 원인은 바로 민주주의 제도의 발전이다. 과거의 권위주의 세계에서는 이런 불만을 표출할 기회와 메커니즘도 없었고, 또한 국민들의 주권의식도 거기에 상응하지 않았다. 하지만 민주주의적 사고가 발전하고, 인터넷 등 정보통

그림 13-2 | 선순환으로의 전환

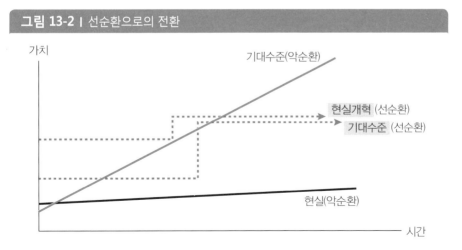

신수단이 발달하면서 이런 불만이 표출될 기회도 많아졌고, SNS를 통해 빨리 전파되게 되었다. 하지만 현실개혁은 느리게 진행되고 개선된 각종 제도도 현실의 다양성을 충분히 담아내지 못하고 있다(엄석진, 2016). 시간적 관점에서 볼 때, 발전속도의 기대수준과 현실의 차이가 점점 커지면서 개혁을 개악으로 인식하는 한계점에 이르게 된 것이다.

2. 선순환모델의 요건

앞의 그림에서 볼 수 있는 바와 같이, 악순환모델을 선순환모델로 바꾸려면, 현실세계에서 먼저 변화(개혁)가 일어나야 한다. 그리고 이보다 좀 시차를 두고 기대가 올라가야 한다. 즉, 시간의 문제가 중요하다고 할 수 있다.

무엇보다 국민 각자가 자기 자신의 역량을 파악하고, 욕심을 줄여야 한다. 평등주의와 우월주의의 모순적 성격보다는 남의 장점을 인정하는 포용력이 필요하다. 편협하고 단기적인 안목에서 남을 누르려는 잘못된 경쟁심보다는, 정정당당하게 이기려는 공정한 경쟁심이 생겨야 한다.

나아가서, 경쟁심의 질도 바뀌어야 한다. 경쟁심은 다른 사람을 이기려는 '대인적' 경쟁심과 자신의 목표를 설정하여 이를 달성하려는 '자기계발적' 경쟁심이라는 두 가지가 있다. 운동선수가 상대선수를 염두에 두고 그를 이기려고 노력하는 것과 운동자체에 흥미를 느끼고 자신의 기량을 늘리려는 경우가 있을 수 있다. 양인(2016)의 연구에 의하면, 자기계발적 경쟁심이 대인적 경쟁심에 대하여 '성취감'에 더 큰 영향을 미침을 밝혀냈다.

또한 고도발전기의 양적인 사고방식에서 안정기에 필요한 질적인 사고방식으로 바뀌어야 한다. 즉, 기대수준을 낮추는 것이다. 모든 것을 조급하게 생각해서 남보다 빨리, 남보다 더 많이 가지려는 욕심을 줄이고, 현재에 어느 정도 만족하고, 물질적인 것보다는 비물질적인 측면이 더 중요함을 깨닫는 것이 필요하다. 결국은 비정상적인 허위의식이나 위선의식을 버리고 실제에 충실하는 것과 같은 모습이 필요한 것이다.

기대를 낮춘다는 것이 포기하자는 것은 아니다. 그동안 성장기에 가졌던 과도하고 비현실적인 기대수준을 낮추자는 것이다. 이제 정부가 할 수 있는 일에 한계가 있다는 것도 인정해야 한다. 정부가 전지전능한 존재는 아니라는 것이다.

물론 아직까지 우리 경제수준이 세계적으로 최고수준의 선진국 대열에는 올라가지 않았기 때문에, 경제 분야 뿐만 아니라 다른 모든 부문의 발전도 계속되어야 된다. 경제성장이나, 기타 사회 발전의 둔화를 숙명으로 받아들이지 않고, 어떻게 하면 이를 계속해서 발전시키느냐도 정부가 생각해야 할 가장 큰 과제 중에 하나가 될 것이다.

성장속도를 어느 정도 빠르게 하면서도 동시에 모든 국민의 기대수준을 낮추고, 나아가 사고방식을 바꾸는 것이 필요하다. 시간적 측면에서 볼 때는, 장기적 안목에서 행동하고 사고하는 것이 필요하다. 또한 빨라야 하는 것은 더 빠르게, 필요에 따라 느려야 하는 부분은 더 느리게 조화를 이루도록 하여야 한다. 현재의 한국 사회는 모든 것이 빨리빨리, 즉 느린 것이 좋다는 생각이 들지 않도록 작동을 하고 있지만, 어떤 정책 분야나 국민의 삶에 있어서 어느 부분은 오히려 느린 것이 중요하다는 것을 깨달을 필요가 있다.

3. 진정한 행정개혁

진정한 개혁을 하는 것도 멈추지 않아야 한다. 장기적이고 전략적으로 행정개혁을 해야 한다. 즉, 그동안의 근시안적이고 인기영합적인 개혁 패러다임을 버려야 한다. 더욱 심오하게 고민한 후, 실효성있는 개혁을 반드시 적기에 추진해야 한다. 가능한한 관료 자신들도 미처 모를 정도의 느린 속도로 개혁을 하여, 저

읽을거리

발상의 전환

1998년 뉴질랜드 정부는 'E-commerce: 21세기 냉동선(Freezer Ship)'이란 제목의 글을 경제인들에게 보냈다. 그 내용인즉, 1세기전 SS Dunedin이라는 최초의 냉동선이 얼음에 얼린 고기를 싣고 처음으로 우리의 시장인 영국에 도착하여 뉴질랜드의 부를 일으켰다는 것이다(NZ Ministry of Commerce, 1998. Electronic Commerce: The 'Freezer Ship' of the 21st Century. Wellington: Ministry of Commerce, p.1).

바로 디지털 혁명이 이와 같은 역할을 할 것으로 홍보하는 것이다. 마치 조선시대 한강의 얼음을 겨울부터 보관했다가 여름에 먹은 것과 같이, 북반구와 남반구에 위치한 두 나라의 기후 차이를 이용하여 win-win 전략을 형성한 것이다. 장기를 항해할 수 있는 배라는 이동수단이 있어야 하고, 이런 기후차이를 활용할 발상의 전환이 중요한 것이다. 행정의 개혁은 항상 먼 곳에 있는 것이 아니다. 모든 관료가 모두 발명왕이 될 필요도 없다. 다수의 윤리로 무장한 관료들이 헌신적으로 봉사하면 된다. 그 위에 창의적인 사고를 하는 몇 사람만 있어도 충분하다. 인기영합적인 수박겉핥기식 개혁이 나중에 보면 결국 문제의 원인임이 밝혀져 왔다. 행정개혁은 행정을 잘 아는 전문가가 해야 한다.

항감이 없을 정도로 차근차근 추진해 나가야 한다. 관료제 개혁이 너무 언론에 노출되면, 훌륭한 관료들의 자존심도 상하고, 개혁대상인 관료들은 개혁의 대상이 되지 않으려고 대책을 세우게 된다. 따라서 관료들을 동네북과 같이 대해서는 안 된다.

예를 들어 교육은 백년대계라고 하는데 입시가 매년, 혹은 정권마다 바뀌는 것은 좋지 않은 것이다. 물론 그에 문제가 있다는 것은 잘 알고 있는 경우, 빠른 시일 내 문제를 처리하고 싶어하는 정부와 일반 국민의 욕구를 모르는 바는 아니다. 하지만 이제는 무조건 빨리 바꾸어버리는 것이 능사는 아니라는 것을 명심해야 한다. 장기적으로 볼 때 조금씩 바꾸면서도, 단기적으로는 변화를 못 느낄 그런 정도의 접근 방식이 '빈수레가 요란하다'는 식의 개혁보다 더 낫다. 또한 그 동안에 법적 제도, 외형적인 것을 바꾸는 것을 가장 중요시하였다면, 이제는 비가시적인, 문화적·심리적·성격적인 측면을 바꾸는 것에 중점을 두어야 할 것이다.

외국제도를 단순모방하고, 서류작업만 과다하게 되는 데서 오는 개혁 피로증이 없어야 한다. 개혁을 위한 개혁, 보여주기식 개혁은 개혁에 대한 저항감만 기른다. 마치 민간의 경영기법의 도입이 관료제의 역기능 문제를 해결할 만병통치약 같은 것이라는 생각도 버려야 한다(임도빈, 2007). 행정과 경영 간의 차이가 있음을 인정해야 한다. 성과평가라든지, 겉으로 내세우기 쉬운 것보다는, 보이지 않는 저력을 바꾸는 것이 점차 더 중요해질 것이다.

악순환의 고리가 끊어지면 상황은 개선될 수 있을 것이다. 다만 고리를 끊기 위해서는 사회변혁이나 정치변혁이 필요하고, 악순환이 계속되는 상태에서 행정 자체의 자정능력을 기대하기에는 어려움이 크다(임도빈, 2004). 따라서 개혁방법론에 대한 발상의 전환도 필요하다.

한편, 대중사회에서 포퓰리즘에 의한 정치는 악순환모델을 강화시키는 요인이다. 특히 한국인의 특성상 여론의 관심이 집중되면 정부는 빠른 시간 내에 해결 방안을 제시해야 한다. 때문에 어떤 이슈가 부각되었을 때 정부는 해결방안을 충분히 탐색하지 못한 채 성급하게 정책을 입안하고 이를 매스컴에서 대대적으로 보도하지만, 실제로는 비슷한 문제가 반복적으로 발생하는 악순환의 늪에서 벗어나지 못하는 것이다. 특히 관료뿐만 아니라, 언론과 정치인들의 윤리의식이 많이 제고되어야 한다.

사회적 차원의 개혁을 요구하는 문제들은 고위직들이 관련되어 있기 때문에 거시차원의 개혁이 먼저 이루어져야 하고, 개혁을 실효적으로 집행하기 위해서는 인사나 조직개편이 중요하다(조석준·임도빈, 2016: 487-538). 일반적으로 대부분의 사람들은 엽관주의나 낙하산 인사를 비판하지만 실제로 정권을 얻게 되면, 막상 비판해 왔던 행동을 하게 되는 경향이 있다.

따라서, 탕평정책이 말로만 그치고, 상대적으로 차별받았다고 생각하는 사람들의 불만을 누적시킨다. 따라서 악순환과정이 충격을 받는 것은 모든 지상파방송이 정규방송을 중단하고 생중계할 정도의 큰 사건이 있을 때이다. 예컨대 재난, 개인정보유출 등 국민들에게 큰 충격과 불안을 가져다주는 부정적인 사건은 그 자체로서 국가적 비극이다. 하지만 이를 사회변혁의 계기로 삼아 사회에 내재되어 있는 악순환의 고리를 끊어야 한다.

제 2 절　정부경쟁력

I.　이론적 논의

1. 개　　념

그간 사용되어 온 국가경쟁력 개념은 국가 경제의 전반적인 힘과 능력을 나타내는 것으로서, 정의를 내리는 주체에 따라 개념은 상이했다. IMD, WEF 등의 국가경쟁력(national competitiveness) 지표들은 '국가'경쟁력이지만, 사실상 그 내용은 경제발전에 국한된 경제적 경쟁력에 집중하고 있다.[1] 그러나 '기업하기 좋은 나라'를 만드는 경제발전이 곧 국가경쟁력이라고 하기에는 무리가 있다. 이것은 자유경쟁의 시장에서 정부의 역할을 제한적이거나 혹은 부수적이라 여기는 이념적 기반에서 비롯된 것으로 보인다. 게다가 도출된 국가경쟁력 지수를 활용함에 있어서도 전략적 차원에 대한 대안이 없어 경쟁력 순위를 매기는 것에 그친다는 한계가 있다(Im T. & Choi. 2017).

---

1 국제경영개발원(IMD)은 "영토 내 활동 중인 기업들이 국내외 경쟁력을 유지할 수 있는 제반 여건들을 창출하고 유지할 수 있는 국가의 능력(IMD, 2009)"으로 국가경쟁력을 정의하면서, 경제성과, 정부효율, 기업효율, 인프라 등 4개 분야로 나누어 매년 국가경쟁력 순위를 발표한다. 세계경제포럼(WEF)은 "한 국가의 생산성 수준을 결정하는 제도, 정책 및 요소들의 집합체(WEF, 2008)"로 국가경쟁력을 정의한다. 그리고 평가에 있어서는 기본요인, 효율성 증진, 혁신 및 성숙도의 3개 요소를 통해 평가한다(Ho·임도빈, 2013: 3).

표 13-2 ㅣ 주요 국가경쟁력 지수

발행기관	내용
국제경영개발원(IMD) 경쟁력 지수	• 경제성과, 정부효율성, 경영효율성, 인프라 등 4대 부문 250여 개 세부항목 평가
세계경제포럼(WEF) 경쟁력 지수	• 국가별 기본요인, 효율성 증진, 기업환경 성숙도와 기술혁신 등 3 대 부문 12개 세부부문 평가
EU 경쟁력보고서	• 미국과 EU의 1인당 GDP, 생산성 증가율, 취업률 등 비교
세계은행(WB) (Doing Business)	• 국가별 기업환경을 10개 부문으로 나누어 파악
헤리티지 재단 경제자유지수	• 기업활동, 조세, 무역정책 등 10개 부문의 경제자유정도를 계량화 하여 평가
국제투명성기구 부패인식지수	• 공공부문 및 정치부문에서 인식되는 부패 정도를 측정
아세안경쟁력보고서	• 번영요인(노동생산성 등), 매개 경제적 성과(투자, 혁신 등), 삶의 질의 세 가지 부문을 중심으로 측정

출처: Ho·임도빈(2012), 기획재정부(2011) 보고서 재인용 및 수정.

시민권 개념이 정치권, 사회권으로 발달하고, 21세기에는 행복권으로까지 진보하면서 새로운 지표들도 등장하고 있다. 부탄이 세계 1위인 '국민총행복지수(Gross National Happiness: GNH)', 영국 정부의 Well-being 수준 측정 지표, 영국 NEF의 지구행복지수(HPI) 등이 그 예이다. 이러한 움직임들은 국가의 경제수준을 넘어서 '국민들의 생활수준(standard of living)'이 주관심사로 부각되고 있음을 보여준다. 그러나 새로운 지표들 역시 정부의 역할과 기능의 중요성을 간과하고 있다는 점이 한계이다.

이에 '정부경쟁력(Government Competitiveness)' 개념은 국가 전반의 양적·질적 성장을 모두 포함할 수 있는 새로운 경쟁력 개념을 제시한다. 즉, 기존 국가경쟁력과는 달리 국가 발전단계를 고려하여 '정부'의 경쟁력 개념을 도입한다. 정부경쟁력은 국가를 기본분석단위로 하되 정부를 입법부, 행정부, 사법부의 3부로 나누었을 때 행정부를 중심으로 본다. 또한 미래지향적이며, 노력에 의해 변화가 가능한 것에 의미를 두고, 국가 간 비교를 전제로 한다.[2] 정부경쟁력을 유사한 개념과 비교하면 다음과 같다.

> **정부경쟁력**
> 한 나라의 정부가 자신의 실정에 맞는 역할을 수행할 수 있는 능력으로 다른 나라에 대한 상대적 개념

---

2 위의 조건들을 고려하여 "정부가 주어진 제약을 바탕으로 국내외 자원을 동원하여 사회·경제·문화적 조건들을 향상시키고, 전체적으로는 그 사회의 질을 제고하여 미래의 바람직한 방향으로 이끌어내는 힘"으로 정부경쟁력을 정의한다(임도빈 외, 2014).

- 정부성과: 조직성과(organizational performance)라는 개념을 한 나라 정부전체차원으로 확대해 볼 수 있다.[3] 최근에는 BSC(균형성과표)의 틀을 활용하기도 한다. 그러나 일상생활에서 사용될 뿐, 실제로 이를 지표한 연구는 거의 없다.
- 정부의 질: 스웨덴 괴텐베르크 대학에서 제시한 개념으로 불편부당, 부패의 부재, 관료의 효과성, 그리고 민주주의를 중요한 구성요소로 보고 있다(김선혁, 2011).
- 정부역량: 정부의 인적, 조직적, 재정적 관리능력을 의미한다.
- 정부경쟁력: 위의 개념들과 크게 다르지 않지만 국가(즉, 중앙정부)가 기본단위라는 점, 정부가 투입-산출을 하는 과정과 인과관계를 본다는 점, 그리고 다른 나라 정부와의 비교라는 점에서 구분된다.

2. 이론모델

정부경쟁력은 정부의 역할에 관해서는 몇 가지 이론을 기초로 하고 있다(Im T. and K. Hartley, 2017). 다른 국가경쟁력 개념에는 이런 이론적 논의가 없다.

첫째 시대에 따라 정부가 해야 할 기능에 관해서는 '제10장 사람에 관한 행정'에서 다룬 Maslow의 욕구단계이론을 기초로 한다. Maslow의 욕구단계이론은 개인의 욕구에 관한 이론이지만, 그 관점을 국민 전체의 욕구로 확장해 볼 수 있을 것이다. 이를 정부욕구단계이론이라고 칭할 수 있다. 정부는 국민이 필요로 하는 욕구를 충족시켜주는 역할을 해야 하며, 국민은 이러한 욕구의 충족을 정부에 요구할 수 있다는 것이다. 욕구는 Maslow의 욕구단계이론과 마찬가지로 단계별로 순차적으로 생겨난다. 즉, 한 나라 정부는 다수 국민들이 필요로 하는 단계의 욕구를 충족시킬 수 있을 때 경쟁력이 있다고 할 것이다.

둘째 정부경쟁력 개념은 시간적 차원을 중시한다. 국가발전단계(즉, 시간)에 따라서 국민들이 필요로 하는 욕구(needs)가 다르고 이에 부응하여 정부의 기능과 역할은 변해야 한다. 정부가 가장 절실한 사회문제 해결에 부합하는 적합한 정책목표를 세우고, 이를 집행하는 것이 정부경쟁력을 구성하는 핵심요소이다. 예컨대 프랑스는 115년, 미국은 94년 걸린 고령화사회로의 진입은 한국은 26년 밖에 안 걸렸다. 2030년이 되면, 상주보다 사망자가 많아진다. 이러한 인구구조 변화는

---

3 조직성과는 목표대비 달성도를 의미하는 효과성과 투입대비 지출을 의미하는 효율성을 모두 포괄하는 경우가 많다.

사회전반에 큰 변화를 가져오고, 정부가 미리 예방해야 할 문제에도 변화가 발생한다. 이것이 바로 한국정부의 경쟁력 요소를 다른 나라와는 다르게 봐야 하는 이유이다.

고도성장을 경험한 우리나라의 역사를 기준으로 국가 발전단계를 구분해 보면 도입기와 도약기, 성숙기 등 3단계로 나뉜다. 이에 더하여 체제이론을 포함한다. 발전단계별로 정부가 투입(input)해야 하는 요소와 전환(throughput), 산출물(output), 그리고 결과(outcome)를 유형화하였다. 이들 국가발전단계별 구성요소의 예시는 〈표 13-3〉과 같다. 산출(output)과 결과(outcome)는 혼동되기 쉬운 개념이다. 산출은 정부활동으로 직접 산출된 것인 반면, 결과는 정부정책과 기타 모든 상호작용결과 이뤄진 변화이다. 즉, 전자는 정부가 이뤄낸 것이라면, 후자는 정책대상집단의 변화이다.

셋째, 정부경쟁력 개념은 공간적인 차원도 고려한다. 정부경쟁력 개념은 중앙정부만을 대상으로 하는 것이 아니다. '제8장 지방정부'에서 다루었듯 지방정

산출(output)
정부활동이 가져온 직접적 결과(정책 등)

결과(outcome)
정책대상집단에서 이뤄진 변화

표 13-3 | 국가발전단계별 구성요소

	발전단계		
	준비기	도약기	성숙기
투입 (input)	정부지출/ 외국으로부터의 원조	정부규모/정부지출/ 조세수입	법치주의/민주주의
전환 (throughput)	관료의 교육수준/리더십/ 공직몰입	경제적 규제/리더십	비전, 전략체계/교육훈련 투명성/의사결정과정/ 사회적 규제/선거제도/ 공직윤리/부패정도
산출 (output)	예방접종/상하수도 건설/ 교육시설 확대/ 의료시설확충/가족계획/ 평균수명연장	사회간접자본확충/ 댐건설/도로건설/ 교역조건/무역장벽 완화	물가안정/도시디자인/ 공원조성/인터넷접근율 제고/ 문화시설/정책홍보/친환경, 재활용, 분리수거 R&D
결과 (output)	빈곤해소/기아/ 주택보급/질병예약/ 의무교육 확대	무역증진/내수확대/ 국민소득 증대/ 고등교육 제공	정부신뢰/시민참여/행복/ 삶의 질/환경보호/인권보호/ 국가브랜드/평등/정신건강/ 여가/외국과의 관계
관심영역	식품, 위생, 건강	경제발전	웰빙(well-being)

출처: Ho·임도빈(2012: 29).

부는 공간분할 그 이상의 의미를 갖는다. 중앙정부와의 관계, 자치권 행사, 주민 참여 등을 고려했을 때, 지방정부의 경쟁력 역시 중요하다. 따라서 정부경쟁력 개념은 중앙정부와 지방정부를 포괄하고, 서구 및 동양과 같은 지역도 포함한다. 즉 서구 중심의 일괄적 시각에 따라 중심적으로 추구해야 하는 내용을 살펴보는 것이 아니라 각 지역, 국가의 특수성을 가정해야 한다.

넷째, 전년도 성과를 평가하는 것보다는 각국의 미래 정책방향을 제시하는 것을 더 중요시한다. 즉 현재 시점에서 국가별 정부경쟁력을 비교하고, 미래를 예측하는 것만이 정부경쟁력 연구의 목적은 아니다. '제 2 장 세계 속의 행정'에서 보았듯 각 팽이의 표면은 세계환경에 둘러싸여 있다. 국가별 빈부격차가 심화됨에 따라 국제협력행정, 개발협력행정의 중요성은 더욱 부각되고 있고, 우리나라 역시 ODA사업에 뛰어들고 있다. 빠른 근대화와 경제발전을 이룩한 우리나라의 경험을 토대로, 한국정부 경쟁력에 대한 연구는 저개발 단계에 머물러있는 국가들이 벤치마킹할 수 있는 정보를 제공해 줄 수 있을 것이다.

시장과 정부와의 관계에 대해서는 Fukuyama의 국가기능론을 이론적 배경으로 한다. Fukuyama(2005: 24)는 국가의 기능을 최소기능, 중간기능, 적극적 기능으로 분류한다. 최소기능은 국방, 치안 및 순수공공재의 제공을, 중간기능에는 독점 규제, 교육 및 환경, 사회보험 등이 있다. 또한 적극적 기능에는 산업정책과 부의 재분배 등이 포함된다. 이를 욕구단계이론에 적용해 보면, 최소기능이 달성되었을 때 중간기능에 대한 논의가 대두되고, 중간기능이 달성되었을 때 정부의 적극적 역할에 대한 국민의 요구가 대두될 것이라 볼 수 있다.

Ⅱ. 정부경쟁력의 국제비교

정부경쟁력은 '세계'라는 환경 하에서 각국 정부의 상대적 경쟁력을 비교한다. 팽이모델에서 정부를 하나의 팽이에 빗대어 본 것을 생각해보자. 정부경쟁력의 국제 비교는 각각의 팽이가 세계에서 돌고 있을 때 어느 팽이가 가장 힘있게, 그리고 오랫동안 돌아가는지를 판단하는 것과 같다. 현재의 팽이를 파악하면 미래에 대한 경쟁력을 확보하기 위해 어떤 부분을 다듬고 개선해야 하는지 알 수 있을 것이다.

우선 대상은 OECD국가로 한정하여, 핵심이 되는 정책분야를 선정하였다. OECD 가입을 위해서는 일정 조건을 충족시켜야 하기 때문에, 시간적으로 볼 때비OECD국가에 비해서 앞서 있다고 볼 수 있기 때문이다. 국제비교를 위해 경제, 교육, 보건복지, 농업 식품, 정부총괄, 연구개발(R&D), 정보통신기술(ICT), 재난관리환경, 문화관광분야 등 총 10개의 정책분야에서 구체적인 하위분야지표를 선정하였다. 그리고 이들 10개 정책 분야 모두 합하여 국가별 종합 정부경쟁력을 산출하였다.

9개 정책분야를 9각형으로 보았을 때 각 해당 순위에 점을 찍어 선으로 연결하면 〈그림 13-3〉과 같은 모양이 나온다. 모든 분야에 1위를 차지하게 되면 총면적이 가장 넓은 9각형이 될 것이고, 9각형의 형태에 따라 다른 국가에 비해 상대적으로 경쟁력이 강한 분야와 약한 분야를 파악할 수 있다.[4]

한편 개발도상국 정부는 OECD국가가 처한 상황과는 다른 문제들에 직면해 있다. 따라서 농업식품, 경제, 교육, 환경, 정부총괄, 보건복지, 인프라, 정보통신기술(ICT), 재난관리 등 9개 정책분야를 달리하여 평가한다. OECD국가에 비해서 문화관광이 제외된 반면, 인프라가 추가되었다. 그리고 개도국의 경우, 각 정부의 제도화 수준이 낮은 편이므로, 투입-전환-산출 중 전환과정을 세심히 분석할 필요

그림 13-3 | 개발도상국 정부경쟁력 크기(예시)

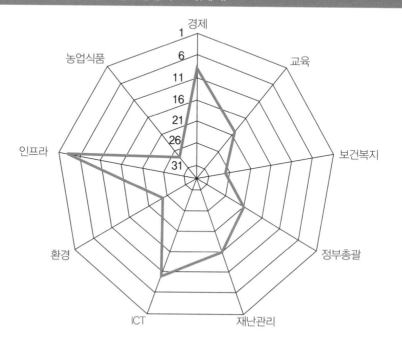

---

4 자세한 순위는 http://gcnet.com을 참고.

가 있다. 예컨대 정부의 역할이 중요하기 때문에, 개발원조(ODA)도 그 나라 정부의 경쟁력을 어떻게 하면 제고시킬 수 있는가라는 관점에서 이뤄져야 한다.

Ⅲ. 시 사 점

우리나라는 국제무대에서 치열한 경쟁을 하고 있다. 그리고 이 경쟁의 가운데에 정부가 있다. 정부가 간여해야 할 역할분야가 어디까지인가에 대한 질문에 정답은 없다. 하지만 자원이 부족하고 강대국에 둘러쌓여 있는 우리나라는 다른 나라에 비하여 좀더 높은 경쟁력을 지닌 정부가 필요하다는 점은 분명하다.

1500년대 후반, 퇴계 이황, 율곡 이이 등 훌륭한 관료들은 일본의 침략에 대비해야 한다고 상소를 올렸다. 즉, 오늘날의 언어로 표현하면, 정부경쟁력 강화를 위해 국방 부분을 강화해야 한다는 지적을 한 것이다. 그러나 정쟁에 휩싸여 있던 당시 정치인들은 이를 무시하여 무려 7년의 기간동안 임진왜란이라는 치욕을 겪었다. 이와 비슷한 시기에 스페인, 네덜란드 등은 남미, 아시아 등 세계를 정복하여 '식민지'를 개척하였고 오늘날에도 경제·문화적 영향력을 유지하고 있다. 이처럼 역사상 특정시점에서 정부경쟁력은 해당 국가 미래의 치명적인 변수이다.

이러한 상황적 구조는 오늘날에도 유사하다. 정부경쟁력 평가결과는 각 부문별, 주체별로 정책우선순위를 결정하는 데 도움을 줄 수 있다. 다른 나라와 비교하여 현재의 상대적 지위를 알면, 그 부족한 점을 파악할 수 있다. 즉, 정책 과제 및 목표를 도출하고 평가함에 있어서도 활용할 수 있을 것이다. 또한 분야별 세부 사항에 대한 개선방안을 판단하는 데도 도움이 된다.

이상의 정부경쟁력(Government Competitiveness) 논의를 통해 몇 가지 시사점을 찾을 수 있다.

첫째, 정부의 역할이 한 국가의 유지를 위해 매우 중요하다는 점이다. 국가경쟁력 개념처럼 정부역할을 축소 또는 부정해서는 안 된다. 예컨대, 평상시에 느끼지 못하지만 시장경제의 위기를 경험하거나 재해를 경험하는 경우에는 정부 역할의 중요성을 절실히 느낄 것이다.

둘째, R&D 정책분야는 장기적 관점에서 정부경쟁력을 높이는 정책분야이다. 미래를 준비하고, 기틀을 다지기 위해서는 정부의 총괄하에 기초학문분야의 활발한 연구활동이 필요하기 때문이다.

셋째, 경제발전을 가져오는 정책분야에 대해서는 각 국가별 고유의 특성을 고려해야 한다. 개도국의 경우, 경제성장이 우선이겠지만, 장기적으로는 양극화 등 국가전체 차원에서 생각해야 한다. 경제부문의 제도화 문제에서도 각 국가의 시간적, 지리적 차원의 고유 특성을 고려하여, 정부는 최적의 발전방향으로 추진해야 경쟁력이 높아진다.

넷째, 정부경쟁력의 가장 기초적인 요건은 안보와 치안 등 국가의 계속성 보장에 있다. 이것은 어떤 국가경쟁력 지표에도 포함되지 않은 분야이다. 그러나 재난안전분야의 많은 국가행정은 당장의 국민적 요구가 없더라도 항상 준비하고 있어야 하는 항상성이 주요 특징이다. 특히 Maslow 욕구 1단계인 국민의 안전은 정부가 담당해야 할 기본적 요건으로서 더욱 관심을 가져야 한다.

다섯째, 민주주의 제도를 의미하는 정부의 총괄적 운영 역시 매우 중요하다. 팽이의 하부를 구성했던 재무, 조직, 인사행정은 모두 관료제로서 정부의 총괄적 운영에 관한 것이다. 국정 전반의 능력이 바탕이 되어야 국민의 의사를 결집하기도 하고, 정책을 이끌어갈 수도 있다.

요컨대, 우리나라의 정부경쟁력을 보다 면밀히 들여다보아야 한다. 정부의 약점을 체계적으로 분석하고 보완해야 한다. 무엇보다도 인구구조변화, 자원고갈, 기후변화 등 중대한 미래의 변화에 대한 대비가 필요하다. 이런 것을 민간에 맡길 수는 없기 때문이다.

또한 팽이모델의 맨 밑에 있는 중심축에 대해서도 심각한 고민이 필요하다. 사회갈등과 신뢰 하락도 주목해야 할 변수이다(임도빈, 2014). 지방자치와 지방행정에서도 살펴보았듯 지역 간의 갈등과 더불어 세대간, 계층 간 사회 갈등은 우리나라의 풀리지 않는 숙제이다(이승종 편, 2014). 게다가 정치인과 공무원에 대한 불신은 정부가 정책을 펴나갈 수 있는 힘을 잃는 것과 마찬가지이다. 따라서 국민들의 참여를 유도하여 투명성을 높이고, 행정윤리와 철학을 견고히 하여 신뢰를 높일 수 있는 방안을 찾아야 할 것이다.

개혁의 생각지 못한 부작용

왜 원로원은 마리우스의 개혁을 수용했을까? 거기에는 몇 가지 이유가 있었다.

먼저 너무 약해진 로마군의 현상을 원로원에서도 인정하지 않을 수 없었다. 전쟁에서 패배한다는 것은 어떤 사람의 눈에도 뚜렷이 보이기 때문에 이 문제를 방치해 두면 원로원에 대한 불신이 팽배해질 수도 있었으며, 로마군의 연전연패는 로마의 존망과도 관련되었다.

그라쿠스 형제는 농지개혁을 해서 실업자를 자작농으로 돌리려고 하다 실패했지만, 마리우스는 실업자에게 군에 입대하는 길을 열어 주어 그들을 구제하는 데 성공한 것이다.

둘째로 마리우스의 개혁은 원로원 계급의 기득권을 건드리는 것이 아니었다. 같은 실업 대책이라도 그라쿠스 형제의 농지개혁은 로마 부유층의 기득권을 침해하는 것이어서 저항이 컸지만 이번에는 그렇지 않았다.

셋째로 마리우스의 개혁에는 즉효성이 있었다는 것이다. 실업자들은 지원병이 되는 것으로 생활의 안정과 자기 자신에 대한 자부심을 가질 수 있었고, 그때까지 병역에 끌려간 하급 평민들은 징병되지 않아도 되었다. 따라서 로마 시민 사이에서도 마리우스의 개혁은 대호평을 받았다. 원로원도 반대할 이유가 없었다.

그리고 마지막 이유로서 마리우스가 집정관의 자격으로 개혁을 담당했다는 점을 들 수 있다. 그라쿠스 형제의 경우는 평민회를 기반으로 하는 호민관으로서 개혁을 하려고 한, 말하자면 '체제 외 개혁'이었던 데 비해, 마리우스의 경우는 집정관이므로 '체제 내 개혁'으로 받아들여졌던 것이다.

하지만 마리우스 개혁이 체제 내에서 실시되었다고는 해도 역시 이 군제 개혁은 로마공화정의 핵심을 건드리기는 마찬가지였다. 그리고 그라쿠스 형제의 경우에는 로마의 공화정 전체의 개혁을 시야에 넣은 개혁이었던 데 비해 마리우스의 개혁은 어디까지나 군제에만 한정되어 있었다. 즉 마리우스의 개혁이란 당장 망가질 것 같은 자동차의 엔진을 바꿔 넣는 것만으로 '성능 개선'을 한 것과 같았다.

섀시도 보디도, 그리고 타이어까지 노후화되어 사실은 전체를 바꿔야 하는데 엔진만을 고출력으로 바꿔 넣으면 무슨 일이 일어날까? 오히려 그 자동차의 밸런스가 무너져버려 여기저기서 문제가 터질 것이다. 아니, 그뿐만이 아니라 큰 사고를 일으킬 위험마저 안고 있다.

마리우스의 개혁도 이와 마찬가지였다. 지원제의 도입은 '누구의 기득권도 해치지 않는다'는 의미에서는 이점이 있었지만, 생각지 못한 부작용을 로마에 안겨 주었다.

출처: 시오노 나나미(2007: 193).

참고문헌

김선혁(2011). "정부의 질과 시민사회".「정부학연구」18(2): 49-79.

기획재정부(2011).「2011년 국가경쟁력보고서」.

알프레드 Ho·임도빈(2012). "정부경쟁력(Government Competitiveness)의 개념정립: 시간과 공간의 관점에서".「행정논총」50(3): 1-34.

엄석진(2016). "한국행정의 역량".「한국행정학보」50(4): 91-137.

이승종 편(2014).「지방자치의 쟁점」. 서울: 박영사.

양인(2016).「공기업종사자의 경쟁심이 내재적 동기에 미치는 영향」. 서울대 행정대학원 석사학위논문.

윤견수·박진우(2016). "개발연대 국가관료제의 정책집행에 관한 연구".「한국행정학보」50(4): 211-242.

임도빈(2004).「한국지방조직론」. 서울: 박영사.

_____(2007). "한국 행정현상에 대한 설명모델을 찾아서: 악순환 모델".「한국거버넌스학회보」14(1): 1-30.

_____(2016).「개발협력시대의 비교행정 강의」. 서울: 박영사.

_____(2014).「정부경쟁력 2013」. 조명문화사.

임도빈 외(2013). "정부경쟁력의 국제비교: 구성지표와 평가".「한국비교정부학보」17(2): 95-124.

임도빈·김순은·고길곤·조원혁(2014).「정부경쟁력: 이론과 평가지표」. 서울: 박영사.

조석준·임도빈(2016).「한국행정조직론」. 서울: 법문사.

Easton, David (1979). A systems analysis of political life. Chicago: University of Chicago Press.

Fukuyama, Francis (2013). "What is Governance?. Governance: An International Journal of Policy." *Administration, and Institutions* 26(3): 347-368.

_____ (2005). State Building: Governance and World Order in The 21st Century. 안진환 역.「강한국가의 조건」. 황금가지.

Im. T. & Choi (2016), Rethinking National Competivieness: A Critical Assessment of Government Capacity Measures.

Im, T. & Hartley, K. (2017). "Aligning Needs and Capacities to Boost Government Competitiveness." *Public Organization Review*: 1-19.

Krugman, Paul (1994). "Competitiveness: A Dangerous Obsession." *Foreign Affairs* 73(2).

Maslow, A. (1954). Motivation and Personality. New York: Harper & Brothers.

Rawls, J. (1971). A Theory of Justice. Cambridge: Harvard University Press.

Tiebout, C. (1956). "A pure theory of local expenditure." *Journal of Political Economy* 64(5): 416-424.

Porter, Michael E. (2009). 국가 경쟁우위: 글로벌 경쟁력 강화를 위한 경영전략」. 문휘창 역. 파주: 21세기북스; The Competitive Advantage of Nations. Maxmillan Press. 1990.

찾아보기

저자 소개

임 도 빈

서울대학교 사회교육과
서울대학교 행정학대학원
프랑스 파리정치대학원(I.E.P. de Paris) 사회학 박사
IEP, IUPUI, KU(Leuven), George Mason대 교환교수
한국행정학회 회장 역임
현 서울대학교 행정대학원 교수
    정부경쟁력연구센터 소장

정부경쟁력연구센터 소개

한국연구재단에서 지원하는 한국 사회과학연구지원사업(Social Science Korea)의 일환으로 2011년 설립한 연구센터이다. 서울대학교 행정대학원 한국행정연구소 소속으로 57동에 위치하고 있다. 연구진은 11명의 국내외 저명학자로 구성되어 있으며, 내부 조직으로는 이론개발팀, 자료경영팀, 응용분석팀, 결과확산팀이 있다. 현재 미국, 캐나다, 중국, 러시아, 몽골, 프랑스, 독일, 벨기에, 호주, 콜롬비아, 불가리아 등의 전문가들로부터 자문을 받고 있다.

개정판
행정학 : 시간의 관점에서

초판발행	2014년 9월 15일
개정판발행	2018년 4월 15일
지은이	임도빈
펴낸이	안종만
편 집	이승현
기획/마케팅	조성호
표지디자인	조아라
제 작	우인도·고철민
펴낸곳	㈜ **박영사**
	서울특별시 종로구 새문안로3길 36, 1601
	등록 1959. 3. 11. 제300-1959-1호(倫)
전 화	02)733-6771
f a x	02)736-4818
e-mail	pys@pybook.co.kr
homepage	www.pybook.co.kr
ISBN	979-11-303-0571-4 93350

copyright©임도빈, 2018, Printed in Korea

정 가   35,000 원